揭阳年鉴

JIEYANG YEARBOOK

2021

揭阳年鉴编纂委员会　编

方志出版社
Publishing House of Local Records

图书在版编目（CIP）数据

揭阳年鉴.2021/揭阳年鉴编纂委员会编.—北京：
方志出版社，2021.11
ISBN 978-7-5144-5005-7

Ⅰ.①揭…　Ⅱ.①揭…Ⅲ.①揭阳-2021-年鉴
Ⅳ.①Z526.53

中国版本图书馆 CIP 数据核字（2022）第 012280 号

揭阳年鉴（2021）

编　　者： 揭阳年鉴编纂委员会
责任编辑： 李　静

出 版 者： 方志出版社
地址　北京市朝阳区潘家园东里 9 号（国家方志馆 4 层）
邮编　100021
网址　http://www.zgfzcb.cn
发　　行： 方志出版社图书经销中心
电话（010）67110500
经　　销： 各地新华书店
印　　刷： 揭阳市榕城区榕文印刷厂

开　　本： 889×1194　　1/16
印　　张： 26.125
字　　数： 850 千字
版　　次： 2021 年 11 第 1 版　　2021 年 11 第 1 次印刷
印　　数： 0001～1000 册

ISBN　978-7-5144-5005-7　　**定价：** 260.00 元

编辑说明

一、《揭阳年鉴（2021）》以马克思列宁主义、毛泽东思想、邓小平理论、“三个代表”重要思想、科学发展观、习近平新时代中国特色社会主义思想为指导，坚持辩证唯物主义和历史唯物主义的立场、观点和方法。

二、《揭阳年鉴》系中共揭阳市委、揭阳市人民政府组织编纂的一部地方性综合年鉴，具有政府年度公报的性质。旨在全面、系统、准确地反映揭阳市自然、政治、经济、文化、社会等方面的基本情况，为各级党委和政府制订发展规划提供依据，为海内外各界人士了解揭阳提供资料，为学术界研究揭阳提供新的史实。

三、《揭阳年鉴（2021）》采用分类编辑法。主体内容设类目、分目、条目3个层次结构，以条目为表现内容的基本形式。不同层次的标题，在字体、字号和版式设计上都有明显的区别，全书条目的标题统一用黑体加【 】表示，少数包含多方面资料的条目则在文内用楷体标题标明各段资料的主题。

四、《揭阳年鉴（2021）》所刊内容为2020年1月1日至12月31日揭阳市社会经济文化变化发展情况，在保持基本框架相对稳定的前提下，对部分内容进行更新、调整、充实。全书设年度关注、大事记、揭阳概况、党政机关、民主党派和工商联、群众团体、法治、军事、综合经济管理、财政·税务、金融业、农业和农村经济、工业、商贸、旅游、交通·邮政、信息产业、城乡建设·环保、教育、科学、文化艺术、传媒、卫生·体育、民政、人力资源·社会保障、民族·宗教、应急管理、县（市、区）概况、人物、附录等30个类目，共1011个条目，照片209张，图表59幅，85万字。

五、《揭阳年鉴（2021）》稿件由市直各有关单位、各县（市、区）提供，经年鉴编辑部进行编辑和初审，后呈年鉴编纂委员会领导终审定稿。文内统计数据为各单位提供，采用法定计量单位，主要统计数据均经撰稿单位与统计部门核对。某些对应指标数据在上年卷刊出后作了调整的，一般不予注明，而以本年卷刊出的市统计局提供的《统计资料》为准。

六、《揭阳年鉴（2021）》配备双重检索系统：书前刊有目录，书后配有索引。索引采用主题分析法，款目按汉语拼音字母顺序排列。

数字揭阳 2020

shuzi JIEYANG

土地面积5265.87平方千米
年末常住人口557.87万人
年末户籍人口711.19万人
地区生产总值（GDP）2102.14亿元
第一产业增加值204.40亿元
第二产业增加值774.77亿元
规模以上工业增加值520.29亿元
第三产业增加值1122.97亿元
人均地区生产总值37495元
固定资产投资额1180.75亿元
社会消费品零售总额955.16亿元
外贸进出口总额194.30亿元
实际利用外资2326万美元
公路通车里程7611.28千米
港口货物吞吐量2369.77万吨
机场旅客吞吐量528.6万人
邮电业务总量833.41亿元
移动电话用户851.33万户
国内旅游收入35.54亿元
全社会用电量166.94亿千瓦时
地方一般公共预算收入73.97亿元
地方一般公共预算支出375.99亿元
税收总收入45.22亿元
金融机构本外币各项余额2599.43亿元
城镇常住居民人均可支配收入27066元
农村常住居民人均可支配收入16312元
城镇新增就业3.06万人
人口自然增长率12.93‰
森林覆盖率50.78%
城市人均公园绿地面积15.04平方米

揭阳市行政区划图

揭阳市民政局 监制　　广东省地图院 编制

审图号：粤VS（2021）004号

疫情防控

2020年，揭阳市贯彻落实“坚定信心、同舟共济、科学防治、精准施策”总要求，抓实“四早四集中”防控措施，科学研判防控形势，适时调整防控策略，打好打赢全市疫情防控的人民战争、总体战、阻击战。揭阳市疫情防控工作取得阶段性成果，实现“四无”目标，即：无本地病例、无聚集病例、无医护感染、无重症和死亡病例。

自2020年4月4日报告最后1例确诊病例后，揭阳全市无新增确诊病例。自疫情发生至12月，全市累计报告确诊病例11例，无症状感染者1例，全部治愈出院。

2020年1月23日，揭阳市疫情防控工作领导小组（指挥部）成立。图为市委书记、市人大常委会主任叶牛平（前右三）带队检查新型冠状肺炎疫情防控工作并看望慰问医护人员　　（郑楚藩　摄）

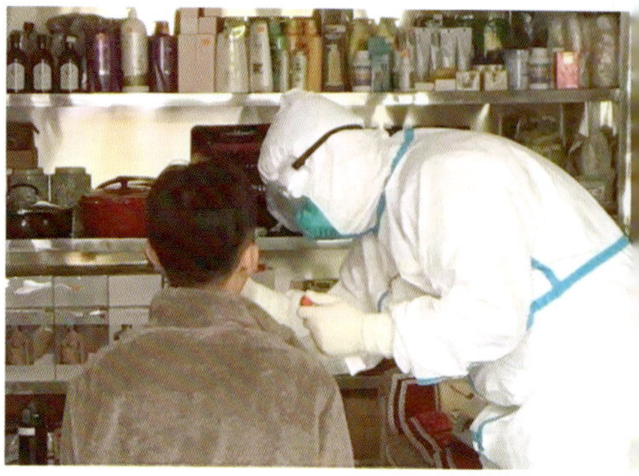

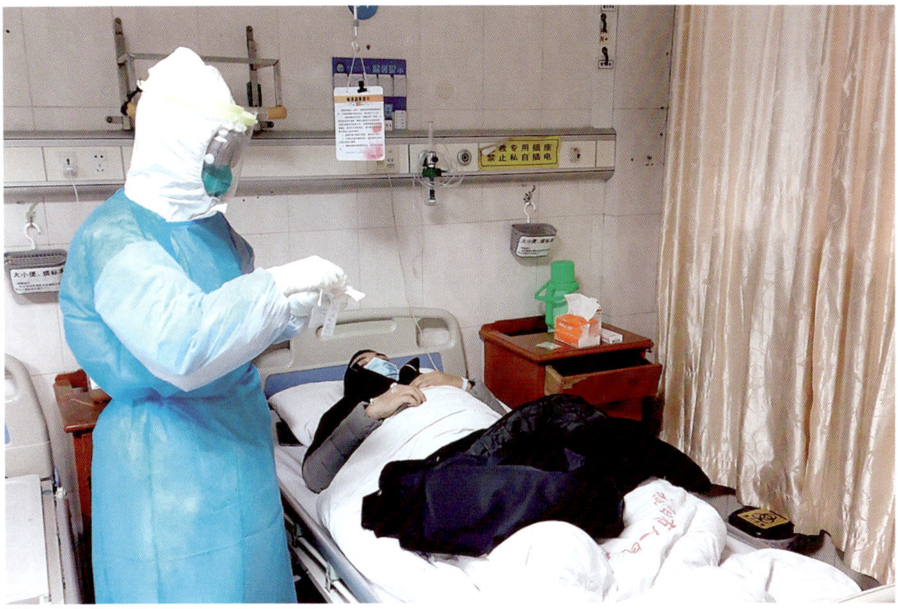

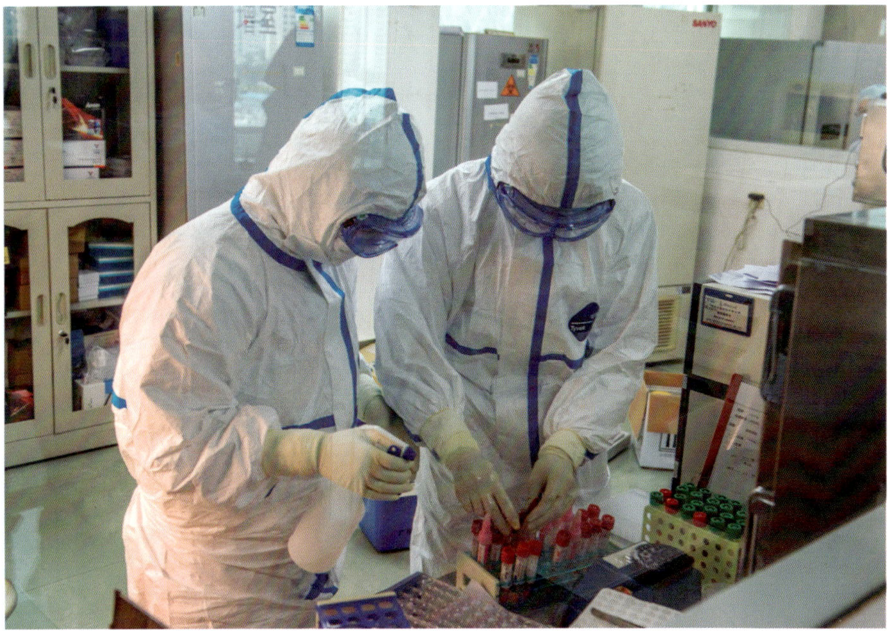

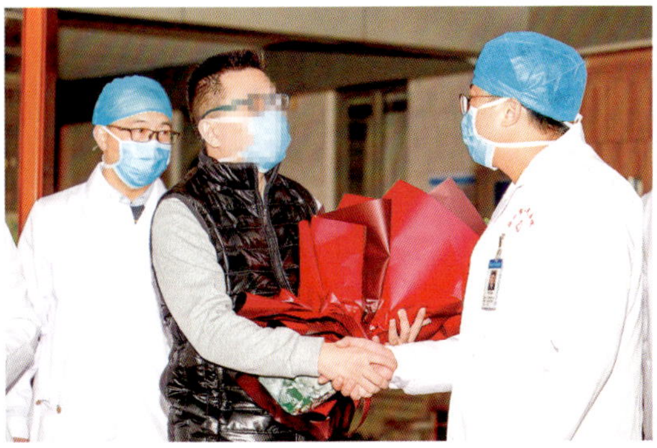

①揭阳市定点救治医院医务人员为新冠肺炎患者进行治疗（林喜宏 摄）

②疾控中心工作人员在实验室中做病毒实验（林碧鸿 摄）

③疾控中心工作人员开展流行病学调查工作（疾控 供图）

④医务工作者上门为疑似病例采集咽试子标本（疾控 供图）

⑤揭阳市首例新型冠状病毒感染的肺炎确诊病例患者治愈出院（林碧鸿　摄）

①
②
③④⑤

2020年1月28日，普宁市人民医院神经内科5名护士跟随广东省第二批援鄂医疗队奔赴武汉 （普宁市人民医院 供图）

2020年2月9日，揭阳市人民医院援助湖北医疗队整装待发 （市政府办 供稿）

2020年，揭阳举全市之力，先后派出22名医护人员驰援被疫情突袭的湖北，33名流调人员驰援东莞、广州、汕尾，4名核酸检测专业人员驰援香港，35名采样人员支援广州海关白云机场口岸。2020年3月5日，国家卫生健康委人力资源社会保障部、国家中医药管理局发布关于表彰全国卫生健康系统新冠肺炎疫情防控工作先进集体和先进个人的决定，普宁市人民医院黄妙珊获“全国卫生健康系统新冠肺炎疫情防控工作先进个人”称号。3月27日，中共武汉市金银潭医院委员会向揭阳市黄妙珊、方乔、方洁玫、方瑜、温玉枝分别授予“荣誉职工”称号。揭阳市第二批支援湖北医疗队17名队员中，9名被中共东西湖方舱医院临时委员会、武汉东西湖方舱医院评为 “先进标兵”，8名被表扬为“表现优秀”。4月14日，揭阳市援鄂医疗队完成支援使命平安回归，全市以最高礼调迎接援鄂医护人员平安归来。 4月15日，揭阳市委、市政府召开市援鄂医疗队座谈会，组织看望慰问揭阳市援鄂医疗队全体成员。

2020年2月9日，由揭阳市人民医院、普宁市华侨医院、揭阳市第三人民医院的17名医护人员组成揭阳市支援湖北医疗队，跟随广东省第十一批援鄂医疗队奔赴武汉，被分配至武汉市东西湖区武汉客厅方舱医院支援 （林碧鸿 摄）

揭阳市以党建为引领，构建市县镇村四级联防联控机制，党旗在疫情防控一线飘扬，共产党员冲锋在前，全市从城市到农村，各行各业，各守其职，各彰其能，构筑起阻击疫情的铜墙铁壁。

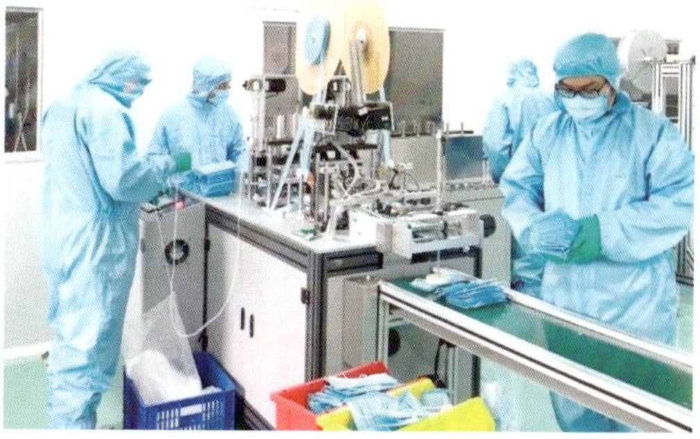

①
②③
④⑤

①联合检查检疫站做好各主要进出路口联合检疫工作（孙晓珊 摄）
②揭阳青年向团市委捐赠应急医用物资（团市委 供图）
③小区物业做好人员进出管理工作（郑楚藩 摄）
④疫情期间学生在家上网课（林佳燕 摄）
⑤揭阳医用口罩生产企业生产流水线（广东泰宝医疗科技股份有限公司 供图）

2020年4月24日，绿地国际空港城商办项目动工奠基仪式在揭阳空港经济区举行

（陈路文 摄）

2020年10月10日，揭阳市榕城区东升街道新河社区与中国铁建签订合作框架协议，开展新河社区改造项目

（郑楚藩 摄）

2020年9月28日，揭阳市委、市政府举行揭阳市招商合作项目签约仪式　　（郑楚藩 摄）

2020年11月6日，活力揭阳古城建设项目签约仪式在揭阳市榕城区举行　　（郑楚藩 摄）

2020年11月17日，揭阳至惠来铁路暨全市第四季度重点项目开工活动在揭惠铁路先行开工段——百吉岭隧道出口及各县（市、区）分会场同步举行

2020年12月28日，揭阳港口合作项目签约仪式举行，广州港集团、中交四航局与揭阳投控、揭阳普工3个合作项目集体签约

（林洁松 摄）

（郑楚藩 林洁松 摄）

建设中的潮汕环线高速公路项目控制性工程——榕江特大桥　　（郑楚藩 摄）

2020年，位于揭阳空港经济区的明月体育公园和双溪明月亲水公园建成投入使用
（黄锐鸿 摄）

2020年，揭阳大桥建成 （郑楚藩 摄）

2020年，梅汕铁路揭阳站站前广场投入使用 （郑楚藩 摄）

2020年，建设中的揭阳大南海石化工业区　　（郑楚藩 摄）

2020年揭阳阳美玉石公盘现场　　（林碧鸿 摄）

2020年，揭阳全力推进商贸名城建设　　（郑楚藩 摄）

①②③④
⑤

①惠来县靖海镇后湖村千亩胡萝卜种植基地菜农手捧丰收的胡萝卜（郑楚藩 摄）

②揭西县塔头镇潭溪村瓜农抱着半人高的黑皮冬瓜喜笑颜开（郑楚藩 摄）

③惠来县仙庵镇田墘村茶园喜获丰收（林碧鸿 摄）

④揭西县上砂镇上联村葡萄种植基地果农增收致富（林洁松 摄）

⑤2020年，揭西县金和镇山湖村村民站在家门口，向入户走访的驻村干部挥手道别（林碧鸿 摄）

2020年是全面建成小康社会目标实现之年，是全面打赢脱贫攻坚战收官之年。揭阳市围绕“两不愁三保障一相当”总体目标，狠抓扶贫责任、政策和工作落实，市县镇村四级全面动员，脱贫目标任务顺利实现，全市162个相对贫困村全部脱贫出列。农村人居环境焕发新颜，乡村风貌明显提升。累计创建748个美丽宜居村，162个相对贫困村村容村貌发生根本改变。全市评选出“十大美丽乡村”、5条“美丽乡村精品线路”和70个“特色乡村”，打造一批美丽乡村风景线和“网红打卡地”。

2020年1月20日，揭阳市“美丽乡村迎新春”乡村振兴大擂台活动在普宁市大南山街道陂沟村举行　　（郑楚藩 摄）

2020年，揭西县樱山花谷景区、普宁市盘龙湾温泉度假村、揭西县山湖村乡村旅游景区和惠来县锦铧公园被文化和旅游部评定为国家AAA级旅游景区。揭西县山湖村被文化和旅游部、国家发展改革委员会列入全国乡村旅游重点村名录，被评为第二届广东十大美丽乡村，普宁市南溪水乡被评为广东美丽乡村精品线路，揭西县火炬村、普宁市什石洋村、榕城区西岐村被评为广东特色名村。

国家AAA级旅游景区——揭西县樱山花谷景区 （许少波 摄）

国家AAA级旅游景区——普宁市盘龙湾温泉度假村 （郑楚藩 摄）

国家AAA级旅游景区——揭西县山湖村乡村旅游景区　（李理　摄）

国家AAA级旅游景区——惠来县锦铧公园　（郑楚藩　摄）

广东省红色村党建工程示范点、广东特色名村——揭西县南山镇火炬村
（林碧鸿 摄）

广东省红色村党建工程示范点、广东省贫困村创建名村、广东特色名村——普宁市大南山街道什石洋村

第十批全国“一村一品”示范村——揭东区玉湖镇坪上村·炒茶　　（林洁松 摄）

（郑楚藩 摄）

普宁市流沙北街道西陇村　　（黄梓扬　摄）

揭西县棉湖镇

揭西县良田乡桐树坪村农田　　（许少波　摄）

（李理 摄 ）

大南山山地——摩天石　（罗湖生　摄）

大北山山地

金山山地——冷柴坪　　（黄志辉 摄）

（李理　摄）

黄岐山　　（郑楚藩 摄）

紫峰山

桑浦山——风门古径　（黄岳平　摄）

（黄浩波　摄）

榕江——双溪落日　　（袁楚生 摄）

练江——白坑湖　　（王晓钦 摄）

惠来县客鸟尾石笋　　（黄志辉 摄）

龙江——三河汇流

（郑楚藩　摄）

2020年，揭阳市坚持政府主导、企业参与，采取灵活多样的形式展示推广揭阳“粤菜师傅”工程建设成果，不断扩大揭阳特色品牌的知名度和影响力。联合汕头、潮州举办“2020年汕潮揭三市‘粤菜师傅’创业大赛”，把潮汕人干事创业的形象、潮菜美味可口的观感、乡村振兴的美好梦想、精益求精的竞赛精神有机融合，引入一批创业带动就业的潮菜创新创业项目，助推潮菜产业化。积极开展揭阳特色美食推介宣传，“普宁油炸豆干”“潮汕蚝烙”“埔田笋粿”三个潮汕特色菜入选省商务厅向商务部推荐名单；成功举办惠来鲍鱼国际网络节、荔枝节、揭东竹笋宴，惠来鲍鱼“网络节+云展会”模式得到全省推广。

2020年6月12日，首届中国惠来鲍鱼国际网络节暨惠来名特优新农产品云展会在惠来县开幕　（林碧鸿　摄）

2020年7月18日，首届中国惠来凤梨网络节暨名特优新农产品云展会在惠来县凤梨产业园举行　（揭阳日报社　供图）

普宁豆干 （郑楚藩 摄）

潮汕蚝烙 （林佳燕 摄）

埔田笋粿 （林碧鸿 摄）

隆江猪脚饭 （郑楚藩 摄）

砂锅粥 （林碧鸿 摄）

牛肉火锅 （林碧鸿 摄）

埔田全笋宴 （林碧鸿 摄）

客家擂茶　（李维照　摄）

潮式龙虾饭　（金潮轩食府　供图）

春满榕江　（金潮轩食府　供图）

鸽吞燕　（金潮轩食府　供图）

惠来虾枣　（郑楚藩　摄）

棉湖粿肉　（林碧鸿　摄）

鱼丸汤　（郑楚藩　摄）

目 录
CONTENTS

年度关注
ANNUAL CONCERN

大事记
A CHRONICLE OF MAJOR EVENTS

揭阳概况
A GENERAL INTRODUCTION TO JIEYANG

党政机关

PARTY AND GOVERNMENT ORGANIZATIONS

民主党派和工商联
DEMOCRATIC PARTIES AND FEDERATIONS OF INDUSTRY

群众团体
SOCIAL GROUPS

法 治
LEGAL

军 事
MILITARY AFFAIRS

综合经济管理
COMPREHENSIVE ECONOMIC MANAGEMENT

财政·税务
FINANCE AND TAXATION

金融业
BANKING

农业和农村经济
AGRICULTURE AND RURAL ECONOMY

工 业
INDUSTRY

商 贸
COMMERCIAL CIRCULATION AND SERVICE TRADES

旅 游
TOURISM

交通 · 邮政
TRANSPORTATION AND POSTAL SERVICE

信息产业
INFORMATION INDUSTRY

城乡建设·环保
URBAN-RURAL CONSTRUCTION AND REAL ESTATE

教　育
EDUCATION

科 学
SCIENCE

文化艺术
CULTURE AND ART

传 媒

COMMUNICATIONS MEDIA

卫生·体育

HEALTH SPORTS

民　政
CIVIL AFFAIRS

人力资源·社会保障
HUMAN RESOURCES AND SOCIAL SECURITY

民族 · 宗教
ETHNIC GROUPS AND RELIGION

应急管理
EMERGENCY MANAGEMENT

县（市、区）概况
COUNTYS AND DISTRICTS INTRODUCTION

人　物
FIGURES

附　录
APPENDIXES

中央政治局委员、广东省委书记李希到揭阳调研

2020年9月17日至18日，省委书记李希到揭阳市，深入农村、企业、文物保护单位和产业园区，就认真贯彻落实习近平总书记对广东重要讲话和重要指示批示精神，推动落实省委十二届十次全会部署、高质量加快构建“一核一带一区”区域发展格局、做好“十四五”规划编制工作进行调研。

在广东蒙泰高新纤维、巨轮智能装备股份有限公司以及润泽水产养殖有限公司，李希实地考察企业生产经营、技术研发、市场开拓等情况，勉励企业保持战略定力、坚定必胜信心，加强关键核心技术攻关，努力实现质量更好、效益更高、竞争力更强、影响力更大的发展。同时，他要求当地党委政府采取有力有效措施，打造良好营商环境，支持帮助企业解决实际困难。

李希深入了解塘埔村基层党建、环境整治和公共服务工作，强调要把基层党组织锻造得更加坚强有力，进一步提高基层治理效能，不断提升服务群众的能力水平。要强力实施乡村振兴战略，加强环境治理和生态保护，依托优质自然和文化资源大力发展乡村旅游，更好推动富民兴村。李希还到揭阳古城遗址，考察并听取历史文化保护传承和红色文化教育工作情况，强调要抓好遗址遗迹的保护活化工作，让优秀传统文化和红色革命精神代代相传。

李希到揭阳大南海石化工业区

2020年9月17至18日，省委书记李希（前排右三）到揭阳市调研，图为李希在滨海新城听取项目建设进展情况介绍　　（郑楚藩　摄）

调研重点项目，听取项目建设进展情况。李希强调，要用世界级眼光打造石化产业园，坚持高标准推进园区规划建设，加强基础设施配套和政府服务保障，充分发挥龙头项目示范带动作用，围绕产业链高端精准招商、以商招商，力争再引进一批标志性、控制性、骨干性重大项目。

调研期间，李希主持召开座谈会，肯定揭阳改革发展各项事业取得的新进步。他强调，要坚持以习近平新时代中国特色社会主义思想为指导，进一步把思想和行动统一到总书记重要讲话和重要指示批示精神上来，扎扎实实办好自己的事，建设宜居宜业宜游的活力古城、滨海新城，努力打造沿海经济带上的产业强市。一要把握大局大势，在全省大局中找准自身定位，奋力推动高质量发展。牢牢把握构建以国内大循环为主体、国内国际双循环相互促进的新发展格局带来的新机遇，牢牢把握深入推进“双区”建设、“双城”联动带来的新机遇，牢牢把握高质量加快构建“一核一带一区”区域发展格局带来的新机遇，自觉从全省大局、从区域整体出发，找准工作着力点和突破口，谋划好当前和“十四五”时期重点工作。二要聚焦高质量发展，进一步优化城市、产业、交通布局。坚持老城蝶变、新城崛起两手抓，高质量保护提升老城区，高标准推进城市新区规划建设，加快做大做强临海产业集群，强力实施乡村振兴战略，加强环境治理和生态保护，充分发挥交通基础设施的先导性、基础性作用，在陆海统筹、港产城联动中推动高质量发展。三要全力以赴抓落实，统筹做好疫情防控和经济社会发展，扎实做好“六稳”工作、全面落实“六保”任务，坚决打好三大攻坚战，全力办好发展安全两件大事，高质量完成决胜全面建成小康社会、决战脱贫攻坚目标任务。四要加强党的领导和党的建设，为揭阳加快发展提供坚强政治保证。持续学懂弄通做实习近平新时代中国特色社会主义思想，旗帜鲜明讲政治抓政治，进一步夯实基层党组织战斗堡垒，持之以恒正风肃纪反腐，大力弘扬伟大抗疫精神，振奋党员干部干事创业的精气神，改革创新、担当作为，奋力开创揭阳工作新局面。

省领导张义珍、叶贞琴、覃伟中参加调研。

（市委办公室）

揭阳市学习贯彻习近平总书记出席深圳特区建立40周年庆祝大会和视察广东重要讲话重要指示精神

2020年，揭阳市深入学习贯彻习近平总书记出席深圳经济特区建立40周年庆祝大会和视察广东重要讲话重要指示精神，紧扣总书记对广东的总定位总目标，按照省委“全方位、全过程、高水平、高站位”要求，研究谋划“十四五”时期各项工作，坚持不懈啃骨头、打基础、促发展，建设宜居宜业宜游的活力古城、滨海新城，打造沿海经济带上的产业强市，推动总书记重要讲话重要指示精神在揭阳大地落地生根、结出丰硕成果。

迅速组织部署，兴起学习宣传贯彻总书记重要讲话、重要指示精神热潮 揭阳市把学习宣传贯彻习近平总书记出席深圳经济特区建立40周年庆祝大会和视察广东重要讲话重要指示精神，作为头等大事和首要政治任务，精心组织、周密部署，开展理论学习、干部培训、宣传贯彻等工作。

加强组织领导。市委书记蔡朝林迅速主持召开市委常委（扩大）会议、全市干部大会、市委务虚会及县处级领导干部专题研讨班进行深入学习，兴起学习宣传贯彻热潮。10月25日，印发《中共揭阳市委关于认真学习宣传贯彻习近平总书记出席深圳经济特区建立40周年庆祝大会和视察广东重要讲话重要指示精神的通知》，全面部署贯彻落实措施。

领导干部带头学、深入学。市党政领导率先垂范，带头学习。11月19—20日，举办市委理论学习中心组专题学习会，学习贯彻总书记重要讲话、重要指示精神。把学习贯彻总书记重要讲话、重要指示精神与学习《习近平谈治国理政》第三卷结合起来，与学习党的十九届五中全会精神结合起来，与贯彻落实省委十二届历次全会和省委书记李希莅揭调研讲话精神结合起来，一体学习、一体领会、一体把握。

开展学习培训工作，制定学习培训工作方案。11月至12月，对市管干部进行全员轮训，举办1期县处级主要领导干部专题研讨班，178人参加培训；举办4期市管干部专题研讨班，727人参加培训；举办全市乡镇（街道）党（工）委书记培训班1期，参训85人；举办村（社区）党组织书记示范班1期，193名村（社区）党组织书记参加专题集中培训。

全方位、多层次开展宣传宣讲。制定宣传工作方案，成立市委宣讲团，面向各县（市、区）和市直各单位开展宣讲工作，在全市范围内开展宣讲活动10多场；各县（市、区）成立百姓宣讲团，把总书记重要讲话、重要指示精神传递到最基层。编印《揭阳宣传》分发至1400多个行政村，为基层党员提供理论读物。在全市报刊、广播、电视、网络等媒体开辟专题专栏进行宣传报道，推出新闻报道47篇；在城市主干道等重点区域广泛开展宣传，全市布设大型广告牌20多面、宣传栏140多座，营造学习宣传贯彻总书记重要讲话、重要指示精神的浓厚氛围。

汲取前行力量，以总书记重要讲话、重要指示精神谋划揭阳发展 习近平总书记出席深圳经济特区建立40周年庆祝大会和视察广东重要讲话、重要指示精神，为揭阳发展指明前进方向，提供重要遵循。揭阳市深刻把握其丰富内涵和精神实质，深刻领会总书记对粤东发展的关心厚爱，注重从中汲取前行的信心和动力，落实省委书记李希莅揭调研讲话精神，紧扣省委对揭阳提出的“建设宜居宜业宜游的活力古城、滨海新城，打造沿海经济带上的产业强市”发展定位，开展“深调研”活动，把事关揭阳“十四五”发展的根本性、全局性、长远性重大问题谋深谋实谋透。市委书记蔡朝林统筹抓总，带头深入一线调研，掌握基层实情，找准贯彻落实的工作着力点和突破口，研究提出一批创新工作举措，现场协调解决问题、推动工作落实，2020年到基层调研90多场次。每位市领导筛选课题开展调研活动，形成调研成果，为市委谋划全市“十四五”规划提供决策参考。

12月23日，市委召开六届十次全会深入学习贯彻习近平总书记在党的十九届五中全会上的重要讲话和五中全会精神，贯彻落实习近平总书记出席深圳经济特区建立40周年庆祝大会和视察广东重要讲话、重要指示精神，研究谋划“十四五”时期揭阳经济社会发展，审议通过《中共揭阳市委关于制定揭阳市国民经济和社会发展第十四个五年规划和二〇三五年远景目标的建议》，动员全市上下乘势而上、起而行之，提振再创业的精气神，提高抓落实的执行力，加快建设宜居宜业宜游的活力古城、滨海新城，努力打造沿海经济带上的产业强市，奋力开启揭阳现代化建设新征程。

聚力落实落地，把总书记重要讲话、重要指示精神贯彻落实到全市经济社会发展各方面全过程 全市各级各部门坚持以总书记重要讲话、重要指示精神统领各项工作，坚定发展信心，凝聚奋斗力量，推动揭阳高质量发展。

统筹推进疫情防控和经济社会发展。时刻绷紧疫情防控这根弦，抓实抓细“外防输入、内防扩散”系列举措，严格落实“四早”“四集中”防控要求，筑牢交通检疫、核酸检测、疫情流调、重点人群监测、医疗救治、社区防控、物资保障、舆论引导“八道防线”，全市自2020年4月4日后没有新增确诊病例。统筹推进经济社会发展各项任务，做好“六稳”“六保”工作，出台28项具体措施帮助中小企业降成本、减压力、渡难关，精准有序推动复工复产，第三季度GDP增长扭负为正，全年全市GDP总量2102.14亿元、增长0.2%。

坚定不移深化改革开放。优化营商环境，树立“乙方思维”，制定实施《揭阳市全面优化营商环境三年行动计划（2020—2022年）》，深化“放管服”改革，实现“商事登记、公章刻制、税务登记”等6个环节“一窗、一次、一网、一日”办妥。推进市级功能区改革发展，把原揭阳产业转移工业园代管的5镇1街划归揭东区管辖，解决市区行政区域调整遗留问题。系统推进市属国有企业改革重组工作，组建市投资控股集团有限公司，与粤海集团合作改革涉水业务。

建设宜居宜业宜游的活力古城、滨海新城。制定《中共揭阳市委关于建设宜居宜业宜游活力古城滨海新城打造沿海经济带上的产业强市的决定》及3个行动方案，申报国家历史文化名城，以新河社区为试点推进老城区集中连片改造提升，实现老城蝶变。有序推进榕江新城、粤东新城、普宁东部创新城、揭西北部新城建设，推动揭东省级城乡融合发展试点工作。11月，榕城区与广州文化投资有限公司、波特曼（中国）公司等举行古城建设项目签约仪式。

打造沿海经济带上的产业强市。制发《关于打造先进制造业高地的若干意见》，推进中石油广东石化炼化一体化项目、吉林石化ABS项目、国电投项目、GE海上风电机组总装基地项目等重大项目建设；省、市重点项目分别完成投资324.25亿元、663.54亿元，投资完成率125%、114.51%。加强招商引资，开展政企常态化交流活动，全年招商项目110个，计划总投资2011.42亿元。优化产业布局，建立促进产业发展“1+1+12”政策体系，推动传统产业加快转型升级，发展战略性新兴产业。推进重点产业园区建设，启动创建国家级高新区申报工作，调整优化中德金属生态城发展思路和管理体制，推动园区聚集开发建设、经济发展主责主业。

推动与粤东各市联动发展。与汕头、潮州、汕尾携手推进疫情防控、环境整治、生态保护、扫黑除恶、社会治理等工作。与汕头、潮州、汕尾签订政务服务合作协议，建立“跨城通办”协作机制。加强交通规划、建设项目等对接合作，共同推动形成互联互通、便捷快速的通行环境，汕湛高速汕头至普宁占陇段建成通车，汕汕铁路惠来段有序推进。优化区域间生产力布局，推进产业合作共建，建立自然和人文资源整体保护框架。

坚决打好“三大攻坚战”。决战决胜脱贫攻坚，2020年全市36998户、105844名相对贫困人口和162个相对贫困村全部脱贫。全面开展污染整治，全市累计新建成污水处理厂41座，新建管网714千米，取缔“散乱污“企业119家，7个国考断面5个达到优良以上，榕江龙石国考断面稳定Ⅴ类，练江青洋山桥断面除氨氮外其余均达到Ⅴ类以上。防范化解重大风险，做好上市公司风险处置，坚决打击涉农合机构“逃废债”，清收压降不良贷款77.15亿元，惠来农信社改制农商行揭牌开业，引进顺德农商行帮扶化解揭阳、揭东农商行风险，全市金融领域风险总体可控。

保障改善民生。国家卫生城市、全国文明城市创建工作深入推进。引进建设广外附设揭阳外国语学校，加快建设广东工业大学揭阳校区，推进县域医共体建设，教育医疗水平不断提升。加快推进引韩供水、揭阳学院仙梅片区供水、揭东区供水应急调度和东部水厂等重点饮水工程建设，保障城市基本用水。高质量完成省对揭阳市10千米的碧道建设任务，初步建成水清岸绿景观30千米的碧道。

加强党的全面领导和党的建设。狠抓政治建设，全面落实第一议题制度，制定市委坚决落实“两个维护”十项机制，累计梳理187项政治要件纳入台账管理，查处违反政治纪律32人；组织开展市委三轮常规巡察，发现并推动解决问题2240个。加强干部队伍建设，全年提拔使用58名成绩突出、一贯表现好、群众评价高的优秀干部。全面实施基层党建“三大行动”，完成84个软弱涣散基层党组织整顿，建成86个镇街、199个村级党群服务中心，推进村级换届工作。出台“为官不为负面清单”和“容错纠错正面清单”，坚决调整不作为慢作为的干部。坚决正风肃纪反腐，全市纪检监察机关受理信访举报5045件次，立案2725件，处分2676人，移送司法机关71人。

（李伟江）

揭阳市全力做好新冠肺炎疫情防控工作

2020年，揭阳市全面深入学习贯彻习近平总书记重要讲话和重要指示精神，全面贯彻落实“坚定信心、同舟共济、科学防治、精准施策”总要求，把疫情防控作为最紧迫、最重要的政治任务来抓，坚持人民至上、生命至上，把党中央和省委省政府、市委市政府的决策部署落实到疫情防控的全过程各方面，抓实“四早四集中”防控措施，科学研判防控形势，适时调整防控策略，打好打赢全市疫情防控的人民战争、总体战、阻击战。揭阳市疫情防控工作取得阶段性成果，实现“四无”目标，即：无本地病例、无聚集病例、无医护感染、无重症和死亡病例。自4月4日报告最后1例确诊病例后，全市无新增确诊病例，263名密切接触者全部解除医学观察。自疫情发生至12月，全市累计报告确诊病例11例，无症状感染者1例，全部治愈出院。

全面落实联防联控，快速组建坚固防线 夯实“监测”防线，公布全市定点救治医院和发热门诊名单及联系方式，在全省率先启用第三方核酸检测服务，联合公安专业力量开展“三同时”流病调查。筑牢“入揭”防线，在“两站一场一港口”设立16个联合检查检疫站并做好港口码头联合检疫工作，督促指导汽车客运站、高速公路服务区经营单位，严格执行客运场站、交通运输工具和服务区各场所清洁、消毒、通风、隔离留观区设置规定，对进入客运场站和服务区旅客要落实100%测温、100%佩戴口罩。巩固“在揭”防线，聚焦社区这个疫情联防联控的第一线，紧盯“人员、场所、行为”三要素，联合基层党政和公安等部门组成社区“三人小组”，全覆盖、无死角、不留白抓好重点人员健康监测，阻断疫情传播渠道。坚持“一校一案”的原则，紧盯重点场所和重点部位，严格排查“两个风险点”，保持校园以及教室、宿舍、食堂等重点场所卫生，重点加强楼梯、门把手等高频次接触的物体表面的清洁和消毒，建立教学、就餐、住宿等活动的行为规范，减少人员聚集和交叉，坚决保障学校师生身体健康及学校安全稳定。

突出冷链食品管理，闭环抓好农贸市场疫情防控 全力推进农贸市场从业人员和进口冷链食品核酸检测工作。迅速组织对全市农贸市场、冷链物流冷库、肉联厂、地下或通风不良食品经营场所及其从业人员进行全面摸底排查，摸清底数，紧控时间节点，强抓贯彻落实，限时完成全市农贸市场从业人员、产品、环境核酸检测任务。完成农贸市场、冷库、肉联厂等从业人员核酸检测8322份、重点场所环境核酸采样检测1302份、重点产品核酸采样检测1312份；落实各类冷库人员核酸检测5381人次，产品核酸检测4436份，环境核酸检测6041份。核酸检测结果均为阴性，超额完成省下达的目标任务，在全省排名第六位。部署落实预防性全面消毒工作。落实各地严格按照冷链食品消毒技术指南等有关操作要求，对进口集装箱内壁和每件货物外包装所有表面进行预防性全面消毒，确保所有进口冷链食品经过预防性消毒后方可进入冷库，消毒完成后，由执行消毒的单位（点）出具该批进口冷冻肉制品和水产品消毒证明。未经消毒产品，一律禁止上市销售。严格落实各项常态化防控措施。落实农贸市场“一人一场”驻场工作制度，持续强化重点场所人员入场健康扫码、测温、佩戴口罩、手套和“两套衣服”“三区管理”等措施。保持高压态势，严禁任何形式的野生动物交易活动，严格落实农贸市场准入和进货查验记录制度。严格落实活禽交易存栏、宰杀、售卖区域“三分离”制度和市场“1110”制度，在限制区严格实行活禽集中屠宰、冷链配送、生鲜上市，严禁市场销售活体禽畜及现场宰杀销售禽畜。

巧用数据技战法，精准研判助管控 组建专业技术队伍，打造疫情数据全流程闭环化核查体系。市公安局第一时间从各警种抽调专业人才，组建“大数据”核查专班，以大数据跑出疫情“加速度”，全力服务疫情防控工作。实战中，专班依托公安大数据优势，构建了“123”精准防控工作体系，通过运用“情指行”一体化运行机制，坚持两次分析研判，锁定三类重点人群，助力基层排查管控。专班先后比对各类疫情研判数据十一类970万余条，清理重复轨迹信息1.7万余条，累计掌握三类重点人群40775名，涉及人员均精准推送，核查率达100%。巧用公安技战法，实现重点人员更快管控。在网格化排查数据的基础上，加强信息分类采集，应用数据分析模型展开对轨迹行程、关系聚集等活动进行分析，依托公安大数据库进行碰撞对比，构建确诊及疑似人员同行分析模型，分析出密切接触者、飞机动车轮船等公共交通同行者以及其他亲密关系聚集者，用数据链原原本本还原病毒传播链，抽丝剥茧找出链条中可能存在的感染重点人员。借力智慧新警务成果，结合形势变化开展情报研判服务精准施策。各专组（专班）先后撰写《揭阳市镇街新冠疫情风险评估报告》《揭阳市涉境外疫情输入风险评估报告》《揭阳市全面复学风险点评估》等多篇理论性高、时效性强的评估材料，为全市疫情防控提供大量有效的理论支撑和决策辅助。

全力开展督导检查，推动防控措施落实见效 先后到73个乡镇（街道办事处）、80个村（社区）、38个农贸市场、9家企业、68个交通卡点、10个隔离点、33家寄餐园、32所学校等，开展专项督查10次，印发督查通报4期、报送专项督查情况综述3篇供市委、市政府和市防控办决策参考。对督查发现的问题均现场进行反馈，要求立行立改，并印发《督查通报》，要求各地各相关部门落实好疫情防控“四方责任”，细化防控措施。

慎终如始，落实落细应急防控准备 发挥前哨预警作用，在全省率先完成17个发热门诊和72个发热诊室标准化建设，对“四必查”重点人员及近14天内有重点地区旅居史人员进行核酸检测，加强对就诊患者的监测筛查，坚决做到“早发现”。坚决堵住院感防控漏洞，对所有医疗机构新入住院病人和门诊重点人群落实核酸检测100%全覆盖。市卫生健康局多次组织专家到各医疗机构进行专项督导检查，先后在5家市直医疗机构召开院感防控现场会，全面落实感染防控要求，全市24家二级以上医疗机构配置医院感控监督员552名。落实重点人群免疫保障，全市设置413个接种单元，其中依托固有常规接种点117个，接种单元331个；利用公共场所临时建点7个，接种单元70个；集体单位临时建点1个，接种单元2个；依托二级以上医疗机构新增点6个，接种单元10个。按照咨询登记人员与接种人员2：1的比例开展培训，市、县两级开展新冠病毒疫苗接种培训班21场，参加培训人员2609人，全部考核合格后持证上岗。

全市先后派出22名医护人员驰援湖北，33名流调人员驰援东莞、广州、汕尾，4名核酸检测专业人员驰援香港，35名采样人员支援广州海关白云机场口岸。

（蔡伟涛）

揭阳市谋划“十四五”时期发展和2035年远景发展蓝图

2020年，揭阳市贯彻落实党的十九届五中全会精神，全面贯彻落实习近平总书记对广东系列重要讲话和重要指示批示精神，结合贯彻落实省委李希书记莅揭调研时对揭阳工作的具体要求，综合考虑新发展阶段面临的新机遇新挑战，对“十四五”时期揭阳市发展作出谋划和部署。12月23日，中国共产党揭阳市第六届委员会第十次全体会议召开，审议通过《中共揭阳市委关于制定揭阳市国民经济和社会发展第十四个五年规划和二〇三五年远景目标的建议》（下简称《建议》）。《建议》紧扣省委对揭阳“建设宜居宜业宜游的活力古城、滨海新城，打造沿海经济带上的产业强市”发展定位，从全市中长期发展的战略高度出发，描绘揭阳市“十四五”期间发展和2035年远景发展蓝图。

《建议》主要包括3大板块12个部分49项，约1.6万字。

第一板块为总论，即第一部分，主要阐述决胜全面建成小康社会取得决定性成就、新发展阶段面临的新机遇新挑战、到二〇三五年远景目标、“十四五”时期经济社会发展总体要求和主要目标。提出揭阳市“十四五”时期经济社会发展目标主要包括经济发展取得新成效、改革开放迈出新步伐、城市文明建设迈上新台阶、生态文明建设实现新进步、民生福祉达到新水平、治理效能得到新提升六个方面；到2035年经济实力、创新能力、综合竞争力大幅跃升，经济总量和城乡居民人均收入迈上新台阶，人均地区生产总值达到更高水平，基本实现新型工业化、信息化、城镇化、农业现代化，建成文化强市、健康揭阳和更高水平的平安揭阳，社会文明程度达到新高度，美丽揭阳建设目标基本实现，人民生活更加美好，人的全面发展、共同富裕取得更为明显的实质性进展。

第二板块为分论，包括第二至第十一部分共41项，明确从创新驱动和改革开放、营商环境、产业发展、基础设施、区域发展、乡村振兴，到文化建设、绿色发展、民生发展、平安法治等重点领域的思路和重点工作，作出工作部署。重点提出要持续优化营商环境，把优化营商环境摆在更突出的位置，作为战略性战役性改革的重大举措持续推进，进一步彰显揭阳市继续强化“乙方思维”、全力打造市场化、法治化、国际化营商环境的鲜明态度和坚定决心。要加强人才工作，提出要坚持人才引领发展，深化人才发展体制机制改革，实行更加积极开放有效的人才政策，优化人才发展平台和环境，破除各种障碍，大力提升人才服务能级。要加强产业建设，提出加快构建先进制造业、现代服务业、文化旅游业、现代农业协同发展的产业体系，发展战略性新兴产业，为建设活力古城、滨海新城和产业强市提供有力支撑。

第三板块为结尾，即第十二部分和结束语3项，主要阐述强化党的全面领导、推进社会主义政治建设、健全规划制定和落实机制等内容，提出实现“十四五”规划和二〇三五年远景目标，必须坚持党的全面领导，深入贯彻新时代党的建设总要求，推动全市党员、干部增强“四个意识”、坚定“四个自信”、做到“两个维护”，充分调动一切积极因素，广泛团结一切可以团结的力量，凝聚形成推动高质量发展的强大合力。

（市委政研室）

揭阳市成功创建国家卫生城市

2018年，揭阳市正式申报创建“国家卫生城市”，揭阳市委、市政府高度重视，多次召开会议，部署开展国家卫生城市创建工作，建立健全创建机制，推动各项创建工作落到实处。

至2020年，揭阳市通过建立健全政府投入机制、领导责任机制、部门协调配合机制和全社会参与机制，举全市之力、聚全民之心，坚持不懈推进创建国家卫生城市各项工作，城市基础设施进一步完善，卫生管理水平显著提高，城市环境面貌和市民卫生素养全面提升。全市各级党政机关主动作为，通过各种媒体发动宣传，广大干部群众积极参与国家卫生城市创建活动。在先后经历省级申报考核、全国爱卫办申报资料审核、暗访、技术评估、社会公示等程序后，揭阳市被国家爱国卫生运动委员会正式命名为“国家卫生城市”。

（市卫生健康局）

揭阳市决胜决战脱贫攻坚

2020年，揭阳市深入学习贯彻习近平总书记关于扶贫工作的重要论述，围绕中央和省打赢脱贫攻坚战的部署要求，狠抓扶贫责任、政策和工作落实，市、县、镇、村四级全面动员，凝心聚力，苦干实干，久久为功，脱贫攻坚取得重大胜利。

全面压实责任持续聚力攻坚 市委、市政府主要领导多次召开会议研究部署脱贫攻坚工作，经常性到镇村调研督导，推动工作落实。市委、市政府领导班子成员分别督战各县（市、区），分管领导靠前指挥，一线办公解决问题。市扶贫开发领导小组强化统筹协调和督促指导，常态化组织开展脱贫攻坚工作进度管理核查，研判形势并部署重点工作。市县镇村四级严格履行主体责任，各行业部门密切配合落实行业帮扶政策，各定点帮扶单位扎根一线开展精准帮扶，纪委监委、审计等部门切实加强日常监督管理，有效形成层层落实、合力攻坚的工作格局。

实施访贫问效“双覆盖” 2020年6月下旬开始，组织14个行业部门和县镇村各级，全面实施访贫问效“双覆盖”排查核实整改工作；帮助贫困户、贫困村解决实际问题3454个，出台一系列文件，并常态化组织访贫问效督查，全力巩固提升脱贫质量。

织密筑牢民生兜底保障 逐年提高困难群体民生保障水平，对比2015年，2020年揭阳市农村低保标准从385元/月/人提高至596元/月/人；基本医疗报销比例一二三级医院分别从85%、70%、60%提高至95%、90%、85%。精准聚焦建档立卡贫困人口，全面压实行业部门责任，加强排查梳理和数据比对，持续深化落实扶贫惠民政策。全市贫困人口教育、医疗、住房、饮水、低保、养老、残疾等各项保障总体实现应保尽保。

深化工作落实拓展脱贫成果 揭阳市突出党建引领，实施基层党建“三大行动”，实施“头雁”工程，增强基层党组织战斗堡垒作用。实施产业扶贫增强造血功能，全市因地制宜推进实施944个扶贫开发项目，强化扶贫项目带贫益贫作用；规范扶贫资产管理，组织开展扶贫资产登记确权，健全完善长效机制。推进就业帮扶力促稳岗就业，加大力度开发公益性岗位，努力克服疫情影响，开展就业扶贫助复工行动，帮助贫困劳动力在家门口实现就业。

开展消费扶贫完善产销对接 创新成立揭阳市消费扶贫联盟，联盟以签订购销意向书等方式，连续

2020年，省定“红色村”、贫困村和新农村建设示范村——普宁市什石洋村在精准扶贫政策帮扶下奔小康，红色文化长廊、黄皮观光园等景点成了村民、游客的日常打卡地 （郑楚藩 摄）

三年持续开展农产品认购消费活动。12月7日在广州举办揭阳市成立消费扶贫联盟暨扶贫产品展销活动，现场采购签约总金额超2.3亿元。惠来县探索创新“网络节+云展会”模式，举办鲍鱼等国际“网络节+云展会”。揭西县成功举办扶贫产品产销推介活动暨走进粤港澳大湾区系列活动，率先在全省将38款消费扶贫产品带进高铁广州南站，打造“行走中的消费扶贫产品营销平台”。

脱贫目标任务顺利实现 紧紧围绕“两不愁三保障一相当”总体目标，集中精力攻坚克难，截至2020年11月30日，全市建档立卡贫困户36998户105844人全部实现脱贫，162个相对贫困村全部脱贫出列。

贫困人口持续稳定增收 通过因地制宜靶向施策，使贫困户家庭经济收入逐年大幅增长，对比2015年到2020年，全市贫困人口人均可支配收入从3841.64元提高至15501.26元，增长303.51%。全市162个相对贫困村居民人均可支配收入从2017年的12128.92元提高至2020年的21896.34元，增长80.53%。

联农富农产业蓬勃发展 创建普宁青梅等4个省级现代农业产业园，以及揭东区茶叶等10个市级现代农业产业园。建设“一村一品、一镇一业”项目153个。探索形成“公司+产业基地+农户+贫困户”“资产收益分红+就近就业务工”等模式，带贫益贫机制逐步健全。实施扶贫开发项目944个，培育致富带头人862名，建成就业扶贫车间、扶贫工作坊49个，开发公益性岗位安置贫困劳动力就业866人。

农村人居环境焕发新颜 持续全面深入开展“三清理三拆除三整治”行动，乡村风貌明显提升。累计创建748个美丽宜居村，162个相对贫困村村容村貌发生根本改变。全市评选出“十大美丽乡村”、5条“美丽乡村精品线路”和70个“特色乡村”，打造一批美丽乡村风景线和“网红打卡地”。揭西县山湖村被评为第二届“广东十大美丽乡村”；普宁市南溪水乡被评为“广东美丽乡村精品线路”；揭西火炬村、普宁仕石洋村、榕城西岐村被评为“广东特色名村”。

基本公共服务明显提升 162个相对贫困村全面完成村委通自然村道路和村内巷道路面硬化，全部建成村内卫生站、公共服务站，全部通广播电视和光纤网络。所有自然村实现集中供水、畜禽圈养，实施雨污分流。贫困村生产生活条件显著提升，总体实现“落后变先进，后队变前队”，群众幸福感、满意度明显提升。

（市农业农村局）

揭阳市着力优化营商环境，大力招商引资

2020年10月16日，揭阳市优化营商环境暨招商引资座谈会在广州召开
（郑楚藩 摄）

2020年，揭阳市围绕省委对揭阳的发展定位，加强营商环境改革顶层设计，营造竞争高效的市场环境，全面营造亲商重商环境，推动营商环境不断优化，实现招商引资新突破，掀起大招商、大投资、大建设热潮。全年，全市招商项目110个，计划投资总额2011.42亿元。

2020年，揭阳市着力优化营商环境，市委、市政府坚持全面深化改革，把优化营商环境作为最重要的基础工作，对标广州、深圳等先进地区，以市场化法治化国际化为目标，强化“乙方思维”，深化“放管服”改革，加快补上营商环境突出短板。

加强营商环境改革顶层设计 8月28日，市委、市政府召开全市优化营商环境和加强招商引资工作大会，向全市发出对照国际国内一流标准，补短板、强弱项，大力优化营商环境、加强招商引资的动员令，会议印发《揭阳市全面优化营商环境三年行动计划2020—2022年》，明确开办企业、办理建筑许可、获得电力等18方面378项任务，打造公平透明、可预期的营商环境，以高品质营商环境支撑我市高质量发展。印发《揭阳市促进产业发展“1+1+12”政策体系》，完善揭阳市产业政策体系，提升招商引资成效，赋能全市产业结构加快优化升级。市政府出台《关于深化“放管服”改革的若干意见》，进一步把简政放权、放管结合、优化服务改革推向纵深，持续推进营商环境革命性再造，激发市场活力和社会创造力，为揭阳建设宜居宜业宜游的活力古城、滨海新城，努力打造沿海经济带上的产业强市提供重要保障。

营造竞争高效的市场环境 出台实施《揭阳市人民政府关于深化商事制度改革，促进市场主体健康发展的实施意见》，推进企业开办流程网办和“6+X证照联办”，全面提升开办企业便利度，实现“商事登记、公章刻制、税务登记、公积金缴存登记、企业社保缴存登记、银行开户”6个环节一窗、一次、一网、一日办妥，全流程网办打破多个业务部门界限，实现办事“减表格、减材料、减流程、减时限、减跑腿”。印发实施《揭阳市开展“证照分离”改革全覆盖试点工作方案》。在全省范围实施改革的528项涉企经营许可事项除2项在深圳市实施没有列入外，其他526项全部列入揭阳市改革事项清单。出台《揭阳市人民政府办公室关于转发全面推进电子证照应用工作方案的通知》《关于公布揭阳市“免证办”政务服务事项清单（第一批）的通知》《关于启用免证办服务的通知》《关于批量签发电子证照（第一批）的通知》等文件，完成与省事项目录管理系统、省统一身份认证平台、省两页系统、市统一申办受理平台的对接，依托省企业开办一网通办平台，全面实行全流程无纸化网上登记注册。按“最多跑一次”的标准，梳理哪些还能压缩办理时限的审批事项，推动实体大厅和网上大厅数据实现同步共享。强化政务信息数据跨层级、跨部门按需共享、交换、互认，坚决打通信息孤岛，真正把效率提上来。

全面营造亲商重商环境 学习借鉴先进地区的经验做法，探索制定政商交往行为指引等规范性文件，推动各级领导党员干部强化“乙方思维”，树立“人人都是营商环境”的理念，真诚坦荡同企业打交道、同企业家交朋友，在企业遇到困难和问题时敢于主动服务、善于纾困解难。开展“回家行动”，优化人才服务保障政策，在住房保障、社会保险、家属就业、子女入学等方面提供全方位服务，解决“后顾之忧”，让各类人才招得来、留得住，让在外乡亲踊跃“回家学习、回家就业、回家兴业”。用好全市众多在外企业家和商会等优势资源，建立与外地揭籍商协会、乡贤企业家联络交流常态化机制，制订出台吸引在外揭籍企业家回乡投资兴业的政策措施，发挥驻外机构“窗口”“桥梁”作用，服务乡贤回乡兴业，推动乡贤感情回归、信息回传、资金回流、项目回迁。

2020年，揭阳市大力招商引资，市委、市政府在深入调研基础上，全面理顺招商工作体制，专门制定支持产业发展的政策，持续掀起招商引资热潮，促进更多企业落户揭阳、更多项目落地见效。全年，全市招商项目110个，计划投资总额2011.42亿元。

加强招商工作组织领导 市主要领导亲自推介招商环境、亲自参与重大项目洽谈、亲自协调解决项目推进问题，亲自谋划招商工作，亲自会见客商，亲自带队赴北京、上海、浙江、福建、广州、深圳等地开展招商，建立以市政府主要领导任总召集人的市招商工作联席会议制度，加强招商工作的统筹。

建立健全招商政策体系 围绕打造沿海经济带上的产业强市目标，制定《揭阳市促进产业发展“1+1+12”政策体系》，出台包括总部经济、人才等共性促进政策，以及科技创新、先进制造业、电子信息工业和软件技术产业、建筑业、现代服务业、金融服务业、商贸业、文化旅游体育产业、农业产业化、粤东新城等一揽子政策“干货”，精心培育扶持12个重点发展产业，为招商引资提供强有力的支撑。

逐步完善招商工作机制 出台实施《关于进一步完善招商引资工作机制的意见》，建立由市长为总召集人的招商工作联席会议制度，统筹全市招商工作，并明确要求各成员单位落实1名分管领导牵头负责。同时，制定《揭阳市招商引资工作流程图》《揭阳市招商引资工作规程》等工作规则，加强重点线索项目跟踪服务，及时通报线索项目进度。建立健全揭阳市招商引资考核制度，对各县（市、区）新洽谈项目、签约项目、注册落地项目和市直有关单位提供有效招商线索情况进行考核、评分，推动项目加快落地建设。

结合实际开展精准招商 立足揭阳所有、所能、所需，发挥空铁港交通、产业基础、市场需求、土地空间等比较优势，实施精准对接、精准招商。结合大南海石化工业区发展实际，围绕石化产业链开展精准招商，与广物集团下属的巨正源公司签约合作建设液化气综合利用项目、乙烯及下游塑料等基地化产业项目，计划投资550亿元；与泛亚石油化工集团有限公司签约合作建设泛亚多功能聚酯材料一体化项目，计划投资215亿元。聚焦13个重点平台，精心策划涵盖先进制造业、现代服务业、城市更新、文旅康养、现代农业等领域的90个招商项目，让招商引资有平台，让项目能落地。各地各部门围绕现代产业体系，聚焦重点产业链条，开展区域性定向招商、龙头项目产业链招商、园区产业集群化招商，瞄准目标客户主动出击，加强招商线索跟踪转化，精准引进一批技术含量高、带动力强的项目，做到大招商、招大商、招好商。

（郑志昱）

揭阳滨海新区开发建设快速推进

2020年，揭阳市实施省、市出台的《揭阳滨海新区发展总体规划》《关于支持揭阳滨海新区粤东新城加快开发建设的若干意见》《聚焦“一城两园”加快揭阳滨海新区开发建设的若干措施》等文件精神，围绕沿海经济带建设，落实大招商、大投资、大建设，揭阳滨海新区建设步伐加快。

围绕打造绿色石化产业集群，抓紧开展大南海石化工业区下游延伸产业规划和园区发展规划编制，解决中石油广东石化炼化一体化项目用地、砂石用料、涉军事设施搬迁等难题，全方位服务保障项目加快建设，项目2020年度完成投资123亿元、累计完成投资250亿元，204个主项开工185项，原油码头总体完成57.4%、产品码头总体完成75.1%，同步启动实施吉林石化ABS、中石油LNG等配套项目，围绕产业链精准招商、以商招商，引进落户广物巨正源、泛亚等产业链项目。同时，加快推进供水、供电、道路、交通、码头、消防应急、政务服务等17个园区配套基础设施建设，夯实园区发展硬环境。

组建重大风电项目建设指挥部，一体化服务推进国电投海上风电、GE海上风电机组总装基地、明阳新能源综合基地等项目建设，其中国电投90万千瓦海上风电项目完成年度投资26.5亿元、累计完成投资83.37亿元。加快推进惠来临港产业园供水、供电、污水处理等配套基础设施建设。

紧扣打造粤东城市群新城市中心定位，用好省35条扶持政策，落实粤东新城开发规划，加强土地征收储备，理顺财政体制和园区开发管理机制，加快推进大学路、科教西路、汕汕高铁等基础设施项目建设，启动建设高品质粤东新城城市社区人才安居项目，推动广工揭阳理工学院首期工程（现广东工业大学揭阳校区）全面实现封顶，粤东新城建设迈出坚实步伐。

（市府办）

揭阳扫黑除恶专项斗争取得新突破

2020年，揭阳市贯彻落实近平总书记重要指示批示精神，紧紧围绕市委提出“9月份取得突破成效，年底实现全胜收官”的目标，以重点关注问题整改和全国扫黑办第19特派督导组督导为重要抓手，坚持强力扫黑、铁腕除恶、打建并举、持续发力，推动揭阳扫黑除恶专项斗争取得新突破。揭阳市“2020年度扫黑除恶重点关注地市”和“抓基层党建为扫黑除恶专项斗争提供坚强组织保证工作后进地市”顺利“摘帽”，推动全市社会治安大局稳定向好、营商环境持续优化、群众安全感满意度不断提升。

坚持高位推进，组织领导坚强有力 揭阳市委、市政府始终把扫黑除恶专项斗争作为重大政治任务和重要民心工程。6月，召开全市扫黑除恶专项斗争推进会，聚焦问题和短板，坚持打、治、建同时发力，全面推进各项重点工作。市委专门组建6个市委巡察组和95个专项巡察组，将扫黑除恶专项斗争纳入“全面从严治党加强基层政权建设”专项巡察，覆盖全市1627个村（社区）党组织，推动基层涉黑恶重点问题整治；派出市委巡察组对全市扫黑除恶涉十大重点行业领域的14个市直单位开展巡察“回头看”，推动专项斗争圆满收官。

坚持铁腕亮剑，严厉打击“黑恶毒瘤” 2020年，全市打掉涉黑组织3个、恶势力犯罪集团12个、涉恶团伙61个，破案231宗、刑拘542人、逮捕467人，查处涉案资产18.6亿元，全市刑事治安警情同比下降13.37%。全市涉黑涉恶一、二审案件49件333人，结案率100%，重刑率居全省前列。市中院《关于陈某吉等人涉黑案在侦查中存在问题的司法建议》入选全省扫黑除恶“十佳”司法建议。揭西陈某某村霸地痞涉恶团伙案是全省第一宗在全国庭审公开网络直播、以恶势力犯罪集团一审判决的案件。下半年，全力突破3宗涉黑大案，分别打掉以陈某某、陈某某、宋某某为首的涉黑组织，直接促使全市打掉涉黑组织数增长60%，破获涉黑恶刑事案件数增长45.2%，查处涉黑恶案件资产增长24倍。

坚持刀刃向内，净化党风政风 坚持“扫黑”与“打伞”同频共振，与反腐“拍蝇”统筹推进，刀刃向内深挖彻查“保护伞”“关系网”。全年，查处涉黑涉恶腐败和充当“保护伞”186人。3年累计处置涉黑涉恶腐败和“保护伞”536人，其中立案审查调查492人，给予党纪政务处分375人，移送司法机关37人。持续优化基层组织建设，全市84个软弱涣散村（社区）全部“摘帽”。全面清理受过刑事处罚、存在“村霸”和涉黑涉恶问题村干部等“三类人员”60名，实施“两委”干部人选条件县级联审13661人，调整村（社区）党组织书记499人、调整撤换“四不”书记26名，筑牢防黑防恶堤坝。

2020年10月30日，揭阳市举办扫黑除恶专项斗争新闻发布会，通报揭阳市扫黑除恶专项斗争阶段成效（市委政法委 供稿）

坚持治乱清源，铲除黑恶势力生存土壤 牵头市县镇“三级联动”推进重点行业领域专项整治，坚持深挖根治、治乱清源，从源头上防范和遏制黑恶势力的滋生蔓延，彻底铲除黑恶势力生存土壤。全市发出“三书一函”整改率100%。开展自然生态环保问题整治，整治河湖乱象问题382宗，揭西河湖乱象问题整治顺利“摘牌”；开展榕江流域、练江流域和大气污染三批整治专项行动，全面加强违法排污治理，全市环境违法案件立案703件，责令整改企业760家，关停取缔企业417家。开展涉毒整治，持续推进惠来禁毒问题整治，惠来毒情形势实现根本好转，通过国家验收顺利“摘帽”。开展普宁深入整治电信诈骗专项行动，在全省“飓风2020”电诈专项考评中取得第6名成绩，2020年12月成功通过省检查验收。铁腕开展货运行业乱象专项整治，全市联合执法查处货车超限超载案件3967宗，非法改装案件549宗，处罚货运源头单位案件251宗，货车贴路牌现象消除，违法超限超载现象有效遏制，货车非法改装现象大幅减少。

坚持发动群众，打赢扫黑除恶“民心战” 坚持重奖励、树典范与广泛宣传紧密结合，发挥好扫黑除恶专项斗争“指挥棒”作用，推动各地各有关部门始终保持高昂斗志和持久动力。出台涉黑涉恶线索最高奖励50万元的举报奖励办法，全市奖励线索举报人447人，发放奖励金额218.98万元，162人投案自首，在全社会形成扫黑除恶的浓厚氛围。树立一批在扫黑除恶专项斗争中涌现的先进典型；开展群众满意度问卷调查，举办文艺汇演、图片展、网上主题签名等多种宣传活动，提升群众参与率、知晓率、满意度；召开20场新闻发布会，第一时间集中宣传报道重点涉黑恶案件，起到以“一案教育一片”的良好效果。

（市扫黑除恶办）

榕城区东升街道新河社区与中国铁建签订合作框架协议

2020年10月10日，揭阳市榕城区东升街道新河社区与中国铁建举行三旧改造项目签约仪式 （郑楚藩 摄）

2020年10月10日，揭阳市榕城区东升街道新河社区与中国铁建签订合作框架协议。中国铁建投资120亿元开展新河社区“三旧”改造项目，打造揭阳市首个连片改造的旧村示范样板。

项目由中国铁建华南区域总部、中铁建集团房地产有限公司投资开发建设。项目整村改造约70公顷，分5个地块，重点打造“1条锦绣之路、2个繁荣场所、3大示范片区”的整体空间结构：依托晓翠路自南向北，打造1条展现城市精神面貌的锦绣之路；依托新河农贸市场和新河文化广场两个居民日常活动场所，打造2个传承发扬社区文化的繁荣场所；依托风水塘周边、黄岐山南麓以及特色酒吧街三个片区，打造三大改善人居激活经济的示范片区。

市领导蔡朝林、张科，中国铁建股份有限公司副总裁倪真，中国铁建股份有限公司华南区域总部执行总经理苏建斌，中铁建设集团有限公司党委副书记、总经理梅洪亮，中铁城建集团党委书记、董事长罗海滨，中铁十六局集团有限公司党委书记、董事长程红彬，中铁十九局集团有限公司党委副书记、总经理李华伟出席仪式。

（蔡伟涛）

提振再创业的精气神，聚焦高质量发展

揭阳：全力建设活力古城滨海新城产业强市

走过始建于宋代的揭阳学宫和城隍庙，转角遇到元代的揭阳禁城，登上明代的进贤门城楼，看过清代的潮汕民居和祠堂，穿行于民国时期的中山骑楼街，再沿着崭新的公路前行，高楼大厦和建设中的商业综合体夹道而来……行走于揭阳市榕城区的大街小巷，犹如置身于时空隧道，几公里路程就可以看遍几百年的历史，几十分钟时间就可以感受历史文化名城和现代化新城的魅力。

“活力揭阳古城建设项目”，拉开了揭阳古城保护建设的序幕。项目将推进揭阳古城保护活化，传承古城历史文脉和民俗文化，融合发展文化旅游产业，建设宜居宜业宜游的活力古城，让“揭阳古城”成为广东文化旅游发展的新亮点。

从揭阳古城一路向南，来到揭阳滨海新区，虽是冬日，但这里一片热火朝天的景象。11月17日，揭阳至惠来铁路暨揭阳市第四季度重点项目开工活动在揭惠铁路先行开工段百吉岭隧道出口及各县（市、区）分会场同步举行。当天共开工重点项目45个，总投资近630亿元，其中，揭阳至惠来铁路全长88.66千米，设计时速160千米，起点为梅汕客专揭阳站，终点为汕汕高铁惠来站，并设中石油广东石化和大南海公共码头专用支线，将成为连接揭阳活力古城、滨海新城，打造产业强市的战略通道，为揭阳加快高质量发展提供重要支撑。

2020年是全面建成小康社会和“十三五”规划收官之年。10月10日，揭阳市召开市委六届九次全会，分析揭阳面临的新形势、新机遇，研究部署当前重点工作，推动全市上下提振再创业的精气神，聚焦高质量发展，建设宜居宜业宜游的活力古城、滨海新城，努力打造沿海经济带上的产业强市，在全省构建“一核一带一区”区域发展格局中展现揭阳作为、贡献揭阳力量。

近阶段以来，揭阳市先后召开市委常委会扩大会议、市委务虚会议和全市干部大会，全面落实省委“1+1+9”工作部署，紧扣省委对揭阳的发展定位，按照省委“全方位、全过程、高水平、高站位”要求，切实把事关揭阳“十四五”发展的根本性、全局性、长远性重大问题谋深谋实谋透，认真谋划好“十四五”时期发展。在此基础上，揭阳将在12月23日召开市委第六届十次全会，动员全市上下提振再创业的精气神，提高抓落实的执行力，乘势而上、起而行之、接续奋斗，努力在“十四五”期间实现前两年强基础、后三年快发展，奋力开启揭阳现代化建设新征程。

找准发展定位 抢抓历史机遇

揭阳历史悠久、文化深厚，拥有潮汕地区面积最大的土地、最多的人口，地处珠三角与海峡西岸两大经济圈轴线中心和粤港澳大湾区陆上出省通道，享有136.9千米海岸线和9300平方千米海域，汇集了广东石化炼化一体化、海上风电等千亿级产业集群……是一片欣欣向荣的发展沃土。

如何把这块沃土开发成大发展的热土？首先，揭阳需要找准自己的发展定位。建设宜居宜业宜游的活力古城、滨海新城，是对揭阳全市全域的要求，就是要把千年古城的历史文脉、文化魅力彰显出来，把滨海新城的区位优势、城市特色展现出来，让揭阳历史文化、自然资源、生态优势、商贸活力与新时代经济发展、社会文明、城市建设相得益彰。

努力打造沿海经济带上的产业强市，就是要发挥揭阳的产业基础、交通区位和海洋经济优势，加快做大做强临海产业集群，为沿海经济带建设提供强劲动力，指明了揭阳依靠什么加快发展。

揭阳如何实现这一发展定位？对此，揭阳市委书记蔡朝林提出，切实统筹好生产、生活、生态空间，高质量抓好老城区保护提升，高标准推进城市新区规划建设，充分发挥交通基础设施的先导性基础性作用，强力实施乡村振兴战略，推动传统产业转型升级，打造先进制造业、现代服务业、文化旅游业、现代农业协调发展的产业体系，大力发展战略性新兴产业，努力实现老城蝶变、新城崛起、产业振兴。

当前，揭阳面临国家和省层面的重大战略叠加机遇，以及近年来形成的良好发展态势，特别是在产业、交通、市场等方面具有很大优势和良好的投资环境。揭阳提出要牢牢把握双循环新发展格局带来的战略机遇，积极抢抓省构建“一核一带一区”和“双区”建设、“双城”联动的新机遇，充分发挥揭阳自身有利条件和良好发展态势，把发展机遇转化为看得见、摸得着的发展优势。

活力古城、滨海新区，老城蝶变，新城崛起，产业振兴……一幅宏伟的建设图景正在三江大地徐徐展开。

老城蝶变 新城崛起

揭阳是一座古老的城市，见诸史载已有2200余年，历史悠久、文化深厚；揭阳也是一座新兴城市，

揭阳大桥 （郑楚藩 摄）

建市将近30年，三十而立、风华正茂。揭阳主城区与普宁市区已经有现代化都市的风貌，而揭阳滨海新区粤东新城和中心城区榕江新城的加快建设，为这座古老而又年轻的城市注入了更多的生机活力。

山与海之间、古与新之间，浮现了揭阳发展的路子：建设宜居宜业宜游的活力古城、滨海新城，打造沿海经济带上产业强市。

《中共揭阳市委关于建设宜居宜业宜游活力古城滨海新城打造沿海经济带上产业强市的决定》和《关于深化“放管服”改革的若干意见》提出，要紧扣发展定位，牢牢把握高质量发展要求，坚持老城蝶变、新城崛起两手抓，坚持陆海统筹、港产城联动，明确实施路径、突出工作重点、狠抓任务落实，切实增强发展动力，更好地肩负起推动沿海经济带东翼迅速崛起的历史使命。

建设宜居宜业宜游的活力古城、滨海新城，需要抓好规划、建设和管理，建立规划控制体系，优化综合交通网络，强化区域协调发展，全方位拓展优化城市生产、生活和生态空间，合理布局城市产业空间，促进城市有序建设。

老城蝶变，必须做好古城保护开发、旧城改造提升，延续历史文化脉络，打造宜居宜业现代化城市社区。揭阳古城所在的榕城区是揭阳市的核心城区，也是揭阳推动老城蝶变、建设活力古城的主阵地。榕城区提出，推进古城遗址遗迹保护活化，还原古城水系风貌，完善古城景区公共服务配套设施，开发青狮、行彩桥、翁仔灯等特色文化，彰显古城民俗风情和人文气息。

打造宜居宜业现代化城市社区，需要高品质的生活配套。榕城区正全力服务汇金中心·万达广场、中骏·世界城项目建设，推进新河社区“三旧”改造项目，打造中心城区现代服务核心区、潮汕特色宜居示范区。其中，中国铁建计划投资300亿元实施新河社区“三旧”整村改造，重点建设一条锦绣之路、两个繁荣场所、三大示范片区，打造揭阳市首个连片改造的旧村示范样板。

新城崛起，重点则在揭阳滨海新区和空港经济区。凭借粤东新城、广东石化炼化一体化项目和临港产业园三大板块，揭阳滨海新区建成后将在经济体量上再造一个“新揭阳”。广工揭阳理工学院2021年将开始招生，不仅结束揭阳没有本科院校的历史，其带动的科教板块还将为揭阳高质量发展提供人才和智力支撑。而通过揭阳潮汕国际机场、高铁、高速、榕江港口打造粤东海陆空交通枢纽，大力推进榕江新城开发建设，将使空港经济区成为空铁港综合枢纽。

打造产业强市　持续优化营商环境

4411立方米混凝土，50辆罐车循环运送，4台泵车不停作业，31个小时不间断施工……11月4日，在揭阳滨海新区，中石油广东石化炼化一体化项目建设者顺利完成抽余液塔基础的一次性大体积混凝土浇筑。这是该项目混凝土量最大的浇筑作业，是芳烃装置后续土建施工顺利展开与安装工程按期开工的重要保障。在“抗疫”背景下，揭阳加快中石油炼化一体化、国电投海上风电等一批重大项目建设，推动近期签订的超千亿元共39个合作项目落地落实，形成了良好的发展态势。

产业是发展的根基，打造产业强市，是揭阳实现高质量发展的必由之路。

为加快建设产业强市，揭阳深入贯彻新发展理念，紧扣省委“1+1+9”工作部署和构建“一核一带一区”区域发展格局要求，坚持结构调整的战略方向，充分发挥揭阳的产业基础优势，以重点产业园区为依托，引导产业集聚发展，推动产业转型升级、协同发展，构建先进制造业、现代服务业、文化旅游业和现代农业协调发展的产业体系，大力发展战略性新兴产业。通过陆海统筹、港产城联动，提振传统优势产业信心，加强玉器、纺织、医药、钢铁、塑料等传统产业的产业升级，推动智能智造、快递物流、电子商务、文旅等新兴产业的快速发展，揭阳将崛起成为沿海经济带上产业强市。

作为揭阳制造业重镇，揭东区围绕“产业现代化、新型城镇化”，打造产城乡融合发展示范区，发挥中德金属生态城和揭东经济开发区两大产业平台作用，在国际合作、应用型创新、科技孵化生产基地上下功夫，积极承接和主动对接更多创新项目，着力引进一批标志性、骨干型重大项目落地建设。揭阳产业转移工业园则致力擦亮“中国玉都”金字招牌，巩固玉器玉雕产业优势，加快玉文化产业转型升级。空港经济区依托机场、高铁、桥梁、隧道等交通区位优势，重点谋划引进辐射广、质能优、带动强的建设项目。

而普宁将进一步做大做强做优医药、纺织服装两大支柱产业，全面提升城市管理水平和发展品质，增强城市发展动能，形成产城融合、产贸融合发展格局，打造“商贾名城、创新之城”。揭西围绕“产业生态化、生态产业化”，因地制宜发展山水旅游、农业旅游、乡村旅游和红色旅游，以创建国家全域旅游示范县、培育一批全国旅游重点村和引进生态产业为抓手，打造生态发展示范区、国家级全域生态旅游目的地、粤东城市群后花园。

在以大项目带动产业发展的同时，揭阳坚持陆海统筹、港产城联

位于大南海石化工业区的中石油广东石化炼化一体化项目预计2022年建成投产 （郑楚藩 摄）

动，依托揭阳潮汕国际机场、高铁和揭阳港，打造空铁港综合交通枢纽。根据《广东省通用机场布局规划（2020—2035年）》，未来揭阳普宁、惠来还将建设通用机场，即2025年前新增普宁为通用机场布点，2026—2035年新增惠来为通用机场布点，届时揭阳将能更好适应沿海经济带发展需要。

汕潮揭三市同处于广东沿海经济带，同根同源、山水相连、人文相亲。当前，揭阳也积极推动潮汕城市群融合发展，加快形成紧密联系、相得益彰的城市群。揭阳主动加强与兄弟城市的沟通交流，进一步推动交通网络、产业体系、民生保障、环境保护和社会治理等方面深度合作，共同把沿海经济带东翼翅膀舞动起来，在全省构建“一核一带一区”区域发展格局中展现揭阳作为、贡献揭阳力量。

良好的营商环境是一个地区发展的生命线，也是核心竞争力。揭阳牢固树立“乙方思维”，以深化“放管服”改革为突破口，大力优化营商环境，不断激发市场活力和社会创造力，增强经济发展的内生动力。

为此，揭阳精简行政许可，清理变相审批，放宽市场准入条件，全面落实市场准入负面清单制度；打通开办企业的绿色通道，加快推进“证照分离”改革，落实“照后减证”措施，提升行政审批效率，全力服务企业落户发展；推动工程建设项目审批制度改革，着力解决工程建设项目审批难问题，并进一步落实减税降费措施，帮助企业降低成本。

揭阳还加快健全公开透明的监管规则和标准体系，着力破除阻碍市场活力发挥的行政垄断、地方保护和市场壁垒，大力推行“双随机一公开”监管，完善部门联合监管机制。构建亲清新型政商关系，加快“数字政府”改革建设，全面优化提升政务服务水平。

11月上旬，揭阳市自然资源局印发《揭阳市自然资源局全面优化营商环境三年行动方案》，并公布第二批优化营商环境9条措施，措施主要包括不动产登记、采矿权审批登记、“放管服”改革三大类。根据新措施，揭阳开通不动产登记“网上预审”，推动不动产登记“秒批”“全城通办”，优化普通砂土石类采矿权审批登记制度等。据悉，目前该局已出台全面优化营商环境措施共两批24条，计划于2020年年底前推出第三批优化营商环境措施，以实实在在的举措助推揭阳市全面优化营商环境。

揭阳市公安局深化公安“放管服”改革，出台了《揭阳市公安机关优化营商环境方便群众办事十条创新措施》。揭阳公安交警部门也推出“异地办”“便捷办”“网上办”等三个方面12项公安交管优化营商环境新措施，进一步优化营商环境。

机遇叠加的当前，揭阳干群到了提振精气神、撸起袖子发力的时候。如今的揭阳，激荡着“再创业”的热潮，全市上下团结一心、接续奋斗，加快建设宜居宜业宜游的活力古城、滨海新城，努力打造沿海经济带上的产业强市，奋力开创揭阳高质量发展新局面，为广东省在全面建设社会主义现代化国家新征程中走在全国前列创造新的辉煌、做出应有贡献。

（《南方日报》2020年12月21日专题）

大事记

1月

2日，市委、市政府在榕江新城滨江大道开展2020年揭阳市迎春健步骑行活动。市领导叶牛平、张科带领各级有关领导干部和各界代表参加活动，以参与体验的形式，考察揭阳城市建设新成果。

同日，榕江新城滨江大道（环岛路）二期建成通车。榕江新城滨江大道（环岛路）二期起点位于空港经济区京冈街道新路社区，终点位于渔湖镇港口社区，长9.95千米，总投资12.9亿元。

11日，中国共产党揭阳市第六届委员会第八次全体会议在市区召开。会议回顾2019年工作，部署2020年工作，审议市委常委会2019年度工作总结和市委常委会2019年度抓党建工作总结等书面报告，审议通过《中共揭阳市委关于完善治理体系提高治理能力的若干意见》《揭阳市关于打造先进制造业高地的若干意见》《揭阳市关于推动城市高质量发展的若干意见》，表决通过《中国共产党揭阳市第六届委员会第八次全体会议决议》。

同日，副省长陈良贤率队到揭阳市检查调研食品药品安全及春运工作。

上旬，广东省2020届普通高校毕业生系列供需见面活动（粤东地区高职、高专专场）在揭阳学院举行，500多家用人单位提供8000多个就业岗位，3000多名大学毕业生入场应聘。

18日，市委副书记、市长张科主持召开市政府六届55次常务会议暨市政府全体（扩大）会议，审议并原则通过《政府工作报告》（稿）、《揭阳市2019年国民经济和社会发展计划执行情况与2020年计划（草案）报告》《揭阳市2019年预算执行情况和2020年预算（草案）报告》。

20日，揭阳市“美丽乡村迎新春”乡村振兴大擂台活动在普宁市大南山街道陂沟村利泰广场举行。2000多个特色农产品参与展示展销，涵盖市级以上农业龙头企业产品、省名牌农产品、省级现代农业产业园产品、“一镇一业、一村一品”产品等特色农产品及各镇街、村具有地方风味的特色熟食、糖果、糕点、果蔬、酒类饮品等和59个消费扶贫产品。

23日，市六届人大常委会召开第三十一次会议。会议审议通过《市人大常委会工作报告（稿）》《揭阳市市容管理条例（草案修改稿）》；听取和审议市政府关于2019年计划执行情况和2020年计划草案、2019年预算执行情况和2020年预算草案的报告；审议通过关于接受陈定雄辞去揭阳市人民政府副市长职务请求的决定、市六届人大常委会部分组成人员辞职的决定、市人大常委会代表资格审查委员会关于揭阳市第六届人民代表大会代表变动的代表资格审查报告、揭阳市第六届人民代表大会第六次会议主席团和秘书长建议名单（草案）、揭阳市第六届人民代表大会计划预算委员会组成人员调整建议名单（草案）、揭阳市第六届人民代表大会议案审查委员会组成人员调整建议名单（草案），并作出相应决定。

同日，揭阳市疫情防控工作领导小组（指挥部）成立；各县（市、区）和市直有关部门成立相应的领导机构和工作机构。

25日，广东省卫生健康委确认揭阳市输入性新型冠状病毒感染的肺炎确诊病例3例。

26日，揭阳市新型冠状病毒感染的肺炎疫情防控指挥部办公室制定并印发《揭阳市新型冠状病毒感染的肺炎疫情防控指挥部办公室工作方案》。

27日，揭阳市新增输入性新型冠状病毒感染的肺炎确诊病例1例。

28日，揭阳市新增输入性新型冠状病毒感染的肺炎确诊病例2例。

是日，普宁市人民医院神经内科黄妙珊5位护士跟随广东省第二批支援湖北医疗队，到武汉市最大的专科传染病医院——金银潭医院，支援新型冠状病毒感染的肺炎医疗救治工作。

29日，揭阳市新型冠状病毒感染的肺炎疫情防控指挥部办公室印发《关于进一步做好新型冠状病毒感染的肺炎疫情防控工作的紧急通知》。

是月，揭阳市职业经理人协会成立。

是月，揭阳市首位女性非亲缘造血干细胞捐献者林梦娜赴广州南方医科大学珠江医院捐献造血干细胞。

2月

3日，孟加拉国揭籍侨胞、孟加拉国中国和平统一促进会副会长林志超向揭阳捐赠7万个医用口罩，揭阳海关和南方航空汕头公司当天完成清关和交接手续，由市红十字会接收后发往揭阳市人民医院支援抗疫。

是日，广东国鑫实业股份有限公司向市红十字会捐赠1000万元，用于支持揭阳市疫情防控工作。

5日，揭阳市新增新型冠状病毒感染的肺炎输入性确诊病例1例。累计报告确诊病例7例，无重症、危重病例和死亡病例。

7日，市委副书记、市长张科主持召开市政府六届56次常务会议，审议并原则通过《关于打赢疫情防控阻击战扶持中小企业共渡难关的若干措施》《揭阳市加强和完善车辆超限超载治理工作实施意见》。会议传达省政府2019年第四季度国考断面水质达标攻坚调度会精神和省政府督查室有关通知精神，听取揭阳市国考断面水质达标攻坚情况汇报。

9日，揭阳市人民医院、揭阳市第三人民医院、普宁华侨医院三家医院17名医护人员组成的揭阳市支援湖北医疗队，在市卫生健康局举行出征仪式。

10日，揭阳市新增输入性新型冠状病毒感染的肺炎确诊病例1例，全市累计确诊病例8例。

是日，揭阳市新型冠状病毒感染的肺炎疫情防控指挥部办公室印发《关于实施企业复工复产报备制度的通告》。

13日，香港揭阳各级政协委员联谊会捐赠揭阳市首批28.51万个一次性医用口罩抵达揭阳，在揭阳潮汕国际机场海关移交，由市红十字会接收后转交给市医疗卫生部门，支持全市新冠肺炎疫情防控工作。

14日，市委副书记、市政府党组书记、市长张科主持召开市政府党组2020年第3次会议暨市政府六届57次常务会议，审议并原则通过《揭阳市加强疫情防控做好企业复工复产总体工作指引》《广工揭阳理工学院（筹）工作联合专班实施方案》《广工揭阳理工学院（筹）第一阶段引进人才福利待遇实施暂行办法》《广工揭阳理工学院（筹）绩效工作实施暂行办法》《揭阳市2020年土地征收整合储备计划、国有建设用地供应计划》。

18日，市委书记、市人大常委会主任、市防控工作领导小组（指挥部）总指挥叶牛平到惠来县、粤东新城、中国石油广东石化公司调研重大建设项目开工复工情况。

21日，市委书记叶牛平主持召开市委常委会会议，开展“学习新思想，实现新作为”主题学习活动，传达学习贯彻习近平总书记重要讲话和重要指示精神以及中央、省有关文件、会议精神，研究新冠肺炎疫情防控、货运乱象问题整治等工作。

25日，榕城区与中骏集团举行榕江新城滨水活力商业文化街区综合体建设和运营使用监管协议书签订仪式，投资40亿元的榕江新城滨水活力商业文化街区综合体正式落户榕城。

同日，揭阳高新技术产业开发区管理委员会举行揭牌仪式。2019年12月，省委编委办公室批复同意揭阳空港经济区管理委员会加挂揭阳高新技术产业开发区管理委员会牌子。

是月，揭西县乡姆种养专业合作社五经富镇茶叶种植基地成功申报广东省农产品出口示范基地，是揭阳市首家省级农产品出口示范基地。

3月

4～5日，省委常委叶贞琴到汕头澄海、汕尾海丰、揭阳揭西等地，调研检查农村疫情防控、春季农业生产、脱贫攻坚等工作，实地查看粮食基地春季生产、扶贫产业项目建设、农村人居环境整治等情况。

5日，市委副书记、市长张科主持召开市政府党组会议暨市政府六届59次常务会议，学习贯彻习近平总书记在统筹推进新冠肺炎疫情防控和经济社会发展工作部署会议上的重要讲话精神，审议并原则通过《关于赋予粤东新城管理委员会相关管理权限的实施意见》《揭阳理工学院首期工程概念性方案（深化方案）》《揭阳大南海石化工业区园区规划和土地管理实施办法》《揭阳大南海石化工业区供水工程建设实施方案》和《揭阳大南海石化工业区炼油厂周边道路工程建设实施方案》，听取揭阳理工学院首期工程项目进展情况报告，研究通过揭阳理工学院首期工程项目投资估算有关问题。

同日，国家卫生健康委、人力资源社会保障部、国家中医药管理局发布关于表彰全国卫生健康系统新冠肺炎疫情防控工作先进集体和先进个人的决定，广东5个集体22名个人获表彰，普宁市人民医院黄妙珊荣获“全国卫生健康系统新冠肺炎疫情防控工作先进个人”称号。

上旬，省科学技术厅公示通过2020年度广东省自然科学基金立项项目，粤东地区地级市医院3个项目获批立项，其中揭阳市人民医院获得2项，每个项目获专项基金10万元。

10日，市委常委会会议召开，审议并通过《关于深化事业单位改革、规范人事管理、健全完善人才队伍选育管用的实施意见》，审议《关于赋予粤东新城管理委员会相关管理权限的实施意见（送审稿）》。

11日，市委副书记、市长张科带队到揭东区、空港经济区调研枫江整治、万里碧道规划和三江连通工程。

12日，市新冠肺炎疫情防控指挥部组织相关部门在空港经济区渔湖镇中心卫生院开展新冠肺炎疫情应急处置演练。

16～17日，副省长张虎到揭阳市、汕头市调研检查练江污染整治工作，实地察看环保、住建、水利基础设施和纺织印染中心等项目建设情况，以及相关企业疫情防控和复工复产情况，并召开练江流域污染防治调度会，部署下一阶段工作。

17日，市政府党组2020年第6次会议暨市政府六届60次常务会议召开，传达学习贯彻习近平总书记重要讲话精神及中央有关文件会议精神，审议并原则通过《2020年市政府主要工作任务分工方案》《揭阳市2020年工业（技改）投资项目进度管理台账》《揭阳市工业企业管理预期台账》《揭阳市农村财务管理暂行办法》《关于补短板强弱项全力推动乡村振兴决胜全面建成小康社会的实施方案》《关于落户我市重点企业实施人才专项扶持财政措施》。

18日，市委常委会会议召开，开展“学习新思想，实现新作为”主题学习活动，传达贯彻上级有关会议精神，会议审议《2020年市委在市政协同市各民主党派和各界人士政治协商计划》，通过《关于补短板强弱项全力推动乡村振兴决胜全面建成小康社会的实施方案》，原则通过第一届揭阳市仲裁委员会组成人员名单。

19日，揭阳市新增新冠肺炎确诊病例1例，为揭阳市首例境外输入确诊病例。全市累计报告确诊病例9例，累计出院8例。

20日，揭阳市举行支援湖北医疗队返揭欢迎仪式，迎接17名援鄂医疗队员平安返揭。市委副书记、市长张科代表市委、市政府和全市700万人民群众，向市支援湖北医疗队表达崇高敬意和衷心感谢。

21日，市政府六届61次常务会议暨全市2月份经济指标分析及相关重点工作推进会召开，审议重点经济工作台账，会议审议并原则通过《揭阳市2020年基础设施及民生配套投资项目台账》《揭阳市2020年应在建房地产开发项目进度管理台账》等文件。

24日，揭阳市佳艺塑胶制品有限公司生产的5760副防护眼镜顺利出口菲律宾，助力海外抗击新冠肺炎疫情，是揭阳地区生产企业首次出口防疫物资。

25日，市委实施乡村振兴战略领导小组、市扶贫开发领导小组2020年第一次全体（扩大）会议暨全市脱贫攻坚和农业农村工作推进会以电视电话会议形式召开。市领导叶牛平、张科参加会议。

27日，市政府党组2020年第7次会议暨市政府六届62次常务会议召开，传达贯彻习近平总书记重要讲话精神及中央、省有关会议精神，研究部署政府投资项目管理、依法行政等工作。会议审议并原则通过《2020年度市政府指定实行代建的政府投资房建类、市政类工程项目清单》《揭阳市公路事务中心2020年主要工程项目工作计划》《揭阳大南海石化工业区2020年重大投资项目管理台账》《中国石油广东石化炼化一体化项目库区环路及雨水外排工程建设实施方案》《揭阳市人民政府2020年制订规章计划》《揭阳市全面深化司法行政改革实施方案（2020—2022年）（送审稿）》《关于扶持种植（养殖）户参保重点险种的措施》等事项。

4月

2日，广东科技学院向市红十字会捐赠300万元，用于支持揭阳市新冠肺炎疫情防控工作。

4日，揭阳市新增输入关联新冠肺炎确诊病例2例。全市累计报告确诊病例11例，累计出院8例。

10日，揭阳市人民政府与广东粤海控股集团有限公司战略合作框架协议签订仪式在市机关办公大院举行。

同日，广东省文化和旅游厅公布第六批省级非物质文化遗产代表性传承人名单，揭阳市黄哲生、郑海廷、许祥彬等13人入选。至此，揭阳市省级以上非物质文化遗产代表性传承人增加至63人，其中5人为国级非物质文化遗产代表性传承人。

15日，广东省新冠肺炎防控指挥办督导组到揭阳市人民医院调研。

16日，市委全面深化改革委员会召开第二次会议，传达贯彻省委全面深化改革委员会第七次会议精神，听取全市2019年重点改革项目实施情况报告，研究部署2020年重点改革工作。审议通过《市委全面深化改革委员会2020年重点改革工作安排》《关于建立市政府向人大报告地方政府债务管理情况的制度》《揭阳市全面深化司法行政改革实施方案（2020—2022年）》等文件。

24日，绿地国际空港城商办项目举行动工奠基仪式。

25日，揭阳市累计报告新冠肺炎确诊病例11例，当日出院1例，累计出院11例。

26日，第三届揭阳市城乡规划委员会召开第十二次会议，会议审议通过揭阳空港经济区砲台综合医院单元规划方案、榕泰实业管控单元近期开发建设地块规划方案、揭阳市第二实验小学和揭阳市第二实验中学规划方案等事项。

5月

4日，揭阳惠来辖区“新建汕头至汕尾铁路工程鳌江特大桥跨龙江河水中墩施工工程”开工，辖区沿海重点涉水工程的建设全面复工。

7~9日，市卫生健康局组织揭阳市人民医院、普宁市人民医院、普宁华侨医院专家组成的3个检查督导组，对全市23家参与疫情救治、防控的二级以上公立医疗机构进行检查督导，重点检查各医疗机构的院感防护措施，落实“四早”要求情况，患者收入院管理、住院患者管理及核酸检测排查情况，院内感染监测和健康监测，探视和陪护人员管理、重点人群医疗服务流程等。

8日，市政府党组会议暨市政府六届67次常务会议召开，会议学习贯彻省《关于应对疫情影响进一步促进信息服务和消费的若干政策措施》文件精神，会议讨论研究《政府工作报告（修改稿）》《揭阳市2019年国民经济和社会发展计划执行情况与2020年计划（草案）报告（修改稿）》《揭阳市2019年预算执行情况和2020年预算（草案）报告（修改稿）》，同意将以上报告提交市六届人大六次会议审议。

8~9日，生态环境部华南督察局督察专员白保柱带队到揭阳市督察练江流域综合整治。

9日，西藏航空执飞的TV9864航班从揭阳潮汕国际机场起飞，潮汕地区至西藏拉萨的直达航线正式通航。是潮汕民航史上首次开通直达西藏的航线。

上旬，惠来县靖海镇中旭蔬菜种植基地顺利办理供港蔬菜种植备案基地备案手续，成为粤东地区唯一一家以胡萝卜为主要产品的供港蔬菜种植备案基地。

上旬，潮汕职业技术学院创业学院获科技部火炬中心2020年度“国家备案众创空间”认定。

11日，揭阳中骏世界城项目奠基开工仪式在榕城区举行。

13日，市政协召开六届十六次常委会议。会议决定，同意王庆辉等26位同志辞去政协第六届揭阳市委员会委员职务，增补王创华等38位同志为政协第六届揭阳市委员会委员。

14日，揭阳市越柬老归侨联谊会荣誉会长陈见喜捐赠一次性防护口罩5万只，支援马来西亚侨团抗击疫情。

15~16日，揭阳市第六届人民代表大会第六次会议在市机关办公大院5号楼三楼大礼堂开幕。市长张科向大会作《政府工作报告》。大会听取《揭阳市中级人民法院工作报告》《揭阳市人民检察院工作报告》，审查揭阳市2019年国民经济和社会发展计划执行情况与2020年计划草案的报告、揭阳市2020年国民经济和社会发展计划草案；审查揭阳市2019年预算执行情况和2020年预算草案的报告、揭阳市2020年预算草案。表决通过《揭阳市第六届人民代表大会第六次会议选举办法》。

18日，揭阳市榕城区博物馆揭牌暨博物馆VR全景网上展厅启动仪式在中山街道观音仔街百兰山馆举行。

21~22日，省政协副主席袁宝成带领调研组，到揭阳市开展“促进我省海岛经济高质量发展”重点提案督办调研。

21日，市援鄂抗疫医护人员关爱金捐赠仪式在市区举行。美国潮商总会和北京潮人海外联谊会通过广东省侨界仁爱基金会，向揭阳市援鄂抗疫医疗队捐赠72.6万元关爱金。

22日，由揭阳广播电视台、市人力资源与社会保障局、市文化广电旅游体育局、广东揭阳农村商业银行等单位联合举办的电视系列纪录片《风味揭阳》举行开机仪式。

25~27日，副省长陈良贤率队先后到汕尾市、揭阳市、汕头市、梅州市和潮州市调研“四好农村路”建设攻坚工作，现场察看“四好农村路”攻坚项目。

25日至7月10日，省委第一巡视组对揭阳市榕城区、惠来县开展巡视工作。

26~27日，省人大常委会副主任徐少华率领执法检查组到揭阳市执法检查《广东省铁路安全管理条例》贯彻落实情况。

27日，揭阳在读大学生吴梓壕赴广州进行造血干细胞采集，是揭阳市大学生首例造血干细胞捐献志愿者。

是月，省委决定：蔡朝林任揭阳市委委员、常委、书记；叶牛平不再担任揭阳市委书记、常委、委员职务，另有任用。

是月，市群艺馆向14家艺术培训机构颁发“揭阳市群艺馆文化志愿服务文艺培训基地”牌匾，全市定点免费文艺培训基地增至47个。

是月，市政府公布第六批市级非物质文化遗产代表性项目名录，传统舞蹈、传统戏剧、传统美术等8大类27个项目入选。至此，揭阳市级“非遗”项目名录增加到141项。

6月

12日，首届中国惠来鲍鱼国际网络节暨惠来名特优新农产品云展会在惠来县开幕。

17日，2020年揭阳市海（水）上搜救分中心成员会议暨海上船舶海港防热带气旋工作会议召开，研究部署海（水）上搜救和船舶海港防热带气旋工作。

21日，广东揭阳建工建设集团有限公司举行揭牌暨签约仪式。

22～23日，副省长覃伟中率省有关部门赴揭阳市惠来县开展定点联系工作调研，察看重大石化项目进展情况并参加广工揭阳理工学院开工活动。

23日，广工揭阳理工学院举行首期工程开工仪式，校内主体建筑全面启动建设。12月30日，广工揭阳理工学院首期工程行政办公楼主体结构封顶。

同日，国家禁毒委召开全国禁毒工作先进集体和先进个人表彰会议视频会议，揭阳市禁毒办获“全国禁毒工作先进集体”殊荣。

24日，市创文创卫志愿服务工作推进会暨志愿者保险签订仪式举行，会议就创文创卫志愿服务工作进行系统总结和全面部署，探索建立全市志愿服务保障体系，推进志愿服务制度化、专业化、规范化建设。

29日，市政府与科大讯飞股份有限公司举行战略合作框架协议文本交换仪式。地企双方在人工智能、大数据、“互联网+”等领域开展合作和推广应用，助力“智慧揭阳”建设。

7月

1日，揭阳市召开市委全面依法治市委员会第二次会议。强调要全面推进法治揭阳建设，统筹推进疫情防控和经济社会发展。会议审议通过《揭阳市2019年全面依法治市工作总结》《揭阳市2020年全面依法治市工作要点》《中共揭阳市委全面依法治市委员会关于依法防控新型冠状病毒肺炎疫情、切实保障人民群众生命健康安全的工作方案》等。

6日，市委理论学习中心组（扩大）学习会举行《揭阳学习论坛》第七十一期报告会，邀请全国人大代表、省律师协会会长肖胜方作《中华人民共和国民法典》专题辅导报告。

8日，市政府党组2020年第17次会议暨市政府六届71次常务会议召开，会议听取全市危险废物管理情况审计发现问题整改情况的汇报。会议审议并原则通过《揭东经济开发区申创国家级经济技术开发区工作方案》《揭阳市创建国家卫生城市2020年工作计划》《揭阳市加强村级组织活动场所建设攻坚行动工作方案》《揭阳市人民政府、汕头大学科技合作框架协议》等有关事项。

9日，市市场监管局组织召开揭阳市2020年地理标志产品和“菜篮子”相关产品地方标准立项论证评估会，对6个地理标志产品和11个“菜篮子”相关产品地方标准的立项建议进行论证评估。这是新《标准化法》赋予设区的市级人民政府标准化行政主管部门地方标准制定权以来，揭阳市首次召开的市级地方标准立项论证评估会。

上旬，普宁市在2019年度县级财政管理绩效综合评价中名列全国第4位，受到财政部和省财政厅通报表扬和奖励。

11日，揭阳海（水）上搜救分中心接广东省海上搜救中心电话，称在22° 36.8’ N，116° 44.7’ E巴拿马籍船舶“DRAGON LUCKY”上一名船员被锅炉蒸汽烫伤，情况紧急，请求救助。接报后，该中心迅速启动应急预案，救助外籍船舶伤员。

13日，市委书记、市人大常委会党组书记蔡朝林，市委副书记、市长张科率领市党政代表团赴东莞市学习考察，并会同东莞市委书记、市人大常委会主任梁维东，东莞市委副书记、市长肖亚非召开东莞揭阳2020年对口帮扶联席会议，共商脱贫攻坚对口帮扶工作。

15日，市委网络安全和信息化委员会召开第一次全体会议，会议审议通过《中共揭阳市委网络安全和信息化委员会工作规则》《中共揭阳市委网络安全和信息化委员会办公室工作细则》《中共揭阳市委网络安全和信息化委员会2020年工作要点》，研究部署全市网信工作。

18～30日，首届中国惠来凤梨网络节暨名特优新农产品云展会在惠来县葵潭镇青坑村举行。

20日，市政府党组2020年第18次会议暨市政府六届72次常务会议召开。会议审议并原则通过《揭阳市促进外贸稳定增长若干措施》《揭阳市查控新增违法建设责任追究办法》《揭东区供水应急调度管道建设方案》《揭阳市森林防灭火工作职责事项划分意见》《揭阳市龙颈下水库除险加固工程投资建设方案》等有关事项。

21日，省长马兴瑞到普宁市调研，实地察看流沙新河整治现场点、普宁市区箱涵排查接驳和污水管网排查整改现场点，主持召开练江流域污染整治工作现场会，听取汕头、揭阳市政府，省有关部门及广业、粤海、建工集团有关情况汇报。

30日，市六届人大常委会召开第三十七次会议。会议审议通过《揭阳市市容管理条例（草案修改二稿）》、市政府关于揭阳市水资源配置初步方案、工程布局方案、建议实施方案的议案；听取和审议市政府关于2020年上半年计划执行情况、2020年上半年预算执行情况、市区榕江水岸同治工作情况的报告，并作出相应决定。会议还通过有关人事任免等事项。

8月

4日，市政府党组2020年第19次会议暨市政府六届73次常务会议召开，传达学习贯彻习近平总书记重要讲话精神及中央、省有关文件会议活动精神，研究部署相关工作。会议审议并原则通过《榕江北河龙石断面达标决战“910”工作方案》《揭阳市碧道建设总体规划（2020—2035年）》《揭阳市水土保持规划（2017—2030年）》等有关事项。

8日，2020年“全民健身日”活动揭阳市（榕城区）启动仪式在市区东风体育广场举行。

17日，市政府党组2020年第21次会议暨市政府六届74次常务会议召开，审议并原则通过《揭阳市促进产业发展“1+1+12”政策体系》《揭阳市加快解决征地留用地历史遗留问题工作方案》。

18日，市委书记、市人大常委会党组书记蔡朝林，市委副书记、市长张科率揭阳市党政代表团到潮州市学习考察。

19日，市委书记、市人大常委会党组书记蔡朝林会见招商蛇口党委副书记、常务副总经理刘伟一行，双方就务实推进粤东新城先行启动区的开发建设等方面事宜交换意见。

同日，揭阳市2020年度中国医师节“8·19”庆祝大会暨揭阳最美抗疫健康卫士表彰大会召开，向全市医务工作者致以节日祝贺和诚挚慰问，表彰50名“揭阳最美抗疫健康卫士”，并进行新医师代表宣誓仪式。

21日，国家铁路集团有限公司工程设计鉴定中心在北京召开审查会，揭阳至惠来铁路先期开工段初步设计获评审通过。

24日，广东蒙泰高新纤维股份有限公司作为创业板改革并试点注册制的首批企业之一，在深交所成功上市。

26日，市委深化改革委员会会议召开，听取有关改革情况汇报，研究部署改革工作，审议并原则通过《揭阳市全面优化营商环境三年行动计划（2020—2022年）》《关于促进市级功能区改革发展的意见》《关于理顺揭阳产业园管理体制的实施方案》《市属国有企业改革重组方案》《关于深化消防执法改革的实施意见》《关于市公路事务中心机构改革有关部门人事工作问题的意见建议》等文件。

28日，市委、市政府举行揭阳市招商合作项目签约仪式，签约项目39个，计划总投资超1000亿元，涵盖教育卫生、港口物流、总部经济、智能制造等领域。

同日，第九届中国创新创业大赛（广东·揭阳赛区）暨第三届潮汕青年创新创业大赛完赛。这是中国创新创业大赛首次在揭阳市设置独立分赛区，与潮汕青年创新创业联合办赛。

同日，泰国驻广州总领事馆副总领事兼代总领事康宁熹率访问团到揭阳市参观访问。

同日，220千伏国家电投揭阳靖海、神泉一期和二期海上风电场接入系统工程在揭阳市惠来县投产送电。该工程2020年4月21日开工建设，全线塔基35基，线路长度10.89千米，是粤东地区首个海上风电配套电力项目。

是月，揭阳市新冠肺炎医疗救治专家组组长，市人民医院党委委员、副院长徐名伟荣获“广东医师奖”称号。

是月，国家禁毒办副主任、公安部禁毒情报技术中心副主任、公安部禁毒局驻粤办主任孙少斌带领国家禁毒办检查评估组到惠来县检查验收禁毒重点整治工作。

9月

4日，揭阳市消防科普教育基地、揭阳市消防救援支队全媒体工作中心举行揭牌仪式。科普基地由火灾档案馆、隐患查找区、“四加一”措施展示区、建筑自动消防设施演示区、VR灭火仿真系统、烟雾逃生体验区等13个功能区组成。

9日，市委书记、市人大常委会主任蔡朝林率领考察团到上海参加揭阳市与在沪潮汕企业家优化营商环境暨招商引资座谈会。

同日，甬莞高速普宁赤岗段发生危化品车辆追尾事故，造成两辆货车各自运载的苯酚和天然气发生泄漏。

14~20日，主题为“网络安全为人民，网络安全靠人民”的第七届揭阳市网络安全宣传周活动启动。活动通过“揭阳市网络安全宣传暨网络素养教育云展馆”展馆、在线答题、视频短片等方式，普及网络安全知识和技术，加强网上宣传。

17～18日，省委书记李希到揭阳市，深入农村、企业、文物保护单位和产业园区，就认真贯彻落实习近平总书记对广东重要讲话和重要指示批示精神，推动落实省委十二届十次全会部署、高质量加快构建“一核一带一区”区域发展格局、做好“十四五”规划编制工作进行调研。期间，李希实地考察广东蒙泰高新纤维、巨轮智能装备股份有限公司以及润泽水产养殖有限公司生产经营、技术研发、市场开拓等情况，到空港经济区凤美街道塘埔社区了解该村基层党建、环境整治和公共服务工作，到揭阳古城遗址考察并听取历史文化保护传承和红色文化教育工作情况，到大南海石化工业区察看中石油2000万吨/年炼化一体化及配套项目建设并召开座谈会。省领导张义珍、叶贞琴、覃伟中，市领导蔡朝林、张科等参加调研。

19日，揭阳市大学生发展基金会2020年励志奖学金发放、爱心捐赠暨大学生大数据智能服务平台上线仪式在市机关大院举行，395名揭籍学子获励志奖学金。

20日，第31届潮汕星河奖暨第14届潮汕星河国瑞科技奖、第10届潮汕星河辉勇师表奖和第8届潮汕星河中青宝助学金云颁奖举行颁发仪式。揭阳市49名个人（集体）荣获潮汕星河奖，2人获潮汕星河国瑞科技奖，42人获潮汕星河辉勇师表奖。

21日，揭阳市海上风电供应链研讨会在揭阳迎宾馆举办，市委副书记、市长张科，英国驻广州总领事贺颂雅，GE海上风电中国区总经理林启，国家电投集团广东电力有限公司副总经理徐朝刚等参加研讨会。

24日，南部战区空军政治工作部副主任李峰少将率队到揭阳市开展军队转业干部安置情况专题调研。

25日，市委书记、市人大常委会党组书记蔡朝林，市委副书记、市长张科带队赴深圳召开揭阳市优化营商环境暨招商引资座谈会，与旅深乡贤、企业家代表深入交流、增进了解，宣传推介家乡。

同日，中国快递示范城市创建工作会议在浙江省义乌市召开，揭阳市再次获颁“中国快递示范城市”荣誉牌匾，成为广东省两个获此殊荣的城市之一。

28日，“小家大爱 情牵家国”2020年揭阳“最美家庭”揭晓活动在揭阳广播电视台演播厅举办，全市84户家庭被评为“2020年揭阳最美家庭”。

29日，市六届人大常委会召开第三十八次会议。会议听取和审议市政府关于2019年市级决算草案的报告、2019年度市级预算执行和其他财政收支的审计工作报告、关于贯彻实施《中华人民共和国传染病防治法》情况的报告；审议市政府关于调整2020年揭阳市地方政府新增债券资金、抗疫特别国债资金收支预算的议案、关于增加市城投集团注册资本的议案、《揭阳市人民代表大会常务委员会各工作委员会的职责及工作办法（修订草案）》《揭阳市人民代表大会常务委员会联系代表办法（修订草案）》、关于接受市六届人大常委会个别组成人员辞职的决定（草案）、揭阳市第六届人民代表大会常务委员会代表资格审查委员会部分组成人员调整名单（草案），并作出相应决定。

30日，揭阳市公祭烈士活动暨向榕江公园烈士纪念碑敬献花篮仪式在榕城区榕江公园烈士陵园举行，市党政军领导与300多名揭阳社会各界群众代表一起向革命先烈敬献花篮，深切缅怀烈士功绩。

是月，普宁市盘龙湾温泉度假村、揭西县山湖村乡村旅游景区、惠来县锦桦公园3家景区成功创建国家3A级旅游景区。至此，揭阳市国家A级旅游景区14家，其中，4A级景区4家、3A级景区10家。

10月

4日，揭阳市中国画学会在揭阳市区成立并召开第一次会员大会。

10日，中国共产党揭阳市第六届委员会第九次全体会议在市区召开。市委书记蔡朝林代表市委常委会向全会作报告；市委副书记、市长张科就《中共揭阳市委关于建设宜居宜业宜游活力古城滨海新城打造沿海经济带上产业强市的决定（稿）》《关于深化“放管服”改革的若干意见（稿）》作说明；全会表决通过《中国共产党揭阳市第六届委员会第九次全体会议决议》；审议并通过《中共揭阳市委关于建设宜居宜业宜游活力古城滨海新城打造沿海经济带上产业强市的决定》和《关于深化“放管服”改革的若干意见》。

同日，榕城区东升街道新河社区与中国铁建签订合作框架协议，开展新河社区“三旧”改造项目，打造揭阳市首个连片改造的旧村示范样板。

11日，省委第十二巡视组在揭西县召开巡视工作动员会，巡视组组长李洋作动员讲话。

12日，政协第六届揭阳市委员会常务委员会第二十次会议召开。会议就“加快推进紧密型县域医疗卫生共同体建设，提升农村医疗卫生服务能力”专题开展专题议政，副市长姚丽璇在会上通报全市加快推进紧密型县域医疗卫生共同体建设情况。会议审议通过《揭阳市政协提案工作条例（修订稿）》和有关人事任免事项。

同日，省委第十二巡视组在揭东区召开巡视工作动员会，巡视组组长李洋作动员讲话，市委常委、市纪委书记、市监委主任李文骥代表市委作表态发言并就配合巡视工作提出要求。

15日，揭阳市召开《中国国家人文地理·揭阳》分卷编纂工作会议，部署揭阳分卷的编纂工作。

16日，市委书记、市人大常委会党组书记蔡朝林，市委副书记、市长张科带队赴广州召开揭阳市优化营商环境暨招商引资座谈会，通报揭阳经济社会发展情况，宣传推介揭阳投资环境，动员企业到揭阳投资兴业，凝心聚力加快推动揭阳高质量发展。

18日，“同饮一江水，梦随歌飞扬”2020广东劳动者歌唱大赛揭阳片区季度赛在市区揭阳楼广场激情唱响，揭阳、广州白云、深圳龙岗赛区的12名月赛晋级选手同台竞技，经过展示演唱、配对PK战、30秒清唱PK、冠亚季军争夺战等4个环节的激烈角逐，来自揭阳赛区的林仰明、广州白云赛区的邓湘闻、深圳龙岗赛区的熊雄和黄璐（组合），分获冠、亚、季军，赴东莞参加年度总决赛。

上旬，在河南省郑州会展中心举办的国家网络安全宣传周“法治日”主题活动——“网络安全感满意度调查专题发布会暨网络社会治理专业论坛”上，揭阳网络空间安全协会获2020年网民网络安全感满意度调查活动“优秀组织奖”称号，是全国地市协会中获此殊荣的3家单位之一。揭阳日报社、中国电信揭阳分公司、中国移动揭阳分公司、中国联通揭阳分公司、普宁职业技术学校5家单位获得“优秀支持单位奖”荣誉称号。

20日，揭阳产业转移工业园党工委、管委会举行揭牌仪式。新设立的揭阳产业转移工业园党工委、管委会分别作为市委、市政府的派出机构，实行合署办公，根据授权或委托，依法对园区和磐东辖区内的经济事务实行统一领导、统一管理，行使相应经济管理权限。揭阳产业园党工委、管委会设置经济发展与投资促进局、建设管理局等6个工作机构及投资促进服务中心等3个事业单位。“揭阳产业转移工业园纪工委”同时举行揭牌仪式。

22日，全省退役军人工作暨省双拥模范命名表彰电视电话会议召开，揭阳被命名为“广东省双拥模范城”，普宁市、揭西县被命名为“广东省双拥模范县（市、区）”。

27日，副省长李红军带领调研组到揭阳市调研社会民生事业工作，深入了解职业教育、医疗卫生、养老服务、儿童福利、社会救助及退役军人服务等方面工作情况。

同日，揭阳市房颤中心联盟成立仪式在市人民医院举行，全市65家医疗机构加入联盟，全市构建房颤防治协同体系工作正式启动。

30日，广东（揭阳）知识产权分析评议中心揭牌仪式暨成果发布会在揭阳迎宾馆举行，首期成果《揭阳市环保装备产业知识产权分析评议报告》发布。

是月，普宁市大南山街道什石洋村、揭西县南山镇火炬村被命名为“广东省红色村党建工程示范点”并举行揭牌活动。

是月，新建揭阳至惠来铁路项目可行性研究报告获省发展改革委批复。项目全线位于揭阳市境内，线路正线自梅汕铁路揭阳站引出，经揭东区、普宁市、惠来县，终点至汕汕铁路惠来站。项目新建正线88.66千米，同步修建新亨货联线2.91千米、揭阳立折线1.92千米、大南海支线3.79千米、中石油广东石化专用线5.10千米、大南海通用码头专用线5.28千米。全线设揭阳、新亨（货运接轨站）、霖磐、洪阳、普宁北、普宁（与厦深铁路普宁站并站）、大南山、大南海、惠来9座车站，设锡场、仙美、惠来西线路所3处。线路等级为I级铁路，设计速度160千米/小时。项目投资估算总额132.78亿元，建设总工期4年。

是月，2020年度寻找揭阳市“最美消防人”活动评选结果出炉，揭阳空港经济区专职消防队队长覃超强获“最美消防员”荣誉称号，普宁市水上救援协会副会长、普宁狼队越野赛车车队队员李晓佳获“最美热心消防公益事业先进个人”荣誉称号，广东万泰集团获“最美热心消防公益事业先进集体”荣誉称号。

11月

2日，揭阳市2021年度城乡居民基本医疗保险参保缴费暨普惠型补充医疗保险“揭阳市民保”项目正式启动。

6日，活力揭阳古城建设项目签约仪式在榕城区举行，榕城区政府与广州文化投资有限公司、波特曼（中国）公司、上海哲匠企业管理有限公司代表进行签约。

8日，2020年揭阳市首届游泳锦标赛在市区东湖游泳馆举行。

上旬，揭阳市政务服务数据管理局与惠州市政务服务数据管理局签订政务服务“跨城通办”合作协议，首批28项（包括企业开办、社会保障、不动产登记查询、个人公积金查询等）政务服务事项实现惠揭“跨城通办”。

16日，由市普法办公室、市司法局、市教育局联合主办的“宪法教育大课堂”公开课观摩活动暨揭阳市青少年法治教育实践基地揭牌仪式在市区揭阳捷和职业技术学校举行。

17日，揭阳至惠来铁路暨全市第四季度重点项目开工活动在揭惠铁路先行开工段——百吉岭隧道出口及各县（市、区）分会场同步举行，开工重点项目45个，总投资近630亿元。副省长覃伟中，省政府副秘书长杨鹏飞，市领导蔡朝林、张科等参加活动。

20日，汕湛高速公路汕头至普宁占陇段建成通车。汕湛高速汕头至普宁占陇段主线长约49千米（含汕头段全线约43.5千米），开通的收费站包括汕头境内的汕头南、潮阳北、铜盂、峡山收费站和揭阳境内的占陇收费站。

同日，揭阳市市场监督管理局与美团公司签署食品安全智慧监管战略合作协议，向全市餐饮商户免费投放“食安封签”30万份，政企携手探索构建“互联网+监管”的社会共治体系。

22日，揭阳市质量大会召开。全市拥有国家地理标志保护产品（商标）9个、驰名商标15件，国家级质检中心2个，省级质检站4个；国家知识产权优势企业14家；农业标准化示范区75个，制订修订国际、国家等各类技术标准123项。

23～24日，全国政协委员、省政协副主席、致公党省委会主委黄武率省政协民主监督第七调研组就决胜脱贫攻坚工作和实施乡村振兴战略到揭阳市调研。

24日，全国劳动模范和先进工作者表彰大会在北京人民大会堂隆重举行，揭阳市3名全国劳模进京接受表彰，分别是中国石油天然气股份有限公司广东石化分公司设计管理部主任杨丽芳，广东佳润泰农业开发有限公司总经理罗松涛，惠来县靖海镇义湖村党支部书记、村委会主任黄荣亮。

同日，《2020中国天然氧吧绿皮书》发布。揭西县天然氧吧在全国天然氧吧的生态效益指数评比中名列第一，在综合效益指数评比中名列第八。

26日，2020年中国脑卒中大会暨脑卒中防治工程总结会在安徽省合肥市召开，揭阳市人民医院在会上获评“高级卒中中心建设单位”并接受授牌。

29日，市委书记、市人大常委会党组书记蔡朝林带队赴北京召开揭阳市优化营商环境暨招商引资座谈会。

是月，揭阳市政务服务数据管理局陆续与汕头、潮州、汕尾3市的市政务服务数据管理局签订政务服务“跨城通办”合作协议。这是继揭阳市与惠州开展政务服务“跨城通办”后，再次与省内其他城市开展政务服务跨城合作。至此，揭阳市与4市实现政务服务“跨城通办”合作。

是月，揭阳市揭阳第一中学、榕城区红旗小学两所学校入选第二届广东省文明校园。

是月，普宁杨石魂故居举行揭阳市党史国史教育基地揭牌仪式。

12月

3～4日，省人大常委会党组副书记、副主任徐少华带队到揭阳市，就推进循环经济发展、地方立法工作等情况进行调研。

4日，共青团揭阳市第五次代表大会在市区召开，会议总结揭阳市第四次团代会以来全市共青团工作取得的成绩，谋划今后5年全市共青团事业发展的奋斗目标和主要任务，选举产生团市委新一届领导班子。

6日，揭阳市举行“粤菜师傅”职业技能竞赛暨成果展示汇报交流活动。活动包括中式烹调（潮菜）和中式面点师技能竞赛、竞赛作品展示、大师作品展示、学术论文交流、“工匠精神”专题讲座等5个项目。全市4个“粤菜师傅”培训基地、4个“粤菜师傅”大师工作室及各相关技工院校和职业培训机构的40名师生参加比赛，展示菜品78个，论文15篇。通过竞赛交流，15名选手和3个单位获奖。

同日，第十八届全国中小学信息技术创新与实践大赛（NOC）现场决赛在山东日照举行，揭阳市组织12名选手参赛，取得3组一等奖、3组二等奖。

同日，第十四届广东省艺术节在广州友谊剧院举行颁奖晚会，揭阳市新创大型古装潮剧《如是传》获综合奖戏曲组三等奖，青年演员刘洁获“十佳舞台新秀”称号。

7日，揭阳市成立消费扶贫联盟暨扶贫产品展销活动在广州市广东东西部扶贫协作产品交易市场拉开帷幕。活动集中展示揭阳市一批优质特色农产品，来自中直、省直、东莞市的有关对口帮扶单位以及深圳采购商代表在活动现场与市农业产业协会签订扶贫产品认购协议，认购总金额超过2.3亿元。

上旬，由中石化有限责任公司联系进口的外籍天然气船舶“航海家”号靠泊惠来神泉港码头，是中石化有限责任公司首次在惠来口岸进口天然气。

上旬，由揭阳供电局建设的500千伏岐山（揭东）变电站工程通过中国施工企业协会评审，荣获“2020—2021年度国家优质工程奖”，是2020年度广东电网范围内唯一获此殊荣的项目。

上旬，由市委宣传部、市文联、市城投集团联合举办的“我为揭阳大桥题名”书法作品征集活动评选结果公布，征集活动自11月19日开始至11月25日截止，收到省内外书法家、书法爱好者报送的378件书法作品。经评选，获一等奖作品3件，二等奖作品5件，三等奖作品10件。

11日，揭阳市市场监管局、市发改局、市教育局等27部门共同研究制定的《揭阳市市场监管领域部门联合抽查事项清单（第一版）》印发。《清单》包含46个抽查领域、79个抽查事项，每个抽查事项均明确检查对象、发起部门和配合部门，便于联合检查的实施。

16日，省政协党组副书记、副主席林雄率领省政协调研组，到揭阳市围绕“贯彻落实中央和省委政协工作会议精神，更好发挥界别作用”专题开展调研。

17日，汕湛高速公路普宁至揭西段主线全面完工，顺利通过交工验收，28日正式通车试运营。

同日，揭阳市“最美工匠”授牌活动在市区举行，市总工会为许小雄等25名“2020年揭阳市最美工匠”授牌。

18日，揭阳文化旅游推介会在潮州市举行。

19日，揭阳粤海水务有限公司举行揭牌仪式。

同日，第二届广东十大美丽乡村系列评选活动发布会在佛山市三水区举行，普宁市大南山街道什石洋村获评广东省贫困村创建名村。

中旬，农业农村部公布第十批全国“一村一品”示范村镇名单，揭东区玉湖镇坪上村（炒茶）成功入选，是该批次全市唯一入选村镇。

21日，揭阳市投资控股集团有限公司揭牌成立。

23日，中国共产党揭阳市第六届委员会第十次全体会议在市区召开。全会表决通过《中国共产党揭阳市第六届委员会第十次全体会议决议》；审议通过《中共揭阳市委关于制定揭阳市国民经济和社会发展第十四个五年规划和二〇三五年远景目标的建议》。市委书记蔡朝林代表市委常委会作报告，并就有关文件作说明。

24日，广东能源葵潭农场光伏复合项目在惠来县开工。

26日，2020年揭阳市首届定向运动挑战赛在揭阳楼广场举行。

26～27日，2020年揭阳市首届青少年拳击锦标赛在榕城区体育馆举行。

28日，揭阳港口合作项目签约仪式举行，广州港集团、中交四航局与揭阳投控、揭阳普工3个合作项目集体签约。

29日，全市抗击新冠肺炎疫情表彰大会在市区举行，220名先进个人、71个先进集体受到表彰。。

30日，揭阳市人民政府与巨正源股份有限公司基地化产业项目投资合作协议签约仪式在广州举行。根据协议，该公司拟在揭阳大南海石化工业区投资550亿元，申报用地5000亩，分三期建设90万吨/年丙烷脱氢及码头工程、180万吨/年液化气综合利用项目、120万吨/年乙烯（原油直接裂解）项目等3个项目。

是月，揭阳市委、市政府决定，授予黄烁鑫等50人“揭阳市劳动模范”称号，授予池学峰等9人“揭阳市先进工作者”称号，授予国家税务总局揭阳市榕城区税务局等30个单位“揭阳市先进集体”称号。

（林夏倩）

揭阳概况

市情概貌

【建置沿革】 揭阳是粤东古邑，史载已有2200多年历史，是广东省历史文化名城和广东最古老的县份之一。秦始皇三十三年（前214）设戍所于五岭之一的揭阳岭，揭阳县隶南海郡。西汉元鼎六年（前111），汉平南越，揭阳县令史定归汉，被封为安道侯，仍任揭阳县令，揭阳县隶属南海郡。王莽篡汉后，改揭阳县为南海亭，隶属交州。东汉复称揭阳县，隶属南海郡。

东晋咸和六年（331），从南海郡分设东官郡，析揭阳县为海阳县、海宁县、潮阳县和绥安县，隶属东官郡。北宋宣和三年（1121），割海阳县之永宁、崇义二乡和延德乡之龙溪、鮀江、鳄浦、蓬州4都复置揭阳县。南宋绍兴二年（1132），新设立的揭阳县重新并入海阳县。南宋绍兴八年（1138），析海阳县复置揭阳县，隶属潮州。绍兴十年（1140），建县治于玉滘村（今榕城），揭阳县建制自此至1991年12月不变。明嘉靖三年（1524），析潮阳县惠来、酉头、大坭三都，隆井都一半，与海丰县的龙溪都，设置惠来县，隶属潮州府。嘉靖四十二年（1563），析潮阳县西境洋乌、泷水、黄坑三都，设置普宁县，隶属潮州府。1958年12月21日，撤销惠来县建制，分属潮阳、普宁2县。1961年3月4日，恢复惠来县建制。1965年7月，揭阳县析出河婆、良田、坪上、龙潭、灰寨、凤江、东园、五经富、京溪园、钱坑、金和、塔头公社和棉湖镇，陆丰县划出上砂公社和五云公社，设置揭西县。

1991年12月7日，经国务院批准，撤销揭阳县建制，设立揭阳市（地级），辖榕城区、揭东县、普宁县、揭西县、惠来县。1992年8月25日，省政府批准在榕城区行政区划内，设立揭阳经济开发试验区。1993年4月6日，经国务院批准，撤销普宁县建制，设立普宁市（县级），由省直辖，揭阳市代管。1994年5月9日，揭阳市调整榕城区行政管理区域，将原榕城区划分为榕城区、东山区和揭阳经济开发试验区。1995年8月，经揭阳市委、市政府批准，普宁华侨农场改制设置普宁华侨管理区；大南山华侨农场改制设置大南山华侨管理区。2007年7月，经广东省政府批准设立揭阳大南海石化工业区。2012年12月17日，经国务院批准，将原揭东县的地都镇、砲台镇、登岗镇划归榕城区管辖；撤销揭东县，设立揭阳市揭东区，将揭阳市榕城区的磐东街道划归揭东区管辖，以原揭东县（不含地都镇、砲台镇、登岗镇）和榕城区磐东街道的行政区划为揭东区的行政区划。2013年2月，揭阳市委、市政府决定调整部分行政区划，在榕城区行政区划内设立揭阳空港经济区，在揭东区行政区划内设立揭阳市蓝城区。2016年12月，揭阳市委、市政府作出撤销蓝城区决定，其职责整合划入揭阳产业转移工业园管委会，原蓝城区管委会代管的磐东街道、月城镇、霖磐镇、桂岭镇、白塔镇、龙尾镇调整由揭阳产业转移工业园管委会代管。2019年，设立中国共产党揭阳市粤东新城工作委员会、揭阳市粤东新城管理委员会，分别为中共揭阳市委、揭阳市人民政府派出机构，实行合署办公。揭阳市普宁华侨管理区管理委员会、揭阳市大南山华侨管理区管理委员会由揭阳市政府派出机构（正处级），均调整为普宁市政府、惠来县政府派出机构

（正科级），其管辖范围、机构编制和在编在职人员成建制分别划转普宁市、惠来县实名制管理。2020年9月，揭阳产业转移工业园代管的磐东街道、月城镇、霖磐镇、桂岭镇、白塔镇、龙尾镇划归揭东区管辖。2020年，揭阳市管辖榕城区、揭东区、揭西县、惠来县，代管普宁市（县级），另设揭阳产业转移工业园、揭阳空港经济区、揭阳大南海石化工业区、揭阳市粤东新城4个经济功能区。

（市地方史志办）

【自然地理】 位置面积　揭阳市位于广东省东南部的潮汕平原，地处粤东地区中心，地跨北纬22° 53′ 15″ 至23° 46′ 30″ ，东经115° 36′ 30″ 至116° 37′ 45″ ，是广东省14个沿海地级市之一。东邻汕头、潮州，西接汕尾，南濒南海，北靠梅州，处于珠三角和海峡西岸经济带的重要连接点，历来是粤东、赣南、闽西南一带的重要交通枢纽。土地资源总面积5265.87平方千米。

地形地貌　揭阳市地势北高南低，由北至南依次分布着山地、丘陵、盆地、平原等基本地貌类型，中部、南部和东南部是广阔肥沃的榕江冲积平原和滨海沉积平原。山地多属莲花山系，海拔在500米~600米，主峰李望嶂海拔1222米，为揭阳市第一高峰。

（市自然资源局）

气候　2020年揭阳市天气气候的总体特征：降水异常偏少、气温明显偏高、台风影响偏轻、灰霾日数减少。全市平均降雨量1163毫米，偏少40%，为历史第4少，其中市区1145毫米，揭西1180毫米，普宁1221毫米，惠来1108毫米，市区、揭西、普宁均破历史最少纪录。全市平均气温22.9℃，比历年偏高0.9℃，其中：市区23.3℃、揭西22.6℃、普宁23.0℃、惠来23.0℃。2020年对揭阳市造成影响的台风有2个：06号台风“米克拉”和07号台风“海高斯”，两个台风都给全市带来暴雨，据市三防办统计，这两个台风没有给揭阳市造成直接经济损失。全市平均灰霾日数13天，其中市区16天、揭西14天、普宁9天、惠来12天，与2019年相比，全市平均减少20天。

（市气象局）

【资源】 土地资源　根据土地变更调查，按国家标准一级分类划分为：耕地86411.63公顷，占总面积16.41%；园地84096.33公顷，占总面积15.97%；林地276100公顷，占总面积52.43%；草地18400.91公顷，占总面积3.49%；城镇村及工矿用地63585.24公顷，占总面积12.07%；交通运输用地11923.74公顷，占总面积2.26%；水域及水利设施用地45663.84公顷，占总面积8.67%；其他土地5653.55公顷，占总面积1.07%。

（市自然资源局）

水资源　揭阳市境内河流由榕江、练江、龙江三大水系和沿海水系组成，其中以榕江流域面积最大，是揭阳市的主要河流。三大水系中练江和龙江发源于市境内，榕江是过境河流，发源于汕尾市陆河凤凰山。全市境内集水面积在100平方公里以上的干、支流共20条。

据我国年降雨、径流等要素综合分析划分，揭阳市属多水带。降雨是揭阳市地表径流的唯一来源，属雨水补给型，因此，地表径流量的变化与降雨量基本一致。全市多年平均水资源总量为66.9亿立方米，水力理论蕴藏量44.87万千瓦，其中可开发装机16.22万千瓦，约占理论蕴藏量36.2%。年水资源总量46.07亿立方米。

（市水利局）

植被资源　揭阳市光、热、水资源丰富，四季常青，生物资源种类多、数量大、分布广，主要集中分布在境内自然保护区、森林公园、各地主要山区和惠来、空港经济区的沿海地区。

据不完全统计，全市境内蕨类植树门植物19科51种，裸子植物亚门7科21种，被子植物亚门155科1012种。

属于国家Ⅰ级保护的有桫椤，属于Ⅱ级保护的有罗汉松、福建柏、半枫荷、华南五针松（广东松）、白桂木；《濒危野生动植物种国际贸易公约》（附录Ⅰ、Ⅱ、Ⅲ）的植物种共有4种，其中兰科植物3种、紫草科乔木1种。

（市林业局）

国家重点保护动物——潮汕蝾螈　（萧徽文　摄）

表1

揭阳市境内集水面积100平方公里以上河流基本情况表

河流名称		支流级别	发源地	河口	集水面积（平方公里）	河长（公里）	平均坡降（‰）
干流	支流						
榕江			陆河凤凰山	汕头牛田洋	4408/2800.87	175/133.7	4.9
	上砂水	1	五华笼衣圈	揭西砳下	134/134	32/32	8.06
	横江水	1	五华双髻山	揭西河婆	219/219	39/39	12.40
	龙潭水	1	揭西钩髻岽	揭西下仓	101/101	30/30	16.90
	石肚水	1	普宁石龙坑	揭西新寮	102/102	25/25	14.80
	五经富水	1	丰顺楼子嶂	揭西玉湖	719/426	76/32	5.46
	灰寨水	2	揭西大排岽	揭西桃溪州	183/183	42/42	8.81
	洪阳河	1	普宁大尖山	榕城梅云神港	189/189	24/24	1.09
	北河	1	丰顺桐子洋	渔湖双溪嘴	1629/647	92/50	1.14
	新西河	2	揭东鸽山尾	揭东西岗山	110/110	25/25	15.00
	枫江	2	潮州笔架山	揭东枫口	663/299	71/20	1.81
	车田水	3	揭东笔架山	揭东下底	119/119	28/28	7.07
练江			普宁寒妈径	潮阳海门	1353/500.43	72/31	8.9
龙江			普宁南水凹	惠来南海哨所	1164/1008.8	82/75.6	1.63
	高浦水	1	普宁青山坳	惠来南照埔	170/170	40/40	2.79
	崩坎水	1	普宁大坳口	惠来磁窑	331/331	47/47	2.33
雷岭河			潮阳刘士可	惠来神泉港	444/389.4	26/17.8	0.37
	罗溪	1	惠来乌坑顶	惠来钓石	190/190	45/45	3.54
鳌江			惠来马鞍山	陆丰甲子港	322/180.5	39/39	0.21
西石湖水			惠来金公过山	惠来西石湖	192.6/192.6	15/15	0.23

说明：集水面积及河长两个数，前者为该河总数，后者为其中在市境内数

动物资源 据2020年揭阳市陆生野生动物资源调查结果，全市境内记录脊椎动物244种，其中：两栖类29种，爬行类53种，鸟类153种，兽类9种。该次调查记录到1种广东省新记录（秉志肥螈）以及4个物种的粤东新分布记录（刘氏掌突蟾、白刺湍蛙、福建后棱蛇和北部湾蜓蜥）。被列入国家重点保护动物18种：潮汕蝾螈、虎纹蛙、岩鹭、黑鸢、松雀鹰、蛇雕、鹗、褐翅鸦鹃、小鸦鹃、领角鸮、黄嘴角鸮、斑头鸺鹠、画眉、红嘴相思、白眉山鹧鸪、白胸翡翠、白鹇、豹猫。

（市林业局）

矿产资源 根据新一轮矿产资源规划调查，揭阳市发现矿产17种，矿产地56处，其中，能源矿产1种，矿产地3处；金属矿产8种，矿产地11处；非金属矿产6种，矿产地33处；水气矿产2种，矿产地9处。储量规模达中、大型的矿产4种，矿产地7处。主要矿种有煤、

揭阳市沿海丰富的海洋资源　（郑楚藩　摄）

铁、钛、铜、铅、锌、锡、银、重稀土、轻稀土（独居石）、长石、高岭土、建筑用花岗岩、饰面用花岗岩、建筑用安山岩、闪长岩、矿泉水、地热。

（市自然资源局）

海洋资源 揭阳市濒临南海，下辖惠来县、揭阳空港经济区两个沿海县（区），功能区划海域面积1338.20平方千米（其中惠来1328.60平方千米，空港9.60平方千米），大陆海岸线长136.91千米（其中惠来海岸线长111.53千米，榕江出海口海岸线长25.38千米），无居民海岛155个。

（市自然资源局）

【环境质量】 *大气环境质量* 2020年，揭阳市空气质量六项指标全面达标。从日均值情况看，全年有效监测天数366天，达标天数355天，达标率97.0%。其中，优172天，占47.0%；良183天，占50.0%；轻度污染10天，占2.7%；重度污染1天，占0.3%。从年均值情况看，全年城市环境空气质量综合指数3.12，全省排名第16名。

水环境质量 2020年，省下达揭阳市地表水7个考核断面水质优良比例为71.4%，主要污染物持续下降。榕江水生态环境改善明显，龟山塔断面水质Ⅱ类，地都断面、东湖断面水质Ⅳ类（剔除溶解氧后均为Ⅲ类），龙石断面自2019年消除劣Ⅴ类后基本稳定达Ⅴ类；榕江下游涂虾、南河银鱼、北河石螺等本地特征生物逐步增多。练江水质持续提升，青洋山桥断面虽为劣Ⅴ类，但溶解氧、化学需氧量、总磷等均达Ⅴ类，氨氮为4.4毫克/升、下降11.1%。龙江水环境质量保持优良，新圩桥断面、隆溪大道桥断面均达Ⅲ类。地下水质量级别属于良好级为33.3%，较差级为66.7%，补给区符合Ⅲ类水质，径流区、排泄区符合Ⅴ类水质。近岸海域水质较好，全市13个监测点位，一类海水水质点位比例为76.9%，二类海水水质点位比例为23.1%，优良点位（一、二类）比例为100%。全市城市集中式饮用水水源地水质达标率为100%。

声环境质量 2020年，揭阳市区道路交通噪声（昼间）平均等效声级66.6分贝，比2019年下降0.9分贝，道路交通噪声强度为一级，声环境质量为好，与2019年持平。市区区域环境噪声（昼间）平均等效声级54.9分贝，区域环境噪声总体水平为二级，声环境质量较好，与2019年持平。功能区噪声1类、2类、3类、4类区昼夜等效声级分别为53.6分贝、55.3分贝、57.4分贝、65.2分贝，功能区噪声年度达标率91.8%，比2019年下降0.9个百分点，其中昼间达标率94.8%，夜间达标率85.8%。

（市生态环境局）

【人口】 2020年末揭阳市总人口7111913人，比2019年7070683人增加41230人，总人口增长率5.814‰。人数变化中，出生139518人，死亡47833人，相抵后增加91685人，自然增长率12.93‰。全市市外迁入50682人，迁往市外101137人，相抵后50455人，机械增长率−7.12‰。剔除非正常因素，相抵后减少49777人，机械增长率−7.019‰。总人口7111913人中，男3669230人，女3442683人，性别比106.6：100（女性为100）。17周岁（含）以下1930245人，占总人口27.141%；18周岁至34周岁（含）2256153人，占总人口31.724%；35周岁至59周岁（含）1942996人，占总人口27.320%；60周岁以上982519人，占总人口13.815%，基本符合实际情况。

2020年年末，全市城镇人口3467736人，占总人口48.76%，比2019年增加11694人，增长率3.384‰。2020年7月揭阳市全面放开城镇落户限制，下半年城镇人口呈上升趋势，在年末统计中，剔除以上调整因素，2020年城镇人口比2019年增加11694人。

（市公安局）

【方言】 揭阳地处粤东潮汕平原，是潮客交融之地。揭阳境内潮、客先民来自中原汉族，因先后不同时间迁至潮汕，迁徙路线又不相同，受到各自所经地方土语的影响，形成潮汕方言和客家方言两种不同的语言。潮汕话和客家话均是古代中原汉语与当地土语互相渗透形成的方言。

潮汕方言 秦初，汉人因遣戍边疆或南迁至今福建一带，后又因逃避战乱，从闽南辗转进入潮汕，故称“福佬”。中原汉语与当地土语互相渗透，产生了新的方言，即“潮州话”或“潮汕话”。潮汕方言来源于中原古汉语，是历代南迁人口家乡话与当地语言结合而形成的。它是汉语方言体系闽方言中的一种次方言，与厦门、漳州、泉州、台湾及海南部分地区使用的闽方言，同属一个体系。揭阳本土使用的潮汕方言，是广东省三大方言（粤语、客语、潮语）之一，称为“揭阳话”，是潮汕方言的区域性代表之一。揭阳一地的潮汕方言主要分布在榕城区，惠来县，揭东区中部、东部和西部，揭西县东部，普宁市中部、北部、东部和南部等平原地带和半山区，约占全市总人口的83.7%。潮汕方言包含18个声母，64个韵母，8个声调，保留着许多现代汉语所没有的古语音、古字音、古词汇和古声调。揭阳地区形成大量内容丰富，表现形式生动活泼，贴近生活的民间俗语。

客家方言 属汉语语族，与中原古汉语同出一源。客家方言的标

准语言是梅州话。潮汕地区的客家人，多为明代从梅县、兴宁等地迁至潮汕，后经几百年的生活交往、生产交流、婚姻，语言不断互相渗透、转化，形成揭阳客家话。揭阳客家话与兴梅口音相比，有明显差异，俗称“半山客”。客家方言是揭阳市第二方言，主要分布在揭东区玉湖、白塔、龙尾镇，揭西县北部、西部和西南部，普宁市南阳山区等的半山区，约占全市总人口的14.4%。客家方言包含21个声母，75个韵母，6个声调，保留着许多古汉语词汇、丰富多彩的熟语和特殊的语法特点、特殊词汇和单音节词。

此外，一些客家村庄，因与潮汕人接壤居住，往来密切，在日常交往中既说客家话，又说潮汕话，形成“三名福佬四句客”的“双语村”，为数较少，约占全市总人口的1.8%。

（市地方史志办）

【民族·宗教】 民族 秦汉时期，古揭阳土著居民属于史称“百越”的一个支派。此后汉人不断流入定居。元代、清代时期，蒙古族人、满族人到揭阳等地为官或经商，少数人定居下来，乾隆《揭阳县志》记载，揭阳县住过畲族。中华人民共和国成立后，揭阳人口民族成份以汉族为主，还有壮族、苗族、瑶族、侗族、土家族等38个少数民族；2020年年末，常住少数民族人口10486人，呈城乡散居分布；主要来源于婚嫁、务工、经商。

宗教 揭阳市有佛教、道教、天主教、基督教。最早出现的是本土的道教，随后佛教、天主教、基督教逐渐传入。揭阳市境内道教活动始于隋朝霖田都（今属揭西县），三山祖庙（明贶庙）祀三山国王活动。佛教传入潮汕乃至揭阳，史载最早是唐贞观年间（627～649），时已有僧人在潮阳县莲塘坛后（今属普宁市）创建留迹院，唐贞元（785～805）至元和（806～820）年间，揭阳境内有僧人从事佛事活动。天主教传入境内最早是清康熙六十年（1721），多明我会西班牙籍传教士从澳门到惠来县葵潭石门坑村传教，继而到普宁县、揭西县、揭阳县传教。清咸丰十年（1860），基督教传入揭阳。1978年12月，各地相继恢复开放宗教活动场所。2020年，全市经设立登记宗教活动场所344处，其中佛教156处，道教23处，天主教82处，基督教83处；宗教教职人员818人。

（市地方史志办、市委统战部）

【侨乡侨情】 揭阳市是广东省著名侨乡，侨务大市，有旅外华人、华侨320多万人，归侨侨眷180多万人，港澳台同胞60多万人。揭阳籍华侨、华人分布在世界各个国家和地区，主要分布在泰国、新加坡、马来西亚、柬埔寨、印尼、越南、老挝等国家。

揭阳人昔年漂洋过海，移居国外的多是一些迫于生计的贫苦农民。单独或结伴出国谋生，俗称“过番”。最初从饶平柘林和澄海樟林乘红头船出洋，往后则从汕头港乘轮船往东南亚各国。关于揭阳人出国的最早文字记载，是重点侨乡北坑村（清代属蓝田都，今属玉湖镇）埔龙凹刘氏族谱所载“二十三世祖可杰公往暹罗”，所记时间在清乾隆五十年（1785）前后。华侨在居住国和当地人民友好相处，不少彼此通婚，结下深厚情谊，为反对殖民主义者、争取民族独立自由并肩战斗；经过艰苦创业，苦心经营，有的成为当地豪商巨富，为繁荣经济，发展居住国文化教育和社会进步事业做出较大的贡献。

中华人民共和国成立后，揭阳市境内各县坚决贯彻党和国家的侨务政策，保护华侨、归侨、侨眷的合法权益。特别是改革开放后，市境内各地侨眷，在海外亲人的资助下，利用侨汇和闲散劳力，集资举办企业，发展致富，繁荣侨乡经济。随着改革开放的深入和经济建设的发展，揭阳市对外经贸合作和文化交流日益频繁，加强与旅外乡亲联络联系，发展与各国人民的友好关系，邀请外国人、华侨、港澳台同胞到揭阳参观访问、考察、旅游，开展经贸活动。惠来县世铿院和普宁市庄世平博物馆被评为“中国侨联爱国主义教育基地”，庄世平博物馆也是“中国华侨国际文化交流基地”，揭阳侨史文化展览馆为“广东省侨联侨界文化交流基地”。

（市委统战部、市侨联）

【历史文化】 揭阳为粤东古邑，史载已有2200多年历史，得名于古五岭之一的揭阳岭。榕城是揭阳市区中心的所在地，是揭阳市的政治、文化中心，是广东省历史文化名城，享有“水上莲花”“浮水葫芦”美誉。

揭阳市榕江和练江流域历史上是粤东地区经济较发达的地区之一。唐代，榕江砲台口岸及神泉港、靖海港就与东南亚各国通航，促进地方经济的发展。明清时代，手工业、商贸业较发达。民国初期，随着现代工业技术的输入，出现简单机械加工的小五金制品行业、服装加工行业和棉纺织业。1949年，现揭阳市区域内全境解放，进入社会主义革命和建设时期。改革开放特别是建市后，揭阳经济迅猛发展，社会和谐稳定。

揭阳地灵人杰，历代贤达志士辈出。宋代高士吴复古、明代“岭南第一名臣”翁万达、清代武状元林德镛、直隶总督郑大进等均系揭阳籍名臣重将；南昌起义军南下广东，周恩来、贺龙、叶挺、刘伯承、聂荣臻、郭沫若等率领部队转战潮汕，激战汾水，在普宁流沙教堂召开军事决策会议，做出重大决策。第二次国内革命战争时期的大南山八年游击战争，留下令人缅怀的史迹；社会主义革命和建设时期，涌现出方方、蔡诚、蔡翘、侯祥麟、杨遵仪、黄旭华、许宁生等英模人物。

揭阳境内居民主要是潮、客两众，民俗风情独特，富有浓郁的潮汕文化特色。揭阳菜属广东菜三大菜系中的潮州流派，极具岭南文化特色，刀工精巧，焖、炖、煎、炊、炒、清、淋、焗齐备；清而不淡，鲜而不腥，郁而不腻，色、香、味、美俱全。民间点心小食品种繁多，用料讲究，制作精细。

揭阳文化积淀深厚，城乡群众艺术创作十分活跃，民间艺术丰富多彩，素有“戏剧之乡”“小戏之乡”和“中国民间文化艺术之乡”之称，尤以石雕、木雕、玉雕、剪纸、嵌瓷、潮剧、潮乐、英歌舞和舞狮最为著名。

历史名胜古迹有榕城区揭阳学宫（孔庙）、古榕武庙（关帝庙）、丁氏光禄公祠、城隍庙、双峰寺、进贤门、禁城、黄岐山森林公园、桂竹园风景区，揭东区汾水战役纪念公园、大脊岭抗战遗址，普宁市南岩古寺、德安里古建筑群、盘龙阁寺、培风塔、马嘶岩，揭阳空港经济区风门古径、古山寺，揭西县霖田祖庙（三山国王祖庙）、广德庵、黄满寨瀑布，惠来县神泉海角甘泉、海市蜃楼、百花峰、铭湖岩等；现代景点有揭阳楼及其广场、榕江音乐喷泉、揭阳文化广场、埔田万竹园、望天湖生态旅游度假区、京明温泉度假村、大洋国际生态旅游度假区等。

（市地方史志办）

【行政区划】 2020年，揭阳市辖榕城区、揭东区、揭西县、惠来县4县（区），代管普宁市（县级），另设揭阳空港经济区。全市共2乡、63个镇、20个街道，1446个行政村、188个社区。

表2

揭阳市行政区划情况表（2020年）

县（市、区）		乡镇（街道）名称
榕城区	4镇	渔湖、砲台、登岗、地都
	10街道	新兴、榕华、榕东、西马、中山、仙桥、梅云、东阳、东兴、东升
揭东区	11镇	龙尾、白塔、霖磐、桂岭、月城、玉湖、新亨、锡场、埔田、云路、玉滘
	2街道	曲溪、磐东
普宁市	1乡	鲘溪
	18镇	占陇、军埠、下架山、南径、麒麟、南溪、广太、洪阳、赤岗、大坝、梅塘、里湖、梅林、船埔、高埔、云落、大坪、普侨
	7街道	流沙东、流沙西、流沙南、流沙北、池尾、燎原、大南山
揭西县	1乡	良田
	15镇	棉湖、上砂、五云、坪上、龙潭、南山、灰寨、京溪园、五经富、东园、塔头、金和、钱坑、大溪、凤江
	1街道	河婆
惠来县	15镇	惠城、东陇、华湖、神泉、前詹、周田、靖海、仙庵、隆江、溪西、岐石、葵潭、鳌江、东港、侨园
合计		2乡、63镇、20街道

说明：此表统计数据榕城区含揭阳空港经济区

（市民政局）

经济建设

【经济建设概况】 2020年，揭阳市实现地区生产总值2102.14亿元，比2019年增长0.2%，其中第一产业增加值204.4亿元，同比增长3.2%；第二产业增加值774.77亿元，同比下降2.5%；第三产业增加值1122.97亿元，同比增长2.2%。三次产业结构为：9.7：36.9：53.4。固定资产投资1180.75亿元，同比增长2.5%。规模以上工业增加值520.29亿元，同比下降2.7%。城乡居民人均可支配收入21822元，同比增长2.3%。地方一般公共预算收入73.97亿元，同比增长1.3%。

【双统筹取得阶段性胜利】 2020年，揭阳市全力做好新冠肺炎疫情防控工作，全市11例确诊病例全部治愈出院。深入开展“暖企行动”，认真做好“六稳”工作，全面落实“六保”任务，制定出台28条复工复产扶持政策，3月底全面实现复工复产，全年经济实现正增长。新增注册市场主体4.83万户，开展补贴性职业技能培训4.23万人，新增城镇就业3.06万人。农业保持增长，“米袋子”“菜篮子”供应充足。

【重大项目稳步推进】 2020年，揭阳市基础设施投资完成474.28亿元，同比增长10.4%，机场航站区扩建工程、揭惠铁路开工建设，3条高速公路建成通车，揭惠高速连接线和揭阳大桥建成通车。285项省市重点项目总计完成投资730.48亿元，完成年度计划的114%，其中中石油炼化一体化项目年度完成投资123亿元，国电投海上风电项目年度完成投资26.5亿元，吉林石化ABS、中石油商储库、中石油LNG等配套项目启动实施。

【实施乡村振兴战略】 2020年，揭阳市3.7万户10.58万相对贫困人口、162个省定贫困村全部脱贫出列。农林牧渔业总产值324.26亿元，同比增长4%。探索建立农业产业链“链长制”，开工建设新希望规模化生猪养殖等现代农业项目，新增省级专业镇1个、省级专业村54个，举办农产品“网络节+云展会”。农村基础设施进一步完善，新建成农村雨污分流项目1384个、“四好农村路”863千米，基本实现干净整洁村全覆盖，新增省级卫生村15个、省级特色名村3个，创建省“十大美丽乡村”1个。

【招商引资取得新成效】 2020年，揭阳市出台《深化“放管服”改革若干意见》《促进产业发展“1+1+12”政策体系》。企业设立登记0.5日办结、不动产抵押登记1日办结、工程项目报建5日内办结、工业项目实现“出让即报建”。组织赴广深、京沪、江浙等地开展招商引资，全年新签约招商项目110个，计划总投资2011亿元；新开工重点项目123个，总投资878亿元。全市新增注册市场主体4.83万户，新增办理“个转企”642户，新增“四上”企业308家、高新技术企业46家、上市企业2家。

【第三产业逐步回暖】 2020年，揭阳市第三产业增加值1122.97亿元，同比增长2.2%；第三产业投资811.51亿元，同比增长14.6%。房地产开发投资312.9亿元，同比增长81.9%；商品房销售额205.26亿元，同比增长9%。“两违”治理攻坚仗取得新成效，治理违建面积218.96万平方米。快递业务量23.5亿件，同比增长61.8%，总量跃居全国城市第7位，比2019年前进2个位次。金融机构各项存款余额2599.43亿元，贷款余额1236.62亿元，分别同比增长7%和4.6%。化解金融风险取得新进展，引进战略投资110亿元，惠来农商行挂牌开业，揭阳农商行、揭东农商行顺利改革化险，稳妥处置个别上市公司风险。

【治污攻坚战扎实推进】 2020年，揭阳市7个国省考断面5个达到优良以上，新建成污水处理厂41座，新增日处理能力12.85万吨，新增配套管网714公里，练江青洋山桥断面除氨氮外其余指标均达到Ⅴ类以上，9条重污染支流消劣7条；榕江龙石断面稳定达到Ⅴ类、东湖断面剔除溶解氧指标水质达到Ⅲ类，68条重污染支流消劣40条；枫江干流达到“三江连通”运行前水质Ⅴ类要求，48条重污染支流消劣21条。启动垃圾分类试点工作，普宁生活垃圾环保处理中心二期开工建设。全面完成蓝天保卫战三年行动计划目标，空气质量优良天数比例97%。

【民生事业取得新进展】 2020年，揭阳市民生支出超300亿元，占一般公共预算支出的80%。广东工业大学揭阳校区首期工程全面封顶；新增义务教育公办学位6.5万个，新增学前教育公办学位1.38万个。推动中大附一医院结对帮扶市人民医院、广州妇儿中心结对帮扶市妇幼保健院，加快推进25个医疗卫生补短板重点项目。开展补贴性职业技能培训4.23万人，新增城镇就业3.06万人；城乡人均可支配收入21822元，同比增长2.3%。完成36个集贸市场标准化综合改造示范工程，成功创建国家卫生城市。

【深化改革取得新成效】 2020年，揭阳市理顺揭阳产业园等经济功能区管理体制，完成大南山华侨农场、普宁华侨农场改镇挂牌，推动乡镇街道综合行政执法改革落地，调整优化市县（市、区）财政管理体制，改革政府投资项目、交通项目建设管理体制，公益三类事业单位有序退出。加快“数字政府”改革建设，“粤省事”实名注册超320万、列全省第9位，市级部门“零跑动”事项为78%。“一企一策”推进国有企业改革，整合组建市投资控股集团，全面出清市属国有“僵尸企业”，加强与广州建工、粤海水务、广州港集团等战略合作。

（市政府办）

政治文明建设

【政治文明建设概况】 2020年，揭阳市立足“一个统筹”，全面推进依法治市工作。围绕建设法治揭阳总目标，贯彻执行《党政主要负责人履行推进法治建设第一责任人职责规定》，法治揭阳建设取得“4个统筹”“2项创新”新成效。（“4个统筹”指率先在全省同步统筹部署法治揭阳建设评估和法治政府建设全面督察；统筹打造社区矫正“灵魂之旅”教育品牌；统筹开展法治化营商环境建设；统筹深化五项法治创建活动。“2项创新”指创新“调查会+开庭审理+案审会”多元化审理模式；创新“十个一”推动民法典学习宣传“揭阳模式”。）

【法治意识】 2020年，揭阳市深入开展法治宣传教育。全面推动宪法学习宣传教育，部署“深入学习宣传习近平法治思想 大力弘扬宪法精神”主题活动。创新“十个一”推动《中华人民共和国民法典》学习宣传“揭阳模式”，印发实施方案，成立《中华人民共和国民法典》律师普法宣讲团，全市开展宣讲活动688场次，为机关单位提供法律意见20项，为群众、单位和企业提供免费法律咨询124次。组织开展“疫情防控·法治同行”律师为民营企业“法治体检”“宪法教育大课堂”“卫生法治大课堂”“4·15”国家安全日、“6·26”国际禁毒日、“12·4”宪法宣传周等系列大型普法宣传主题活动。

【法治机制】 2020年，揭阳市加强法治机制建设，创新法治化营商环境服务机制。印发《揭阳市司法局推行“法治15条”营造良好法治化营商环境的工作意见》，为全市优化营商环境提供坚实法治保障和优质法律服务。创新行政立法基层联系点制度，发挥惠来县住房和城乡建设局、揭阳市生态环境局普宁分局、揭东区文化广电旅游体育局等8个市政府行政立法基层联系点的作用，推动民主立法、科学立法。召开2020年度揭阳市国家机关“谁执法谁普法”普法责任制履职报告评议会暨民法典学习宣传会。落实领导干部旁听庭审制度，组织全市领导干部和国家工作人员70多人旁听法院庭审，开展以案说法活动，促使领导干部时刻牢固树立红线意识，推动旁听庭审工作常态化、制度化。创新“调查会+开庭审理+案审会”多元化审理机制，实行调查活动和开庭审理相结合，保障当事人说理权利，消除老百姓对行政复议“暗箱操作”“官官相护”疑虑，实现阳光复议，达到案结事了、定纷止争的良好效果。

【法治文化】 2020年，揭阳市深入学习宣传贯彻习近平法治思想，加强法治文化宣传和社会主义法治文化阵地建设。组织广东荣兴机械科技有限公司等6家企业开展2020年广东省“法治文化建设示范企业”申报工作，全市12家国有和民营企业被授予“广东省法治文化建设示范企业”称号。打造省级标准的建设银行劳动者港湾公共法律服务延伸工作室1个，设立4个县（市、区）建设银行劳动者港湾建设公共法律服务延伸工作室。组织揭阳市榕城区东湖法治文化公园申报广东省法治文化主题公园，全市建成省级法治文化主题公园1个，市、县两级创建法治文化主题公园17个。加强青少年法治教育实践基地创建。授予揭阳捷和职业技术学校为揭阳市青少年法治教育实践基地，组织申报为“广东省青少年法治教育实践基地”。

【法治建设】 2020年，揭阳市统筹部署法治揭阳建设评估，印发《2020年度法治揭阳建设评估办法》《2020年度法治揭阳建设评估标准》《关于开展2020年度法治揭阳建设评估实施方案》等文件，以法治揭阳建设评估、法治政府建设督察两大法治抓手，覆盖全市各地、市各部委办、两院、市直各部门，精准对标对表省考评标准指标项，有针对性地发现问题、落实整改、提升实效。成立2020年度法治揭阳建设评估工作领导小组和六个专项工作小组，制定评估三级指标60项为主估内容，全面铺开法治评估各项工作，提升法治揭阳建设水平。

（王梓彬）

【政务公开制度建设】 2020年，揭阳市印发《揭阳市2020年政务公开工作要点》，从加强用权公开、政策发布解读、政务信息公开、公共卫生信息公开、加强制度执行、强化各项保障措施等六大方面，部署推进2020年度全市政务公开工作。转发《全面推进基层政务公开标准化规范化工作实施意见》，26个试点领域标准指引的市级牵头单位，与各县（市、区）人民政府（管委会）密切配合，全市试点领域标准目录的编制和发布工作按时高质完成。

【政府信息主动公开】 2020年，揭阳市严格按照《中华人民共和国政府信息公开条例》要求，加大政府信息主动公开力度，通过揭阳市人民政府门户网站、《揭阳市人民政府公报》、“揭阳市政府网”微信公众号等平台，发布政务动态信息25677条，其中概况类信息26条、政务动态类信息23269条、信息公开平台619条、微信公众号1763条。着力打造权威、规范、便民的市政府公报，推广电子公报，全年出版12期，刊登政府规章、规范性文件和部门规范性文件30件，市政府、市政府办公室文件80件，人事任免文件32件。

【政府信息依申请公开】 2020年，揭阳市依法依规做好政府信息依申请公开工作，全年办理政府信息依申请公开件249宗（其中自然人申请件216宗，法人或其他组织申请件18宗），均在法定期限内予以答复。予以公开90宗，占36.7%；不予公开22宗，占9.0%；因本机关不掌握等原因无法提供114宗，占46.5%；不予处理10宗，占4.1%。政府信息公开类行政复议66起，诉讼8起。

（市政府办）

精神文明建设

【精神文明建设概况】 2020年，揭阳市坚持以习近平新时代中国特色社会主义思想为指导，聚焦举旗帜、聚民心、育新人、兴文化、展形象的使命任务，围绕服务决胜全面小康、决战脱贫攻坚工作主线，坚持凝聚抗疫力量，加强精神文明教育。结合疫情防控形势，线上广泛开展元宵猜灯谜、龙舟赛游戏竞赛等“我们的节日”主题活动；开展“线上革命传统教育周”活动，教育和引导广大干部群众继承发扬优秀革命传统；围绕讲文明、有公德、守秩序、树新风，大力开展“趣味‘宅’时光”创意短视频征集活动、“学雷锋、讲文明、树新风”网络文明传播活动等，引导广大市民朋友“宅”家不忘学习知识，革旧除陋。以创建全国文明城市为重要抓手，推动揭西争创全国文明县城、普宁争创广东省文明城市、惠来争创广东省文明县城。推进文明单位、文明村镇、文明校园、文明家庭等群众性精神文明创建活动，全市文明村镇达标率100%。开展文明村镇创建提质行动、乡村文明实践志愿服务提升行动等精神文明创建九大行动。加强乡村学校少年宫建管用工作、未成年人心理健康辅导工作及抓好家长学校建设，推动未成年人活动阵地建设工作深入开展。按照中央、省及市新时代文明实践中心（所、站）建设标准，延伸拓展文明实践阵地触角。

【社会主义核心价值观宣传】 2020年，揭阳市深入抓好社会主义核心价值观宣传工作，推动社会主义核心价值观融入社会生活、融入精神文明建设。市各级新闻媒体加强对社会主义核心价值观的宣传策划，揭阳广播电视台在广播、电视、网络、手机客户端“十大媒体”矩阵里循环播放文明创建相关宣传标语，突出宣传“践行社会主义核心价值观”；《揭阳日报》主动策划，在重要版面的醒目位置，及时宣传揭阳践行社会主义核心价值观的动态、亮点及先进典型。在各主要公共场所、商场的大型显示屏播放社会主义核心价值观公益广告、“梦娃”系列宣传片，在市区重要路段的交通显示屏播放社会主义核心价值观表述语，在户外立柱广告牌、主要公共场所灯箱、市区主要路段候车亭宣传栏设置社会主义核心价值观宣传标识，推动社会主义核心价值观深入人心。举办核心价值观微电影（微视频）征集活动，围绕讲好新时代产业工人故事、新时代巾帼奋斗者故事、新时代青年故事、新时代医护工作者故事、新时代警民故事，展示习近平新时代中国特色社会主义思想在基层的生动实践，展示干部群众践行社会主义核心价值观的时代风采，传递向上向善的价值力量。

【全国文明城市创建】 2020年，揭阳市坚持“文明城市人民建，建好城市为人民”理念，紧扣民生期盼、聚焦工作短板，对标创建，完善治理体系，提高治理能力建设，市民素质和城市文明程度明显提升。推动基础设施、公共服务设施不断优化。市区实施“十三路一河一桥”建设，优化市区公交线路和站点布局，建设路外公共停车场和泊位，完善文体设施和环卫设施服务配套，实施集贸市场标准化综合改造示范工程20个，新建成小区绿地、小公园15个。坚持从市民最关心的问题抓起，推动城市管理逐步提升。构建“村居为基础，镇街为主体，区级抓统筹，市级保重点”的城市管理运行体系，开展“专项行动+机制建设”常态化工作，落实“镇街+村居+城管+公安”联合执法机制，压实基层责任，解决一批市容环境卫生和交通秩序的突出问题。坚持以社会主义核心价值观为引，开展各类主题活动，营造浓厚的创建氛围。开展革命传统教育周活动、“我们的节日”、全民阅读等活动，以新时代文明实践中心（所、站）为阵地，开展倡导绿色环保生活方式、倡导公筷公勺、文明阅读、文艺展演、“千场志愿服务进社区（村）”活动，活跃市民精神文化生活。坚持创建全国文明城市，市四套班子领导和市直各单位挂钩指导帮扶基层创建，中心城区全力推进，各县区同频共振，城乡共建，全市干群全员参与创建，凝聚起创文强大合力。2020年揭阳市创建全国文明城市工作顺利通过中央文明办组织的年度测评，保留提名资格。

【公民思想道德建设】 2020年，揭阳市深入贯彻落实《新时代公民道德建设实施纲要》《新时代爱国主义教育实施纲要》，利用“我们的节日”等重要节点，线上线下结合，广泛开展公民素质教育，不断提升市民文明素质。开展“筷乐”行动，围绕绿色环保、健康生活等6大主题，制作宣传小视频，印制倡议书、宣传画、宣传海报，举行文艺巡演、趣味游园等群众性活动，提倡使用“公筷公勺”“‘光盘’我能行”“文明健康 有你有我”“杜绝浪

费 厉行节约”，在社会营造养成良好行为习惯的浓厚氛围。开展“新风”行动，宣传践行《揭阳市民文明公约》《揭阳市民文明行为守则》“村规民约（居民公约）”，逐步建立公民共同遵守的文明行为规范。开展“千场家庭教育进农村（社区）”活动，弘扬良好家风。开展破除陈规陋习行动，不断提升农村的文明程度。开展“暖心”行动，坚持以人民为中心的理念，以人民满意为目标，以为民办实事为落脚点，组织实施包括交通秩序、环境卫生、健康生活等6大主题的“暖心”行动，让人民群众感受到文明创建工作带来的获得感、幸福感和安全感。市政府拨出专项资金为市区25万名志愿者购买人身意外保险。热心企业通过市文明办向全市道德模范和身边好人赠送“揭阳市民保”。

【新时代文明实践中心建设】 2020年，揭阳市坚持以新时代文明实践阵地为依托，以群众需求为导向，以开展精品项目活动为抓手，不断壮大志愿服务力量、树立志愿服务品牌，让新时代文明实践种子在揭阳落地生根。市文明办牵头组织新时代文明实践活动精品项目“五个一”下基层活动，各县（市、区）新时代文明实践中心坚持“一月一主题”的活动计划，组织精品项目，推广践行集思想引领、文化传承、道德教化、移风易俗、惠民服务等多功能于一体的活动，以项目化深化拓展新时代文明实践活动。全市建成新时代文明实践中心6个，实践所155个，实践站1306个，其中榕城区、揭东区（含产业园）、普宁市、揭西县、空港经济区5个县（市、区）实现全域100%覆盖；全市建成文明实践志愿服务队伍超1800支、志愿者超7万人；开展各类文明实践活动近2万场（次），参与志愿者超26万人次，参与群众近550万人次。

【先进典型选树】 2020年，揭阳市坚持把抗击疫情斗争作为培育民族精神、弘扬人间大爱的伟大实践和生动教材，以选树先进典型为载体，重点关注在抗击疫情一线的广大医务工作者和基层干部群众中的先进群体和先进人物，广泛开展身边好人、道德模范等学习宣传活动，更好发挥先进人物引领作用，凝聚起众志成城抗疫情的强大力量。市文明办联合市有关单位，在各自行业、系统内组织开展年度“最美人物”评选活动，选树一批行业模范，评选“最美的哥的姐”“最美公交司机”各10人、“最美抗疫健康卫士”50人、“最美家庭”84户、“关心下一代先进集体”50个及“先进工作者”48人、“新时代好少年”20人、“最美南粤少年”60名、“最美南粤少年”提名60名等，12月5日，2020年度新时代好少年现场交流会在揭阳广播电视台举行，向省级及以上推荐优秀典型参评“广东省道德模范”“广东好人”“广东省最美教师”“广东新时代好少年”“广东最美南粤少年”等。揭阳惠来退休教师柯石磷获“广东省道德模范”荣誉称号，打破揭阳“零”纪录；获“广东好人”称号7人、获省级“最美教师”称号2名、获2020年“广东新时代好少年”称号2人、获“广东最美南粤少年”称号1人。

【志愿者服务】 2020年，揭阳市志愿服务围绕疫情，突出重点。全市交警、卫健、交通等一线部门以及基层干部全力以赴，各县（市、区）开展“青春无悔志愿行，同心协力战疫情”志愿服务，协助全市53个联合检查站开展工作。市直各单位成立防疫志愿服务队，全力支持协助挂钩镇街做好疫情防控。团市委在全省共青团组织中率先成立市直属青年战疫志愿突击队，2月7日开始奔赴市区11个疫情防控检查点，协助交警、卫健、交通等部门开展车辆引导、信息登记等工作，截至2月19日检查点撤销，参与服务志愿者3068人次，累计志愿服务时长10813小时。结合疫情防控形势，市文明办联合团市委依托新时代文明实践中心等阵地，围绕服务脱贫攻坚、美丽中国建设、乡村振兴等25类，在全市继续开展2020年“千场志愿服务进社区（村）”活动。榕城区、揭东区分别以文明实践精品项目“十个一百”“七个一百”下基层活动为抓手，常态化开展移风易俗、惠民服务等志愿服务活动。各地各单位结合党政中心工作和重要事件节点等，坚持“一月一主题”“一周一活动”，策划“学雷锋、讲文明、树新风”“致敬最美巾帼奋斗者”“网络云植树”“‘疫’路有我”等主题活动。

【揭阳市学习《习近平谈治国理政》】 2020年，揭阳市结合学习《习近平谈治国理政》第一卷、第二卷，认真学习宣传贯彻《习近平谈治国理政》第三卷，掀起学习宣传贯彻热潮。以市委名义制订印发市委学习宣传贯彻《习近平谈治国理政》第三卷工作方案。8月12日，《揭阳学习论坛》第七十二期报告会举办省委宣讲团莅揭宣讲报告会，省委宣讲团成员、广东外语外贸大学党委常委、宣传部部长胡文涛莅会作辅导报告，为市委理论学习中心组成员、市直各部门主要领导作宣讲辅导。8月14日，召开揭阳市《习近平谈治国理政》第三卷学习交流会，市委宣讲团成员、社科理论工作者代表等交流学习体会，带动和推进各地各单位学好用好《习近平谈治国理政》第三卷。成立《习近平谈治国理政》第三卷市委宣讲团，全市举办市委宣讲团宣讲报告会47场次。各县（市、区）同步成立宣讲团，全面深入乡镇（街道）、村居（社区）开展宣讲活动。印发《关于认真做好〈习近平谈治国理政〉第三卷征订发行工作的通知》《关于印发〈揭阳市《习近平谈治国理政》第三卷征订工作方案〉的通知》，做好全市征订发行工作。全市征订超过17万册，实现在职党员、基层党支部全覆盖。各大书店开辟专区进行集中展示展销，向广大群众推荐推送《习近平谈治国理政》第三卷。传统媒体和新媒体发挥宣传报道作用，推出《习近平谈治国理政》第三卷宣传报道40多篇，营造良好的舆论环境。

（市委宣传部）

社会建设

【教育事业发展】 2020年，揭阳市全面加快教育事业发展，全市一般公共预算教育经费投入81.27亿元，比2019年增加3.33亿元，增长4.27%。制定落实《揭阳市加快推进教育现代化实施方案（2020—2022年）》《关于推动基础教育深化改革高质量发展的实施意见》。推进创建广东省推进教育现代化先进市工作，全市投入教育创先资金28亿元。制订《揭阳市中职教育优化提质增效工作方案》，推进全市中职学校新一轮布局调整和专业优化设置，撤销1所、设立1所、停止招生4所；立项创建省高水平中职学校2所；新增专业16个，建设省级“1+X”证书制度试点专业4个、“双精准”示范专业4个。中小学教师“县管校聘”全面推进，全市5所市县级教师发展中心获批并挂牌建设。建立横向连通纵向贯通的教育学区与教育集团，分配省级教育发展资金（民办教育发展方向）360万元，设立普宁市黄埔职业技术学校。全市强弱结对学校（幼儿园）101对，民办教育集团3个，民办学校1139所。完善初高中学生综合素质评价制度，落实“保证学生每天1小时校园体育活动”，全市学生体质健康状况总体呈现“逐步提升”趋势，优良率44.27%，比2019年提高3.77%。“厕所革命”完成率109%；学校食堂实现“互联网+明厨亮灶”全覆盖。创建全国文明校园1所，省级文明校园2所，揭阳市文明校园81所。基本实现学前教育“5080”攻坚目标，投入资金9142万元，新（改、扩）建公办幼儿园45所。通过转制、扩容增班、购买学位等途径新增公办幼儿园学位6.04万个，100%完成小区配套幼儿园和无证幼儿园治理。推进“两类学校”建设，实施改薄提升工程，投入8161.14万元，建设校舍51743平方米，购置设备1664.25万元；撤并“麻雀学校”61所；开工建设市第二实验小学、第二实验中学，九年义务教育巩固率93.98%，高中阶段教育毛入学率96.27%。中职招生完成率123%，全省排名第1位。中职毕业生就业率96.91%。广工揭阳理工学院首期学校主体结构全面封顶。推动特殊教育学校标准化建设，做好适龄残疾儿童少年入学安置工作，义务教育残疾儿童、少年入学安置率98.88%。

（市教育局）

【就业和收入水平】 2020年，揭阳市全面落实“六稳”“六保”工作，制定出台复工复产扶持政策28条，提高就业质量和人民收入水平。新增注册市场主体4.83万户，新增城镇就业3.06万人，开展补贴性职业技能培训4.3万人次，落实技能提升补贴4965.38万元；组织参加日常技能鉴定人次数13994人次，获取职业资格证书11841人次；组织参加全国全省统考2174人次，6所技工学校就业率98.53%。劳动人事争议仲裁调解案件立案1131宗，涉及劳动者人数1903人，涉及金额5934.5万元，结案1124宗。劳动监察系统处理劳资纠纷投诉举报案件1406件，追发劳动者工资等待遇1423.32万元，涉及劳动者人数1076人。建成省级“粤菜师傅”培训基地2家、省级“粤菜师傅”大师工作室2家和“南粤家政”培训基地1家。落实《关于印发揭阳市2018—2020年农村劳动力技能提升工作实施方案的通知》，开展农村劳动力培训35414人次。

（市医保局、市人力资源社会保障局）

【社会保障体系建设】 2020年，揭阳市坚持全覆盖、保基本、多层次、可持续的基本方针，按照兜底线、织密网、建机制的基本要求加强社会保障体系建设。与中山大学附属第一医院、广州妇女儿童医疗中心等开展合作共建，5家疾控机构、85家预防接种门诊全面完成改造任务。全市城乡基本医疗保险参保人数575.91万人，医疗救助实现“一站式”结算，国家组织药品集中采购价格全面下降。落实阶段性减免企业社会保险费、失业保险费率、工伤保险费率和疫情期间社保政策，城乡居民基本养老保险基金实现市级管理经办。2020年，全市三大险种总参保352.03万人次（养老含离退休人数），基金总收入99.47亿元（其中征缴总收入42.80亿元），总支出94.39亿元（待遇总支出78.95亿元），累计总结余56.83亿元。

（市人力资源社会保障局）

【决胜决战脱贫攻坚】 2020年，揭阳市狠抓扶贫责任、政策和工作落实，坚决打好脱贫攻坚战。全市建档立卡贫困户36998户105844人全部实现脱贫，162个相对贫困村全部脱贫出列。全市贫困人口人均可支配收入从2015年的3841.64元提高至2020年的15501.26元，增长303.51%；全市162个相对贫困村居民人均可支配收入从2017年的12128.92元提高至2020年的21896.34元，增长80.53%。创建普宁青梅等4个省级现代农业产业园和揭东区茶叶等10个市级现代农业产业园。建设“一村一品、一镇一业”项目153个。探索形成“公司+产业基地+农户+贫困户”“资产收益分红+就近就业务工”等模式，带贫益贫机制逐步健全。实施扶贫开发项目944个，培育致富带头人862名，建成就业扶贫车间、扶贫工作坊49个，开发公益性岗位安置贫困劳动力就业866人。创建748个美丽宜居村，162个相对贫困村村容村貌发生根本改变。全市评选出“十大美丽乡村”“美丽乡村精品线路”5条和“特色乡村”70个，打造一批美丽乡村风景线和“网红打卡地”。揭西县山湖村被评为第二届“广东十大美丽乡村”，普宁市南溪水乡被评为“广东美丽乡村精品线路”，揭西火炬村、普宁什石洋村、榕城西岐村被评为“广东特色名村”。贫困村生产生活条件显著提升，162个相对贫困村全面完成村委通自然村道路和村内巷道路面硬化，全部建成村内卫生站、公共服务站，全部通广播电视和光纤网络，农村户厕无害化改造、行政村集中供水、自然村雨污分流实现全覆盖。

实施产业扶贫增强造血功能，全市因地制宜推进实施944个扶贫开发项目；规范扶贫资产管理，组织开展扶贫资产登记确权。加大开发公益性岗位，开展就业扶贫助复工行动，帮助贫困劳动力在家门口实现就业。开展消费扶贫完善产销对接，成立揭阳市消费扶贫联盟，联盟以签订购销意向书等方式，连续三年持续开展农产品认购消费活动。12月7日在广州举办揭阳市成立消费扶贫联盟暨扶贫产品展销活动，现场采购签约总金额超2.3亿元。惠来县探索创新“网络节+云展会”模式，举办鲍鱼等国际“网络节+云展会”。揭西县举办扶贫产品产销推介活动暨走进粤港澳大湾区系列活动，率先在全省将38款消费扶贫产品带进高铁广州南站，打造“行走中的消费扶贫产品营销平台”。

（市农业农村局）

【基层治理机制创新】 2020年，揭阳市坚持以人民为中心的发展思想，提高保障和改善民生水平，加强和创新社会治理，提高社会治理社会化、法治化、智能化、专业化水平。聚焦脱贫攻坚、特殊群体、群众关切，抓好社会救助兜底保障；完善面向低保、特困人员、孤弃儿童和事实无人抚养儿童、困难残疾人、生活无着流浪乞讨人员等各类困难群体的救助保障制度，兜住全面建成小康社会底线。深化扫黑除恶专项斗争，全面清理“三类人员”，完成涉黑涉恶村（社区）干部补选；完成问题、难点村（社区）排查和整治工作；完成正常离任村干部信息采集工作。加强村（居）务监督委员会建设，全市100%村和社区制定或修订形成务实管用的村规民约、居民公约。健全城乡公共服务供给体系，加强社区综合服务设施建设，推动社区减负增效；以揭东区作为全省创新示范点，推进“阳光村务”建设。出台《中共揭阳市委揭阳市人民政府关于加强和完善城乡社区治理的实施意见》，大力推行基层党建引领下的自治、法治、德治“三治协同”社区治理模式，推进社区、社会组织、社会工作“三社联动”，努力构建共建、共治、共享的生动局面。2020年，全市城市社区工作者月平均收入情况：榕城区3000元、揭东区3100元、普宁市3000元、揭西县2762元、惠来县2700元、空港经济区3000元，达到上年度当地社会平均工资水平，落实购买城市社区工作者社会保险。

（市民政局）

【社会组织培育管理】 2020年，揭阳市加快社区社会组织培育，发展有利于促进公益、慈善事业发展的社区公益慈善类社会组织，社区群众参与面广、具有群众基础的社区文化体育类社会组织，与社区居民生活密切相关、服务于社区群众的社会组织，有利促进社区居民就业的社会组织。宣传社区社会组织典型、经验，增强群众的认同感和参与度，形成社会监督机制。全市城市社区社会组织备案总数743个，农村社区社会组织备案总数9333个。建立揭阳市社会组织工作联席会议制度，落实重大事项报告备案制度，加强社会组织意识形态阵地建设管理，推进登记管理与党建工作“三同步”（即社会组织成立登记与党组织组建同步、社会组织业务发展与党组织建设同步、社会组织年检评估与党建工作检查同步）。出台《揭阳市行业协会（商会）信息披露制度参照范本》和《关于进一步规范社会组织行为的通知》。动员引导社会组织积极参与脱贫攻坚工作，全年全市32个社会组织参与脱贫攻坚，开展扶贫济困约376场次，受益人约19100人，捐赠物资约350万元。打击整治非法社会组织，清理规范涉企收费，全年全市纳入清理范围社会团体920家（市本级330家），其中涉企收费行业协会103家（市本级65家）。清理规范节庆、论坛、展会等过多过滥，落实《揭阳市社会组织法定代表人约见谈话制度（试行）》，约谈运作不规范的社会组织负责人。开展年度检查和年报工作，依法查处违法社团。落实社会组织信息公开，社会组织遵纪守法情况纳入诚信建设管理体系。全年全市移出活动异常名录社会组织4家，移出违法失信名单社会组织2家，4名失信被执行人被拒绝或调整担任社会组织负责人。

（市民政局）

生态文明建设

【生态文明建设概况】 2020年，揭阳市推进编制《揭阳市生态环境保护“十四五”规划》；开展全市生态环境监测工作，定期通报水环境和大气环境质量等情况，服务全市污染防治攻坚战。做好国家、省水质和大气自动监测站建设和运维保障工作，建成“深坑”“龟山塔”2个国控水站，“新圩桥”1个省控水站，增设“曲溪”空气站为国控城市监测点位。

（市生态环境局）

【林业生态建设】 2020年，揭阳市围绕绿美南粤三年行动计划总体要求，以森林碳汇、生态景观林带、乡村绿化美化等重点林业生态工程为抓手，广泛开展造林绿化，推动揭阳林业高质量发展。全市完成森林碳汇重点生态工程建设1718.8公顷，沿海基干林带建设任务226.67公顷，高速公路生态景观林带完善提升13.1千米、面积54公顷，乡村绿化美化示范村建设118个。

（市林业局）

【义务植树】 2020年，揭阳市高度重视造林绿化工作，4月15日，市四套班子领导参加榕城区城市绿化小公园建设暨2020年义务植树活动，身体力行带动全市上下增强爱绿、植绿、护绿意识。全市各地统筹做好新冠肺炎疫情防控和植树造林工作，倡导全市广大群众通过造林绿化、抚育管护、自然保护、认种认养、设施修建、捐资捐物、志愿服务等多种形式参与到植树植绿活动中，通过创新义务植树活动形式，调动社会各界力量参与国土绿化，提高全市义务植树尽责率。2020年全市参加义务植树人数337.83万人次，尽责率85.63%，折算植树669.45万株。

（市林业局）

揭阳市区蓝天白云、水清岸绿的生态风景图　（郑楚藩　摄）

【森林资源保护管理】 2020年，揭阳市坚持生态优先、绿色发展理念，把森林资源保护摆在突出位置，组织开展森林督查及“一张图”更新工作，严厉打击森林违法犯罪，着力加强森林资源管护工作。全市森林覆盖率50.78%，森林面积26.74万公顷，林地面积27.61万公顷，森林蓄积量1023.86万立方米。

（市林业局）

【节能降耗】 2020年，揭阳市认真贯彻落实绿色发展理念，以完成能耗“双控”目标为根本导向，统筹处理好经济社会和节能降耗的关系。在确保关系国计民生的重点项目合理用能的同时，采取措施加强节能监管，将年度能耗总量和“强度”双控目标纳入揭阳市国民经济和社会发展年度计划，推进节能减排工作。做好节能目标责任考核工作，编写2019年市政府节能考核自查报告，做好揭阳市2019年节能目标完成情况和节能工作进展情况的汇报。组织对全市7个县（市、区）2019年节能目标完成情况和节能工作进展情况实施考核，印发《揭阳市2020年能耗“双控”工作方案》，分解下达2020年度各县（市、区）人民政府（管委会）节能目标任务。根据要求将能耗总量和“强度”目标下达到相关企业，开展10家重点用能企业节能目标责任评价考核，推动企业实施年度节能技术改造，对6家企业实施节能监察。全年全市能耗新增量减少36.89万吨标准煤，下降4.65%，完成年度新增20万吨标准煤任务；能耗强度下降4.81%，完成下降2%的年度目标任务。

（市发改局）

中国共产党揭阳市委员会

【市委六届八次全会】 2020年1月11日，市委六届八次全会在市区举行。全会的主要任务是：以习近平新时代中国特色社会主义思想为指导，贯彻落实党的十九大和十九届二中、三中、四中全会精神，认真落实省委十二届七次、八次、九次全会部署，回顾2019年工作，部署2020年工作，动员全市上下不忘初心、牢记使命，坚定信心、真抓实干，在攻坚克难中奋勇前行，以新担当新作为开创揭阳工作新局面。市委书记叶牛平代表市委常委会向全会作报告并作总结讲话，市委副书记、市长张科就经济工作作专题讲话，书面报告市委常委会2019年度工作总结和市委常委会2019年度抓党建工作情况。全会审议通过《中共揭阳市委关于完善治理体系提高治理能力的若干意见》《揭阳市关于打造先进制造业高地的若干意见》《揭阳市关于推动城市高质量发展的若干意见》，表决通过《中国共产党揭阳市第六届委员会第八次全体会议决议》。全会由市委常委会主持。

【市委六届九次全会】 2020年10月10日，市委六届九次全会在市区举行。市委书记蔡朝林代表市委常委会向全会作报告并作总结讲话，市委副书记、市长张科就《中共揭阳市委关于建设宜居宜业宜游活力古城滨海新城打造沿海经济带上产业强市的决定（稿）》《关于深化“放管服”改革的若干意见（稿）》作说明。全会审议通过《中共揭阳市委关于建设宜居宜业宜游活力古城滨海新城打造沿海经济带上产业强市的决定》《关于深化“放管服”改革的若干意见》，表决通过《中国共产党揭阳市第六届委员会第九次全体会议决议》。全会由市委常委会主持。

【市委六届十次全会】 2020年12月23日，市委六届十次全会在市区举行。会议以习近平新时代中国特色社会主义思想为指导，深入贯彻落实习近平总书记出席深圳经济特区建立40周年庆祝大会和视察广东重要讲话、重要指示精神，深入学习贯彻党的十九届五中全会精神，认真落实省委十二届十一次、十二次全会部署要求，研究谋划“十四五”时期揭阳市经济社会发展，动

2020年10月10日，中国共产党揭阳市第六届委员会第九次全体会议在市区召开 （郑楚藩　摄）

员全市上下乘势而上、起而行之，提拔再创业的精气神，提高抓落实的执行力，加快建设宜居宜业宜游的活力古城、滨海新城，努力打造沿海经济带上的产业强市，奋力开启揭阳现代化建设新征程。市委书记蔡朝林代表市委常委会向全会作报告、就《中共揭阳市委关于制定国民经济和社会发展第十四个五年规划和二〇三五年远景目标的建议（稿）》作说明并作总结讲话。全会审议通过《中共揭阳市委关于制定国民经济和社会发展第十四个五年规划和二〇三五年远景目标的建议（稿）》，表决通过《中国共产党揭阳市第六届委员会第十次全体会议决议》。全会由市委常委会主持。

【重要会议】 **市委务虚会议** 2020年1月7日，市委务虚会议举行。市委书记、市人大常委会主任叶牛平主持并作总结讲话，市委副书记、市长张科讲话；市委、市人大常委会、市政府、市政协领导和各县（市、区）党委书记、大南海石化工业区党工委书记、粤东新城管委会主任发言，市发展改革局、市工业和信息化局、市自然资源局和市住房城乡建设局就相关台账作汇报。

全市“不忘初心、牢记使命”主题教育总结会议 2020年1月10日，全市“不忘初心、牢记使命”主题教育总结会议在市区召开，以电视电话会议形式开至各县（市、区）。市委书记、市人大常委会主任、市委主题教育领导小组组长叶牛平讲话，市委副书记、市长、市委主题教育领导小组副组长张科主持，省委第三巡回指导组副组长甄仁旺出席并作指导讲话。

市防控工作领导小组（指挥部）视频会议 2020年1月26日，市防控工作领导小组（指挥部）召开全市视频会议，以电视电话会议形式开至各县（市、区）。市委书记、市人大常委会主任、市防控工作领导小组（指挥部）总指挥叶牛平主持并讲话，市委副书记、市长、市防控工作领导小组（指挥部）常务副总指挥张科就全市防控工作作部署。

2020年全市国防动员工作会议 2020年3月18日，2020年全市国防动员工作会议在市区召开。

市委实施乡村振兴战略领导小组、市扶贫开发领导小组2020年第一次全体（扩大）会议暨全市脱贫攻坚和农业农村工作推进会 2020年3月25日，市委实施乡村振兴战略领导小组、市扶贫开发领导小组2020年第一次全体（扩大）会议暨全市脱贫攻坚和农业农村工作推进会在市区召开，以电视电话会议形式开至各县（市、区）、各镇（街道、乡、场）。

市委理论学习中心组专题学习研讨会 2020年4月15日，市委理论学习中心组专题学习研讨会召开，再次深入学习研讨习近平总书记在主题教育总结大会上的重要讲话精神。

市委全面深化改革委员会第二次会议 2020年4月16日，市委全面深化改革委员会第二次会议召开。

揭阳市2020年决战决胜“四好农村路”建设攻坚动员大会 2020年4月24日，揭阳市2020年决战决胜“四好农村路”建设攻坚动员大会在市区召开，以电视电话会议形式开至各县（市、区）、各乡镇（街道、场）。市委书记、市人大常委会主任叶牛平主持，市委副书记、市长张科讲话，副市长吴毅青通报全市“四好农村路”建设情况并就2020年决战决胜“四好农村路”建设攻坚作部署。

2020年3月25日，中共揭阳市委实施乡村振兴战略领导小组、市扶贫开发领导小组2020年第一次全体（扩大）会议暨全市脱贫攻坚和农业农村工作推进会在市区召开 （郑楚藩 摄）

揭阳市污染防治攻坚战指挥部2020年第一次会议暨贯彻落实省污染防治攻坚战指挥部2020年第1号令和决战决胜污染防治攻坚动员大会 2020年4月2日，揭阳市污染防治攻坚战指挥部2020年第一次会议暨贯彻落实省污染防治攻坚战指挥部2020年第1号令和决战决胜污染防治攻坚动员大会在市区召开，以电视电话会议形式开至各县（市、区）、各乡镇（街道、场）。

市政协六届四次会议 2020年5月14日至15日，市政协六届四次会议在市区召开。陈澄民代表市政协六届委员会常务委员会向大会作工作报告。市领导叶牛平、张科等参加会议。袁文键当选为市政协第六届委员会副主席。

市六届人大六次会议 2020年5月15日至16日，市六届人大六次会议在市区召开。张科向大会作

《政府工作报告》。会议分别听取市人大常委会、市中级人民法院、市人民检察院工作报告。市领导叶牛平、陈澄民等参加会议。陈定雄、刘枝钿当选为市六届人大常委会副主任。

市纪委六届五次全会 2020年5月16日，市纪委六届五次全会在市区召开。市委书记、市人大常委会主任叶牛平参加第一场大会并讲话。市委、市人大常委会、市政府、市政协领导出席第一场大会，市委常委、市纪委书记、市监委主任李文骥在第二场大会代表市纪委常委会作工作报告。

市委常委扩大会议 2020年5月29日，市委召开市委常委扩大会议，省委常委、组织部部长张义珍莅会宣布省委决定并讲话。省委决定，蔡朝林任揭阳市委委员、常委、书记，免去叶牛平的揭阳市委书记、常委、委员职务。

全市领导干部大会 2020年5月29日，全市领导干部大会在市区召开，省委常委、组织部部长张义珍莅会宣布省委决定并讲话。

全市整治违法建设现场会 2020年6月11日，全市整治违法建设现场会在市区召开，现场检查榕城区相关拆违现场清拆工作，并召开视频会议。市委书记、市人大常委会党组书记蔡朝林出席并讲话，市委副书记、市长张科出席并主持，市委常委、市纪委书记、市监委主任李文骥就《揭阳市查控新增违法建设责任追究办法》作说明并提出工作要求，副市长吴毅青就《全市整治违法建设专项行动方案》作说明。

全市三防工作视频会议 2020年6月13日，全市三防工作视频会议在市区召开，以电视电话会议形式开至各县（市、区）、镇（街）。

市委国家安全委员会第一次会议暨市委防范化解重大风险工作领导小组会议 2020年6月15日，市委国家安全委员会第一次会议暨市委防范化解重大风险工作领导小组会议召开。

市委退役军人事务工作领导小组第一次会议 2020年6月15日，主持市委退役军人事务工作领导小组第一次会议召开。

揭阳军分区党委第一书记任职大会 2020年6月16日，揭阳军分区党委第一书记任职大会在市区召开。省军区副司令员廖正荣宣布任职决定、颁发任职证书并讲话，市委书记、市人大常委会党组书记蔡朝林接受任职证书并作表态讲话。

全市新冠肺炎疫情防控工作视频会议 2020年6月16日，全市新冠肺炎疫情防控工作视频会议在市区召开，以电视电话会议形式开至各县（市、区）。

揭阳市精神文明建设委员会全体（扩大）会议暨创文创卫工作推进会 2020年6月18日，揭阳市精神文明建设委员会全体（扩大）会议暨创文创卫工作推进会在市区召开，以电视电话会议形式开至各县（市、区）。

揭阳市污染防治攻坚战工作调度推进会 2020年6月19日，揭阳市污染防治攻坚战工作调度推进会在市区召开，以电视电话会议形式开至各县（市、区）、镇（街）。

全市扫黑除恶专项斗争推进会 2020年6月24日，全市扫黑除恶专项斗争推进会在市区召开，以电视电话会议形式开至各县（市、区）。

揭阳市打好防范化解重大金融风险攻坚战工作推进会 2020年6月29日，揭阳市打好防范化解重大金融风险攻坚战工作推进会在市区召开。

市委全面依法治市委员会第二次会议 2020年7月1日，市委全面依法治市委员会第二次会议召开。

市委外事工作委员会第二次会议 2020年7月1日，市委外事工作委员会第二次会议召开。

市委理论学习中心组专题学习会 2020年7月6日，市委理论学习中心组专题学习会召开，深入学习贯彻习近平总书记关于新冠肺炎疫情防控工作的重要讲话和重要指示精神。

市委理论学习中心组专题学习会 2020年7月6日，市委理论学习中心组专题学习会召开，深入学习贯彻习近平总书记关于总体国家安全观的重要论述和省委理论学习中心组专题学习会精神。

《揭阳学习论坛》第七十一期报告会 2020年7月6日，市委理论学习中心组举行《揭阳学习论坛》第七十一期报告会。市委书记、市人大常委会党组书记蔡朝林主持报告会，全国人大代表、省律师协会会长肖胜方作“学习民法典，提高法治素质”主题辅导报告。

市委网络安全和信息化委员会第一次全体会议 2020年7月15日，市委书记、市人大常委会党组书记、市委网络安全和信息化委员会主任蔡朝林主持召开市委网络安全和信息化委员会第一次全体会议。

全市精神文明建设工作推进会 2020年7月17日，全市精神文明建设工作推进会在市区召开，以电视电话会议形式开至各县（市、区）。

全市半年工作会议暨上半年经济形势分析会 2020年7月24日，全市半年工作会议暨上半年经济形势分析会召开。

全市违法建设整治工作推进会 2020年7月30日，全市违法建设整治工作推进会在市区召开，以电视电话会议形式开至各县（市、区）、乡镇（街道、场）。

市委平安揭阳建设领导小组第一次会议 2020年8月6日，市委平安揭阳建设领导小组第一次会议召开。

《习近平谈治国理政》第三卷宣讲报告会（《揭阳学习论坛》第七十二期报告会） 2020年8月12日，市委理论学习中心组举行《习近平谈治国理政》第三卷宣讲报告会（《揭阳学习论坛》第七十二期报告会）。省委宣讲团成员、广东外语外贸大学党委常委、宣传部部长胡文涛作宣讲报告。

市重点项目建设推进会议 2020年8月13日，市重点项目建设推进会议在市区召开。会议通报有关情况并提出下一步工作措施。

市新冠肺炎疫情防控领导小组会议 2020年8月16日，市委书记、市人大常委会党组书记、市防控工作领导小组（指挥部）总指挥蔡朝林参加市新冠肺炎疫情防控领导小组会议并讲话，市委常委、常务副市长、市防控工作领导小组（指挥部）办公室主任马儒生通报揭阳市疫情防控情况，并结合贯彻省有关会议精神部署下一步工作。

市委全面深化改革委员会第三次会议 2020年8月26日，市委全面深化改革委员会第三次会议召开。

全市优化营商环境和加强招商引资工作大会 2020年8月28日，全市优化营商环境和加强招商引资工作大会在市区召开。会议对《揭阳市全面优化营商环境三年行动计划（2020—2022年）》作简要说明并部署下一步优化营商环境工作，对《揭阳市促进产业发展“1+1+12”政策体系》作简要说明并部署下一步加强招商引资工作。

全市脱贫攻坚工作视频会议 2020年9月2日，全市脱贫攻坚工作视频会议在市区召开，以电视电话会议形式开至各县（市、区）。

市委审计委员会第二次会议 2020年9月4日，市委审计委员会第二次会议召开。

市领导同志集中学习研讨《习近平谈治国理政》（套开市委理论学习中心组学习会）开班式 2020年9月7日，市领导同志集中学习研讨《习近平谈治国理政》（套开市委理论学习中心组学习会）开班式在市区召开，以电视电话会议形式开至各县（市、区）、管委会。

2020年9月7日、9月8日、9月15日，市领导集中学习研讨《习近平谈治国理政》（套开市委理论学习中心组学习会）。

2020年9月15日上午，市领导集中学习研讨《习近平谈治国理政》（套开市委理论学习中心组学习会）结业式在市区召开。

揭阳市庆祝2020年教师节座谈会 2020年9月8日，揭阳市庆祝2020年教师节座谈会在市区召开。

揭阳市创建国家卫生城市国家技术评估工作汇报会 2020年9月15日，揭阳市创建国家卫生城市国家技术评估工作汇报会在市区召开。

全市水污染防治攻坚工作会议 2020年9月24日，全市水污染防治攻坚工作会议在市区召开。会议就下一步工作作具体部署。

市委军民融合发展委员会和市海防委员会第一次全体会议 2020年9月27日，市委军民融合发展委员会和市海防委员会第一次全体会议召开。

揭阳市科技创新暨制造业强市及园区建设推进视频会议 2020年9月28日，揭阳市科技创新暨制造业强市及园区建设推进视频会议在市区召开，以电视电话会议形式开至各县（市、区）、管委会。

揭阳市领导干部党章党规党纪教育培训班暨《揭阳学习论坛》第七十三期报告会 2020年9月29日，揭阳市领导干部党章党规党纪教育培训班暨《揭阳学习论坛》第七十三期报告会在市区召开，以电视电话会议形式开至各（县、市）、管委会。

市村（社区）“两委”换届工作领导小组工作会议暨换届重难点镇街整顿工作座谈会 2020年10月15日，市村（社区）“两委”换届工作领导小组工作会议暨换届重难点镇街整顿工作座谈会召开。

全市传达学习贯彻习近平总书记出席深圳经济特区建立40周年庆祝大会和视察广东重要讲话、重要指示精神干部大会 2020年10月18日，全市传达学习贯彻习近平总书记出席深圳经济特区建立40周年庆祝大会和视察广东重要讲话、重要指示精神干部大会在市区召开，以电视电话形式开至各县（市、区）、管委会。

2020年全市前三季度经济运行分析会议 2020年10月30日，2020年全市前三季度经济运行分析会议在市区召开。

全国扫黑办第19特派督导组督导揭阳动员会 2020年11月1日，全国扫黑办第19特派督导组督导揭阳动员会在市区召开。市委书记、市人大常委会党组书记、市扫黑除恶专项斗争领导小组组长蔡朝林作汇报并表态发言，全国扫黑办第19特派督导组组长林琳讲话，市委副书记、市长张科主持。

市新冠肺炎疫情防控指挥部工作会议 2020年11月4日，市新冠肺炎疫情防控指挥部工作会议召开。

全国扫黑办第19特派督导组莅揭督导反馈会 2020年11月10日，全国扫黑办第19特派督导组莅揭督导反馈会在市区召开。市委书记、市人大常委会党组书记蔡朝林作表态发言，全国扫黑办第19特派督导组组长林琳反馈督导情况。

揭阳市县处级主要领导干部学习贯彻习近平总书记出席深圳经济特区建立40周年庆祝大会和视察广东重要讲话重要指示精神暨学习贯彻党的十九届五中全会精神专题研

讨班　2020年11月19日至21日，揭阳市县处级主要领导干部学习贯彻习近平总书记出席深圳经济特区建立40周年庆祝大会和视察广东重要讲话重要指示精神暨学习贯彻党的十九届五中全会精神专题研讨班在市区举行。

市委务虚会议　2020年11月19日至20日，市委务虚会议在市区召开。

市妇联第五次代表大会　2020年11月27日，市妇联第五次代表大会在市区召开。会上宣读市委、市政府《关于表彰揭阳市“三八红旗手”（集体）的决定》。

练江污染整治现场会议　2020年11月27日，练江污染整治现场会议在普宁市召开，现场察看普宁市生活垃圾环保处理中心。

全市村（社区）“两委”换届工作电视电话会议　2020年12月3日，市委书记、市人大常委会党组书记蔡朝林出席全市村（社区）“两委”换届工作电视电话会议并讲话；市委副书记陈小锋，市委常委、市纪委书记、市监委主任李文骥分别作工作部署；市委常委、秘书长刘端雄主持。

共青团揭阳市第五次代表大会第一次全体会议　2020年12月4日，市委书记、市人大常委会党组书记蔡朝林参加共青团揭阳市第五次代表大会第一次全体会议并讲话，市委副书记、市长张科出席，团省委副书记武一婷出席并致辞，市委副书记陈小锋主持。

全市中医药大会　2020年12月8日，全市中医药大会在市区召开。会议传达习近平总书记对中医药指示精神和全国、全省中医药大会会议精神，汇报并部署下一阶段工作重点。

揭阳市工会第五次代表大会暨2020年劳模表彰大会　2020年12月9日，揭阳市工会第五次代表大会暨2020年劳模表彰大会召开，会上宣读表彰决定。

2020年扶贫开发工作成效省级交叉考核汇报会　2020年12月11日，2020年扶贫开发工作成效省级交叉考核汇报会在市区召开。

《揭阳学习论坛》第七十四期报告会　2020年12月17日，市委理论学习中心组举行《揭阳学习论坛》第七十四期报告会，省委宣讲团有关成员作宣讲。

全市传统产业转型升级座谈会　2020年12月17日，全市传统产业转型升级座谈会召开。

练江整治工作推进会　2020年12月18日，练江整治工作推进会在普宁召开。

全市推进乡村振兴工作现场交流会　2020年12月25日至27日，市委、市政府召开全市推进乡村振兴工作现场交流会，实地检查各县（市、区）美丽乡村建设情况和省级现代农业产业园创建情况。

揭阳市全面推行河长制工作领导小组暨河湖长制工作视频会议　2020年12月28日，揭阳市全面推行河长制工作领导小组暨河湖长制工作视频会议召开。

全市抗击新冠肺炎疫情表彰大会　2020年12月29日，全市抗击新冠肺炎疫情表彰大会在市区召开。

（黄楚龙）

【重要决策】　**完善治理体系提高治理能力**　2020年1月11日，中国共产党揭阳市第六届委员会第八次全体会议审议通过《中共揭阳市委关于完善治理体系提高治理能力的若干意见》。1月18日，市委、市政府印发该意见，明确完善治理体系提高治理能力的总体要求，强调要构建系统完备、科学规范、运行有效的制度体系，加强系统治理、依法治理、综合治理、源头治理，把制度优势更好转化为治理效能。提出要坚持和完善党的领导制度体系、构建推动经济高质量发展体制机制、坚持和完善繁荣发展社会主义先进文化的制度、营造共建共治共享社会治理格局、完善建设美丽揭阳制度体系、健全治理能力保障体系。

城市高质量发展　2020年1月11日，中国共产党揭阳市第六届委员会第八次全体会议审议通过《中共揭阳市委、揭阳市人民政府关于推动城市高质量发展的若干意见》。1月23日，市委、市政府印发该意见，明确推动城市高质量发展的指导思想、目标等总体要求，提出要构建城市发展格局、强化规划引领作用、提升城市空间品质、促进资源集约高效利用、完善城市公共服务、提高城市建设水平、优化城市管理体系，全力解决制约城市科学发展的突出矛盾和深层次问题，实现揭阳城市高质量发展，让人民生活更美好。

打造先进制造业高地　2020年1月11日，中国共产党揭阳市第六届委员会第八次全体会议审议通过《中共揭阳市委、揭阳市人民政府关于打造先进制造业高地的若干意见》。1月23日，市委、市政府印发该《意见》，明确打造先进制造业高地的指导思想、发展目标等总体要求，提出要认真落实省推动制造业高质量发展“六大工程”，紧紧抓住建设粤港澳大湾区和支持深圳建设中国特色社会主义先行示范区的重大机遇，坚持制造业立市，以揭阳滨海新区“一城两园”开发建设为主抓手，以重大项目、龙头企业为主攻手，培育壮大战略性新兴产业，构建产业发展体系、提升制造业企业竞争力、优化创新生态体系、夯实工业园区发展平台、强化要素支撑体系，做强做优传统优势产业，着力打造先进制造业高地，推动揭阳市制造业高质量发展。

全力推动乡村振兴决胜全面建成小康社会 2020年3月23日，市委、市政府印发《揭阳市补短板强弱项全力推动乡村振兴决胜全面建成小康社会的实施方案》。《实施方案》明确揭阳市补短板强弱项全力推动乡村振兴决胜全面建成小康社会工作任务清单，强调要坚决打赢脱贫攻坚战、加强和改进农村基层治理、改善提升农村人居环境、加快补齐农村基础设施和公共服务短板、保障重要农产品有效供给和促进农民持续增收、强化农业农村优先发展政策保障。

城市垃圾分类工作 2020年5月10日，市委办公室、市政府办公室印发《揭阳市城市生活垃圾分类工作方案》。《工作方案》明确揭阳市城市生活垃圾分类工作的总体要求，强调加快建立分类投放、分类收集、分类运输、分类处理的垃圾处理系统，形成以法治为基础、政府推动、全民参与、城乡统筹、因地制宜的垃圾分类制度，以城市生活垃圾分类带动镇村生活垃圾分类工作，努力改善生活环境，增强人民群众的获得感和幸福感。

消防执法改革 2020年9月3日，市委办公室、市政府办公室印发《关于深化消防执法改革的实施方案》。《实施方案》明确揭阳市深化消防执法改革的总体要求，强调要坚持问题导向、源头治理、简政放权、便民利企，推动消防执法理念、制度、作风全方位、深层次变革，提出要取消和精简消防审批，优化便民利企服务；加强事中事后监管，提升诚信体系效能；加强重点领域环节监管，完善火灾隐患治理机制；加强消防执法服务能力建设，规范消防执法行为。

贯彻落实《中国共产党农村工作条例》 2020年9月24日，市委印发《关于贯彻落实〈中共广东省委实施《中国共产党农村工作条例》办法〉的工作方案》。《工作方案》明确揭阳市贯彻落实《中共广东省委实施〈中国共产党农村工作条例〉办法》的总体要求，提出要建立完善领导机构、加强党对农村工作的领导、优先落实保障措施、强化考核监督，为推动城乡融合发展，加快推进农业农村现代化提供坚强的政治和组织保障，确保农村改革发展沿着正确方向前进。

建设宜居宜业宜游的活力古城、滨海新城，努力打造沿海经济带上的产业强市 2020年10月10日，中国共产党揭阳市第六届委员会第九次全体会议审议通过《中共揭阳市委关于建设宜居宜业宜游活力古城滨海新城打造沿海经济带上产业强市的决定》。10月19日，市委、市政府印发该《决定》，强调要坚持以习近平新时代中国特色社会主义思想统揽揭阳工作全局，奋力建设宜居宜业宜游的活力古城、滨海新城，打造沿海经济带上的产业强市，构建现代基础设施体系，营造市场化法治化国际化营商环境，加强党的领导和党的建设，开创揭阳高质量发展新局面。

民族团结进步创建工作 2020年10月24日，市委办公室、市政府办公室印发《关于全面深入持久开展民族团结进步创建工作铸牢中华民族共同体意识的实施方案》。《实施方案》强调要积极促进各民族交往交流交融、不断深化民族团结进步宣传教育、努力提升民族团结进步创建工作水平，铸牢中华民族共同体意识，推动揭阳市民族团结进步事业创新发展。

学习宣传贯彻习近平总书记重要讲话、重要指示精神 2020年10月18日，市委专门召开常委会（扩大）会议和全市干部大会，传达学习习近平总书记出席深圳特区建立40周年庆祝大会和视察广东重要讲话、重要指示精神，研究部署贯彻落实措施。10月25日，市委印发《中共揭阳市委关于认真学习宣传贯彻习近平总书记出席深圳经济特区建立40周年庆祝大会和视察广东重要讲话重要指示精神的通知》。《通知》强调揭阳市要深刻认识学习宣传贯彻习近平总书记出席深圳特区建立40周年庆祝大会和视察广东重要讲话、重要指示精神的重大意义，提出要努力把习近平总书记重要讲话、重要指示精神转化为推动揭阳再创业的生动实践，在全市迅速兴起学习宣传贯彻习近平总书记重要讲话、重要指示精神的热潮。

中医药传承创新发展 2020年12月2日，市委、市政府印发《揭阳市促进中医药传承创新发展实施方案》。《实施方案》明确揭阳市促进中医药传承创新发展的工作目标，强调要建立体现传承创新特点的中医药服务体系，提升中医药预防、诊疗和康复服务能力，加强中医药特色人才队伍建设，推动中医药产业创新发展，大力弘扬中医药文化，强化中医药传承创新机制体制支撑。

揭阳市“十四五”规划 2020年12月23日，中国共产党揭阳市第六届委员会第十次全体会议审议通过《中共揭阳市委关于制定揭阳市国民经济和社会发展第十四个五年规划和二〇三五年远景目标的建议》。2021年1月6日，市委、市政府印发该《建议》，明确要全面建成小康社会，力争在“十四五”期间实现前两年强基础、后三年快发展，以坚实的步伐迈上揭阳现代化建设新征程；展望二〇三五年，经过“十四五”固本强基、“十五五”攻坚突破、“十六五”决战决胜，揭阳高质量发展将取得历史性突破。强调要坚持创新驱动和改革开放，为高质量发展提供强大动力；持续优化营商环境，增创高质量发展新优势；大力发展实体经济，加快建设现代化产业体系；加快完善现代化基础设施体系，夯实融入“双循环”战略性支撑；扎实推进协调发展，不断提升城市品质；优先发展农业农村，全面推进乡村振兴；繁荣发展文化事业和文化产业，加快建设文化强市；推动绿色发展，建设美丽揭阳；全力提升人民生活品质，建设幸福揭阳；统筹发展和安全，建设平安揭阳法治揭阳；加强党的全面领导和党的建设，团结全市人民为实现“十四五”规划和二〇三五年远景目标而奋斗。

新时代爱国主义教育 2020年12月23日，市委办公室、市政府办公室印发《关于加强新时代爱国主义教育重点工作任务分工方案》。《分工方案》明确揭阳市加强新时代爱国主义教育总体要求和重点工作任务，强调要突出重点，全面开展爱国主义教育；丰富实践载体平台，增强爱国主义教育实效；多措并举，营造新时代爱国主义教育的浓厚氛围，全力培养担当民族复兴大任的时代新人，使爱国主义成为全市人民的坚定信念、精神力量和自觉行动。

实施三个行动方案 2020年12月29日，市委、市政府印发《中共揭阳市委揭阳市人民政府印发〈关于建设活力古城的行动方案（2020—2022年）〉等三个行动方案的通知》。《通知》明确三个行动方案是建设宜居宜业宜游活力古城、滨海新城，打造沿海经济带上产业强市的务实举措和具体行动，提出建设活力古城、滨海新城，打造产业强市的重点任务清单，强调要深入学习贯彻习近平新时代中国特色社会主义思想，深入贯彻落实习近平总书记出席深圳特区建立40周年庆祝大会和视察广东重要讲话、重要指示精神，切实增强“四个意识”、坚定“四个自信”、做到“两个维护”，认真落实省“1+1+9”工作部署，紧紧围绕省委对揭阳的发展定位，牢牢把握高质量发展主题，紧扣新发展阶段、新发展理念、新发展格局，坚持啃骨头、打基础、促发展，全力以赴组织实施三个行动方案。

基础教育综合改革 2020年12月31日，市委、市政府印发《中共揭阳市委、揭阳市人民政府关于推动基础教育深化改革高质量发展的实施意见》。《实施意见》明确深化基础教育综合改革的总体要求，强调要深化学前教育改革普惠规范发展，深化义务教育改革优质均衡发展，深化普通高中改革特色多样发展，深化教育办学机制改革集团化发展，深化教师队伍建设改革专业化发展，深化教育信息化改革融合创新发展，确保每个学生都能享有公平而有质量的教育。

推进教育现代化 2020年12月31日，市委办公室、市政府办公室印发《揭阳市加快推进教育现代化实施方案（2020—2022年）》。《实施方案》明确揭阳市加快推进教育现代化的总体要求和重点任务，强调要构建立德树人的育人体系、高质量的教育发展体系、高效的教育治理体系，使教育改革发展成果更公平惠及全民，更好服务宜居宜业宜游活力古城、滨海新城和产业强市建设，全市教育公平性、开放性、协同性、融合性全面提升。

中长期青年发展 2021年1月6日，市委、市政府印发《揭阳中长期青年发展规划（2020—2025年）》。《发展规划》明确青年在思想道德、教育与文化、健康与婚恋、就业与创新创业、社会融入与社会参与、权益与预防犯罪、社会保障等领域的目标措施，强调到2025年，要建成较为完善、具有揭阳特色的青年发展政策体系和工作机制，引领揭阳青年积极投身产业建设、营商环境、脱贫攻坚、文明创建、社会治理等各领域，成为堪当推动揭阳高质量发展，建设宜居宜业宜游的活力古城、滨海新城，努力打造沿海经济带上的产业强市历史重任的新时代青年。

碧道建设 2021年1月8日，市委办公室、市政府办公室印发《揭阳市高质量建设碧道的实施方案（2020—2035年）》。《实施方案》明确揭阳市高质量建设碧道的总体要求和重点任务，强调要立足揭阳发展定位，围绕榕江南河、榕江北河、练江、龙江等河湖水系，示范推动县城区、中心镇碧道建设，组成“主碧道+支碧道”梯次网络状碧道空间体系，逐步实现“水清绿岸、鱼翔浅底、水草丰美、白鹭成群”的美好愿景。

（林　媛）

【重要政务活动】 **2020年揭阳市迎春健步骑行活动** 2020年1月2日，2020年揭阳市迎春健步骑行活动在榕江新城举行。市委、市人大常委会、市政府、市政协领导，市检察院检察长，各县（市、区）党政主要负责人，市各民主党派、工商联、无党派人士代表，市直副处级以上领导干部，商会和企业代表；空港经济区党政班子成员，各镇（街道）党政主要负责人，区直单位主要负责人；活动沿途路线的村（社区）主要负责人和村民代表，建设者及企业员工代表等参加。

省道234线浦东平交至霖磐高速口段改扩建工程通车仪式 2020年1月2日，省道234线浦东平交至霖磐高速口段改扩建工程通车仪式在揭阳产业园举行。市委、市人大常委会、市政府、市政协领导，市直有关单位主要负责同志，揭阳产业园党政负责人，工程承建方代表等参加。

揭阳市“美丽乡村迎新春”系列活动乡村振兴大擂台 2020年1月20日，揭阳市“美丽乡村迎新春”系列活动乡村振兴大擂台在普宁市举行。

2020年市各界人士迎春座谈会 2020年1月22日，2020年市各界人士迎春座谈会在市区举行。市委、市人大常委会、市政府、市政协领导，市法院院长、市检察院检察长，市直副处级以上离退休干部代表，驻揭军警团级以上部队首长，揭阳舰部队领导，各界人士代表，中央、省驻揭各单位主要负责人及新闻界、文艺界代表参加。

揭阳市人民政府与粤海控股集团《战略合作框架协议》签约仪式 2020年4月10日，揭阳市人民政府与粤海控股集团《战略合作框架协议》签约仪式在市区举行。市委副书记、市长张科，粤海控股集团党委副书记、董事、总经理蔡勇分别代表揭阳市人民政府、粤海控股集团签约。

榕城区城市绿化小公园建设暨2020年义务植树活动 2020年4月15日，榕城区城市绿化小公园建设暨2020年义务植树活动在榕城区举行。市委、市人大常委会、市政府、市政协领导，揭阳军分区司令员，市检察院检察长，市直有关单位主要负责人和榕城区党政班子成员等参加。

揭阳市人民政府与保利粤东投资发展有限公司《战略合作框架协议》签约仪式 2020年5月12日，揭阳市人民政府与保利粤东投资发展有限公司举行《战略合作框架协议》签约仪式。

揭阳保利大都汇奠基暨开工仪式 2020年5月12日，揭阳保利大都汇举行奠基暨开工仪式。

广工揭阳理工学院举行首期工程开工仪式 2020年6月23日上午，广工揭阳理工学院举行首期工程开工仪式。副省长覃伟中，省政府副秘书长、信访局局长陈岸明，省教育厅厅长景李虎，省工业和信息化厅厅长涂高坤；广东工业大学党委书记陈新、校长邱学青；市委书记、市人大常委会党组书记蔡朝林，市委副书记、市长张科等参加开工仪式并为项目推动吉祥杆。

揭阳市人民政府、科大讯飞股份有限公司战略合作框架协议文本交换仪式 2020年6月29日，揭阳市人民政府、科大讯飞股份有限公司战略合作框架协议文本交换仪式在市区举行。

市2020年广东扶贫济困日活动捐赠仪式 2020年6月30日，市2020年广东扶贫济困日活动捐赠仪式在市区举行。市委、市人大常委会、市政府、市政协领导，市直及中央、省驻揭有关单位主要负责人参加。

市党政代表团赴东莞市学习考察 2020年7月13日，揭阳市党政代表团赴东莞市学习考察，并召开东莞揭阳2020年对口帮扶联席会议。

省委副书记、省长马兴瑞到揭阳调研 2020年7月21日，省委副书记、省长马兴瑞到揭阳调研。

2020年揭阳市企业家座谈会 2020年7月24日，2020年揭阳市企业家座谈会在市区举行。

市党政代表团赴汕头市学习考察 2020年8月7日，揭阳市党政代表团赴汕头市学习考察。

市党政代表团赴潮州市学习考察 2020年8月18日，揭阳市党政代表团赴潮州市学习考察。

揭阳市招商合作项目签约仪式活动 2020年8月28日，揭阳市招商合作项目签约仪式活动在市区举行。

揭阳市扫黑除恶专项斗争暨平安建设文艺汇演活动 2020年8月31日，揭阳市扫黑除恶专项斗争暨平安建设文艺汇演活动在市区举办。

泛亚石油化工集团有限公司与中石化广州工程有限公司战略合作框架协议签约仪式 2020年9月7日，泛亚石油化工集团有限公司与中石化广州工程有限公司战略合作框架协议签约仪式。在市区举行。

省委书记李希到揭阳调研 2020年9月17日至18日，省委书记李希到揭阳调研。17日，李希主持召开座谈会。市委常委，市政协主席、市人大常委会代理主任、副市长，市法院院长、市检察院检察长，各县（市、区）、管委会党（工）委主要负责人，市直有关单位主要负责人等参加。

揭阳市人民政府与广东能源集

2020年7月21日，省委副书记、省长马兴瑞（左三）到揭阳调研
（郑楚藩　摄）

2020年9月30日，揭阳市公祭烈士活动暨向榕江公园烈士纪念碑敬献花篮仪式在榕城区榕江公园烈士陵园举行　（郑楚藩　摄）

团有限公司能源战略框架协议签约仪式　2020年9月22日，揭阳市人民政府与广东能源集团有限公司能源战略框架协议签约仪式在市区举行。

揭阳市优化营商环境暨招商引资座谈会　2020年9月25日，揭阳市优化营商环境暨招商引资座谈会在深圳召开。

揭阳市人民政府与川力企划集团战略合作框架协议签约仪式　2020年9月29日，揭阳市人民政府与川力企划集团战略合作框架协议签约仪式在市区举行。

揭阳市公祭烈士活动暨向榕江公园烈士纪念碑敬献花篮仪式　2020年9月30日，揭阳市公祭烈士活动暨向榕江公园烈士纪念碑敬献花篮仪式在榕城区榕江公园烈士陵园举行。市委、市人大常委会、市政府、市政协、揭阳军分区领导班子成员参加。

中国铁建·揭阳市榕城区东升街道新河社区三旧改造项目签约仪式　2020年10月10日，中国铁建·揭阳市榕城区东升街道新河社区三旧改造项目签约仪式在市区举行。

揭阳市优化营商环境暨招商引资座谈会　2020年10月16日，揭阳市优化营商环境暨招商引资座谈会在广州召开。

广州文投集团与榕城区人民政府建设宜居宜业宜游活力古城战略合作协议签约仪式　2020年11月6日，广州文投集团与榕城区人民政府建设宜居宜业宜游活力古城战略合作协议签约仪式在市区兴举行。

揭阳至惠来铁路暨全市第四季度重点项目开工活动　2020年11月17日，揭阳至惠来铁路暨全市第四季度重点项目开工活动在揭惠铁路先行开工段——百吉岭隧道出口及各县（市、区）分会场同步举行。

揭阳市优化营商环境暨招商引资座谈会　2020年11月29日，揭阳市优化营商环境暨招商引资座谈会在北京召开。

揭阳市投资控股集团有限公司揭牌成立　2020年12月21日，揭阳市投资控股集团有限公司揭牌成立。

广东能源葵潭农场光伏复合项目开工活动　2020年12月24日，广东能源葵潭农场光伏复合项目开工活动在惠来县举行。

揭阳港口合作项目签约仪式　2020年12月28日，揭阳港口合作项目签约仪式在市区举行。

揭阳市人民政府与巨正源股份公司基地化产业项目投资合作签约仪式　2020年12月30日，揭阳市人民政府与巨正源股份公司基地化产业项目投资合作签约仪式在广州举行。

（黄楚龙）

【市委理论学习中心组学习会】
2020年，揭阳市委理论学习中心组贯彻落实《中国共产党党委（党组）理论学习中心组学习规则》，坚持政治学习，落实“第一议题”制度，把学习习近平新时代中国特色社会主义思想作为首要内容，以掌握和运用马克思主义立场、观点、

2020年11月17日，揭阳至惠来铁路暨全市第四季度重点项目开工活动在揭惠铁路先行开工段举行　（郑楚藩　摄）

方法为目的，不断把学习成果转化为解决实际问题的本领，发挥示范带动作用。以学习贯彻习近平新时代中国特色社会主义思想和党的十九届五中全会精神、《习近平谈治国理政》第三卷等为重点，开展及时、全面、系统、深入的学习和研讨，提升学习的针对性和实效性，带动全市各级党委（党组）理论学习中心组开展理论学习，为开创揭阳改革发展新局面提供强大的理论支撑和智力支持。全年，举行市委理论学习中心组专题学习研讨5次，举办“揭阳学习论坛”4场，邀请专家学者作专题辅导报告，全市副处级以上领导干部约600人次参加学习，打造一个领导干部高层次、多视角、宽领域接受知识、启迪思想、创新观念的理论学习教育平台。

（市委宣传部）

组织工作

【组织工作概况】 2020年，揭阳市各级组织部门加强领导班子建设，强化基层党组织建设，全面铺开2021年村（社区）“两委”换届选举准备工作“四集中四清理”专项行动和加强村级组织活动场所建设攻坚行动。推动机关企事业单位党建工作质量全面提升。推进机关党建工作，提升公务员培训力度和质量，发展党员2442名。

【领导班子建设】 2020年，揭阳市围绕市委中心工作，统筹选优配强班子，突出专业能力和专业精神，优化来源、专业、年龄等结构，增强班子整体功能，满足事业发展需要。分领域、分板块开展干部队伍建设专题调研，发现储备一批政治素质好、专业能力强、工作实绩优的处、科级干部，推动形成又博又专、搭配合理的领导班子专业结构。严肃党内政治生活，严格执行新形势下党内政治生活的若干准则，落实民主集中制，落实“三会一课”、双重组织生活等制度。

【基层党组织建设】 2020年，揭阳市围绕打好基层党建三年行动计划收官战各项任务目标，实施农村基层党建“整镇推进、整县提升”创建行动，全面铺开2021年村（社区）“两委”换届选举准备工作“四集中四清理”专项行动和加强村级组织活动场所建设攻坚行动，打好基层党组织建设“组合拳”，推动各级基层党组织全面进步全面过硬。

实施“整镇推进、整县提升”农村基层党建创建行动 聚焦“整县、整镇、整村”整体提升，量化县镇村三级83项考核指标。全面完成84个软弱涣散基层党组织整顿工作，推动解决突出问题347个，为群众办好事实事1952件。优化设置行政村及村民小组党组织472个，增加2323个村（社区）党组织委员职数；规范设置1969个行政村以下经济组织，部分行政村一级未设立经济组织问题“清零”。

村级换届准备工作“四集中四清理”专项行动 排查一批换届重难点镇街和村（社区），落实15名市党政领导班子成员和117名县党政领导班子成员做好挂钩联系工作，协调解决问题319个，选派742名干部按照“一村一策一专班”进驻整顿，实现100%完成整顿。创新推行“一张清单+三项机制+八字工作法”的“138”巡回督导模式，抽调12名处级干部和32名业务骨干组成6个换届巡回督导组进驻各地开展督导。全面研判各村（社区）干部队伍和后备干部队伍情况，建立“三张人选”清单，撤换“四不”书记26名。

村级组织阵地建设攻坚行动 投入财政资金8775万元，统一规划新建、重建、改扩建199个村级党群服务中心。足额落实市县两级基层党建工作配套经费，村级运转经费和干部待遇保障水平达到历史新高。

【机关企事业党组织建设】 2020年，揭阳市各级机关企事业单位围绕全市工作大局，聚焦主业主责，推进党的建设，推动机关企事业单位党建工作质量全面提升。

理论武装 坚持以政治建设为统领，积极探索建立不忘初心、牢记使命的制度，全面落实“学习新思想、实现新作为”第一议题制度，开展大学习大培训，抓好《习近平谈治国理政》第三卷、习近平总书记出席深圳经济特区建立40周年庆祝大会和视察广东重要讲话重要指示精神、党的十九届五中全会精神等学习贯彻，推动实现学习教育全覆盖。

党建工作 坚持党建引领、系统谋划，严格落实“三会一课”、主题党日、谈心谈话、组织生活会、民主评议党员等组织生活制度，紧紧围绕建设“政治机关、服务机关、纪律机关、文明机关”四型机关，对创建工作列出时间表、画好路线图，明确创建目标任务，以项目化、清单化方式抓实抓细模范机关创建工作，从严从实抓好巡视巡察发现问题的专项整治，推动机关企事业单位党建工作高质量发展，更好服务市委市政府工作大局。

服务功能 结合市委出台的42项党员干部联系服务群众工作措施，组织发动全市400多个机关企事业单位党组织、3万多名党员深入社区开展“双报到”活动，推动教育、公安、司法、城管执法、住房城乡建设、文化、卫生健康7个涉民生领域职能部门开展组团式、项目化服务，推动机关企事业单位党组织和广大党员干部切实为群众办实事做好事解难事。

【“两新”组织建设】 2020年，揭阳市推进“两新”党建各项任务措施，提高“两新”组织党的建设质量。

“两新”党建工作　制定《揭阳市2020年“两新”党建工作任务清单》《揭阳市行业党建2020年重点项目清单》，清单化、项目化推进“两新”党建工作。在市委组织部加挂市委“两新”工委牌子，调整市委“两新”工委成员单位和组成人员，规范市委“两新”工委运行机制。修订《市委“两新”工委及成员单位职责》，落实市委“两新”工委成员挂钩联系17个“两新”党组织。

“两新”组织党建摸排和组织建设“双同步”　实地摸查掌握情况，加强信息核对，形成1383家非公企业、2411个社会组织的名册和党建工作台账。重点推动“五类企业”“从业30人以上社会组织”的党组织单独组建工作，新建“两新”党组织42个。做好流动党员组织关系接转和发展党员工作，发展“两新”组织党员136名。持续抓好“两新”组织党员学习教育，举办各类培训班130次，培训5689人次。

“两新”党建工作提质增效　打造示范园区党组织5个、非公企业党组织示范点23个，逐步带动全市“两新”党建工作提质增效。探索建立快递行业党建“五个一”长效机制，推动顺丰、中通等快递企业建立党组织，建成全市首家“快递小哥党员驿站”。推动商圈楼宇党群服务中心试点建设，选取普宁市时代中心作为商圈楼宇党群服务中心建设先行点。

加强党建引领　制定支持企业复工复产相关通知，推动非公企业党组织发挥战斗堡垒作用，支持企业复工复产。开展服务企业“十项行动”，帮助非公企业科学精准防疫、有序复工复产。发挥“两新”组织党员先锋模范作用，通过印发倡议书等方式组织引导党员和会员捐款捐物，发动捐款1900多万元。

【党联工作】 2020年，揭阳市做好省、市、县党代会代表信息更新工作，全面更新出席省第十二次党代会代表、市第六次党代会代表的职务信息，重点关注代表资格终止、职务停止等情况。做好党代会代表培训、调研、参会等联络服务工作。4名省第十二次党代会基层一线代表参与省委组织部举办的党代表履职能力提升专题培训班，1名省第十二次党代会基层一线代表列席省委十二届十一次会议。创设平台，发挥代表作用，提升代表履职能力。邀请省、市党代会部分代表列席市委领导班子民主生活会，参加基层党建述职评议、党员代表座谈会等，引导代表积极建言献策。

【党员队伍建设】 2020年，揭阳市坚持控制总量、优化结构、提高质量、发挥作用，认真做好发展党员工作。全年发展党员2442名，其中，完成发展产业工人145名、农牧渔民1382名（35岁左右718名）、在校大学生123名，从非公企业发展74名、从社会组织发展95名。至2020年12月，全市党员234097名。把在抗疫一线发展党员作为打赢疫情防控阻击战的重要工作，在斗争一线考察识别并发展黄妙珊等8名援鄂医疗队员入党，确定16名入党积极分子。针对农村发展党员存在问题，组织开展加强农村发展党员工作调研并形成专题报告，抓实村（社区）“两委”班子成员近亲属入党申报备案制度，指导做好普宁市排查整顿农村发展党员违规违纪问题试点工作，落实问题处理和责任追究。制定国企退休人员社会化管理中党员组织关系转接指引，实行“建账立卡、双向沟通，限时落实”工作机制，高质量完成全市5371名国企退休党员组织关系社会化管理，化解去向扎堆影响基层治理、关系悬挂镇级导致管理缺失等问题。组织开展“学习致敬抗疫英雄，弘扬伟大抗疫精神”、学习卢永根同志等先进事迹等主题党日活动。挂牌一批新增“共产党员家庭户”。在“七一”前夕，为3023户年度新转正党员家庭户举行挂牌仪式。

附：

揭阳市党员教育基地名录

1.周恩来同志革命活动旧址（揭阳学宫）

2.“八一”南昌起义南下部队指挥部军事决策会议旧址（普宁流沙）

3.揭阳市档案馆（市政府机关大院）

4.锡场镇潭王村蓝康中心学校革命史教育基地（揭东区锡场镇）

5.汾水战役烈士陵园（揭东区玉湖镇）

6.黄旭华故居（揭东区玉湖镇）

7.普宁市大南山街道什石洋村“红色村”（普宁市大南山街道）

8.大北山革命历史纪念馆（揭西县大北山）

9.揭西县南山镇火炬村“红色村”（揭西县南山镇）

10.惠来大南山革命纪念馆（惠来县惠城镇）

（市委组织部）

【老干部工作】 2020年，揭阳市老干部工作强化党建引领，坚持精准服务工作理念，加大典型宣传，创新理念思路、举措方法、制度机制，打造工作品牌。

党组织规范化建设　通过座谈会、专题报告会、宣讲报告会等形式开展送学、导学、促学活动。为老干部订阅《习近平谈治国理政》第三卷等学习资料。召开市委离退休干部工委第一次会议，出台《关于建立离退休干部职工党组织工作经费保障机制的实施意见（试行）》《关于做好离退休干部职工党组织书记工作补贴发放工作的方案》，举办市直离退休干部党支部书记学习《习近平谈治国理政》第三卷专题读书班和党建工作联络员培训班。依托市老干部活动中心和市老干部大学，创建全省首个共享式“老党员驿站”，为全市各级离退休干部党组织和离退休干部党员提供“一站式”服务。揭阳市委老干部局《全省首创共享式“老党员驿站”》获第八届广东省市直机关“先锋杯”工作创新大赛优秀作品奖。

建立健全服务管理机制 做好疫情期间老干部防疫服务和学习活动场所常态化疫情防控。完善老干部就医管理机制，与市卫生健康局联合印发《关于建立完善市直离休干部就医“绿色通道”工作机制的通知》，为离休干部提供便捷、优质、优先、高效的医疗服务。推动县（市、区）建立健全离休干部就医、离退休干部特殊困难帮扶、离退休干部逝世后丧事办理指导意见等制度机制。做好走访慰问老干部和特殊困难帮扶工作。推动“广东省离退休干部服务管理系统”建设，组织全市409名系统管理员开展线上线下培训，提升信息化精准化服务水平。召开全市老干部学习活动场所建设现场会，推动县级老干部学习活动场所建设扩容增质。

老干部工作品牌“心驿+” 以老党员驿站为平台载体，推行“心驿+N”模式。2020年，全市离退休干部党组织和广大离退休干部党员到驿站开展“心驿+主题党日”等主题活动37场次。组建全市老干部工作信息员队伍，开通“揭阳老干部”“揭阳市老干部大学”微信公众号，拍制《心驿揭阳》微电影和揭阳市老党员驿站宣传视频，加大老干部工作宣传力度。

2020年9月4日，中共揭阳市委老干部局组织揭阳市离退休干部党组织书记开展“我看脱贫攻坚新成就”主题党日活动 （杨珊珊 摄）

发挥老干部优势 宣传揭阳市2个荣获全省离退休干部先进集体和4个先进个人事迹。组织引导市直离退休干部党支部书记及各地各单位老干部开展“我看脱贫攻坚新成就”主题党日活动。组织市离退休干部到揭西县开展“我看脱贫攻坚新成就”参观考察，引导老干部支持揭阳经济社会建设发展，助力脱贫攻坚和乡村振兴。市关工委召开成立20周年纪念会，举办2020年农村创业青年致富“领头雁”培训班，开展关爱困境儿童、“儒学·开笔礼”等主题活动。聚焦疫情防控，全市老党员老干部为疫情直接捐款57.2万元，捐赠口罩1.2万个、消毒用品3吨，创作诗词、书法、绘画、歌曲等作品274个；114名老干部参与疫情一线联防联控工作，309名老干部参与各类志愿活动。

【老干部大学】 2020年，揭阳市老干部大学坚持政治立校，提高教学管理水平，做好疫情防控工作，开展系列活动，促进老年教育事业发展。

思想政治建设 严把教师政治关，组织学习和研讨活动，加强思想政治建设，把握正确办学政治方向。组织校委、党员代表开展主题党日活动、参加党的十九届五中全会精神宣讲报告会。录播《民法典》思政课，在微信公众号推送习近平总书记系列重要讲话精神，让老干部在思想上政治上行动上与党中央保持高度一致。

教学管理 调整专业班级设置，设34个专业92个班级6支艺术团队3000多名学员。开展教师培训，优化艺术团队，举办主题讲座，完善学习场所，取消代收书杂费，规范财务管理。开通“揭阳市老干部大学”微信公众号，搭建学校信息化管理系统，搭建网络学习平台。

疫情防控 落实防控措施，加强场所管控。对接优质网络课程资源，开通引进“网上老年大学”，实现停课不停学，打造“揭阳市老干部大学网络学院”学习平台，实现在线（网络）教学。组织师生创作抗击疫情的诗书画作品，编印抗疫专刊学报。

系列活动 组织送春联、送戏下乡等志愿活动。举办庆祝中国共产党成立99周年暨第七届校园文化艺术节诗词书画摄影作品展。参加广东省“银龄安康杯”2020年老年

2020年6月，揭阳市老党员驿站投入使用 （杨珊珊 摄）

迎春联欢晚会演出，参加揭阳市革命歌曲大合唱比赛获三等奖，参加2020年第一届广府之声迎新春合唱专场汇演活动获精英金奖。

【广东省首个老党员驿站揭牌使用】 2020年6月29日，揭阳市老党员驿站在市老干部活动中心、市老干部大学正式揭牌。省委组织部副部长、老干部局局长王力伟出席揭牌仪式并为驿站揭牌。

（市委老干部局）

宣传工作

【宣传工作概况】 2020年，揭阳市加强理论宣传，市县两级组织开展宣讲300多场次，受教育干部群众近5万人次。强化舆论引导，编印《揭阳市抗疫宣传优秀作品汇编》，举办“我为揭阳大桥题名”书法作品征集活动，开展文艺宣传进社区活动，开展25场次揭阳市创文文艺宣传进社区活动，6场揭阳市新时代文明实践“五个一”精品项目下基层活动。做好对外宣传，讲好揭阳故事，传播揭阳好声音。

【理论宣传】 2020年，揭阳市提升理论宣传的针对性、广泛性、有效性，完善“揭阳发布”微信公众号“微学习”频道建设。在“文明揭阳”微信公众号开展党的十九届五中全会精神有奖知识问答3期，参与网友超过1万人次。编印《揭阳宣传》5期近2.5万册，发至全市基层党组织。抽调理论知识水平高、有宣讲经验的领导干部和理论工作者成立市委宣讲团，围绕《习近平谈治国理政》第三卷、党的十九届五中全会精神等重大主题，采取群众喜闻乐见的形式，在全市组织开展3轮深入城乡基层的互动式宣讲活动，推动党的理论和路线方针政策进企业、进农村、进机关、进校园、进社区、进军营。全年市县两级组织开展宣讲300多场次，受教育干部群众近5万人次。围绕“走向我们的小康生活”主题，组建市、县、镇三级百姓宣讲团，举办“微宣讲”比赛。

【文艺创作】 **编印《揭阳市抗疫宣传优秀作品汇编》** 2020年，揭阳市委宣传部统筹组织创作各门类抗疫文艺作品共1200多件，一批优秀作品在学习强国平台、新华网等平台传播推广。3月，市委宣传部成立编委会，启动抗疫宣传优秀作品汇编工作。12月，《揭阳市抗疫宣传优秀作品汇编》（上、下册）完成编印。汇编内容包括社会宣传作品5类160件，市主要新闻媒体新闻作品100篇，中央、省级主流媒体关于揭阳做好疫情防控与经济社会发展的新闻报道目录1158条，重点报道（截图）175篇以及11大类文艺作品182篇。

举办“我为揭阳大桥题名”书法作品征集活动 11月初在揭阳大桥项目即将竣工之际，市委宣传部、市文联、市城投集团联合举办“我为揭阳大桥题名”书法作品征集活动。征集活动自11月19日开始至11月25日截止，收到北京、山东、湖南、黑龙江及广州、梅州等省内部分城市书法家、书法爱好者报送的378件书法作品。11月27日，市委宣传部、市文联组织揭阳市5位中国书法家协会会员组成评委组对征集作品进行集中评选。经评选，3件作品获一等奖，5件作品获二等奖，10件作品获三等奖。评委约稿经市委领导审定作为大桥题名之用。通过征集活动，提升揭阳城市形象，反映城市文化内涵，激发广大市民群众参与城市建设的热情，增强市民的自豪感和荣誉感。

开展文艺宣传进社区活动 10月至11月，在市区组织开展25场次揭阳市创文文艺宣传进社区活动、6场揭阳市新时代文明实践“五个一”精品项目下基层活动。活动内容包括文艺节目表演、创文知识有奖问答、创文宣传品分发、创文知识及成果现场宣传展示等。

【对外宣传】 2020年，揭阳市做好对外宣传工作，突破新闻发布工作常规，联系中央、省主流媒体，把市委、市政府的战略部署具体实践宣传好，把揭阳良好发展态势、重大平台建设宣传好，把揭阳人干事创业的热情干劲宣传好，提升城市知名度美誉度。中央、省级主流媒体及其新闻客户端推出《把初心使命镌刻在抗疫一线》《一场“战疫时速”的较量》《奋力打造活力古城滨海新城产业强市》《世界级石化产业园区呼之欲出》《沿着总书记指引方向迈上揭阳现代化建设新征程》《打造大美乡村 开创古城新篇》等揭阳市报道2000多篇，其中刊播专版专题30多个。加强媒体战略合作，加强与人民日报社、新华社、中国新闻社、南方日报社、羊城晚报社、广东广播电视台等中央、省主流媒体沟通对接，讲好揭阳故事，传播揭阳好声音。

【爱国主义教育】 2020年，揭阳市革命遗址普查工作全面完成，登记革命遗址遗迹（文物）593个，经省委党史研究室认定216个。印发《揭阳市关于加强新时代爱国主义教育重点工作任务分工方案》《揭阳市加强新时代公民道德建设工作方案》，指导揭阳市新时代爱国主义教育重点工作和新时代公民道德建设工作。完成《揭阳市红色资源传承保护与发展规划暨视觉识别系统设计》编制规划，提出揭阳市红色资源的发展定位、发展思路，围绕红色产业融合、红色乡村扶贫、红色文艺创作、红色文化传播，提出揭阳市红色资源的保护利用规划。继续向省申报专项扶持资金，揭东区玉湖镇汾水战役纪念公园修缮项目、惠来县大南山革命纪念馆布展项目、锡场镇潭王村蓝康中心学校革命史教育基地修缮项目、惠来县河田村红军四十七团驻军旧址修缮项目、普宁市船埔头区苏维埃政府旧址修缮项目、普宁县临时人民政府旧址修缮及布展项目、揭东区白塔镇瑞联村红色革命遗址修缮项目被列入2020年广东省红色革命遗址保护利用项目名单，获得省修缮维护资金2029万元。大北山革命历史纪念馆的展陈提升工作基本完成；普宁“八一”南昌起义南下部队指挥部军事决策会议旧址等重要革命遗址的修缮维护和改陈布展工作继续推进。

揭阳市爱国主义教育基地名录一览表

表3

序号	基地名称	主管部门	级别	基地地址
1	“八一”南昌起义南下部队指挥部军事决策会议旧址（普宁“八一”纪念馆）	普宁市文广旅游体育局	国家级	普宁市流沙东街道
2	周恩来同志革命活动旧址（揭阳学宫）	揭阳市文广旅游体育局	省级	榕城区中山街道韩祠路
3	揭东汾水战役旧址	揭东区玉湖镇政府	省级	揭东区玉湖镇
4	大北山革命历史纪念馆	揭西县委宣传部	省级	揭西县南山镇大北山
5	揭西兴道书院	揭西县棉湖镇政府	市级	揭西县棉湖镇兴道中学
6	揭阳革命烈士纪念碑	榕城区住房和城乡建设局	市级	榕城区榕华街道榕江公园内
7	丁日昌墓	揭阳市文广旅游体育局	市级	榕城区仙桥街道
8	普宁市文昌阁	普宁市洪阳镇政府	市级	普宁市洪阳镇
9	揭西南侨中学	揭西县教育局	市级	揭西县金和镇
10	大南山石刻革命标语	惠来县委宣传部	市级	惠来县惠城镇盐岭村
11	揭阳市黄岐山森林公园	榕城区人民政府	市级	榕城区东升街道
12	揭阳市档案馆	中共揭阳市委	市级	榕城区临江北路

续表3

序号	基地名称	主管部门	级别	基地地址
13	普宁方方纪念馆	普宁市洪阳镇政府	市级	普宁市洪阳镇
14	普宁大南山革命斗争历史文物陈列馆	普宁市大南山街道办事处	市级	普宁市大南山街道陂沟村
15	惠来县葵潭镇世铿院	惠来县葵潭镇政府	市级	惠来县葵潭镇玄武社区
15	杨石魂故居	普宁市南溪镇政府	市级	普宁市南溪镇钟堂村仁厚里
17	潮揭丰边人民委员会旧址(含五房革命烈士纪念碑)	揭东区新亨镇政府	市级	揭东区新亨镇五房村
18	炮台“三日红”旧址——关帝庙	空港经济区砲台镇政府	市级	空港经济区砲台镇区
19	揭阳市中小学德育基地	揭阳市教育局	市级	揭东区玉滘镇东径
20	紫陌广场	榕城区仙桥街道办事处	市级	榕城区仙桥街道紫陌山南坡
21	普宁烈士陵园	普宁市文广旅游体育局	市级	普宁市流沙西街道流沙人民公园内
22	普宁市洪阳镇培风塔	普宁市市场物业管理局	市级	普宁市洪阳镇后坑村
23	普宁县临时人民政府成立旧址	普宁市大坝镇政府	市级	普宁市大坝镇九江村
24	河婆象山烈士纪念碑亭	揭西县教育局	市级	揭西县河婆街道河婆中学校园内
25	蔡翘院士故居及其纪念馆	揭东区新亨镇政府	市级	揭东区新亨镇仙美村
26	揭东区华侨博览馆	揭东区文广旅游体育局	市级	揭东区曲溪街道揭东大道与金城路交汇处
27	惠来县博物馆	惠来县文广旅游体育局	市级	惠来县惠城镇惠南路葵阳公园内
28	庄世平博物馆	普宁市教育局	市级	普宁市流沙大道西普宁华侨中学内
29	黄旭华旧居	揭东区玉湖镇政府	市级	揭东区玉湖镇新寮村
30	蓝康中心学校旧址	揭东区锡场镇政府	市级	揭东区锡场镇潭王村
31	什石洋村人民革命斗争历史展览馆(普宁县苏维埃政府办公旧址——辉祖祠)	普宁市大南山街道办事处	市级	普宁市大南山街道什石洋村
32	南方人民银行纪念馆	揭西县良田乡政府	市级	揭西县良田乡下村

【国防教育】 2020年，揭阳市国防教育领导小组和办公室成立，成立国防教育宣讲团，建立揭阳市国防动员舆情管控中队、揭阳市国防动员心理攻防中队。市区榕江公园被打造成为国防教育主题公园。9月至12月，举办革命歌曲大合唱比赛（视频）、红色故事会、国防知识竞答、国防教育图片展等国防教育系列活动，宣传贯彻习近平总书记新时代中国特色社会主义思想和强军思想，以及习总书记关于加强全民国防教育的重要指示精神，普及《中华人民共和国国防教育法》。

【文化产业发展】 2020年11月16日到20日，第十六届中国（深圳）国际文化产业博览交易会（以下简称文博会）首次以“云上文博会”的形式在线上举办。揭阳市组织揭阳产业园磐东经鼎玉器工作室、广东昊天服装实业有限公司、广东德丰建筑工程有限公司、揭阳市市外桃园旅游投资开发有限公司、钱坑木雕协会、惠来县民间文艺家协会、揭东工艺美术生活馆7家文化企业、文化组织参加展览。揭阳市委宣传部获得“优秀组织奖”。

【新闻工作】 正面舆论宣传 2020年，揭阳市宣传习近平新时代中国特色社会主义思想，广泛宣传中共十九届四中、五中全会精神，宣传习近平总书记出席深圳经济特区建立40周年庆祝大会和视察广东重要讲话、重要指示精神，宣传中央、省委、市委重要会议精神，宣传市委六届九次、十次全会精神，引导全市干部群众把思想和行动统一到市委的工作大局上。组织开展疫情防控、乡村振兴、文明创建、营商环境、拆除违建、重大项目建设等重大主题宣传报道。

深圳经济特区建立40周年庆祝大会和视察广东重要讲话、重要指示精神宣传报道 制订《习近平总书记出席深圳经济特区建立40周年庆祝大会和视察广东重要讲话、重要指示精神宣传工作方案》，全面铺开庆祝深圳经济特区建立40周年庆祝大会和视察广东重要讲话、重要指示精神宣传报道工作。市直主要媒体在重要版面、主要新闻节目、重要位置开设贯彻习近平总书记视察广东和在庆祝大会上重要讲话、重要指示精神相关专题专栏，宣传全市各地各部门深入贯彻总书记重要讲话、重要指示精神，坚定不移沿着总书记指引的方向奋勇前进，以庆祝经济特区建立40周年为契机，融入“双区”建设，持续深化改革、扩大开放的新思路新举措，开创揭阳高质量发展新局面。

疫情防控宣传 紧扣疫情形势变化，科学把握时度效，发挥新闻宣传、基层社会宣传、重大舆情处置等工作专班作用，印发44期《新冠肺炎疫情宣传报道提示》《揭阳市统筹做好疫情防控和全面复工复产宣传报道方案》等13个专项宣传指引，指导市直新闻媒体和各县（市、区）党委宣传部门，持续加大应对疫情正面宣传力度，凝聚众志成城战“疫”的强大力量，为奋力夺取疫情防控和实现经济社会发展双胜利提供舆论支持、营造温暖环境。组织协调市直新闻媒体发挥权威引领主力军作用。刊播新闻报道2.4万多篇次，密集刊登疫情防控相关科普知识和公益广告，制作推出一批公益宣传片、短视频和抖音视频。

脱贫攻坚主题宣传 加强统筹策划，制定脱贫攻坚提示宣传报道方案，组织各地各新闻媒体采取积极措施，选派记者深入基层一线，拓展报道深度和广度，丰富报道载体和形式，推进脱贫攻坚宣传报道工作。组织协调市直媒体开设“全力以赴坚决打赢扶贫攻坚战”“决战脱贫攻坚战”“决胜脱贫攻坚 助力乡村振兴”“走向我们的小康生活·决战决胜脱贫攻坚”“新春走基层 脱贫攻坚一线见闻”“决胜全面小康 决战脱贫攻坚”“扶贫印记”等一批专栏，刊播新闻报道约250篇，推出报纸专版10个，摄制播出《精准扶贫》《扶危济困 守望相助》等电视公益宣传片约3300次。

优化营商环境主题宣传 深入学习宣传贯彻习近平总书记出席深圳经济特区建立40周年庆祝大会和视察广东时的重要讲话、重要指示精神，在媒体开设专题专栏专版，推出全市“优化营商环境 加强招商引资”报道，推出《优化营商环境，刻不容缓！》等6篇评述，《“亲”则两利 “清”则两安》等7篇评论员文章，推出“县市区访谈”和“市直部门行动”两大专题专访20篇。

扫黑除恶主题宣传 组织指导市直媒体大力做好扫黑除恶相关宣传报道工作，营造浓厚舆论氛围。市委宣传部和市扫黑除恶办联合印发《关于进一步加强扫黑除恶专项斗争宣传报道的通知》《关于印发〈揭阳市扫黑除恶系列宣传报道工作方案〉的通知》，对揭阳市扫黑除恶宣传工作进行部署安排，组织媒体做好扫黑除恶宣传报道工作。组织各地各单位收集筛选新闻线索供揭阳广播电视台、揭阳日报社采访，相对密集地推出一批主题突出的新闻报道，及时反映揭阳市扫黑除恶工作进展和成效。落实揭阳广播电视台、《揭阳日报》配合开展扫黑除恶公益宣传，在适当时段版面推出“扫黑除恶，拔根务尽。平安揭阳，你我共建。”宣传标语。

完成县级融媒体中心建设 按照省部统一部署和有关要求，加快推进普宁、揭西、惠来县级融媒体中心建设，建立以APP客户端为主要载体的全媒体矩阵，全面正式运营，实现“一次采集、多种生成、全媒传播”。11月上旬，通过省县级融媒体中心验收组现场验收合格。

（市委宣传部）

统一战线

【统一战线概况】 2020年，揭阳市委统战部加强思想政治引领为主线，加强党外代表人士思想引领，制定《关于加强揭阳市宗教和民间信仰工作的实施意见》，促进全市非公有制经济健康发展和非公有制经济人士健康成长，强化港澳台和海外统战工作，推动统战工作提质增效。编发《揭阳统战工作简报》88期，向省委统战部报送信息54条，向市委办报送信息50条。

【多党合作事业】 2020年，揭阳市统战部加强党外代表人士思想政治引领，召开情况通报会6场、座谈会3场，举办培训班7场、学习实践活动8场。引导党外人士履职尽职，提交提案106件，立案70件，立案数量占全市立案数的80.5%。组织开展“做大做强现代农业产业园，助推后脱贫时代乡村振兴”专题联合调研活动和“我为揭阳振兴发展献一策”活动。深化政治协商民主监督工作，研究制定《2020年市委同市各民主党派、无党派人士政治协商计划》，支持协助九三学社省委会对揭阳市开展脱贫攻坚民主监督工作。加强新媒体和网络界人士的政治引领和吸纳。引导各民主党派、无党派人士对乡村振兴、脱贫攻坚、创文创卫开展民主监督，继续支持协助九三学社省委会定点帮扶揭东区埔田镇开展脱贫攻坚民主监督工作。开展全市民主党派代表人士队伍建设调研，掌握一批代表人士，研判有关优秀无党派人士加入民主党派，优化队伍结构；协助做好2021年4个民主党派市委会换届工作；引导各民主党派按照各自界别特色，保持适当的发展速度做好组织人员发展；引导民主党派加强基层组织建设，以基层组织换届为契机，调整优化领导班子。

【民族宗教工作】 2020年，揭阳市研究制定《关于加强我市宗教和民间信仰工作的实施意见》及“两个清单”，提高宗教和民间信仰治理效能，巩固和提升宗教工作督查整改成果；强化宗教领域阵地管理；防范抵御境外渗透；深化平安宗教活动场所创建活动，评选“揭阳市平安宗教活动场所”10处。做好宗教和民间信仰领域疫情防控工作。新冠肺炎疫情发生后，揭阳市宗教界为疫情防控捐款捐物超过250万元。揭阳市佛协会召开第五次代表大会，选举产生第五届市佛协领导班子。

【非公有制经济领域统战工作】 2020年，揭阳市委统战部强化思想政治引领，促进非公有制经济健康发展和非公有制经济人士健康成长。组织开展“商（协）会党旗扬”主题活动、“重温红色历史 牢记初心使命”非公党建主题教育实践活动。深化实施企业家素质提升工程，举办“揭商沙龙”“揭商大讲坛”和培训班等活动，培育一批民营企业领军人物。畅通非公有制经济人士政治参与渠道，开展“关于了解民营企业融资需求有关情况调研”等专项调研10多场次。支持和引导民营企业、商协会和旅外乡贤参与乡村振兴“万企帮万村”行动，累计发动民营企业、商协会182家参与乡村振兴“万企帮万村”工作，助力乡村振兴。向广大民营经济人士发出《倡议书》，广大民营企业、商协会纷纷捐资捐物，据不完全统计，组织、发动捐款逾1900万元及抗疫物资一批。市投资协会受到全国工商联通报表扬，国鑫实业、金马（集团）被省工商联评为广东省抗击新冠疫情“重要贡献”和“突出贡献”民营企业。

【港澳台工作】 2020年，揭阳市委统战部推动组建香港揭阳青年商会、深港大长陇青年商会；加强对揭籍港澳社团政治引领，将一批优秀港澳青年代表充实到政协和海外联谊会。推动旅港乡亲社团对香港国安立法的学习宣传，在旅港乡亲中营造遵法守法氛围。贯彻落实总体国家安全观，举办“国家安全教育进校园”试点活动，为3所试点学校2000多名学生上课辅导；规范全市国家工作人员因公临时赴港澳管理工作，制定《揭阳市公务人员因公临时赴港澳审批管理意见》。年初，港澳各界人士捐款539.6万元，医用口罩31.4万个以及防护服等支持揭阳市防疫抗疫工作。开展“惠台暖企”行动，全市台企获得社保减免394万元，失业保险补助金813万元，妥善处置信访案件2宗；开展对台宣传和交流合作。组织第七届台湾青年岭南行之潮汕文化寻根之旅揭阳活动。

【新的社会阶层统战工作】 2020年，揭阳市委统战部通过举办培训班、座谈会、情况通报会、“新阶联大讲堂”、主题教育、特色活动等，加强对新的社会阶层人士的政治引领和吸纳；精心打造实践创新基地，发挥新的社会阶层人士参政议政、服务创新创业、助力暖企行动、促进文明和谐、开展对外交流等独特作用。

【侨务工作】 2020年，揭阳市做好涉侨疫情防控有关工作。据不完全统计，海外华侨华人捐赠金额301.5万元，医用一次性口罩27.58万只、N95口罩1.44万只、医用检查手套45.5万只、300套防护服、3000双防护鞋、3000个防护帽、电子测温计50支。揭阳市越柬老归侨联谊会给马来西亚侨团捐赠口罩5万只。发出涉侨政策和相关法律法规宣传资料1000多份。开展华侨回国定居、三侨生证明办理等涉侨7项政务服务事项标准化梳理工作，制定服务事项的执行依据、需提供材料、办理流程和时限等，并进行公示。全年，办理华侨回国定居4人次，三侨生证明10人次，侨眷身份证明7人次，接受高中阶段华侨学生身份证明1人次，港澳同胞捐赠确认办理人出两地车牌1人次。妥善解决涉侨信访案件13宗，维护侨胞侨眷合法权益。

【统战宣传调研】 2020年，揭阳市委统战部开展“大调研”活动，落实全市统战理论调研联席会议制度和统战系统主要领导年度包题制度，市委统战部主要领导带头到全市统一战线各线条开展调研。全年，开展各类调研活动50多场次，形成理论创新调研文章16篇，实践创新调研文章1篇，其中上报省委统战部有较为优质的理论创新调研文章6篇和实践创新调研文章1篇。理论创新调研文章《加强和改进新时代统一战线意识形态工作初探》获2020年度全省统战理论政策研究创新成果三等奖；实践创新调研文章《以清单管理模式推动宗教和民间信仰工作从“管得住”向“管得好”转变》获2020年度全省统战工作实践创新成果奖。抓好统战信息宣传工作。编发《揭阳统战工作简报》88期，“同心揭阳”微信公众号编辑发布信息256篇，向省委统战部报送信息54条，向市委办报送信息50条。

（市委统战部）

机构编制

【机构编制概况】 2020年，揭阳市巩固深化全市党政机构改革成果，完成乡镇街道体制改革，推进开发区管理体制改革和公益三类及经营类事业单位改革，加强和创新机构编制管理工作。印发机构编制调整事项文件5个，完成市教育局、市文广旅游体育局、市市场监管局等6个部门机构改革“回头看”工作。优化事业单位登记管理工作，受理事业单位新设立登记12个，变更法人登记327个，注销登记18个。

【机构改革】 机构改革“回头看” 2020年，揭阳市针对机构改革后市直部门在履行职责中出现的问题，及时调整优化机构职能，优化机构设置，理顺职责关系，在完成“物理变化”的基础上，推动实现内设机构整合、业务融合，真正发生“化学反应”。印发机构编制调整事项文件5个，完成市教育局、市文广旅游体育局、市市场监管局等6个部门机构改革“回头看”工作。

公安机关内设机构优化 调整揭阳市森林公安机关管理体制，明确揭阳市公安局森林分局及所属派出所按照属地原则整建制划归市公安局直接领导管理，市林业局不再领导管理。严格按照“撤一建一”的工作原则，优化市公安机关内设机构职责。

【行政管理体制改革】 2020年，揭阳市统筹推进乡镇党政机构和事业单位改革，优化职能配置、机构设置和人员编制。根据基层发展现状和职能定位，综合设置党政机构，大幅精简整合乡镇街道设置过于分散或工作任务相近的事业单位，深化乡镇街道综合行政执法改革，科学合理下放管理权限，推动执法重心和执法力量下移，实现“一支队伍管执法”，构建简约高效的基层管理体系。改革后，全市乡镇街道规范设置党政机构788个，事业单位577个。推动上级机关派驻在乡镇街道的机构实行属地管理的126个，向基层下沉编制1501名，下放乡镇街道行政执法职权335项。

【行政机构编制管理】 部分单位“三定”规定制定工作 2020年，揭阳市委编办会同市委办公室、市发展改革局修改完善部门“三定”规定并印发实施，确保部门职能配置、机构设置与省基本对应，上下贯通、权责一致、执行有力。

开发区机构编制管理 按照《关于理顺揭阳产业转移工业园管理体制实施方案》，印发出台《揭阳产业转移工业园管理委员会机构设置方案》，消除制约发展的体制性障碍，释放经济开发区发展活力，优化营商环境。

【事业机构编制管理】 事业单位改革 2020年，揭阳市推进教育治理体系和治理能力现代化，整体重塑市教育局所属15家事业单位；统筹盘活用好低效配置的编制资源，重点保障文化领域公益服务需求，整体重塑市文广旅游体育局所属10家事业单位；整体重塑市城管执法局所属3家事业单位，调整充实路灯管理、音乐喷泉管理等事务，突出加强园林管理、市政建设服务力量。

规范事业单位设置 对市人民医院、市中医院实行党委书记和院长分设加强党对公立医院的领导。调整理顺黄岐山森林公园、紫峰山森林公园管理体制，优化揭阳市森林资源保护和森林公园运行机制。设立市政府投资项目代建管理中心，提高政府投资项目建设管理水平和投资效益。设立揭阳市投资促进服务中心，加强揭阳市投资促进服务保障工作力量，优化揭阳市营商环境。

公益三类及经营类事业单位改革 将全市212个公益三类及经营类事业单位纳入改革范围。完成54个经营类事业单位改革任务，推动全面剥离经营业务、强化公益属性。

【事业单位登记管理】 事业单位法人登记 2020年，揭阳市优化事业单位登记管理工作，受理事业单位新设立登记12个，变更法人登记327个，注销登记18个，抽查公示15个事业单位法人信息。

市直机关、群团统一社会信用代码赋码换发证 完成机关、群团统一社会信用代码换发证107个，其中初领23个、变更84个。

【机构编制监督检查】 机构编制实名制管理 2020年，揭阳市建立健全部门数据信息共享联动机制，市委编办同组织、人社部门签订保密协议书，开放“广东省机构编制实名制管理系统”的相关查询权限，主动打破信息壁垒，完善业务部门间信息共享联动机制。

机构编制纪律约束　市委编办与纪委监察、巡察、组织、人社、财政、审计等部门建立联动协调机制，将问题整改情况列入机构编制审批要件，严格审核把关。不定期组织有关人员到市直有关单位和各县（市、区）开展实地检查，了解和检查机构编制违纪违规问题台账情况、存在问题的原因和整改措施。实行整改工作通报反馈制度，确保有关问题得到有效解决，完成整改。全年，整改政策性超编问题320个，整改违规问题56个。发挥“12310”举报电话作用，加大对机构编制违纪违法行为的查处力度。

（市委编办）

市直机关党建

【市直机关党建概况】　2020年，揭阳市直工委推动市直机关模范机关创建工作，组织开展各类活动，加强思想建设；强化组织建设，筑牢基层党组织战斗堡垒，开展“党建+”系列活动。全年，新成立党委5个，配备机关党委专职副书记16名，发展党员282名。在支持新冠肺炎疫情防疫工作中，下拨留存党费100万元，发动市直党员自愿捐款140多万元，组建党员志愿服务队130支、志愿者2889名。

【市直机关模范机关创建】　2020年，揭阳市直工委研究出台《2020年揭阳市直机关模范机关创建活动工作要点及责任分工》，围绕建设政治过硬、担当作为、纪律严明、文明高效“四型”机关，落实26项具体措施。推行项目化、指标化督查模式，细化11方面38项具体督查指标，通过4轮次的交叉督查检查，发出《问题整改清单》93份，抓好整改落实，组织召开党组织书记联席会议、工作交流会，推动创建活动向纵深发展。

【思想建设】　2020年，揭阳市直工委坚持思想先行，推动理论武装走深走实。组织召开市直机关学习《习近平谈治国理政》第三卷座谈会，落实征订《党的十九届五中全会〈建议〉学习辅导百问》《习近平谈治国理政》第三卷，开展2期市直机关党组织书记培训，专题学习党的十九届五中全会精神、《习近平谈治国理政》第三卷和习近平总书记出席特区建立40周年庆祝大会的讲话精神和视察广东重要指示精神，确保学深悟透、入脑入心。

【组织建设】　2020年，揭阳市直工委坚持固本强基，持续筑牢基层党组织战斗堡垒。制定《市直机关实施〈中国共产党党和国家机关基层组织工作条例〉重点任务清单》，组织开展基层党组织书记专题培训，示范带动学懂做实《条例》。制定《关于组织开展市直机关企事业单位党组织、在职党员到社区报到活动的工作方案》，组织市直83个单位党组织12000多名党员按要求到社区报到，“双报到”工作实现全覆盖。抓“灯下黑”“两张皮”问题专项治理，指导督促市直各单位全面建立《问题清单》《治理台账》，推动党建与业务相融合、共促进。抓好基层组织体系建设。

全年，新成立党委5个，其中机关党委4个，非公企业党委1个；配备机关党委专职副书记16名，组织开展2期市直机关党组织书记专题培训，培训近1800人次，全面提升基层党组织书记的政治责任和履职能力。指导做好发展党员工作，发展党员282名。指导中央、省驻揭国有企业稳妥有序推进退休党员社会化管理工作，完成1008名退休党员组织关系的接转工作。全年收缴党费700多万元。抓好10个基层党组织书记现场述职评议和其他基层党组织书记书面述职工作，促进机关党建工作责任制的落实。组织揭阳电信等7个单位开展行风热线上线，树立机关良好形象，推进市直党风廉政建设深入开展。

【开展“党建+”系列活动】　2020年，揭阳市直工委坚持双融双促，推动中心工作提质增效。开展“党建＋宣传”。制定《关于进一步做好市直机关党建信息报送工作的通知》《关于进一步做好市直机关党建宣传工作的方案》，及时掌握、反映、交流市直机关党建工作的动态和成果。至2020年底，市直各单位共报送信息684篇，在市直工委网站等刊登65篇。开展“党建＋疫控”。下拨留存党费100万元，发动市直党员自愿捐款140多万元，支持防疫工作；组建党员志愿服务队130支、志愿者2889名；推选一批新冠肺炎疫情防控工作先进集体、先进基层党组织和先进个人、优秀共产党员；抗疫“一线”发展党员3名；开展“抗疫一线 党旗飘扬”主题征文比赛，展现抗疫一线的战斗故事和感人事迹。开展“党建＋服务”。组织发动市直党员近1万人次参与志愿服务进社区（村）活动，助力全国文明城市创建；联合市文明办、团市委举行“制止餐饮浪费、培养节约习惯”主题活动，向市直党员干部发放“反对浪费、崇尚节约”倡议书。开展“党建＋关怀”。组织慰问57名在疫情防控、复工复产中表现突出的党员；走访慰问市直49个单位410名困难党员和老党员，慰问金额45.08万元。

（市直工委）

巡察工作

【巡察工作概况】　2020年，揭阳市

2020年5月27日，揭阳市召开全市巡察工作会议暨六届市委第七轮巡察动员部署会　　（市委巡察办　供稿）

坚决落实政治巡察要求，扎实推进巡察监督，推动新时代巡察工作高质量发展。组织开展3轮常规巡察，对45个单位党组织开展“政治体检”。开展扶贫领域巡察整改“回头看”专项督导，助推脱贫攻坚决战决胜。对涉及扫黑除恶十大重点行业领域的14个市直单位开展巡察“回头看”，助力打赢扫黑除恶攻坚战。上下联动开展村（社区）“两委”换届机动式巡察，助推全市村（社区）换届工作平稳顺利完成。

【市直单位巡察】　2020年，揭阳市委巡察机构组织开展六届市委第六轮至第八轮共3轮常规巡察，对40个市直单位和5个基层法院党组织开展巡察监督，发现并推动解决管党治党宽松软等方面问题2240个，移交问题线索117条，向市委提交专题报告50份。

【县（市、区）巡察】　榕城区　2020年，榕城区组织开展2轮常规巡察，对15个区直单位党组织开展巡察监督，发现问题537个，移交问题线索3条。

揭东区　组织开展2轮常规巡察，对30个区直单位党组织和镇（街）党（工）委开展巡察监督，发现问题524个，移交问题线索32条。

普宁市　组织开展2轮常规巡察，对39个市直单位党组织和镇（街）党（工）委开展巡察监督，发现问题1987个，移交问题线索357条。开展“村账镇管”“校服管理”“村（社区）换届”3次机动式巡察，发现问题660个，移交问题线索80条。开展练江流域综合整治专项巡察和2轮巡察整改“回头看”，发现问题942个，移交问题线索81条。

揭西县　组织开展3轮常规巡察，对25个县直单位党组织和镇（街）党（工）委开展巡察监督，发现问题514个，移交问题线索143条。

惠来县　统筹使用常规、专项和“回头看”等方式，组织开展3轮巡察监督，对35个县直单位党组织和镇党委开展巡察，发现问题680个，移交问题线索73条。

揭阳空港经济区　组织开展3轮常规巡察，对17个区直单位党组织开展巡察监督，发现问题530个，移交问题线索33条。

【镇、村级巡察】　2020年，揭阳市委组织开展扶贫领域巡察整改“回头看”专项督导，走访贫困村163个、贫困户1310户，发现问题495个，形成问题线索10条，推动落实立行立改问题296个。市县上下联动对36个村（社区）“两委”换届工作开展巡察监督，发现问题317个，推动落实立行立改问题42个。县级巡察机构共巡察镇级党组织27个，村级党组织94个（其中，村66个、社区28个），发现问题2061个，移交问题线索195条。

（市委巡察办）

政策研究

【政策研究概况】　2020年，揭阳市委政研室（改革办）紧扣“建设宜居宜业宜游的活力古城、滨海新城，打造沿海经济带上的产业强市”发展定位，聚焦参谋辅政、改革创新，起草政策文件、工作方案、调研报告、情况汇报、理论文章、信息简报等重要文稿40多篇，编印《情况与建议》13期，为市委重大决策部署提供参考。

【重要政策文件】　2020年，揭阳市委政研室（改革办）起草《中共揭阳市委关于完善治理体系 提升治理能力若干意见》，提出坚持和完善党的领导制度体系、构建推动经济高质量发展体制机制、坚持和完善繁荣发展社会主义先进文化的制度等5方面20条意见。起草《中共揭阳市委关于建设宜居宜业宜游活力古城滨海新城打造沿海经济带上产业强市的决定》，提出坚持以习近平新时代中国特色社会主义思想统揽揭阳工作全局，建设宜居宜业宜游的活力古城、滨海新城、打造沿海经济带上的产业强市等6方面28条举措。起草《中共揭阳市委关于制定揭阳市国民经济和社会发展第十四个五年规划和二〇三五年远景目标的建议》《关于〈中共揭阳市委关于制定揭阳市国民经济和社会发展第十四个五年规划和二〇三五年远景目标的建议〉的说明》，重点从创新驱动和改革开放、营商环境、基础设施、区域发展、产业发展、乡村振兴、文化建设、绿色发展、民生发展、平安法治和党的全面领导等方面共提出49条意见，并对“十四五”时期和2035年远景目标、“打基础”、营商环境、人才工作、产业建设和促进全体人民共同富裕等方面问题作说明。

【专题调查研究】 2020年，揭阳市委政研室（改革办）聚焦重点行业领域，对“一城两园”开发建设、全市网格化社会治理、功能区（开发区）营商环境建设情况、城市垃圾分类试点地区等进行调研，形成《加快揭阳滨海新区“一城两园”开发建设 打造广东沿海经济带新增长极重要支撑》《关于强化基层网格化社会治理的实践与思考》等调查报告。开展市“十四五”规划调研，推动区域协作创新、联动发展，形成《揭阳市“十四五”发展规划初步研究报告》《关于与广州市“十四五”规划对接合作的意见建议》《关于与汕尾市“十四五”规划对接合作的意见建议》。围绕“一核一带一区”区域发展格局建设、“粤菜师傅”“广东技工”“南粤家政”三项工程进展情况开展调研，形成《揭阳市县域经济发展情况报告》《关于“粤菜师傅”“广东技工”“南粤家政”三项工程进展的情况报告》。

【改革调研】 2020年，揭阳市委政研室（改革办）组织市委深改委会议2次，起草市委主要领导在市委深改委会议上的讲话等，制定实施《市委全面深化改革委员会2020年重点改革工作安排》《2020年揭阳市全面深化改革重点任务责任清单》《市委全面深化改革委员会关于促进市级功能区改革发展的意见》。牵头市直机关部门专题集中交流研讨，形成《关于学习借鉴深圳改革试点方案 进一步推动揭阳深化改革创新的报告》，提出揭阳市深化改革创新6方面30条建议。对改革任务开展全面督察，对“促进市级功能区改革发展”“全面优化营商环境三年行动计划”等4项重点改革事项进行专项督察，形成情况综述4份，推动各领域各项改革落地落实。

（王佳锋）

党校工作

【党校工作概况】 2020年，揭阳市委党校坚持党校姓党，突出主业主课，提升办学治校水平，打造具有揭阳特色的红色学府。全年，市委党校举办各类培训班次49期，培训党员领导干部5241人次。党校教师发表论文51篇，申报学术课题14项，结项12项，撰写咨政文章22篇。6所县（市、区）委党校办班110期，培训学员12360人次。94所镇街党校办班合计1190期，培训基层党员152760人次。

【干部教育培训】 2020年，揭阳市委党校筑牢“红色阵地”，强化“红色熔炉”，全面突出党的理论教育和党性教育的主课地位。确保党的理论教育和党性教育不低于总课时的70%，党性教育不低于总课时的20%。及时把党中央最新精神融入到干部教育培训中，第一时间把重要思想和重要精神进教材、进课堂、进学员头脑。举办学习《习近平谈治国理政》第三卷专题读书班4期；面向全市县处级主要领导干部、市管干部举办5期专题研讨班，专题学习贯彻习近平总书记出席深圳特区成立40周年庆祝大会和视察广东重要讲话重要指示精神以及党的十九届五中全会精神；面向全市1600多个村（社区）的基层党组织书记举办9期学习贯彻习近平总书记重要讲话、重要指示精神专题培训班。擦亮“潮汕七日红”党性教育品牌。以市委党校出版的《南昌起义后之潮汕七日红》为蓝本，挖掘潮汕大地尘封的红色历史和红色资源，开辟两条现场教学新线路，打造揭阳革命传统教育和爱国主义教育新亮点。

全年，市委党校举办主体班次37期，培训轮训干部4050人次，实现市管干部、乡镇（街道）党（工）委书记、村（社区）党组织书记培训全覆盖。服务市内外其他单位干部培训工作，全年承办对外培训班次12期，培训学员1191人次。组织教师深入到全市各地基层单位开展理论宣讲50场次，听讲人数5600多人。

【教学管理】 2020年，揭阳市委党校坚持严以治校、严以治教、严以治学。推动领导干部上讲台制度化、常态化。建立联络人制度，主

2020年6月15日，中共揭阳市委党校举行揭阳市2020年省定贫困村第一书记培训班开班仪式
（市委党校 供稿）

动征求授课领导的意见，制订年度授课计划，做好沟通协调、服务保障工作，确保领导干部上讲台“上得去、讲得好、受欢迎”。全年，7位市领导到党校作专题辅导报告，市委书记蔡朝林2次为党校主体班次作专题辅导报告，41位市直单位“一把手”或相关负责人到党校讲课。狠抓校园疫情防控工作，研究制定《主体班次教学疫情防控应急预案》，细化应急处置流程图，在综合楼入口安装红外体温检测点，把校园环境卫生整治工作常态化，对学员宿舍、教室、食堂等重点场所进行经常性消毒，向师生发放消毒和防护用品，确保疫情防控各项措施落实落细。严格考勤制度，安排专人负责课堂考勤工作，采用课前点名与课间抽查的方式，每周公示考勤情况，在一个月以上的主体班次中，把考勤情况记录在学员档案。完善教学评估，以学员座谈、问卷调查等方式，开展办学质量评估和课程质量评估，并做好评估结果的归档整理，作为优化师资队伍建设的重要依据。

【教学改革】 2020年，揭阳市委党校实施“用学术讲政治”教学改革，坚持推进教研咨一体化工作，实现课题项目成果进课堂，及时结合新冠肺炎疫情，开设提升应急处置能力相关课程。打造精品课，要求教师申报的新专题都要经过学科组集体备课，严把教学政治关，提高教师“用学术讲政治”的水平，在全省党校（行政学院）系统“用学术讲政治”精品课程评选中，李道模老师的《回望入党初心 坚定政治信念——从入党誓词中追问共产党人的初心》被评选为省级精品课，王俊骏副教授的《“潮汕七日红”的革命历史与现实启示》被评选为省级优秀课程。开设领导干部“直播带货”模拟教学活动。由老师为学员讲解相关知识，学员代表化身“网红”进行模拟直播带货，再由老师加以点评，实现从灌输式讲授转变为生动的多元化学习，加深学员们对新形势下直播带货的认识理解。将调研式教学融入课堂中，探索将知识更新、互动研讨、能力提升相融合的“多位一体”教学模式。中青一班五个小组分别承担五个课题，在跟组老师的指导和带领下，把研讨课题的思路和对策进行聚焦，出色完成实地调研、理论研究、论文撰写等课题任务。打造优秀宣讲作品，在市委宣传部主办“微宣讲”比赛中，肖心茹老师的宣讲作品《揭阳：走向我们的小康生活》获得二等奖，并发布在“学习强国”APP地方栏目，两名中青班学员作品获得三等奖。

【理论研究】 2020年，揭阳市委党校推动现实理论研究，打造优秀学术成果，科研成果的质量和档次上有较大进步。全年，全校教师在市级以上刊物发表论文51篇，参与课题研究任务63人次，申报课题14项（国家级1项，省级9项，市级4项），结项12项（国家级4项，省级5项，市级3项），参加学术交流活动24项（国家级1项、省级13项）。搭建好学术交流平台，出版《揭阳论丛》4期，出版《理论咨讯》6期（摘录文章43篇）。聚焦重大决策部署，发挥智库作用。全体教师利用抗疫期间在家办公的契机，迅速开展2020年度决策咨询课题研究工作，撰写咨政文章22篇，其中咨政建议文章《关于加快发展揭阳城市公交的意见建议》被市委办采用，发表在《揭办信息》；理论文章《学习贯彻党的十九大精神 构建良好政治生态》发表在中央党校出版的《全国党校系统师资培训文丛》；《推动领导干部上讲台制度落实落细》一文发表在中央党校出版的《学习时报》。

（市委党校）

党史工作

【党史工作概况】 2020年，揭阳市、县（市、区）两级党史部门6个。机构改革后，揭阳市、榕城区、揭西县在本级档案馆加挂地方史志办公室的牌子，揭东区党史办

2020年，揭阳地方史志办公室编纂《揭阳红色故事》和修订《揭阳英烈传》（1～3册）系列丛书
（林夏倩　摄）

公室为当地党政办内设机构，普宁市、惠来县党史研究室保持不变。是年，揭阳市党史部门加强党史研究，督促指导有关县（市）加快编写地方党史第二卷2部；完成全市革命遗址大普查，全市革命遗址590个，经省认定，揭阳市革命遗址216个；挖掘、收集整理红色资源及各个革命时期红色交通站的情况；开展党史宣讲活动12场次；做好党史资料征集，编纂《揭阳红色故事》，修订《揭阳英烈传》（1～3册）系列丛书；《中国共产党揭阳市历史大事记》第一卷（1991～2006年）初步形成编写框架。

【革命遗址普查】 2020年，揭阳市革命遗址普查工作进入全面核查、建档存照、资料审核汇总、提交成果阶段。4月22日、28日，市革命遗址普查工作办公室派出2名业务骨干分别到揭阳产业园、揭东区督查革命遗址普查工作进展情况。各县（市、区）编制革命遗址总目录，完成普查登记表的填写，撰写县级普查工作报告，并向市普查办公室提交普查成果，市普查办公室编撰全市革命遗址普查工作情况报告，并将普查成果报送省委党史研究室。8月，全面完成全市革命遗址普查工作。据统计全市革命旧址590个，其中榕城区16个、揭东区102个（含产业园27个）、普宁市108个、揭西县146个、惠来县203个、揭阳空港经济区15个。经省委党史研究室认定，揭阳市革命遗址216个，其中榕城区11个、揭东区27个（含产业园5个）、普宁市52个、揭西县61个、惠来县59个、揭阳空港经济区6个。其中重要历史事件和重要机构旧址96个，重要历史事件发生地和人物活动纪念地32个，革命领导人旧居、故居19个，烈士墓48个，纪念设施21个。

【地方党史编写】 2020年，揭阳市委党史部门做好《中国共产党揭阳市历史（1992—2016）》基本著作编纂的研究，抓紧编写揭阳市党的历史编写大纲。全市有编写任务的县（市）地方党史第二卷编纂工作进展基本顺利，《中国共产党广东省揭西历史（第二卷）》完成出版；《中共广东省普宁县历史（第二卷）》形成送审稿；《中共广东省惠来县历史（第二卷）》编写中。

【党史宣传教育】 2020年，揭阳市委党史部门重视党员干部思想教育，强化党员学党史意识，做好党史宣传宣讲。成立广东省党史宣讲团二团揭阳市分团，在全市范围内机关、企事业单位组织和开展党史宣讲活动12场次，听众4680人次；网络直播宣讲1次，听众约4000人。联合市老促会、揭阳日报社、揭阳电视台开展讲述老区发展故事活动，深入老区村采访编写新闻报道16篇。结合中心任务和党史党建教育，继续开放“不忘初心、牢记使命”专题展览。全年，接待参观展览单位（含县区）23个、党员600多人次，学习党史、新中国史，接受爱国主义教育和革命传统教育，重温入党誓词。办好《揭阳史志》《普宁党史资料》《惠来党史》等党史出版物，宣传党的路线方针政策，交流党史工作经验。

（洪家俊）

揭阳市人民代表大会

【人大机构概况】 2020年，揭阳市各级人民代表大会69个，其中市人民代表大会1个，县（市、区）人民代表大会5个，乡镇人民代表大会63个。各级人大代表7393人，其中全国人大代表6人，省人大代表37人，市人大代表404人，县级人大代表1598人，乡镇人大代表5348人。

市六届人大常委会组成人员37人，其中主任1人，副主任5人，秘书长1人，委员30人。市六届人大设有法制委员会、社会建设委员会。常委会下设1个综合办事机构：市人大常委会办公室；9个工作委员会：法制工作委员会、财政经济工作委员会、农村农业工作委员会、教育科学文化卫生工作委员会、选举人事任免工作委员会、城乡建设环境与资源保护工作委员会、代表联络工作委员会、华侨民族宗教工作委员会、监察和司法工作委员会。

【市六届人大六次会议】 2020年5月15日，揭阳市第六届人民代表大

2020年5月15日，揭阳市第六届人民代表大会第六次会议在市区召开

（郑楚藩　摄）

会第六次会议举行，会期1天半。应到代表413名，实到代表372名。

会议听取和审议市人民政府市长张科所作的政府工作报告，审查揭阳市2019年国民经济和社会发展计划执行情况与2020年计划草案的报告，揭阳市2019年预算执行情况和2020年预算草案的报告。听取和审议揭阳市人民代表大会常务委员会工作报告、揭阳市中级人民法院工作报告和揭阳市人民检察院工作报告。会议作出关于揭阳市人民政府工作报告的决议、关于揭阳市2019年国民经济和社会发展计划执行情况与2020年计划的决议、关于揭阳市2019年预算执行情况和2020年预算的决议、关于揭阳市人民代表大会常务委员会工作报告的决议、关于揭阳市中级人民法院工作报告的决议、关于揭阳市人民检察院工作报告的决议。决定批准上述报告及揭阳市2020年国民经济和社会发展计划、揭阳市2020年市级预算。

大会依法选举陈定雄、刘枝钿为揭阳市第六届人民代表大会常务委员会副主任，高翔为揭阳市第六届人民代表大会常务委员会秘书长，傅友好、黄光瑞、袁泽龙、郭林、吴伟东、江淑红、林华、王群青、郑名扬为揭阳市第六届人民代表大会常务委员会委员。

会议收到代表提出的建议49件。

表4

揭阳市第六届人民代表大会第六次会议会议期间代表建议一览表

序号	建议标题	领衔代表
1	关于加强揭西县市属水库水资源调度的建议	林少华
2	关于尽快上马建设市区至揭西快速干线的建议	杨政江
3	关于启动榕江南北河榕城段清淤疏浚工程建设的建议	陈浩平
4	关于加强市区二次供水安全管理的建议	林常春
5	关于另选址建设市传染病医院的建议	郑少骞
6	关于抓紧贯彻实施《揭阳古城保护条例》的建议	郑少骞
7	关于优化榕城区望江北路行人红绿灯的建议	王静卿
8	关于尽快规划建设紫峰山森林公园牌坊及文化广场的建议	张信光
9	关于将原市殡仪馆划转给榕城区建设市区殡仪服务中心（治丧场所）的建议	林幼芝
10	关于做好生活垃圾分类宣传，推进我市生活垃圾分类工作的建议	林杰坤
11	关于划转揭阳古城范围内市直管公房产权给榕城区的建议	谢德华
12	关于完善揭阳南站广场管理体制的建议	潘云海
13	关于加强揭阳名城历史文化街区保护利用的建议	郑少骞
14	关于撤除榕华大道仙桥河南端限高的规定	魏佳坤
15	关于规划建设立体智能停车库的建议	许杰华
16	关于加快对榕城区仙梅片区自来水供水管网进行扩容升级的建议	杨仕钦
17	关于加快建设科技大道南北延伸线的建议	王小辉
18	关于禁止在非寄宿制公办中小学校开设小卖部的建议	刘建芬
19	关于提升揭阳市揭东区第二人民医院等区域性重点医疗机构医疗卫生服务能力的建议	王永生
20	关于国道206新亨、玉湖段扩建的建议	李秀香
21	关于迫切要求改造云路镇永和、古湖村铁路涵洞的建议	蔡楚明
22	关于加强深化青少年思想道德教育的建议	刘金娜

续表4

序号	建议标题	领衔代表
23	关于进一步丰富我市留守儿童精神文化生活的建议	刘秀萍
24	关于大力实施乡村振兴战略的建议	吴爱彪
25	关于加强我市非物质文化遗产保护和推广的建议	陈蔓瑛
26	关于应对学生心理危机等问题的几点建议	李荣标
27	关于提高揭阳市农村综合产权交易平台交易资金上限的建议	陈拥辉
28	关于加快推进校园性教育的建议	张飞燕
29	关于医保按病种分值付费的建议	黄少彬
30	关于加快推进"医养结合"养老模式的建议	陈文俊
31	关于建设连通普宁市梅塘镇溪南村和揭西县金和镇金溪村的揭阳榕江南河大桥的建议	周漫娟
32	关于人民法院开庭时间合理安排的建议	林秀梅
33	关于要求支持建设普宁市北部中心水厂工程的建议	陈小锐
34	关于进一步加强对娱乐场所分级管理的建议	张飞燕
35	关于推广阅读力度的建议	林秀梅
36	关于加强对学校周边小餐饮、小卖部食品安全排查及整改的建议	林秀梅
37	关于加强我市传染病院建设，以有效应对突发性传染病公共卫生事件的建议	蔡幸生
38	关于加强对人才关怀，营造尊重人才氛围的建议	蔡幸生
39	关于疫情过后扶持中小企业的建议	陈小锐
40	关于严格依法执行，提高执行质量的建议	曾杨慧
41	关于要求帮助惠来县解决推进项目建设资金的建议	黄裕兴
42	关于要求帮助惠来县解决推进项目建设用地的建议	吴汉鹏
43	关于要求协调解决国电投90万千瓦海上风电项目军事问题的建议	蔡伟鑫
44	关于要求帮助协调解决惠来电厂及其专用煤码头有关问题的建议	廖远东
45	关于省道255线道路升级改造的建议	张伟亮
46	关于引韩工程自来水供应覆盖揭阳产业园区的建议	张伟亮
47	关于解决企业因用地性质产生的融资难等问题的建议	魏佳坤
48	关于推进我市生活垃圾无害化处理模式，保障城市健康可持续发展的建议	许杰华
49	关于加快中心城区人行天桥规划建设的建议	孙馥秋

【市人大常委会会议】 2020年，揭阳市六届人大常委会召开11次常委会会议。

市六届人大常委会第三十次会议 1月3日召开。会议接受李水华辞去广东省第十三届人民代表大会代表职务，补选张虎、张科为省十三届人大代表。

市六届人大常委会第三十一次会议 1月23日召开。会议审议《揭阳市市容管理条例（草案修改稿）》《市人大常委会工作报告（稿）》，审议通过市人大常委会代表资格审查委员会关于揭阳市第六届人民代表大会代表变动的代表资格审查报告、揭阳市第六届人民代表大会第六次会议主席团和秘书长建议名单、揭阳市第六届人民代表大会计划预算委员会组成人员调整建议名单、揭阳市第六届人民代表大会议案审查委员会组成人员调整建议名单，听取和审议市政府关于2019年计划执行情况和2020年计划草案、2019年预算执行情况和2020年预算草案的报告，并作出相应决定。会议接受陈定雄辞去揭阳市人民政府副市长职务，唐莉辞去揭阳市第六届人民代表大会常务委员会副主任职务，林吴利、姚小华、张玉兰、林农、邓荣贤辞去揭阳市第六届人民代表大会常务委员会委员职务，还通过其他人事任免事项。

市六届人大常委会第三十二次会议 1月27日召开。会议审议通过关于推迟召开揭阳市第六届人民代表大会第六次会议的决定。

市六届人大常委会第三十三次会议 3月26日召开。会议听取和审议市政府关于2018年度审计查出突出问题整改情况的报告。决定任命江少明为市人民政府秘书长，陈焕生为市交通运输局局长，陈家斌为市退役军人事务局局长，还通过其他人事任免事项。

市六届人大常委会第三十四次会议 5月8日召开。会议审议通过关于召开揭阳市第六届人民代表大会第六次会议的决定、市人大常委会代表资格审查委员会关于揭阳市第六届人民代表大会代表变动的代表资格审查报告。

市六届人大常委会第三十五次会议 6月11日召开。会议审议《揭阳市烟花爆竹燃放安全管理条例（草案修改稿）》；听取和审议市政府关于揭阳市促进就业工作情况、2019年揭阳市环境状况和环境保护目标完成情况的报告；听取市政府关于水污染防治和实施三年行动计划进展情况的报告。会议接受叶牛平辞去揭阳市第六届人民代表大会常务委员会主任职务，决定杜小洋为揭阳市人民代表大会常务委员会代理主任；任命吴少炎为市人大常委会财政经济工作委员会主任，蔡镇鹏为市人大常委会教育科学文化卫生工作委员会主任，郭林为市人大常委会选举人事任免工作委员会主任，吴伟东为市人大常委会代表联络工作委员会主任，林华为市人大常委会法制工作委员会副主任，江淑红为市人大常委会财政经济工作委员会副主任，黄光瑞为市人大常委会农村农业工作委员会副主任，傅友好为市人大常委会教育科学文化卫生工作委员会副主任，刘邦根、洪晓亮为市人大常委会副秘书长，郑相鹏为市人大常委会农村农业工作委员会副主任；决定任命梁瑞国为市人民政府副市长、市公安局局长，刘鹏为市人民政府副市长，周武城为市民政局局长，许茂伟为市水利局局长，林树宏为市人民政府国有资产监督管理委员会主任，还通过其他人事任免事项。

市六届人大常委会第三十六次会议 7月15日召开。会议决定许可对揭阳市第六届人民代表大会代表陈某武采取刑事拘留强制措施。

市六届人大常委会第三十七次会议 7月30日召开。会议审议通过《揭阳市市容管理条例（草案表决稿）》、市政府关于揭阳市水资源配置初步方案、工程布局方案、建议实施方案的议案，听取和审议市政府关于2020年上半年计划执行情况、2020年上半年预算执行情况、市区榕江水岸同治工作情况的报告，并作出相应决议。会议任命蔡庆春、林伟生为市监察委员会副主任，还通过其他人事任免事项。

市六届人大常委会第三十八次会议 9月29日召开。会议听取和审议市政府关于2019年市级决算草案的报告、2019年度市级预算执行和其他财政收支的审计工作报告、《中华人民共和国传染病防治法》贯彻实施情况报告；审议市政府关于调整2020年揭阳市地方政府新增债券资金、抗疫特别国债资金收支预算的议案、关于增加市城投集团注册资本的议案，并作出相应决定。审议通过《揭阳市人民代表大会常务委员会各工作委员会的职责及工作办法（修订草案）》《揭阳市人民代表大会常务委员会联系代表办法（修订草案）》、市人大常委会代表资格审查委员会部分组成人员调整名单。会议接受高宇飞辞去市六届人大常委会委员、市六届人大法制委员会主任委员职务，庄少琼辞去市六届人大常委会委员职务，还通过有关人事任免事项。

市六届人大常委会第三十九次会议 11月27日召开。会议听取和审议市政府、市中级人民法院关于市六届人大六次会议代表建议办理情况和市检察院关于全市检察机关公益诉讼工作情况，以及市政府关于2019年企业国有资产管理情况的报告、关于2019年国有资产管理情况综合报告、关于水污染防治和实施三年行动计划进展情况的报告；审议通过《揭阳市人民代表大会常务委员会议事规则（修订草案）》《揭阳市烟花爆竹燃放安全管理条例（草案表决稿）》和市人大常委会代表资格审查委员会关于揭阳市第六届人民代表大会个别代表变动的代表资格审查报告，并作出相应决定。会议接受方艾明、林国强辞去揭阳市第六届人民代表大会常务委员会委员职务，任命林华为市人大常委会法制工作委员会主任，韦子庆为揭阳市司法局局长，还通过其他人事任免事项。

市六届人大常委会第四十次会议 12月30日召开。会议审议《揭阳市住宅小区物业管理条例（草案）》；审议通过关于召开揭阳市第六届人民代表大会第七次会议的决定、关于列席和邀请列席揭阳市第六届人民代表大会第七次会议人员的决定；听取和审议市人大常委会法工委关于2020年度规范性文件备案审查工作报告、市政府关于增加市投资控股集团有限公司和市水务集团有限公司注册资金的议案、关于揭阳市2020年市级预算调整方案的议案，并作出相应决议决定。

【国家机关工作人员人事任免】 2020年，揭阳市人大常委会依法任免地方国家机关工作人员49人次。其中，市人大常委会任免21人次，市人民政府任免19人次，市监察委员会任免3人次，市中级人民法院任免3人次，市人民检察院任免3人次。接受市人大常委会主任辞职1名、副主任辞职1名、委员辞职9名，决定市人大常委会代理主任1名。接受市人民政府副市长辞职1名。全面落实宪法宣誓制度，组织宣誓仪式2场次14人次。

【立法工作】 《揭阳市市容管理条例》 该条例草案于2020年1月经市人大常委会第二次审议，7月进行第三次审议并表决通过，9月29日经省人大常委会审查批准，于2021年1月1日起施行。条例对建（构）筑物及设施、城市道路和公共场地、临街商铺和经营摊点等容貌管理以及市容管理责任区责任人制度作出具体规定，着力解决农贸市场周边乱摆卖、机动车路边违章停车、共享单车乱停放、户外广告和招牌设置不规范、车辆清洗维修占道经营等市容管理突出问题。

《揭阳市烟花爆竹燃放安全管理条例》 该条例草案于2020年6月经市人大常委会第二次审议，11月第三次审议并表决通过，并报送省人大常委会审查批准。条例具体规定禁止燃放烟花爆竹的场所时间、可燃放烟花爆竹的级别类别、安全燃放的要求、燃放后的检查清理、特殊服务主体的责任要求等，特别对禁止燃放烟花爆竹的区域，根据城市化程度的不同，对各县（市）城市区域分级管理，将其中的城市建成区纳入禁止燃放区域，践行精细化立法的要求。

《揭阳市住宅小区物业管理条例（草案）》 市人大提前介入《揭阳市住宅小区物业管理条例（草案）》起草工作，派员参与起草部门组织的立法座谈、调研活动，要求起草部门坚持问题导向，准确把握《中华人民共和国民法典》的立法精神，认真衔接其中"业主的建筑物区分所有权""物业服务合同"等章节相关规定；坚持特色立法，针对揭阳市物业管理中存在的突出问题，条文规范可操作可执行。条例草案于12月30日经市人大常委会初次审议。

【人大监督】 2020年，揭阳市人大常委会听取和审议计划预算执行情况报告和审计工作报告6项、专项工作报告9项，开展执法检查5项、专题调研6项、工作检查2项、视察督查5项。

表5

2020年揭阳市人大常委会监督工作表

类别	序号	项目名称	审议时间
计划和预决算监督	1	听取和审议市政府关于2019年计划执行情况和2020年计划草案的报告	1月
	2	听取和审议市政府关于2019年预算执行情况和2020年预算草案的报告	1月
	3	听取和审议市政府关于2020年上半年计划执行情况的报告	7月
	4	听取和审议市政府关于2020年上半年预算执行情况的报告	7月
	5	听取和审议市政府关于2019年市级决算草案的报告	9月
	6	听取和审议市政府关于2019年度市级预算执行和其他财政收支的审计工作报告	9月
听取和审议专项工作报告	1	听取和审议市政府关于2018年度审计查出突出问题整改情况的报告	3月
	2	听取和审议市政府关于我市促进就业工作情况的报告	6月
	3	听取和审议市政府关于2019年我市环境状况和环境保护目标完成情况报告	6月
	4	听取和审议市政府关于水污染防治和实施三年行动计划进展情况的报告	6月、11月
	5	听取和审议市政府关于市区榕江水岸同治工作情况的报告	7月
	6	听取和审议市政府关于《中华人民共和国传染病防治法》贯彻实施情况的报告	9月
	7	听取和审议"一府两院"关于市六届人大六次会议代表建议办理情况的报告	11月
	8	听取和审议市政府关于2019年国有资产管理情况综合报告、2019年企业国有资产管理情况报告	11月
	9	听取和审议市检察院关于全市检察机关公益诉讼工作情况的报告	11月

续表5

类别	序号	项目名称	审议时间
执法检查	1	检查《广东省农村集体资产管理条例》贯彻实施情况	6月
	2	检查《中华人民共和国土壤污染防治法》和《广东省实施〈中华人民共和国土壤污染防治法〉办法》贯彻实施情况	6月
	3	检查《广东省乡镇人民代表大会工作条例》贯彻实施情况	6月
	4	检查《揭阳市重点流域水环境保护条例》贯彻实施情况	9月
	5	检查《中华人民共和国道路交通安全法》和《广东省道路交通安全条例》贯彻实施情况	10月
专题调研	1	调研我市华侨农场改制后归侨侨眷权益保护工作情况	6月
	2	调研《中华人民共和国人民调解法》和《广东省实施〈中华人民共和国人民调解法〉办法》贯彻实施情况	7月
	3	调研我市推进乡村产业振兴和产业扶贫工作情况	10月
	4	调研我市安全生产综合监管工作情况	12月
	5	调研揭阳滨海新区“一城两园”气象灾害防御能力建设情况	12月
	6	调研揭阳滨海新区“一城两园”开发建设情况	12月
工作检查	1	检查我市住宅小区配套幼儿园建设管理情况	7月
	2	检查我市深化创建平安宗教活动场所工作情况	10月
视察督查	1	对《重点产业园区建设管理绩效目标评价办法》的落实情况进行视察督查	12月
	2	对《揭阳市政府投资市属非经营性项目实施代建制的工作方案》的落实情况进行视察督查	12月
	3	对《揭阳市建立非均衡科学技术创新发展体系三年行动计划（2018—2020年）》的落实情况进行视察督查	12月
	4	对《揭阳市创建区域医疗中心改革发展三年行动计划（2018—2020年）》的落实情况进行视察督查	12月
	5	对《揭阳市创建区域教育中心改革发展三年行动计划（2018—2020年）》的落实情况进行视察督查	12月

【揭阳市推进县乡人大工作和建设】 至2020年底，揭阳市5个县（市、区）人民代表大会均设7个以上专（工）委，常委会专职委员比例均达到60%以上，机关的行政编制均达到16人以上。空港经济区人大办于2020年6月18日正式挂牌成立，配备常务副主任1名和专职工作人员2名。63个乡镇全部配备专职主席、副主席，单独设立办公室；20个街道全部设立人大工委，配备专职工委主任。

【人大代表工作】 开展“更好发挥人大代表作用”主题活动 2020年7月，组织揭阳市各级人大代表围绕城乡人居环境整治开展“更好发挥人大代表作用”主题活动。活动期间，通过组织代表参加代表联络站活动、走访群众、学习研讨、履职交流、调研视察、执法检查、议案建议跟踪督办等活动。全市各级人大代表4161人参加主题活动。

全国、省、市人大代表集中视察 12月10日至11日，市人大常委会组织揭阳市的省人大代表和部分市人大代表，邀请揭阳市的全国人大代表，对宜居宜业宜游活力古城、揭阳滨海新区“一城两园”开发建设、环境污染整治、交通基础设施建设、民生实事项目等情况进行集中视察。代表们实地察看中石油广东石化炼化一体化项目、广工揭阳理工学院项目、练江污染整治工作、活力揭阳古城规划、揭阳大桥工程、校园食堂互联网+“明厨亮灶”等建设情况。

市人大代表集中视察 11月至12月，市人大常委会委托各县（市、区）人大常委会组织本选举单位的市六届人大代表进行集中视察。榕城区人大常委会围绕产业强区和活力古城建设、市场升级改造、污染防治等情况，揭东区人大常委会围绕全区“四好农村路”建设情况，实地察看埔田镇马硕村村道、锡场镇华清村环山路和崎岭村道、月城镇玉步头村北河堤围等线路，普宁市人大常委会围绕石桥头（南切流）污水处理设施、市疾病预防控制中心疫苗冷库、流沙东街道新美路、华南师范大学附属普宁学校一期工程建设、市北部中心水厂建设、英歌山（大坝）生活垃圾转运站、深化“厕所革命”工作情况及提高低保、特困人员、孤儿基本生活及困难残疾人两项补贴保障标准等情况，揭西县人大常委会围绕全县公共卫生应急管理体系建设情况，集中到揭西县南山卫生院、县疾控中心、揭西县人民医院等地实地察看，惠来县人大常委会围绕惠来县旅游行业发展情况、“稳就业”工作和县城区环境卫生实施市场化管理情况，组织市人大代表开展集中视察活动，助推揭阳市经济社会持续健康发展。

督办代表议案和建议 市六届人大六次会议期间，代表们向大会提交49件建议，其中交由市政府办理的47件、交由市中级人民法院办理的2件。49件建议办理完毕并答复代表。引导揭阳市的省人大代表建言献策，省人代会期间向大会提交24件建议，其中疏港铁路、大南海东岸公共码头、揭阳理工学院首期工程项目等被列入2020年省重点建设项目。

代表联络站建设 至2020年，揭阳市建成83个乡镇（街道）代表中心联络站和410个村级代表联络站，初步形成以乡镇（街道）人大代表中心联络站为主、村（居）人大代表联络站为辅的代表联系群众阵地建设网格化体系。

（市人大办）

揭阳市人民政府

【市政府机构概况】 2020年，揭阳市人民政府设置工作部门31个，分别为：办公室、发展和改革局、教育局、科学技术局、工业和信息化局、公安局、民政局、司法局、财政局、人力资源和社会保障局、自然资源局、生态环境局、住房和城乡建设局、交通运输局、水利局、农业农村局、商务局、文化广电旅游体育局、卫生健康局、退役军人事务局、应急管理局、审计局、国有资产监督管理委员会、市场监督管理局、统计局、医疗保障局、金融工作局、城市管理和综合执法局、信访局、政务服务数据管理局、林业局。其中，发展和改革局加挂粮食和物资储备局牌子；农业农村局加挂扶贫开发办公室牌子；商务局加挂口岸局牌子；市场监督管理局加挂知识产权局牌子。外事局与市委外事工作委员会办公室合署办公，不计入机构限额；民族宗教事务局列入政府工作部门序列，不计入机构限额。

【市政府全体会议】 2020年，市政府召开1次全体（扩大）会议。1月18日，市委副书记、市长张科主持召开市政府全体（扩大）会议，审议《政府工作报告（稿）》等3份文件，部署岁末年初重点工作，强调新的一年，要全力抓好安全生产工作，组织开展生产安全、工程安全、景区安全、消防安全、交通安全、食品安全、森林防火等领域隐患的排查整治，确保平安过年。特别是要持续深入彻底整治货运乱象，加强货运、客运市场管理，确保春运安全。要做好关心困难群众工作，结合脱贫攻坚，深入开展走访慰问、帮扶救助和送温暖活动。要提前做好节前市场供应和监管工作，确保节日市场平稳运行。要全力维护社会和谐稳定，排查各领域矛盾风险，特别是要坚决打击恶意拖欠农民工工资行为，确保不发生重大群体性事件和重大治安案件。要开展创文创卫工作，抓好城乡环境综合整治和亮化美化工程，营造整洁美丽的人居环境。要组织丰富多彩、喜闻乐见的群众性文体活动，活跃节日气氛。要做好新型冠状病毒感染肺炎、禽流感等疫情防控工作，确保人民群众生命健康。要按规定做好节假日应急值守，确保节日期间领导指挥体系畅通和工作正常运转。要狠抓项目落地和任务落实，努力把各项工作做好，确保实现一季度“开门红”。

【市政府常务会议】 2020年，揭阳市政府先后召开33次市政府常务会议，专题学习《中华人民共和国民法典》《中华人民共和国突发事件应对法》等法律法规，传达学习贯彻习近平总书记在全国“两会”、浦东开发开放30周年庆祝大会、全面推动长江经济带发展座谈会、江苏考察时的重要讲话和重要会议精神以及总书记对依法治国、乡村振兴、安全生产等工作的相关论述，听取统筹疫情防控和经济社会发展、三大攻坚战、审计、安全生产等工作汇报，审议通过《揭阳市水土保持规划（2017—2030年）》《揭阳大南海石化工业区园区规划和土地管理实施办法》《揭阳市申报省“十四五”规划纲要重大项目》《关于建设活力古城的行动方案（2020—2022年）》《关于建设滨海新城行动方案（2020—2022年）》《揭阳市打造产业强市行动方案（2020—2022年）》等重要事项。

【市政府工作会议】 2020年，揭阳市政府先后召开74次工作会议，主要研究疫情防控、染防治攻坚战、货运乱象问题整改、汕汕铁路、疏港铁路、国有企业改革、大南海石化园区建设、道路绿化、扶贫领域巡察“回头看”问题整改、生活垃圾分类、中石油炼化一体化项目建设、国土空间规划编制、问题楼盘处置、万里碧道规划建设、榕城工业园规划建设、教育、医疗、卫生等工作。

【重要政事和决策】 2020年1月3日，揭阳市政府召开学习贯彻市委审计委员会第一次会议精神暨2018年度审计查出问题整改工作会议，会议强调按照市委审计委员会第一次会议的部署要求，加强和改进新时代审计工作，扎实推进审计整改落地落实。

1月8日，市委副书记、市长张科带队到普宁市检查督导治超工作，强调要提高政治站位，坚决贯彻党中央、国务院有关决策部署，举一反三，追根溯源，精准整治整改，持续深入做好揭阳市货运乱象问题整改工作，努力营造公平竞争市场和良好营商环境。

1月11日，市委六届八次全会举行分组会议，强调要以工业化和城市化为内生动力，双轮驱动，以治理体系和治理能力现代化为保障，加快把揭阳打造成为广东沿海经济带新增长极和先进制造业高地。

1月18日，市政府六届55次常务会议暨市政府全体（扩大）会议召开，会议审议《政府工作报告》（稿）等有关事项，部署近期重点工作，强调要不忘初心、牢记使命，狠抓项目落地和任务落实，努力把各项工作做好。

2月2日，市政府召开专题会议，研究物资保障、企业复工复产、春运和疫情防控工作，强调要深入学习贯彻习近平总书记关于疫情防控工作的重要指示精神，认真落实省防控新型冠状病毒感染的肺炎疫情工作领导小组（指挥部）会议精神，扎实做好疫情防控各项工作，坚决打赢疫情防控阻击战。

2月4日，市政府党组会议召开，强调要深入学习贯彻习近平总书记重要讲话和重要指示精神，认真落实中央和省有关会议要求，毫不懈怠抓好疫情防控工作，坚决打赢疫情防控阻击战。

2月6日，市委副书记、市长、市防控指挥部常务副总指挥张科带队检查疫情防控期间市区垃圾处理工作，实地检查环卫设施规划建设，强调要科学优化布局，推进生活垃圾收集处理等基础设施建设合理化、标准化、示范化，要大力开展爱国卫生运动，做好城乡保洁工作，为全市疫情防控创造良好环境。

2月12日下午，市委副书记、市长张科带队到市生态环境局调研并召开全市水污染防治工作约谈会，强调要在做好疫情防控工作的同时，坚持问题导向，用结果说话，聚焦重点，把问题整改抓实抓细抓具体，确保如期实现水污染防治攻坚战目标。

2月18日，市委副书记、市长、市防控指挥部常务副总指挥张科带队到空港经济区检查疫情防控期间快递物流业复工复产工作和重点项目建设情况，强调要深入贯彻中央和省的决策部署，在抓好疫情防控工作的前提下，积极稳妥抓好企业复工复产，加快推进重点项目规划建设，确保防疫和发展两手抓两促进，推动经济社会平稳健康发展。

2月19日，市委副书记、市长、市防控指挥部常务副总指挥张科带队到揭西县检查疫情防控期间农业企业稳产保供和农业农村工作，强调要深入学习习近平总书记的重要讲话和重要指示精神，在抓好疫情防控的同时，不误农时，全力抓好春耕备耕和农业企业复工复产，保障农产品稳产保供，确保实现脱贫攻坚、乡村振兴等年度目标任务。

2月20日，市政府党组2020年第4次会议暨市政府六届58次常务会议召开，传达学习贯彻习近平总书记重要讲话精神及省有关文件和会议精神，研究部署新冠肺炎疫情防控和企业复工复产等工作，强调要科学研判，明确目标，系统精准，点面结合，有力有效推进复工复产，努力完成本年度经济社会发展目标任务。

2月26日，市委副书记、市长、市防控指挥部常务副总指挥张科带队调研医疗卫生补短板工作，强调要以人民健康需要为导向，以新冠肺炎疫情防控为契机，按照中心城区一体化建设要求，结合“十四五”规划，系统谋划，统筹推进，有力有序推进医疗卫生补短板，切实提升医疗服务和公共卫生保障能力。

3月3日，市委副书记、市长张科带队到揭东经济开发区和中德金属生态城调研园区发展、申报国家级经济开发区有关工作，强调要明确产业定位，完善基础设施建设，加大龙头企业引进培育力度，促进园区发展提质增效，全力以赴推进创建国家级经济开发区。

3月5日，市委副书记、市长张科组织召开专题会议，听取市国资委2019年国有企业改革情况汇报，研究部署国有“僵尸企业”出清工作，要求市国有僵尸企业处置工作联席会议各成员单位要强化统筹协调，建立工作机制，围绕2020年9月底基本出清、12月底全面出清国有“僵尸企业”的目标，分类指导、重点突破、多措并举推进全市43家国有“僵尸企业”的出清，确保按时完成国有“僵尸企业”出清工作。

3月17日，市政府党组2020年第6次会议暨市政府六届60次常务会议召开，传达学习贯彻习近平总书记重要讲话精神及中央有关文件会议精神，研究部署市政府2020年主要工作任务，审议并原则通过有关事项。

3月21日，市政府六届61次常务会议暨全市2月份经济指标分析及相关重点工作推进会召开，审议重点经济工作台账，深入分析2月份经济指标，研究推进相关重点工作，强调要认真贯彻落实习近平总书记重要讲话精神，坚持目标导向、问题导向、结果导向，科学研判，精准施策，统筹做好疫情防控和经济社会发展各项工作，凝心聚力，攻坚克难，努力完成一季度经济社会发展目标任务，为全年工作打下良好基础。

3月22日，揭阳市召开2020年全市森林防灭火工作电视电话会议，强调要统筹抓好疫情防控和经济社会发展，严格落实清明期间暂停祭扫活动相关要求，全力抓好森林防灭火工作，确保认识和宣传工作到位、责任落实和管控措施到位、应急处置措施准备到位。

3月24日，市委副书记、市长张科带队调研督导全市固定资产投资工作，强调要坚持目标导向、问题导向、结果导向，全力以赴加快重点项目建设，正确处理好“账、库、统”关系，按期保质保量完成投资目标任务，发挥固定资产投资拉动作用，为经济社会发展提供强有力支撑。

3月26日，市委副书记、市长张科带队调研督导工业企业生产情况，强调要正确处理好“账、库、统”关系，全面推进企业复工复产，进一步统筹整合涉企资金，以“小升规”和现有规上企业为重点，更精准更高效服务扶持企业，促进企业稳产达产，为全市稳增长奠定坚实的基础。

3月27日，市政府党组2020年第7次会议暨市政府六届62次常务会议召开，传达贯彻习近平总书记重要讲话精神及中央、省有关会议精神，研究部署政府投资项目管理、依法行政等工作。

3月31日，市委副书记、市长张科带队到惠来县检查清明节前防疫、森林防火及入汛防汛工作，强调要认真贯彻全省清明期间疫情防控和安全防护工作视频会议精神，严格落实疫情防控期间禁止上山现场祭扫要求，加大宣传力度，加强管理，扎实做好森林防火和入汛防汛工作，确保不出安全事故。

4月1日，市委副书记、市长张科带队走访汕头海关和汕头大学，就深化关地合作、校地合作，统筹推进疫情防控和经济社会发展，达成广泛共识。

4月3日，市政府党组2020年第8次会议暨市政府六届63次常务会议召开，传达学习贯彻习近平总书记重要讲话精神及中央、省有关文件会议精神，研究部署安全生产等有关工作。

4月8日，市委副书记、市长张科带队督导水污染防治攻坚工作，强调要聚焦目标，坚持问题导向，落实落细“一河一策一专班”治污举措，坚决打赢劣V类河涌歼灭战，确保榕江干流水质如期达标。

4月14日，市委副书记、市长张科带队到揭阳产业园督导“一河一策一专班”“一厂一网一专班”工作，强调要深入践行习近平生态文明思想，认真贯彻省污染防治1号令，坚持目标导向、问题导向和结果导向，以“一河一策一专班”“一厂一网一专班”为抓手，精准落实各项水污染防治措施，打赢水污染防治攻坚战。

4月14日，市委副书记、市长张科带队调研医疗保障工作及民营医院运营情况，并召开工作座谈会，要求医保部门要当好连接器，充分发挥基本医疗保障作用，积极推进医疗、医保、医药“三医联动”，紧紧抓住当前有利契机，深化改革，补足短板，促进医疗卫生事业发展，更好地满足人民群众健康服务需要。

4月16日，市政府党组2020年第9次会议暨市政府六届64次常务会议召开，传达学习贯彻习近平总书记重要讲话精神及中央、省有关文件会议精神，审议通过有关事项。

4月16日，全市森林防灭火工作视频会议召开，强调要深入贯彻落实习近平总书记关于森林防灭火工作重要指示批示精神，分析研判当前森林防灭火工作形势，进一步提高站位，压实责任，严防死守，坚决遏制重特大森林火灾发生。

4月24日，市政府党组2020年第10次会议暨市政府六届65次常务会议召开，传达学习贯彻习近平总书记重要讲话精神及中央、省有关文件会议精神，研究统筹推进疫情防控和经济社会发展工作，审议通过有关事项。

4月27日，市委副书记、市长张科带队到惠来县和大南海石化工业区检查督导重点项目建设和安全生产工作，强调要坚持目标导向、问题导向和结果导向，做到保安全、保质量、保进度，确保二季度在建项目和新开工项目按计划顺利推进。

4月28日，市委副书记、市长张科带队到空港经济区调研督导二季度重点项目建设及节前安全防范工作，强调要强化“节点意识”，以重点项目建设为抓手，安全有序加快工程建设进度，推动“两统筹”，确保“双胜利”。

4月28日，扶贫领域巡察整改“回头看”专项督导发现问题整改工作约谈会议召开，围绕市委巡察整改“回头看”专项督导发现问题，对各县（市、区）政府（管委会）主要负责同志进行集体约谈，督促深化整改，狠抓落实，确保脱贫攻坚取得实效。

4月30日，市委副书记、市长张科带队调研市区集贸市场升级改造工作，强调要结合创文创卫要求，按照“标准建设，规范管理”的要求，统筹用好奖补资金，整并小微集贸市场，做大做强大中型集贸市场，确保如期完成集贸市场升级改造任务。

4月30日，市委副书记、市长张科带队检查督导2020年春季学期学生返校后疫情防控工作，强调要压实主体、属事、属地责任，联防联控，毫不松懈抓好常态化防控工作，筑牢校园疫情安全防线，保障师生身心健康安全，扎实有序推进学校复学复课工作。

5月8日，市政府党组会议暨市政府六届67次常务会议召开，学习贯彻落实中央和省有关文件、会议精神，通过提交市六届人大六次会议审议的有关文件，强调要毫不懈怠做好常态化疫情防控工作，围绕全年经济社会发展预期目标，扎实推进“六稳”工作，落实“六保”任务，确保“双统筹”“双胜利”。

5月9日，市政府召开会议，会议听取大南海石化工业区管委会、市生态环境局、中石油广东分公司和相关企业关于大南海石油焦制氢气化灰渣处理项目的工作情况汇报，研究大南海石油焦制氢装置气化灰渣处理项目建设工作。

5月19日，市委副书记、市长张科带队到普宁市调研督导练江流域污染防治攻坚及治污重点项目建设工作，强调要坚持目标导向、问题导向、结果导向，摸清弄透问题，精准发力，集中力量打赢劣V类河涌歼灭战。

5月21日，市政府党组2020年第13次会议暨市政府六届68次常务会议召开，传达学习贯彻习近平总书记重要讲话精神及中央、省有关会议精神，强调要坚决打好打赢防范化解重大风险攻坚战，加快推动经济发展，谋划好“十四五”规划重点项目，确保“双统筹”“双胜利”。

5月23日，市委副书记、市长张科带队到惠来县调研督导脱贫攻坚和防御“龙舟水”工作，强调要精准施策、持续发力，全力巩固提升脱贫成果，打好打赢脱贫攻坚战；同时要落实落细防御“龙舟水”各项措施，切实保障人民群众生命财产安全。

5月26日，市委副书记、市长张科到普宁市调研督导练江流域污染防治攻坚工作，强调要坚持问题导向，持续发力，久久为功，以钉钉子精神推进治污项目建设，坚决打好打赢劣V类支流（河涌）歼灭战，确保练江水质逐步向好、如期达标。

5月27日，全市道路绿化专题工作会议召开，听取市林业局关于2018至2019年道路绿化工作情况的汇报，并研究部署下一步工作。

5月27日，市委副书记、市长张科带队调研城市生活垃圾分类及垃圾收运处理设施规划工作，强调要贯彻落实习近平总书记系列重要指示批示精神，倡导垃圾分类新时尚，加快建立生活垃圾分类收集、转运、处理体系，确保到2025年基本实现生活垃圾分类处理全链条全覆盖。

5月28日，市委副书记、市长张科带队到揭西县调研省级现代农业产业园建设工作，强调要科学做好园区规划、做大特色优势产业、做强农产品品牌，推动现代农业产业园提质增效。

6月2日，推进中石油广东石化炼化一体化项目加快建设地企协调会召开，听取中石油广东石化公司关于中石油广东石化炼化一体化项目建设进展情况的汇报和惠来县政府、大南海石化工业区管委会关于服务保障项目建设情况的汇报，协调解决项目推进过程中遇到的困难和问题，讨论决定有关事项。

6月5日，市政府党组2020年第15次会议暨市政府六届69次常务会议召开，传达学习贯彻习近平总书记重要讲话精神及中央、省有关会议精神，专题学习《中华人民共和国突发事件应对法》，讨论并原则通过有关事项。

6月6日上午，市委副书记、市长张科带队调研中心城区交通一体化工作情况，研究解决市区“纵、横、环、桥、隧”骨架路网结构的重点、难点、堵点等问题，强调要按照加快推进中心城区一体化发展的要求，加快在建交通项目工程进度，着力打通一批断头路、梗阻路，加快构建“纵、横、环、桥、隧”一体化城市交通路网体系，方便人民群众出行，推动城市高质量发展。

6月8日，市政府召开专题会议，听取市国土空间规划编制、土地征收出让管理台账进展情况汇报。

6月13日，市委副书记、市长张科带队到揭阳产业园、揭东区检查“三防”工作，强调要深入学习贯彻落实习近平总书记关于防灾减灾工作的重要批示指示精神，按照省、市“三防”工作视频会议的部署要求，全面动员起来，排查灾害隐患，做足备好应急措施，严阵以待，抗灾抢险，千方百计确保人民群众生命财产安全。

6月16日，市政府召开专题会议，听取揭阳市碧道总体规划报告成果汇报，研究碧道总体规划、实施方案及碧道建设等工作。

6月20日，市委副书记、市长张科带队调研水资源配置工作，强调要抓紧建设引韩工程，加快水资源调配利用，着力破解市区结构性、资源性缺水问题，造福广大人民群众。

6月23日，市政府党组2020年第16次会议暨市政府六届70次常务会议召开，传达学习贯彻习近平总书记重要讲话精神和省有关文件精神，审议通过相关事项。

6月29日，揭阳市“十四五”规划编制工作领导小组召开第一次会议，传达学习贯彻国务院、省政府关于“十四五”规划编制工作的会议和文件精神，研究部署揭阳市“十四五”规划编制工作。

6月30日，市委副书记、市长张科带队到榕城区调研督导榕江流域污染防治攻坚及治污重点项目建设工作，强调要深入践行习近平生态文明思想，按照省委、省政府工作部署，解放思想，全面行动，全力治污，超常工作，坚决打赢榕江流域污染防治攻坚战，确保榕江水质稳定向好、持续改善。

7月1日，市委副书记、市长张科带队到普宁市调研督导练江流域污染防治攻坚工作，强调要深入践行习近平生态文明思想，综合施策，巩固练江流域污染防治攻坚工作成效，加温鼓劲，再接再厉，在现有治污路径上持续加大力度，分类分区域分阶段精准发力，全力落实各项治污措施，确保练江水质如期达标，为打赢污染防治攻坚战、决胜全面建成小康社会做出贡献。

7月5日，市委副书记、市长张科带队检查防汛及调研市龙颈水库应急备用水源引水工程规划建设工作，强调要认真学习贯彻习近平总书记关于防汛救灾的重要指示精神，严格落实防汛措施，像爱护脖子一样保护龙颈水库，管好用好龙颈水，确保水库安全度汛，永续发挥作用。

7月8日，市政府党组2020年第17次会议暨市政府六届71次常务会议召开，传达学习贯彻习近平总书记重要指示精神及中央、省有关会议精神，研究部署相关工作。

7月20日，市政府召开专题会议，听取市财政局、国资委、自然资源局、城投集团等单位有关情况汇报，研究“14揭城投债”和广州越秀融资还款问题、揭惠高速市区连接线项目融资本息问题、城投债2019年还本付息占用揭惠高速市区连接线项目资金问题、收回原划拨土地后市城投集团净资产减少问题，讨论决定有关事项。

7月20日，市政府党组2020年第18次会议暨市政府六届72次常务会议召开，传达学习贯彻习近平总书记重要讲话精神，研究部署相关工作。

7月23日，市政府召开专题会议，听取市自然资源局及相关单位关于“泰和家园”和“榕东新城”问题楼盘处置情况汇报，研究市区问题楼盘处置有关工作。

7月26日上午，市委副书记、市长张科带队到揭西县调研脱贫攻坚、规模化生猪养殖项目建设等工作，强调要以习近平总书记关于扶贫工作的重要论述为根本遵循和行动指南，认真落实中央、省的决策部署，严格查漏补缺，切实抓好整改，确保如期保质圆满完成脱贫攻坚各项目标任务。

7月27日，市政府召开专题会议，研究拟出让用地规划策划方案。会议指出，规划是生产力，通过规划单元策划，引领土地精准征收整合储备和高效开发建设，激发土地潜质，提升土地效益，实现开发一片、整治一片、美化一片，推动城市高品质发展。规划单元策划也是一个有效的土地管理模式，要作为揭阳市此后一个常态化的模式继续推广和深化。

7月28日，市委副书记、市长张科到榕城区暗访检查创文创卫工作，强调要压实地方和部门责任，精细管理，加快发现问题整改，打造新亮点，以点带面推进创文创卫工作。

8月4日，市政府党组2020年第19次会议暨市政府六届73次常务会议召开，传达学习贯彻习近平总书记重要讲话精神及中央、省有关文件会议活动精神，研究部署相关工作。

8月8日，市委副书记、市长张科带队到榕城区督导榕江流域污染防治工作，强调要深入践行习近平生态文明思想，按照市委市政府的部署要求，紧盯目标，落实责任，以决战决胜的姿态，全力以赴确保榕江东湖、龙石国考断面稳定达标。

8月10日，市委副书记、市长张科带队调研榕城工业园和榕城南河码头整合规划工作，强调要结合“十四五”规划编制，完善榕城工业园、榕江港区、榕江流域码头等相关整合规划设计，产城结合做好经营城市文章，推动榕城工业化、城市化和治理体系治理能力现代化。

8月12日，市重大石化项目建设指挥部召开第二次会议，传达贯彻上级有关会议精神，研究部署推进揭阳市重大石化项目建设工作。市委副书记、市长张科强调，要加强沟通协调，盯紧项目进度，解决好重点难点问题，落实好招商引资、配套服务等措施，合力推进石化项目加快建设，全力以赴完成年度投资建设任务。

8月15日，市委副书记、市长张科带队到普宁市督导练江流域污染治理并调研英歌山工业园、东部创新城规划建设情况，要求普宁市加大精准治污力度，加快练江整治达标，科学规划，拓展城市发展空间，着力推动英歌山工业园、东部创新城开发建设，焕发城市新活力。

8月15日，市委副书记、市长张科到惠来县调研疫情防控及现代农业产业园规划建设工作，强调要认真贯彻省委、省政府的部署要求，坚决克服麻痹松懈思想，织牢织密防控网，毫不松懈地抓实抓好常态化疫情防控各项措施，促进经济社会平稳发展，确保“双统筹”

"双胜利"。

8月17日，市政府党组2020年第21次会议暨市政府六届74次常务会议召开，集中学习《习近平谈治国理政》第三卷，审议通过有关事项。

8月26日，市政府党组2020年第22次会议暨市政府六届75次常务会议召开，传达学习贯彻习近平总书记重要讲话精神及中央有关会议精神，审议通过有关事项。

9月1日，市政府党组2020年第23次会议暨市政府六届76次常务会议召开，学习贯彻习近平总书记重要讲话精神及省有关会议精神，审议通过有关事项。

9月4日，市委副书记、市长张科带队到普宁市督导练江流域污染治理工作并召开调度分析会，强调要巩固练江流域污染防治攻坚工作成效，以决战决胜的姿态，紧盯目标，精准发力，持续奋战，坚决打赢消除劣Ⅴ类攻坚战。

9月9日，市政府党组2020年第24次会议暨市政府六届77次常务会议召开，学习贯彻习近平总书记重要讲话精神及省有关会议文件精神，审议通过有关事项。

9月11日，市委副书记、市长张科带队到揭西县、普宁市检查甬莞高速普宁赤岗段危化品车辆追尾事故环境应急处置情况，强调要坚持安全第一，以对人民群众高度负责的态度，按照分段科学处置的原则，明确重点，集中力量，全力以赴，加快推进应急处置工作，确保万无一失。

9月23日，市政府党组2020年第25次会议暨市政府六届78次常务会议召开，传达学习贯彻习近平总书记重要讲话精神和省委主要领导到揭阳调研讲话精神，审议通过有关事项。

9月28日，市委副书记、市长张科带队到普宁市督导中秋国庆节前安全生产、食品安全、疫情防控和练江流域污染治理工作，强调要坚持生命至上、安全第一，严格落实各项安全防范措施，加强重点领域、重点场所的安全监管，让人民群众过一个平安祥和的中秋国庆佳节。

10月19日下午，市政府召开专题会议，听取土地征收出让管理台账进展情况汇报，研究处理市区相关项目历史遗留问题。

10月23日，市政府党组2020年第26次会议暨市政府六届79次常务会议召开，传达学习贯彻习近平总书记重要讲话精神和中央、省有关会议、文件精神，审议通过有关事项。

10月24日，市委副书记、市长张科带队到普宁市督导练江流域污染治理工作，强调要深入学习贯彻习近平生态文明思想和省委省政府主要领导莅揭调研讲话精神，紧盯目标，突出重点，赶进度、抢工期，决胜劣Ⅴ类支流歼灭战，全力以赴推动练江整体水质持续好转。

10月26日，市政府召开专题会议，听取粤东新城城市配套基础设施工程建设情况汇报，研究部署有关工作。

10月29日，市政府召开专题会议，听取市国防教育训练基地整合进展情况汇报，研究部署有关工作。

10月31日，市委副书记、市长张科带队到揭东区调研村（社区）"两委"换届工作，强调要坚持目标导向、问题导向和结果导向，严格按照上级工作部署，认真做好村级换届选举工作，选好配强村级"两委"班子，为推进乡村振兴提供坚强保障。

11月4日，市政府党组2020年第27次会议暨市政府六届80次常务会议召开，传达学习贯彻习近平总书记重要讲话和党的十九届五中全会精神，审议通过有关事项。

11月10日，全市自然资源工作推进会召开，强调要坚持目标导向、问题导向、结果导向，冲刺第四季度工作，全力以赴完成省下达的自然资源工作各项目标任务，为实现全年经济社会发展目标提供土地要素保障。

11月18日，市政府召开专题会议，听取下半年天气预测情况、全市水源供需分析情况和保供水有关情况的汇报，研究全市供水保障工作。

11月22日，第三届揭阳市城乡规划委员会第十七次会议召开，审议通过有关事项，强调要集思广益优化完善各专项规划，着力推动老城蝶变、新城崛起，以高水平规划引领城市高质量发展。

11月28日，市委副书记、市长张科带队到空港经济区渔湖镇调研乡村振兴、脱贫攻坚、基层党建、村级换届等工作，听取长美文旅特色小镇规划汇报，强调要结合村级换届选举工作，全面加强基层党的建设，活化古村落，焕发新活力，推动一二三产业融合发展，打造特色精品村，实现农业强、农村美、农民富。

12月2日，市政府召开专题会议，听取全市河湖管理工作和人大代表涉水资源议案办理工作情况汇报，研究进一步做好全市供水用水保障工作。强调要践行以人民为中心的发展思想，响应人民群众呼声，加大河湖管护力度，统筹全市水资源综合调配利用，打通"最后一公里"，全力做好从水源地到水龙头全过程水源供给保障。

12月4日，市政府六届83次常务会议召开，学习贯彻习近平总书记重要论述精神，审议通过有关事项。

12月5日，市委副书记、市长张科带队到揭东区调研乔西内河污染治理工作，强调要紧盯目标，落实责任，全力加快乔西内河整治进度，切实改善群众生活环境，提升城市宜居品质。

12月11日，市政府六届84次常务会议召开，学习贯彻习近平总书记重要论述精神，审议通过有关事项。

12月18日，市委副书记、市长张科带队到普宁市调研督导练江流域污染治理工作，强调要深入贯彻落实习近平生态文明思想，按照省委、省政府的部署要求，综合施策，靶向治疗，聚力攻坚流沙新河等一级支流（排污渠）全部消劣，确保练江水质如期达标。

12月23日，市委副书记、市长张科调研市区“四馆合一”规划有关工作，强调要创新思路、多措并举，加大资源整合，强化文化设施的“管”和“用”，科学规划、合理改造、有序推进“四馆合一”项目建设，进一步满足群众日益增长的文化需求。

12月24日，市政府六届85次常务会议召开，学习习近平总书记关于依法治国重要论述，专题学习《中华人民共和国民法典》，听取有关工作汇报，审议并原则通过有关事项。

【办理建议提案】 2020年，揭阳市政府自觉接受市人大、政协和社会监督，完善政府与人大代表、政协委员联系沟通机制，积极协调、配合揭阳市人民代表大会办公室，政协揭阳市委员会办公室做好常委会例会、代表视察、专项调研、专题督办、意见反馈等各项工作，认真办理市人大常委会听取和审议市政府各项工作情况报告的有关工作，并落实市人大常委会各项工作意见。

全年，办理省人大代表建议13件，省政协提案4件，均为会办，并按时将会办意见报主办单位，分别录入广东省人大代表议案建议系统和广东省数字政协系统。承办市人大代表建议、市政协提案和建议意见167件，其中，市人大代表建议47件，市政协提案78件、建议意见42件；交办市六届人大六次会议闭会期间代表建议2件、市政协2020年平时提案7件。市人大代表建议和市政协提案全部办理完毕，并将办理结果答复代表和提案人。协助做好本年度市人大常委会和市政协相关的各项日常工作，至12月底，办理建议提案有关文件147件。

【政府职能转变】 2020年，揭阳市配合省级权责清单事项取消和调整工作，市直部门取消和调整承接权责清单事项共1285项，其中：取消184项，承接省级下放实施权责清单17项、省级委托实施权责清单305项、省级重心下移实施权责清单779项，承接完成率100%；出台《揭阳市人民政府关于深化“放管服”改革的若干意见》，从深化思想认识、持续简政放权、改进监管方式、优化行政服务、加强基础建设、加强组织领导等六大方面，提出30项具体改革意见，推进全市“放管服”改革落到实处；出台《揭阳市人民政府关于赋予粤东新城管委会相关管理权限的实施意见》，印发《揭阳市人民政府关于赋予粤东新城管委会相关市级管理权限（第二批）的通知》，赋予粤东新城管委会对相关城市规划、土地管理和城市开发建设管理权限，赋予权限涉及8个部门共49项，其中，市发展改革局5项、市财政局2项、市自然资源局9项、市生态环境局4项、市住房城乡建设局14项、市市场监管局3项、市城管执法局10项、市水利局2项；印发《揭阳市开展“证照分离”改革全覆盖试点工作方案》，对526项涉企经营许可事项实行清单管理，按照直接取消审批、审批改为备案、实行告知承诺、优化审批服务等四种方式分类推进改革。

【政务督查】 2020年，揭阳市政府按照“重点工作项目化、重点任务责任化”和“系统化、专业化、精准化管理”的要求，加大督办力度，推进工作落实。印发《2020年市政府主要工作任务分工督办方案》，对2020年市政府主要工作任务分工方案　项具体任务，实行全程跟踪督办。跟踪督办专项工作项。重点对省、市十件民生实事（回头看）、国务院“互联网+督查”、五本台账三大攻坚战、2020年国务院第七次大督查、疫情防控、农村人居环境整治、货运行业乱象问题整治、榕江龙石断面达标攻坚、黄岐山森林公园等历史遗留问题处置、“房地一体”农村不动产登记、集贸市场升级改造、社会足球场地建设、生猪屠宰厂检查、企业生产经营与营商环境创建、打赢疫情防控阻击战扶持中小企业发展等工作开展全程跟踪。编发督查通报43份，办理市领导批示31件，印发督查通知11份，督办通知25份，办理国务院“互联网+督查”平台、省政府门户网站留言线索64件，印发市政府主要工作任务落实情况月报表12份，为市委开展绩效评价、班子研判和领导决策提供重要参考。

【十件民生实事】 2020年，揭阳市列入《政府工作报告》的23项10件民生实事进展顺利、全部完成。全市新（改、扩）建公办幼儿园45所，新增公办幼儿园学位60388个，完成撤并“麻雀学校”61所，完成88所义务教育薄弱学校办学条件改造；开展“粤菜师傅”培训1292人、“南粤家政”培训6563人次、农村劳动力培训35414人次；建设“四好农村路”873千米，全市农村公路等级公路比率和路面铺装率均达到100%；完成水清岸绿景观碧道

30千米；完成5家疾控机构冷链系统改造，实现85家预防接种门诊数字化；完成27户地质灾害隐患点避险搬迁，完成8处大型以上地质灾害工程治理；新建或改造农村公厕480座、中小学厕所12所、旅游厕所31座、城市公厕74座；1109家学校食堂完成“互联网＋明厨亮灶”终端建设，建设覆盖率100%；完成食品抽样30641批次，完成率100.64%；发放低保补贴51628.57万元、特困人员补贴17947.64万元、孤儿补贴2306.48万元、残疾人补贴20949.19万元；建设、改造升级垃圾转运站20座，配置生活垃圾分类收集容器6558个；新增27.5万农村人口集中供水，新增82个行政村集中供水，中心城区供水一体化和半洋隧洞引水、引韩供水、揭阳学院仙梅片区供水等重点区域饮水安全工程顺利推进。

（市府办）

政务服务数据管理

【政务服务数据管理概况】 2020年，揭阳市政务服务数据管理局打造标准化、信息化、扁平化、透明化、均等化的政务服务体系，初步实现政务服务体系“分散—集中—集成、线下—线上—并联、审批—服务—智能”的蜕变。市政务服务数据管理局被评为第六届“全国文明单位”，被市委市政府授予“揭阳市三八红旗集体”“先进集体”称号。在零点有数和D3方评估平台组织的第三方评估中，市政务服务中心获“服务优化金流奖”，市政务热线获“抗疫争先奖”和“服务之星奖”。

【政务服务管理】 2020年，揭阳市继续优化审批服务，推进公积金业务提速提质，实时到账，实现“最多跑一次”。开展揭阳市“百项”疏堵行动，让企业群众办事少跑腿。推动个人征信自助查询机进驻市政务服务中心，方便市民征信自助查询。协调水、电、气、电信、有线电视，交警支队，城市管理和综合执法局等单位进驻市政务服务中心，配套服务房产过户、工程建设等服务。压缩手续办理时间，将不动产登记交易时间从11个工作日压缩为5个工作日。压缩开办企业时限，企业开办全流程平均时间压缩在3个工作日内。

【网上审批服务】 2020年，揭阳市推行“一网通办”，提高政务服务水平。通过省一体化在线政务服务平台（广东政务服务网）建设，推进揭阳市政务服务“一张网”和一体化在线政务服务平台应用，形成省、市、县、镇、村“一网通”全覆盖。揭阳市国考评估指标排名：主动好评率99.99%；差评整改率100.00%，全省排名第1；市级减时间比率93.18%，全省排名第19，区县93.44%；市级减跑动率0.0102，全省排名第12，区县0.0115；市级即办件占率87.72%，全省排名第17，区县95.96%；网上统一身份认证体系数据100%；统一身份认证体系接入情况数据97.01%，全省排名第12；电子印章数据98.69%，全省排名13；本年度省质检通过率99.90%，全省排名第4；依申请事项覆盖率68.96%，全省排名第13；公共服务事项覆盖率84.41%，全省排名第9；单点登录率96.3%。

【市政府门户网站】 2020年，揭阳市政府门户网站（www.jieyang.gov.cn）围绕信息公开、在线服务、公众参与三大政府网站功能定位，设置“新闻动态”“政务公开”“政务服务”“互动交流”“走进揭阳”五大频道。市政府门户网站围绕市委市政府新冠肺炎疫情防控和营商环境提升等各项重点工作和公众需求，充分发挥政府网站第一宣传平台作用，加强信息内容建设，强化日常监管和运维保障，网站整体建设管理水平和运行绩效水平进一步提高，引导力、影响力和公信力显著提升。

揭阳市人民政府门户网站（www.jieyang.gov.cn）

（市政务服务数据管理局 供稿）

【服务平台建设】 2020年，揭阳市按照先易后难、充分利用现有场地条件的原则，结合各窗口单位业务复杂程度、业务关联性和业务量情况，在“大一门”综合服务区（加挂人才服务专区），市场监管服务窗口、办税服务区窗口、公安局出入境服务窗口、住房公积金服务窗口、不动产登记窗口设置“一窗通办”服务区，服务区的每个窗口均可受理本服务区的所有业务，方便市民与企业办事。

市政务服务数据管理局制定《揭阳市一体化在线政务服务平台集约化改造提升项目建设方案》，3月31日通过公开招标方式，由信航公司中标为项目承建商。4月9日，完成合同签订，10月22日，完成项目验收工作。

【电子政务平台建设】 2020年，揭阳市开展电子政务云平台建设工作，市电子政务云平台（一期）和省统一建设的欠发达地区电子政务云平台（二期）进入运行阶段，承载揭阳市政府门户网站、政务信息资源共享平台、电子证照库和部分单位共享交换前置机等业务系统。广东省“数字政府”政务云平台揭阳节点具备IaaS云资源、PASS云服务、灾备服务及云平台安全服务，承载揭阳市不动产登记系统、揭阳市建筑领域实名制及分账制综合服务平台、农民工工资监控管理系统、全市美丽乡村建设数据管理平台等业务系统。至12月，30个业务部门50个业务系统完成政务云资源发放和部署，发放虚拟机300台。

【网站集约化建设】 2020年，揭阳市完成全市政府网站集约化建设工作，市、县两级9个政府门户网站和34个市政府直属部门频道在广东省集约化平台揭阳分平台（以下简称省平台）上安全、稳定运行。按季度检查和通报全市各政府网站（频道）落实网络意识形态、网络安全工作责任制及日常运维情况。组织开展年度政府网站与政务新媒体考评工作并挂钩政府绩效考核，推动全市政府网站（频道）规范统一管理和数据集中共享。利用省平台智能监控预警系统，对全市政府网站（频道）及接入的政务新媒体进行“全流程”“全指标”“精细化”实时监控，通过对“多途径”预警通知及“人工+智能”双保险，存在问题进行实时警报和提前预警，确保网站（频道）及政务新媒体健康运行。组织收集和反馈省平台使用体验及功能建议，研究完善功能应用，探索开发个性化需求并通过API中心实现对接，在统一规范的基础上，打造本地网站特色应用，推动省平台迭代发展和个性创新。

【资源整合共享】 2020年，揭阳市政务服务数据管理局推动广东省政务大数据中心门户系统落地，组织账号权限分配，协调编制信息资源和信息系统目录，审核共享需求，推动数据普查和广东省政务大数据中心揭阳市分节点的建设。建立健全医保数据的共享机制，实现对重点救助对象身份信息进行动态更新，推动揭阳市医疗救助“一站式”结算。协助市发改局做好信用信息归集工作，提升行政许可和行政处罚“双公示”信息的数据质量，推进全市社会信用体系建设。推广“粤政图”平台的应用，提升地理空间数据的利用率。

【“数字政府”建设】 2020年，揭阳市做好顶层规划，统筹推进全市“数字政府”改革建设工作。市政务服务数据管理局研究起草《揭阳市数字政府改革建设2020年工作要点》，部署揭阳市2020年度“数字政府”改革建设31项工作任务。开展数字政府“十四五”专项规划编制工作，牵头梳理29个数字政府改革建设重大项目，涵盖智慧政务、智慧环保、智慧水利、智慧教育、智慧警务等领域。严把市级政务信息化项目建设审核关，对可能产生新的“信息孤岛”“数据烟囱”或重复建设等的项目一律不予核准建设。共受理项目申报130个，撤回37个，评审93个，涉及投资预算2.54亿元，核准投资预算2.10亿元。

平台建设 加强“粤系列”、政务云、政务服务一体机等“数字政府”平台的建设、应用和推广。“粤省事”揭阳版接入755项服务和64类电子证照，实名注册用户超320万。公积金退休提取、高龄老人津贴申请、社保参保缴费状态查询（养老、生育、工伤、失业）等31项省统高频服务事项以及市政务热线（12345市民服务热线）投诉咨询和进度查询2项本地特色服务事项已进驻“粤省事”平台。揭阳市“粤商通”APP可办理事项368项，企业注册数9.5万户。结合企业年度报告填报、企事业单位线上消防承诺等应用场景，开展线上线下宣传活动，引导企业经营“掌上办”“指尖办”。规范“粤政易”注册激活，推动建设集约化协同办公平台，实现政府办公绿色高效。完成市2019—2020年度政务信息基础设施服务（包括揭阳政务云节点服务及省市一体化安全运营平台揭阳节点服务）的立项、采购和首期款支付工作，并确定数字广东网络建设有限公司为服务提供商。与建设银行揭阳分行政银联手，在建行各网点配备98台政务服务一体机，打造市民身边的政务服务点。

助力新冠肺炎疫情防控 运用“数字政府”建设成果助力疫情防控。依托市一体化在线政务服务平台，开发口罩预约购买平台，成功配售口罩77.76万只。通过建立“企

2020年11月12日，揭阳市与汕头市签订政务服务"跨城通办"合作协议
（市政务服务数据管理局 供稿）

业员工健康申报""公共场所""粤港跨境货车司机'三点一线'"等应用场景，大力推动"粤康码"应用，为我市疫情防控工作提供有效的信息化支撑。利用"粤政易"APP"粤视会"功能，推动远程会议应用，减少人员聚集和面对面接触，降低病毒传播风险。

【"12345"市民服务热线】 2020年度，揭阳市政务热线（"12345"市民服务热线）纳入61个部门，整合热线36条，现有话务座席27个、话务人员42名。热线平台话务量310524个，其中即时回复179451个，转办业务单64927个，办结率87.12%，办结满意率53.63%。

市政务服务数据管理局建立热线夜间人工服务应急措施，发挥第一阵地作用，启动夜间热线服务。改造升级系统，优化办件流程。热线系统进行改造升级，同时对接"粤省事""好差评"等一体化在线政务服务平台相关模块，保持数据对接共享。对《揭阳市"12345"市民服务热线管理规定（试行）》进行全面修改，并印发《揭阳市政务热线管理规定》，完善受理机制，提高服务质量。围绕市场主体需求，梳理汇总本市相关深化"放管服"改革、优化营商环境的政策、举措和企业重点关注的政策解答，扩大服务范围，优化营商环境。

在北京零点有数与D3方评估平台对全国335个城市"12345"热线监测中，揭阳市政务热线获"服务之星奖""抗疫争先奖"。热线管理科被市委市政府授予"先进集体"称号；揭阳市政务热线平台被评为广东省和揭阳市"三八红旗集体"。

【政务服务"跨城通办"】 2020年11月，揭阳市与汕头、惠州、梅州、潮州、汕尾签订"跨城通办"合作协议，为促进区域协调发展创造良好条件。"跨城通办"累计上线143个事项，主要涉及住建、医疗、司法、市场监管、人社等部门。双方通过采取线下开设专窗、线上开设专栏、自助终端上线等方式，逐步解决异地办事面临的"多地跑""折返跑"堵点难点问题。

【营商环境"放管服"】 2020年，揭阳市开展行政审批制度改革，全面完成1285项权责清单的调整实施和取消工作。迎接网上政务服务能力的国检，推动减时间、减跑动、减材料等各项指标大幅度提高。开展省级政府"互联网+监管"能力第三方评估迎评工作，全面完成揭阳市802项监管事项梳理工作。围绕服务企业和群众的高频事项，开展100件"一件事"主题式套餐式集成服务，推动跨部门、跨业务协同，全市完成282件"一件事"，其中市级完成47件。压缩办事时限，其中商事登记、公章刻制、税务登记、公积金缴存登记、企业社保缴存登记、银行开户6个环节实现一窗、一次、一网、一日办妥；不动产一般登记3个工作日、一般注销登记1个工作日办结；工程建设项目的政府投资项目审批压缩为70个工作日；存量房纳税申报压缩为1个工作日办结。

（市政务服务数据管理局）

机关事务管理

【机关事务管理概况】 2020年，揭阳市机关事务管理局优服务、重管理、强保障，建设牢固树立和践行"四个意识"的政治机关，坚决落实党中央、省委和市委市政府决策部署的行政机关，保障市机关大院党政机关规范高效运行的服务机关。

【后勤服务】 2020年，揭阳市机关事务管理局整合服务资源、改善服务设施、优化服务手段、拓展服务范围，保障机关大院和所属辖区四季水通灯明、树木葱茏、卫生整洁、公共安全、消防安全、食品安全。为市两会等市委市政府大型会议和活动提供坚强的后勤保障工作，细致周到地为市领导和驻大院各单位提供1000多场次的会议服务，2000名干部职工的日常用餐和3000多次的水电、空调等维修服务。为创建文明城市、卫生城市添砖加瓦，对市机关大院和所辖华诚小区、人家头小区、交流干部楼的整体环境进行美化净化绿化，组织人员做好创文宣传、环境卫生整治等活动。在因疫情停止喷泉表演期间，喷泉管理处组织开展设备检查检测和维护保养工作，定期清理淤泥垃圾，为重新开始喷泉表演做好准备。

【后勤管理】 安全管理 2020年，揭阳市机关事务管理局注重日常管理，加强巡查巡防、文明执勤培训、规范停车秩序等，营造安全稳定有序的办公环境和良好的工作氛围。突出带头先行，对市机关大院安保工作进行全面组织排查、严把人员车辆出入关、增加设备配套、组织演练突发事件防范处置，实现人防、物防、技防的有效结合、全面提升。在提升人防上，立足配足配强安保力量，严格审查考核、业务培训和实战演练，把好政治关、素质关和能力关。在提升技防上，全面对大院安防监控系统、消防监控系统、灭火系统进行维修检测，及时排查各类故障，对大院监控系统进行改造升级。

卫生管理 多措并举抓实市机关大院环境卫生整治，定时对市机关大院公共场所环境卫生进行大清扫、大清理、大整治，保持市机关大院环境卫生达到亮化、绿化、硬化、净化、美化标准，巩固创文成果。全年维修更换各类灯具502次、水龙配件349次；空调维护特别是高峰期做到故障报修随叫随到，服务及时；电梯严格按合同规定每月保养检修两次，特别注重电梯中对安全比较相关联的部件和检修，质监部门每年安检1次，并购买电梯安全保险。严格落实厉行节约、坚决制止餐饮浪费行为的要求，组织开展对市直27个机关食堂进行检查评估，并对检查结果进行通报。

公车公房管理 通过工作协调会，理顺揭阳市办公用房的维修管理职能，市机关事务管理局初步承接市级党政机关办公用房的维修管理工作。依托省公务用车管理信息平台“全省一张网”管理，加强揭阳市党政机关公务用车日常运行监管，规范用车使用申请、审批、派车手续，做好公务用车使用时间、事由、地点等信息登记和处置。

【后勤保障】 公共配套 2020年，揭阳市机关事务管理局完成大院垃圾分类基础设施的配套，定点安装项目。首期配套安装分类垃圾桶375个，分类指引识别牌296块。完成大院2个配电房按要求两年一次试验性工程的设备测试除尘项目，以及通过测试检查发现存在损坏或失常的零配件维修更换项目。完成大院西侧车场几处埕面低洼长期积水的埋管排水改造项目；改正卫生间指引牌英文字母33块。在1号楼东西两侧搭建风雨连廊，服务全市招商引资工作。

疫情防控 新冠肺炎疫情期间，揭阳市机关事务局迅速开展疫情防控工作，配合防疫部门设立大门防疫点，设置红外线体温仪，确保进入人员体温安全。对大院集中开展防疫消毒工作，定期对通道、卫生间、会议室、食堂等开展全方位无死角的消毒消杀工作，形成长效机制。

（市机关事务管理局）

信访工作

【信访工作概况】 2020年，揭阳市信访局探索工作机制创新，统筹推进疫情防控和信访工作，维护群众合法权益，服务全市改革发展稳定大局。全年全市群众进京访63批71人次，批次、人次下降52.99%和72.80%；到省访161批327人次，批次、人次下降43.71%和47.68%；到市访184批797人次，批次、人次下降79.14%和71.81%。信访积案存量进一步下降。中央交办的集中治理重复信访、化解信访积案专项工作案件194件，提前实现省下达的年底前完成40%的任务；省交办的重复信访案件363件，化解352件，化解率97%。国家、省信访局交办的43件国（省）专件的办理任务按期完成；省领导包案的3宗信访事项均得到妥善化解，收到信访人感谢信1封和锦旗1面；在开展市委部署的信访案件集中化解攻坚专项行动中推动化解67件信访积案和重点案件，一大批存量信访问题得到妥善化解。网上信访占比大幅度提升。全市群众向国家、省、市三级网上信访3515件次，上升65.16%，占各渠道总量的56.89%，网上信访成为群众信访的主渠道。群众对信访事项办理满意率有所提升。全市群众对信访部门办理信访事项满意率突破98.13%；对责任单位办理信访事项满意率突破96.62%。全市信访秩序明显好转。榕城区、普宁市、揭西县被国家信访局初步评定为“三无”县（市、区）；全国“两会”、庆祝经济特区建立40周年、党的十九届五中全会等期间实现“三个不发生”的目标。

大南海整村搬迁、推进“邻避”项目建设和惠来信访联合调处中心建设的经验做法得到省有关领导的高度肯定。揭阳市信访工作获得2020年全省信访考核良好等次。

【来访接待】 2020年，揭阳市信访局全力确保疫情期间信访渠道畅通，1月31日至5月17日暂停市人民来访接待大厅接待群众来访工作，全面启用网上信访平台，倡导群众改走访为“上网”，启动“绿色通道”和“特事快办”机制，保障平台全天候连通群众，及时回应、解决一批群众关切问题，实现办理“零延误”。健全防疫期间可能发生的应急情形处置办法，为各地各部门做实信访保障指明方向，加强本单位办公场所常态化疫情防控和宣传工作，定期消毒杀菌、清扫卫生，并配置体温计、防护口罩和消毒液等，确保办公接访场所健康安全。

【网络办信】 2020年，揭阳市信访局依托省一体化信访信息系统，打造"阳光信访、法治信访、责任信访"。利用线上线下多种渠道加强网上信访宣传，印制《揭阳市网上信访投诉平台操作指引》，及时向群众公布一体化系统网上投诉平台的投诉流程、操作指引、办理流程等信息，让群众尽快适应新版网上投诉平台的操作界面，尽可能通过网上投诉渠道提交信访事项，实现"少走访、多网访"。加强信访信息系统和信访网站的日常安全管理，保障信访网络信息安全运行。

【重复信访治理和信访积案化解】 2020年，揭阳市信访局开展信访矛盾化解攻坚。通过强化督查督办，严格审核把关，至12月，上级向揭阳市交办的1件"国专件"以及四批42件省专件全部按期申报办结。推动化解67宗信访积案和重点信访案件。开展领导干部接访下访包案活动。服务做好市领导接待群众来访工作，并加强跟踪督办。排查出15宗较突出的重点案件，提请市委常委、副市长包案处理，推动化解一批信访事项。开展治理重复信访、化解信访积案专项工作，通过成立领导小组，制订工作方案，召开专题会部署推动，落实领导包案，压实化解工作责任，加强督查督办和通报，提前完成省下达2020年底前化解40%目标任务，省交办的重复信访案件363件，化解352件，化解率97%。

【信访制度改革】 2020年，揭阳市信访局探索创新社会治理化解矛盾纠纷新机制。坚持和发展新时代"枫桥经验"，以惠来人民信访联合调处中心为试点，实现该中心挂牌试运转，并发挥多元调处化解机制作用，推动解决一大批信访问题，为揭阳市探索基层社会治理提供有益样本。《广东信访反映》刊发《揭阳市在推进"邻避"项目建设中整村搬迁实现"零上访、零群体性事件"》。市信访局制定《市委书记信件办理工作规程》《人民网"地方领导留言板"网友留言办理工作规程》《揭阳市信访督查专员和专员助理选派管理办法（试行）》，完善信访事项受理转办制度，做好依法分类处理信访诉求工作，信访工作基础业务规范化建设得到加强。

【信访调研和宣传】 2020年，揭阳市信访局加强信访突出问题的分析研判和信息报送工作，针对性提出意见建议，推动问题源头化解工作。全年向市委、市政府报送每日上访信息227条、重大突出上访情况11条，《全市群众信访情况报告》等信访形势报告23篇，得到市委、市政府主要领导批示8次。开展国务院《信访条例》修订实施办法15周年宣传活动，引导群众依法有序走访、网上信访，维护正常的上访秩序。及时总结推广全市信访工作经验。全年，向省信访局投稿4篇，被省采纳并在《广东信访反映》《南粤信访》刊登。

（黄烁钦）

外事工作

【外事工作概况】 2020年，揭阳市委外办抓好疫情防控涉外工作，配合国家总体外交，推动揭阳市经济社会对外开放，主动抓好利长远打基础的外事工作，为建设宜居宜业宜游的活力古城、滨海新城，努力打造沿海经济带上的产业强市贡献外事力量。市委外办被市委、市政府表彰为揭阳市抗击新冠肺炎疫情先进集体。

【党管外事】 2020年，揭阳市委外办落实第一议题制度，把贯彻学习《习近平谈治国理政》第三卷精神作为一项重要内容，融入揭阳市外事工作，在对外交流活动中宣传推介。加强对全市外事工作的统筹谋划，研究提出《揭阳市2020年外事工作要点》，提出11个方面42项工作任务，经市委外事工作委员会第二次会议审议通过，分解到各地各有关单位贯彻执行。新增市工信局、市文广旅游体育局和揭阳海警局为市委外事工作委员会成员单位，协助召开市委外事工作委员会第二次会议。11月，开展年度对外工作专项检查，对市直16个相关单位和各县（市、区）进行指导、督促、检查，形成专题报告及工作任务落实清单，呈报市委外事工作委员会领导。推进外事体制机制建设，完善外事会议、报告、信息通报和重大活动预报等制度，把制度优势转化为治理效能。

【交流合作】 泰王国驻广州副总领事康宁熹一行访问揭阳 8月28日，泰王国驻广州副总领事康宁熹（Nipatsorn Kampa）一行9人访问揭阳市，市委常委、揭阳海外联谊会会长庄建儿与康宁熹一行进行交流座谈。活动过程中，双方就如何加强和拓展揭阳与泰国两地的经贸、投资等领域的合作进行亲切交流。

粤东地区外事工作座谈会 9月15—16日，省委外办副主任柳琛子一行莅揭开展专题调研，并在揭阳市召开粤东地区外事工作座谈会。市委常委、统战部部长庄建儿会见调研组，介绍揭阳经济社会发展情况，与调研组交流。座谈会上，揭阳、汕头、潮州、汕尾4市外办相关负责人作汇报。16日，调研组到巨轮公司、中德生态城、洁榕生物公司、聚鲶科技公司等涉外企业调研座谈。

疫情期间线上线下外事活动规范管理 鼓励创新工作方式，利用音视频进行线上交流，协调指导各地各部门做好疫情期间线上外事活动的审批申报，服务做好市长与美国GE公司视频通话、揭阳—英国国际贸易部—GE海上风电供应链研讨会等工作，做到“往来中断、交往不断”。

经贸活动牵线搭桥 发挥参谋助手作用，及时向市委外事工作委员会领导提供外交部《经济外交信息》12篇、《广东外事》3期，并转发给各县（市、区）委外事工作委员会、市直有关单位参考。协调泰国驻广州总领事馆伍开河领事、暹罗燃气能源有限公司邹继宗总经理与揭阳市商务局联系对接，就暹罗燃气能源有限公司在揭阳投资合作开展进一步的探讨。

组织参加广东国际青少年线上交流活动 联合市教育局组织揭阳市青少年参加2020广东国际青少年线上交流活动，推荐作品24幅，展出22幅，其中市实验小学林诗婷《共同构建人类命运共同体》和榕城区梅云华侨中学蔡博圳《守护天使》获优秀奖，揭阳一中榕江新城学校陈梓淇《星期天》获地区代表奖。

组织参加“匠心筑梦——用民间艺术讲述脱贫故事”线上展活动 为讲好脱贫攻坚的中国故事，通过民间非遗手工艺品展现中国脱贫攻坚成就，选送揭阳市工艺美术行业协会常务会长谢奕锋剪纸作品参加全国友协“匠心筑梦——用民间艺术讲述脱贫故事”线上展活动，其作品《采茶归》在线上展出。

【签证管理】 2020年，揭阳市严格执行计划报批制度，统筹全市2020年因公出国计划，其中厅级领导出国计划经市委外事工作委员会主要领导审定后报省委外办批准，并根据国内外疫情形势变化于4月、6月调整厅级干部因公出访计划。关注全球疫情最新情况、航班情况及外国驻穗领馆签证信息和恢复对外办公时间，统筹做好疫情期间因公出国管理工作。执行因公护照管理制度，全面清查由市委外办保管的因公证件，注销即将过期及不宜继续持有的护照15本，做好揭阳市因公护照信息录入上报工作。

【营商环境优化】 2020年，揭阳市突出外事为民宗旨，在广东省范围内率先进驻市政务服务中心审核办理APEC商务旅行卡，取消市级办理费，制订优化营商环境八项措施，贯彻落实全市优化营商环境的工作部署。10月29日，市委外办举办揭阳市APEC商务旅行卡推介暨海外领事保护宣讲会。全市80家民营企业家代表、市直相关部门及县（市、区）外办业务负责人等100余人参会。推介会上，市委外办通过政策讲解、体验分享以及发放宣传手册等形式，图文并茂地为参会人员详细解读APEC商务旅行卡的产生背景、适用国家、申办资质、申办材料和区别普通护照使用的特别优势。6月30日，市委外办到广东巨轮智能装备股份有限公司、普宁市普隆塑胶制品有限公司等外向型企业调研，了解企业在国外投资、疫情期间复工复产等情况，解读疫情期间涉及科技、经贸、物流等外国人士入境包机“快捷通道”政策及APEC商务旅行卡管理使用情况，听取企业对外交往意见和建议，利用外交外事资源主动服务民营企业“走出去、引进来”，推动民营企业参与“一带一路”建设，拓展国际市场，深化国际产能合作，服务对外开放大局和高质量发展。8月25日，市委外办赴中德金属生态城就国际友城建设，与揭东区委外办、中德金属生态城管委会、中德金属集团有限公司相关负责人开展座谈交流。听取中德金属生态城的园区规划、入驻外资企业投资营运情况，中德金属集团有限公司驻欧

2020年10月29日，中共揭阳市委外事办公室举办揭阳市APEC商务旅行卡推介暨海外领事保护宣讲会（市委外办 供稿）

洲办事处情况。

【涉外安全】 *海外领事保护* 2020年，揭阳市委外办做好揭阳市“一带一路”境外项目的疫情防控和风险排查工作，为涉外企业做好疫情防控及解决实际困难提供指引和帮助。摸查巨轮智能装备股份有限公司印度项目的中方工作人员未有确诊情况，且均于6月底前全部安全回国。加强宣传教育，通过举办海外领事保护宣讲会、在网站转发《广东省海外文明安全出行公益宣传短片》和外交部领事司赴外安全提醒等方式，提高海外安全意识和风险防范能力。

海洋权益维护 揭阳市委外办牵头推动各职能部门做好维护海洋权益工作。全年全市未接到有关从事涉外渔业的企业注册申请登记；没有远洋捕捞渔船，也没有涉外“三无”船舶，没有在外国海域开展捕捞作业，未发现有关涉外渔业的相关案件。

【友好协会】 2020年，揭阳市委外办定期联系国际友城的友好人士，通过电子邮件去信对泰国南邦市、北柳府的友好人士表示慰问，向美国安大略市发去慰问信并推介中国防疫物资供应企业名单，为其提供采购渠道。12月1日，以揭阳市政府名义向安大略市政府捐赠口罩4万个、防护服2000套等医疗防疫物资一批，价值约30万元。

【外事工作基础建设】 2020年，揭阳市委外办加强信息化建设，建设保密、档案室，整理文件，实现档案查阅便利化、信息安全化。围绕揭阳历史、交通、环境、产业、旅游等方面内容，制作宣传揭阳城市概况、促进产业发展“1+1+12”政策体系的中英文宣传册——《揭阳市城市概述》，填补揭阳对外宣传名片的空白。构建学习型外事队伍，保持良好的用语环境，按照政治性、专业性要求，针对全市外办系统、涉外工作部门及高校外语人才，成立英语学习小组（英语角），组织外办机关、各县（市、区）委外办工作人员22人开展为期半年每周半天的全市外事系统干部外语培训班，促进外事工作人员更好地服务国家总体外交大局和揭阳经济社会发展。

【疫情防控】 2020年，揭阳市委外办抓好疫情防控涉外工作，成立市涉外防控工作领导小组，指导全市各地外事部门成立抗疫外事专班，梳理政策指引摘录。加强在揭外籍人士抗疫外事管理，做好外籍人员关心安抚、居家隔离以及生活物资保障等工作。组建“外事外语专班小组”，派出工作人员驻点办公，服务做好各口岸到揭返揭旅客的接转、闭环管理工作。招募一批揭阳疫情防控外语翻译志愿者，加强业务培训，编写《揭阳市委外办防控疫情境外输入外语志愿者培训材料》，举办防控疫情境外输入外事志愿者培训，做好全市社区3+1抗疫工作。指导各地外办严格遵守外事纪律、依法依规处理涉外事务。多渠道加强舆论宣传和正面引导，协助乘包机回国、解除集中隔离等工作。为企业办理外国人来华邀请函，为在疫情防控常态化条件下加快推进复工复产创造条件。

（章丹彦）

侨务工作

【侨务工作概况】 2020年，揭阳市加强侨务工作，梳理、规范涉侨7项政务服务，为侨属侨胞提供优质服务。全年，办理华侨回国定居4人次，三侨生证明10人次，侨眷身份证明7人次。

【侨政工作】 2020年，揭阳市开展华侨回国定居、三侨生证明办理等涉侨7项政务服务事项标准化梳理工作，制订服务事项的执行依据、需提供材料、办理流程和时限等，并进行公示。全年，办理华侨回国定居4人次，三侨生证明10人次，侨眷身份证明7人次，接受高中阶段华侨学生身份证明1人次。

（市委统战部）

港澳事务

【港澳事务概况】 2020年，揭阳市提升港澳工作制度化、规范化、法治化水平，建立协调处理疫情防控的涉港澳工作机制和联络平台，引导港澳同胞助力疫情防控工作，港澳各界人士捐款539.6万元，医用口罩31.4万只以及防护服等支持揭阳市防疫抗疫工作。推动旅港乡亲社团对香港国安立法的学习宣传，在旅港乡亲中营造遵法守法氛围。规范揭阳市国家工作人员因公临时赴港澳审批管理工作。

【疫情防控】 2020年，揭阳市建立协调处理疫情防控的涉港澳工作机制和联络平台，及时发布上级有关通知，通报揭阳市疫情防控情况和措施，收集港澳疫情，指导在揭港澳企业复工复产，发动港澳同胞助力全市防疫抗疫工作。

【平台建设】 2020年，揭阳市推动组建香港揭阳青年商会、深港大长陇青年商会；加强对揭籍港澳社团政治引领，选拔一批优秀港澳青年代表充实到市政协和海外联谊会。

【宣传教育】 2020年，揭阳市推动旅港乡亲社团对香港国安立法的学习宣传，在旅港乡亲中营造遵法守法氛围。联合有关部门在揭阳职业技术学院、揭东第二中学、普宁华侨中学举办国家安全教育进校园活动，2400名师生参加教育活动。

【制度建设】 2020年，揭阳市研究制定《揭阳市公务人员因公临时赴港澳审批管理意见》，规范揭阳市国家工作人员因公临时赴港澳审批管理工作。

（市委统战部）

对台事务

【对台事务概况】 2020年，揭阳市组织第七届台湾青年岭南行之潮汕文化寻根之旅揭阳活动，加强对台宣传，编印《惠台有关措施汇编》口袋书2000册，开展惠台措施宣传。全面贯彻落实惠台措施；开展暖企稳岗，落实同等待遇；调处涉台信访，维护台商合法权益。协调有关部门依法调处解决台商纠纷问题2宗。

【交流宣传】 组织第七届台湾青年岭南行之潮汕文化寻根之旅揭阳活动 2020年，揭阳市组织台商台青、揭阳市青年参加团组活动。在揭期间，100名两岸青年先后参观广东省对台交流基地三山国王祖庙、揭阳学宫、进贤门等，体验揭阳极具特色的民俗文化和祖根文化，深化对“两岸一家亲”的认识，促进揭台两地的文化交流。

对台宣传工作 邀请揭阳本土作家创作《三山神传》网络小说。组织摄制介绍三山国王文化历史的高清视频，编撰介绍三山国王文化历史的文学资料。台湾《联合报》头版全版宣传三山国王祖庙文化，围绕三山国王祖庙的历史文化和民间交流为报道主线，讲述两岸同胞交流交往的生动故事。编印《惠台有关措施汇编》口袋书2000册，开展惠台措施宣传。

【疫情防控】 2020年，揭阳市引导台商、台胞、台企全面贯彻执行揭阳市疫情防控的有关工作要求。有关方面捐赠价值20万元的医用防护口罩一批，支持揭阳市抗疫工作。

【惠台暖企】 2020年，揭阳市深入台资企业调研，了解指导台资企业复工复产，听取台商台胞关于惠台措施在揭阳市贯彻落实中存在问题的情况反映，争取上级部门研究出台相关配套政策措施，帮助解决存在的问题。在防控物资最紧缺阶段，协助台资企业购买医用口罩3万只。及时将税务、海关、人社等部门出台的应对疫情具体措施告知台商台企，帮助台商台企化解疫情对生产生活带来的困难和问题。开展暖企稳岗，落实同等待遇，全市台商获社保减免394万元，电费优惠8万元，受影响企业获职工失业保险金813万多元，惠及1069人，为台企解难题。调处涉台信访，维护台商合法权益，全年，协调有关部门依法调处解决台商纠纷问题2宗。

（市委统战部）

政协揭阳市委员会

【政协机构概况】 2020年，政协揭阳市委员会下设办公室和提案委员会、经济委员会、人口资源环境委员会、教科文卫体委员会、文史资料委员会、社会与法制委员会、港澳台侨委员会、联络工作委员会、农业和农村委员会9个专门委员会，各专门委员会在常务委员会和主席会议领导下开展工作。

【市政协六届四次会议】 2020年5月14日至15日，揭阳市政协六届四次会议召开。会议审议六届市政协常务委员会工作报告和提案工作报告，选举产生六届市政协常务委员会部分组成人员。委员们列席市六届人大六次会议，听取并讨论揭阳市人民政府工作报告和其他报告。

【市政协常委会会议】 2020年，市政协常委会会议召开6次。

市政协六届十五次常委会议 2020年1月6日，市政协召开六届十五次常委会议。会议学习传达中共十九届四中全会、中央经济工作会议及省委、市委政协工作会议等

2020年5月14至15日，揭阳市政协六届四次会议在市区召开

（揭阳日报社 供稿）

会议精神。会议听取市纪委监委、市中级人民法院、市检察院工作情况通报；通过市政协六届四次会议议程（草案）；通过市政协六届四次会议日程；通过市政协六届四次会议秘书处机构设置及工作职责；原则通过市政协六届常委会工作报告和提案工作报告；审议通过有关人事事项。

市政协六届十六次常委会议 2020年5月13日，市政协召开六届十六次常委会议。会议决定，同意王庆辉等26人辞去政协第六届揭阳市委员会委员职务，增补王创华等38人为政协第六届揭阳市委员会委员。会议由市政协主席陈澄民主持。

市政协六届十七次常委会议 2020年5月14日，市政协召开六届十七次常委会议。会议审议通过市政协六届四次会议选举办法（草案）；审议选举大会总监票员、监票员建议名单；听取中共揭阳市委关于政协第六届揭阳市委员会常务委员会部分组成人员候选人提名情况；酝酿协商政协第六届揭阳市委员会常务委员会部分组成人员候选人建议名单。

市政协六届十八次常委会议 2020年5月15日，市政协召开六届十八次常委会议。会议听取各组召集人汇报；审议通过市政协六届四次会议选举办法；审议通过选举大会总监票员、监票员建议名单；通过六届市政协常务委员会部分组成人员候选人名单；审议通过会议决议（草案）。

市政协六届十九次常委会议 2020年7月21日，市政协召开六届十九次常委会议。会议学习贯彻习近平总书记重要讲话、全国政协会议和省委、省政协有关会议精神，以及市委书记蔡朝林在市政协调研座谈会上的讲话精神；听取揭阳市上半年经济社会发展情况和下半年工作计划的通报；审议通过有关人事事项。

市政协六届二十次常委会议 2020年10月12日，市政协召开六届二十次常委会议。会议就“加快推进紧密型县域医疗卫生共同体建设，提升农村医疗卫生服务能力”专题开展专题议政，副市长姚丽璇应邀在会上通报揭阳市加快推进紧密型县域医疗卫生共同体建设情况。会议传达学习《习近平谈治国理政》第三卷、省委书记李希莅揭调研讲话精神以及市委六届九次全会精神，审议通过《揭阳市政协提案工作条例（修订稿）》和有关人事任免事项。

【协商议政】 2020年，揭阳市政协贯彻落实市委决策部署，围绕谋划编制“十四五”规划，打造先进制造业高地、完善治理体系提高治理能力等重大问题建言资政。围绕“加快推进紧密型县域医疗卫生共同体建设，提升农村医疗卫生服务能力”，组织深入调研，举行常委会专题协商。围绕推进“三中心一示范区”建设，领导班子成员领衔督办关于推动传统产业优化升级、整合土地资源提高工业用地使用效益等重点提案，建言规划建设广河客专联络线和揭普惠快线，优化综合交通网络。调查全市物流业发展现状，提出加强冷链物流体系建设，支持网络货运经营平台建设等对策建议，得到有关部门采纳和吸收。紧盯推进农村综合改革目标任务，全面了解农村土地承包经营权流转情况，提出的整合涉农资金、把握政策界限、规范流转平台、完善仲裁机制等建议受到重视。召开规划保护建设历史文化名城名镇名村、引导鼓励社会力量参与公共文化建设等协商恳谈会，协助省政协就“推动粤东西北高等职业教育产教融合，提升服务经济社会发展能力”等进行座谈，献计推动揭阳新科技馆规划建设和“三山国王”文化建设，提升民众文化生活水平。组织委员就揭阳市高新技术企业人才引进和培养工作研讨，提出要打好引才留才育才“组合拳”，着力优化营商环境、涵养人才生态、强化市场评价机制。选派委员参加广工揭阳理工学院筹建工作。

【民主监督】 2020年，揭阳市政协在疫情防控初期，及时选取“基层网格化治理体系建设”开展专项民主监督调研，监督基层网格化治理措施贯彻落实情况。围绕改善人居生活环境，监督半洋隧洞引水工程和引韩供水工程建设，督导加快实施垃圾分类管理、榕城区河道黑臭水体治理等，督促基础性民生工作落实。围绕加强殡仪殡葬服务设施建设进行考察，从办丧场所的规划、选址、建设等方面为便民利民工作把脉开方。围绕家政服务开展专题调研，提出理顺权力职责、发挥政府监管职能、建立标准体系、加强行业规范建设等意见。持续跟进2019年《关于我市既有住宅增设电梯的调研报告》交办落实工作，有关建议被市政府纳入《揭阳市既有住宅增设电梯工作实施方案》。选派市、县两级政协委员参与2020年省政协民主监督调研，重点就产业振兴 （主要是脱贫攻坚产业化长效机制和富民兴村产业发展情况）开展协商式民主监督，为实现巩固拓展脱贫攻坚成果和乡村振兴有效衔接贡献政协力量。

【调研视察】 2020年，揭阳市政协各专委开展“关于加快推进我市农村承包土地经营权流转”“基层网格化治理体系建设”“提案工作信息化”“关于我市历史文化名城名镇名村保护利用情况”“关于我市家政服务工作情况”“我市物流业发展情况”“我市殡仪殡葬服务设施建设情况”“我市高新技术企业人才引进和培养情况”“加大政策支持力度，促进北部生态发展区建设发展”“引导和鼓励社会力量参与公共文化建设”专题调研，形成调研报告，为决策提供参考。此外，协助省政协开展“贯彻落实中央和省委政协工作会议精神，更好发挥界别作用”“推动粤东西北高等职业教育产教融合，提升服务经济社会发展”“揭阳市城市社区治理建设”等调研活动及“‘十四五’期间加大文化投入和保障机制创新力度，加快促进我省基本公共文化服务均等化发展”等书面调研活动。

【提案工作】 2020年，揭阳市政协委员、政协各参加单位和各专门委员会围绕市委、市政府中心工作，聚焦战疫情促发展和人民群众反映强烈的热点难点问题，深入调查研究，建言献策，提交提案131件（其中，市政协六届四次会议提案124件，平时提案7件），经审查，立案87件。立案的87件提案中，经济建设方面11件，占12.6%；城乡建设和管理方面43件，占49.4%；教科文卫体方面24件，占27.6%；政法、社会保障、组织人事7件，占8.1%；环保方面2件，占2.3%。提案答复率和满意率均达100%。许多意见和建议被市委、市政府以及相关部门采纳。

【联络联谊】 2020年，市政协协调、指导空港经济区规范和完善政协工作机构建设和运作。榕城区政协空港经济区办公室于2020年6月挂牌成立，理顺功能区政协管理工作。制定《委员履职工作规则》，修订《关于进一步加强市政协委员联系的意见》《关于规范市政协委员参加会议活动的规定》《关于建立委员履行职责档案的办法》等配套制度，从履职内容、方式、保障、管理等方面加强和规范委员履职工作。发挥新型政党制度优势，以丰富平台为抓手，定期走访市各民主党派，对民主党派、工商联、无党派人士提交和报送的集体提案、社情民意信息，重点督办、重点安排、重点反映，为民主党派和无党派人士更好发挥作用创造条件。做好形势政策和揭阳发展前景的宣传，率团走访澳门中联办、澳门潮州同乡会、部分侨领，参加揭阳市政协澳门顾问委员座谈会暨澳门联络组组长交接仪式、澳揭书画文化交流活动，组织澳门委员学习习近平总书记重要讲话、省委书记李希莅揭调研讲话、市委六届九次全会精神，扩大团结面、增进认同感、画好同心圆。率团拜访省政协机关，赴中山市、河源市、福建省三明市等地考察学习，热情接待全国、省、各地市政协20批次到揭阳考察指导，加强与潮州、清远、江门、云浮等市公共外交协会的交流合作。

【文史资料工作】 2020年，市政协征集揭阳先贤事迹和揭阳籍两院院士资料，搜集揭阳潮汕机场建设项目、大南海石化项目知情人口述史以及部分企业发展史等“三亲”史料，出版《揭阳文史（第9辑）》。

（谢昭忠）

表6

揭阳市政协六届四次会议提案立案表

类别	序号	案题	提案者	备注
(一)经济	1	关于进一步优化我市小微企业营商环境的建议	民盟揭阳市委会	
	2	关于出台便民措施，服务汽车行业发展的建议	民盟揭阳市委会	
	3	关于推动我市传统产业优化升级，着力打造粤东先进制造业高地的建议	九三学社揭阳市委会	
	4	关于扩大“数字揭阳”建设成果，深化“数字政府”改革工作的建议	九三学社揭阳市委会	
	5	关于大力发展乡村旅游，助力乡村振兴的建议	九三学社揭阳市委会	
	6	关于加强我市农产品品牌建设的建议	何宝元	
	7	关于加快推进神泉湾滨海旅游度假区开发建设的建议	方坚源等4人	
	8	关于进一步促进南药产业园发展的建议	林文松等3人	
	9	关于探索建立“推荐好企业，提供好服务”机制的建议	姚洪生	
	10	关于举办互联网营销师职业教育，培育直播带货产业的建议	魏宇超等8人	
	11	关于加快推进我市现代设施农业发展的建议	黄芳淳	

续表6

类别	序号	案题	提案者	备注
(二)城乡建设和管理	12	关于加强市区共享电单车监管的建议	九三学社揭阳市委会 民进揭阳市委会 农工党揭阳市委会 民革揭阳市支部 王一乾等3人 黄业坤	
	13	关于加快推行我市垃圾分类管理的建议	九三学社揭阳市委会 民进揭阳市委会 农工党揭阳市委会 林梓翔 释传性	
	14	关于巩固提升“三清三拆三整治”工作成效的建议	民盟揭阳市委会	
	15	关于保护天福东路环境卫生的建议	民盟揭阳市委会	
	16	关于建设中心城区—普宁城区—惠来城区快速通道的建议	民进揭阳市委会	
	17	关于整合土地资源，提高我市工业用地使用效益的建议	民进揭阳市委会 吴少玉	
	18	关于做好截污管网长效管理工作的建议	民进揭阳市委会	
	19	关于规划建设揭阳新科技馆的建议	民进揭阳市委会	
	20	关于建设榕江南河大桥，连通普宁梅塘镇和揭西金和镇的建议	市政协委员普宁联络组 市政协委员揭西联络组	
	21	科学设置右转标志，提高道路通行效率	民进揭阳市委会	
	22	关于对榕城区街道绿化进行升级改造的建议	民进揭阳市委会	
	23	关于推进既有住宅增设电梯工作的建议	民进揭阳市委会	
	24	关于进一步加强城乡道路交通运输安全管理工作的建议	民进揭阳市委会	
	25	关于要求尽早规划建设广河客专至揭阳高铁线的提案	民进揭阳市委会	
	26	关于扩建新北河大桥，优化市区西部连接线建设的建议	农工党揭阳市委会	
	27	关于拓宽国道206揭东新亨和玉湖段的建议	农工党揭阳市委会 倪俊德	
	28	关于封闭环市北河大桥两端横行过道口的建议	农工党揭阳市委会	
	29	关于完善S236线市区环市北路乔东至阳美路段辅道人行道建设的建议	农工党揭阳市委会	
	30	关于做好城区大件垃圾清运处理的建议	农工党揭阳市委会	
	31	关于在建设揭阳滨海新区中推进海绵城市建设的建议	农工党揭阳市委会	
	32	关于规范市区指示路牌的建议	农工党揭阳市委会	
	33	关于进一步做好市区道路右转车道优化改造工作的建议	九三学社揭阳市委会	
	34	关于完善临江北路微循环改造后配套设施的建议	九三学社揭阳市委会	
	35	关于完善市区垃圾转运站及其配套建设的建议	九三学社揭阳市委会	
	36	关于尽快贯通东湖、西湖碧道的建议	九三学社揭阳市委会	
	37	关于尽快规范、完善我市门牌号的建议	九三学社揭阳市委会	
	38	关于完善省道234线道路配套设施的建议	民革揭阳市支部	
	39	关于完善市区公交车候车站亭简便坐椅设置的建议	吴爱珊	
	40	关于尽快建设科技大道，优化市区道路连通的建议	刘建锋	
	41	关于加大隐性违章建筑物治理力度的建议	李国英	
	42	关于在榕城各小区规划建设老人托老所的建议	柳丹虹	
	43	关于正确利用好农村土地，建设社会主义新农村的建议	柳丹虹	

续表6

类别	序号	案题	提案者	备注
(二)城乡建设和管理	44	关于切实做好“门前三包”工作的建议	方祥庭 许国俊	
	45	关于推进城市智能停车场建设，缓解市区“停车难”的建议	彭少衎 民盟揭阳市委会	
	46	关于进一步加强惠来县城乡道路运输安全管理的建议	林锦清等2人	
	47	关于拆除临江北路西凤桥到汇景蓝湾一期铺前隔离栏的建议	许小鸣	
	48	关于加强榕江新城滨江环岛风光带管理的建议	九三学社揭阳市委会	
(三)教科文卫体	49	关于修改《揭阳市网络预约出租汽车运输证工作规范》的建议	民盟揭阳市委会	
	50	关于加强民办幼儿园管理的建议	民盟揭阳市委会 民革揭阳市支部	
	51	关于加快发展我市中等职业教育的建议	民盟揭阳市委会	
	52	关于在原榕城东南小学空置场地设立青狮文化统战基地的建议	民盟揭阳市委会	
	53	加强行业监管，规范生猪定点屠宰	民进揭阳市委会	
	54	关于规范开具中成药资质的建议	农工党揭阳市委会	
	55	关于加强揭阳市知识产权文化建设的建议	九三学社揭阳市委会	
	56	关于进一步加强小型餐饮业规范管理的建议	九三学社揭阳市委会	
	57	关于在我市开展“CPR心肺复苏术”普及培训的建议	九三学社揭阳市委会	由市政协办交办
	58	关于把心理咨询费用纳入医保范围的建议	九三学社揭阳市委会	
	59	关于提升揭阳市揭东区第二人民医院医疗服务能力的建议	民革揭阳市支部	
	60	关于以“三山国王”文化为媒，助力揭阳经济社会发展的建议	民革揭阳市支部	
	61	关于开展方舱医院可用资源调查，备战突发重大疫情的建议	侯文光	
	62	关于提升我市知识产权服务水平的建议	杨瑞雄等8人	
	63	关于加强非遗保护人才队伍建设，保障非遗工作全面、深入、可持续发展的建议	李国英	
	64	关于及早防止野生猪肉、病死猪肉和携带病毒家禽流入老百姓餐桌的建议	林静音	
	65	贯彻落实中共中央办公厅关于进一步营造我市教育教学良好环境的建议	郑洁雯	
	66	关于筹备建设“黄旭华院士科学展览馆”（暂名）的建议	黄炎真	
	67	关于进一步规范医疗机构抗生素静脉输注的建议	市政协社法委	
	68	关于建立全民健康信息综合管理体系，完善常态化疫情防控机制的建议	朱翔	
	69	关于开展揭阳市普惠型补充医疗保险的建议	魏乐珊等10人	
	70	关于加强我市医疗机构陪护工规范化培训的建议	陈梦云	
	71	关于加快我市紧密型县域医疗卫生共同体建设，提升农村医疗卫生保障能力的建议	九三学社 揭阳市委会	
	72	关于加强青少年生命教育的提案	谢若秋	
	73	关于整治外卖送餐乱象的建议	谢若秋	
(四)政法组织人事和劳动保障	74	关于正确执行居住证受理发放时限的建议	民盟揭阳市委会	
	75	关于提高事业单位公车运行维护费的建议	民进揭阳市委会	
	76	关于为独生子女或失独困难家庭提供生活保障的建议	九三学社揭阳市委会	
	77	关于在惠来县试点建设信访矛盾联合访调中心的建议	袁瑞荣	由市委办交办
	78	关于加强揭港医疗养老产业交流合作的建议	黄业坤	

续表6

类别	序号	案题	提案者	备注
(五)环保	79	关于清理仙桥河河面水葫芦的建议	民盟揭阳市委会	
	80	关于尽快对榕城区河道黑臭水体进行治理的建议	刘建锋 林静音	

说明：经市政协提案委员会审查确定，立案80件

表7

揭阳市政协六届四次会议提案转为建议意见表

类别	序号	案题	提案者	备注
(一)经济	1	关于引导民营企业积极参与粤港澳大湾区建设的建议	民进揭阳市委会	
	2	关于率先发布《揭阳市营商环境指数评价报告》的提案	陈妙财	
	3	关于进一步实施乡村振兴战略的建议	黄芳淳	
	4	关于发放消费券，促进企业复工复市的建议	陈晓鹏	
	5	关于我市进一步复工复产的建议	郑玉林等6人	
	6	关于落实财税政策，推动我市促产培财工作的建议	市政协经济委	
	7	关于开展涉企政策第三方评估研究的建议	市工商联	
	8	关于规划建设养殖园区，推进生猪集约化养殖的建议	民盟揭阳市委会	
(二)城乡建设和管理	9	关于整顿商店圈占店前道路现象的建议	民盟揭阳市委会	
	10	关于加大城中村环境卫生整治力度的建议	民进揭阳市委会	
	11	关于尽快制订我市建筑垃圾处理规划的建议	民进揭阳市委会	
	12	关于提高市区道路斑马线防滑性能的建议	农工党揭阳市委会	
	13	关于拆除公用电话亭的建议	农工党揭阳市委会	
	14	关于在原揭东大圆发展立体交通的建议	九三学社揭阳市委会	
	15	关于进一步规范我市物业管理的建议	周青青	
	16	关于严厉打击市区道路飙车行为的建议	林琼瑜	
	17	关于建设“美丽乡村”的建议	李国英等2人	
	18	关于进一步发展我市公交事业的建议	邱荣利	
	19	关于提高机动车驾驶员交通安全意识的建议	陈晓鹏	
	20	关于337省道惠来段高速出入口至溪西镇区段扩建为六车道的建议	詹锦泉	
	21	关于科学设置交通强闪光摄像头的建议	赖汉齐	
	22	关于整治城市小卡片非法广告，助推国家文明城市创建的建议	王佩嵩	
	23	关于改造榕城区城中村供电、通信线路的建议	王佩嵩	
	24	关于在城区主要街道增设移动公厕的建议	释传性	
	25	关于着力改善居民休闲活动空间的建议	方汝新	
(三)教科文卫体	26	关于加强我市职业病防治工作的建议	民盟揭阳市委会	
	27	关于加强我市家庭教育工作的建议	民盟揭阳市委会	
	28	关于办好“揭阳（国际）半程马拉松赛”的建议	民进揭阳市委会	
	29	关于设立华侨博物馆的建议	民进揭阳市委会	
	30	关于试点修复部分潮汕民居民宅的建议	侯文光	
	31	关于解决老东山区辖区内新建各住宅小区适龄入学儿童就读问题的建议	柳丹虹	
	32	关于加快推进我市基层公共卫生服务均等化的建议	李汉明等4人	

续表7

类别	序号	案题	提案者	备注
(三)教科文卫体	33	关于进一步加强市民文明素养培育的建议	许乐敏	由市委办交办
	34	关于在我市各单位体检中全面开展肺癌筛选的建议	林凯鸿	
	35	关于推进粤港澳大湾区非物质文化遗产平台共建与交流平台的建议	江极选等6人	
	36	关于尽快修复桃山东岳文物登记单位建筑物，打造桃山历史文化古村纪念馆的建议	谢若秋等13人	
(四)政法组织人事和劳动保障	37	关于提倡儿童办理身份证的建议	民革揭阳市支部	
	38	建议出台《揭阳市养犬管理条例》	民进揭阳市委会	
	39	关于在我市医疗卫生单位统一推行双休制的建议	黄志昂	
(五)环保	40	关于禁止售卖、放生巴西龟，保护我市生态环境的建议	民盟揭阳市委会	
(六)其他	41	关于进一步规范月嫂队伍建设的建议	农工党揭阳市委会	
	42	关于推进我市婚恋服务工作的建议	周青青	

说明：经市政协提案委员会审查确定，转为建议意见42件

表8

揭阳市政协六届四次会议提案不立案表

类别	序号	案题	提案者	备注
(一)经济	1	关于建设普宁摩天石自然风景区索道缆车等配套设施，促进我市乡村旅游整合发展的建议	黄芳淳	
(二)教科文卫体	2	将糖尿病视网膜病变筛查纳入基本公共卫生服务的建议	民盟揭阳市委会	

说明：经市政协提案委员会审查确定，不立案2件

表9

揭阳市政协2020年平时提案立案表

类别	序号	案题	提案者	备注
(一)城乡建设和管理	1	关于在国道206、省道505空港经济区路段增设交通信号灯的建议	九三学社揭阳市委会 民盟揭阳市委会	
	2	关于整治揭阳榕江西湖公园的建议	民进揭阳市委会	
	3	关于规范红灯右转管理的建议	林伟群	
	4	关于改善空港经济区砲台镇政府西侧镇安路路况的建议	蔡陶彧等3人	
	5	关于优化升级农贸批发市场，建立健全农副产品流通体系及供应链追溯机制的建议	九三学社揭阳市委会	
(二)政法	6	关于加强民法典宣传的建议	民盟揭阳市委会	
	7	关于落实刑事案件告知辩护律师制度的建议	吴奕练等2人	

纪检监察

【纪检监察工作概况】 2020年，揭阳市各级纪检监察机关全面从严治党，持之以恒正风肃纪，一体推进不敢腐、不能腐、不想腐，推进全市纪检监察工作的高质量发展。全年，全市接受信访举报5045件次，立案2725件，处分2676人，移送检察机关71人。开展六届市委第六、七、八轮常规巡察，巡察覆盖率达98%。

【市纪委六届五次全体会议】 2020年5月16日，中国共产党揭阳市第六届纪律检查委员会第五次全体会议在市区举行。全会学习贯彻习近平总书记在十九届中央纪委四次全会上的重要讲话和中央纪委全会精神、省委书记李希在十二届省纪委五次全会上的讲话和省纪委全会精神，回顾2019年全市纪检监察工作，总结党的十九大以来全市纪检监察工作体会，部署2020年工作任务。全会审议通过市委常委、市纪委书记、市监委主任李文骥代表市纪委常委会所作的《强化监督制约 持续正风反腐 为揭阳全面建成小康社会提供坚强保障》工作报告和全会决议。

会议强调，全市各级纪检监察机关要以习近平新时代中国特色社会主义思想为指导，全面贯彻党的十九大和十九届二中、三中、四中全会精神，深入学习贯彻习近平总书记在十九届中央纪委四次全会上的重要讲话和对广东重要指示批示精神，贯彻落实十九届中央纪委四次全会，省委十二届七次、八次、九次全会，十二届省纪委五次全会，市委六届七次、八次全会工作部署，增强“四个意识”、坚定“四个自信”、做到“两个维护”，坚持稳中求进工作总基调，协助党委深化全面从严治党，坚持和完善党和国家监督体系，强化对权力运行的制约和监督，一体推进不敢腐、不能腐、不想腐，在坚持和完善中国特色社会主义制度、推进国家治理体系和治理能力现代化中充分发挥监督保障执行、促进完善发展作用，建设高素质专业化纪检监察干部队伍，推动新时代纪检监察工作高质量发展，为决胜全面建成小康社会、决战脱贫攻坚提供坚强保障。

会议要求，要坚持以初心使命作为奋斗前行的根本动力，主动担当“两个维护”根本政治责任。要坚持以人民立场为根本政治立场，全力保障脱贫攻坚决战决胜。要坚持以深化纪检监察体制改革为动力，着力把监督制度优势转化为治理效能。要坚持以监督为第一职责，强化对权力运行的制约和监督。要坚持以巩固拓展作风建设成效为着力点，推动党风政风和社会风气持续好转。要坚持以政治巡察为定位，健全完善巡察上下联动工作格局。要坚持以一体推进“三不”为目标，进一步巩固和发展反腐败压倒性胜利。要坚持以打铁必须自身硬为政治标准，建设高素质专业化的纪检监察干部队伍。

市委常委，市人大常委会、市政府、市政协领导；市法院院长、市检察院检察长；市纪委委员；各县（市、区）党（工）委、政府（管委会）主要负责人；市委各部委、市直各单位、市各人民团体主要负责人；不是市纪委委员的市监委委员，市委巡察组组长、巡察办副主任，市纪委监委派驻（出）机构、各室（部）负责人，市廉政教育中心主任；县（市、区）纪（工）委主要负责人、揭阳学院纪委书记，市监委特约监察员代表等参加会议。

会议期间，揭东区委、惠来县委、市审计局、市统计局、市林业局等单位党委（党组）主要负责人向市纪委全会作述责述廉报告并接受评议。

2020年5月16日，中国共产党揭阳市第六届纪律检查委员会第五次全体会议在市区举行 （郑楚藩 摄）

【反腐倡廉警示教育基地建设】 2020年，揭阳市廉洁文化基地启动迁址改版工作，完成概念策划和选址。对普宁、揭西、惠来廉洁文化基地建设工作进行指导。至12月，揭阳市廉政教育基地5个，分别是广东揭阳反腐倡廉警示教育基地、周恩来同志革命活动旧址、方方纪念馆、揭东玉湖汾水战役纪念公园、揭西大北山革命历史纪念馆。

【党风廉政建设】 2020年，揭阳市纪检监察机关深化政治监督，严格执行市委坚决落实“两个维护”十项制度机制，完善政治要件落实情况督查制度，建立贯彻落实习近平总书记重要讲话和重要指示批示精神进展情况台账，全过程督办。紧盯党中央关于统筹疫情防控和经济社会发展的决策部署，科学精准稳慎有效实施监督，全市处理在疫情防控中不作为、乱作为的党员干部55人，其中诫勉、批评教育、谈话提醒等方式处理42人。围绕落实三大攻坚战、扫黑除恶专项斗争、整治违法建设及违建别墅、村账镇管、雨污分流、制止餐饮浪费等八个方面，开展专项督查工作，组织检查197场次，发现问题1148个，督促落实整改。加强对各级党组织“一把手”执行政治纪律和政治规矩、履行管党治党责任、加强廉洁自律等情况的监督，推动各级党组织“一把手”履行全面从严治党第一责任人责任。组织市管“一把手”91人向市委提交书面述责述廉报告，其中5人分别在同级党委（党组）扩大会议和市纪委全会上述责述廉并接受评议，对综合评议分数靠后的进行谈话提醒。加强对“一把手”的廉政提醒，向新任市管“一把手”发送提醒函。运用巡察整改监督、纪检监察建议、民主生活会督导、跟踪回访受处分人员等方式，压实“一把手”主体责任，推动“两个责任”贯通联动、同向发力。督促开展提醒谈话工作，全市各级党员领导干部共开展提醒谈话1796人次，警诫谈话593人次。制订《关于治理为官不为　完善容错纠错机制　激励干部新时代新担当新作为的实施方案》，建立动态正负面行为清单机制，划出“安全区”，激励广大干部敢于担当作为。制订《揭阳市纪委监委关于发挥职能作用保障促进民营企业改革发展的实施意见（试行）》17条措施，推动构建亲清政商关系。严把党风廉政意见回复关，市纪委监委回复党风廉政意见459人次，提出不同意见3人次。巩固深化肃清李嘉、万庆良恶劣影响成果，持续净化政治生态，全市立案查处违反政治纪律的党员干部32人，其中市管干部2人。组织市、县、镇三级纪检监察机关，对省挂牌督战的“一县六村”以及贫困村较多、困难较大、总贫困人口较多的46个乡镇（街道、场）102个村（社区）开展全覆盖调研督导，约谈提醒相关责任领导，层层压实主体责任。开展全市脱贫攻坚落实情况专项抽查，抽查62个村（社区）132户贫困户，发现问题67个，推动全面排查、狠抓整改。聚焦村（社区）“两委”换届风气监督，向各县（市、区）反馈换届风气出现问题可能性较高的村（社区）125个，派出6个换届风气督查小组全程监督，净化换届选举环境。治理贯彻党中央决策部署只表态不落实、维护群众利益不担当不作为、困扰基层的形式主义官僚主义等突出问题，全市查处有关问题226个，处理466人，处分267人。坚决纠治享乐主义奢靡之风，持续保持落实中央八项规定及其实施细则精神力度，着力整治违规收送礼品礼金、违规发放津贴补贴等突出问题，全市查处有关问题330个，处理502人，处分277人，通报曝光典型案例13起。紧盯关键节点、重要领域和重点工作中存在的“四风”问题，组织明察暗访，严肃处理相关责任人，市纪委监委暗访组共出动333次，明察暗访单位和场所891个，发现问题220个，处分62人。

【政治巡察】 2020年，揭阳市推进政治巡察，组织开展市委第六、七、八轮常规巡察，对市委办等45个市直单位和基层法院党组织开展“政治体检”，发现并推动解决管党治党“宽松软”等方面的问题2240个，移交问题线索118条，巡察覆盖率达98%。向市委提交专题报告50份，为市委决策提供参考依据。组织对涉及扫黑除恶十大重点行业领域的14个市直单位开展“机动式”巡察“回头看”，发现整改落实方面问题97个、扫黑除恶方面问题139个。做好巡察“后半篇文章”，完善反馈、通报和整改落实机制，组织市委第六、七、八轮常规巡察反馈，反馈问题2521个，落实整改1561个，组织对市工业和信息化局等5个单位涉及营商环境整改落实情况开展督导，推动市直职能部门出台促进民营经济大发展、实体经济十条（修订）、优化营商环境措施等文件，建立健全相关制度205个。组织开展扶贫领域巡察整改“回头看”专项督导，走访163个村1310户贫困户，发现问题495个，形成问题线索10条。组织各县（市、区）针对省委巡视发现的普遍性、倾向性问题开展“未巡先改”，自查问题210个、采取措施417项，完成整改196个。推进驻镇巡村专项巡察整改，推动全市各级建章立制1384项，完善基层治理体系。加强巡察规范化建设，优化市委巡察机构与市纪委监委有关部门协调协作机制，加强巡察与组织、审计、财会、信访、统计等职能监督的信息共享，推动巡察与其他监督贯通融合。构建市县巡察上下联动体制机制，通过建立市委巡察组联系挂钩各县（市、区）党委巡察工作制度，提升县级党委巡察工作质效，各县（市、区）巡察覆盖率均在95%以上，全市1627个村（社区）党组织实现巡察全覆盖。

【反腐败宣传教育】 2020年，揭阳市纪检监察机关加强警示教育，拍摄《贪欲之害》系列警示教育专题片，有针对性地对市管、镇街、村居三级干部开展警示教育。组织编印2020年版《揭阳市违纪违法干部忏悔录》和《揭阳市违纪违法典型案例剖析》，收录忏悔材料28份和典型案例剖析43个，发放给全市各级党组织学习。“清风揭阳”微信公众号关注人数超过5万人。在《揭阳日报》社开设专栏《揭岭风清》，每月一主题宣传全市全面从严治党各项工作的经验做法，营造风清气正的政治环境。协助举办全市领导干部党章党规党纪教育培训班，持续开展宣传教育，培育廉洁文化。

【查处违纪违法案件】 2020年，揭阳市各级纪检监察机关运用“四种形态”批评教育帮助和处理8806人次，其中，第一种形态6008人次，占比68.2%；第二种形态1875人次，占比21.3%；第三种形态526人次，占比6%；第四种形态397人次，占比4.5%。坚持严肃问责、精准问责，全市问责党组织16个，问责231人。推进基层正风反腐，全市查处涉及村（社区）“两委”换届问题人员6人，排查扶贫领域腐败和作风问题线索52条，立案96件，处分94人，移送检察机关1人。坚决查处发生在民生资金、“三资”管理、征地拆迁、教育医疗、生态环保等领域违纪违法行为，全市立案基层党员干部2115件2121人，处分2148人，移送检察机关24人。坚决打好打赢扫黑除恶专项斗争收官战，推进“六清”行动，全市处置涉黑涉恶腐败和“保护伞”问题线索1459条，立案审查调查492人，处分375人，移送检察机关37人。严肃查处陈某某、陈某某等涉黑涉恶案件背后的“保护伞”以及司法腐败问题。全市纪检监察机关接受信访举报5045件次，同比增长25.03%，其中检控类3538件，同比增长16.23%；立案2725件，同比增长16.25%，立案处级干部38人、科级干部353人；处分2676人，同比增长23.89%；移送检察机关71人。坚决查办大案要案，全市留置25人。严肃查处中央电视台曝光的普宁市、惠来县货运乱象问题，立案90人，移送检察机关19人。保持追逃追赃高压态势，省重点追逃对象、省追逃办挂牌督办追逃对象、2018年以来新增外逃人员全部实现“清零”。全市追回外逃人员31名，追回人数持续位居全省前列。坚持以案促改，做实查办案件“后半篇文章”，规范和统筹做好纪检监察建议工作，市纪委监委发送纪检监察建议书28份。加大信访举报分析力度，把握新情况新动向，开展信访举报分析4次。探索监督规律，把握不同特点，抓住实质要害，善于发现问题、敢于指出问题、推动解决问题。加大对共性问题的剖析力度，把基层政治生态建设与基层治理体系、治理能力现代化联系起来，提出切实可行的建议。

【队伍建设】 2020年，揭阳市纪检监察机关强化党建引领，持续擦亮“亮剑”精神党建品牌，开展好每周一次支部党建、每人发言十分钟等活动。加强支部建设，优化党组织配置，配齐配强机关党委班子和各党支部支委。开展党支部书记述责述廉工作，压实第一责任人责任。开展党支部书记家访活动，强化党内关怀。开展革命传统教育，组织红色教育主题党日活动112余次。弘扬伟大抗疫精神，挖掘身边人的感人事迹，其中1人受到市委表彰为先进工作者。坚持激发队伍活力，开展“能力提升年”活动，组织信息、保密、审理、信访等业务培训，举办“清风揭阳讲坛”5场次，组织应知应会知识测试24场次1555人次，持续提升队伍专业化水平。市、县、镇三级纪检监察干部培训覆盖率达到100%。实行审查调查“一线工作法”，落实团队协作办案机制，坚持“以案代训”“导师制”，完善轮岗交流、跟班学习制度，强化实战练兵。强化教育监督管理，开展机关内部专项检查工作，全面了解纪检监察干部履职尽责和能力作风等方面情况，对不少于50%的案发单位、联系监督单位、被巡察单位进行延伸检查，开展内部检查3轮，检查部门22个，发现问题45个并督促落实整改。组织特约监察员参加有关会议和活动，主动听取意见建议，自觉接受监督。剖析典型案例，在全市纪检监察系统开展警示教育活动。做实做细谈心谈话制度，开展内部提醒谈话和警诫谈话68人次。坚持刀刃向内，全市有14名纪检监察干部被立案审查调查，其中处级干部2人。

（陈佳慧）

民主党派和工商联

中国民主同盟揭阳市委员会

【民盟概况】 2020年，民盟揭阳市委会开展“不忘合作初心，继续携手前进”主题教育活动，进一步夯实多党合作的共同思想政治基础。加强自身建设，履行参政党职能，各项工作均取得新进展。全市有盟员285人，其中高级职称63人，中级以上职称135人，中上层人士243人，占全盟总人数的85.26%。助力抗击疫情，民盟揭阳市委会第一时间通过微信公众号发出《致全市盟员的倡议书》，做好宣传引导，迅速动员全市盟员，配合中共揭阳市委、市政府的抗疫措施。

民盟揭阳市委会荣获民盟中央2020年度“民盟思想政治建设和宣传工作先进集体”荣誉称号。

【组织建设】 2020年，民盟揭阳市委会所属各基层组织相继完成换届工作，做好后备队伍建设。做好优秀盟员的推荐和主界别盟员的发展工作，组织开展学习交流活动，增强市委会的凝聚力，注重吸收参政议政需要的复合型人才和新社会阶层优秀人士。发展新盟员6名，均为本科以上学历、中上层人士。其中中高级以上职称5人，正处级和副处级公务员各1名及新社会阶层人员1名。

【参政议政】 2020年，民盟揭阳市委会发挥参政党职能作用，围绕中共揭阳市委、市政府中心工作，聚焦“一城两园”，为加快揭阳滨海新区开发建设，推动全市全域融入粤港澳大湾区，奋力把揭阳打造成为广东沿海经济带新增长极献计出力。在揭阳市政协六届四次会议上，民盟揭阳市委会提交19件提案，立案10件，转为建议5件。盟员以政协委员名义向市政协提交并被采用的提案13件，其中2件平时提案。市委会多次派员积极参与提案办理协商和参加提案督办工作，促进提案建议落到实处。承接民盟广东省委立项调研课题“建立居家社区机构相协调、“互联网+医疗”相结合的养老服务体系”。民盟揭阳市委会主委蔡幸生撰写《防控我国新型冠状病毒肺炎流行的对策建议》《完善野生动物保护法，加大执法力度，防止野生动物病体向人类扩散》2个信息提交省盟，向中共揭

2020年9月20日，民盟揭阳市委会到揭东区桂岭镇开展义医赠药活动

（民盟揭阳市委会　供稿）

阳市委统战部提交《关于防控新型冠状病毒肺炎流行的建议》。民盟揭阳市委会委员李国英向市政协提出建议，要求防疫部门联合基层办事处和社区，投入消毒剂液，定时对所在辖区进行消毒，杜绝传染源；政府有关部门在特殊时期要调配大米、粮油等民生急需用品，在供销社营业点平价投放，稳定市场价格。

【社会服务】 2020年，民盟揭阳市委会采取多种形式助力抗疫。许多盟内医疗战线盟员，放弃假期，坚守岗位，全力扑在抗疫工作的第一线。各基层组织、热心盟员积极捐款捐物，通过多形式、多渠道助力抗疫。盟员黄洁妹一家因积极捐款捐物抗疫、慰问医护人员，被空港区评为抗疫“最美家庭”。蔡幸生家庭获得“第十二届全国五好家庭”荣誉称号。原民盟揭阳市委专职副主委王伟华、剪纸大师谢奕锋、中国作协会员王哲珠、画家徐兰、作家陈杰俊等盟员艺术家纷纷响应“笔杆为枪，积极战疫，宣传英雄”的号召，通过书画作品、创作散文、诗歌等用多种形式助力抗疫。动员全市盟员参与揭阳市疫情防控工作，还通过“情暖三江——社会服务公益活动”主题志愿项目品牌，以精准扶贫、教育扶贫、义医义诊为切入点，丰富服务形式、深化服务内容，提高社会服务能力。9月20日，民盟揭阳市委会内外医疗队伍20多人到桂岭镇岭丰村开展情暖三江第五期义医赠药送温暖活动。

（林煜煌）

中国民主促进会揭阳市委员会

【民进概况】 2020年，民进揭阳市委会举办庆祝“民进成立75周年座谈会”。利用微信群、党派网站和“南方+”客户端，发布《中国民主促进会揭阳市委员会倡议书》。支持市人民医院急诊科主任黄国梁会员第一时间撰写防治疫情科普文章，传播科学防治疫情知识，号召各级组织和全市会员投身抗疫工作。向全市会员发出《关于“厉行节约、反对浪费”的倡议书》。出版《揭阳民进》（2020年），全年在“南方+”主流媒体发布报道、信息25条。

【组织建设】 2020年，民进揭阳市委员会发展10名新会员。完成各支部（普宁支部除外）换届选举工作，选优配强班子成员。建成揭阳市首家“民进会员之家”。推进代表性人士队伍建设，做好2021年市委会换届前期工作。陈奇春被民进中央评选为“民进全国履职能力建设先进个人”，林正忠被民进中央评选为“脱贫攻坚民主监督工作先进个人”，潘旭鹏被民进中央评选为“民进全国会史工作先进个人”，柯永华被民进广东省委会评选为“抗疫先进会员”。组织承办与江门、河源、中山等民进组织的座谈交流活动。组织骨干会员赴江门、东莞、惠州三地开展学习调研。

【参政议政】 2020年，民进揭阳市委会组织会员参加2020年市“两会”，向政协大会提交提案25件，立案15件。《关于要求尽早规划建设广河客专至揭阳高铁线的提案》被列为2020年市党政领导督办政协重点提案。《关于整合土地资源，提高我市工业用地使用效益的建议》等4件被列为2020年市政协领导督办重点提案。《关于扎实推进乡村振兴战略的建议》等7件提案被评选为市政协六届三次会议以来的优秀提案。《关于规范和扶持幼儿托育服务的提案》荣获民进广东省委会2019年度优秀提案三等奖。陈奇春率队到挂钩“梁柱”企业检查指导疫情防控和复工复产工作，督导中山、梅云、仙桥街道和玉湖镇的创文创卫、污染防治攻坚和违法建设整治工作；到榕城区、揭东区开展“我市殡仪殡葬服务设施建设情况”专题调研；到普宁德安里、榕城区博物馆等开展“我市历史文化名城名镇名村保护利用情况”调研。郑少鸾率队到梅云街道何厝社区等开展“提升基层治理效能，促进社会和谐

2020年1月12日，民进揭阳市委会联合市图书馆等单位举办“赠春联、送祝福”惠民活动

（民进揭阳市委会　供稿）

稳定”课题调研，到中山街道就古城保护和文物利用开展调研，到仙桥街道西岐社区等开展“提升履职能力，助力文旅融合”调研。选派骨干会员参与市各民主党派、知联会、新阶联联合调研课题“做大做强现代农业产业园，助推后脱贫时代乡村振兴”。组织会员到揭东区、市医保局等开展揭阳市普惠型补充医疗保险提案督办调研活动，到市农业农村局等单位开展2020年市政协提案办理评价考核工作，到市住建局督办《关于加快既有住宅增设电梯工作进度的建议》等提案。黄礼永连续两年被揭东区政协评为年度“优秀政协委员”。

【社会服务】 2020年，民进揭阳市委会支持惠来县支部联合惠来县政协、华湖镇卫生院等单位到华湖镇坪田村举办“打赢脱贫攻坚战，送健康、送温暖、送祝福下乡”现场慰问活动，为56户贫困户送上慰问金和一批物品。联合市文广旅体局、市图书馆举办“赠春联、送祝福”惠民活动，支持产业园支部在磐东街道乔南村为市民书写、赠送春联，弘扬优秀传统文化，营造节日喜庆气氛。支持揭东区支部举办“赠书助读”活动，向玉湖镇汾水小学捐赠一批“中华经典吟诵”书籍和相关器材。号召各基层组织和会员以不同形式为抗击新冠肺炎疫情贡献力量。榕城总支和揭西支部等踊跃为有关单位捐献抗疫物资和资金，陈奇春、林正忠、吴丽芬、刘特鹏、柯永华、林金雄等积极参与疫情防控、指导复工复产。王彦波、黄国梁、陈浩亮、刘玉俊等一批医卫界会员奋战抗疫第一线。黄炎真用文言文撰写千字文章《抗“疫”歌》。黄凤珠参加揭阳市防控新冠肺炎疫情主题文艺创作活动。李少玲朗诵传播抗疫作品《孩子，我想对你说》。林春潮和张秋燕分别撰写抗疫文章《以党为师，踔厉风发怀初心》和《我们都是抗疫战士》。夏泽斌、林仲庆、黄锐锋、郑延忠等企业界会员慷慨解囊支援抗疫。

（潘旭鹏）

中国农工民主党揭阳市委员会

【农工党概况】 2020年，农工党揭阳市委会提高建言资政和凝聚共识双向发力的质量，围绕市委市政府工作中心，开展“不忘合作初心，继续携手前进”主题教育活动，加强组织建设、提升思想素质、增强履职能力、优化社会服务、立足岗位建功。全市有农工党员333名，正高职称7名，副高职称15名，中级职称145名。揭阳市农工党基层组织13个支部委员会和1个支部进行换届。

农工党揭阳市委会主委卢灿辉被农工党中央评为先进个人，普宁支部被农工党中央评为先进基层组织。在抗击新冠肺炎疫情中，农工党揭东区人民医院支部党员黄春明被中共揭阳市委、市政府评为“揭阳市抗击新冠肺炎疫情先进个人”称号。

【参政议政】 2020年，农工党揭阳市委会形成13件市委会集体提案提交市政协六届三次会议。经市政协提案委员会审查确定，有10件提案被立案，3件转为建议意见，其中有2件被评为优秀提案。《推进“全城通办”“跨城通办”，营造便民利商环境》上报中共揭阳市委作为“我为揭阳振兴发展献一策”的调研报告。

【社会服务】 2020年，农工党揭阳市委会在抗疫防控工作中，发挥农工党主界别为医药卫生界的优势，打响“农工”品牌。农工党市委会号召全体广大党员，特别是分布在医卫界的党员要发挥专业优势，投身到新冠肺炎疫情防控一线。广大医卫界党员积极响应号召，主动放弃春节休假，夜以继日奋战在阻击疫情各条战线上。农工党揭阳市委会组织农工党员捐款44376元，捐

2020年11月27～29日，农工党揭阳市委会组织党员到韶关市开展学习《习近平谈治国理政》第三卷专题培训班暨“不忘合作初心，继续携手前进”主题教育活动

（农工党揭阳市委会 供稿）

赠价值人民币10万元一次性医用口罩以及一次性医用手套、消毒液和护目镜等物资一批，其中农工党普宁支部捐赠一次性口罩共4万个。

（农工党揭阳市委会）

九三学社揭阳市委员会

【九三学社概况】 2020年，九三学社揭阳市委员会积极参政议政，服务社会，助力抗击新冠肺炎疫情。联合社汕头市委、梅州市委、潮州市支社在揭阳市开展纪念九三学社建社75周年活动，省政协副主席、社省委主委张少康，市委常委、统战部长庄建儿应邀出席活动并作讲话。在广东南岭干部学院举办“学习新思想实现新作为”培训班。各支社分别到惠来县五福田村、普宁市杨石魂故居等革命教育基地开展学习活动。

全年，吸收3名新社员，有社员103人，其中高级职称29人，中级职称37人。成立社市委第一个“社员之家”。九三学社揭阳市委员会获得社省委“新冠肺炎疫情防控工作先进集体”表彰，综合支社和榕城支社获得社省委“纪念九三学社创建75周年全省优秀社组织”表彰；社员徐伟雄被社中央评为“2016—2020年社会服务先进个人”，侯文光被社中央评为“九三学社抗击新冠肺炎疫情先进个人”。

【参政议政】 2020年，九三学社揭阳市委员会提交省政协大会个人提案2件，立案1件、转建议1件。提交市政协大会集体提案18件，个人提案8件。集体提案17件被立案，1件转建议；5件个人提案被立案，3件转建议。提交市政协平时提案2件，均被立案。《关于加快推进县域医疗卫生共同体建设，提升农村医疗卫生保障能力的建议》被列为市委书记督办重点提案。《关于推动我市传统产业优化升级，着力打造粤东先进制造业高地的建议》被列为市长督办重点提案，3件被列为市政协领导督办重点提案。市政协大会表彰优秀提案20件，九三学社揭阳市委员会5件提案获得表彰。

牵头组织市各民主党派、知联会、新阶联联合开展“做大做强现代农业产业园，助推后脱贫时代乡村振兴”专题调研。到各县（市、区）现代农业产业园进行实地调研。组织到韶关市翁源县、福建省南平市学习考察，借鉴先进经验。开展网络问卷调查，了解社情民意。整理形成调研报告，就揭阳市建设现代农业产业园提出意见建议。市政协副主席、主委吴少珍牵头组织市政协常委会2020年协商议政专题调研——《加快推进县域医疗卫生共同体建设，提升农村医疗卫生保障能力》。

【社会服务】 2020年，九三学社揭阳市委员助力新冠肺炎疫情防控工作，发出倡议书，号召全市社员全力参与到抗击疫情的战斗中。主委吴少珍多次带队到基层和挂钩联系企业指导疫情防控和复工复产工作。医疗卫生界社员参与市疫情防控指挥、一线救治和防控工作，科技界和其他专业领域社员也纷纷参与到科技保障、心理疏导、宣传教育等工作之中。发动全体社员捐款捐物一批。发挥参政议政作用，社市委向市政协提交社情信息1篇，向社省委提交信息1篇，均被采用。

配合社省委开展助力揭阳市乡村振兴活动和脱贫攻坚民主监督工作。6月，社省委主委张少康率队到揭西县开展脱贫攻坚民主监督工作。10月，社省委组织社员专家赴揭东区埔田镇开展教育助学、医疗卫生等帮扶活动。12月，社省委组织专家到埔田镇开展慰问活动。社市委认真做好协调联系工作，积极主动支持配合社省委莅揭开展活动。支持指导各支社开展扶贫慰问、知识讲座、送春联等社会服务活动。

（九三学社揭阳市委员会）

2020年9月26日，九三学社揭阳市委员会联合九三学社汕头市委、梅州市委、潮州市支社在揭阳市开展纪念九三学社建社75周年活动

（九三学社揭阳市委会　供稿）

揭阳市工商业联合会

【工商联概况】 2020年，揭阳市工商联组织会员11927个，执委会成员730个，其中市工商联执委会成员216个。全市县级工商联组织6个，

乡镇（街道）商会39个，团体会员26个，主要涉及五金不锈钢、中药材、塑胶、鞋业、纺织服装、玉器、电子商务、物流等行业。

【政治引领】 2020年，揭阳市工商联开展同民营经济代表人士走访谈心活动。会同市委统战部开展民营经济代表人士走访谈心活动，向民营经济人士传递中共中央总书记习近平和党中央对广大民营企业和民营经济人士的高度重视和亲切关怀，就民营经济发展的政策问题进行解读，对民营企业发展中存在的问题进行深入探讨，帮助他们反映合理诉求，解决实际问题，提振企业家发展信心，坚定民营经济人士听党话，跟党走的决心。凝心聚力协同疫情防控工作。新冠疫情发生初期，市工商联协助市政府了解旅居湖北乡亲春节返揭详细情况，及时和市公安局指挥中心沟通；第一时间向广大民营经济人士发出《倡议书》，号召他们切实履行社会责任，彰显责任担当，全力支持党和政府开展疫情防控，广大民营企业、商协会纷纷响应，慷慨解囊，捐资捐物。组织、发动捐款逾1900万元及抗疫物资一大批。揭阳市投资协会受到全国工商联通报表扬，广东国鑫实业股份有限公司、惠来金马（集团）有限公司分别被省工商联评为广东省抗击新冠疫情“重要贡献”和“突出贡献”民营企业。

【非公党建工作】 2020年，揭阳市工商联深化“商（协）会党旗扬”主题活动，组织非公经济组织负责人赴揭西开展“重温红色历史 牢记初心使命”非公党建主题教育实践活动；开展《习近平谈治国理政》第三卷宣讲活动并向揭阳市5个平“语”近人宣讲示范基地发放有关政策、文件汇编；授予中共揭阳市建筑装饰协会支部委员会等10个党组织“揭阳市非公党建工作先进基层党组织”称号。到市重点行业商协会调研党建工作有关情况，并形成专题报告上报省非公党委。做好非公党建“双同步”工作，摸清市县两级工商联执委企业和有关行业商协会党建工作底数并完善工作台账。持续完善党建指导员工作机制，指导市高新技术企业协会党支部与韩山师范学院化学与环境工程学院党总支开展结对共建活动；指导百分珠宝玉器有限公司联合党支部开展“党建领航、凝聚青年、创新电商”主题活动等。

2020年1月15日，揭阳市工商联（总商会）五届四次执委会议召开

（市工商联 供稿）

【经济服务】 2020年，揭阳市工商联深化实施企业家素质提升工程，筑牢民营经济高质量发展基础。11月，市工商联与市委统战部联合，在广东工业大学举办“揭阳市青年民营企业家经济高质量发展能力提升培训班”，组织揭阳市先进制造业、现代服务业、文化旅游业和现代农业企业中的年轻企业家参加培训，加大对揭阳市青年民营企业家的教育培训力度，造就一批民营企业领军人物。依托揭商培训基地，定期不定期举办“揭商沙龙”“揭商大讲坛”等活动，持续宣讲党的十九届五中全会精神、习近平总书记系列重要讲话精神，教育引导民营企业家听党话、跟党走，做爱国敬业、守法经营、创业创新、回报社会的表率和践行亲清新型政商关系的典范。加大对创新型、成长型企业领军人才的培育发掘力度。持续健全民营经济代表人士的选拔机制，扩大选人视野、扩宽发现渠道、优化队伍结构，开展“创新型、成长型民营中小企业走访调研活动”，发掘揭阳市“专精特新”“小巨人”企业领军人才。持续加大法律服务力度，维护民营企业合法权益。与市检察院共同举办“服务‘六稳’‘六保’护航民企发展”主题检察开放日座谈活动，由检察院有关负责同志就检察系统服务民企发展有关工作作介绍，并与与会民营企业家代表深入交流，对检察机关如何进一步做好服务保障工作提出意见建议。发挥市总商会人民调解委员会作用，探索解决会员企业纠纷新方法，提升有效化解民营经济领域各类矛盾纠纷的能力。依托市民营企业法律服务团，不定期开展法律服务进商协会、进民企活动，发放有关法律资料，帮助民营企业解决法律问题，维护合法权

益。汇编整理疫情相关法律知识向企业推送，进一步增强企业法治意识，防控企业法律风险。开通广东省保护民营企业合法权益粤商通智慧平台和市企业诉求办理响应平台，及时处理企业反映的有关诉求。多措并举，助力企业复工达产。及时向企业推送疫情防控、复工复产相关政策措施，并邀请相关专业人士撰写《揭阳市关于打赢疫情防控阻击战扶持中小企业共渡难关的若干措施》解读文章，为企业提供具有时效性、针对性的政策利用指引。通过多方联系，多渠道协助企业采购口罩、消毒用品等复工复产必需防疫物资，解决企业实际困难。与市税务局联合举办税费优惠政策“云课堂”，在线宣讲涉税优惠政策，重点讲解企业复工复产税费优惠减免内容，为企业解疑释惑。协助市金融局向民营企业推广“揭阳市中小企业融资平台”，针对企业不同层次不同阶段不同场景的实际需求，为民营企业提供更高效，更低成本的金融产品，助力企业良性发展。与市委统战部、市人社局联合开展“援企稳岗扩就业暖企行动”，举办网上“民营企业招聘周”活动。到外贸企业，了解新冠疫情背景下，涉外合同履行情况，推送办理不可抗力相关的事实性证明的程序和渠道信息。

【参政议政】 2020年，揭阳市工商联紧紧围绕加快建设产业强市、持续优化营商环境等民营经济领域的热点问题，到县级工商联、行业商协会、会员企业，以问卷调查、座谈交流和个别走访等方式，开展“关于了解民营企业融资需求有关情况调研”“民营企业抗疫政策落实情况调查”等专项调研10多场次，完成调研问卷近1000份，及时掌握揭阳市民营企业当前面临的主要困难和问题以及对优化营商环境。与市委统战部合作完成《与民营经济代表人士谈心活动及新冠疫情对我市民营企业的影响和建议》。

【对外联络】 2020年，揭阳市工商联发挥联系广泛的优势，助力招商引资工作。协助市委办公室做好揭阳市旅外乡贤有关信息的收集梳理工作。协助市委办公室做好市委市政府主要领导赴长三角地区拜访当地粤（潮）籍商会，召开外出乡贤座谈会的筹备组织工作。借助各地潮（揭）籍商会举办大型庆典活动的机会，宣传推介揭阳投资环境。赴广州开展“送政策进揭籍商会”活动，带领市县两级工商联有关负责同志先后拜会广东省揭阳商会、广东省普宁商会、广东省揭西商会和广东省惠来商会，与揭籍乡贤代表亲切座谈交流，赠送《投资揭阳》《揭阳市促进产业发展“1+1+12”政策体系》等招商引资资料。做好第九届国际潮商大会筹委会、广东省潮商会、广东省普宁商会、深圳潮创会、佛山市揭阳商会等工商社团莅揭访问的接待工作，组织他们到“一城两园”建设现场、玉都玉器市场、空港经济区、中德金属生态城等地参观考察。

【光彩事业】 2020年，揭阳市工商联在做好对口精准扶贫工作，支持和引导民营企业、行业商协会和旅外乡贤参与乡村振兴“万企帮万村”行动。多次到县级工商联、行业商协会，跟踪督导乡村振兴“万企帮万村”工作落实情况。利用网站、微信公众号宣传“万企帮万村”政策和帮扶先进典型案例；与市委农办、市国资委共同推荐广东望天湖现代农业科技有限公司、和天下旅游投资有限公司、普宁市东昱食品有限公司作为全省乡村振兴“万企帮万村”帮扶典型案例。至12月，累计发动182家民营企业、商协会参与乡村振兴“万企帮万村”工作。

（陈子佳）

群众团体

揭阳市总工会

【工会概况】 2020年，揭阳市总工会加强工会党的建设，加强职工思想政治建设，推动工会规范化建设，推进工会改革，服务职工群众，筑牢基层基础，构建和谐劳动关系，助力疫情复工复产。全市基层工会建设、工会创新工作、职工文化创建、职工技能竞赛、职工帮扶服务等多项工作得到省总工会高度肯定。全年，全市新建职工数25人以上基层工会20家，其中100人以上基层工会6家。

【职工思想政治建设】 2020年，揭阳市总工会加强思想政治引领，多形式、多渠道到企业，开展新时代热爱党、热爱祖国、热爱社会主义教育，激发广大职工爱国热情。组织参加全市革命歌曲大合唱比赛并获得一等奖；参与揭阳市第四届社会主义核心价值观主题微电影（微视频）征集活动，报送作品《铿锵玫瑰绽放》获得优秀奖。以“中国梦·劳动美”为主题，广泛开展专题教育活动，通过举行演讲比赛、主题宣讲、知识竞赛、摄影展等形式，学习宣传贯彻习近平总书记系列重要讲话和重要论述，团结引领广大职工听党话、跟党走，筑牢党执政的阶级基础和群众基础。

【工会规范化建设】 市总工会党建工作品牌 2020年，揭阳市总工会全面加强工会党的建设，组织机关党员干部到揭西县红色村火炬村、汕头市牛田洋抗灾英雄教育基地开展党性教育。加强机关作风建设，打造工会“效率、阳光、表率、和谐、智慧五个团队”，推进工会队伍建设，在工会系统形成风清气正、干事创业的良好氛围。

基层工会规范化建设 落实《广东省基层工会经费收支管理实施细则（试行）》，增强基层工会活力，提高会员福利。开展基层工会建设集中攻坚行动，加强“三新”领域工会建设，新组建道路货运行业工会、消防行业工会等30家。全年，全市新建职工数25人以上基层工会20家，其中100人以上基层工会6家。

智慧工会建设 按照省总工会统一的移动互联网服务平台“粤工惠”的部署，全市实名注册工会会员数近10万人。依托平台开展工会各项活动，实现服务职工智能化、便捷化、普惠化。联合有关部门，拓展平台服务功能，揭阳市“打造揭阳特色的粤工惠大平台，提高职工普惠性服务活动”获得2020年全省工会工作创新奖。

工会费管理 全市税务代收工会经费工作平稳开展。各县（市、区）工会缴费金额和户数稳步增长。开展基层工会经费委托第三方审计改革，促进工会经费收、管、用更加严格规范。

【助力疫情复工复产】 关心关爱抗疫一线职工，助力企业复工复产 2020年，揭阳市总工会全面投入疫情防控和企业复工复产，全市工会系统投入166.4万元，用于慰问抗疫一线职工、援鄂医护人员等。投入300多万元支持企业复工复产，减免和退回小微企业工会经费138.7万元，帮助企业解烦扰、渡难关。设立疫情防控专项资金，及时将新冠肺炎纳入职工医疗互助保障计划和困难职工帮扶基金保障范围。“12351”职工热线迅速开通心理咨询专线，组织心理专家为抗疫一线医务人员和受疫情影响职工提供心

2020年12月9日，揭阳市工会第五次代表大会暨2020年市劳模表彰大会召开
（市总工会　供稿）

理健康支持。

“致敬新时代最可爱的人”工会系列服务活动　市总工会动员市女职工投身医疗救助、联防联控、复工复产等疫情防控工作。15名女医务人员驰援湖北武汉，全市各级工会组织为她们和家属送上慰问金、慰问品。援鄂结束后，市总工会迅速组织召开座谈会、送上慰问物资、评选抗疫优秀女职工、开展心理关怀、组织健康疗养等系列活动。

【完善维权维稳机制】　劳动领域政治安全　2020年，揭阳市总工会落实市委防范重大风险一系列部署，成立维护劳动领域政治安全专项行动领导小组，牵头开展维护劳动领域政治安全专项行动，全年，未发生因劳资纠纷引发的重大安全事件。

维权工作机制　加强与法院、检察院、人社、司法等各方协调联动，推动全市各市、县（区）法院设立劳动争议诉调对接工作站5个。搭建律师挂钩企业工作平台，组织律师深入企业开展职工法律服务工作。完善12351职工热线平台，开展保障农民工工资支付专项行动。联合市人社、工商联等部门，认定39家企业为“揭阳市劳动关系守法和谐企业（A级）”，促进和谐企业的创建活动。加强集体协商人才队伍建设，提升协调劳动关系能力，组队参加省首届集体协商竞赛获得三等奖。

职工服务领域　坚持常态化精准化竭诚服务职工群众，建设市、县（市、区）“3+N”职工服务中心，在职工维权、法律援助、困难帮扶、就业帮助、互助保障、心理咨询、文体活动等方面实施全方位服务。常态化开展送文艺、送书籍进企业活动。做好“求学圆梦行动”一线职工提升技能补贴申报发放工作、“冬送温暖、夏送清凉”进一线等暖心行动；建设或命名一批户外工会“爱心驿站”“爱心妈妈小屋”“职工书屋”等设施。开展慰问困难职工、“金秋助学”、女职工“两癌”筛查和职工免费体检、职工互助保险、“平安返乡·温暖同行”助力职工平安返乡志愿服务等活动。开展“情暖农民工·留粤过大年”普惠行动，做好留粤过年职工的关心关爱工作。开展“我们的节日——情系职工”观影活动，通过“粤工惠”平台抢票赠送电影票，实实在在为职工群众办好事实事，使工会真正成为职工群众的“娘家人”。

城市困难职工解困脱困和脱贫攻坚工作　召开全市决战决胜城市困难职工解困脱困重点工作推进会，建立健全常态化帮扶机制、困难职工动态管理、职工服务（帮扶）等工作机制。开展城市困难职工脱贫攻坚，全市各级工会投入1817.19万元，帮助全市35022户城市困难职工解困脱困，完成全市城市困难职工解困脱困任务。投入资金帮助挂钩联系乡镇做好创文、创卫、扶贫工作，完成脱贫攻坚各项任务。与市扶贫办联合开展消费扶贫行动，做好揭阳市青柑的促销活动，鼓励基层工会增加一次性节日慰问额度用于购买扶贫产品，发挥工会助农帮扶作用。

【弘扬劳模工匠精神】　2020年，揭阳市总工会组织开展“当好主人翁、建功新时代”等主题活动，培养选树劳模、工匠，大力弘扬劳模精神、劳动精神、工匠精神，激发广大劳动者为揭阳经济社会发展建功立业的热情。评选一批全国、省级劳动模范、先进工作者、先进集体。开展市级劳模评选活动，评选出先进集体30个，劳动模范、先进工作者60名。全方位、多层次开展劳模精神宣传教育工作，分别在市电视台、揭阳日报等开辟“劳模风采”专栏，对劳动模范、先进工作者和先进集体进行大力宣传，讲好劳模故事、劳动故事、工匠故事。广泛开展劳动和技能竞赛。着眼全面建成小康社会、完成“十三五”规划等重点任务，围绕揭阳市产业强市的重大战略，在石化、风电、电力、税务、通信、高铁等重点项目重点企业开展劳动竞赛和技能竞赛，助力重点项目建设，带动广大职工为揭阳高质量发展作贡献。

（王嫣然）

共青团揭阳市委员会

【团市委概况】 2020年，共青团揭阳市委员会深化改革攻坚，全面从严治团，加强青少年思想政治引领，网上共青团建设，助力新冠肺炎疫情防控工作，累计捐赠口罩17.2万只、含氯消毒剂1万桶等各种防疫用品。推进乡村青少年健康成长“两帮两促”行动，助力脱贫攻坚和乡村振兴事业，筹集贫困大学生励志奖学金超1000万元，帮扶激励应届揭阳籍优秀大学生400名。实施青年发展规划和青年人才培育工程，维护青少年合法权益。全年，全市新建“两新”团组织88家。

【青少年意识形态】 青少年思想政治引领 2020年，共青团揭阳市委员会建立落实“两个维护”的制度机制，建立政治要件办理台账和学习贯彻落实机制。落实“第一议题”学习制度，全市各级团组织开展学习贯彻习近平总书记出席深圳经济特区建立40周年庆祝大会、视察广东重要讲话重要指示精神和党的十九届五中全会精神等学习活动6842场次。开展团队日活动、主题教育活动1500场次。启动“揭阳青年大讲堂”首讲活动，邀请著名潮剧艺术家姚璇秋老师作主题演讲。开展评选推优活动，303个集体、1174名个人获评全国、省、市表彰奖励。联合揭阳日报社、揭阳广播电视台开展纪念五四典型人物选树活动，选树先进集体7个、优秀个人9名。

网上共青团建设 推进“网上共青团”建设，首次开通揭阳共青团官方抖音号，推出揭阳青年志愿者卡通形象“小揭”和“小阳”，推出《文明揭阳 你我同行》等动画宣传片被“学习强国”“南方+”等多家主流媒体宣传报道。围绕中心工作开展垃圾分类、制止餐饮浪费、防范非法集资网络宣传教育等系列主题宣传活动。

揭阳青年志愿者卡通形象“小揭”和“小阳”

（团市委 供稿）

【助力打赢疫情防控阻击战】 2020年，共青团揭阳市委员会动员志愿者投身交通检疫点等战“疫”一线，开展各类志愿宣传活动1.5万场次，参与志愿者超10万人次。动员青联委员、青企协会员向红十字会、交警、交通运输等部门累计捐赠口罩17.2万个、含氯消毒剂1万桶等各种防疫用品。联合国家统计局揭阳调查队开展调研，形成《疫情下揭阳青年就业创业工作专题调研报告》并上报市委、市政府和团省委。联合市教育局开展“战疫情，我要行!”揭阳市少先队员防控疫情文艺作品创作活动，实施“抗击疫情 从心开始”青少年心理援助行动。帮助群众破解因疫情导致水果滞销难题，通过线上线下相结合方式帮助普宁市果农销售滞销年橘7.5万公斤。

【助力脱贫攻坚和乡村振兴事业】 2020年，共青团揭阳市委员会推进乡村青少年健康成长“两帮两促”行动。筹集贫困大学生励志奖学金超1000万元，帮扶激励应届揭阳籍优秀大学生400名。发动市直高职（中职）学校、团干结对帮扶97名贫困学生。开展“希望乡村教师计划”，全市42名大学生志愿者奔赴27所乡村中小学开展为期一年的支教。采取“团干+社工”模式对揭阳市32名未脱贫户处于义务教育阶段和普高在读的子女进行100%入户走访慰问和挂钩帮扶。挂牌成立青年5G电商直播基地，举办“领头雁”农村青年电商直播公益“云”课堂培训。发动市青联、市青企协会员企业提供就业岗位，实现就业86人。在全市选树10名扎根农村、带领农村青年创业致富、推动乡村振兴发展的青年先进典型。开展关爱青少年健康主题志愿服务活动32场次，参与活动志愿者超200人。筹集资金10万元开展“南粤会亲”活动，关爱资助贫困小学生100名。

【助力创文创卫创建工作】 2020年，共青团揭阳市委员会推动全市注册志愿者超60万人，注册志愿者组织超3500个。筹资25万元联合市文明办、人保财险揭阳分公司为符合条件的市直和中心城区的注册志愿者购买人身意外伤害保险，为全市“最美志愿者”“优秀志愿者”购买市民保。投入资金近20万元，实施创文志愿项目扶持行动，为全市41个志愿服务项目提供资金扶持。投入资金近30万元，开展创文创卫系列志愿服务及宣传活动。牵头统筹市直相关部门围绕25类专业志愿服务开展“千场志愿服务进社区（村）”系列活动。组建首批43名成员的揭阳市志愿服务讲师团。整合社会力量持续化、常态化开展学雷锋全民志愿服务行动月活动、“河小青”巡河志愿服务、城市生活垃圾分类志愿服务等。举办“12·5”国际志愿者日公益会演暨2020年创文志愿项目扶持行动。评选一批市级青年文明号。

【服务青年成长成才】 青年发展规划 2020年，揭阳市委、市政府制定出台《揭阳中长期青年发展规划（2020—2025年）》，建立市、县两

2020年6月24日，揭阳市创文创卫志愿服务工作推进会暨志愿者保险签订仪式举行，图为“千场志愿服务进社区（村）”活动志愿服务队代表授旗仪式
（团市委　供稿）

级青年工作联席会议机制，初步形成以推动《规划》落实为统揽、政策服务与具体服务并举的工作体系。

青年人才培育工程　组织实施揭籍大学生“回家行动”，以青年人才队伍建设为核心，以大学生人才引进为重点，引领广大揭籍大学生“回家学习、回家就业、回家兴业”。多措并举培养青年科技人才，推动市青年科技工作者协会换届，设立青年科技创新实践基地和专家顾问团，举办青少年科普进校园等活动。扶持青年就业创业，成立揭阳市青年就业服务中心，举办“展翅计划”公益网络招聘会，提供岗位超过1000个。举办“展翅计划”青年匠才培养行动启动暨“揭阳市新展翅青年就业服务中心”揭牌仪式。举办“揭阳市公益青创营首期培训班”。指导中石油工程技术公司广东项目部成功创建“全国青年安全生产示范岗”。筹资20万元实施“圆梦计划”，资助100名来自工厂和农村的优秀青年通过继续教育课程学习实现学历提升。

维护青少年合法权益　加强青少年毒品预防教育，联合市禁毒办、市教育局开展青少年禁毒作品征集活动、揭阳市“6·26”国际禁毒日宣传活动等，为揭阳市惠来县毒品问题重点整治“摘帽”作出贡献。依托社工机构提供12355热线揭阳地区线下服务，共在线接听咨询电话3006个。面向全市实施2020年青少年毒品预防和防性侵宣传教育项目小额资助计划，投入资金5万元资助优秀作品和项目10个。筹集资金10万元开展“伙伴同行”青少年社区矫正帮扶项目，跟进、帮扶重点青少年服务对象106个。开展多种形式的未成年人预防性侵等主题教育宣传活动315场次，加强青少年自护能力。

【基层组织建设】　**共青团揭阳市第五次代表大会**　2020年，揭阳市召开共青团揭阳市第五次代表大会，市委、市政府、市人大、市政协等四套领导班子成员莅临大会指导，市委书记、市人大常委会党组书记蔡朝林同志出席大会开幕式并作讲话。大会谋划此后五年揭阳市共青团事业发展的奋斗目标和主要任务，并选举产生团市委新一届领导班子。

共青团系统党的建设　全面加强共青团系统党的建设，巩固拓展主题教育成果。推进领导班子及专职团干讲党团课193场次，覆盖团员青年31237名。注重加强团内治理，每月团员团费缴纳率平均90%以上。完成2020年高等院校、中职中专、中学应届毕业生的团组织关系转接工作。全市新发展团员18000名。做好团员报到、团干部录入等基础团务工作，全市建立组织总数8933个（含支部数8251个）。

以大抓基层为导向深化改革攻坚　落实少先队三个政策性文件，统筹推进少先队、中学共青团改革，开展2020年中学共青团工作课题研究，建立常态化联系中小学校团队组织制度，选派1名少先队员参加第八次全国少代会。召开揭阳市青年联合会第五届第三次常委（扩大）会议。完成年度省安排部署的11个主体培训班任务，全市98名团干报名参与培训。抓好全市新经济组织和新社会组织团建“三个百分百”工作，全市新建“两新”团组织88家。

（黄璇蕊）

揭阳市妇女联合会

【妇联概况】　2020年，揭阳市妇联坚持党建带妇建，深化妇联改革，加强基层组织建设，召开市妇女第五次代表大会，实施《“我是妇联人，就在你身边”妇联组织力提升三年行动》。加强妇女儿童之家建设，完善揭阳市妇女维权与信息服务站、舒心驿站等阵地建设，组织开展基层妇联“领头雁”培训，加强妇女思想政治引领，深化家庭文明建设，维护妇女儿童合法权益，用心用情服务关爱妇女儿童。市妇联荣获全国“维护妇女儿童先进集体”、广东省“最美禁毒团队”称号，党总支被市委评为“先进基层党组织”。

2020年11月27日，揭阳市妇女第五次代表大会在市区召开

（市妇联 供稿）

【基层组织建设】 市妇女第五次代表大会 2020年11月27日至28日，揭阳市妇女第五次代表大会召开，全市320名妇女代表出席，选举市妇联第五届执委委员61名，产生新一届妇联领导班子，李丽曼当选为市妇联主席，陈燕杏、林燕玲、孙彩珍、杨丹旋（挂职）、邱一萍（兼）、江少如（兼）、郑郁郸（兼）、魏乐珊（兼）、庄少纯（兼）当选副主席。

“我是妇联人，就在你身边”揭阳市妇联组织力提升工作推进会暨实施“破难行动”动员会 7月14日，“我是妇联人，就在你身边”揭阳市妇联组织力提升工作推进会暨实施“破难行动”动员会在市区召开，市委副书记陈小锋出席会议并讲话。

“妇女之家”建设 以点带面建好、用好、管好省第四期21个“妇女之家”示范点，推动将“妇女之家”建设向各领域延伸。

基层妇联“领头雁”培训 12月7日至10日，市妇联举办全市基层妇联领头雁培训班。各县（市、区）妇联领导班子（含兼挂职副主席）和各乡镇（街道）妇联主席、市妇联各部室负责人130人参加培训班。

妇联组织拓展覆盖 4月29日，成立揭阳市家政服务行业协会妇联，是揭阳市第一个在行业协会成立的妇联。

【思想政治引领工作】 2020年，揭阳市妇联以各级“妇女之家”阵地为依托，开展以“巾帼心向党 奋进新时代”为主题的学习宣讲和实践活动。市委市政府表彰王佳漫等40名“三八红旗手”、榕城区红旗小学等13个“三八红旗集体”。市妇联命名20个“巾帼文明岗”。

【家庭文明建设】 2020年，揭阳市家庭教育指导服务中心成立，为未成年人、家长及监护人提供家庭教育、心理健康等服务。开展揭阳市“千场家庭教育进村（社区）”活动，建立92个线上村（社区）家长学校微信群，开展活动1040场，受益91722人，内容涵盖智慧父母、儿童品格提升、关爱女童等课程，宣传制止餐饮浪费、垃圾分类、家庭教育等知识。开展“小家大爱 情牵家国”主题寻找“最美家庭”活动，选树“十大抗疫最美家庭”、“廉洁家庭”等6类优秀家庭84户，并在电视台演播厅举办揭晓活动。推荐2户家庭获全国“五好家庭”、3户获全国“最美家庭”、1户获省“十大优秀书香家庭”、4户获省“百户最美家庭”、2户家庭获省“五好文明家庭”称号。利用传统媒体和各级妇联公众号、网站、抖音等新媒体做系列宣传最美家庭典型事迹，营造良好社会氛围。开展“美丽庭院”创建活动。举办3期培训班对55名镇村妇联主席开展创建培训，评选出10个市“美丽庭院”，引导更多家庭参与美丽乡村建设。

【关爱妇女健康】 2020年，揭阳市关注妇女民生，开展“她健康 揭幸福”活动。做好城乡妇女“两癌”免费检查相关工作，提高群众参与面和知晓率。防范化解返贫风险，助推乡村振兴。8月，市妇联、中国人寿揭阳分公司在市区召开“她健康 揭幸福”推进会暨百万女性安康保险公益活动，做实做细关爱妇女和家庭的各项服务工作。持续推进“家家幸福安康工程”和巾帼健康行动。为全市694名妇女赠送208.2万保额。开展各项宣传及筛查活动。通过开展“她健康 揭幸福”“关爱女性 呵护健康”等多种形式的宣传，增强妇女自我保健意识，提高“两癌”知识的知晓率，向广大妇女发放“两癌”宣传资料2000多份。

【维护妇女儿童合法权益】 2020年，揭阳市妇联整合资源开展“关爱女童 护苗成长”保护女童工作。联合政法委、公安局等有关部门制定《关于开展揭阳市“关爱女童 护苗成长”保护女童人身权益三年行动的通知》，指导全市开展关爱女童工作。揭阳市“女童幸福成长行动”项目入选省妇联系统2020年度创新性维权服务项目。多形式开展“6·26”国际禁毒日系列活动。开展“健康人生 绿色无毒”主题户外宣传、线上禁毒知识宣

2020年5月23日，揭阳市启动“千场家庭教育进村（社区）”活动

（市妇联 供稿）

传、有奖知识问答等活动。走访慰问市“向阳花”新家庭代表以及涉毒贫困家庭代表。开展《中华人民共和国民法典》宣传活动，通过公众号、互联网、线上线下、户外宣传等形式。全市各级妇联共举办《中华人民共和国民法典》知识讲座113场，宣传152场，座谈会18场，受益群众50340人。

完善揭阳市妇女维权与信息服务站、舒心驿站等阵地建设，接待来电来信来访案件423件、498人次，内容涵盖政治权利、婚姻家庭权益类、人身权益、劳动和社会保障权益类和财产权益类，有效预防和化解涉及妇儿权益、影响家庭和谐、社会稳定矛盾纠纷。揭阳站站长谢少霞获省妇女维权与信息服务站项目“十年服务之星”；方壮煜、黄宝琼、林佳燕3位志愿者获省2017—2019年省妇女维权与信息服务站项目优秀志愿者。

【技能培训】 2020年，揭阳市妇联注重妇女的教育引导，组织女性大讲堂宣讲活动，开展“创业创新巾帼行动”“巾帼脱贫行动”“乡村振兴巾帼行动”等主题宣传活动。发挥典型的带动作用，培育省巾帼林2个，省巾帼创业示范基地1个和市巾帼创业示范基地6个。强化妇女技能培训，多方整合社会资源，送师资送技能到家门口，提升妇女创业创新本领。联合市家政服务行业协会深入基层农村、社区，举办“巾帼创业我能行”巾帼家政技能公益培训活动52场，培训4000多人次；联合揭阳国寿举办“妇联大众创业计划”培训班，普及妇女创业就业知识；联合58播客等电商，开展电商运营、短视频创作、直播带货等技能培训，帮助妇女掌握网络销售技能，拓宽就业渠道。

【创业就业】 2020年，揭阳市妇联多措并举务求实效，扶持妇女创业就业。连续5年实施小额担保贷款贴息项目，扶持妇女创业。联合市财政局、人民银行揭阳市中心支行印发《广东省扶持创业小额担保贷款贴息项目（2020—2022年）揭阳实施方案》，为23名妇女发放贷款238万；开展“小额担保贷款 圆妇女创业梦”——揭阳市扶持妇女创业小额贷款贴息项目活动，进一步提高妇女小额贷款政策的覆盖面和知晓率。拓宽领域，广辟妇女就业渠道。发挥揭阳国寿公司、市女企业家联谊会、58平台等作用，促进1000多名妇女就业。组织“把爱带回家——走进揭阳”直播带货活动。各级妇联总动员，链接各界社会资源。发动40多个特色产品供应商提供500多款产品上架粤姐姐助农专区，并甄选44款优质商品进入9月25日举办的揭阳直播间。直播当天，历经3个小时，平台浏览量900多万，直播观看人数418万人，成交额高达100多万元，推广揭阳优品，助力消费扶贫，推动妇女创业就业。

【关爱妇女儿童】 2020年，揭阳市妇联协调各方力量，为广大贫困儿童、留守儿童、孤残儿童办好事实事。开展“把爱带回家”春节走基层、送温暖慰问活动，为困境妇女、儿童带去党和政府的温暖，帮助他们度过一个有爱的春节。春节前各级妇联共慰问困境儿童、留守儿童、单亲特困母亲575户，慰问金额38.3万元；争取省妇女儿童基金会帮扶揭阳市200名孤贫儿童10万元；指导家庭文化协会、蓝天家庭综合服务中心等多家社团组织开展疫情期间包括困境儿童及其家庭成员的心理健康公益咨询活动；配合上级妇联组织做好儿童口罩、专业医用洗手消毒设备等防疫物资的发放工作和小候鸟项目儿童图书角申报工作；开展“童·奔康”公益行动，为30名对口项目的在册贫困儿童发放保障卡、包括书籍、文具、书包在内的助学包等物资，开展关爱走访；与关工委、市教育局联合开展“爱心助成长 牵手向未来”“六一”困境儿童慰问活动；协助省妇联指导家庭文化协会开展“爱心家庭+留守儿童”项目。

（市妇联）

揭阳市科学技术协会

【科协概况】 2020年，揭阳市科协有县（市、区）级科协5个，市级学

（协）会16个。全市各级科协及市属学协会，加强科普阵地建设和学术交流活动，团结带领科技工作者开展科研、科普、技术推广等活动。推进创新平台建设，建立广东省科技专家工作站6家。新成立青少年科技教育协会1家，完成换届市属学协会1家。

【科普阵地建设】 2020年，揭阳市科协与市文明办联合开展科普助力新时代文明实践中心（所、站）建设工作，动员和组织广大科技工作者广泛开展以科技惠民、科学普及等为主要内容的科技志愿服务，助力全市各级新时代文明实践中心（所、站）建设。用好“科普中国”“广东科普”“文明广东”“广东志愿者信息管理服务平台（i志愿）”等网络平台，加强科普信息员队伍建设。推进创新平台建设，建立广东省科技专家工作站6家。持续深入推进“3+1”试点工作，加强科协基层组织建设。新成立青少年科技教育协会1家，完成换届市属学协会1家。市科协组织的2020年全国科普日揭阳市主场活动被评为2020年广东省全国科普日优秀活动。

【科普工作】 2020年，揭阳市各级科协组织围绕疫情防控总体要求，发挥科协职能作用，为打赢疫情防控阻击战提供科技支撑。市科协通过市主流媒体、“揭阳科协”微信公众号、微信工作群等平台，第一时间转发权威信息、健康科普知识，微信公众号发布相关文章共350篇。利用科普宣传屏幕，不定期播放科学防疫视频，增强群众的科学防疫意识。组织党员干部职工和市科普志愿者服务队，定期深入企业和挂钩防疫社区宣传科学防疫知识，为企业复工复产创造有利条件。3月22日至28日，市科协联合市水利局在世界水日和中国水周期间开展节水宣传活动。5月12日，组织党员干部在市科技馆大门口开展防灾减灾宣传活动。6月4日，在市科技馆五楼展厅举办2020年“广东省科技进步活动月”暨社会主义核心价值观主题活动。6月23日，在榕城区东风广场举办2020年“全国科技活动周、全省科技进步活动月”揭阳主场活动。7月9日至15日，联合市科技馆、博远学校承办2020年“全国科技活动周”——科技馆进校园活动。9月19日至25日全国科普日活动期间，整合县区资源，在揭东区举办主场活动，并分别在榕城区、普宁市、惠来县、揭西县及空港区举办科普活动。活动围绕“决胜全面小康，践行科技为民”主题，通过开展文化惠民活动、抗疫科普剧《拯救地球　科学抗疫》、健身舞蹈表演等精彩节目，为居民普及科学健身知识和健身方法，倡导市民在疫情防控时期选择健康生活方式，提高身体免疫力。开展健康知识讲座、科普展示及健康咨询义诊，提高居民的自我保健意识。活动服务群众2万余人。11月26日，在普宁市广太镇大寮村举行2020年揭阳市“科普助力两个中心建设”科技志愿服务活动。联合揭阳职业技术学院、潮汕职业技术学院、揭阳市青年科学技术工作者协会等单位举办揭阳市第一届科普视频及平面艺术创作大赛。

2020年11月26日，2020年揭阳市“科普助力两个中心建设”科技志愿服务活动在普宁市广太镇大寮村举行（林秋霓　摄）

【青少年科普活动】 2020年，揭阳市科协积极组织参加第35届广东省青少年科技创新大赛，获得省青少年科技创新大赛科技创新成果竞赛项目一等奖1项、二等奖3项、三等奖5项；获科技实践活动三等奖1项；获科幻绘画二等奖1项、三等奖3项；获科技辅导员科技教育创新成果竞赛项目二等奖1项；1人被评为全省十佳优秀组织工作者。与市教育局联合组织发动全市学校参加广东省中小学校园防疫知识测试活动，其中榕城区实验学校和揭阳岐山学校荣获“广东省中小学校园防疫知识测试活动”优秀组织单位。在2020年度广东全民科学素质大赛总决赛中获得优胜奖。在第五届广东省科普剧大赛中，科普剧剧本创作赛作品分别获得一等奖、二等奖奖项各1项，科普剧表演赛作品获得三等奖1项。组织16支队伍参加第八届广东省青少年科技创新实践成果交流活动，5支队伍获得二等奖，11支队伍获得三等奖。组织参加

2020年青少年“云上科学营”活动，教育引导青少年从小培养科学兴趣，立志科技报国。

【学术交流】 2020年，揭阳市科协以学术活动月、5·30“全国科技工作者日”为契机，组织学术交流、学术研讨、培训、宣传等一系列丰富多彩的活动。通过搭建学术平台、活跃学术氛围、交流新思想及新技术、不断提高学术水平，全年组织学术交流培训等活动13场次。11月24日，在市区启动2020年学术活动月开幕式，推动全市学术活动月各项活动的开展。市科协联合青少年科技教育协会举办“创新科技教育培养创新型人才”的学术研讨会。市科协分别与揭西、空港科协联合开展“最美科技工作者”宣传活动，引导广大科技工作者不断从先进典型身上汲取精神，激发爱国之情，报国之志。

【培训与服务】 2020年“全国科技工作者日”期间，在《揭阳日报》开设专版，开展对科技工作者先进事迹的宣传报道；走访慰问优秀科技工作者代表、基层一线科技工作者代表。组织科技专家，到农村及中小企业开展技术服务，助力乡村振兴及产业强市建设。宣传发动优秀科技工作者积极申报潮汕星河国瑞科技奖，全市2位科技工作者获得第十四届科技奖殊荣。各级学（协）会组织各种技能培训50多场次，参训3000多人次。

（郭丹萍）

揭阳市归国华侨联合会

【侨联概况】 2020年，揭阳市侨联组织761个，其中地级市侨联1个，县（市、区）侨联6个，市侨联直属团体3个，县直属团体1个，乡镇侨联89个，村级侨联分会662个，基本形成自上而下的侨联工作网络。

2020年6月30日至7月1日，揭阳市侨联举办主题为“弘扬侨乡文化，建设美丽侨乡”的侨乡文化研讨座谈会 （市侨联 供稿）

【组织建设】 2020年，揭阳市侨联加强侨联组织建设，举办基层侨联干部培训班。12月17日至18日，市侨联在揭西县举办全市基层侨联干部培训班。市侨联全体干部职工、各县（市、区）侨联机关干部、重点镇街侨联干部等80余人参加培训。创建“侨胞之家”。揭东区侨胞之家、揭西县灰寨镇侨胞之家、惠来县大南山侨区侨胞之家3家为首批确定的“侨胞之家”。缔结“友好侨联”，推动创新发展。10月，通过“地方侨联+大学侨联+校友会”工作模式，与广东工业大学侨联签订《缔结友好侨联协议书》，建立友好协作，缔结“友好侨联”。

【文化交流】 侨乡文化学术研讨座谈会 2020年6月30日至7月1日，揭阳市侨联举办以“弘扬侨乡文化，建设美丽侨乡”为主题的侨乡文化学术研讨座谈会。邀请闽南师范大学闽南文化研究院郑镛教授、韩山师范学院历史文化学院舒习龙教授及揭阳市部分侨史文史专家学者。围绕新时期海内外侨情发生变化，如何更好地利用盘活丰富的侨务资源进行热烈探讨。

《揭阳市华侨建筑图片集》《侨声》 至2020年，市侨联编辑出版两集《揭阳市华侨建筑图片集》，编辑出版《侨声》4期。

【交流联谊】 2020年，揭阳市侨联开展国内各地侨界社团友好交流，发挥优势，取长补短。8月21日，梅州市侨联党组书记、主席汤志平等一行来揭交流，就对外联络联谊、侨刊乡讯、参政议政、基层侨联工作等方面进行探讨。组织侨青互动。市侨青联开展4次联络联谊活动。2020年1月，市侨青联受邀参加河源市侨青联“融湾聚汇·乡村振兴”多城联动侨青交流活动。11月，市侨青联受邀参加中山侨青联年会，加强联络联谊，共谋发展等。

【维护权益】 华侨事业经费发放 2020年，揭阳市侨联督促各级侨联组织根据各地实际情况编制本年度华侨事业费经费预算执行计划，及时掌握资金管理和使用情况，确保按时完成经费预算工作任务。制定揭阳市2020年华侨事业费和贫困归侨扶贫救助补助资金分配方案，主动对接联系市财政部门及时申请下达资金。

走访慰问 全市各级侨联组织利用春节、扶贫济困日、党员活动日等深入基层，走访慰问侨界群众。全市各级侨联组织慰问困难归侨侨眷约720人次，物资及款项17多万元。

走访侨属企业 2020年4月，揭阳市侨联实地调研普宁市康德鑫投资有限公司、普宁市超人科技有限公司、欧缇蔓国际医美月子会所（普宁店）等侨属企业了解企业复工复产和疫情防控等情况。

《中华人民共和国归侨侨眷权益保护法》颁布30周年座谈会 会议以“贯彻落实侨法、依法维护侨益”为主题，就新形势下如何更好地运用法治思维和法治方式推动落实党的侨务方针政策，推进揭阳市侨务工作创新发展进行讨论。

【助力抗击新冠肺炎疫情】 2020年，揭阳市各级侨联组织积极动员，组织海外侨胞捐款捐物，支援家乡抗疫。海外侨胞和社团在攻抗疫情中捐赠医用一次性口罩257700只、医用检查手套455000副及防护用具、抗菌液、电子测温计等一批抗疫急需医用物资，捐款410万元人民币和87万港币，用于慰问探望境外回国华侨、留学生和揭阳市援鄂医疗队。3月23日，市侨联主动联系产业园统战部和卫健部门，了解从境外回国华侨、留学生在统一集中隔离点隔离的有关情况，并为华侨、留学生送去牛奶等生活用品。4月3日，揭阳市17名援鄂医疗队员结束休整返回，筹办海外侨胞关爱揭阳市援鄂医护人员捐赠仪式。5月21日，美国潮商总会和北京潮人海外联谊会通过广东省侨界仁爱基金会捐赠72.6万元作为揭阳市22名援外医疗队的关爱基金。市侨联积极动员侨界力量，捐赠抗疫物资。市越柬老归侨联谊会荣誉主席陈见喜捐赠5万只口罩给马来西亚河婆同乡会联合总会、马来西亚潮州公会联合会、马来西亚潮州工商总会3个社团。

（市侨联）

揭阳市文学艺术界联合会

【文联概况】 2020年，揭阳市文联开展文艺扶贫，加强文艺阵地建设；围绕防疫抗疫、复工复产，开展文艺宣传；围绕创文创卫、乡村振兴、“红色文艺轻骑兵”党建品牌、省级古村落评选、“我们的节日”文艺项目和市委市政府中心工作等一系列任务，开展文艺宣传和文艺惠民活动；加强文艺精品创作，加大文艺人才培养，促进文艺双向交流，推动揭阳市文艺事业的繁荣发展。

至12月，揭阳市文联下属有揭阳画院、揭阳岭东美术馆2个事业单位，潮汕历史文化中心揭阳市研究会、市作协、市美协、市书协、市剧协、市舞协、市民协、市摄协、市音协、市女子美术协会、揭阳潮汕书画研究会、揭阳中国画院、市谜协、市兰协、市楹协、市歌咏协会、市钢琴家协会、市文艺志愿者协会18个文艺家协会，市公安文联、市金融文联、市供电局文联3个行业文联，总会员数4190人，其中省协会员1005人，国协会员175人。

【文艺活动】 2020年，揭阳市文联把以组织抗疫文艺创作作为主阵地，共收到抗击疫情题材文艺作品1000多件（篇、首、幅），其中文学作品220篇，音乐作品合成12首，美术书法150多幅，摄影300多幅，对联、谜语100多副。“学习强国”累计采用市文联抗疫作品14篇，“揭阳发布”刊发信息4条。市文联公众号推出作品8期。推出《揭阳日报》抗疫诗歌专版、《揭阳文艺》抗疫专版。开展文艺惠民活动，围绕节庆，组织文艺工作者到扶贫挂钩点、创文挂钩点开展扶贫慰问、送春联、送美术作品，慰问困难户，送去慰问金、慰问品。配合省文联到揭西县五经富镇联和村开展送温暖送春联慰问演出活动，配合做好该村低洼水利调查规划情况；动员组织揭阳市书画摄影作者参加“脱贫攻坚看广东”书法美术摄影主题展作品征集活动，惠来县书法家协会在该活动中获得全省唯一一个县级单位优秀“组织奖”。

【文艺创作】 2020年，揭阳市文联重点抓好抗疫文艺创作，涌现出大批文艺作品，用群众喜闻乐见的艺术形式广泛宣传相关法律法规和疫

2020年，揭阳市剪纸省级非遗传承人谢奕锋剪纸作品《采茶归》入选“中国脱贫攻坚民间艺术作品展” （市文联 供稿）

情防控理念，其中文学作品220篇，音乐作品合成12首，戏剧2篇。美术书法150多幅，摄影300多幅，对联、谜语100多副，民间艺术作品（剪纸、民间说唱、民间文学）85件。编辑出版《揭阳文艺》2020年防控新型冠状病毒疫情专刊1期。揭西县文联搜集在疫情防控一线的医务工作者的感人素材并发布于微信公众号“揭西发布”；揭东区文联动员全区广大文艺工作志愿者运用群众喜闻乐见的艺术形式，创作一批反映战斗在抗击疫情第一线工作人员先进事迹和举国上下众志成城共抗疫情的文艺作品，通过诗歌接龙、书画网上展播、潮曲表演等形式为打赢疫情防控阻击战贡献文艺力量。跟踪揭阳市宣传文化人才的课题研创，组织好“诗意潮汕”揭阳画师写生系列展；开展画说练江采风创作活动；举办各类主题征文比赛；做好文学作品推优计划；举办“贵雅杯”书法临帖大赛；做好第七次省级古村落申报工作；编辑出版《揭阳古村落》《揭阳古祠堂风采》和《揭阳历史文化系列丛书》。

【文艺交流】 2020年，揭阳市文联加强阵地建设，打造揭阳对内交流文艺平台，对外交流文艺窗口。出版《揭阳文艺》4期，完善揭阳文艺网。打造揭阳地方特色文艺推广传播平台，构建网上文联、数字化文联，及时展现揭阳市群众性文化活动风采。推广揭阳文联公众号。利用现代网络技术传播揭阳文艺，展示艺术成果，进行艺术交流。各市级协会也注重内部平台阵地建设，纷纷建立微博、微信群及公众号等媒介。文联机关、各协会自觉守好意识形态阵地。通过“请进来”“走出去”的方式，开展文艺交流活动。作家王哲珠先后三次参加“全省新时代乡村题材创作会议”、广东省青年作家创作会议和广东省“改革开放再出发”深扎作家座谈会；贡茶（黄瑞燕）先后参加全国网络作家在线学习培训班和新兴领域青年大学习暨全国青年网络作家“青社学堂”专题培训班学习；庄添明参加广东重点作家学习贯彻习近平新时代中国特色社会主义思想培训班、新时代全媒体影像创作前沿论坛活动和穗苗编剧培训班；梁彬参加广东省青年作家创作会议；郑培亮、蔡小敏、梁彬、陈江涛、谢静辉参加“美丽河源文化之旅采风”活动；杨协亮、郑惠山、蔡小敏、梁彬、谢晓萍、谢静辉参加“探源·2020粤东诗会暨文学采风河源乡村振兴行”活动。

【文艺人才培养】 2020年，揭阳市文联注重文艺人才培养，推送文艺人才加入省、国协，参加重要赛事。市书协组织会员参加广东省新人展和全国展。谢海滨、黄厚桦、林树焕、郭燕春4人加入中国书法家协会，高柏盛、吴文芳、黄旭生等26人加入广东省书法家协会。市作协策划课题，筛选推荐参加网络文学新人奖，姝沐（陈静茵）创作的《画妖师》系列作品获得2020首届岘山杯网络文学奖提名；姚晓虹的长篇儿童文学《我们要去找爸爸》《我的仙女妈妈》入选国家新闻出版署发布的《2020年农家书屋重点出版物推荐目录》；杨协亮（孟夏）的现代诗《揭阳：生活碎片》获得第二届开诚杯“家园”主题诗歌大赛三等奖，《俗世的幸福（三首）》获得“帝景天悦杯”全国诗歌大赛优秀奖；余列克（雪克）的多首现代诗入选《中国新诗年鉴》《中国年度优秀诗歌2019》等选本；蔡小敏的现代诗入选《世界华语乡愁诗精选（汉语版）》；陈森的美术作品《云直播》获第九届广东省水彩粉画展优秀奖；陈玉怀的作品《无相风物》之二入选第九届广东水彩粉画展；吴俊锋作品《闲亭且听落雨声系列之一》获广东省首届青年漆画展优秀奖（最高奖）；黄斌斌作品《浮城·拾忆》入选第十二届全国水彩·粉画展，《无声的风景NO.3》入选第三届全国小幅水彩画展；陈华俊作品《海门渔船》入选第三届全国小幅水彩画展。

（市文联）

揭阳市残疾人联合会

【残联概况】 2020年，揭阳市残联保障和改善残疾人民生，持续推进残疾人脱贫攻坚，全面推进残疾人康复、维权、教育就业、扶贫、社会保障、宣传与文化体育等各项工作，完成“十三五”各项指标任务。多措并举提高残疾人评残办证，新增办证7586份。完成全市84792名持证残疾人基本服务状况与需求信息数据的动态更新。接待处理残疾人来信、来电、来访40多件。

【残疾人康复服务】 2020年，揭阳市残联完善残疾人康复服务和市十件民生实事，为18928名残疾人提供康复服务，精准康复服务率98.02%；为1792名残疾人提供辅具适配服务，辅具适配率99.89%。2019学年度（救助周期：2019年9月—2020年8月）共救助残疾儿童772名，救助资金1440万元全部核拨到位；2020学年度（救助周期：2020年9月—2021年8月）有884名0～6岁残疾儿童在定点机构接受康复服务并办理申请救助手续。

【残疾人组织联络】 2020年，揭阳市残联多措并举提高残疾人评残办证，新增办证7586份。完成全市84792名持证残疾人基本服务状况与需求信息数据的动态更新。推进专门协会法人登记工作，指导精神残疾人及亲友协会顺利完成法人登记注册工作。组织宣传服务进基层活动20场次。组织残疾人5个专门协会开展丰富多彩文体活动。加强乡镇残疾人专职委员业务培训。

【残疾人维权信访】 2020年，揭阳市残联落实贫困重度残疾人家庭无障碍改造项目，完成中央、省下达的改造任务数1220户。协调有关部门，成立揭阳市残疾人法律救助协调机构。处理好残疾人信访事件，接待处理残疾人来信、来电、来访40多件，做到件件有回音。

【残疾人教育就业工作】 残疾人教育工作 2020年，揭阳市8名考生被省培英技术学校录取；为37名残疾人发放“南粤扶残助学”资助金额45.5万元；完成残疾青壮年扫盲人数226人；举办国家通用手语培训班，全市各行业22名学员参加培训。

残疾人就业培训 开办雇主培训班一期，培训人数22人；发放盲人按摩机构补贴4.7万元；培训视力残疾人20名，其中15人实现就业。全年，全市按比例安排残疾人就业年审单位722家，实现按比例安排残疾人就业1285人。全市就业年龄段残疾人城镇新增就业182人，完成率137.88%；农村新增就业684人，完成率116.92%；城乡新增培训813人，完成率112.60%；高校残疾人毕业生47人，实现就业31人，就业率83.78%。

残疾人托养体系建设 全市新建31个社区康园中心，粤东（揭阳）残疾人集中就业培训中心启动寄宿制托养服务。

【残疾人扶贫工作】 2020年，揭阳市残联全面落实脱贫攻坚属事责任，对全市3万多户建档立卡贫困户进行入户核实，并对1465名疑似残疾人采取集中评残办证，助力残疾人脱贫工作。做好定点帮扶村扶贫工作，下拨10万元资金用于定点帮扶村的扶贫工作。疫情期间赠送平板电脑给该村10名贫困户孩子，帮助解决上网课缺电脑的困难。全市建档立卡残疾人14749人实现脱贫。

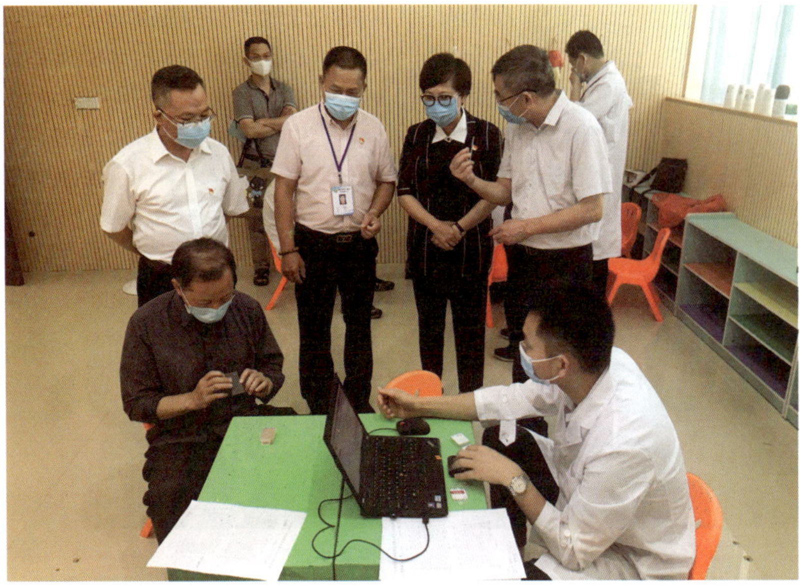

2020年5月17日，揭阳市残联举办“全国助残日”助听器适配活动
（市残联 供稿）

【残疾人社会保障】 2020年，揭阳市残联配合民政、人社、医疗保障局等部门落实残疾人两项补贴和养老代缴、医疗保险代缴工作。至12月底，全市为82516名贫困残疾人和重度残疾人发放“两项补贴”2.09亿元。

【宣传工作】 残疾人宣传工作 2020年，揭阳市残联依托“爱耳日”“助残日”“残疾预防日”等特殊日子，组织下基层宣传残疾与残疾预防知识、持证残疾人优惠政策、残疾人权益保障的法律法规，宣传残疾人自强模范、扶残助残先进事迹。推动更多残疾人积极主动申办残疾人证和营造扶残助残的良好社会氛围。

残疾人文化活动 组织参加2020年省残疾人艺术作品大赛，获多个奖项；组织开展文化进社区、进家庭活动。5月份全国助残日期间，各级残联纷纷组织志愿者到社区为残疾人朋友赠送书籍、杂志。联合市图书馆志愿者开展助残阅读推广活动，上门为视障读者提供听书机免费借阅服务。

残疾人体育工作 全市新建11个残疾人体育健身示范点，新增培养157名残疾人体育社会指导员，完成“十三五”揭阳市残疾人体育的目标任务。

（李旭佳）

揭阳市红十字会

【红十字会概况】 2020年，揭阳市红十字会，认真做好疫情防控，助力疫情防控工作，市县两级红十字会接受捐赠资金2056.62万元，其中市本级1500.39万元，全部支出使用。筹划建立普宁市红十字蓝天救援志愿者协会，为31位贫困家庭白血病患儿共申请98万元的救助。开展无偿献血活动14场次，参加人数1630人次，年度无偿献血量327600毫升。造血干细胞成功捐献3例。

2020年1月8日，揭阳市首位女性非亲缘造血干细胞捐献者林梦娜（左三）赴广州捐献造血干细胞 （市红十字会　供稿）

【疫情防控】　2020年，揭阳市红十字会全力参与并认真做好疫情防控各项工作。市县两级红十字会接受捐赠资金2056.62万元，其中市级1500.39万元，全部支出使用，实现“零结余”。市红十字会接受捐赠物资61批次，市、县两级红十字会接受的捐赠物资总价值约611.83万元（仅统计提供有效价格证明的物资），捐赠物资均第一时间发出，实现“零库存”。组织红十字志愿者踊跃参与热血战“疫”无偿献血活动和社区疫情防控等工作，参与志愿服务志愿者454人次，服务时长约2300小时。

【“三救”工作】　应急救援队伍建立　2020年，揭阳市红十字会在水浸灾害多发地区普宁市筹划建立普宁市红十字蓝天救援志愿者协会，协会志愿者51名，开展应急救援培训演练120多场次。

人道救助　依托“小天使基金”项目，为31位贫困家庭白血病患儿共申请98万元的救助。先后两次开展“心系困难群众”红十字救助帮扶活动，着力救助帮扶因病因故导致经济困难的危困家庭、农村分散贫困户、孤儿和特殊儿童、麻风病老人等特殊群体，共救助帮扶181户，救助资金和物资共计15万元。

急救知识宣传　发挥微信公众号和网站作用，持续推出发布一系列与日常生活密切相关的红十字急救常识。联合有关单位，举办“红十字急救常识网络公益直播活动”。利用周末和节假日，组织开展应急救护培训工作。全年新增应急救护师6名，培训红十字救护员1300人，普及急救常识和技能14场次，惠及43700人次。

【“三献”工作】　无偿献血　2020年，揭阳市红十字会利用周末、节假日等开展系列宣传动员活动，推动无偿献血工作。针对疫情影响献血人数锐减等情况，发出“无偿献血倡议书”，动员志愿者和广大市民参加热血战“疫”无偿献血活动。联合有关单位，举办“特殊的奉献　特别的纪念”无偿献血网络公益活动。开展无偿献血活动14场次，参加人数1630人次，年度无偿献血量327600毫升。

造血干细胞捐献　改进造血干细胞捐献宣传动员工作方式方法，专门拍摄制作造血干细胞捐献公益短片《他们》，并被“央视频”“学习强国”等平台收录。开展造血干细胞捐献宣传活动14场次，参加人数达183人次，采集并报送省管理中心检验血样151份，年度造血干细胞成功捐献3例。

推进器官捐献宣传动员　配合推动人体器官捐献体制机制的建立完善，组织开展“捐献延续生命　爱心温暖人间”——器官捐献公益宣传活动。利用微信公众号等宣传阵地，精选发布系列宣传推文，普及器官捐献常识，开展人体器官捐献宣传。1907位志愿者在中国人体器官捐献管理中心平台登记成为器官捐献志愿者。

（江　泳）

法治

政法委及综治

【政法委及综治概况】 2020年，揭阳市政法机关全面强化党对政法工作的领导，统筹做好疫情防控和复工复产维稳工作，维护社会安全稳定，推进扫黑除恶专项斗争，推进平安法治揭阳建设。全年，全市排查列账重大社会矛盾70宗，化解69宗，化解率98.57%。刑事治安警情同比下降13.37%，“零双抢”天数达260天。

【社会矛盾预防化解】 2020年，揭阳市政法机关开展涉疫情矛盾纠纷隐患摸排，全市无发生因疫情引发的危害社会稳定案事件。组织开展预防化解涉农、涉土、涉劳资等重点领域专项行动，全市排查列账重大社会矛盾70宗，化解69宗，化解率98.57%。化解省交办重点个案惠来县东陇村涉土纠纷问题，及时应对处置康美药业公司突出涉稳风险，妥善处置中石油广东石化炼化一体化项目行政诉讼问题，化解佳泊仕公司非法吸收公众存款不稳定事件，有效解决万达广场、惠来隆江新城等欠薪问题。对揭惠铁路、村级换届涉稳风险开展全面排查，部署卫片违法用地整治，有效管控涉环保“邻避”、涉道路交通、涉教育培训等重点领域突出风险。加大恶意欠薪打击力度，为669名劳动者追回工资等待遇913.54万元。

【扫黑除恶专项斗争】 2020年，揭阳市推进“六清攻坚”，扫黑、破网、打财、断血各项战果明显。全市打掉涉黑组织3个、恶势力犯罪集团12个、涉恶团伙61个；破案231宗、刑拘542人、逮捕467人，全市刑事治安警情同比下降13.37%；涉黑逃犯100%抓捕归案，率先成为全省六个“零库存”地市之一。全市涉黑涉恶一、二审案件48件328人，查封、冻结、扣押涉案资产18.6亿元。查处涉黑涉恶腐败和保护伞186人。行业整治成效明显，全市84个软弱涣散村（社区）全部完成整治，打掉一批“行霸”“市霸”等破坏市场经济秩序的黑恶势力；整治河湖乱象问题382宗，揭西河湖乱象问题整治顺利“摘牌”；惠来毒品形势实现根本好转，通过国家验收顺利“摘帽”；开展普宁整治电信诈骗专项行动，在全省“飓风2020”电诈专项考评中取得第6名成绩，2020年12月初成功通过省检查验收；普宁货运乱象明显好转，货车贴路牌现象消除，违法超限超载现象有效遏制，货车非法改装现象大

2020年6月24日，揭阳市召开全市扫黑除恶专项斗争推进会

（郑楚藩 摄）

幅减少。完成迎接全国第19特派督导组莅揭督导工作；揭阳市“2020年度扫黑除恶重点关注地市”和“抓基层党建为扫黑除恶专项斗争提供坚强组织保证工作后进地市”顺利“摘帽”。

【社会治安工作】 2020年，揭阳市推进政治安全八个专项行动和社会矛盾八个专项治理，做好全国“两会”“经济特区建立40周年”等重大节点安保工作。全力维护国家政治安全稳定，确保不发生有重大影响的政治类敏感案事件。在全省率先完成21宗涉法涉诉信访案件“积案清零”任务，重大社会矛盾化解率98.57%；妥善处置惠来县东陇村涉土纠纷、康美药业涉稳问题、中石化项目行政诉讼、揭惠铁路建设拆迁等重大风险防控；做好村级换届选举工作，工作经验在省会议交流；全市进京访批次人次下降52.9%、72.8%，到省访批次人次下降43.71%、47.68%。坚决守住公共安全底线，将安全生产工作纳入年度平安建设考评和基层网格化治理体系，确保不发生重大公共安全事件，维护全市社会安全稳定。2020年，揭阳市强化社会治安重点地区和突出问题排查整治，加强对全市7个治安问题镇街的综合整治，对电信网络诈骗问题突出的10个镇街进行专项整治，推动社会治安形势逐步好转。持续高压推进惠来涉毒重点整治攻坚，惠来毒情实现明显好转，摘掉惠来毒品问题重点整治“国帽”。发挥统筹协调作用，推动严重精神障碍患者救治救助、防控轻生行为、打击性侵害犯罪等各专项工作，维护特殊群体、弱势群体利益。推动基层综治中心建立社会心理服务站（室），全市乡镇（街道）、村（社区）建成率达61%、65%，完成2020年的工作目标。全市社会治安形势持续向好，成为全省唯一实现各项打击效能指标全面上升的地市，刑事治安警情同比下降13.37%，“零双抢”天数达260天，群众安全感满意度进一步提升。

【法治揭阳建设】 2020年，揭阳市改善营商环境，依法推动妥善审理征地拆迁、房屋征收等诉讼案件，保障市委“两违”整治、“一城两园”建设、埔洋新村整体搬迁项目等重点工程和公益项目顺利实施。抓好农商行逃废债打击整治工作，牵头建立市委政法委、市法院、市检察院、市公安局、市金融局等部门组建的工作专班，形成合力推进打击逃废债务行为。推进司法责任制综合配套制度改革，深化执法司法制约监督体系改革和建设。成立揭阳市产权保护工作联席会议，依法审结刘忠炎侵犯“亚洲最大单机功率风电组”风力发电技术机密一案。实施好《中华人民共和国民法典》和相关法律法规，增强“乙方思维”，市公安局出台“优化营商环境10条措施”，市司法局出台“法治15条”等便民利企举措，市法学会牵头举办“以法兴企”文化沙龙等活动，依法保护好企业合法权益。

【执法监督】 2020年，揭阳市全面开展全市政法机关违法违规办理减刑、假释、暂予监外执行案件专项排查整治工作，在全省率先完成20世纪90年代以来至2020年12月“减、假、暂”案件的筛查。以“建立有效监督体系、强化司法活动协调监督”为主题，由市委政法委、政法各单位和市律师协会组成专题调研组，在全市政法系统开展为期1个月的加强司法监督专题调研工作，访谈相关人员280多人次，评查案件157个，走访基层派出所14个，探索建立党委对涉稳重大案件监督机制、刑事司法衔接机制，各政法单位内部监督机制，解决司法体制改革过渡时期刑事司法办案中出现的“中梗阻”现象，使罪行及时得到应有法律惩处。印发《揭阳市政法系统敏感案件报备评查制度》，针对敏感刑事案件和涉国有资产的民事案件进行报备，由市委政法委牵头每半年开展一次评查，加大执法监督力度。

【政法队伍建设】 2020年，揭阳市全市乡镇（街道）配齐配强党委政法委员，加强党对政法工作的领导，坚持从严管党治警。举办县（市、区）党委政法委书记培训班、基层政法干警培训班，组织全市政法干部参加“百名法学家百场报告会”、南粤法治报告会、全市党委政法委系统“学思想、强治理、筑平安”党建工作座谈会、政治轮训专

2020年9月9日市法学会举办“以法兴企”文化沙龙

（市委政法委 供稿）

题网络培训等活动，提升政法干警政治素养和运用法治思维和法治方式深化改革、推动发展、化解矛盾、维护稳定的能力。强化正风肃纪，坚决纠正“四风”问题，加强警示教育。狠抓政法队伍建设，先后涌现出全国禁毒工作先进集体、全国优秀基层检察院、全国法院先进个人，全省先进基层党组织、广东省先进工作者、广东省抗击新冠肺炎疫情先进个人和全省优秀人民警察、全省法院先进个人等一大批先进典型。

（市委政法委）

法治政府建设

【法治政府建设概况】 2020年，揭阳市法治政府建设对标《揭阳市法治政府建设工作方案（2016—2020年）》要求，全面推进依法行政，推动落实《揭阳市2020年依法行政工作要点》，统筹部署法治政府建设全面督察，高质量推进立法、执法、司法、守法、普法各法治建设关键环节落实到位，为揭阳建设宜居宜业宜游的活力古城、滨海新城，努力打造沿海经济带上的产业强市提供强有力的法治保障。

【立法工作】 2020年，揭阳市完善政府立法体制机制，加强重点领域政府立法。将《揭阳市户外广告和招牌设置管理办法（修订）》《揭阳市城市绿化管理办法》列为2020年规章制定项目，《揭阳市非物质文化遗产保护管理办法》列为2020年规章预备项目。加强对《揭阳市市容管理条例》和《揭阳市烟花爆竹燃放安全管理条例》的审查工作。市政府常务会议审议通过《揭阳市住宅小区物业管理条例（草案）》，提请市人大常委会审议。印发《揭阳市人民政府立法听取意见工作规定》，为全市优化营商环境提供立法保障。持续发挥惠来县住房和城乡建设局、揭阳市生态环境局普宁分局、揭东区文化广电旅游体育局等8个市政府行政立法基层联系点的作用，推动民主立法、科学立法。开展政府规章立法项目专题调研，争取将“揭阳市非物质文化遗产保护管理办法”列为市政府2021年规章制定计划的正式项目。

【规范性文件审查】 2020年，揭阳市加强规范性文件清理，全市现行有效规范性文件93件。强化源头把控，18件市政府规范性文件及24件部门规范性文件均严格进行合法性审查。向省政府和市人大常委会报备市政府规范性文件13件，接受县（市、区）上报备案的规范性文件4件。

【行政执法协调监督】 *行政执法体制改革* 2020年，揭阳市制订《关于推进揭阳市乡镇街道综合行政执法改革工作的指导意见》。梳理拟下放首批乡镇街道综合行政执法权责事项行政处罚权283项、行政强制措施权52项，发布《揭阳市人民政府关于乡镇街道实行综合行政执法的公告》。

行政执法数据公示 全面实行行政执法“三项制度”，加快建设全省统一的行政执法信息平台和行政执法监督网络平台。完成全市（含县区）254个行政执法单位行政执法数据的录入工作。

行政执法人员管理和执法保障 242个行政执法部门开通省行政执法队伍管理系统，全市申领“广东省人民政府行政执法证”3177份。全市3500多名行政执法人员参加行政执法网上考试。2100多名镇街执法人员参加培训及考试，全市各镇街执法人员申领“广东省人民政府行政执法证”1483份。

【行政复议与应诉】 2020年，揭阳市推进行政复议体制改革，健全相对集中行政复议权机制，推动行政复议委员会规范化运行。推行重大、疑难、复杂的行政复议案件交由案审会进行审查、表决制度，创新“调查会+开庭审理+案审会”多元化审理模式，实行调查活动和开庭审理相结合，保障当事人说理权利，实现阳光复议。全年，受理行政复议案件162件，审结147件，支持复议机关决定101件，维持率68.7%，直接纠正行政机关决定25件，纠错率17.00%；终止行政复议审查18件，占比12.24%。经复议提起行政诉讼的案件25件，审结19件。通过组织双方当事人参加案件调查会、听证会113场次，召开案审会2件，均胜诉。全年，出庭应诉行政诉讼案件38件，在审结的25件行政诉讼案件中，25件行政诉讼案件维持，维持率100%，行政诉讼纠正率0%，均指派工作人员与代理律师共同出庭应诉，在法定期限内完成答辩、举证工作。

【政府法律顾问】 2020年，揭阳市提高重大行政决策的质量和效率，严格按照决策建议、确定决策承办单位、公众参与、合法性审查、集体讨论、请示报告、决策公布、记录存档、决策执行等程序进行法制审核。对《揭阳市水土保持规划（2017—2030年）（报批稿）》《揭阳市惠来县石榴潭水库饮用水源保护区调整方案》《揭阳市碧道建设总体规划（2020—2035年）（报批稿）》《揭阳市城乡生活垃圾收运处理设施专项规划（文本合法性审查稿）》《揭阳市部分乡镇级及以下饮用水水源保护区划定方案》5件重大行政决策均进行合法性审查。参与政府重要行政措施、重大投资项目以及重要合同协议等合法性审查，审查以市政府为主体的各类招商引资合同标的额超千亿元。市司法局统筹协调处理推动丰恒润公司涉案值1.6亿元资产包回转揭阳市，避免重大国有资产流失，代表市政府对广州中院协助执行通知书提出异议和听证等工作，化解市政府代为偿还3.04亿元债务的重大法律风险。

【法治政府建设督察】 2020年，揭阳市统筹部署法治政府建设全面督察。重点抓好迎接省督察任务落实、落细。印发自查紧急通知、迎接实地督察实施方案、迎接实地督察业务准备通知等系列统筹方案和业务通知，全面统筹、细致部署抓好迎接省委依法治省办到揭阳市开展党政主要负责人履行法治建设第一责任人职责及法治政府建设实地督察关键环节落实到位。呈报《关于省委依法治省办到我市开展党政主要负责人履行法治建设第一责任人职责及法治政府建设实地督察情况的报告》，提出揭阳市贯彻落实意见报市委市政府。重点部署开展全市全面督察，印发《关于开展党政主要负责人履行法治建设第一责任人职责及法治政府建设督察的实施方案》，成立领导小组，5个督察组，执法案卷评审组，制定23项督察要点内容，明确听取汇报、座谈交流、实地检查、查阅台账、查阅执法案卷等督察方式，部署自查阶段、实地督察阶段、形成报告阶段、反馈整改阶段等4个工作推进阶段，督察结合形成《督察报告》报市委市政府，市委依法治市办印发反馈整改方案统筹组织各相关单位针对21条问题清单进行整改落实。

【普法与依法治理】 2020年，揭阳市加强法治乡村建设，开展民主法治示范村（社区）创建活动，健全党组织领导的自治、法治、德治相结合的乡村治理体系，基层治理法治化水平不断提高。榕城区梅云街道何厝村、揭西县南山镇火炬村被评为第八批“全国民主法治示范村（社区）”，全市1627个村（社区）创建率达到100%，实现基本全覆盖。开展“民主法治示范村（社区）”创建工作，完成中央和省下达的年度创建指标任务，全市14个村（社区）被确认为“2020年广东省民主法治示范村（社区）”。在全市范围部署“深入学习宣传习近平法治思想 大力弘扬宪法精神”主题活动。创新“十个一”推动民法典学习宣传“揭阳模式”，印发《关于在全市广泛开展民法典普法宣传的实施方案》，成立民法典律师普法宣讲团，全市开展宣讲活动688场次，为机关单位提供法律意见20项，为群众、单位和企业提供免费法律咨询124次。举办“宪法教育大课堂”“卫生法治大课堂”“4·15”国家安全日、“6·26”国际禁毒日、“12·4”宪法宣传周、“宪法进军营，普法暖兵心”等系列普法宣传主题活动。12家企业被授予“广东省法治文化建设示范企业”称号。5个建制县（市、区）各建成1个以上青少年法治教育实践基地，全市建成2个省级青少年法治教育实践基地。建成省级法治文化主题公园1个，市、县两级创建法治文化主题公园10个。

（王梓彬）

公　安

【公安概况】 2020年，揭阳市各级公安机关聚焦风险防控，全面发力攻坚，完成深圳经济特区建立40周年庆祝大会维稳安保任务，助力新冠肺炎疫情防控，推动扫黑除恶，涉毒重点整治顺利摘帽，接连侦破一批大案要案，全市公安工作年度综合考评成绩列全省第10名，“飓风2020”专项行动考评并列全省第1名。

【疫情防控工作】 2020年，揭阳市围绕春节返乡、节后返程2个高峰时段，全力加强入揭疫区人车的查控，会同交通、卫健部门在高速出口和国省道市际交界处设立联合检疫检查点45个，累计检查过往车辆145万辆次；对280万名司乘人员进行体温检测，及时消除疫情隐患。市公安局参与《揭阳市建立镇街村（居）社区基层网格化治理体系提高网格化治理能力的实施办法》起草，探索疫情防控网格化管理模式，派员参加“三人小组”工作。做好“一码通”推广应用工作，各个防疫环节均实现运用“一码通”扫码录入进行管理。全市16个公安监所根据形势需要先后实行全员封闭勤务、三班制全封闭模式，“AB”两班制勤务模式，对于新收押入所人员一律送到指定监所集中关押，坚决把疫情阻断在监墙之外。

依法从严从快打击各类违法犯罪，全市公安机关侦破涉疫情刑事案件255宗，刑拘227人，其中“蔡某用疫情募捐实施诈骗案”被最高人民检察院列为全国十大涉疫诈骗典型案例；查处涉疫情行政案件103起，行政拘留62人。

【营商环境“放管服”】 2020年，揭阳市公安局出台《揭阳市公安机关优化营商环境方便群众办事十条创新措施》。全市优化营商环境和加强招商引资工作大会专门介绍公安经验。印发《揭阳市公安机关“抓典型 促落实 全力优化营商环境”工作方案》，选树一批先进典型，查究、曝光、教育一批慢作为、不作为的反面典型，加速推进全市公安机关优化营商环境工作。

打击突出犯罪　以扫黑除恶专项斗争、“飓风2020”专项行动为抓手，严打各类影响群众生命财产安全、侵害企业合法利益的突出违法犯罪，建立快受理、快立案、快侦查、快告知的“四快”打击涉企违法犯罪工作机制，依法、全面、平等保护企业合法权益。

简政放权 推行行政权力清单制度，减少市级审批环节。在企业办事方面，主动服务企业，简化企业开办程序。改变传统印章刻制办理模式，印章刻制备案实现当场办结，印章刻制时间由原来的1个工作日缩短为0.5个工作日；简化企业办理公章刻制备案事项，将原来的“刻章”“备案”2个环节合并为1个环节，用章单位无需到公安机关办理公章刻制备案。全面停止收取印章刻制单位入网费、服务费，严禁强制换章、垄断经营；对企业申请办理部分行业许可证实行“先信任后审核”，通过书面承诺符合审批条件并按时提交有关材料，即可当场核发许可证。取消计生证明等50项证明事项；简化办证流程，护照、港澳台通行证等证件办理时限缩减5天；政府认定引进的人才“零门槛”落户，本省户籍人才3天内即可落户揭阳市；车管业务申请材料实现“免复印”“免填表”“免拓印”“免提供”四个减免；推行公安业务“一网通办”“只跑一次”，交警、出入境、户政、治安等高频警务应用事项在线办理率100%。

服务民生企业 推动落实广东省服务粤港澳大湾区建设措施，广东省现行的53国人员经揭阳潮汕机场空港口岸过境免签，省内停留时限延长一倍，达144小时。疫情期间，为有出国开展商务活动需求的企业和群众解决申办护照困难；推广“粤省事应用”“144小时过境免签”“外管通APP”应用，全面开放境外人员签证证件预约业务，为境外人员提供更加方便快捷的入境业务。为企事业单位设立集体户，支持外地人员来揭阳市创业就业。推出户政业务“免填表”服务；为各大中型企业，流动人口集中的单位、机构开展“点对点”服务，与基层户政部门形成“双轨办理”工作机制；推行异地身份证受理、挂失申报、丢失招领三项制度，启动港澳台居民居住证受理制发工作。推出摩托车、电动自行车带牌销售服务，持续增建摩托车驾考便民服务点，让群众在家门口考试、当天领证；推行“警保联动”轻微事故快处快赔模式，开展“流动车管所”下乡服务活动；开展交警部门“12123”互联网服务平台应用，开通47项网上服务事项；全面推行机动车查验网上预约服务，方便群众自主选择办理业务日期，缩短群众轮候时间；推进邮政代办服务，全市医疗机构车管便民服务点增至7个，车驾管业务自助机台数增长一倍，方便群众办理驾驶证补换业务。

2020年11月5日，揭阳市公安局召开全市公安机关扫黑除恶专项斗争新闻发布会
（市公安局 供稿）

【扫黑除恶专项斗争】 2020年，揭阳市公安机关打掉涉黑组织3个、恶势力犯罪集团12个、涉恶团伙61个，破案231宗、刑拘542人、逮捕467人，查处涉案资产18.6亿元，查处移交公职人员、村干部115人，多项指标进入全省前列。全市7类涉恶违法犯罪警情（强迫交易、敲诈勒索、非法拘禁、寻衅滋事、聚众斗殴、故意毁坏财物、故意伤害）“年受理量”和刑事个案数三年连续下降并创下新低，全市各类违法犯罪警情同比下降13.61%，社会治安形势持续向好。在省公安厅2020年度扫黑除恶专项斗争考评中，取得并列全省第一的好成绩，专项斗争圆满收官。

【飓风2020专项行动】 2020年，揭阳市公安机关纵深推进“飓风2020”专项行动，持续高压严打涉电诈、盗抢骗、黄赌毒、食药环、涉枪爆等突出违法犯罪。全市刑事破案数、刑拘数、逮捕数、移诉人数、移诉案件数同比上升1.3%、14.3%、16.3%、7.9%和5.5%，成为唯一实现打击效能指标全面上升的地市。出台《揭阳市公安机关加强打击治理电信网络诈骗犯罪工作十六条措施》，推动市、县两级公安机关全方位开展电诈突出问题打击整治，全市电信网络诈骗破案数、刑拘数、逮捕数同比分别上升3.45%、40.41%、64.32%。深化“破小案”工作机制，继续在榕城分局试点推行，完善“在线、快速、合成”作战模式，取得明显效果，全市盗抢骗刑事犯罪实现发案数下降，破案数、刑拘数、逮捕数上升的“一降三升”目标。全力开展“护苗”专项行动，牵头相关部门制订形成《揭阳市性侵害案件未成年被害人权益保护联动机制》，现发性侵害及校园欺凌案件217起全破，破获积案61起，超额70%完成省厅下达任务。组织开展打击整治涉烟违法犯罪百日专项行动，出台《揭阳市公安机关打击整治涉烟违法犯罪责任追究办法（试行）》，先后在揭东、惠来等地打掉假烟仓储窝点2个，查获假烟1990多万支、走私卷烟591万支，涉案金额超过2400万元。先后侦破国家挂牌督办的“4·28”“5·11”跨境网络赌博案，全国最大网络黑产远程作战平台和黑灰产业数据库的部督“9·09”专案、部督“6·28”帮助信息网络犯罪活动专案、全省首宗利用区块链实施电信诈骗案件等一系列大案要案，“飓风2020”专项行动考评并列全省第1名，普宁电信诈骗问题整治顺利通过省摘牌验收，打击破案工作收到公安部嘉奖令、省厅贺电29份。突出的打击成效带动全市刑事治安警情同比下降13%，社会治安形势持续向好，“零双抢”天数达260天。

2020年12月29日，揭阳市公安局、揭阳市烟草专卖局联合召开打击涉烟违法犯罪新闻发布会和打击假烟成果展　　（市公安局　供稿）

【社会治安管理】　2020年，揭阳市公安机关统筹抓好社会治安防控体系建设，全面落实“打、防、管、控、建”各项工作措施。全方位加强涉稳风险排查、情报搜集、研判预警、应急处突等工作，完成重大安保维稳工作任务，确保全市全年无发生规模性群体性事件，各个重大节点无发生重点人进京非访事件，维护全市社会治安大局持续平稳。

打好派出所“精准脱困”攻坚战，省市县三级追加投入1500多万元对全市9个派出所进行重建修缮。推进“护校安园”行动，全面排查整改校园安全隐患，常态化开展督导检查，排查安全隐患并督促落实整改，联动治理涉校交通、食品安全和校园欺凌等问题，筑牢校园安全屏障。全面落实枪弹管理制度，狠抓危爆物品安全监管；参与成功处置“9·09”危货品运输车碰撞泄漏事故，防范次生灾害和二次事故。开展整治打击“黑油站点”专项行动，查处“黑油站点”146个，立刑事案件30宗，行政案件115宗，刑事拘留73人，行政拘留97人，查获油品292吨。

【户政管理】　2020年，揭阳市公安户政管理部门突出抓好籍制度改革、疫情防控复工复产、专项清理整顿、人口普查、基础信息采集等重点工作。实行“全面放开揭阳城镇落户限制”“派出所一站式办理人才落户”“户政业务‘免填表’服务”。全年，全市约15万群众享受“免填表”服务。开展网上办、自助办、延期办、证件邮寄、“绿色通道”等服务。优先受理复工复产企业群众所需户口业务，助力复工复产。突出清理整顿，户口管理持续强化。推进户口清理整顿，全年核查公安部多批次下发的疑似重复户口472条，核实完成454条，完成率96%，经核实属重复应注销户口255个，注销189个，注销率74%。推进“二标四实”基础信息采集工作，全市采集建筑物1265404个，单元47117个，房屋3700047间。做好第七次全国人口普查户口整顿工作。调查核对，查清户口登记问题，摸清普查人口底数。全市核查访查1574984户，登记户籍人口7093344人，暂住人口182204人，清理应销未销人口15575人（其中死亡13683人），重复户口577人，解决未落户登记户口15871人（其中出生登记15248人），户口项目登记及更正54609项，钉装门楼牌17666块，提供破案线索6条，破获刑事案件1起，查处治安案件5起。

【道路交通管理】　2020年，揭阳市交警部门现场查处各类交通违法行为21.4万多宗，其中酒醉驾2891宗。推进货运乱象整治，服务全国文明城市、国家卫生城市创建工作，会同交通运输部门制订治理车辆超限超载、非法改装联合执法工作规范、落实“一超四罚”等一系列工作规范和意见，出台查处货车超载违法行为执法指引，设置交通信息“红黑榜”定期开展曝光宣传，强化源头治超力度，规范货车超限超载查处工作，查处货车超限超载3986宗，其中货车超载30%以上2603宗，货车非法改装630宗，同比分别增长67.1%、395.8%、32.6%。牵头市应急管理、交通运输、文化广电旅游体育等部门，设立中秋国庆“双节”道路交通安保联勤指挥部，组织开展打击整治、疏堵保畅和处置突发交通警情等工作，打造形成重大节日交通安保智慧指挥新模式。

2020年9月11日，揭阳市公安局举行全省公安机关实战练兵秋季考核

（市公安局　供稿）

【水上治安管理】　2020年，揭阳市水警部门开展辖区和警务战略，维护全市揭阳榕江水系社会治安稳定。出警168次，搜救落水群众13人，调解治安纠纷5宗，为群众做好事15宗，出警巡逻300多次。科学制定巡逻计划，合理分配巡逻力量，结合疫情加强防控和反偷渡，科学制订巡逻计划，对“涉走私”“涉环境”违法犯罪“露头就打”，提高江面见警率、盘查率和震慑力，水域内打击犯罪的高压态势基本形成，水上各类违法犯罪活动明显减少。推进河湖警长制各项工作有序开展。

【出入境管理】　2020年，揭阳市出入境部门助推疫情防控。通过电话劝导劝退办证申请人512人次，通过前台窗口劝退468人次，对接三大运营商向全市持有有效签注的人员发送提醒短信12万条。开展落地核查机制，排查出在揭阳市特定国家人员12人，被市委市政府评为“揭阳市抗击新冠肺炎疫情先进集体”。自2020年7月起，对在揭企业员工及其相关人员申办出入境证照时间由10个工作日缩短为5个工作日，全市91人次享受到便利措施。全年查处涉外“三非”行政案件204宗950人，组织千里遣送出境629人。全年累计侦办妨害国边境案件22宗，刑拘54人，逮捕53人。发挥智慧办证大厅审核审查岗、实质性审查室的作用，落实“三个询问”“三个查验”和“三个审核”工作制度，遏制国内居民出国境从事涉赌涉诈违法犯罪活动。加强智慧新出入境建设，全市6个县区全面完成智慧大厅标准化规范化建设，推广“外国人大数据管理服务平台”应用。

【警卫工作】　2020年，揭阳市公安警卫部门完成警卫（保卫）任务30批次。其中一级警卫任务2批次，二级警卫任务6批次，三级警卫任务7批次，省特勤局交办警卫任务7批次，市委、市政府交办的保卫任务8批次。

【网络安全监管】　2020年，揭阳市公安网安部门对全市政府网站和重要信息系统开展7*24小时网络安全监测，加强网络安全监测、通报工作。完善优化国际联网备案，依托全国互联网安全管理平台，实现“网上办”“一次办”，审核通过215个网站备案。审核通过5个APP的安全评估。健全社会组织，发挥桥梁作用。联合市委网信办、市科协等部门，指导揭阳计算机学会完善相关工作机制和行业自律制度，并于2020年7月15日更名为揭阳网络空间安全协会。

【刑事侦查】　2020年，揭阳市公安机关刑事打击效能全面提升，全市破案5218起，刑拘6083人，逮捕4774人，起诉案件数3665起，起诉人员数5063人。命案侦破工作稳居全省第一，立命案25起，破案33起（其中积案8起），现案破案率100%。侦破电信网络诈骗案件539宗，刑拘476人，逮捕373人。护苗专项取得显著成效，立五类性侵害案件217宗，破案217宗，现案破案率100%；破积案61宗；抓获护苗专项逃犯9名，其中省督逃犯2名。追逃工作保持全省前列，抓获网上逃犯1272名。刑事技术建设再上新台阶，“一长四必”暨“三大会战”专项全省排名第一，高起点规划司法鉴定中心建设，电子物证实验室建成启用。立涉疫情刑事案件149宗，破101宗，抓获违法犯罪嫌疑人142人，刑拘96名；成功侦破“1·27”蔡某假冒“武汉市慈善会”骗捐案。

【经济侦查】 2020年，揭阳市立经济犯罪案件458宗、破案303宗、刑拘575名、逮捕425名，收到公安部嘉奖令3份、贺电4份，劝返“猎狐”重点对象钟某文。侦破“12·9”特大假币案，抓获制贩假币犯罪嫌疑人16名，缴获成品假人民币4.16亿元，破获中华人民共和国成立以来单案收缴假币量最多的特大伪造货币案。侦办康美违规披露、不披露重要信息案，防范化解康美药业金融风险，全面做好网络舆情的监测和处置，及时应对处置康美药业涉稳案事件。严厉打击农合机构不良贷款行为，协助做好农商行清收压降工作，截至2020年底，全市公安机关约谈不良贷款大户105人次，立案13宗，刑拘犯罪嫌疑人25名。

【禁毒工作】 2020年，揭阳市强化禁毒执法打击，全市侦破涉毒刑事案件强化涉毒重点整治，本地户籍吸毒人员下降32.6%，外流贩毒人员数下降44%，惠来地区毒情形势得到持续好转，成功“摘帽”。市禁毒委对揭西凤江镇等5个涉毒问题和禁毒工作滞后等问题镇（街）进行挂牌整治，经过7个月的整治，普宁南溪镇，揭东新亨镇、霖磐镇成功“摘帽”。全市购买社会服务，聘请专业社工参与社区戒毒社区康复镇街达到25个，范围不断扩大。在省禁毒办组织的社工线上考试中，全市168人参加考核，138人通过，通过率82.14%。市禁毒办牵头加强对物流寄递涉毒问题的打击整治力度，建立工作联动、信息联通、案件联处的工作机制，打击寄递渠道涉毒违法犯罪行为，举办邮政行业禁毒工作专题培训，提升企业识毒防毒意识；借助“互联网+”宣传新模式，打造原创小视频，多部作品入选“学习强国”APP；开展“远离毒品　健康成长”青少年禁毒漫画、禁毒知识竞赛等活动，覆盖青少年20万多人；牵头市禁毒志愿者协会等社会团体，打造“夕阳美老年人”“滴滴司机”“快递行业”、青少年队等禁毒宣传服务队；围绕“6·03”“6·26”等重要节点开展禁毒宣传活动。

【禁赌扫黄】 2020年，全市公安机关共破获涉赌刑事案件351宗，刑事拘留涉赌犯罪嫌疑人878人，逮捕761人，分别上升38.2%、76.3%、45.8%；共破获涉黄刑事案件108宗，刑事拘留涉黄犯罪嫌疑人199人，逮捕185人，分别上升45.9%、42.1%、34.1%。成功侦破“3·24”“4·28”“5·11”“8·5”等涉黄赌专案，发起多波次“飓风”集群打击行动，打掉涉黄、涉赌犯罪团伙40个，捣毁涉黄涉赌窝点、整治黄赌问题场所一批，收到省厅贺电3份，得到省厅领导和市领导肯定性批示4次，“飓风”黄赌专项考核并列全省第一。打击赌博犯罪方面，坚持“严在平时、管在日常”，压实各地公安机关主体责任，采取传统与科技相结合等方式，创新技术战术和方法手段，健全完善合成作战机制，针对传统赌博借助新兴技术手段而出现网络化、跨境化特征，坚持“数据赋能”，深入探索大数据应用，充分拓展延伸跨区域联动协同作战网络，形成打击新型治安问题的新机制，坚决守护人民群众财产安全。打击涉黄犯罪方面，完善涉黄打击整治制度建设，建立重点场所巡查检查、涉黄线索举报核查、多警联动专案攻坚等系列机制，坚决铲除滋生犯罪土壤，全力挤压涉黄违法犯罪的活动空间，依托“智慧新警务”，加强对群众举报线索细致核查，深入娱乐、旅业场所暗访摸排。11月3日，揭阳市公安局召开打击涉黄赌违法犯罪新闻发布会，通报了揭阳市涉黄赌违法犯罪活动新形势，以及公安机关打击涉黄赌违法犯罪的工作成效，号召广大市民认清黄赌违法犯罪的危害，自觉远离不法行为。

【流动人口管理】 2020年，揭阳市登记流动人口171825人，推进户籍制度改革，做好居住证登记管理工作。扩大居住证服务覆盖面，放宽未落户城镇常住人口居住证登记条件，确保有意愿的未落户常住人口全持有居住证，及时享有在本地参加驾考、机动车入户、出入境证件

2020年6月3日，揭阳市举行“纪念‘6·3’虎门销烟纪念日暨2020年揭阳禁毒宣传月”启动仪式活动　（市公安局　供稿）

签注等各项基本公共服务和办事便利，居住登记（居住证）业务陆续上线“粤省事”微信小程序，实现群众乐享指尖申报。

【执法办案场所智能化改造】 2020年，揭阳市公安局推动县级公安机关争取当地党政支持，全面推动智能执法办案场所升级改造，提升全市执法办案智能化、精细化、规范化水平，完成省公安厅要求建设5个智能办案场所示范点建设任务，增建1个智能执法办案区。

（市公安局）

检 察

【检察概况】 2020年，揭阳市检察机关加强刑事检察力度，打好扫黑除恶收官战；做好民事、行政诉讼监督工作，开展行政争议实质性化解专项监督活动，推进行政非诉执行监督；开展“公益诉讼守护美好生活”专项监督活动。全年，揭阳市检察机关批准逮捕各类刑事犯罪嫌疑人4946人，起诉5770人。办理各类民事申诉案件53件，办理行政非诉执行案件19件。

【刑事检察】 2020年，揭阳市检察机关批准逮捕各类刑事犯罪嫌疑人4946人，上升11%；起诉5771人，上升12%，维护社会安全稳定。打好扫黑除恶收官战，专项斗争开展后起诉237人。接收、发现、转办涉黑涉恶犯罪及“保护伞”线索41件，起诉时认定并移送黑产黑财2400多万元。注重从“行业清源”上下功夫，结合办案发出检察建议59份，推动司法办案向社会治理延伸。持续保持对毒品犯罪的严打高压态势，起诉332人，助力惠来县禁毒整治工作成功“摘帽”。强化网络安全司法保护，起诉165人，构建“线上平安”空间。开展打击追收逃废债专项工作，起诉19人，全力服务农商行改革；加大对知识产权的检察保护，依法起诉侵犯企业商标权、专利权、商业秘密等知识产权犯罪67人；起诉破坏市场经济秩序犯罪524人；依法起诉套路贷等破坏金融秩序犯罪49人。打击“借疫情诈骗”“哄抬物价”等涉疫情犯罪，起诉83人，办理的一宗涉疫情诈骗案入选全国检察机关首批典型案例。

【诉讼监督】 2020年，揭阳市监督侦查机关立案21件，监督撤案13件，纠正违法67件次。依法纠正漏捕漏诉51人；对不构成犯罪或者证据不足的，决定不批捕469人，不起诉125人；对认为确有错误的刑事、民事裁判提出或提请抗诉15件。加强刑事执行监督，依法纠正减刑、假释、暂予监外执行不当175件，促进执法司法规范公正。受监委邀请提前介入案件41件，依法起诉职务犯罪55人。立案查办司法工作人员玩忽职守、徇私枉法等犯罪5人。

【民事行政检察工作】 2020年，揭阳市检察机关做好民事、行政诉讼监督工作，开展行政争议实质性化解专项监督活动，推进行政非诉执行监督，办理各类民事申诉案件53件，办理行政非诉执行案件19件。与市司法局联合出台“行政检察与行政执法监督衔接”工作机制，推进依法行政。

【公益诉讼】 2020年，揭阳市检察机关集中开展“公益诉讼守护美好生活”专项监督活动，在生态环境保护、食品药品安全、国有资产保护等方面持续发力，立案84件，办理诉前程序53件，提起公益诉讼12件，追偿生态环境修复、矿产资源损失等费用近7000万元。探索“河长+检察长”工作机制，加强与生态环境、自然资源等部门的沟通联系，形成生态环境治理与保护合力。到集贸市场、学生饭堂开展专项检察活动，立案4件，向相关部门发出督促整改检察建议3份。

【检察环节综合治理】 2020年，揭阳市检察机关抓实抓细认罪认罚从宽制度，促进修复被损害的社会关系，提升司法效率。对5031名犯罪嫌疑人依法适用认罪认罚从宽程

2020年7月1日，揭阳市检察院举行迎“七一”主题党建活动

（市检察院 供稿）

序，适用率为83%。强化与法院的沟通协调，提升检察官量刑建议精准率、采纳率、释法说理，提高确定刑量刑建议比率，一审服判率98.2%。深化“1+4+N”普法模式，与公安等部门联合建立未成年被害人“一站式”询问救助机制，在全市建成6个“一站式取证”办案专区，保护、救助未成年被害人，拓展未成年人司法保护格局。围绕学校教育管理向教育主管部门等制发检察建议，借力“互联网+教育”模式，录制播放以“校园欺凌”“防性侵”“网络犯罪”等为主题的法治云课堂，制作原创普法动漫视频，扩大法治宣传教育覆盖面，深化“法治进校园”工作。全面落实公开听证等制度，对一些存在较大争议或有重大社会影响的案件，邀请人大代表、政协委员、人民监督员、律师等多方参与，先后举办20场公开听证。落实群众信访件件有回复制度，办理群众来信来访819件，做到100%期限内回复。结合办案发出促进社会治理的检察建议114份。

【检察改革】 2020年，揭阳市检察机关落实司法责任制配套改革，完善检察官权力清单、责任清单和检察官进退流转办法，加强案件质量管理和监督，推进检察执法监督制约体系改革。发挥好检察官业绩考评“指挥棒”“风向标”作用，突出检察官的主体地位，构建起以办案质量、效率和效果为基本内容的业绩考评体系，推动办案提升质效。以无罪判决、撤回起诉为重点开展案件评查工作，通过案件评查倒逼案件质量提升，评查412件。继续坚持两级院检察长列席同级法院审判委员会制度，推动入额领导干部带头办案常态化，两级院领导办理案件1724件。

（市检察院）

法　院

【法院概况】 2020年，揭阳市两级人民法院在受理各类案件29655件，办结26463件。其中，市中院受理案件4762件，办结4137件。审结的多宗案件被中央电视台等媒体专题报道，3篇案例入选《中国法院2020年度案例》，加强重大敏感案件监督管理的经验被省法院列入司法改革案例推广，“党建引领谱写司法为民新篇章”的做法被“学习强国”平台重点推介。

【刑事审判】 2020年，揭阳市各级法院审结刑事案件4389件5553人，结案率92%，推进平安揭阳、法治揭阳建设。

维护社会稳定　严厉打击邪教犯罪，维护国家安全和社会稳定。审结涉疫情犯罪案件85件，审结故意杀人、抢劫、绑架、涉枪涉爆等犯罪案件264件309人，审结电信网络诈骗等新类型犯罪案件87件101人。

扫黑除恶专项斗争　审判任务全面完成，审结“肉霸”林某某案等涉黑恶案件49件333人；审结关系网、保护伞案件4件7人；移送线索问题68条。涉黑恶财产执行成效显著，处置涉黑恶资产7598万元，执行到位金额6870万元，到位率达90.4%。司法建议助推社会治理，发出司法建议120条，全部得到反馈，1条被列入全省法院“十佳”司法建议。

严厉惩治群众反映强烈的犯罪　依法严惩食品药品、涉黄涉赌、暴力性侵等犯罪1086件1433人。从严从重打击毒品犯罪，审结毒品犯罪案件271件291人，判处5年以上有期徒刑至死刑64人。

保持反腐败高压态势　审结贪污贿赂、渎职等犯罪案件90件114人，其中被告人原为市管干部4人、科级干部9人。

【民商事审判】 2020年，揭阳市各级法院审结民商事案件13268件，解决诉讼标的额95.6亿元；审结知识产权案件672件，营造良好法治化营商环境，服务揭阳高质量发展。

民生司法保障　快立快审快执涉农民工工资、养老、医疗等案件278件，为群众追索劳动报酬、赡养费等款项1800多万元。审结婚姻家庭纠纷案件2094件、涉“问题楼盘”等商品房买卖合同纠纷案件328件、机动车交通事故责任纠纷案件1160件。

助推民营经济发展　依法平等保护各类市场主体合法权益，助力供给侧结构性改革，统筹推进揭阳某工艺品公司等“僵尸企业”破产

2020年8月6日，揭阳市两级法院“两个一站式”建设工作现场推进会在普宁法院召开　　（林昭仪　摄）

案件41件。依法审慎适用强制措施，综合运用活扣活封、信用修复、暂缓破产等法治方式，帮助困难企业走出困境、重获生机。

服务创新驱动发展 受理知识产权民事纠纷692件，审结601件，调解撤诉结案378件，调撤率达62.9%，高效办结涉“双飞人”等案件；受理知识产权刑事案件104件，审结71件，严惩侵犯“亚洲最大海上单机容量风电组”商业秘密犯罪，被中央电视台报道。

重大风险防范化解 依法稳妥处置重大敏感案件，防范化解重大风险尤其是重大金融风险，受理金融纠纷案件3591件，审结2539件，标的额58.87亿元。“5·9”专案审判工作基本完成，资产处置取得突破性进展。支持市委市政府依法打击逃废债，审结涉农合机构案件747件，执结809件（含旧存），标的额42.6亿元，收回不良贷款10.02亿元。

【行政审判】 2020年，揭阳市各级法院审结行政案件325件、非诉审查案件179件。

处理涉重大项目建设案件 针对重大项目建设征地补偿、土地权属、行政强制带来的矛盾纠纷，积极调解，依法审理，审结涉重大项目建设行政案件27件，特别是审结涉浦洋村行政诉讼案件，化解了1000多名群众矛盾，确保大南海石化项目顺利推进。

违法建设治理攻坚仗 全力配合全市集中治理违法建设工作，积极稳妥处理严重影响公共安全、人居环境、发展环境等违法建设相关行政案件20件，为发展创造良好空间。

榕江、练江等水环境整治和创文创卫工作 审结涉环境资源案件34件、公益诉讼案件10件，坚决打赢蓝天碧水净土保卫战。

2020年6月30日，揭阳中级法院组织党员干警代表到揭东区玉湖镇开展主题党日活动 （林嘉伟 摄）

【执行工作】 2020年，揭阳市各级法院与自然资源局共享网络查控数据，与税务局共建执行协作机制，打破信息壁垒，提高查人找物效率。受理执行案件7473件，办结6611件，同比分别增长16.1%和8.9%，结案率88.5%，执行到位18.8亿元；掀起“2020执行风暴”，列入失信被执行人名单4159例，限制高消费5109例。

【司法为民】 2020年，揭阳市各级法院加强涉民生司法工作，办便民之事，行利民之举，满足人民群众司法需求。

诉讼服务水平提升 主动融入诉源治理，联合交警等7家单位建立诉调对接机制，成立调解中心6个，促成当事人达成调解4700多件40多亿元，调解成功率达75.7%。打通司法服务“最后一公里”，提供一站通办、一网通办、一号通办的诉讼服务，推广20多个诉讼事项在线流转。针对疫情对办案带来的不利影响，开展无接触“云端办案”，网上立案8800多件、开庭2600多件。加大司法信息公开，让公平正义看得见、摸得着，裁判文书上网12000多份，直播庭审案件1500多件。

法治宣传 把审判工作作为法治的核心工作，用法治力量推动形成良好社会风尚。学习宣传贯彻民法典，集中培训民事法官，全面清理民事办案指导意见。与省法院联合制作专题片《坚决捍卫“法不能向不法让步”》，在中央电视台播出；与揭阳报社、电视台合办法治栏目，开展保护未成年人、防范非法集资、电信诈骗等热点问题法治宣传。在国家机关“谁执法谁普法”履职报告评议中，全市法院均获评优秀单位。

【审判管理】 2020年，揭阳市各级法院推进司法改革实现从“搭框架”到“精装修”的实质性转变，加强审判管理，司法质量、效率和公信力显著提升。

司法责任落实 加大院庭长办案责任，院长带头办理重大、疑难、复杂案件实现常态化，庭长办案量高于法官平均办案量的70%。加强类案同判体系建设，规范法官自由裁量权，确保法律正确统一适用，实现“同案同判”。加强审判委员会管理，明确规定拟判无罪、缓刑、假释和涉重大国有、集体资产等案件，应由审委会讨论决定。

诉讼制度改革 重点深化五项改革，深化以审判为中心的刑事诉讼制度改革；推行刑事一审案件认罪认罚适用从宽改革，审结认罪认罚案件占同期审结刑事案件的80.4%；推进家事审判改革，建立家事调解员、人身安全保护令等制度；推动审判辅助性事务性工作集约化社会化改革，与邮政公司合作开启“法院+邮政”法律文书集约送达新模式；开展律师调查令制度，签发律师调查令71份。

智慧法院建设 紧扣市域治理需求，提升法庭建设现代化水平，发挥职能作用，参与基层社会治理。整合语音控制、人脸识别等5类技术，建成科技法庭65个，全市人民法庭均配备一个以上科技法庭。推动建设法院信息化4.0版，实现电子卷宗随案同步生成，完成“12368”诉讼服务热线升级项目建设。

【监督工作】 2020年，揭阳市中级人民法院自觉接受监督，主动、及时向市人大及其常委会报告工作，加强与人大代表的日常联络，办理人大交办事项、代表意见建议，邀请人大代表观摩庭审、见证执行，确保法院工作符合民情、反映民意、汇聚民智。

（黄　沛）

司法行政

【司法行政概况】 2020年，揭阳市司法局全面推动司法行政“一个统筹，四大职能”优势。揭阳市司法局疫情防控工作被省司法厅通报表扬；在全省率先同步部署开展法治揭阳评估和法治政府建设全面督察；创新营造法治化营商环境“法治15条”得到市领导肯定和批示；社区矫正“灵魂之旅”教育品牌入选省第三批社会治理实践创新省市共建项目，教育专题片《汇“五师”之力　塑“灵魂”新生》被省委政法委选定作为广东省“平安杯”社会治理创新展播项目；市司法局2人分别被司法部评为“2019年国家统一法律职业资格工作表现突出个人”“全国公共法律服务先进个人”。

【法治宣传】 2020年，揭阳市开展法治宣传教育，全面推动宪法学习宣传教育，部署“深入学习宣传习近平法治思想　大力弘扬宪法精神”主题活动。创新“十个一”推动民法典学习宣传“揭阳模式”，印发实施方案，成立民法典律师普法宣讲团，全市开展宣讲活动688场次，为机关单位提供法律意见20项，为群众、单位和企业提供免费法律咨询124次。组织开展“疫情防控·法治同行”律师为民营企业“法治体检”“宪法教育大课堂”“卫生法治大课堂”“4·15”国家安全日、“6·26”国际禁毒日、“12·4”宪法宣传周等系列大型普法宣传主题活动。全面落实“谁执法谁普法”普法责任制。组织召开2020年度揭阳市国家机关“谁执法谁普法”普法责任制履职报告评议会暨民法典学习宣传会。组织全市领导干部和国家工作人员共70多人旁听法院庭审，开展以案说法活动，推动旁听庭审工作常态化、制度化。推进多层次多领域依法治理。全市1627个村（社区）创建率为100%，实现基本全覆盖。12家企业被授予“广东省法治文化建设示范企业”称号。5个建制县（市、区）各建成1个以上青少年法治教育实践基地，全市建成2个省级青少年法治教育实践基地。建成省级法治文化主题公园1个，市、县两级共创建法治文化主题公园10个。由揭阳市和揭西县两级共建的法治文化公园被省授予“全省十佳法治文化主题公园”。

【律师工作】 2020年，揭阳市加强律师队伍和机构建设，全市律师事务所31家，其中社会所22家、公职所3家、法援处6家，律师301名。成立独立律所党支部11个，联合党支部2个，实现党的组织和党的工作律师行业全覆盖。发挥律师参政议政专业作用，全市律师担任省人大代表1人、市人大代表4人、县人大代表1人，市政协委员3人、县政协委员4人，县党代表1人，有49名律师担任142家政府职能部门法律顾问。强化执业监管，规范执业行为。完成2019年度全市25家律师事

2020年10月13日，2020年度揭阳市国家机关“谁执法谁普法”普法责任制履职报告评议会暨民法典学习宣传会在市区召开　　（市司法局　供稿）

务所年度检查考核和209名律师执业年度考核工作。在全市范围内抽查10家律师事务所，随机抽取4家律师事务所实地开展“双随机、一公开”监管检查工作。加强律师队伍教育培训，举办9场线上培训课程，与市商务局、市律师协会联合举办涉外法律服务培训班，举办全市律师行业职业道德和执业纪律教育培训班。深化一村（社区）一法律顾问工作，优化律师资源配置，全市31家律师事务所220名律师分别担任1627个村（社区）法律顾问。全年，全市村（社区）法律顾问共接待群众咨询20838多人次，开展法律讲座8036场次，为村（社区）审核合同507份，起草、审查、修改村（社区）事务的法律文书534份，出具法律意见书255件，接受群众委托代理诉讼案件192件，办理法律援助案件251件，参与并成功调解矛盾纠纷1409件。

【公共法律服务】 2020年，揭阳市完成27个示范性镇（街道）公共法律服务工作站建设，225个示范性村（社区）公共法律服务工作室建设。平台到岗服务116628人次，接受咨询21272件，业务受理8456件；办结各类公证1419件，增长14.16%；创收公证费108.7651万元，增长8.32%；办结司法鉴定案件2757件；办理法援案件5350宗。筹备设立揭阳仲裁委员会，实现揭阳市零的突破。市政府于4月15日成立揭阳仲裁委员会，省司法厅于7月22日决定准予揭阳仲裁委员会设立登记。

【国家统一法律职业资格考试】 2020年，揭阳市完成2020年国家统一法律职业资格考试揭阳考区组织实施工作。严格落实“十个百分之百”“三个不放松”工作要求，制定覆盖全流程的考试组织实施方案、突发事件应急处置预案、疫情防控工作方案和疫情防控应急预案，以“六个到位”认真扎实落实考试组织管理和防疫的各项措施，确保疫情防控和考试组织“两个安全”。10月31日至11月1日，在揭阳捷和职业技术学校组织实施2020年国家统一法律职业资格考试揭阳考区客观题考试。揭阳考区报考人数达932人，其中揭阳考生670人，潮州考生262人。揭阳考区设置1个考点、9个普通考场、1个备用考场、2个隔离考场，分两个批次考试。11月28日，在揭阳捷和职业技术学校组织实施2020年国家统一法律职业资格考试主观题考试，399名考生参加考试，其中揭阳考生287人，潮州考生112人。揭阳考区主观题考试采取机考方式，设置8个考场、1个备用考场、2个隔离考场。

【人民调解】 2020年，揭阳市人民调解组织调解各类民间纠纷7107件，调解成功7061件，调解成功率99.3%。开展疫情防控调解工作，及时化解涉疫矛盾纠纷36宗。惠来县司法局黄贤华荣获国家卫生健康委等10部委授予“2018—2019年度全国平安医院工作表现突出个人”称号。开展优化法治营商环境工作。成立揭阳市塑胶行业协会人民调解委员会；成立揭阳市行业性专业性调解中心；组织开展“揭阳市2020年人民调解进乡村宣传活动”。开展社会矛盾纠纷排查化解专项活动。参与信访矛盾化解工作，及时化解信访部门委托移送纠纷案件24宗；参与村（社区）“两委”换届维稳工作；创新访调对接平台。惠来县司法局在县访调中心建立“一岗五室”。推动社会治理法治化工作。创建调解品牌，打造“红色调解室”等品牌调解室16个；强化三调联动。以“袁涌辉调解室”为主阵地，建立梅云街道人民调解中心的“一站式”纠纷解决服务平台；强化诉调联动工作。全市人民调解组织全面进驻基层法院。激发调解工作积极性。组织全市人民调解业务骨干到浙江大学、“枫桥经验”等地进行业务培训；市委市政府表彰全市20个先进人民调解委员会和29名优秀调解员。

【安置帮教】 2020年，揭阳市衔接刑释人员2701人，帮教2701人，帮教率100%；安置2693人，安置率99.7%。2020年1月，司法部授予市安帮办为全国司法行政系统特赦实施工作“突出贡献单位”称号。升级帮教方式，创新“司法+社工+心理咨询师”入户帮教刑释人员新模式，通过与揭阳市益源社会工作服务中心签订帮教协议，成立帮教团队入村入户进行帮教。精心编印《安置帮教. 回归指南》《心理健康

2020年10月21日，揭阳市司法局在揭西县开展社区矫正“灵魂之旅”主题教育活动

（市司法局 供稿）

知识宣传册》“爱心联系卡”和购买米、油等慰问物品，帮助精神病患、老弱病残的刑释人员解决基本医疗问题和生活问题。

【社区矫正】 2020年11月19日，揭阳市委编办同意设立“揭阳市社区矫正委员会”。“灵魂之旅”教育品牌入选省第三批社会治理实践创新省市共建项目。11月，揭阳市社区矫正“灵魂之旅”教育做法在全省司法行政工作会议和全市市域社会治理现代化推进会上做经验发言。采用召开部署动员会、视频培训会专题座谈会，举办专题宣传日活动，电视专访，印发《中华人民共和国社区矫正释义》《社区矫正法》折页等方式广泛宣传《社区矫正法》。至12月底，在册社区矫正对象1459人（缓刑1331人，管制1人，暂予监外执行47人，假释80人）。登记参与社区矫正工作社会工作者184人，社会志愿者783人。开展执法检查100余场次，集中点检、训诫2300余人次，检查电子定位设备2200余部，检查档案台账资料500余份，面对面个别谈话600余人次，落实重点社区矫正对象走访200余人，开展线上教育课程学习188场次，视频直播授课10场次，教育警示140449人次。

（王梓彬）

2020年12月11日，揭阳监狱特警队参加广东省监狱特警技能大比武总决赛荣获团体综合一等奖

（揭阳监狱 供稿）

【监狱管理】 疫情防控 揭阳监狱于2020年1月26日迅速召回警察职工实行封闭管理，采购储备防疫物资，按照司法部统一部署，实施“六个暂停”和“三个三分之一”执勤备勤最高勤务模式，连续封闭执勤56天。做好刑释人员隔离安置，确保刑满释放人员安全无事故。加强佩戴口罩和个人卫生管理，严格依规落实体温检测和核酸检测，确保“四早原则”落实到位。强化协作、联防联控，将监狱疫情防控纳入地方“大盘子”，加强向党委政府请示报告，与地方卫生疾控部门联动，实现疫情防控“三零”目标。

安保工作 全面落实经济特区建立40周年、十九届五中全会、国庆等安保工作。加强特警建设，落实监区一分钟警务应急，确保24小时狱内应急全覆盖。联合公安、驻监武警等开展应急联合演练，提升监狱联防联控及反恐能力。

教育改造 以政治改造为统领，创新政治教学模式，建立改造质量评估模式，开展“优秀潮汕文化进狱园”活动，推进“文化进讲堂、文艺进小院、工艺进课堂、宣传进监舍”，打造潮汕特色文化改造品牌，实现文化改造出新出彩，提升改造科学化、社会化水平。

狱务公开 完善微信公众号首页“狱务公开”“便民服务”模块，提供门户网站信息查询、预约会见等服务，增设触摸查询机、信息发布机等现代化公示载体，为服刑人员家属解疑答难；畅通监督渠道，设置投诉检举专用信箱，解决服刑人员合理诉求，开展接访、接谈，及时回应服刑人员及其家属关切。

（揭阳监狱）

军事

中国人民解放军揭阳军分区

【揭阳军分区概况】 2020年，揭阳军分区坚持以习近平新时代中国特色社会主义思想为指导，深入贯彻习近平强军思想，旗帜鲜明讲政治，凝神聚力抓备战，固本开新抓基层，强化担当促实干，全面从严强党建，稳步推进以国防动员和练兵备战为中心的各项建设，军分区被评为“全省征兵工作先进单位”，普宁市人武部被省军区评为“全面建设先进人武部”，惠来县人武部被省军区评为“练兵备战先进单位”，揭东区人武部被省军区评为“新闻舆论工作先进单位”。

【思想政治建设】 *揭阳军分区党委四届二次全体（扩大）会议* 2020年1月17日，揭阳军分区召开党委四届二次全体（扩大）会议，深入学习贯彻军委国防动员部党委扩大会议、省军区党委十二届四次全会精神，总结2019年工作，部署2020年任务，开展“不忘初心、牢记使命”主题教育情况总结，表彰年度先进单位和个人。

2020年1月17日，揭阳军分区召开党委四届二次全体（扩大）会议
（揭阳军分区　供稿）

两项主题教育 3月上旬起，全年区分四个专题，深入开展巩固深化“不忘初心、牢记使命”和“传承红色基因、担当强军重任”主题教育，统筹推进全区理论学习和思想政治教育，编发10期《党的创新理论》学习专刊，军分区机关和各人武部开展揭阳红色场馆现地教学和“重温誓词忆初心、政治生日强党性”主题党日等活动。

作风纪律教育整顿活动 3月23日至4月3日，揭阳军分区在全区部队组织开展作风纪律教育整顿活动，集中学习党内有关法规文件，组织纪检监察业务骨干和财经业务培训，自下而上进行个人剖析检查，持续深入推进巡视巡察反馈问题整改落实。

市委议军会 10月22日，市委召开专题议军会，传达学习习近平总书记关于国防和军队建设重要讲话精神以及中共广东省委议军会精神，分析全市国防动员和武装工作形势，研究审议《关于进一步做好全市新时代拥军优属工作的意见

（征求意见稿）》和《揭阳市县（市、区）党政领导班子党管武装工作绩效考核细则》。

【战备训练】 国防动员“十三五”规划落实情况检验评估 1月3日至6月17日，揭阳军分区和各县（市、区）人武部扎实开展国防动员“十三五”规划落实情况迎检迎评工作，抓实各项任务，圆满完成接受检查验收。

全省民兵护路分队指挥员集训 4月，揭阳军分区牵头组织全省保交护路分队指挥员集训，韶关、河源、惠州、汕尾、梅州、汕头、潮州、揭阳8个地市的民兵公路护路连、铁路护路连、道路巡线连连长和揭阳市民兵保交护路分队排长参训。采取理论授课、观看录像、想定作业、讨论交流、考核验收的组训方法，完成教学训练。

“重走革命路，追逐强军梦”主题战备拉练 7月，组织以“重走革命路，追逐强军梦”为主题的战备拉动演练。沿汾水战役作战路线组织拉动，从难从严摔打部队。拉练全程75.1千米，徒步行军9.6千米。

国防军事日活动 7月，组织揭阳市四套班子领导、市法检“两长”和市国防动员委员会成员单位主要负责人等，到驻揭某部队开展“国防军事日”活动。期间召开“八一”拥军慰问座谈会，邀请国防科技大学教授易金务作国防教育授课，组织观摩部队正规化建设和军事训练、轻武器实弹射击等课目。

【国防动员建设】 2020年，揭阳市召开全市国防动员工作会议，总结讲评2019年民兵组织整顿工作，研究部署迎接检验评估国防动员工作事项和2020年后备力量建设任务。开展2轮全市国防动员潜力数据统计调查和重点潜力资源现地核查，组织国防动员潜力会审，充实完善全市国防动员潜力数据库。统筹抓好兵员征集，圆满完成新兵征集任务，大学生征集比例占54.1%，大学毕业生比例10.2%，无责任退兵和廉洁征兵问题。10月，揭阳军分区会同市委组织部组织全市各乡镇（街道）基层专武干部集训，同步完成专武干部资格认证工作。

【民兵后备力量建设】 2020年，揭阳军分区组织全市民兵工作研讨暨业务培训，研究讨论重难点问题，对新年度民兵工作重点提示，培训民兵工作管理系统。配合做好辖区疫情防控工作，印发《关于配合做好辖区新型冠状病毒感染的肺炎疫情防控工作的通知》《关于进一步做好民兵参加疫情防控工作的通知》，号召全市范围内所有民兵积极参与到社区的防控排查工作，出动民兵1万余人次，配合全市联合检疫检查站点的地方有关部门做好联防联控工作。协助处置高速危化品泄露，9月12～17日，普宁市每天出动200人次民兵参与甬莞高速普宁段车辆追尾造成的苯酚泄露水体污染紧急处置行动。

【安全管理】 2020年，揭阳军分区主要领导带队检查各人武部、民兵武器装备仓库安全管理工作，重点检查节日工作安排、车辆使用管控、人员教育管理、枪弹保管情况、文件保密管理、营院正规秩序等。组织开展“四个秩序”集中抓活动，重点梳理完善14类战备秩序、11类训练秩序、6类工作秩序、3类生活秩序，开展营区营院和办公场所综合整治，加快推进榕城区人武部升级改造。组织全体人员开展保密专题教育，军分区保密委员会主任进行《军队保密条例》宣讲，并组织收看《警惕网络背后的陷阱》和《泄密窃密案例警示录》。

【后装保障】 2020年，揭阳军分区解决两个历史遗留问题，移交市国防教育训练基地责任主体并重启建设，注销揭阳军分区经适房资金账户和办理产权证，彻底妥善解决历史遗留问题。组织退役装备集中收缴，圆满完成押运一批年度报废武器弹药销毁作业任务。

（揭阳军分区）

2020年7月，揭阳军分区组织“重走革命路，追逐强军梦”主题战备拉动演练
（揭阳军分区 供稿）

国防建设

【国防建设概况】 2020年，揭阳市委调整相关组成人员，强化对重大问题的议事协调作用，落实信息报送、督察、联络员等工作制度，完善有关县（区）海防工作机构建设和专职力量配备。强化国防教育，编制“十四五”规划，开展创新实践。启动揭阳市“智慧海防”建设方案编制工作，建设党政军警民联防平台。成立揭阳市“智慧海防”建设领导小组。开展气象保障服务，强化安全保密工作。健全人防指挥机构，编制方案预案，维护建设指挥平台，做好预警报警准备，完善疏散基地建设，落实接收保障工作。

【海防建设】 2020年，揭阳市海防工作以推进党政军警民合力强边固防为主线，以“智慧海防”建设为抓手，强化思想武装、统筹指导、体系建设、制度保障，努力构建新时代海防管控新模式，维护揭阳市沿海地区和管辖海空域安全稳定与繁荣发展。

9月27日，组织召开市海防委员会第一次全体会议暨议海会议，研究部署揭阳市党政军警民合力强边固防工作，构建党政军警民“五位一体”海防格局。建立健全成员单位联络员、军警民联防、海上联合执法等工作制度，海陆联合反走私反偷渡、海上联合搜救和军地协作机制、“智慧海防”工作报告和问题解决机制。建设党政军警民联防平台，整合涉海数据资源，加强海防基础设施建设管理，加快管控手段信息化建设。加强海防常备力量和后备力量建设，加快推进海防部队武器装备、人才队伍、军事设施建设，开展实战化训练，强化海域管控力量。

【人防建设】 2020年，揭阳市夯实人民防空高质量发展基础，推进人民防空治理体系和治理能力现代化。推进基本指挥所建设进度。推进人防工程提质增量，严把报建关口，强化现场监督，深化行业自律，加强事中事后监管；广泛吸引社会投资建设人防工程；加强市场监管和易地建设费征收管理使用；发挥现有人防战备资源服务经济社会发展、应急救援、改善民生等作用。推进信息化建设。开展人防宣传教育。以保国安民为主题，以服务发展为中心，以新媒体、传统媒体为平台，以阵地为基础，以“五进”为依托，抓特色、抓载体，全面提升宣传教育整体效果及实效性。

（姚妙旋）

退役军人事务

【双拥工作】 2020年，揭阳市开展双拥宣传教育，推动军人荣誉体系建设，督促拥军优属政策落实，维护军人军属合法权益，提高广大群众的国防意识和拥军意识，树立一批体现新时代精神的双拥典型。

【优待抚恤烈士褒扬工作】 2020年，揭阳市落实各项优抚政策，保障优抚对象的合法权益。做好抚恤补助提标工作，提高重点优抚对象生活水平。做好义务兵家庭优待金提标和发放工作；组织开展“关爱功臣送医送药活动”，为全市各地重点优抚对象免费送医送药，查体治病。举行“9·30”烈士公祭活动，加强爱国主义教育和国防教育宣传工作。

【两站两中心建设】 2020年，揭阳市全面加强退役军人服务体系建设，以“基层基础基本建设年”活动为抓手，按照“五有”标准，全面部署开展退役军人服务中心（站）星级示范创建活动，健全完善市退役军人服务中心、县级服务中心、镇级服务站、村级服务站和村级服务点四级服务保障体系。打造一批星级服务中心（站）标杆，提升基层服务标准，推动退役军人服务保障体系从“有”到“优”转变，打通服务退役军人的“最后一公里”。

【退役军人移交安置】 2020年，揭阳市退役军人安置工作坚持公开、公平、公正，实现“阳光安置”，其中军转干部安置到党政机关公务员岗位和企业岗位，退役士兵和退出消防员均安排到事业单位工作。

【退役军人培训就业】 2020年，揭阳市举办军队转业干部培训班1场次；开展退役士兵全员适应性培训4场次，组织退役士兵报名参加两年中等职业技能培训，通过高技能人才学历提升专项计划，部分退役军人通过参加高职院校扩招专项行动并被全日制大专院校录取。举办退役军人专场招聘活动9场次，网络专场招聘活动1场次，642家用人单位参加招聘，提供工作岗位，部分退役军人现场达成就业意向。

（市退役军人事务局）

综合经济管理

经济体制改革

【经济体制改革概况】 2020年，揭阳市出台实施《揭阳市全面优化营商环境三年行动计划（2020—2022年）》《揭阳市促进产业发展“1+1+12”政策体系》《关于深化“放管服”改革的若干意见》等系列改革，打造公平透明、可预期的营商环境，推进供给侧结构性改革、现代市场体系改革等重点领域经济体制改革，取得阶段性效果。

【供给侧结构性改革】 2020年，揭阳市减税降费22.41亿元，减轻企业负担。揭阳市发展和改革局落实降低工商业电价政策惠及企业约17.34万户，减轻企业负担约2.25亿元，助推经济发展。加大基础设施和民生保障项目投入，统筹推进全局性、基础性、战略性重大项目建设。编制出台《揭阳市2020年基础设施及民生配套投资项目台账》，收录483个项目，总投资1565.54亿元，涵盖基础设施和民生保障两大类，年度计划投资344.44亿元，为加快发展和补短板打下坚实基础。

【现代市场体系改革】 2020年，揭阳市深入推进要素市场化改革。出台《揭阳市促进产业发展“1+1+12”政策体系》，健全制度建设，完善要素市场化配置体制机制。建立土地征收整合储备计划管理机制，做好土地征收整合储备工作。全年全市土地征收整合储备计划包含项目159个，总面积22.31平方千米。加强知识产权质押融资服务。设立“揭阳市知识产权质押融资风险补偿资金池”，31家企业入池，缓解科技型中小微企业质押融资难、融资贵问题。累计办理专利质押融资登记5宗，质押金额7220万元。

【商事制度改革】 2020年，揭阳市深化“放管服”改革，出台《揭阳市人民政府关于深化商事制度改革　促进市场主体健康发展的实施意见》，推进企业开办流程网办和“6+X证照联办”，实现开办企业6个环节一窗、一次、一网、一日办妥。出台《关于深化“放管服”改革的若干意见》，进一步简政放权、放管结合、优化服务。印发实施《揭阳市全面优化营商环境三年行动计划（2020—2022年）》打造公平透明、可预期的营商环境。

【审批制度改革】 2020年，揭阳市推进“证照分离”改革，印发实施《揭阳市开展“证照分离”改革全覆盖试点工作方案》，对526项涉企经营许可事项实行清单管理。打造建筑许可审批“高速公路”。实施优化措施、精简审批事项、压缩审批时限，工程建设项目审批事项由88项减至57项（精简35%以上）；简化优化工程建设项目四个阶段的审批流程，全流程压减审批时间178个工作日。公平竞争审查制度市县全覆盖。开展妨碍统一市场和公平竞争的政策措施清理工作，清理文件49份。开展滥用行政权力及公平竞争审查工作核查反馈意见落实工作、公平竞争审查政策措施自查。经审查，发文废止违反公平竞争规定的政策措施1份。

【社会信用体系建设】 2020年，揭阳市加强信用网页维护、数据归集工作，将“联合奖惩”信息嵌入到市统一申办受理平台的审批环节，设置“红黑名单”公示及查询机。管理异常名录和严重违法失信企业名单，全市列入经营异常名录企业21016户次，严重违法失信企业1138户。落实信用修复相关工作，企业履行相关义务后，可以通过信用修复机制申请移出经营异常名录、移出严重违法失信企业名单。（落实欠薪联合惩戒机制，建立惩戒反馈机制。按照《关于对严重拖欠农民工工资用人单位及其有关人员开展联合惩戒合作备忘录》有关规定，全年全市收集用人单位重大劳动保障违法行为社会公布5宗，及时将案件信息在“信用揭阳”进行公示；列入黑名单对象2家，将黑名单信息共享至省、市信用信息共享平台。）

发展规划管理

【发展规划管理概况】 2020年，揭阳市发展和改革局根据市委市政府统一部署，启动《揭阳市国民经济和社会发展第十四个五年规划和2035年远景目标纲要》编制工作，并配套编制文化、医疗、卫生、教育等各领域专项规划32项。

【发展规划编制】 2020年，揭阳市发展和改革局编制完成《揭阳市国民经济和社会发展第十四个五年规划和2035年远景目标纲要》，梳理谋划“十四五”重大项目347项，计划总投资10480亿元，“十四五”期间计划投资约8000亿元。

【重点项目建设】 2020年，揭阳市发展和改革局推进重点项目建设，纳入省级重点建设项目计划56项，总投资1639.83亿元，年度计划投资259.32亿元，实际完成投资324.25亿元，年度投资完成率125%；纳入市级重点建设项目计划275项，总投资3046.47亿元，年度计划投资579.48亿元，实际完成投资663.54亿元，年度投资完成率114.5%。

【重点项目管理】 2020年，揭阳市围绕全市产业布局和今后发展重点，全面提升项目策划、招引和组织实施能力，形成“谋划一批、引进一批、建设一批、投产一批、储备一批”的项目滚动接续态势。围绕“资金、要素跟着项目走”的原则，制定实施基础设施及民生配套投资项目、土地征收整合储备、财政综合预算等台账，将重点项目前期经费列入地方年度财政预算，争取上级在用地、能耗、排放等指标给予大力支持，优先配置到重点项目上，为项目落地建设提供重要支撑。成立重点建设项目复工推进工作专班，建立重点项目复工监测机制，争取4万只口罩和1.625吨消毒液支持项目做好疫情防控。组织召开全市重点项目建设推进会、工作专题会，定期组织实地督导、调研，及时协调解决制约项目顺利推进的各种问题，推动重点项目建设投产。11月17日，举办揭阳市2020年第四季度重点项目开工仪式，参加活动项目45个，估算总投资629.35亿元。

【重点专项工作】 2020年，揭阳市发展和改革局保障石油和天然气领域重点工作顺利开展，推进中石油揭阳LNG项目。4月27日，该项目被列为广东石化配套工程，列入广东省能源发展“十三五”规划。12月22日，该项目纳入全国沿海LNG接收站布局规划。在成品油管理上，组织实施取消和下放石油成品油经营资格审批事项，开展全市在营189座油站审查工作，联合市公安局开展打击“黑油站”专项整治工作。组织召开揭阳市打击成品油非法经营工作情况新闻发布会，维护成品油市场经营秩序。协调推进天然气管道重点工程建设方面。建立政企联动工作机制，重点推进粤东天然气主干管网工程等天然气管道基础设施建设。至年底，全市建成主干管网220千米。西气东输三线闽粤支干线揭阳段（75千米）投产通气；粤东LNG配套管线工程揭阳段（28.5千米）主体工程建成，累计完成投资4.7亿元，具备通气条件。省天然气管网“2021工程”粤东天然气主干管网工程揭阳段管线116.6千米，2020年总投资计划6.73亿元，完成投资7.23亿元，投资完成率107.4%。加快推进城镇天然气“县县通”工程，主要敷设在榕城区、揭东区、空港经济区、普宁市等区域，建成投产市政天然气管网总长约400千米。

物价管理

【物价管理概况】 2020年，揭阳市发展和改革局全面深化价格机制改革，强化价格管理，推进完善农村水价梯度收费制度。调整揭阳市区管道天然气销售价格，确保阶段性降低用电成本政策全面得到落实，助推经济发展。

【价格调控】 2020年，揭阳市发展和改革局根据广东省发展改革委等六部门《关于进一步完善我省社会救助和保障标准与物价上涨挂钩联动机制的通知》和《关于进一步完善揭阳市社会救助和保障标准与物价上涨挂钩联动机制的通知》等文件要求，全面落实2020年阶段性价格临时补贴发放工作，缓解物价上涨影响，保障困难群众生活，促进社会稳定。

【价格改革】 2020年，揭阳市发展和改革局根据《广东省发展改革委 广东省财政厅 广东省水利厅 广东省农业农村厅关于下达广东2020年度农业水价综合改革实施计划任务的通知》和《揭阳市人民政府办公室关于印发揭阳市农业水价综合改革实施方案的通知》的统一部署，印发《揭阳市发展和改革局 揭阳市财政局 揭阳市水利局 揭阳市农业农村局关于揭阳市2020年度农业水价综合改革实施计划的通知》，推进农业水价综合改革工作。

【价格管理】 2020年10月1日，揭阳市发展和改革局根据揭阳市区管道天然气购销价格联动机制的有关规定，调整市区管道天然气销售价格，调低0.24元/立方米（含9%增值税）。调整后居民用气阶梯价格：第一档4.04元/立方米，第二档4.44元/立方米，第三档5.25元/立方米；非居民用气销售价格3.67元/立方米（最高限价）。

【价格服务】 2020年，揭阳市发展和改革局根据《广东省发展改革委转发国家发展改革委关于阶段性降低企业用电成本支持企业复工复产的通知》和《广东省发展改革委转发国家发展改革委关于延长阶段性降低企业用电成本政策的通知》的文件要求，采取措施，确保阶段性降低用电成本政策全面得到落实。

（市发改局）

国有资产监督管理

【国有资产监督管理概况】 2020年，揭阳市国有资产管理委员会聚焦主责主业，全面深化国企改革，优化国有资本布局结构，组建揭阳市投资控股集团有限公司，完成43户市属国有“僵尸企业”出清重组；推进城市供水、铁路、港口、石油化工、能源等领域战略合资合作，提高国有资本配置效率；突出管资本职能，持续完善监管体制机制。

【国企改革】 2020年，揭阳市国资委推进系统性改革重组。牵头制定并实施《揭阳市市属国有企业改革重组方案》，按照“城市发展商、资源运营商、产业投资商”功能定位，组建揭阳市投资控股集团有限公司，将市国资委直接监管的市属企业全部划入集团集中统一管理。整合重组后，市投控集团资产总额125亿元，净资产82亿元，市属国企“小散弱乱”的格局得到扭转。完成43户市属国有“僵尸企业”出清重组工作，国有资本结构明显优化；国有企业退休人员全面实现社会化管理，中央和省属及全市国有企业24433名退休人员、5368名党员100%移交社区社会化管理，为国企发展减轻负担。市属27户全民所有制企业中，完成公司制改革23户。

【资本运营】 2020年，揭阳市国资委克服市属国有企业在资金、技术、管理等方面的短板，充分利用资源禀赋，引进战略合作者，提高国有资本的配置效率。与粤海水务合作，优化市区水资源配置，推进供水设施建设；与广州港合作，整合榕江内河港口码头，加快揭阳港大南海公共货运码头投资建设。在服务大局中扩大国有资本影响力。紧跟揭阳市发展新定位，市属企业积极投身基础设施、民生项目和支柱产业。揭惠高速公路市区连接线、揭阳大桥完工通车，揭阳引韩供水工程、揭阳学院仙梅片区供水工程等重点民生项目顺利推进。深化“乙方思维”，加大招商引资力度，推进城市供水、铁路、港口、石油化工、能源等领域战略合资合作，放大市属国有资本功能。与广铁集团合资成立揭惠铁路有限公司，负责投资132.78亿元的揭惠铁路项目的建设运营；与民营石化龙头企业泛亚石油化工集团成立泛亚石油化工揭阳有限公司，负责首期投资64亿元的泛亚大南海（揭阳）石油化工化纤一体化项目的建设运营；推进与广东建工、深能源等合资合作项目。

【国资监管】 2020年，揭阳市国资委强化监管主责主业，突出管资本职能，重新编制权责清单，将监管职权细分为监管、审批、备案三大类、34项，科学界定出资人的监管边界，依法科学监管。完善监管制度体系，制定《市国资委监管企业落实“三重一大”决策制度实施办法》《市属国有企业违规经营投资责任追究实施办法（试行）》《国资委监管企业商务接待管理办法》，以及其他涉及财务、人事、日常管理等制度39项。严格监管制度执行。强化国资监管基础性工作，突出企业经营业绩考核，开展财务、薪酬、重大决策部署的监督检查，将制度执行情况纳入考核指标中，发挥考核指挥棒作用，提高企业合法合规经营管理的水平和效率。

（市国资委）

统　计

【统计概况】 2020年，揭阳市统计系统按照全国、全省统计工作要点和全市统计工作安排，统筹推进疫情防控和各项统计业务工作，完成第七次全国人口普查等重大统计调查工作，推动统计事业发展，为揭阳发展提供统计服务。

【统计基础工作】 2020年，揭阳市统计局全面加强统计工作，提升统计能力和水平。组织完成农业、工业、投资、消费、能源等涉及全市经济社会各领域的常规统计调查，严格按照方法制度完成月报、季报和年报工作，获得大量翔实的统计数据；加强与其他经济职能部门联系，获取财政、外贸、税务、用电、快递业务量等外部门数据，为衡量全市经济总量、速度、结构、效益协调发展奠定基础。

【统计资料发布】 2020年，揭阳市统计局紧贴市委市政府中心工作和任务，强化统计监测、预警、预判能力，发挥统计部门服务全市及各县（市、区）工作调度、精准施策的参谋辅政职能。完成《2019年揭阳市国民经济和社会发展统计公报》《揭阳市2019年国民经济统计快报》《揭阳市2020年统计年鉴》的发布；每月印发《揭阳经济运行监测快报》《揭阳宏观经济监测月报》等统计资料；规范统计网站、微信公众号的信息发布和管理，加强数据解读；及时向有关部门、社会公众提供各类数据服务。

【重大统计调查】 2020年，揭阳市统计局将第七次全国人口普查工作列为全年重点工程，市长张科任揭阳市第七次人口普查领导小组组长，23个市直单位组建人口普查领导小组，在市统计局设办公室；全市选聘普查“两员”26717人，其中普查指导员5852人，普查员20865人。截至年底，全市完成1644个普查区及23784个普查小区的入户登记工作。发布第四次全国经济普查公报（共七号），并编印《揭阳市第四次全国经济普查简明资料》。

【依法治统工作】 2020年，揭阳市统计局组织实施全市统计普法活动；抽调业务骨干分赴各地开展“两防”统计专项“双随机”执法检查，及时发现数据报送过程的存在问题，立行立改，确保应统尽统；通过选派优秀干部参加省执法培训和考试等方式，培养统计执法人才。

（市统计局）

统计调查

【统计调查概况】 2020年，国家统计局揭阳调查队以“打造一流管理，提供一流服务，推动广东调查工作走在全国前列”为目标，统筹推进疫情防控和统计调查工作取得“双胜利”。是年，揭阳调查队2人获得“广东国家调查队系统抗击新冠肺炎疫情及时奖励嘉奖”荣誉称号；揭阳调查队1人获得“2020年新冠疫情防控一线揭阳市先进女职工”荣誉称号。在创文工作中，揭阳调查队因成绩突出受到揭阳市创文办的表扬。重点研究课题《揭阳市海洋渔业产业集群竞争力评价模型构建及测度研究》获广东国家调查队系统招标课题评审三等奖。

【国家调查任务】 *农业农村统计工作* 2020年，揭阳调查队开展“实测红旗红”“助农解卖难”等主题党日活动，将党建融入农业农村统计工作；坚持市县队共同开展调查的理念，深入基层开展农作物面积遥感调查和实割实测调查工作，并严格按照核查办法做好事后质量抽查；做好主要畜禽监测调查工作，派员到县区参加业务培训，提高调查工作水平，保障数据质量。

工业生产者价格调查 2020年，揭阳调查队强化企业联网直报工作动态监测，加强数据审核，规范规格品说明填报；将常态化业务培训与普法宣传结合起来，提升企业依法调查意识。

消费价格调查 2020年，揭阳调查队紧抓农贸市场、商场超市采价环节的质量监控，恪守对采价员指导、监督的职责；落实《关于启动揭阳市社会救助和保障标准与物价上涨挂钩联动机制的通知》要求，每月配合做好价格补贴联动机制工作。加强管理，提高劳动力调查规范化水平，注重提升访户技巧，关心调查户，制订陪访计划表，加强现场调查督导；开展为期7个月的“百小区质量行”数据质量检查，提升数据质量。

住户调查 2020年，揭阳调查队完善制度建立台账，加强工作督导，实现住户调查和农民工监测E调查全覆盖；实现国家点辅助调查员培训常态化，加强访户联系和数据审核，促使记账户养成规范、真实的记账习惯，保证源头数据质量；推进电子记账工作，实现国家点E记账全覆盖；采取摸底核查、联合发文、新户座谈培训等措施，完成样本轮换工作。打基础，强审核，开展企业调查。及时跟进采购经理调查、新设立小微跟踪调查问卷填报，通过实地走访、电话回访加强样本管理；坚持现场调查，实地走访各样本企业做好服务零售结构调查问卷填报工作。践行服务职能，做好专项调查。按照总队部署要求，做好2020年广东省城市困难职工解困脱困工作成效评估调查、基本公共服务均等化工作，以及十件民生实事民意调查等专项调查工作。完成揭阳市文明城市、惠来县文明县城第三方实地测评任务。

【信息服务】 2020年，揭阳调查队统筹推进疫情防控和统计调查工作，高效开展调查，加强分析研判，提供扎实优质的信息服务。揭阳调查队紧跟当前地方政府决策部署“焦点”，紧盯疫情下生产生活秩序恢复“难点”，紧抓特殊时期民生社情“热点”，发挥快速调查效能，提高建言献策的针对性和时效性。是年，揭阳调查队撰写上报政务信息417篇，被广东调查总队采用146篇，被国家统计局采用3篇；撰写上报调查信息分析147篇，被广东调查总队采用69篇；编印《揭阳调查》23期。运用新媒介广泛宣传，揭阳调查微信公众号发布文章38篇，总阅读量超8284次，平均每篇文章阅读量约218次。揭阳调查抖音号发布抖音短视频32条，总点击量约85000次，平均每条视频点击量约

2700次；3个视频被总队综合处综合采用。

（国家统计局揭阳调查队）

审　计

【审计概况】　2020年，揭阳市各级审计机关完成审计项目113个，其中审计99个，专项审计调查14个。查出主要问题金额1489530万元，其中违规金额5909万元、管理不规范金额1483621万元；审计发现非金额计量问题767个；损益（收支）不实金额96703万元；审计发现侵害人民群众利益3401万元；出具审计报告和专项审计调查报告160篇。审计处理处罚金额83551万元，其中应上缴财政3814万元、应归还原渠道资金45561万元、应缴纳其他资金20万元、应调账处理金额34154万元；移送司法机关、纪检监察机关和有关部门处理事项33件，移送处理人员10人，移送处理金额3993万元。审计促进整改落实有关问题资金19218万元。审计提出建议232条，被采纳152条；提交审计信息194篇。向社会公告审计结果43篇。

【重大项目和资金审计】　2020年，揭阳市审计局组织对国道539线揭东曲溪至深坑桥段路面改造工程项目资金管理使用情况，以及2018年1月以来市重大城市垃圾处理设施建设和运营绩效情况进行审计，促进项目规范管理、提高投资效益。开展市区涉嫌小产权房情况调查，审计基本摸清涉嫌小产权房存量，解剖分析产生问题原因及后果，为决策“两违”整治工作提供依据。

【经济责任审计】　2020年，揭阳市审计局组织学习新修订的《党政主要领导干部和国有企事业单位主要领导人员经济责任审计规定》，推动各级、各部门深入学习和贯彻。制定印发《党政主要领导干部经济责任审计工作机制（试行）》，建立健全市经济责任审计工作联席会议制度，组织召开第一次全体会议；完成对全市767个经济责任审计对象的全面摸查，统筹推进领导干部经济责任审计全覆盖。全市完成49个单位负责人的经济责任审计，查出违规金额2228万元，管理不规范金额237385万元。

【财税金融审计】　2020年，揭阳市审计局以“四本预算”全口径审计为基础，推进2019年财政预算执行审计全覆盖监督格局。揭阳市2019年预算执行和其他财政收支审计以小产权房清理、加强税费及非税收入征缴为突破口，查出未及时征缴税款和非税收入约1.5亿元，促进财政增收节支。探索运用大数据审计技术方法，重点围绕预算编制执行情况、资产管理情况、公务支出和公款消费、政府采购时效性和公职人员管理情况5个专题，对全市56个一级预算单位开展部门预算执行全覆盖审计，并在全省作先进经验介绍。

【民生审计】　2020年，揭阳市审计局组织开展困难群众基本生活保障政策落实情况审计项目，查出政策落实不符、救助资金闲置较多等问题，推动惠民政策措施规范有效运行。在全省首创开展市域精准扶贫精准脱贫专项交叉审计调查，推动揭阳市全面巩固脱贫成果，促进脱贫攻坚和乡村振兴有机衔接。

【内部审计】　2020年，揭阳市审计局开展内审工作调研，推动市直单位组建内部审计工作机构，提升内部审计工作质量。是年，市直有内部审计工作机构23个，从事内部审计专（兼）职人员101人，完成各类审计项目155个，发现金额类问题276个，涉及问题金额18468万元，推动制定和完善制度8个，优化业务流程等190项，发挥内部审计基础防线作用，增强审计监督合力。

【重大政策落实情况跟踪审计】　2020年，揭阳市审计局加大政策措施落实情况跟踪审计力度，推进

2020年10月23日，揭阳市审计局在揭西县南山镇开展镇级财政财务管理情况专项审计调查，现场检查污水管道施工情况　　（市审计局　供稿）

“放管服”、减税降费等优化营商环境的政策措施落地。做好“六稳”工作、落实“六保”任务，组织开展新增财政资金专项审计，通过对新增财政资金分配、拨付下达、管理使用及发挥绩效情况的全程跟踪审计，促进新增财政资金高效使用。组织对全市疫情防控资金和捐赠款物开展专项跟踪审计，坚持边审边促、边审边改、边审边建，落实党中央和省委省政府、市委市政府疫情防控决策部署和相关政策措施。

【资源环境审计】 2020年，揭阳市审计局组织开展全市2016年至2019年中央和省级生态环保专项资金中未支出资金有关情况专项审计调查，揭示资金分配和使用方面存在的问题，助力打好“蓝天绿水保卫战”。推进实施乡镇党政领导干部自然资源资产离任审计，摸清领导干部任职前后自然资源及生态环境变化情况、任期内履行自然资源资产管理和生态环境保护责任情况，查出存在违规收取石场“捐赠款”、非法开采矿产资源等违法问题，促进领导干部履行生态环保责任。

【审计整改】 2020年，揭阳市审计局会同市委办、市府办，对署、省、市三级审计机关查出未整改到位的重要事项，以及2019年度市级预算执行和其他财政收支审计查出的634项问题进行专项督查，并逐月跟踪整改进度，打造“政府主导—审计主抓—人大监督—多部门联动”的立体化整改监督模式。

【审计相关工作】 2020年，揭阳市审计局梳理2013年以来实施的346个审计项目，从中甄别出涉嫌违纪或者职务违法、职务犯罪的问题线索699件移送给市纪委监委，发挥审计在反腐败中的重要作用。对市城投集团进行全方位审计，摸清每笔资产、负债的链条和脉络，防范资金风险，为市委市政府开展国企改革提供清晰家底。聚焦村级换届选举，紧盯老百姓身边的腐败问题和作风问题，印发《关于加强指导监督村（社区）“两委”换届审计工作的通知》，开展南山镇等3个乡镇镇级财政财务管理专项审计，并延伸“村账镇管”，切实规范农村基层财务管理。

（周　航）

市场监督管理

【市场监督管理概况】 2020年，揭阳市市场监管局树立“大市场、大质量、大监管”理念，做好市场监管领域新冠肺炎疫情防控，深化“放管服”改革，实施质量强市和知识产权战略，坚守“四大”安全底线，维护公平竞争秩序。内设机构设置由原来的23个调整为25个。撤销食品安全监督管理科、知识产权促进与保护科、宣传交流合作科3个科室；设立食品生产安全监督管理科、食品经营安全监督管理科、医疗器械化妆品安全监督管理科、知识产权促进科、知识产权保护科5个科室。揭阳市市场监管局产业园分局撤销办公室、登记注册与行政审批股、企业信用与网络交易监督管理股、质量与计量标准化股、特种设备安全监察股、食品生产经营安全监督管理股、食品餐饮安全监督管理股、药械妆安全监督管理股、执法稽查大队9个内设机构。揭阳市市场监管局产业园分局磐东、龙尾、白塔、霖磐、桂岭、月城6个市场监督管理所成建制调整到揭东区市场监管局，撤销高新技术开发区市场监督管理所。

【登记注册管理】 2020年，揭阳市市场监管部门降低市场准入门槛，提升办照办证便利度，实现“一窗通办”“一网通办”“全城通办”“6+X证照联办”，企业设立登记环节实现0.5个工作日内完成。落实“证照分离”改革试点全覆盖，将526项涉企经营许可事项列入市改革事项清单，解决“准入不准营”问题。落实“放管服”改革，将食品药品经营许可、特种设备使用登记等19项许可事权下放或委托由县（市、区）局实施，方便群众就近办事。开展“僵尸企业”清理吊销工作，清理相关企业1245户。推进“个转企”工作，扶持引导642户个体工商户登记升格为私营企业。是年，全市新登记各类市场主体4.83万户，其中各类企业7993户，增加8.50%；全市累计实有市场主体27.6万户，增长10.59%，其中实有各类企业4.4万户，增长12.65%。

【价格和反不正当竞争】 2020年，揭阳市市场监管局出台《揭阳市反不正当竞争工作部门间联席会议制度》，强化反不正当竞争工作机制，加大反不正当竞争执法工作力度，查处反不正当竞争案件2宗。加强市场价格巡查和检查，疫情期间开展全市防控医药用品和群众生活必需品的专项检查，加强防疫药品用品、民生商品、口罩主要原辅料、口罩机生产领域的价格监管，打击哄抬物价、囤积居奇、强制搭售等违法行为，查处价格违法案件66宗。开展供电、供水、供气等公用事业收费的检查，加强转供电价格情况的检查，检查转供电主体24家，落实退还用户期间未降低电价案件3宗。落实降低一般工商业电价政策，减轻企业负担1.58亿元。

【标准化管理】 2020年，揭阳市市场监管局成立揭阳市全面实施标准化战略领导小组，加强标准化工作领导。批准下达2020年揭阳市地方标准制修订计划项目（第一批），是揭阳市首次在新《中华人民共和国标准化法》实施后组织制定的地方标准。是年，由康美公司参与制定的国际标准ISO 18668—12016《中医药—中药编码系统第1部分：中药编码规则》和GB/T 31774—2015《中药编码规则及编码》等3项标准获2020年度中国标准创新贡献奖。揭阳市塑胶行业协会正式发布揭阳市塑胶行业的首个团体标准《硬质塑料容器》，是全国团体标准信息平台上唯一公开的硬质塑料容器标准。加强企业标准自我公开声明管理，监测管理全市企业公开标准351家、550项，对428个不合规的企业标准进行删除处理，增长83.7%。

【广告管理】 2020年，揭阳市市场监管部门加强疫情防控期间广告监督管理，依托全国互联网广告监测工作平台、移动互联网广告监测平台和广东省广告监管平台开展广告监测，召开市整治虚假违法广告联席会议，推动虚假违法广告专项整治。全市查处违法广告案件160宗。

【市场主体监管】 2020年，揭阳市市场监管局全面推行部门联合“双随机一公开”监管。建立健全市、县（市、区）级“双随机、一公开”监管工作联席会议制度，建立完善统一的“一单两库”，依托广东省“双随机、一公开”综合监管平台统一归集并及时公示抽查结果，制定《揭阳市市场监管领域部门联合抽查事项清单（第一版）》。全市各县级有关部门组织抽查对象数9154户，部门联合抽查对象数55户。市直有关单位组织抽查对象数12189户，部门联合抽查对象数39户。是年，全市应报年报企业37500户，报送并公示年报企业35067户，年报率93.51%；应年报农民专业合作社1337户，报送并公示年报1171户，年报率87.58%；应年报个体工商户187232户，报送并公示年报152234户，年报率81.31%。

【产品质量监管】 2020年，揭阳市市场监管局按照全市重点产品监管目录和产品质量监督抽查计划，组织对电线电缆、车用汽柴油、儿童玩具、建筑用钢筋、安全帽等673家生产、销售企业的808款产品实施质量监督抽查，其中758批次合格，合格率93.8%。加强全市成品油的质量监管，对加油站、储油库汽柴油产品开展质量监督抽查300批次，立案查处不合格油品案件6宗；开展口罩等防护物资生产企业的质量技术帮扶和实地质量调查，组织开展非医用口罩质量专项监督抽查。加强事中事后监管，对全市38家获得工业产品生产许可证的企业加强证后监管。开展全市电线电缆获证企业监督检查、危险化学品及其包装物产品质量安全隐患排查，重点钢铁生产企业证后监督检查等工作，防止各类质量安全事故发生。全市产品质量安全形势总体平稳，未出现区域性、行业性产品质量安全问题。

【食品安全监管】 2020年，揭阳市市场监管局发挥市食安办作用，牵头做好食安考核评议工作；组织召开揭阳市食安委全体会议、全市食品安全形势分析会议，推动完善“从农田到餐桌”食品安全全链条全过程监管机制；及时妥善处置惠来米酵菌酸中毒事件，开展湿米粉、肉制品、休闲食品、冷链食品等多个专项整治。是年，揭阳市市场监管部门提前完成政府民生实事目标，全市1109家学校食堂100%接入“互联网+明厨亮灶”平台，初步实现校园食品安全智慧监管。超额完成“每千人5批次”食品抽检任务，抽检食品30641批次，合格率98.97%，不合格处置率100%。对全市27家农贸市场快检食用农产品10.72万批次，做好食用农产品快筛快检工作，保障“菜篮子”质量安全。

【药品安全监管】 2020年，揭阳市市场监管局加强疫情防护物资的供应保障工作，完成全市29家医用口罩生产企业应急备案。揭阳市医用口罩生产实现从无到有，日产量从“零”增长到500万个；在全市零售药店全面实施购买退热类药品登记制度。是年，市场监管部门通过药品安全的日常检查、飞行检查、跟踪检查，集中开展中药饮片、特殊药品、执业药师“挂证”、药品网络销售、化妆品“线上净网线下清源”等专项整治，查处“两品一械”案件40宗，完成抽检1015批，防止发生系统性、区域性药品安全事故。

【特种设备监管】 2020年，揭阳市市场监管部门开展电梯、大型游乐设施等特种设备和重大社会活动、重大节假日以及汛期、极端天气到来前的特种设备安全专项检查，组织开展气瓶专项整治、危险化学品及其包装物和车载罐体排查。全市发现并落实整改重大安全隐患31处，一般隐患1297处，确保特种设备安全。是年，揭阳市电梯监管改革完成特种设备清理清查工作，全市在用电梯确权率100%，投保率93.88%。

【计量监管】 2020年，揭阳市市场监管部门为疫情防控和企业复工复产提供精准计量保障。计量人员深入一线，对在用红外体温计等疫情防控计量器具进行分批送检、校准，校准相关的计量器具800多台（件）；服务571家企业进行复工复产，检定校准计量器具7800多台

（件），减免检定校准费用113.5万元。计量技术服务民生，全市各级法定计量技术机构免费检定85家集贸市场和102家基层医疗卫生单位15665台（件）的用计量器具，为社会节省费用188.7万元。开展“双随机一公开”计量专项监督检查，规范企业计量行为。全市抽查定量包装商品103批次，抽查高速出入口附近的加油机14台，抽查市区超市、集市在用电子秤16台，检查眼镜配制单位（场所）78家次。

【认证认可体系建设】 2020年，揭阳市市场监管部门加强认证认可监管，推进质量品牌提升和质量强市建设。全市新增强制性认证产品证书377张，新增质量管理体系证书122张，累计477家企业获强制性产品认证证书1430张。牵头制定《揭阳市2020年度资质认定检验检测机构双随机监督抽查工作方案》，在机动车、生态环境、食品、建材检测等领域开展检验检测机构“双随机”监督抽查38家次。开展口罩、防护服等防疫用品领域认证活动专项整治和电线、电动自行车等3C产品专项检查行动；开展机动车安检机构能力比对以及“世界认可日”宣传活动。

【检验检测能力建设】 2020年，揭阳市食品检验所完成食品安全抽检354批次。揭阳市药品检验所完成药品检验850批次，监测药品、医疗器械、化妆品等不良反应事件6855例。广东省特种设备研究院揭阳检测院完成特种设备定期检验18492台（套），监督检验3635台（套），压力管道定期检验8.4千米，监督检验11.942千米。广东省揭阳市质量计量监督检测所完成产品质量检验5386批次，新增CMA参数395个，新建社会公用计量标准23个。

【知识产权和商标管理】 2020年，揭阳市专利申请量9736件，增长19.13%，居全省第10位；专利授权量8265件，增长56.56%，居全省第11位。每万人发明专利拥有量1.15件。全市新增注册商标1.5万件，商标有效注册量14.68万件，居全省第7位。“揭西擂茶”国家地理标志商标获国家知识产权局核准注册。加强知识产权质押融资工作，将知识产权质押融资风险补偿金扩大至1500万元，企业办理专利权质押融资5宗，质押金额7220万元，缓解科技型中小微企业融资难、融资贵问题。是年，揭阳市知识产权分析评议中心设立，发布首期成果《揭阳市环保装备产业知识产权分析评议报告》；揭阳市知识产权维权援助工作站、全市首个商标品牌培育指导站设立。揭阳市市场监管局与揭阳市中级人民法院签署《关于共建揭阳市知识产权侵权惩罚机制合作备忘录》，提高知识产权保护整体效能。

【消费者权益保护】 2020年，揭阳市消委会健全工作机制，加强消费维权基础工作，统筹做好常态下新冠肺炎疫情防控投诉举报工作，化解矛盾纠纷。全年受理消费者投诉、举报、咨询27471件，解决27435件，解决率99.87%，为消费者挽回经济损失1009.56万元，受理咨询满意率100%。加强宣传和引导，针对新冠肺炎疫情特殊情况，转变宣传方式，开展“3·15”国际消费者权益日宣传活动。协调媒体，引导各大商场、超市、经营场所等，利用横幅、标语、电子显示屏、网络媒体等广泛宣传，提高群众维权意识。开设宣传专栏55个，发放公益宣传读本3500多册，张贴宣传标语1650多条，发布各类消费提示警示7条。开展放心消费创建活动，形成全社会关心和支持消费维权工作的良好氛围，创建“放心消费承诺单位”171家、“线下无理由退货承诺店”54家。

【信用体系建设】 2020年，揭阳市市场监管局依法加强对市场主体“经营异常名录”和“严重违法失信企业名单”的管理和对外公示工作，为公众提示交易风险。截至年底，全市6448户（次）企业被列入经营异常名录，1138户（次）企业被列入严重违法失信企业名单管理，并通过“国家企业信用信息公示系统（广东）”对外公示。推进社会信用体系建设，指导和鼓励辖区内符合条件的企业申报“守合同重信用”企业公示。全市809家企业被省市场监管局公示为广东省“守合同重信用企业”。

【网络交易监管】 2020年，揭阳市市场监管部门加强对网络餐饮服务食品安全和药品、医疗器械、化妆品经营企业第三方平台，以及网络销售企业的监督检查，集中治理网上销售假冒伪劣商品行为，守住网络市场安全底线。10月至12月，组织市网络市场监管部门间联席会议各成员单位，联合开展“揭阳市2020网络市场监管专项行动（网剑行动）”，集中整治网络市场突出问题，促进网络经济健康发展。出动执法人员1045人次，常态化检查网站、网店855个次，实地检查209个次，查处网络交易违法案件100件。

【市场监管宣传】 2020年，揭阳市市场监管部门通过主流媒体和新媒体宣传市场监管领域的疫情防控，优化营商环境改革，推进质量强市和知识产权战略。在“南方+”开设专栏，发布市场监管的抗疫经验和举措，引导市民不造谣、不信谣、不传谣，坚定抗疫信心；妥善处置市民反映哄抬价格、制假售假、饮食用药安全等方面的舆情，查明情况后主动回应社会，做好正面宣传和舆情引导。通过揭阳电视台、中国移动、中国电信和中国联通等发布“公益广告”“风险提示”“消费提醒”20万条。

【市场监管执法】 2020年，揭阳市市场监管部门围绕重点领域、重点环节和重点品种，开展食品、药品、产品质量、特种设备等方面的安全隐患大排查、大整治，做好新冠肺炎疫情防控市场监管领域的执法工作，全力保障市场秩序。保持对各类市场违法行为的高压打击态势，开展“扫黑除恶”专项斗争，以及“长江禁捕 打非断链”、知识产权“铁拳”等专项行动。查处市场监管领域各类违法案件1558宗，移送公安机关涉嫌犯罪案件13宗。

（市市场监管局）

海 关

【海关概况】 2020年，揭阳海关筑牢口岸疫情防控防线，做好“六稳”工作，落实“六保”任务，提升治理能力，推动海关事业发展。是年，揭阳海关获评“揭阳市食品安全工作优秀单位”，揭阳海关驻惠来办事处运输工具和口岸监管科获评“揭阳市先进单位”。

【疫情防控】 2020年，揭阳海关主动服务疫情防控大局，开通通关“绿色通道”，提供全程通关保障服务，助力120多万件进口捐赠防疫物资快速通关，为打赢疫情防控阻击战贡献力量；筑牢口岸疫情防控防线，主动对接地方有关部门，完善口岸疫情联防联控机制，严格落实“三查、三排、一转运”工作要求，实施入境船舶100%登临查验，实现国门疫情防控“打胜仗、零感染”。

【通关监管】 2020年，揭阳海关提高通关效率，落实“两步申报”“国际贸易单一窗口”等改革措施，压缩通关时长，全年关区企业应用“单一窗口”标准版申报率100%。降低通关成本，积极释放AEO认证、关税优惠、原产地证书自助打印和智能审核等改革优惠红利，创新推广“不见面”业务办理服务，增强企业获得感。全年办理新注册企业100多家，培育AEO企业2家。提升监管水平，树牢安全生产理念，抓好出口食品、进口危化品安全生产监管，实现监管安全“零事故”。

【商品检验】 2020年，揭阳海关落实海关总署、汕头海关稳外贸增长措施，推出“30+13”条复工复产及稳外贸举措，做好“六稳”“六保”工作，全力畅通产业链、供应链；支持揭阳出口罐头等重要产品保订单、稳出口，保障调运粮食、天然气等民生物资、大宗能源快速通关。全年监管出口食品农产品约11亿元，监管进口液化天然气120多万吨；实施精准服务，帮扶出口竹笋、茶叶、供港蔬菜等特色产业打造出口优质品牌，指导2家企业成功创建“省级农产品出口示范基地”。

【卫生检疫】 2020年，揭阳海关构筑口岸疫情防控防线，研究制订疫情口岸防控工作方案、联防联控应急处置预案等6个方案，建立常态化桌面推演和日常防护训练制度，严防新冠肺炎、登革热、埃博拉等重大疫情疫病传入；提升揭阳口岸突发公共卫生事件应急处置能力，推进揭阳港口岸核心能力建设工作，筑牢国门安全防线；开展口岸传染病防控知识宣传，坚持“人”“物”同防，加强对口岸入境人员、运输工具集货物的检疫查验，监管出入境船舶30多艘次，检疫出入境外籍船员1000多人次。

【动植物检疫】 2020年，揭阳海关贯彻落实总体国家安全观，强化进出境动植物及产品检疫管理，加强重大动植物疫情防控、外来入侵物种拦截、查处，严防动植物疫情跨境传播和外来物种入侵；加强风险研判预警，积极防控“非洲猪瘟”、

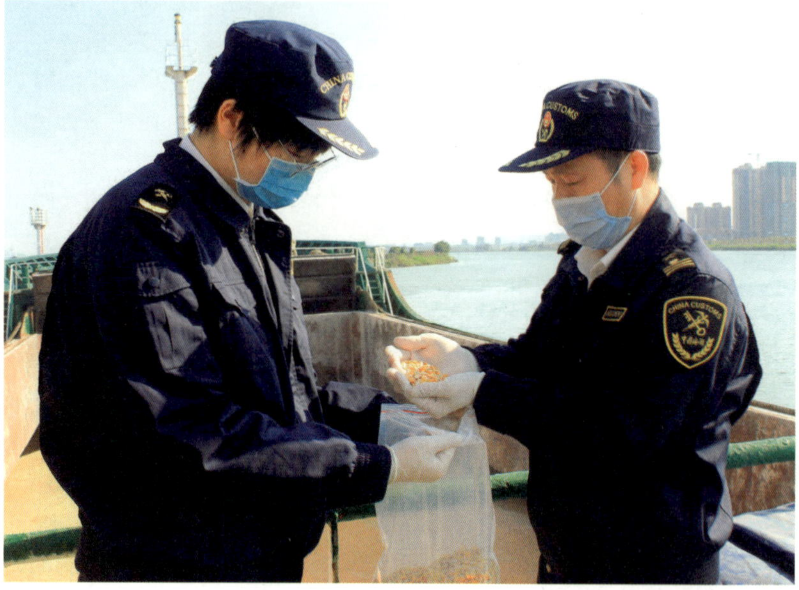

2020年2月18日，揭阳海关关员在揭阳光大枫口码头现场监管进境调运粮食

（王秋成 摄）

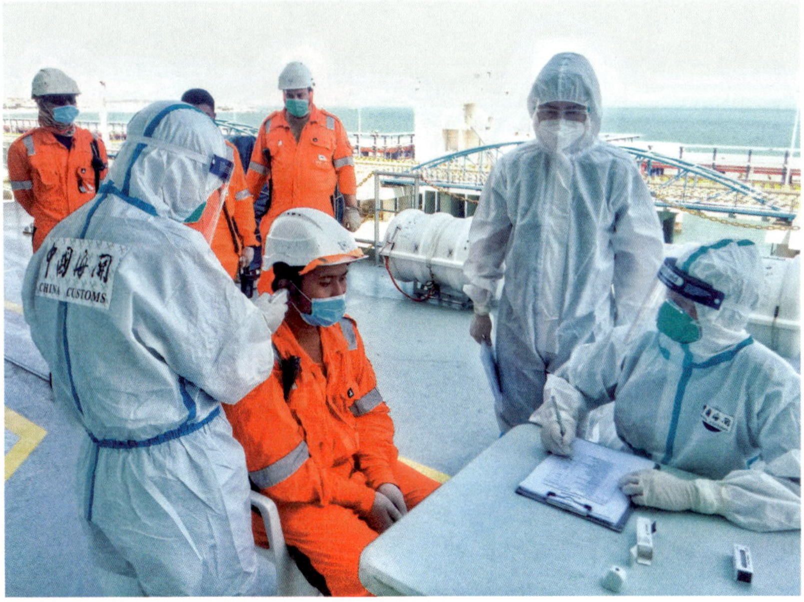

2020年5月8日，揭阳海关关员登临进境LNG船舶，开展入境船舶卫生检疫工作（张倩坤 摄）

高致病性禽流感的重大动物疫情和沙漠蝗、番茄褐色皱纹果病毒等重大植物疫情，严防口岸流行疫情叠加风险；强化进境调运粮食检疫监管，严格监督调运过程现场防疫，加强对指定粮食加工企业的后续监管，严防有害生物传入扩散。全年监管入境调运粮食约8万吨。

【口岸监管】 2020年，揭阳海关支持揭阳口岸扩大开放，指导广东粤电靖海发电有限公司完善专用煤码头口岸基础设施建设，做好口岸开放验收前期工作；提供专班服务，指导中委合资广东石化项目完善码头规划和口岸查验设施建设方案，推动大南海石化工业区大项目建设加快实施；支持中海油粤东有限公司并入国家管网，助力中石化有限公司首票进口天然气顺利在粤东通关；支持揭阳外贸新业态发展，指导揭阳市首个跨境电商产业园完成基础建设，推动上线运营。

【关税征收】 2020年，揭阳海关加强税政宣传，全年开展企业座谈会、线上推送会30多次，推广“汇总征税”“关税保证保险”“税单无纸化”等惠企政策，释放改革红利；做好税收调研，挖掘税收增长点，搭建多层次政策宣贯和关企沟通平台，吸引在外企业“回流”；优化征税服务，落实“专人专岗”“一企一策”办事模式，为重点纳税企业配备“税管咨询员”，一对一解决企业通关纳税难题；强化税收征管，加强纳税企业后续管理，确保应收尽收。全年征收税款近3亿元，办理退税1亿多元；查发全国首宗提供虚假材料骗取原产地证书违法行为。

【打击走私】 2020年，揭阳海关继续推进打击走私工作，开展“国门利剑2020”和“蓝天2020”行动，严厉打击“洋垃圾”等走私行为，推进反走私综合治理向基层延伸，推动地方在重点区域设立反走私综合治理驻点。全年向缉私部门移交案件线索8宗，涉及案值5000多万元。揭阳海关缉私分局查办案件51宗，案值约9000万元。

（林丹琪）

财政·税务

财　政

【财政概况】 2020年，揭阳市财政部门贯彻稳中求进总基调，坚持积极财政政策，优化财政资源配置，深化财税体制改革，大力保障“六稳”“六保”任务落实，为统筹推进疫情防控和经济社会发展各项工作、“十三五”圆满收官提供有力保障。全市一般公共预算收入完成73.97亿元，增长1.3%，其中税收收入45.22亿元，下降1.35%。全市财政上年结余资金32.34亿元，调入资金47.09亿元，全市政府性基金预算收入81.86亿元。全市一般公共预算支出374.48亿元，增长7.09 %。全市财政上解上级支出63.69亿元，全市财政债务还本支出13.53亿元，全市财政安排预算稳定调节基金12.94亿元，全市财政结转下年的支出31.76亿元，收支相抵年终净结余0万元。

【财政经济调控】 2020年，揭阳市财政局围绕市委、市政府中心工作统筹配置财政资源，有力支持经济社会发展重点领域工作。

活力古城和滨海新城建设 编制基建项目预算，统筹资金35.9亿元支持进贤门大桥等重点基础设施项目建设，加快城市更新步伐。全市统筹公共文化支出7.47亿元支持提升基本公共文化服务水平，其中投入5000万元支持市文化中心群艺馆、博物馆等设施建设。聚焦“一城两园”建设，统筹省、市资金12.57亿元支持“一城两园”基础设施建设和项目规划编制。对接用好省政府支持揭阳滨海新区粤东新城加快开发建设扶持政策，建立留抵退税市县级分担机制，推动资金“活水”回流企业，服务保障石化、新能源等重大产业项目落地投产。

产业发展 落实减税降费政策，全市累计减税降费22.41亿元，助力市场主体轻装上阵。出台《揭阳市产业发展资金管理办法》，全市统筹投入产业类资金18.48亿元支持落实“暖企行动”、工业技改和科技创新等工作，促进产业链转型升级。优化市级功能区财政体制，完善产业园区财政分配和保障机制，支持产业园区提质增效。出台落户揭阳市重点企业人才专项扶持等保障政策，助力打造产业人才高地，市级财政统筹7954万元支持人才工作，提升人才聚集能级。

营商环境 代拟《关于优化财政资金分配下达有关事项的通知》，以支出流程“减法”赢得资金效益“加法”。支持完善中小微企业贷款风险补偿机制，改善企业融资环境。深化政府采购“放管服”改革，推行直接订购、网上竞价、定点采购、团购等采购模式，推进采购信息公开。推进网上办事及政府服务事项标准化建设，加强和规范非税执收监管，推广应用非税电子票据，创新便民办事模式。

扩大投资 按照“资金跟着项目走”的原则组织申报债券资金，争取新增债券资金50.9亿元、抗疫特别国债14.4亿元支持重点项目建设。

【财政民生保障】 2020年，揭阳市财政民生类支出298.89亿元，增长3.97%，占一般公共预算支出的79.81%，落实省十件民生实事资金支出6.58亿元。

疫情防控 开辟资金拨付、政府采购等财政保障“绿色通道”，全市各级财政落实疫情防控资金3.9亿元。出台扶持中小企业共渡难关政策实施方案，支持疫情防控重点保

障企业率先恢复生产。

教育事业 全市统筹教育支出81.73亿元，增长6.18%。建立涵盖学前至高中各学段的生均经费保障体制，统筹3.63亿元支持学前教育、普通高中生均公用经费提标，支持基础教育提质发展。争取省专项资金支持额度10亿元、债券资金6亿元支持广东工业大学揭阳校区建设。

医疗卫生 全市统筹卫生健康支出57.27亿元，其中公共卫生支出9.07亿元，增长31.64%，主要用于支持提升基本公共卫生服务和突发公共卫生事件应急处理水平。推进医疗卫生领域市级与县区财政事权和支出责任划分改革，建立可持续的医疗卫生保障机制，市级财政拨补各县区3960万元支持城乡居民医保提标。落实政府办医投入责任，市级财政统筹1.19亿元支持市人民医院、疾控中心等医疗基础设施建设。

底线民生 全市统筹20.98亿元保障城乡低保、特困人员供养等底线民生支出，坚守常态化疫情防控下的民生底线。全市统筹5084万元用于落实岗位补贴、创业资助等就业保障政策，支持保就业、稳就业。

社会治理 全市统筹公共安全支出17.06亿元，市级财政统筹公共安全支出7.16亿元，其中安排797万元作为扫黑除恶专项经费，支持“平安揭阳”建设。市级财政统筹2664.5万元、550万元作为创建全国文明城市和卫生城市工作经费，支持提高城市品质。统筹省级及市级党的基层组织建设保障经费8.99亿元，支持提升基层治理水平。

污染防治和脱贫攻坚 全市统筹投入污染防治和生态环保资金39.33亿元，重点用于国考断面达标攻坚、重点流域污染整治、完善截污管网体系等工作，其中投入13.78亿元支持练江流域综合整治。全市统筹投入扶贫资金10.72亿元，规范扶贫资产管理，推广“广东政府采购扶贫馆”支持消费扶贫，支持高质量打赢脱贫攻坚仗；深化涉农资金统筹整合改革，全市共统筹涉农资金14.99亿元，支持发展农业产业和推进美丽乡村建设，推动巩固拓展脱贫攻坚成果同乡村振兴有效衔接。

【财政改革】 2020年，揭阳市财政局不断深化财税体制改革，增强揭阳高质量发展优势。

财政管理体制 出台《关于建立完善揭阳市财政管理体制的意见》，建立完善中心城区、产业园区和财政省直管县三大类别“三位一体”的市以下财政管理体制，进一步完善优化全市财政分配关系，调动县（市、区）发展产业、壮大财源、保障民生的主动性和创造力。出台《揭阳市关于乡镇街道财政管理体制及运行机制工作指引》，合理划分县、镇街财政事权和支出责任，提高镇街基层治理和公共服务保障水平。

预算管理改革 以项目库管理为抓手深化预算管理改革，指导县区深化预算编制执行监督管理改革，对接用好省“大专项+任务清单”预算资金。

预算绩效管理 出台《揭阳市市级财政预算绩效目标管理办法（试行）》《揭阳市市级重大支出政策和项目事前绩效评估管理办法（试行）》《揭阳市预算绩效管理委托第三方机构实施工作规程（试行）》等制度，进一步完善预算绩效管理制度体系，实现市级预算项目入库绩效目标审核全覆盖，推进抗疫特别国债和直达资金绩效信息监控，强化“花钱必问效”约束。

【财政管理】 2020年，揭阳市财政局主动应对经济下行、疫情冲击等外部因素影响，打好积极财政政策“组合拳”，狠抓收支管理，规范资金资产管理，推动财政平稳运行，提升财政综合保障能力。

财政收支管理 依法组织财税收入，加大力度盘活国有资源资产，财政收入在主要经济指标中率先回升转正，全市一般公共预算收入73.97亿元，增长1.3%。加强财政资金统筹，编制实施综合管理预算台账，市级统筹各类资金共305.5亿元，有力地保障基本运转和重点支出资金需求。严格落实“过紧日子”要求，印发《关于抓好常态化疫情防控下促进财政可持续发展实施方案贯彻落实的通知》，市级部门一般性支出在年初压缩10%的基础上，再以2019年部门决算支出数为基准压缩10%以上，进一步清理盘活财政存量资金。坚决兜牢“三保”底线，落实“三保”预算编制审核、库款保障等机制，2020年全市县级“三保”支出224.82亿元均按上级标准优先保障到位，保障基层财政平稳运行。狠抓预算支出执行，进一步压缩资金下达时限，加强支出进度通报督促，成立专班督查督促债券资金和抗疫特别国债支出进度。建立完善直达资金分配、使用、拨付、监管等全链条监管机制，下达财政直达资金34.89亿元，及时为基层落实“六稳”“六保”任务注入财力。

政府债务风险防范 加强政府性债务常态化监控和管理，严格实行政府债务归口管理、预算管理和限额管理，筹措资金消化存量债务，督促各地各部门采取措施防范债务风险，严格将政府债务余额控制在限额内，截至2020年底全市政府债务余额304.13亿元，政府性债务风险为“绿色”等级。

财政监督检查 组织开展会计信息、“三公”经费等检查，组织开展全市机关事业单位货币资金内控管理情况专项清查，收回盘活实有资金账户存量资金，加强财会监督。组织开展会计师事务所重点检查和资产评估机构监督检查，加强会计师行业和资产评估行业执业监管。

财政投资审核 出台《揭阳市财政局投资审核复核操作规程》《揭阳市财政投资审核现场查勘操作规程》，建立完善项目复审会审、现场查勘等机制，提升投资审核的合理性和准确性。出台《揭阳市市直财政性资金投资建设项目委托中介机构考核管理办法》，规范中介机构参与政府投资建设项目审核行为。加强对项目建设资金来源、工程预结算、资金核拨审查，全年审核工程预算93宗，审核资金7.72亿元，核减0.74亿元，核减率9.67%；审核工程结算19宗，审核资金5.17亿元，核减1.31亿元，核减率25.34%，促进财政性资金高效、节约使用。

行政事业资产管理 修订《揭阳市直行政事业单位国有资产处置管理办法》，加强市直行政事业单位国有资产配置、使用、处置、评估、收入管理等各个环节的管理，提升资产管理效率和价值。整合盘活闲置资产支持投控集团等重点国有企业做大做强，挖掘资产潜力促发展。牵头做好市政府向市人大常委会报告国有资产管理情况工作，组织起草国有资产管理情况综合报告和撰写行政事业性国有资产管理情况报告，增强国有资产管理透明度和公信力。

市级财政性资金竞争性存放机制 出台《揭阳市本级财政部门和预算单位资金保值增值竞争性存放暂行办法》，建立财政性资金竞争性存放机制，围绕银行状况、存款资金安全性和效益性等情况设定评价指标和核算方式，将支持实体经济发展纳入评价指标体系，引导金融机构支持实体经济发展，建立风险预警、支付保障、廉政回避等机制，防范资金存放安全风险，提高资金存放综合效益。

农村财务管理 出台《揭阳市农村财务管理暂行办法》，严格收支账户和程序管理，统一全市村级现金支出凭单、报销表格、内部结算凭证，细化村级收支行为正负面清单24项，列出可以现金支付的正面清单10项，制订不合法支出票据（“白条账”）负面清单6项，明确农村集体经济组织支出不予入账的负面清单8项，细化涉农小型工程项目财务规定，同时深入基层指导督促县（市、区）因地制宜制订农村财务管理实施细则，加强政策培训解读，推动农村财务管理规范化、制度化。

（市财政局）

税　务

【税务概况】 2020年，揭阳市税务系统围绕上级工作部署，统筹疫情防控工作，提升依法治税水平，提高税费征管质效，继续推进征管改革，服务“六稳”“六保”大局，助力揭阳经济社会高质量发展。全市组织税费收入210.76亿元，下降14.3%。

【税收收入】 2020年，全市组织税收收入124.67亿元，下降7.6%。其中税务部门组织国内税收收入123.39亿元，下降6.8%；海关代征进口税收1.28亿元，下降48.4%。

【税收征管】 2020年，揭阳市税务系统夯实征管基础，先行建立全省首套征管质量5C监控评价体系，全方位监控评价征管质量。税务注销一般流程按时办结率100%。规范行业税收管理，在全省率先实施按行业规模分类、以事项职责分级的行业专业化服务管理模式，对金融、交通运输、建筑安装和房地产业等行业实行专业化服务管理。强化税费同管同治，加大增值税电子发票推广力度，制定操作指引规范农产品增值税抵扣管理。加强消费税收入特别是成品油等行业收入情况分析监管。推进“成品油行业全链条税收管理”试点工作（全省4个试点单位之一），夯实货物和劳务税管理基础。抓好企业所得税税收优惠政策落实，完成2019年度汇算清缴工作。全程跟进重大项目对外支付实

2020年6月11日，揭阳市税务局利用移动5G驿站在榕城区钟厝洋市场开展税收宣传服务
（市税务局　供稿）

际进度，实现纳税人享受递延纳税优惠、“国际汇税通”业务零的突破。以土地增值税清算新模式审核环节为关口，建立税种联动工作机制。抓好社会保险费等日常征管工作，落实阶段性减免社保费政策，统筹开展城乡居民基本养老保险和医疗保险缴费工作。开通缴费绿色通道，推进退役军人社保接续工作。

【电子税务】 2020年，揭阳市税务局拓展“非接触式”办税缴费服务，打造“税务在线，见屏如面”服务模式，推广244项“全程网上办”和165项“一次不用跑”事项。2020年12月全市网上办税率98%，稳居全省前列，为1.3万户（次）纳税人免费邮寄发票67.77万份。打造电子税务局“云管家”线上服务平台，为纳税人和办税服务人员提供多元化服务。深化数据应用创新，持续发挥数据应用创新工作室作用，开发“数说战疫”大数据平台等15个数据应用微创新产品。

【费金收入】 2020年，揭阳市税务系统组织费金收入86.09亿元，下降22.4%。其中社会保险费收入67.97亿元，下降20.8%；非税收入3.76亿元，下降6.8%；其他收入（工会经费、职业年金收入）14.35亿元，下降31.8%。

【依法治税】 2020年，揭阳市税务局落实税收执法责任制，提升依法治税水平。全面推进依法行政，落实法治政府、法治税务建设各项工作任务，推行行政执法“三项制度”，制定重大执法决定法制审核市县两级事项和标准，编制市及市以下税务机关权力和责任清单，促进严格、规范、公正、文明执法。集中开展税收风险整治，对增值税发票管理风险开展检查，全面开展出口货物征退税管理检查工作，专项核查风险出口企业，将涉嫌骗税的企业移交稽查部门立案查处，全力防范出口退税风险。健全风险管理机制，加强税收风险全流程管控，实现防虚系统虚开疑点一般纳税人户次和上级推送风险任务数量占全省比例的逐年下降。打击涉税违法行为，推动全省首宗跨区稽查案件基本查结。加强与公安等部门合作，落实打虚打骗协作机制，打击各类涉税违法犯罪行为，及时查处涉嫌利用疫情防控税收优惠政策进行虚开骗税的案件。完善税收共治机制。优化涉税数据共享渠道，与人民法院建立执法协作机制。落实全市房地产市场健康发展联席会议制度，加强部门协作和信息共享，促进房地产行业税收协同共治向深层次拓展。

【纳税服务】 2020年，揭阳市税务局强化“乙方思维”，创新服务理念，推动税收营商环境持续优化。梳理整合“揭阳税企同心　全力抗击疫情十大举措”37条扶持措施，精准开展政策宣传辅导，助力企业纾困解难。是年，全市新增减税降费22.41亿元，办理增值税增量留抵退税3.18亿元，办理出口退（免）税23.02亿元。推进办税便利化。提供办税前全预审、“套餐式”、事项“一窗受理、内部流转、限时办结”服务，全市各办税服务厅平均办税时间9.8分钟。试点“交房即发证”服务，成为全省9个推行该服务的单位之一。深化跨区域优化营商环境合作。联合汕头、潮州税务部门建立六项联动机制，深入推进30项合作事项，跨区域跨部门共享纳税信用信息，建立信用奖惩联动机制，完善常态化“信用+风险”监管方式，依靠风险导向和信用评价结果开展差异化管理，深化“银税互动”。全市1440户中小微企业通过“银税互动”获得贷款13.54亿元。

【税收宣传】 2020年，揭阳市税务局组织开展第29个全国税收宣传月活动，紧扣“减税费优服务　助复产促发展”主题，开展“春风日历”融媒体报道、“非接触式办税”主题评论、“八方援企促发展·税务在行动”系列报道、“优服务·助复产”大项目政策宣传、粤东三市“云讲课”网上直播等系列活动。组织走访人大代表和政协委员，宣传解读税费优惠政策，征集代表委员意见建议，优化完善纳税服务。加强税媒联动，拓宽税法宣传覆盖面，累计在各级媒体宣传报道851篇次。揭阳税务“运用大数据精准落实减税降费”“多举措助力重大项目建设”等工作在中央电视台《新闻联播》《新闻直播间》等栏目播出。

【征管改革】 2020年，揭阳市税务局做好个人所得税改革，推进个人所得税年度汇算工作，实施分类分批分策分责引导，落实网格化管理，开展政策宣传辅导，优化纳税服务。汇算申报进度居全省前列。

（洪夏庆）

金融业

综　述

【金融业概况】 2020年，揭阳市金融业贯彻落实国家经济金融方针政策和上级各项工作部署，落实稳健货币政策，稳步推进金融改革创新，全力防控金融风险，提升金融服务水平，围绕辖区经济发展重心，加大金融对地方经济发展的支持力度。截至年底，全市金融机构97家。其中，银行业金融机构19家，证券期货公司营业部24家，保险公司分支机构29家，小额贷款公司19家，融资性担保公司4家，第三方支付机构分公司2家。

【金融稳定】 2020年，揭阳市金融机构实施存款保险制度，开展存款保险标识启用工作，推进金融机构评级和宏观审慎评估；组织地方法人机构开展疫情期间流动性压力测试，更新完善风险处置预案；制定上市公司风险监测工作实施方案，协助市政府打击逃废债，联合有关单位制订出台《揭阳市优化金融生态环境三年行动计划（2021—2023年）》；开展金融综治和平安金融创建工作，推进扫黑除恶专项斗争；加强反洗钱、支付结算、征信、外汇等领域的监管，会同公安等部门打击地下钱庄、电信网络新型犯罪、跨境赌博、非法网络炒汇和涉税涉毒行为。

【金融服务】 2020年，揭阳市金融机构做好疫情期间现金供应保障，以及支付结算和国库资金划拨。截至8月底，全辖各级国库办理防疫财政拨款1.25亿元；畅通农村地区支付结算渠道，截至12月底，辖内农村地区设立助农取款服务站点1647个，全年累计发生取款交易3.54万笔，金额1675.58万元；加强便民移动支付建设，推动建成移动支付示范镇2个；优化征信服务，新设个人信用报告自助查询代理点2个，全年个人信用报告查询73099次，企业信用报告查询1084次；指导市金融消费纠纷人民调解委员会积极开展非诉调解工作，获评“揭阳市先进人民调解委员会”；在全市1627个行政村创新推广“大喇叭”宣传模式，宣传金融知识。

【金融改革】 2020年，揭阳市金融机构探索现金集约化管理，推动揭阳粤东区域现金处理中心正式挂牌运营；引导金融机构完成个人住房贷款存量浮动利率定价转换工作，落实法人机构房地产贷款集中度管理；做好2020年版第五套人民币5元纸币发行工作，打击拒收人民币现金违法行为；开展金融业综合统计重点工作，配合上级行有序推动守押领域操作性业务社会化改革。

【货币信贷】 2020年，揭阳市金融机构加强货币政策工具运用与管理，推动降准释放资金支持民营、小微企业，全年下调人民币存款准备金率3次，释放资金约14.52亿元；落实1.8万亿元再贷款、再贴现政策，支持233家企业获得优惠利率贷款4.78亿元；抓好“两项直达工具”在辖区落地，指导银行为833家普惠小微经营主体11.9亿元到期贷款本金实施延期，指导银行发放普惠小微信用贷款18.07亿元，同比增长62.3%；引导金融机构通过延期还本付息、降低利率等方式，为辖区实体经济让利3亿多元，助力实体经济发展；持续推进金融精准扶贫工作，全年累计发放金融精准扶贫贷款3.76亿元。

【货币管理】 2020年，揭阳市缴获假人民币604.08万元，增长168.61%。其中，公安机关破获假币案件6宗，缴获假币500.77万元，增长326.84%；金融机构收缴假币103.31万元，下降3.96%。

【外汇管理】 2020年，国家外汇管理局揭阳市中心支局全力支持稳企业保就业，开展“外汇走访送服务”活动，指导银行为10家重点外贸企业新增授信5413万元；推进外汇管理各项改革措施，促进跨境投融资便利化，全年辖区发生跨境人民币结算业务19.87亿元，完成全口径跨境融资备案登记5笔，金额4366.84万美元；加大跨境资金流动监测管理力度，严防跨境资金流动风险，全市涉外收支33.39亿美元，银行结售汇31.12亿美元，均呈净流入状态；做好政务服务网上办理系统运行工作，办理行政许可264笔。

【存款贷款】 2020年年底，全市本外币各项存款余额2599.43亿元，比年初增加170.43亿元，增长7.02%。本外币各项贷款余额1236.62亿元，比年初增加54.55亿元，增长4.61%。

表10

2020年揭阳市金融机构本外币信贷收支情况表

单位：万元

项目名称	本月余额	比上月增减额		比年初增减额		同比增减额	同比增减幅度%
		2020年	2019年	2020年	2019年		
一、各项存款	25994334	7462	212339	1704344	1536583	1704344	7.02
(一)境内存款	25925521	9462	218520	1691812	1541475	1691812	6.98
1.住户存款	18708566	75943	110272	1361635	1257304	1361635	7.85
(1)活期存款	7852948	65215	149130	266955	679258	266955	3.52
(2)定期及其他存款	10855619	10728	-38858	1094680	578047	1094680	11.21
2.非金融企业存款	2228771	80662	77085	174068	-158673	174068	8.47
(1)活期存款2	1434686	39395	65578	111311	-187678	111311	8.41
(2)定期及其他存款2	794085	41267	11507	62756	29005	62756	8.58
3.财政性存款	420636	92181	-81347	95492	-312583	95492	29.37
4.机关团体存款	4565623	-239274	112684	59580	755673	59580	1.32
5.非银行业金融机构存款	1926	-51	-174	1038	-248	1038	116.89
(二)境外存款	68813	-1999	-6181	12532	-4891	12532	22.27
二、金融债券	—	—	—	—	—	—	—
其中:境外发行	—	—	—	—	—	—	—
三、卖出回购资产	—	—	—	—	—	—	—
四、借款及非银行业金融机构拆入	935	-21	-28	-60	-87	-60	-6.00
五、联行往来(净)	—	—	—	—	—	—	—
六、应付及暂收款	521590	11076	-12091	81552	101121	81552	18.53

续表10

项目名称	本月余额	比上月增减额		比年初增减额		同比增减额	同比增减幅度%
		2020年	2019年	2020年	2019年		
七、各项准备	507445	2206	6281	45323	54503	45323	9.81
八、所有者权益	790519	-58222	-43509	13467	-132467	18209	2.36
其中：实收资本	421294	-25764	—	-15389	-17853	-15389	-3.52
九、其他	-4644066	-1049921	-114484	-756483	-39313	-777396	20.11
资金来源总计	23170757	-1087420	48509	1088144	1520341	1071973	4.85

表11

2020年揭阳市金融机构本外币信贷收支情况表

单位：万元

项目名称	本月余额	比上月增减额		比年初增减额		同比增减额	同比增减幅度%
		2020年	2019年	2020年	2019年		
一、各项贷款	12366186	-543244	-243035	545460	165537	545460	4.61
（一）境内贷款	12361446	-543043	-243103	546384	164525	546384	4.62
1.住户贷款	4899916	4557	29520	561549	535531	561549	12.94
（1）短期贷款	859660	-53295	-35249	-78885	7472	-349594	-28.91
消费贷款	300538	-5741	1659	-5389	64856	-276098	-47.88
经营贷款	559122	-47554	-36908	-73496	-57384	-73496	-11.62
（2）中长期贷款2	4040256	57852	64769	640434	528059	911143	29.12
消费贷款2	3324053	65466	55813	508013	428685	778722	30.59
经营贷款1	716203	-7614	8956	132421	99375	132421	22.68
2.企（事）业单位贷款	7461530	-547601	-272623	-15165	-371006	-15165	-0.20
（1）短期贷款	3672953	-213795	-215467	-473432	-557614	-473432	-11.42
（2）中长期贷款	3309595	-225318	-50808	627035	162310	627035	23.37
（3）票据融资	293304	-109536	6342	-158809	41990	-158809	-35.13
（4）融资租赁	—	—	—	—	—	—	—
（5）各项垫款	185677	1049	-12689	-9960	-17692	-9960	-5.09
3.非银行业金融机构贷款	—	—	—	—	—	—	—
（二）境外贷款	4741	-201	67	-924	1012	-924	-16.31
二、债券投资	1555822	336330	115857	893104	324957	893104	134.76
其中：境外债券	—	—	—	—	—	—	—
三、股权及其他投资	15280	—	—	—	—	—	—

续表11

项目名称	本月余额	比上月增减额		比年初增减额		同比增减额	同比增减幅度%
		2020年	2019年	2020年	2019年		
四、买入返售资产	—	—	—	—	—	—	—
五、存放非银行业金融机构款项	240	0	-1108	-221	171	-221	-47.90
六、联行往来(净)	8912372	-844638	198992	-380275	1027832	-396446	-4.26
其中:境内存放二级准备金	30605	—	3014	-375784	-11015	-375784	-92.47
七、金银占款	—	—	—	—	—	—	—
八、中央银行外汇占款	—	—	—	—	—	—	—
九、应收及预付款	163591	-35901	-23949	37254	679	37254	29.49
十、投资性房地产	182	-3	-3	-34	-34	-34	-15.70
十一、固定资产	157085	35	1756	-7145	1200	-7145	-4.35
资金运用总计	23170757	-1087420	48509	1088144	1520341	1071973	4.85

（人民银行揭阳市中心支行）

银行保险业监管

【银行保险业监管概况】 2020年，揭阳银保监分局根据中国银保监会各项工作部署，提升党建引领作用，打好疫情防控阻击战，全力支持地方经济复工复产，防控各类金融风险，推动辖区银行业保险业高质量发展。经广东银保监局授权，揭阳银保监分局依法对辖内18家银行业金融机构、29家保险机构履行监管职责。其中政策性银行1家、国有大型商业银行6家（含邮政储蓄银行）、股份制商业银行2家、城商行1家、外资银行2家、农村商业银行5家、村镇银行1家，财险公司17家、寿险公司12家。

【信贷投入】 2020年，揭阳市银行业持续稳步发展，银行业资产总额2915亿元，增长11.97%；负债总额2834亿元，增长12.30%；各项贷款余额1297亿元，存款余额2557亿元，存贷比50.70%，比年初上升1.38个百分点。

【保费收入】 2020年，揭阳市保险业保费收入63亿元，增长4.04%。其中产险公司保费收入21亿元，增长3.78%；寿险公司保费收入42亿元，增长4.17%。

【银行业监管】 行政许可关口把控 2020年，揭阳银保监分局按照《中国银保监会中资商业银行行政许可事项实施办法》等行政许可规定，加强对银行机构的事前辅导，提高行政许可办理质效。严把机构高管选拔任用关口，严防高管人员带病流动。是年，办结行政许可事项109宗。其中高管类准入事项54宗，机构类准入事项55宗。

助力企业复工复产 2020年，揭阳银保监分局指导银行保险业履行防疫社会责任，加强对防疫工作的金融服务。围绕做好“六稳”“六保”要求，通过督导走访、政策宣传、“百行进万企”等方式，督促银行机构全面落实普惠金融政策。揭阳市银行保险机构通过降低银行利率、调整保险费率、减免中间业务收费等方式，为实体经济让利减费超11亿元，为765家中小微企业58亿元贷款办理延期还本，226家中小微企业6146万元贷款利息办理延期支付，为实体经济减费让利。

金融风险管控 2020年，揭阳银保监分局现场检查银行机构12家次、保险机构2家，查处屡查屡犯违规和重点风险，引导资金更好服务地方实体经济和支持民营小微企业，促进合规建设。开展对银行业保险业机构的行政处罚工作，严格执行“双罚”要求。开展监管评级，加强辖区银行机构的风险防控，对银行机构存在的问题，及时提示风险并明确监管要求，做到早发现、早化解。

农合风险破解 2020年，揭阳银保监分局协调、推动帮扶化险工作。贯彻落实揭阳农合机构帮扶工作会议精神，通过政策辅导、监管约谈、现场督导，靠前指导“两揭”帮扶化险工作，加快不良贷款清收压降。明确各家农合机构不良贷款处置目标任务，指导制定完善不良贷款处置方案，督促加快问题股东处置，配合地方政府打击逃废农合机构债务行为，推进不良贷款处置。

【保险业监管】 2020年，揭阳银保监分局推进保险业疫情防控工作。及时提示风险，积极防控，协调保险机构向疫情一线人员捐赠保险，落实疫情防控金融支持政策。助力重点领域复工复产和脱贫攻坚，加大重点建设项目、交通运输行业的保险支持力度，落实扶贫保险服务。加强政策宣导和行业指导，紧盯重点公司，防止误导销售，督导完善应急预案，确保车险综合改革在辖区平稳落地。整治车险市场乱象，严禁违规开展异地车业务，约谈财险公司，开展乱象整治现场检查与行政处罚。推动农险高质量发展，协调参与地方政策修订和出台实施，推动政策性农业保险招投标工作，实地开展农险调研，探索推广本地区特色险种。截至年底，农险保费收入3234.12万元，增长91.76%，赔付支出1054.12万元。重点查处人身保险市场误导销售、异化产品等违规行为，保障金融消费者合法权益；推动辖区寿险公司优化产品结构，进一步向保障型回归。

【风险监测】 2020年，揭阳银保监分局强化银行机构信用风险监测。通过监管约谈、下发监管意见书、风险提示函等方式，督促各银行机构控制增量化解存量，加强信用风险防控，严密监测隐性不良贷款和非信贷业务风险状况，督促各银行机构做实资产质量并加大不良处置力度。及时防范流动性风险。进一步完善监测机制，跟踪监测农银机构资金头寸和流动性指标，按季开展流动性压力测试，确保辖内农银机构保持平稳运行。强化案件风险防范化解。督促银行保险业机构落实案件防控制度要求，开展“5+N”案防专项治理，加强关键领域及重要业务案件风险排查，以及存量案件审结处置力度，压实各部门责任，及时开展对案件发生机构的督查、行政处罚工作，主动防控案件风险。加强保险业数据监测、风险防控和调研，采取每日台账、每周分析、每月通报等措施，及时掌握保险市场状况。

（揭阳银保监分局）

银行机构选介

【中国工商银行股份有限公司揭阳分行】

2020年，中国工商银行股份有限公司揭阳分行5万元以上客户较年初新增5436户，私人银行比年初增加52户，医保电子凭证累计激活4.98万户。

零售重点业务　紧抓客户维护和到期承接工作，推动储蓄存款量价协调发展。围绕个人商户客群、“美好与共”主题营销活动、分包管户机制等工作重点，抓牢个人客户维护，推动储蓄存款和个金资产的提升。截至年底，个人金融资产较年初增长9.05%；抓好活期创新存款到期承接、理财提前到期资金承接和高成本资金压降等工作，促进储蓄存款稳增快增。储蓄存款时点增量14.4亿元，日均增量10.03亿元。紧贴客户需求，加快个人融资发展步伐。引导全行抓住地区居民“衣食住行”等需求复苏契机，加强汽车、家装、住房等本地消费投资主流领域的银企合作，推动个人住房按揭、房抵分期、个人汽车抵押分期、家装分期等业务发展。2020年度个人住房贷款时点余额比年初增加2.8亿元。紧扣市场趋势，培育大零售业务增收热点。结合投资、理财、支付等方面的市场动态，将理财、基金、保险、贵金属、绑卡等作为主攻方向，培育业务增收热点，推动零售中收规模上量。至年底，实现个金中收增幅13.52%。

对公版块发展　扭转对公存款发展的疲软势头。机构存款方面，高度关注国家积极财政政策落地后带来的业务机遇，保持对土地拍卖、污水处理等项目资金的持续跟踪和营销公关。在抓好基础降面管理的基础上，做好烟草、医院、项目公司等公司存款大户的主动服务和日常维护工作，以融资业务为突破口，撬动公司存款大额资金入账。至年底，对公存款日均余额92.7亿元，较年初增加3.1亿元；公司存款日均余额26.1亿元，较年初增加2.2亿元。加大目标信贷市场的拓展力度。紧跟国家政策和总省行信贷指引，加强银政企间的深度合作，对地区大项目“一个都不放过”；引导队伍在抢夺核心客群、抢占优质市场、抢先提款投放上下功夫，实现大中法人贷款持续增长。普惠金融方面，压实各单位“守存量阵地、拓增量市场”的攻坚责任，以开展工银普惠行活动为契机，加大e抵快贷和经营快贷的攻坚力度，加快推进普惠业务下沉网点工作，增强普惠发展后劲。至年底，银保监口径普惠贷款（含房贷口径）余额较年初净增2.55亿元，超额完成省行下达全年任务。抓实大对公版块的增收重点。在经济下行、新冠疫情影响的背景下，更加突出深耕客户的主动性，带领队伍提升品牌投行、融资顾问、贷款承诺等重点增收产品对核心客群的攻坚成效。

主动下调普惠小微企业的利率，帮助企业应对疫情影响，全年普惠小微企业累放额年化利率降低0.57个百分点；主动下调交通、环保、电力等涉及民生领域的项目贷款执行利率。两项全年减少利息收入约1767万元。扎实推进扶贫工作，完成消费扶贫目标任务，对口帮扶对象的33户均达到“两不愁三保障一相当”的脱贫退出标准。

（中国工商银行股份有限公司揭阳分行）

【中国农业银行股份有限公司揭阳分行】 2020年，中国农业银行揭阳分行本外币各项存款余额362.56万元，比年初净增17.99亿元，增幅5.22%；各项贷款余额177.84亿元，比年初净增2.46亿元，增幅1.4%。

支持实体经济 农行坚持以服务实体经济为己任，2020年按照“总量稳、投向准、节奏好”的要求，在抓好大客户大项目和住房贷款投放，巩固传统领先优势的基础上，坚持发展导向，把信贷工作重心进一步向优质中小企业客户和个人客户倾斜，提升信贷经营效益。是年，累计投放各项贷款91.2亿元，支持金属制品、纺织服装、电力、批发零售等支柱行业发展，助力揭阳地方经济发展。

“一号工程”和金融扶贫 加大产品创新和服务创新，加速推进三农“一号工程”。2020年惠农e贷净增3.83亿元；对产业园开展深化营销，年末产业园贷款15455万元，其中个人有贷客户896户、法人7户、个人客户896户；持续加大金融扶贫工作力度，小额扶贫贷款新投放258户，投放贷款金额849.44万元，市场份额保持同业领先。

普惠金融 采取专列信贷规模、开辟绿色通道、提高办贷效率、主动减费让利等支持措施，扶持小微企业加快发展。至年底，普惠金融贷款余额23.20亿元，比年初增加5.37亿元，增幅30.12%，有贷款余额2974户，增加1405户，实现“两增”；普惠贷款加权平均利率比各项贷款加权平均利率低0.19个百分点。

（吴少彬）

【中国银行股份有限公司揭阳分行】 2020年，中国银行揭阳分行本外币各项存款日均余额199.45亿元、人民币时点贷款余额113.17亿元。

围绕揭阳市“建设宜居宜业宜游的活力古城、滨海新城，打造沿海经济带上的产业强市”的工作要求，对接当地重点项目，大力发展产业金融，强化信贷支持输血实体经济，调整信贷结构加大中小企业扶持力度，做大普惠金融授信。为贯彻落实“六稳”“六保”要求，在疫情防控中主动担当，及时了解中小微企业在疫情影响下的生产经营情况及金融服务需求，助力企业复工复产，帮助中小微企业渡过难关。主办“揭阳分行授信项目线上评审专场活动”，联合榕城区政府主办“榕城区中小微企业融资服务专场活动”，为“专精特新”企业、科技创新企业揭阳市的省高成长、“小升规”及培育库等企业，提供“面对面”“一对多”的“融资+融智”综合服务，累计提供授信支持约3亿元。推出“抗疫贷”产品，为50家企业提供授信支持2.95亿元；邀请企业家代表参加揭阳分行行长接待日座谈会，了解企业生产经营情况、存在问题以及金融需求；支持地方企业“走出去”发展，联动发挥多元化、国际化、专业化金融服务平台的优势。全年累计办理国际结算业务11.07亿美元，跨境人民币业务8.63亿元，并在外汇管理局关于银行执行外汇管理规定情况考核中，连续五年被评为A类银行。

落实扶贫工作部署，累计直接投入挂钩扶贫村帮扶资金超7万元，向“广东扶贫济困日”活动捐款近2万元，帮助70户贫困户（涉及贫困人口144人）实现精准脱贫，脱贫率100%。发动全行员工发挥专业优势，组织金融志愿者到社区、企业、学校开展公益宣传活动10多场次，普及市民金融知识；组织全辖员工参与无偿献血、交通志愿者服务等活动，促进社会和谐建设。

（林媛媛）

【中国建设银行股份有限公司揭阳市分行】 2020年，中国建设银行股份有限公司揭阳市分行一般性存款余额365.76亿元，比年初新增35.9亿元；各项贷款余额215.45亿元，比年初新增81.39亿元；实现中间业务净收入22880万元、拨备前利润7.16亿元。

服务项目建设 紧跟市委市政府战略布局和工作部署，全力支持当地经济建设。加大对揭阳滨海新区“一城两园”建设支持力度，为重点项目建设提供融资服务。对接“一城两园”项目38个，授信国电投前詹风电、GE揭阳海上风电总装基地、中海油粤东液化天然气等重点项目客户5户，授信金额103.84亿元，贷款余额14.92亿元。

精准“滴灌”小微 贯彻落实“六稳”工作和“六保”任务，做好疫情防控和支持复工复产，通过加大对防疫企业的信贷支持、差异化风险缓释、减费让利等手段缓解疫情期间贷款企业负担。创新推出“云义贷”“战疫贷”等专属信贷产品，全年投放“战疫贷”3450万元、“云义贷”26370万元；向人民银行（含发改）抗疫白名单客户授信累计12户，授信金额5982万元；落实监管部门及上级行延期还本政策，全年办理延期还本276户，金额14821.91万元，无还本续贷27户金额809.6万元；落实小微企业减费让利政策，2020年度普惠新投放贷款加权利率4.41%，下降0.72百分点，全年为企业让利近1500万元，主动承担小企业贷款评估费、登记费、保险费107万元。

强化战略推进 坚持“以人民为中心”的发展思想，践行“科技

2020年11月13日，建行揭阳市分行与揭阳市人民医院举行“互联网医院”项目合作签约仪式　（建行揭阳市分行　供稿）

型、普惠性、共享性”的新金融理念，推进住房租赁、金融科技、普惠金融“三大战略”等重点战略工作。住房租赁方面，与市住建局签署“数字住建”战略合作协议，完成全国公租房新框架系统全覆盖测试上线工作，突破首个智慧园区改造的委托存房项目；普惠金融方面，坚持“线上+线下”贷款两手抓，以产品优势润泽企业。截至年底，普惠贷款余额（监管口径）比年初新增53873万元，普惠贷款有贷户比年初新增420户，客户覆盖面不断扩大；金融科技方面，实现分行所有营业网点智慧柜员机智慧政务服务功能全开通，涵盖政务服务功能70多项，打造首个24小时政务服务网点，揭阳中海油缴费业务互联网对接项目等成功上线。

延伸服务触角　加大县域信贷支持力度，支持现代农业产业园、“一村一品”项目、美丽乡村建设等。截至年底，分行涉农贷款余额39.15亿元；推动扶贫工作，分行5个定点帮扶贫困村121户贫困户全部实现脱贫；关注基层劳动者的需求，28个“劳动者港湾”常态化开展赠饮、慰问等公益活动；打造便民品牌特色，与市司法局共建“劳动者港湾公共法律服务延伸工作室”，设立爱心港湾、24小时智慧政务港湾、善融扶贫港湾等特色港湾，以及与市总工会的“户外劳动者工会爱心驿站”港湾共建等。

筑牢风险防线　将风险管理融入经营发展，精准处置高风险事件，把各项风险管控到位。强化合规经营保障，加强员工警示教育。在当地人民银行近三年综合评估考核中均获得A+成绩，在人民银行反洗钱年度评级中连续获得A档，在当地银保监局近三年案防考评中连续获得“绿牌单位”称号。

（卢　仪）

【交通银行股份有限公司揭阳分行】　2020年，交通银行揭阳分行人民币各项存款时点余额92.31亿元，较年初增加10.75亿元，增幅13.18%。人民币各项存款市场占比6.49%，较年初提升31个百分点。人民币各项贷款时点余额45.74亿元，增量5.18亿元，增幅12.77%。

服务企业复工复产　对接医院、药企、医疗科研单位等与疫情防治工作相关的企业，先后为揭阳市中医院、揭东区锡场镇卫生院、普宁市达康医药有限公司提供信贷资源。开通绿色审批通道，为疫情防控企业及受疫情影响的中小微企业提供专门额度、专项融资、专属服务。推出“抗疫e贷”专项普惠产品，结合工商联、省中小企业融资平台等渠道推广。为50多家企事业单位上线“交行—微医全国抗疫咨询模块”，支持抗击疫情。通过减费让利、宽限期调整、延期还款、延期付息等措施助力小微企业渡难关。普惠小微贷款净增1.59亿元，增幅26.84%；“两增”贷款净增1.21亿元，增幅23.31%。全行员工累计为疫情防控捐款3.5万元。

服务实体经济　对接资产项目，全年累计发放人民币一般性贷款30.90亿元，其中，新发放人民币对公贷款16.09亿元，新发放人民币个人贷款14.82亿元。做好落地负债项目。成功中标市级社保资金存放资格，首次中标2021年烟草定期存款；与11家区县财局、发改签订合作协议，对接地方债发债业务；服务揭阳市财政局、揭阳市公共资源交易中心、惠来县自然资源局、惠来县土地资源储备开发中心、普宁国有资产管理局等单位。推进系统搭建。揭阳市公积金归集资格成功落地；恢复财政非税系统资格，打通全市烟草代扣渠道，全年新拓烟草商户480户。推进客户工程，开展“百行进万企”专项行动，率先完成“两个100%”；做好“粤信融”企业引导注册和对接工作，引导企业注册平台612户，走访对接名单企业136户。普惠小微客户净增72户，增幅34.45%；普惠两增户数净增144户，增幅45.28%，增幅同业排名第2。强化“财富四进”，有效财富四进62场，累计新开借记卡1446张，商户538户，手机银行活跃1512户，新增信用卡200户。收单商户名下储蓄日均存款8.1亿元、净增0.9亿元，沃德客户427户、净增72户。全员营销信用卡，加大奖惩力度，信用卡活卡增加1390户，进一步提升客户认同。

金融风险防范 做好授信管理、法律合规、反洗钱、风险保全、案件防控、内部控制等工作，守牢风险底线和案防底线。强化资产质量管控。进一步缓释存量风险资产，加强押品权证、授信档案管理；规范票据业务操作流程，加强贷后监控工作。强化内控案防管理。开展“以案说法”案防警示教育活动；开展“廉洁从业 审慎合规 预防违法放贷”专项治理、“五大领域”专项治理、市场乱象整治“回头看”等排查。按要求落实反洗钱工作，并在人行2019年度反洗钱分类评价中得分同业排名第1，成为揭阳唯一获得人行AA评价的银行。征信管理工作在人行2019年揭阳市银行机构征信工作考核中考核等级为A。

（郑 荃）

【中国农业发展银行揭阳市分行】

2020年，中国农业发展银行揭阳市分行各项贷款余额46.06亿元，比年初增加14.04亿元，增幅43.85%；日均贷款余额42.09亿元，比年初增长13.45亿元，增幅46.96%。中国农发重点建设基金余额0.99亿元，与年初持平。各项存款余额6.65亿元，比年初减少3.12亿元，减幅25.62%；存贷比14.44%。实现经营利润0.09亿元。不良贷款继续保持零余额。

地方储备粮管理 抓好地方储备粮贷款管理工作。全年累计发放各级储备粮贷款24笔，金额2.66亿元，保障粮食资金供应；按季落实粮食风险基金，全辖全年到位粮食风险基金1.25亿元，到位率151.58%，维护粮食流通市场稳定和国家粮食安全。

支持地方基础设施建设 加快实现业务转型发展，加大支持地方基础设施建设力度。全年新获批中长期项目3个，总投资金额21.65亿元，获批贷款金额14.92亿元，主要支持普宁市练江流域综合整治、揭西县生活污水处理设施、榕城区仙梅片区污水处理系统建设工程、钜欧工业4.0产业基地二期等项目。

（杨丽琳）

【中国邮政储蓄银行揭阳市分行】

2020年，中国邮政储蓄银行揭阳市分行全市营业网点91个，存款规模281.51亿元，全年净增14.36亿元，其中储蓄存款规模214.07亿元，净增17.65亿元。全行贷款规模58.43亿元，全年净增8.69亿元，其中个人贷款38.45亿元，中小企业贷款12.66亿元。加大小微企业金融支持力度，普惠型小微企业贷款余额26.6亿元，年净增3.45亿元，余额居辖内六大行首位；服务户数8312户，年净增93户，服务户数居辖内六大行首位；累放普惠型小微贷款平均年化利率压降115BP，利率降幅列六大行首位；累计承担借款企业抵押物评估及登记费用248万元。全面推进乡村振兴，支持农业农村现代化。全年累计走访行政村416个，建成信用村7个和信用户24个，促进解决农户“贷款难”、银行“难贷款”问题；累计投放扶贫小额贷款346笔金额1355.6万元，惠及336户建档立卡贫困户。新冠肺炎疫情期间，加大企业复工复产的信贷资金投放，实施差异化授信政策、线上信贷服务等，全力支持企业复工复产。累计向辖内7家疫情防控相关企业发放抗疫应急贷款4180万元，向市人民医院发放抗疫专项贷款2314万元。

（中国邮政储蓄银行揭阳市分行）

【揭阳市农村商业银行】 2020年，揭阳市农商银行系统全辖4家农商银行有营业网点315个，其中总行营业部4个，一级支行61个，二级支行13个，分理处237个；在职员工2946人，全市农商银行各项存款余额705.87亿元，各项贷款余额360.10亿元。

坚持支农支小市场定位 截至年底，全市4家农商银行资产规模788亿元，存贷款余额分别为705亿元和360亿元，涉农、小微贷款余额分别为239亿元和278亿元。

实施推动党建重点项目“实施乡村振兴战略 探索网点转型之路”第二阶段试点工作，充分发挥党支部战斗堡垒作用和党员先锋模范作用，加大试点网点“三农”小额贷款营销力度。全市4家农商银行有10个分理处参与第二阶段试点工作，试点分理处日均存款27.70亿元，比年初增长7.58%，收集客户有效信息1638户，成功发放贷款246户，授信金额4815.46万元，户均授信金额19.56万元，贷款余额2577.19万元，户均贷款金额10.48万元。

联合市委网信办开展“决胜全面建成小康社会 揭阳乡村行”系列网络宣传活动，通过系列采风活动、特色乡村宣传片拍摄等活动，做好决胜全面建成小康社会、决战脱贫攻坚网络宣传，展现揭阳市聚焦高质量发展，“建设活力古城滨海新城，打造沿海经济带上的产业强市”的举措和成效。

加大疫情防控金融支持力度 全市农商银行系统加强疫情防控，助力复工复产，做好“六稳”工作，落实“六保”任务。开辟抗疫金融服务绿色通道，免收特定人群、事项的服务手续费。加大疫情防控金融支持力度，为受疫情影响的客户办理贷款延期还本付息，涉及贷款金额34.41亿元，加大涉农贷款、小微贷款、扶贫贷款投放力度，以实际行动彰显地方性银行的使命担当。

支持揭阳地区有关单位复工复学 通过走访调研，根据实际需求将抗疫物资送到44家中小学和企事

业单位，包括偏远山区小学和承担高考考场工作任务的重点中学。捐赠学习一批用品、洗手液等，价值15万元，及时将抗疫物资送到最需要的地方，守护师生身体健康和生命安全，助力高考，践行“揭阳人自己的银行”应有的担当和作为。

金融扶贫 截至年底，揭阳地区各农商银行精准扶贫贷款余额736.50万元，全年累计发放455.52万元，其中扶贫小额贷款余额430.67万元，全年累计发放153.82万元。金融支持贫困户134户，贫困村64个，贫困村内建设助农取款点107个，建档立卡贫困户19849户，利用网点、机具或流动服务覆盖行政村137个。

（蔡浩生）

2020年12月17日，人保财险揭阳市分公司向揭阳市“劳动模范、最美工匠、工会社会工作者”赠送“揭阳市民保”

（人保财险揭阳市分公司　供稿）

保险机构选介

【中国人民财产保险股份有限公司揭阳市分公司】 **抗疫复工** 2020年，中国人民财产保险股份有限公司揭阳市分公司整体保费突破10亿元大关，车险实现渠道化经营，商非分散性业务发展和重点项目取得新突破，政策性业务实现跨越式发展，为“十三五”收官划上句号。

服务地方 聚焦大局，护航揭阳经济社会发展。积极参与地方经济建设和各类重大项目，为揭阳大南海工业区埔洋村棚户区改造项目、揭阳引韩供水工程、揭阳理工学院工程、深汕西高速公路改扩建工程等提供超50亿元的风险保障。

保障民生 深化保险服务社会民生职能，为全市686.42万人提供政府民生综合责任保险，为564.2万人提供城乡居民大病保险和城镇职工大病保险，为76.18万农户提供政策性农房保险，为30万农户提供政策性水稻种植保险，为41万名志愿者提供人身意外保险，为40多万名师生提供校园责任保险，为全市提供4.7亿元的巨灾风险保障，为全市21309名奋战在抗疫一线的医护人员赠送专属保险。

脱贫攻坚 坚持用爱心帮扶困难群众，用温暖守护人民，以保险扶贫方式创新帮扶机制，通过“揭阳市民保”、“防返贫”综合保险等，从“医、食、行、教”四大方面为贫困群众提供全方位保障。定点帮扶的贫困村全部出列。

惠民利民 为揭阳医保参保人专属设计普惠型补充医疗保险产品“揭阳市民保”，全面助力揭阳构建多层次医疗保障体系。

创新推动 强化线上化运营，提升服务体验，搭建线上增值服务平台，在“车主惠”平台上线服务项目11项和门店174家。建成农村道路交通安全劝导站31个，车驾管社会服务站6个，推动交通事故案件“快处、快调、快审、快赔”。

管理变革 推进车险综合改革、内部渠道清分、电销集中管理、单证员转型改革和人力优化双选等各项改革任务。

（魏佳晓）

【中国人寿保险股份有限公司揭阳分公司】 2020年，中国人寿保险揭阳分公司以高质量发展为根本追求，以提高公司核心竞争力为目标，逐步增强公司可持续发展能力。

业务发展 坚持高质量发展目标，以标保为统领，全年实现自营总保费138803万元，市场份额占30%，增长7.18%。其中，长险首年标保达成15802万元，增长17.82%；首年期交业务达成27666万元，增长4.92%；短期险业务达成8758万元，增长4.7%，全省贡献度占比1.98%；保障型业务达成11690万元，增长24.81%。个险渠道年度达成首年标保15330万元，增长15.84%，全省贡献度占比2.7%，提升0.2个百分点；十年期14149万元，增长6.01%，保障型业务11655万元，增长38.83%。银保渠道期交保费达成4523万元，增长37.3%，全省贡献度占比2.22%。

政企合作 采用固定驻点及流动服务模式深入全市85个镇街、1053个乡村开展“银龄安康行动”，全年全市为65周岁以上老龄人提供保险金额344499.61万元的意外风险保障，保障689730人次；联合卫健局、市计生协落实计生统保工作，推进计生家庭保障事业，为全市计划生育困难家庭提供1137.28万元的保险风险保障，保障128人次；由“国寿”出资25万元联合市妇联开展“为爱启航　陪伴成长”——揭阳市千场家庭教育进村（社区）活动，助力创新宣传模式。通过各县支层级联动妇联开展赠险确权行动，赠险确权登记694人次，保险保障额度208.2万元，其中自费升级155人次。全年全市为2114名妇联干部捐赠2114万元保障的“两癌”保险，全力服务揭阳社会保障体系建设。

扶贫攻坚　抓好脱贫攻坚各项重点工作，围绕“农民增收，农业增效，农村发展”，用活财政扶贫资金，抓好扶贫村特色项目建设，为贫困户增收。支持挂钩贫困村公益事业建设，分、支公司投入专项资金近20万元支持挂点扶贫村基础设施和公共服务建设，改变挂钩贫困村的村容村貌。分、支公司挂钩的贫困村均实现“八有”指标，公示并上报镇县审批脱贫退出。

风险防控　2020年反洗钱2019年度分类评级工作评级结果为A；参与办理案件5起，办结4起，挽损41.49万元，排查可疑交易438笔，智能识别数据办结186笔，上报可疑交易数据2笔，维护公司合法权益。一体推进清廉文化建设。制定文化建设实施方案及活动行事历，开展清廉文化故事会主题党日活动、“清廉文化”书画作品展、反腐倡廉主题教育、“清廉金融三课”进高校等。在公司协办的市银行业保险业“清风养正气　廉洁促发展”演讲比赛中，公司选手取得第二名。清廉金融文化建设促进公司的风清气正，工作成效得到上级公司、市银保监分局和市行业协会的肯定。强化风险防控长效机制建设。通过制定《揭阳分公司销售条线管理人员职场合规教育实施方案（暂行）》，明确销售渠道的工作职责，各层级人员定期进职场开展合规教育；明确对违规违纪人员落实双线、三层级追责制度，完善公司合规制度建设；落实内控标准执行工作，开展内控评估规范内控制度执行，完善风控三支队伍构建公司风控管理体系，多维度促进公司经营依法合规。

（中国人寿保险有限公司揭阳分公司）

证券公司选介

【安信证券股份有限公司揭阳临江北路证券营业部】　安信证券股份有限公司先后于2006年9月、12月，以市场化方式收购原广东证券、中国科技证券和中关村证券的证券类资产，控股股东为国家开发投资公司。2020年，安信证券获得“水晶球奖”“杰出组织奖”投教奖项，“中国证券公司杰出财富管理奖”“中国证券公司杰出APP奖”、研发运营一体化持续交付评估证书，“客户资产账单平台”获“云鹰奖”优秀奖等奖项。在抗疫斗争中，安信证券做好疫情防控，推进复工复产，被国家开发投资集团评为“抗疫先进集体”。安信证券再次获得证券行业最高的A类AA级评级。

全年代理买卖证券交易额1244.84亿元，揭阳股基市场份额排名第3，纳税总额424.78万元。

业务创新　资本市场保持改革创新的步伐，创业板改革稳步推进，营业部顺应市场和行业变化，结合智能客户端等现代化工具，不断推动服务创新升级。实现线上智能客户端、线下智能柜员机等现代化工具的普及，为投资者业务办理提供更多的自主和便利，在便民利民的同时提高工作效率。随着资本市场各类改革新规的密集出台，营业部通过投教活动，引导投资者知悉资本市场改革动向，推动改革新规普及工作的常态化发展。

投资者教育　营业部开展场内外投教宣传活动，结合营业部信息平台等渠道，面向投资者开展各类投教活动，推动投教工作形式的创新，取得良好的效果。投资者教育活动对宣导理性投资、科学理财理念、提高投资者风险控制和投资分析水平具有重要的意义。营业部投资者教育活动逐步成为服务和维护投资者合法权益的重要载体。通过走进学校、走进社区、走进企业的方式，将投资者教育工作落到实处，培养投资者自觉防范非法金融活动的意识，引导投资者保护自身合法权益，践行保护投资者的初心。

社会公益活动　揭阳市金融消费权益保护联合会举办“3·15”云课堂活动，营业部员工参与录制网课。该网课在广东广电网络频道和《南方日报》APP上线，受众20万人次。举办“出期制胜”期权学堂安信证券专场和“携手科创板·理性共成长”科创板投教专场活动，向公众普及期权入门知识及业务风险揭示、解读科创板交易制度等内容。举办投资者教育进社区活动，向社区居民宣传金融知识，普及金融风险教育。

合规工作　营业部坚持合规经营理念，不断完善风控、合规管理体系建设，定期开展员工合规培训，增强员工合规意识，确保持续规范发展，实现“零投诉、零诉讼和零违规风险”目标。营业部在2020年度的反洗钱分类评级获A评级；在揭阳市2020年金融系统平安创建暨综治工作考核中达标；2014年至2020年度连续7年获得“平安金融单位”称号。

（刘　爽）

【东莞证券股份有限公司揭阳分公司】 2020年，东莞证券股份有限公司揭阳分公司总成交额（不含权证）538.05亿元，营业收入1414.94万元。

合规风控 开展合规经营，定期组织全员合规暨反洗钱培训，强调合规展业的重要性，增强员工的合规意识，规范从业人员的执业行为。树立反洗钱法律意识，履行反洗钱工作职责，开展反洗钱法律法规的宣传和投资者教育工作，细化合规管理工作的各项检查，完善风控制度和合规管理体系。加强公司廉洁文化建设，提高从业人员廉洁意识。通过合规执业、合规经营，为业务的创新与发展保驾护航，营造分公司合规执业的良好氛围。在贯彻执行金融综治维稳工作方面，及时报送金融综治专项信息情况，防范重大风险事件发生。引导群众理性投资、远离非法集资，开展“防范非法集资宣传月”系列活动，推进“反洗钱暨扫黑除恶、平安金融”宣传活动，为平安金融建设创建良好环境，促进金融行业平稳健康发展。

荣誉 2020年东莞证券致力于五个强司3.0发展，东莞证券投资银行部获得第一财经金融价值榜颁发的“2020年度新锐投行TOP10”奖项。掌证宝APP获由金融界颁布的“中国证券公司杰出APP奖”“中国证券公司杰出APP创新奖”。智能终端快速行情服务项目获得财联社颁发的“中国金融科技领域杰出案例”奖项。公司获得同花顺颁发的“最具实力券商奖”“最受欢迎券商奖”“最佳投教券商奖”“最佳组织券商奖”。东莞证券研究所在金融界“慧眼识券商”2020年度超配榜中排名第3。

投资者教育 受疫情影响，投资者教育工作重心由线下转为线上。线下在做好疫情防控的前提下，通过张贴海报、设置资料取阅区、咨询台等形式进行场内宣传；利用业余时间走近群众、走进社区、走进校园；结合微信公众号、短信等线上形式进行宣传，提高宣传覆盖率。公司互联网投教基地被中国证监会评定为“全国证券期货投资者教育基地”。

（东莞证券有限公司揭阳分公司）

【广发证券揭阳地区营业部】 2020年，广发证券在揭阳地区设普宁流沙证券营业部、揭阳揭西证券营业部、揭阳临江北路证券营业部。普宁流沙证券营业部作为广发证券揭阳地区管理部，协调管理及推动地区业务可持续发展。3家营业部在职员工37人，业务人员107人，均具备证券从业资格。是年，股票和基金成交3240.64亿元，增加1128.48亿元，经纪业务手续费净收入8249.60万元，增加2920.75万元。

积极参加各类普惠金融，开展普惠扶贫活动，加入“星火义工”组织，加强反洗钱等工作，协办多场市级金融讲座和文艺活动，发掘和引流人才加入揭阳经济建设。

（赖延霞）

金融服务

【金融服务概况】 2020年，揭阳市银行业金融机构各项存款余额2599.43亿元，增长7.02%，比年初增加170.43亿元。各项贷款余额1236.62亿元，增长4.61%，比年初增加54.55亿元。揭阳辖区保险机构实现保费收入67.27亿元，增长5.04%，业务规模占全省的1.60%。产险公司保费收入23.02亿元，增长4.03%；寿险公司保费收入44.25亿元，增长5.57%。保险公司赔付支出16.91亿元，下降0.62%。辖区保险公司实现承保利润1.45亿元，减少12.12%。全市证券机构累计交易额约1.19万亿元，增长47.26%。各类金融机构114家，其中银行类金融机构19家，证券类25家，期货类3家，保险类29家，小额贷款公司19家，融资担保公司3家（含1家政策性担保公司），典当行16家。上市公司8家，新三板企业5家，辅导备案拟上市公司3家。其中新增上市公司1家。

【金融市场监管】 2020年，揭阳市金融工作局按照“放管服”改革部署要求，不断优化行政服务事项。编制涉金融企业行政许可等服务事项29个，行政检查、处罚事项4个，全部进驻网上政务服务平台，并将政务服务事项纳进市级政务服务办事大厅综合窗口，由综合窗口统一进行前台综合接件、转办和办件送达。动态更新政务服务事项清单。及时在政务服务事项管理系统，认领省地方金融监管局委托各地级市金融工作部门实施的3项省级权责清单事项，优化办事程序和流程，为企业和群众提供高效便捷服务。依法开展现场检查。在开展非现场监管的基础上，依法依规对小额贷款公司、融资担保公司和典当行开展现场检查工作，督促公司合规经营。办理政务服务事项。全年依法依规办理小额贷款公司变更审批事项2次，办理融资担保公司业务备案事项1次。

【金融风险防控】 2020年，揭阳市金融工作局加强金融风险防控工作。推动农合机构改制。8月3日，惠来农商银行开业挂牌，完成惠来农信联社改制农商行任务。加强上市公司规范发展。建立揭阳市促进上市公司规范发展协调工作机制，引导辖内上市公司聚焦主业，规范发展。防范和处置非法集资。推进非法集资案件攻坚工作，加强宣传教育引导，组织防范非法集资宣传月活动，引导群众理性投资、远离非法集资。开展金融领域扫黑除恶工作。根据扫黑除恶“行业清源”行动工作部署，落实监管责任，健全市场准入，规范管理秩序，基本实现金融领域“行业清源”目标。推进互联网金融风险整治工作。推动辖内网贷平台法人机构“小鹅e贷”稳妥有序退出市场，全市唯一一家P2P网络借贷法人机构完成注销，实现P2P网贷平台100%良性退出。

【金融政策宣传】 2020年，揭阳市金融工作局强化“乙方思维”，加大招商引资力度。制定《揭阳市促进金融服务业发展扶持办法》，出台一系列优惠政策，助推金融机构落户揭阳，并通过市政府信息公开平台进行宣传。粤东区域现金处理中心落户揭阳，现金支撑能力得到增强；众诚保险揭阳中心支公司开业。根据市委市政府优化营商环境的工作部署，市政府出台《揭阳市优化金融生态环境三年行动计划》，计划用三年时间，分“强治理、化风险、建信用、优供给”四个重点领域开展行动，打造良好金融生态环境，推动营商环境优化升级，夯实揭阳高质量发展基础。出台《揭阳市扶持企业上市补助奖励资金实施细则》，并通过市政府信息公开平台进行宣传，做好企业上市奖补资金申请发放工作，兑现政府奖补措施，降低企业上市成本，引导更多企业实现挂牌上市，提高直接融资比重。

【金融改革创新】 2020年，揭阳市金融工作局推动产业引导基金设立工作，对接新兴金融，推进产业发展基金设立工作，服务全市重点项目和重点企业发展。推动市政府与中展基金管理有限公司签订《揭阳市人民政府 中展基金管理有限公司战略合作框架协议》，夯实基金设立基础。《揭阳市引导基金设立方案》在市政府常务会议审议通过。

【金融服务体系建设】 2020年，揭阳市金融工作局推动企业挂牌上市。根据《揭阳市扶持企业上市补助奖励资金实施细则》，2020年市级财政累计发放企业上市奖补资金550万元，有效降低企业上市成本。印发《揭阳市“高上市”（新三板挂牌）后备企业管理工作方案》，建立企业上市后备资源库，发掘、筛选103家优质企业纳入后备资源库。举办揭阳市企业上市实务培训班2期，邀请上交所、深交所等专家为企业作专题辅导，提高企业上市融资实务技能。是年，新增上市公司1家，即蒙泰高新股份有限公司，在创业板上市。推动广东吉青电缆实业有限公司、揭阳市前进瓷业有限公司2家企业在广东省科技创新专板注册展示。服务乡村振兴战略。推动涉农金融改革创新，集聚更多金融资源支持“三农”发展，满足农村多样化、多层次的金融需求。至年底，全市银行机构涉农贷款余额570亿元，增长0.65%。推广全市政策性农村住房保险业务，累计承保总农户数80.52万户，承保率98.53%，保费收入647.61万元。开展扶贫小额贷款业务，全市银行机构累计为2152户贫困户发放扶贫贷款7290万元，支持贫困户创业致富。

【融资工作】 2020年，揭阳市金融工作局支持中小微企业融资发展。充分发挥财政资金杠杆力度，引导金融机构支持中小微企业发展。至年底，市中小微企业风险补偿资金累计为35家（次）企业发放贷款近1亿元；全市3支科技风险准备金累计为全市49家（次）企业发放贷款6.32亿元。启动揭阳市接入广东省中小企业融资平台工作，出台揭阳市加快对接广东省中小企业融资平台工作方案，引导全市金融机构和企业到平台注册登记，解决企业融资信息不对称问题。至年底，推动18家金融机构在平台上传39款融资产品，推动1226家企业在平台注册，受理企业贷款申请26家次，累计发放1笔贷款190万元。支持新冠肺炎疫情防控。辖区内9家疫情保障重点企业获得专项再贷款支持4.02亿元；地方法人金融机构发放符合专用额度再贷款要求的贷款7000万元。落实金融机构主动降低贷款利率和延期还本付息政策，推出“抗疫贷”等产品，支持疫情受困企业复工复产。辖内银行保险机构通过降低银行利率、调整保险费率、为企业减免中间业务收费等方式，累计为实体经济让利减费超11亿元，为765家中小微企业57.60亿元到期贷款办理延期还本，为226家中小微企业6100万元到期贷款利息办理延期支付。引导全市各小额贷款机构主动作为、优化服务、降低利率，与企业共克时艰。至年底，小额贷款公司投放贷款中利率低于10%的贷款152笔，贷款金额2.77亿元，占2020年投放贷款总额的95.07%。

（魏德愿）

农业和农村经济

综　述

【农业和农村经济概况】　2020年，揭阳市第一产业增加值204.40亿元，增长3.2%；农村居民人均可支配收入16312元，增长4.1%。全市粮食播种面积1306.8平方千米，总产量80.85万吨；蔬菜种植面积552.47平方千米，总产量209.28万吨；水果种植面积544.2平方千米，总产量59.52万吨；茶叶种植面积80平方千米，总产量2.51万吨。水产品总产量14.54万吨，蛋类总产量2.18万吨，奶类总产量0.26万吨，生猪饲养量165.9万头，出栏量109.87万头，家禽饲养量4081.13万只，出栏3384.53万只，牛年末存栏量4.84万头，山羊年末存栏量1.82万只。

【农业供给侧结构性改革】　2020年，揭阳市农业农村局以推进农业供给侧结构性改革为主线，落实“菜篮子”市长负责制，一手抓好疫情防控，一手抓好“菜篮子”稳产保供工作，保障全市重要农产品供给。全市有竹笋、鲍鱼、生猪、茶叶、凤梨、青梅、蕉柑、蔬菜等10个市级农业产业基地，蛋鸡、淮山、冬瓜等10个县级农业产业基地，支撑“菜篮子”工程发展。

【农村综合改革】　2020年，揭阳市农业农村局加快农村综合改革步伐。推进土地集中流转，印发《揭阳市农村承包土地经营权流转示范片创建实施方案》，实行以奖代补，推进农村土地经营权流转，为发展适度规模经营、促进农业农村现代化打下基础。全市新增土地流转面积6.36万亩（折42.4平方千米），累计流转总面积49.64万亩（折330.93平方千米），流转率40.51%。加强农村宅基地管理，出台《关于加强农村宅基地管理相关工作的通知》和《揭阳市农村宅基地审批管理工作指引（试行）的通知》，制作《揭阳市农村宅基地审批流程图》，推进农村宅基地管理工作。加强农村集体资产管理，建成揭阳市农村产权流转管理服务平台，将农村集体资产管理与交易信息纳入全方位、全过程监管。全市进入平台交易1238宗，成交总金额7.36亿元。增设市委实施乡村振兴战略领导小组乡村治理专项组，印发《关于加强和改进乡村治理的工作方案》，乡村治理体系初建成型；组织开展乡村治理“百镇千村”示范创建活动。

【农业科技体制改革和创新体系建设】　2020年，揭阳市农业农村局深化基层农技推广体系改革发展，创新农技推广服务方式，依托省级现代农业产业园创建，启动普宁青梅、惠来南药2个全省首批农技推广服务驿站建设。项目以支撑现代农业产业园高质量发展为驱动，以推进新型农业科技服务体系建设、促进科技精准扶贫脱贫、推动现代农业科技创新发展为目标，发挥“一主多元”的基层农技推广体系作用。赋予农技推广服务驿站六大功能：科技创新、技术集成、生态环保、推广示范、培训孵化与指导服务，成为农村电商网红的孵化器，以及农民群众寻求技术支撑的服务台，强化农技推广服务能力。

【乡村特色产业】　2020年，揭阳市农业农村局发展揭阳乡村特色产业，建立由市长、市委副书记、分管副市长分别担任市级“总链长”“副总链长”的农业产业链“链长制”领导机制，首批谋划创建揭东竹笋、炒茶、油茶，揭西茶叶、生猪，普宁青梅、蕉柑，惠来家禽、凤梨、鲍鱼10条市级农业产业链。按照“做大一产、做强二产、做优三产”指导思路，落实党政主导、选准产业、形成链条、探索创新、升级转型、做大做强工作措施。全市首批10条市级农业产业链谋划建设项目214项，项目建设期5年，总投资75.89亿元，链均年投资1.5亿元。

【农业布局】 2020年，揭阳市农业农村局坚持确保粮食生产稳定为主线，充分保障重要农产品合理自给率，做大做强特色优势产业，推动种植业高质量发展。走有揭阳特色的农业发展路子，发挥地方资源优势，走特色路、打绿色牌，继续调整优化种植业生产结构、区域布局和产品结构，推动种植业产品品种培优、品质提升、品牌打造和标准化生产，提升质量效益和竞争力，发展现代特色高效农业。做大做强“一村一品、一镇一业”和现代农业产业园创建，带动各地因地制宜发展特色农业和效益农业。继续培植粮食、水果、蔬菜等农业支柱产业，巩固和完善农业生产基地。

【农业主体培育】 2020年，揭阳市农业农村局结合揭阳市促进产业发展“1+1+12”政策体系，制定、出台《揭阳市促进农业产业化发展扶持办法》，对新申报市级农业龙头企业、示范合作社、示范家庭农场给予认定奖补，提高各类经营主体申报示范创建的积极性。各县（市、区）出台完善县级农业龙头企业认定办法，组织开展县级农业龙头企业认定，县、市、省、国家四级示范主体申报体系基本健全，农业产业化发展水平进一步提升。7月21日，市农业农村局联合11部门出台《关于推动全市家庭农场高质量发展的指导意见》，进一步明确“变认定管理调整为名录管理”，督促各地加快家庭农场培育进度。全市家庭农场备案数从年初60家增加2914家，市场监管部门注册登记农民合作社1522家，比年初新增174家。全市认定市级以上农业龙头企业累计56家、农民合作社示范社63家、示范家庭农场37家。农业从业人员注册成立新型农业经营主体积极性明显提高，示范主体规模化生产和联农带农能力明显增强，推动全市小农户和现代农业的有机衔接。

2020年，揭东区锡场镇潭王村水稻秋收场面

（揭阳日报社 供稿）

【农业科技创新】 2020年，揭阳市农业科学研究所自主立项“农作物优质新品种示范推广”项目，大力推广“揭薯16”和“揭薯18”甘薯新品种及“农家宝908”黄瓜新品种等3个优质农作物新品种。农业科技创新中，引进省内外优质水稻、甘薯、玉米、蔬菜、果树等品种，在市内各县区示范点进行试验、示范、表证，对所涉及的乡镇农技干部、农户进行相关农技培训，无偿提供良种和技术指导；组织科技人员开展科技“三下乡”活动，举办技术培训班和讲座，为农村输送实用农业科技知识；以市农科中心示范基地为载体，抓示范宣传，组织农户到示范基地参观学习，推广应用优质高产的甘薯、蔬菜、水稻等各类农作物新品种及高产栽培配套技术，促进农民增收、农业增效。

【高标准农田建设】 2020年，揭阳市农业农村局结合自然条件、产业基础和农民意愿，加强与自然资源、水利、财政等相关部门协作配合，在项目初步设计审批、监理审计、竣工结算等方面简化流程，优化服务，提高效率。加强质量监管，严格项目立项、实施、验收全过程“上图入库”，确保工程质量，防范管理风险，合力推进高标准农田建设项目初步设计编制、实施等工作。全年全市落实高标准农田建设11.47平方千米。

【“一村一品、一镇一业”特色农业】 2020年，揭阳市农业农村局发挥各地资源优势，通过“一村一品、一镇一业”项目的实施，带动各地特色产业的发展壮大。全市农业“一村一品、一镇一业”项目66个，普宁市大坪镇通过2020年省级“一村一品、一镇一业”专业镇认定，揭东区埔田镇埔田村等54个村通过专业村认定。以蕉柑、青梅、龙眼、荔枝、橄榄、香蕉、菠萝为主的水果产业得到发展，全年水果种植面积544.2平方千米，总产量59.52万吨。大力发展蔬菜生产，提高蔬菜生产技术水平。全年全市蔬菜种植面积552.47平方千米，总产量209.28万吨。

【农产品市场体系建设】 2020年，揭阳市农产品“12221”市场体系初步建立。揭阳市农业农村局以市场消费为导向，抓好品牌建设，以“惠来荔枝”等区域公用品牌、省市现代农业产业园主导品种“12221”市场体系建设为突破口，建立全市“12221”农产品市场体系。全市累计完成益农信息社申报1659个（其中A类社1447个、B类社212个），实现益农信息服务行政村全覆盖，助力农产品“出村进城”。农产品展销形式实现新突破。举办首届中国惠来鲍鱼国际网络节暨惠来名特优新农产品云展会。率先探索出“网络节+云展会”（toB+toC）模式，实现“新模式”“新价值”“新市场主体”三大新突破，打造全省县域农产品云上展会的新标杆。

【农产品质量安全监管】 2020年，揭阳市农业农村局大力推动农产品质量安全工作，守住农产品质量安全底线，全市农产品质量安全水平总体平稳向好。推进质检基础设备建设。全市建立市级农产品质量监督检验测试中心1个、县级产地检测站5个和镇级农产品质量安全示范镇检测站78个。市农产品质量监督检验测试中心、普宁农产品质检站通过省级计量认证。各检测机构都配备检测人员、检测仪器及其他配套设备，开展农产品检测工作。推广食用农产品合格证制度。至年底，全市70%食用农产品生产经营主体实行合格证管理；省级例行监测总体合格率98.3%。

【农业生产资料和投入品监管】 2020年，揭阳市农业农村局开展种子、农药、化肥市场监管工作，以及农作物新品种的引进、试验、示范、繁育、推广工作；坚持“预防为主、综合防治”的植保方针，围绕农业防灾减灾中心工作，以确保粮食安全、农产品安全、特色产业发展及生态安全为目标，抓好农作物重大病虫害防控、植物检疫、农药安全监管等工作。

【农业机械化】 2020年，全市各级农机部门遵循“立足农业、发展农机、服务农村”的工作思路，围绕推进农业供给侧结构性改革的工作主线，实施农机购置补贴政策，推广农机化新技术新机具，推进农机社会化服务，夯实农机安全监管机制，完成各项农机化主要任务指标。全年全市农机总动力55.08万千瓦，水稻综合机械化水平72.76%，增长2.9个百分点。推广先进适用的农业机械，大力发展农田机械化灌溉，优化生产条件，促进农业综合生产能力，增加农民收入，加快农业现代化进程。

【精准扶贫】 2020年，揭阳市农业农村局围绕打赢脱贫攻坚战的部署要求，抓好扶贫责任、政策和工作落实，实现脱贫目标任务。贫困人口稳定增收，截至11月30日，全市建档立卡贫困户36998户105844人实现脱贫，162个相对贫困村全部脱贫出列。对比2015年，2020年全市贫困人口人均可支配收入从3841.64元提高至15501.26元，增长303.51%。全市162个相对贫困村居民人均可支配收入从2017年的12128.92元提高至21896.34元，增长80.53%。

【美丽乡村建设】 2020年，揭阳市农业农村局实施“百村示范、千村整治”工程，推进农村“厕所革命”和乡村风貌建设，全面提升美丽乡村建设水平。全市自然村基本实现“干净整洁村”全覆盖，累计

2020年，揭西县金和镇山湖村被评为第二届“广东十大美丽乡村” （市农业农村局 供稿）

创建748个美丽宜居村。揭西县山湖村被评为第二届“广东十大美丽乡村”，普宁市南溪水乡被评为“广东美丽乡村精品线路”，揭西火炬村、普宁什石洋村、榕城西岐村被评为“广东特色名村”。推进农村“厕所革命”。全市农村无害化卫生户厕普及率100%，新建和改造480座农村公用厕所，超额完成年度计划任务，被评为“全国厕所革命先进市”。推进乡村风貌建设。开展农村泥砖房清理整治，全市清理整治农村泥砖房1727间（5.8万平方米），因地制宜打造农村“四小园”小生态板块6558个（332万平方米），提升村容村貌，巩固农村人居环境整治成果。

【农作物重大病虫害防治】 2020年，全市主要农作物病虫害发生面积7373.6平方千米次，防治面积9061.3平方千米次。水稻发生的主要病虫害有纹枯病、细条病、稻飞虱、稻纵卷叶螟、钻蛀性螟虫等；果树发生的主要病虫害有荔枝蒂蛀虫、霜疫霉病、香蕉粉蚧、黑星病、叶斑病、柑橘红蜘蛛、潜叶蛾等；蔬菜发生的主要病虫害有小菜蛾、黄曲条甲、软腐病等；草地贪夜蛾发生面积11.19平方千米。全年全市发布农业有害生物情报57期，为各级有关部门指导防治农作物病虫害提供有效的决策依据。揭西、揭东等县（区）充分利用专项资金，构建病虫监测预警体系，进一步提升病虫害监测能力。以农民合作社、家庭农场和种植大户等新型农业经营主体为依托，结合“一村一品”项目，制定印发《2020年揭阳市草地贪夜蛾绿色防控技术方案》等6个农作物重大病虫害绿色防控技术方案，示范推广绿色防控技术，带动绿色防控技术规模化应用。全年绿色防控技术推广应用面积874.13平方千米，绿色防控技术覆盖率约39.57%。引导有技术、有队伍的新型农业经营主体，利用无人机购置补贴政策，购置无人机，提高统防统治的装备水平。全市新型农业经营主体植保无人机拥有量增加到12台以上。全市实施水稻病虫害统防统治面积1346.67平方千米次，统防统治覆盖率40.63%。

【农业执法】 2020年，揭阳市农业执法部门围绕全市农业农村工作大局，开展各项业务工作。加强农业执法，整顿农资市场秩序。开展生猪屠宰专项整治行动、动物诊疗行业专项整治行动、春耕备耕农资打假“春雷”行动，出动农业执法人员4216人次，累计检查农资生产企业和门店1287家（次），查办行政案件23宗。开展生猪屠宰行业专项治理，关闭、取缔生猪分宰私宰点和不合格的屠宰点232个，清理拆除134个屠宰场点的设施设备。开展涉农“扫黑除恶”专项斗争。全市农业农村系统摸排线索49条，报送扫黑除恶资料90多份，印发工作简报9期，反馈公安工作建议14条；受理相关涉农举报6条。压实主体责任，做好农业安全生产工作。开展农业安全生产专项整治三年行动和渔业安全生产专项治理工作，全市出动执法人员558人次，检查渔船2919艘次，排查出存在事故隐患渔船289艘次，完成隐患整改渔船289艘。

【农业对外合作】 2020年，揭阳市农业农村局做好国际茶日广东云活动、广东现代农业博览会、中国国际农产品交易会等产销对接活动的参展工作，促进小农户对接大市场，促使农业“走出去”，提高揭阳市农产品知名度。广东佳润泰农业开发有限公司和揭西县乡姆种养专业合作社2家生产基地通过广东省出口示范基地评审，促进农业国际贸易合作，推动农产品贸易优出优价。推进粤港澳大湾区“菜篮子”生产基地建设，揭西鸿锦蔬菜基地通过第二批粤港澳大湾区“菜篮子”生产基地申报认定，推动揭阳市“菜篮子”产品向粤港澳大湾区辐射。

种植业

【种植业概况】 2020年，揭阳市农作物播种面积1992.67平方千米，其中：粮食播种面积1306.8平方千米，总产量80.85万吨；蔬菜种植面积552.47平方千米，总产量209.28万吨。水果种植面积544.2平方千米，总产量59.52万吨；茶叶种植面积80平方千米，总产量2.51万吨；药材9.2平方千米。

【粮食生产】 2020年，揭阳市农业农村局围绕粮食稳定增产行动，进一步落实粮食安全责任考核制度和耕地地力保护补贴政策，调动各地种粮积极性，稳定粮食播种面积。大力开展粮食新品种新技术的引进、试验、示范、推广，增强科技在粮食增产行动中的基础性地位。是年，全市水稻生产面积82.4平方千米，总产量52.53万吨；玉米36.67平方千米，总产量2.24万吨；薯类418.27平方千米，总产量23.5万吨。

【经济和园艺作物生产】 2020年，揭阳市农业农村局坚持以特色和效益为中心，在稳定大宗水果生产的基础上，突出传统资源优势，大力发展“一村一品、一镇一业”和现代农业产业园创建，示范带动各地发展经济和园艺作物生产。全市建设“一村一品、一镇一业”项目66个，促进各地特色蔬菜、水果、茶叶等产业发展，提高生产技术水平。

林 业

【林业概况】 2020年，揭阳市林业局坚持“绿水青山就是金山银山”的新发展理念，统筹疫情防控和林业生态发展，聚焦“一城两园”，抓好国土绿化和生态修复工作，造林与护绿并举，推进揭阳林业高质量发展，助力推动全市全域融入粤港澳大湾区，为揭阳加快振兴发展提供生态支撑。森林覆盖率50.78%，森林面积26.74万公顷，活立木蓄积量10238600立方米，林地面积27.61万公顷。完成原市收容管教场林地资源资产调查和不动产确权登记工作，收回林地面积101公顷。

【林业产业】 2020年，揭阳市林业局申报森林旅游特色线路和新兴品牌地。7月，“揭西县环大北山旅游圈”和“揭阳市黄岐山森林公园”“普宁善德梅海”分别获得省林业局、省文化旅游厅森林旅游特色线路和森林旅游新兴品牌地认定。加强食用竹笋质量安全监管。将作为森林蔬菜类食品的竹笋列入“食用林产品风险监测建议名单”，建立竹笋生产质量安全主体责任制度，加强竹笋质量安全源头监管工作。抓好林业龙头企业复核和林下经济示范基地监测。经省复核，广东绿宝佳股份有限公司、广东璠龙农业科技发展有限公司继续保留省级林业龙头企业资格。

【生态保护修复】 2020年，揭阳市林业局围绕绿美南粤三年行动计划总体要求，以林业重点生态工程建设为工作重点，动员全社会力量，组织开展大规模植树造林工作，完成2020年重点生态工程建设任务。全市完成森林碳汇重点生态工程建设1718.8公顷，其中揭东区166.67公顷，普宁市416.67公顷，惠来县402.13公顷，揭西县733.33公顷。全市完成沿海基干林带建设任务226.67公顷，全部落在惠来县；完成高速公路生态景观林带完善提升13.1千米，面积54公顷，全部落在揭西县。完成乡村绿化美化示范村建设118个，其中榕城区5个，揭东区13个，普宁市35个，揭西县35个，惠来县30个。普宁市完成红色乡村建设1个，落在梅塘镇大东山村。

【创建国家森林城市】 2020年，揭阳市林业局按照《国家森林城市评价指标》要求，开展创建国家森林城市总体规划编制等工作。创建国家森林城市技术服务项目进展顺利，揭阳市绿地森林资源本底调查报告编制基本完成，揭阳市国家森林城市建设总体规划初稿基本完成。

【森林资源管理】 2020年，揭阳市林业局坚持生态优先、绿色发展理念，把森林资源保护摆在突出位置，组织开展森林督查及“一张图”更新工作，打击森林违法犯罪，加强森林资源管护工作。全年全市审核征占用林地41宗，面积263.4896公顷，保障国家和省重点基础设施项目用地需求。至年底，全市森林覆盖率50.78%，森林面积26.74万公顷，林地面积27.61万公顷，活立木蓄积量1023.86万立方米。

【自然保护地整合优化】 2020年，揭阳市林业局自然保护地整合优化预案经过省和国家部门“五上五下”的审查，在国家封存入库。本次整合优化主要成果是将揭阳市23个自然保护地整合优化为19个，面积从46493.59公顷扩大至49931.54公顷；国家级保护地面积从3067.2公顷扩大至13459.15公顷（增加10391.95公顷）；省级自然保护区增加1个，面积从6713.22公顷扩大至10170.23公顷（增加3457.01公顷）。

【野生动植物资源保护】 2020年，揭阳市林业局统筹新冠肺炎疫情防控和野生动物保护工作，严格执行《全国人大常委会关于全面禁止非法野生动物交易、革除滥食野生动物

2020年9月8日，揭阳市2020年森林防火宣传月启动仪式在市区黄岐山森林公园举行（郑楚藩 摄）

陋习、保障人民群众生命健康安全的决定》《中华人民共和国野生动物保护法》《广东省野生动物保护管理条例》，协调处置需要转型转产、处置和退出养殖户7家，落实补偿资金264.716万元。全年收容救护野生动物150多宗，促进野生动植物资源保护与发展。

【湿地资源监管】 2020年，揭阳市湿地面积29710公顷，其中，榕城区1918.6公顷，揭东区6259.4公顷，揭西县3751.3公顷，惠来县13987.4公顷，普宁市3793.3公顷。是年，揭阳市自然保护地整合优化后，保留湿地公园2处，分别是揭阳揭西横江水库县级湿地公园（面积345.93公顷）和揭阳普宁白坑湖县级湿地公园（面积132.83公顷）。

【森林灾害防治】 2020年，揭阳市林业局落实重大林业有害生物防治目标责任，开展松材线虫病、薇甘菊等林业有害生物防治工作，遏制松材线虫病等重大林业有害生物的快速蔓延，致力保护森林资源和林业生态安全。经2020年秋季普查，松材线虫病在揭阳市所有县（市、区）均有发生，其中：揭东区为已发生，榕城区、普宁市、揭西县、惠来县、空港经济区为新发生，涉及35个乡镇（街道、场），发生面积2940公顷。按照省松材线虫病防治指挥部办公室有关部署要求，统筹落实人力、物力、财力，采取有效的应急除治措施控制松材线虫病疫情扩散。将薇甘菊防治列入重点工作事项，组织开展除治行动，重点对林业用地范围内集中连片的薇甘菊进行除治，有效遏制薇甘菊扩散蔓延态势。全年全市完成薇甘菊防治面积1080公顷。推动森林防火各项工作落到实处。全年全市发生森林火灾4宗，过火面积52.92公顷，受害森林面积40.84公顷，森林火灾受害率0.14‰。没有发生人员伤亡事故及重大以上森林火灾，没有发生涉林安全生产事故。

【林业执法】 2020年，揭阳市林业局组织开展“打击整治涉野生动物及其制品违法犯罪专项行动”“林业系统扫黑除恶专项行动”“飓风2020”“昆仑2020”等专项行动。全市办理各类涉林违法案件136宗，打击森林违法犯罪，维护林区安全稳定。

【林场建设】 2020年，揭阳市有7个县属国有林场。其中，揭西县4个：大北山林场、油桐林场、河輋林场、天宝堂林场；普宁市1个：后溪林场；惠来县1个：青坑林场；揭东区1个：揭东林场。7个国有林场均为公益二类事业单位，功能定位为建设生态型林场，核定事业编制196个，按公益二类事业单位落实经费保障，由所在县（市、区）实行差额拨款。国有林场经营总面积1.28万公顷，林业用地面积1.22万公顷，其中：生态公益林面积0.79万公顷；活立木总蓄积量51.56万立方米；森林覆盖率88.46%。全市国有林场有职工553人，其中在职122人，离退休431人。

（市林业局）

畜牧业

【畜牧业概况】 2020年，揭阳市农业农村局以“保供给、保生态、保安全”为目标，转变畜牧业发展方式，探索建立和完善动物防疫长效机制，依法依规抓好畜牧生产、疫病防控、质量安全、科技推广等工作，促进畜牧业健康发展，提高畜禽养殖效益和动物疫病防控水平，保障畜禽产品的有效供给与质量安全。全市肉类总产量13.39万吨，蛋类总产量2.18万吨，奶类总产量0.26万吨，生猪饲养量165.9万头，出栏量109.87万头，家禽饲养量4081.13万只，出栏量3384.53万只，牛年末存栏量4.84万头，山羊年末存栏量1.82万只。

【畜牧品种】 2020年，揭阳市农业农村局加强畜禽良种推广，优化品种结构，提高畜禽产品的质量和效益。引进“杜洛克”“长白”“大白”等良种种猪，推广三元杂交生猪，提高瘦肉率和经济效益；引进“南德文”“荷斯坦”改良本地牛种，提高生产性能；引进推广“海兰白”“海兰花”“粤禽王”“海兰褐”蛋鸡以及樱桃谷鸭、北京鸭、狮头鹅，改良当地禽类。全市畜禽良种覆盖率生猪93.5%、家禽84.6%。组织开展畜禽养殖防疫技术培训、技术咨询、技术指导等，加强畜禽新技术推广和应用。大力推广生猪高床养殖、生猪人工配种、全价配合饲料饲养、人工种植牧草、种养结合、畜禽标准化养殖等新技术，提高畜禽养殖效益和畜禽产品质量。

【畜牧养殖】 2020年，揭阳市农业农村局开展畜禽养殖标准化示范创建活动。以转变发展方式、提高综合生产能力、发展现代畜牧业为核心，推进畜禽标准化规模养殖场建设，促进畜牧业协调可持续发展。抓好示范带动，推进国家标准化示范场、省重点养猪场、省重点养禽场建设，发挥龙头带动作用。全市有规模畜禽养殖场232家、惠来德云科技种养有限公司等7家国家标准化示范场、揭阳市榕城区仙桥凤岐养殖场等12家省级重点生猪养殖场、广东安大农牧有限公司种鸡场等7家省级重点家禽养殖场，落实畜牧业政策扶持，推进标准化生产示范推广。按照畜禽良种化、养殖设施化、生产规模化、防疫制度化、粪便无害化的生产要求，加大畜禽标准化建设力度，抓好扶持生猪生产发展项目的申报、规划等工作。推进畜禽养殖废弃物资源化利用。指导畜禽养殖场完善配套治污设施，监督指导适养区规模场完善配套建设粪便污水贮存、处理与利用设施，专业户配套治污设施，散养密集区实行粪污分户收集、集中处理利用，全市畜禽规模养殖场粪污设备设施配套率100%。推广节水、节粮、节能等清洁养殖工艺，推广“三改两分一利用”模式。推进种养结合、废弃物循环利用、无公害畜禽产品生产等农业清洁生产和循环经济模式，引导畜禽养殖产业发展模式向生态化转型，将污染治理与能源开发、资源回收利用有机结合，提高养殖废弃物的综合利用水平，全市畜禽粪污综合利用率79.76%。

【畜牧经营】 2020年，揭阳市农业农村局立足各地资源优势，引导各地积极发展区域化特色畜牧业。揭西县大力发展生猪生产，引进新希望六和有限公司生猪养殖项目。辖区内较大规模特禽养殖场6家，是揭阳市特禽生产基地；普宁市利用山地优势发展蛋鸡饲养业，建成专业化蛋鸡生产基地。全市较大规模蛋鸡养殖场9家，其中普宁市4家。惠来县大力发展种禽、水禽、肉鸡，规模肉鸡养殖场6家。广东新安大农业集团有限公司在全国设有8个分子公司和50个规模化种养基地，员工约1000人，省内外养殖总面积超过6.67平方千米，存栏种鸡25万套、种鸭50万套、肉鸡200万羽，肉鸭100万羽，年出栏鸡苗3000万羽、鸭苗1亿羽、肉鸡1000万羽、肉鸭500万羽，总投资5亿多元，年产值超过8亿元。揭东区积极发展生猪、蛋鸡生产，揭东区佳朋种养专业合作社存栏蛋鸡30万羽。

【重大动物疫病防控】 2020年，揭阳市农业农村局抓好非洲猪瘟、禽流感、口蹄疫、猪蓝耳病、猪瘟、小反刍兽疫、布鲁氏菌病等重大动物疫病防控。抓好强制免疫，全市高致病性禽流感免疫2860.2万羽，口蹄疫免疫189.7万头。各项强制免疫应免免疫密度均100%以上。加强疫病监测，全年监测各类样品17776份，免疫抗体平均合格率70%以上，重大动物疫病病原监测结果均呈阴性。强化检疫，把好产地检疫和屠宰检疫关。全市开展生猪产地检疫36.1901万头，检出病猪2343头，屠宰检疫34.5006万头，检出病猪3476头，所有病猪均作无害化处理，确保群众吃肉安全。组织基础动物防疫人员开展日常性巡查，加强疫情风险评估，发挥疫情监测预警作用。落实消毒灭原，组织开展常规性消毒工作，并对辖区内养殖、屠宰、运输车辆、交易市场等相关场所，开展防控“非洲猪瘟”等动物疫病集中大消毒。全市未发生区域性重大动物疫情。

【畜禽屠宰监管】 2020年，揭阳市农业农村局加强畜禽屠宰监管。推动屠宰行业改革，推进屠宰厂（场）建设。全市确定设置新建14家大型生猪屠宰厂，对5家小型生猪屠宰场进行改造提升，新建5家牛羊屠宰场和大型生猪屠宰厂（2家独立设置，3家在生猪屠宰厂增加牛羊屠宰线）。至年底，新建14家大型生猪屠宰厂中确定经营主体的12家，确定建设地址的13家，向市政府申请设置立项的8家，通过市政府同意设置的3家，建成的1家；5家小型生猪屠宰场都基本完成改造，2家通过县级初验并申请市政府验收；新建5家牛羊屠宰场中向市政府申请设置的3家，2家基本建成。开展生猪屠宰专项整治行动。会同公安、市场监督管理等部门围绕重要时节、重点区域和薄弱环节，加强屠宰环节联合执法，打击正规企业违法生产经营行为，以及私屠滥宰、添加“瘦肉精”、注水注药等违法犯罪行为。关闭、取缔生猪分宰私宰点和不合规的屠宰点232个，清理拆除134个屠宰点的设施设备。

（市农业农村局）

水　产

【水产概况】 2020年，揭阳市渔业工作坚持以科学发展观为指导，转变渔业经济发展方式，推进渔业产业结构调整，加快渔业基础设施建设，发展现代渔业，全面提升渔业整体素质，渔业生产继续保持良好发展态势。全市水产品总产量14.54万吨，增长0.44%；渔业经济总产值37.55亿元，增长4.49%。

【水产养殖】 2020年，揭阳市水产养殖面积8230公顷，养殖总产量9.87万吨。揭阳市农业农村局优化水产养殖生产布局，发挥各地资源优势，发展特色水产养殖，推动主导品种养殖向规模化、基地化、标准化发展。惠来县利用国内少有的优良海水资源，发展工厂化养鲍，引进新品种，推广健康养殖模式。该县工厂化鲍鱼养殖场170家，养殖水体超108万立方米，年产鲍苗40多亿粒、成品鲍鱼2000多吨，年产值约15亿元，从业人员1万多人，成为广东最大的鲍鱼产区、全国优质鲍鱼的著名产地。空港经济区利用榕江出海口的特殊养殖环境，大力发展南美白对虾养殖。该区南美白对虾养殖面积约6.67平方千米，年产量1万吨、产值2亿元。普宁市和揭西县利用当地山塘水库众多、水质优良的有利条件，创新健康养殖模式，发展生态型、节能型渔业，推广山坑塘微流水养鱼，形成规模超13.3平方千米的罗非鱼养殖基地。揭东区发挥技术和市场优势，发展仿生态甲鱼养殖。该区甲鱼养殖面积约2.67平方千米，年产量1.5万吨、产值约7亿元。

【渔业捕捞】 2020年，揭阳市渔业捕捞产量4.66万吨，从事捕捞生产渔船1309艘，其中：海洋捕捞渔船854艘、内陆捕捞渔船455艘。严格执行捕捞渔船总量控制制度。加强海洋、内陆捕捞渔船“双控”指标管理，控制捕捞强度，保障渔业资源的规范有序、可持续利用。推动海洋捕捞渔船减船转产和渔船更新改造。根据国家和省扶持海洋捕捞渔船减船转产和更新改造相关政策，制订揭阳市扶持海洋捕捞渔船减船转产和渔船更新改造实施方案，遵循市场规律和自愿原则，通过政府补贴方式，引导渔民淘汰报废渔船，转产转业，降低海洋捕捞强度。加快推进渔船更新改造，促进海洋生产结构调整，鼓励汰旧建新，汰小建大，汰木建钢，带动海洋捕捞生产向外海转移，缓解近岸渔业资源压力，确保海洋捕捞渔业健康发展。

【水产品加工】 2020年，揭阳市有水产品加工企业284家，其中：规模以上加工企业5家，水产品加工能力17272吨/年；水产冷库34座，冻结能力102吨/日，冷藏能力3081吨/次，制冰能力625吨/日。全年生产水产加工品18489吨，水产品冷冻加工9349吨，生产鱼糜制品及干腌制品7814吨，水产品加工产值25968万元。

【渔业基础设施】 2020年，揭阳市农业农村局推进渔业基础设施建设。惠来县神泉示范性渔港是广东省第一批在建3个示范性渔港之一，主要建设：西防波堤240米，南防波堤542米（其中2000吨防波堤兼码头126米，引堤140米，防波堤276米），600HP码头370.8米，1000HP码头181.8米，护岸193米，防波堤加固1744米，港池航道疏浚工程100万平方米，港区道路5045平方米。项目预算总投资19626.66万元，其中：省级财政资金19376.66万元，市、县级财政配套资金250.00万元。神泉示范性渔港建设项目主体工程（包括西防波堤、南防波堤、南防波堤兼码头、600HP码头及1000HP码头、护岸工程、防波堤加固、港池疏浚、港区道路、航标灯塔2座、浮标5个、消防执法船）竣工投入使用。

榕城区水产养殖户“出鱼”忙 （揭阳日报社 供稿）

【水产技术推广】 2020年，揭阳市农业农村局围绕调结构、转方式原则，以发展生态养殖为中心开展技术服务，加快基层水产技术推广体系建设，提升渔民科学养殖水平。开展公共培训，加强水产养殖用药技术指导。全年举办以水产养殖科学用药为主题的培训班或专题讲座7期，培训养殖技术人员260人次，规范水产养殖用药行为和“用药记录”的实施。实施水产养殖尾水综合处理，推进水产养殖业绿色发展。通过创办“示范点”和技术指导，宣传发动养殖户投资建设养殖尾水综合处理设施，逐步降低水产养殖尾水对自然水生态环境的影响。开展水产养殖疫病防控。针对草鱼、对虾等大宗养殖品种，实施草鱼出血病、对虾白斑病监测，推广注射草鱼出血病疫苗。全年全市水产养殖未发生重大流行疫病。

【渔业资源保护】 2020年，揭阳市农业农村局加强渔业资源保护工作和国内海洋捕捞渔船管控，实施海洋渔业捕捞资源总量管理，打击违规违法捕捞，确保海洋渔业资源可持续利用。推动海洋捕捞减船转产和渔船更新改造，降低海洋捕捞强度，发展远海捕捞，缓解近岸渔业资源压力，保障海洋渔业可持续发展。组织实施2020年度海洋伏季休渔和榕江禁渔制度，保护海洋、江河渔业资源。开展保护野生动物专项检查执法行动。联合公安机关开展“昆仑2020”“飓风2020”集中打击整治涉野生动物违法犯罪等专项行动；结合“亮剑2020”行动，打击涉水生野生保护动物违法犯罪。全市查处水生野生保护动物案件7宗，其中移送公安机关刑事处理5宗，行政处罚2宗，罚金12多万元。组织开展渔业增殖放流活动3次，投入资金95万元，投放优质海水苗种1698万尾，其中：黑鲷苗种120万尾、黄鳍鲷苗种20万尾、石斑鱼苗种8万尾、斑节对虾苗1550万尾，进一步改善揭阳市海洋生态环境，保护生物多样性，促进海洋渔业资源恢复。

【渔业安全生产】 2020年，揭阳市农业农村局抓责任落实与宣传教育，加强渔船安全隐患排查与整治，完善渔业安全监管措施，保障人民群众生命财产安全。加强宣传培训，分发宣传资料3750份，发送手机安全生产短信12860条，悬挂横幅标语55条，张贴海报130份，设置“不安全、不出海”宣传牌18块；开展“安全生产月活动”和应急演练；举办渔业船员考试发证培训班8期，培训704人；举办渔业安全生产培训班2期，培训501人。加强渔船安全监管，落实渔船网格化管理。落实“一岗双责”渔业安全生产制度，构建市、县、镇、村、船五级安全管理网络，明确镇、村渔业安全生产责任，强化船东船长的主体责任。渔船安全生产整治“百日攻坚”。采取“网格化+渔船核查”方式，开展渔船安全隐患大排查，防范化解重大安全风险。开展渔船安全专项整治三年行动，落实出海渔船“6个100%”工作要求。加强渔船安全监管和清理整治涉渔“三无”船舶，实现“不安全、不出海”目标，构建渔业生产安全监督管理长效机制。

【休渔禁渔】 2020年，在榕江内河禁渔期间，纳入流域禁渔对象的内陆渔船344艘。揭阳市农业农村局出动执法船艇17艘次，执法车14辆次，执法人员116人次，查处禁渔期内非法捕捞4宗，行政罚款1.15万元。通过短信平台向渔船发送榕江禁渔宣传信息1500多条，悬挂宣传横幅4条，发放禁渔资料800份；《揭阳日报》、揭阳电视台《民生热线》对榕江禁渔工作进行系列宣传报道。南海伏季休渔期间，全市海洋捕捞渔船817艘，纳入休渔渔船808艘，免休渔渔船9艘。落实禁渔、休渔前准备工作，界定对象，检查渔港消防设施、应急预案的落实情况，提前清理航道、港池泊位以及码头障碍物和违章设施，保持渔港航道的畅通。加强督查，采取明察暗访的方式，对禁渔、休渔区域渔港进行检查，针对检查发现的问题提出具体的整改意见。坚持联防联控，联合相关执法部门，对禁渔、休渔区域开展执法检查，指导督促属地部门加强巡查。

【渔政执法】 2020年，揭阳市农业农村局出动渔政执法船艇502航次、执法车14辆次、执法检查人员2700多人次，检查渔船1002艘次，查处案件92宗，罚款83.55万元。其中，开展打击电、毒、炸鱼违法专项执法行动，查处非法电鱼案件5宗，移交司法机关刑事案件2宗，刑事拘役6人，打击辖区违规违法捕捞作业行为，保障渔业生产安全。开展“绝户网”清理整治“清网”行动。清理网架47个，网具97张，地笼网3条，总长度约34千米，查办违法使用“绝户网”捕捞案件3宗，行政罚款3万元。开展“亮剑”系列行动。开展“绝户网”“三无”渔船专项清理整治，打击、取缔禁用渔具和严重偏离网目尺寸的网具，保持打击违法违规作业行为高压态势；取缔跨海区生产和违反禁止离港规定的行为，加大对非法捕捞打击力度和密度，增强执法威慑力。

【海洋综合管理】 2020年，揭阳市农业农村局结合广东省海监执法网格化监管模式，强化重点保护岸线、海洋生态保护区、自然保护区、重点可开发利用无居民海岛的执法监管，推动海监执法工作向精细化、科技化、信息化、规范化方面发展。落实巡查，开展“靖海2020”“清违”“揭阳市近岸海域污染防治联合行动”等海监执法专项行动，打击各类用海用岛和破坏海洋环境行为。全市开展执法行动121次，出动执法快艇59航次，执法车62辆次，执法人员658人次，检查堆砂点24个次，用海疑点疑区2个次，清违点22个次，检查工程项目63个次，疏浚船只11艘次，巡查海岛108个次。全市查获违法案件4宗，结案2宗，罚款约11.87万元。其中违法用海案件1宗，罚款约5.87万元，违法采砂案件1宗，罚款6万元。

（市农业农村局）

水 利

【水利概况】 2020年，揭阳市水利局坚持“节水优先、空间均衡、系统治理、两手发力”的治水方针，紧扣“水利工程补短板、水利行业强监管”总基调，克服新冠肺炎疫情影响，采取措施推进各项工作。是年，全市开工建设的水利建设项目125宗，完成水利投资15.185亿元，其中，争取到省级以上水利建设资金30120.85万元（含水库移民后扶资金），助力揭阳市经济社会发展。

【揭阳引韩供水工程建设】 揭阳引韩供水工程于2018年10月底开工建设，累计完成投资105182万元；2020年完成投资50167万元，完成率100%。

【水资源开发保护】 2020年，揭阳

市水利局实行水资源管理制度，扎实推进水资源管理保护。全市年用水总量控制在17.46亿立方米以内；万元国内生产总值用水量比2015年下降33%，万元工业增加值用水量比2015年下降27%，农田灌溉水有效利用系数提高到0.51；重要江河湖泊水功能区水质达标率不低于80%，全部达到省考核指标要求。加强饮用水源地保护，建设引榕干渠隔离防护网7.48千米，投资500万元。加快节水型社会达标建设和节水型机关建设。完成揭东区节水型社会达标建设和市水利局等5个节水型机关建设，创建揭东区第二小学等7所节水型小学。

【河湖管理】 2020年，揭阳市水利局逐步完善河长制工作体系。建立河长述职机制，落实河长制、湖长制工作责任管理办法，进一步完善工作责任体系。推行河湖“河长制+警长制”协作配合机制，实现各级河长与警长的无缝对接，健全河湖管理保护的协作配合体系。实行常态管理与专项打击相结合的管理模式，在做好日常保洁的基础上，开展水面漂浮物“歼灭战”专项行动。开展“歼灭战”2次，累计清理河道长度4922.02千米，清理水域面积296.8平方千米，清理漂浮物18.06万吨，投入资金5081.94万元。河溪沟渠塘划界工作基本完成。全市列入2020年省定河湖划界任务的46条河流839千米，完成技术性划界和政府公告。河溪沟渠塘“清四乱”（“三清三拆”）实现常态化、规范化。发动各县（市、区）自查自纠，排查“四乱”问题90宗，全部整治销号。市级开展无人机巡河，发现“四乱”问题324宗，形成“四乱”问题清单，通过总河长令下发各地落实整治。河道采砂规划编制初步完成。完成39条集雨面积50平方千米以上河流的采砂规划编制工作，并形成全市规划成果。

2020年5月，揭阳市水利局节水宣传进校园 （市水利局 供稿）

【水利工程建设】 2020年，揭阳市水利局抓好中小河流治理。截至年底，2019年15宗治理任务项目（其中11宗由省建工集团实施），完成治理河长154.5千米，完成批复治理河长94.8%，完成投资25531万元。2020年15宗项目（其中11宗由省建工集团实施），完成治理河长47.5千米，完成批复治理河长22.9%；完成投资8188.1万元，完成批复投资21.4%。推进水库移民后期扶持工作。至年底，揭阳市2019年及以前年度上级下达水库后期扶持资金94834.43万元，完成下达资金94559.5万元，完成率99.71%。2020年下达揭阳市移民后扶资金9346.9万元，完成资金支出7707.02万元（其中：移民直补资金3451.98万元，项目资金4255.04万元），资金完成率82.45%。推进榕江大围达标加固工程竣工验收工作。该工程10宗子项目全部完成竣工验收。建设惠来县雷岭河水系连通工程，2020年计划完成投资5000万元，完成投资5020万元，完成年度投资计划。推进水利工程管理工作。2020年计划完成小型水库安全运行管理标准化建设167座，完成177座，完成率106%；计划完成小型水库安全鉴定65座，完成鉴定成果73座，完成率112.3%；计划基本完成水利工程管理与保护范围划界工作目标，市管水利工程划界基本完成，各县（市、区）完成国管水利工程管理与保护范围划界；计划完成2018年至2019年度水利部小型水库水闸安全运行任务，明察暗访发现问题157个，并全部完成整改。

【民生水利建设】 2020年，揭阳市水利局推进民生水利建设。做好水资源优化配置工作。落实市委部署，编制《揭阳市水资源配置初步方案、工程布局方案、建议实施方案》，通过市政府常务会议、市委常委会议、市人大常委会审议，并于10月由市政府印发实施；修编《揭阳市水资源（供水）规划论证报告》。加强技术指导，助力普宁、惠来做好水资源优化配置，配合粤海控股集团做好有关工作，推进揭阳城乡供水一体化。加快重点水利工程建设，提高原水保障能力。做好三江水系连通工程工作，2020年省三江公司计划投资25000万元，完成投资53970万元，超额完成年度投资任务。推进省、市重点项目建设。半洋隧洞引水工程2020年计划完成投资27000万元，完成投资27841万元，超额完成年度投资任务；揭阳引韩供水工程2020年度计划完成投资50167万元，完成投资50167万元，完成年度投资任务；市龙颈下水库除险加固工程2020年计划投资6000万元，完成投资6038万元，超额完成年度投资任务；揭西县塔头拦河闸重建工程2020年计划投资6000万元，完成6080万元，超额完成年度投资任务。推进新增10万农村集中供水工作和行政村集中供水全覆盖工作，新增27.5万农村集中供水人口，完成率275%；全市1446个行政村均实现集中供水，行政村集中供水覆盖率100%。完成162个省定贫困村20户以上自然村集中供水全覆盖，以及36998户建档立卡贫困户饮水安全工作。组织各级水利部门开展全覆盖核查，保障群众用水安全。

【水生态建设】 2020年，揭阳市水利局按照省的统一部署，加快中小河流治理步伐，分年度开展列入全市中小河流治理（二期）工程规划项目的建设。2020年治理任务项目15宗（其中11宗由省建工集团实施），规划治理河长206.2千米，规划投资39240万元。截至年底，15宗项目完成治理河长47.5千米，完成批复治理河长22.9%；完成投资8188.1万元，完成批复投资21.4%。

【水电管理】 2020年，揭阳市水利局发挥水利部门的职能优势，治理水土流失，创建绿色小水电站。揭阳500千伏岐山输变电工程获“国家水土保持生态文明工程”称号；北山水电厂被水利部确定为2019年度绿色小水电示范电站。全市344宗小水电站完成清理核查整改评估工作，2宗小水电试点项目完成退出工作。

【水政监察执法】 2020年，揭阳市水利局落实习近平总书记生态文明思想，坚持依法治水、依法管水原则，贯彻执行《中华人民共和国水法》《中华人民共和国防洪法》《中华人民共和国水土保持法》和《广东省河道采砂管理条例》等法律法规，加大执法力度，开展“扫黑除恶专项斗争”“河湖执法工作计划（2018—2020年）”、河湖执法陈年积案“清零”行动、集中打击水土保持违法行为联合执法专项行动、打击非法取水专项行动，依法打击各类水事违法行为，维护正常水事秩序。截至年底，全市水利系统出动执法巡查人员2272人次，车425辆次，巡查次数351次；立案查处水事违法案件12宗（其中市水利局立案2宗），罚款66万元；清理整治涉河违建物及乱倾倒垃圾等247宗；征收水资源费1058多万元。

揭阳榕江北河水生态环境 （郑楚藩 摄）

【水旱灾害防御】 2020年，揭阳市水利局做好水旱灾害防御工作，落实各项防御措施，有效防御8轮强降水和“米克拉”“海高斯”台风，整治水利工程安全隐患25宗，实现全市水利人员零伤亡、工程零报险、损失零报告。坚持防汛抗旱并举，应对极端干旱天气，聚焦重点缺水地区；科学拦蓄水库水量，挖掘可用水源，做好水源供需分析，及时调整原水供应方案；严格管控主要蓄（拦）水工程供用水，利用揭东、空港、普宁等应急调水工程，做好原水调配，开源节流，确保全市人民生产生活用水需求。

【万里碧道建设】 2020年，揭阳市水利局立足全市“一盘棋”，统筹编制《揭阳市碧道建设总体规划（2020—2035年）》，并于9月23日由市政府批复印发实施；《揭阳市关于高质量建设万里碧道的实施方案（2020—2035年）》于12月31日经市委市政府审核印发实施。是年，揭阳市完成碧道建设47千米，其中完成列入省碧道建设任务10千米。

（市水利局）

农　垦

【农垦概况】 2020年，揭阳农垦局辖6个国有农场：广东省大坪农场、广东省大池农场、广东省马鞍山农场、广东省葵潭农场、广东省东埔农场、广东省卅岭农场。垦区土地总面积11994.1公顷，其中：橡胶2095.5公顷，剑麻515.8公顷，茶园32.6公顷，油茶68公顷，林地1027.9公顷，耕地551.6公顷，水果3641公顷，水域612.5公顷。总人口51205人，其中国有企业职工510

人，离退休人员2436人。除卅岭农场外，其余5个农场均含有并场农村，农场共设立行政村26个，设社区管委会5个。是年，农垦社会总产值12.28亿元，增长2.87%；生产总值6.37亿元，增长5.61%；职工人年均收入4.79万元，增长1.9%，固定资产投资总额24606万元，增长84.5%，主营业收入1207.7万元。

【农垦改革】 2020年，揭阳农垦局与相关县（市、区）继续推进垦区改革“回头看”工作。协调相关县区、部门落实垦区相关农场退休教师待遇。加强与市政府及相关部门沟通，形成揭阳农垦办社会职能改革“回头看”报告。按照“垦区集团化、农场企业化”改革的总体要求，提高大农场统一经营能力，培育新型农业经营主体，发展垦区新兴产业。推进垦区机构改革，提升干部队伍总体素质，建立干事创业的长效机制。推进农场机构改革，加大干部交流力度，整合专业管区（队）机构，缩减管理人员。建立后备干部资源库，合理设计人才梯队，科学培养农垦事业接班人。完善企业经营考核方案，贯彻“以效益为中心”推进企业考核工作。解决效益差、潜力没有充分发掘的问题，将效益类指标摆在突出位置，把新项目达产达效、三年扭亏增盈任务、农场拓展经济新增长点等作为重点工作纳入年度考核。推进企业改制工作，进一步建立健全现代企业制度，完善市场化经营机制，提升主业经营能力，促进揭阳垦区经济可持续发展。截至12月25日，揭阳农垦7家企业完成工商登记变更工作，由全民所有制企业改制为国有独资（有限责任）公司。坚持走宜居、宜游、宜业、绿色环保可持续发展道路，按照总局推进生态文明建设和坚持“四化”要求，利用农村综合改革转移支付政策，宣传、发动群众积极筹资筹劳，建设农场公共文体以及公共绿化等各类基础设施项目。加强项目监督，规范资金管理。在农场人居环境整治工作中，坚持科学规划，以农场为责任主体，以生产队为基础，先整治、后提升，以点带面、示范带动、全域推进；以人居环境整治为契机，提升农场形象，擦亮农垦名片。

【垦区主导产业】 2020年，揭阳垦区不断提升产业发展水平，巩固提高主导产业，加快特色产业发展。揭阳垦区橡胶总面积21.13平方千米，实有面积（即有效面积）15.53平方千米、66.2万株。其中，开割树实有面积2平方千米、8.575万株；中小苗实有面积13.53平方千米、57.625万株。垦区胶工总人数34人，实际在割株数8.575万株，人均割株2522株，增加327株；人均产胶3.03吨，增加0.35吨。全面推行“五天一刀”割制和杯胶作业。

剑麻结存面积1.47平方千米，割麻2765吨，生产剑麻纤维148吨，纤维率5.35%。揭阳垦区剑麻规模较小不具备持续生产经营。为减少经营亏损，实现土地收益最大化，对剑麻产业进行转型经营。规划列入光伏项目建设剑麻园地1.22平方千米，根据土地性质统筹发展光伏、番薯、玉米、蔬菜等产业。

揭阳农垦国有土地水果种植面积19.27平方千米，主要作物：荔枝、龙眼、青梅、青橄榄等。水果多数为常规品种，市场竞争力差，大部分承包合同采用实物地租上交方式，单位土地面积租金低，出现“丰产不丰收、减产款难收”现象。未承包土地根据土地性质统筹发展光伏、番薯、玉米、蔬菜等产业；加强与科研院所合作，实施《揭阳垦区老荔枝高位嫁接换种改良技术方案》，分3年完成省农垦集团公司下达的老荔枝园改造5.33平方千米的任务，以葵潭、东埔农场荔枝园为主，打造揭阳垦区国有水果基地。加强揭阳垦区“揭垦香”农产品品牌建设，提升农产品知名度。

抓好“一村一品、一镇一业”项目建设。完成大坪农场八仙茶良种推广（占地20万平方米）、卅岭农场潮葡生态观光园建设（第一期占地12万平方米）和马鞍山优质菠萝示范基地建设项目（占地86667平方米）的建设任务。3个项目总投资680.19万元，其中申请财政资金500

揭阳垦区3万亩橡胶基地胶园　　（揭阳农垦局　供稿）

万元，自筹配套资金180.19万元。计划把大坪农场“八仙茶”良种推广项目、卅岭农场潮葡生态观光园建设项目（第一期）打造成集休闲旅游、观光农业、餐饮娱乐于一体的城市后花园。

【垦区重点项目】 2020年7月30日，广东能源葵潭农场光伏复合项目正式签订协议，12月4日举行开工仪式。项目选址于葵潭农场、东埔农场国有土地范围内，总占地面积3.52平方千米（其中：葵潭农场2.1平方千米，东埔农场1.42平方千米），规划建设容量500兆瓦，总投资约25亿元。项目列入2020年国家能源局光伏平价上网项目清单，并申报列入广东省2021年度重点建设项目，是广东省最大的平价上网光伏复合项目、广东省单体容量最大光伏发电站。

【垦区基础设施建设】 2020年，揭阳农垦局推进农场基础设施建设。全垦区重点基础设施项目13个，项目总投资6385万元，其中财政资金5349万元，自筹1036万元。主要项目有：小城镇综合基础设施建设项目1个，投资额2200万元；天然橡胶基地建设项目1个，投资额2980万元；大小水项目3个，投资额465万元；农村综合改革转移支付美丽乡村建设项目7个，投资额650万元；场内人畜饮水项目1个，投资额90万元。

【垦区社会民生工作】 2020年，揭阳农垦局抓好新冠肺炎疫情防控工作。成立新型冠状病毒感染防控工作领导小组，下设办公室（在社会事业科），对疫情防控工作进行全面部署，领导班子成员靠前指挥。全垦区累计排查湖北、武汉疫区列入重点监测人员45人，全场场民职工家属从湖北省回揭阳垦区探亲人员累计22人。湖北籍返回揭阳垦区的从业者23人。全垦区设检查站卡37个，党员干部24小时轮值，先后投入8796人次。管理局拨出的专项补助资金55万元及时下拨到农场，局工会筹资2万元，购买口罩、酒精等防护用品。各场张挂横幅251条，张贴宣传标语、海报2384张，印发宣传手册17108份，制作发布电子显示屏32块，发动社会热心人士捐赠口罩13500只，消毒液、防寒服一批。对各农场开展人居环境整治工作。据统计，清理房前屋后和巷道杂物、垃圾、建筑材料4107处；清理沟渠池塘溪河淤泥、漂浮物和障碍物393处，农业废弃物、畜禽粪便290吨。拆除废旧房屋、禽畜栏及露天厕所2366宗、87253平方米；拆除违章建筑452宗、12889平方米；拆除违规商业广告、“小广告”110宗、248平方米。整治垃圾乱丢乱放902宗，污水乱排放305宗，畜禽乱撒乱跑205宗，全部完成整治工作。垦区全年累计投入“三清三拆三整治”资金98万元。农垦局拨出专项补助资金42万元。垦区社会保险工作实现纳入地方统筹。是年，揭阳农垦继续加强对社会保险工作的领导，职能部门针对垦区社保移交后的业务对接问题，查漏补缺，与惠来县、普宁市、揭东区各地社保有关部门协调、理顺关系。垦区职工养老保险移交地方管理后，在农场经济较困难、未能参加城镇职工医疗保险的情况下，协调理顺关系，取得地方社保部门的支持，农场干部职工按当地居民医疗保险参保。垦区职工参加城镇职工医保40人，参加当地居民医疗保险3170人。

揭阳大池农场埔光村 （揭阳农垦局 供稿）

【垦区招商引资】 2020年，揭阳农垦局立足垦区资源，全面外延对接专业产业公司，加强招商合作，发展特色产业，打造垦区品牌。揭阳农垦绿色农业有限公司注册“揭垦香”商标。“揭垦香”品牌为区域品牌，主要使用于垦区的鸡蛋、葡萄、草莓、红薯、菠萝等。对接华农互联农业科技公司，双方在卅岭农场建设农业休闲观光基地达成合作，项目实施方案获得批复，采摘园项目建设中。揭阳农垦绿色农业有限公司对接广州共享农业科技有限公司，共同出资成立揭阳农垦共享农业发展有限公司，主要经营方向为水果、蔬菜、茶叶、薯类、水稻、药材等农产品种植、加工及销售，包括农业技术开发和服务推广等。

（揭阳农垦局）

工　　业

综　述

【工业概况】　2020年，揭阳市工信系统克服新冠肺炎疫情影响，落实工业企业复工复产措施，全力稳定工业生产秩序。全市工业经济基本扭转新冠疫情期间的大幅下滑趋势，全年实现规模以上工业增加值520.29亿元，下降2.7%；利润总额84.72亿元，下降31.9%；工业投资364.05亿元，下降15.5%，其中工业技术改造投资72亿元，下降56.5%。

【工业经济平稳发展】　2020年，揭阳市工业和信息化局统筹疫情防控和企业复工复产“两手抓”，开展“暖企行动”，推进全市工业经济和信息化健康发展。全年全市实现规模以上工业增加值520.29亿元，下降2.7%，工业占全市GDP比重的32.9%。从全年发展趋势看，全市规模以上工业增加值增速从一季度的-15%，到上半年的-6%，再到第三季度的0.2%，最后到全年的-2.7%，总体呈回升趋势，第四季度小幅下滑。从工业类型看，规模以上轻、重工业分别实现增加值328.77亿元、191.51亿元，分别增长-7.8%、7.4%，轻重工结构为63.2：36.8。从企业类型来看，股份制企业占主导地位，实现增加值449.31亿元，增长-1.9%，占全市规上工业比重的86.4%，是推动全市工业增长的主引擎。从企业规模看，大型企业降幅较大，实现增加值45.39亿元，下降42.6%。中、小、微型企业分别实现增加值124.16亿元、336.54亿元、14.2亿元，分别增长0.3%、5%、25.8%。

【转型升级稳步推进】　2020年，揭阳市工业和信息化局落实省、市“实体经济10条（修订版）”，加大对技术改造投资的扶持力度，指导企业及时实施技改项目备案，发挥财政资金的激励导向作用。激励疫情防控重点物资生产企业通过技术改造扩大生产或转产提高产能，加大疫情防护物资供应。全年安排技改创新项目72个，支持专项资金8900多万元，带动新增347家工业企业在提质增效、设备更新、智能化改造、绿色发展等方面实施新一轮技术改造。

【产业结构优化】　2020年，揭阳市三次产业结构从2019年的8.9：38.9：52.27调整为9.7：36.9：53.4。化工和矿物加工业、纺织服装业、医药制造业、金属行业、食品业、制鞋业、电器机械和设备（配件）制造业等七大行业实现规上工业增加值428.38亿元，下降3.6%，占全市规上增加值总量的82.3%。其中，纺织服装行业引领增长，实现规上工业增加值75.37亿元，增长10.6%；化工和矿物加工、金属、电气机械和设备制造业保持小幅增长，分别实现规上工业增加值80.76亿元、85.34亿元、65.15亿元，分别增长7.3%、6.7%、5.6%；食品行业跌入负增长区间，实现规上工业增加值52.9亿元，下降1%；制鞋业大幅下滑，实现规上工业增加值44.87亿元，下降13.4%；医药制造业持续大幅下滑，实现规上工业增加值23.99亿元，下降56.3%。战略性新兴产业降幅较大，实现规上工业增加值47.7亿元，下降39.8%；高技术制造业降幅较大，实现规模以上工业增加值39.32亿元，下降44.9%；先进制造业小幅下降，实现规模以上工业增加值196.64亿元，下降9%。

【工业信息技术】　2020年，揭阳市

工业和信息化局支持一批工业企业“上云上平台”。围绕研发设计、生产管控、经营管理、售后服务等核心业务环节，利用工业互联网新技术、新模式，实施数字化、网络化、智能化升级，进一步降低经营成本，提升生产效率，提高产品质量，降低能耗排放，优化产业协同。全年支持项目建设29个，发放“上云上平台”服务券557.07万元。推动注塑产业集群数字化升级。发挥注塑行业集聚优势，以揭阳塑胶龙头企业海兴控股为试点，引进国际工艺智库，对“哑设备”进行数字化改造，打造智能化无人示范车间，以自动化智能化生产代替低技术、高强度重复劳动，带动注塑集群企业转型升级。围绕企业综合管控智能化、产品全生命周期优化、产业链协同优化等重点环节，推动一批塑企业实施数字化转型升级。

【工业园区提质】 2020年，揭阳市工业和信息化局围绕省委省政府“1+1+9”工作部署和“一核一带一区”发展布局，把产业园区扩能增效作为推动全市工业持续健康发展、扩大工业投资的主要载体，以供给侧结构性改革为目标，规划建设10个重点产业园区（其中6个园区为省级产业转移园或集聚地：揭阳产业转移工业园、揭东产业转移工业园、中德金属生态城、普宁市产业转移工业园、惠来县产业集聚地和揭西县产业集聚地），把园区打造成为高质量发展的产业集聚平台。完善园区基础设施。全年全市6个省产业转移园区（含产业集聚地）累计投入固定资产资金118.91亿元，其中工业固定资产投资99.36亿元。惠来县产业集聚地、揭东产业转移工业园、揭阳产业转移工业园分别投入工业固定资产资金42.97亿元、33.56亿元、10.96亿元。全市6个省产业转移园区（含产业集聚地）完成基础配套设施投资105.50亿元。全市6个省产业转移园区（含产业集聚地）克服新冠肺炎疫情影响，持续优化园区营商环境，夯实园区经济基础，开展招商引资工作，完成规模以上工业总产值446.98亿元，规模以上工业增加值100.74亿元，实现全口径税收收入6.55亿元，用工总人数4.13万。各园区按照“项目+园区+产业”的工作思路，明确园区主导产业，谋划和引进建设一批具有“补链”“强链”“延链”功能的项目，培育发展优势产业链，推动园区招商引资。6个省产业转移园区（含产业集聚地）累计新落地工业项目数23个，新投产项目18个，新落地企业立项投资总额15.15亿元，其中新落地投资亿元以上企业6家。

【自主创新水平提升】 2020年，揭阳市工业和信息化局提高工业企业自主创新能力，完善以企业为主体的技术创新体系建设。全年新增认定省级制造业创新中心1家（累计1家）、省级工程技术研究中心1家（累计65家）、市级企业技术中心22家（累计128家）。

【工业绿色发展】 2020年，揭阳市工业和信息化局推进工业绿色发展，组织开展资源综合利用行业准入和工业固废综合利用示范项目创建工作，按照省文件贯彻绿色发展理念，提高工业固废综合利用水平。广东秋盛资源股份有限公司申报通过国家工信部废塑料综合利用行业规范准入。“揭阳市中德金属生态城生物质热电联产项目（广东洁榕生物能源有限公司）”“薄膜及编织袋生产线清洁生产技术改造项目（广东威孚包装材料有限公司）”获得2020年省级打好污染防治攻坚战（绿色循环发展与节能降耗）专项资金支持。制订印发2020年绿色清洁生产工作推行方案。广东秋盛资源股份有限公司和广东利泰制药股份有限公司被评为省级清洁生产企

中德金属生态城　　（揭东区委宣传部　供稿）

业。完成自愿清洁生产审核企业5家。“十三五”期间认定市级自愿清洁生产企业19家。依法依规推动落后产能退出。印发《揭阳市2020年度推动落后产能退出行动计划》，按照国家统一部署，结合产业发展实际和结构调整需要，以钢铁、平板玻璃、印染等12个行业为重点，推动能耗、环保、质量、安全、技术达不到标准和生产不合格产品或淘汰类产能，依法依规关停退出。

（市工业和信息化局）

支柱产业

【支柱产业概况】 2020年，揭阳市化工和矿物加工等七大支柱行业呈“四增三降”，实现规上工业总产值2313.6亿元，下降6.3%，落后全市平均0.3个百分点，占全部规上的83.7%。其中，纺织服装行业引领增长，增速下滑较大，全年规上工业总产值增长3.5%，较前三季度回落29个百分点；化工和矿物加工、金属、电气机械和设备制造业保持小幅增长，全年规上工业总产值分别增长0.4%、2.7%、1.6%；食品行业跌入负增长区间，全年规上工业总产值下降3.5%，较前三季度下滑10.2个百分点；制鞋业大幅下滑，受部分鞋业企业牵涉出口退税案件影响，全年规上工业总产值下降16.8%。医药制造业持续大幅下滑，康美药业受财务造假案影响产值连年下滑，医药行业整体大幅下降，全年规上工业总产值大幅下降57%。

【纺织服装产业】 2020年，揭阳市纺织服装企业主要集中在普宁科技工业园、占陇镇、流沙东街道、流沙南街道、池尾工业园，空港经济区砲台镇和惠来县的葵潭镇。主要产品有：西服套装、衬衫、皮革服装、棉纱、化学纤维纱、棉混纺纱、印染布、色织布、棉布、棉混纺布、化学纤维布、生丝、无纺布等，拥有中国纺织产业基地市（普宁市）及“广东省产业集群升级示范区”“衬衣王国”“睡衣世界”等区域品牌称号。普宁形成纺纱、织布、印染、辅料、配件、设计、生产、销售产业链；普宁市纺织服装外贸出口占普宁出口的80%以上，有服装企业近3000家，从业人员15多万人，服装年产量16亿件，产值超800亿元。全年全市纺织服装业实现规模以上工业增加值75.37亿元，增长10.6%，占全市规模以上工业增加值的14.5%。重点企业有：普宁市仙宜岱时装有限公司、广东柏堡龙股份有限公司、广东名鼠股份有限公司、广东秋盛资源股份有限公司、普宁市蜜依王子制衣有限公司、普宁市占陇粤强制衣厂、普宁市金思服饰有限公司、普宁市丽达纺织有限公司、惠来县源瀚制衣有限公司、揭东巴黎万株纱华纺织有限公司等。

【金属产业】 2020年，揭阳市金属制品生产企业主要集中在榕城区、揭东区和揭阳产业园，拥有“国家级不锈钢制品质量监督检验中心”以及“中国五金基地市”“广东省产业集群升级示范区”等区域品牌称号。主要产品有：钢材延压加工、螺纹钢、建筑五金、日用五金、工具五金、不锈钢制品及厨房设备、燃气用具、烹饪炊具、锁具等。全年金属行业实现规模以上工业增加值85.34亿元，增长6.7%，占全市规模以上工业增加值的16.4%。重点企业有：揭阳市通宇钢铁有限公司、广东大兴钢铁实业有限公司、广东友钢钢铁有限公司、广东大明钢铁实业有限公司、广东宝嘉不锈钢实业有限公司、广东中宝炊具制品有限公司、广东宏伟达不锈钢有限公司、揭阳市兴财实业有限公司等。

【化工和矿物加工业】 2020年，揭阳市塑料制品业主要集中在榕城区和揭东区。主要产品有：日用塑料制品、胶鞋、塑料薄膜、塑料包装箱及容器、塑料人造革、合成革、化学纤维、氨基复合材料等。全年全市规模以上化工和矿物加工业企业实现规模以上工业增加值80.76亿元，增长7.3%，占全市规模以上工业增加值的15.5%。重点企业有：广东榕泰实业股份有限公司、广东顺风实业有限公司、广东海兴塑胶有限公司、广东运通集团公司、广东热金宝新材料科技有限公司、广东天银实业有限公司、广东深展实业有限公司等。

【医药制造业】 2020年，揭阳市医药产业主要集中在普宁市、揭东区。主要产品有：中药饮片、中药制剂、空心丸、大溶量注射液化学药品等，拥有“中国中药名城”（普宁市）称号。是年，受康美药业财务造假案影响，全市医药制造业下滑严重，实现规模以上工业增加值23.99亿元，下降56.3%，占全市规模以上工业增加值的4.6%。形成种植、加工、生产、流通、科研的医药产业链，以及遍布全国全世界的药材、药品销售网络，拥有普宁中药材专业市场、康美中药物流港、国际药品城等商贸、物流平台。普宁康美中药城是首批被国家批准的8个国家定点中药材专业市场之一、全国17个中药材专业市场示范点之一，经营全国各种中药材，日均上市1000多个品种，中药材销售辐射全国，远销日本、韩国、东南亚、北美等国家和中国港澳地区，是中药走向全国、走向世界的南方窗口。重点企业有：康美药业股份公司、普宁市绿洲胶囊有限公司、广东奇灵制药有限公司、广东天诚中药饮片有限公司、广东三蓝药业股份有限公司、广东世信药业有限公司、广东粤龙药业有限公司、广东利泰制药股份有限公司等。

【食品行业】 2020年，揭阳市有食品企业700多家，主要集中在普宁市、空港经济区、揭东区和揭阳产业园。主要产品有：肉制品、水产品、调味品、烘焙糕点、青梅保健食品等。是年，食品业实现规模以上工业增加值52.9亿元，下降1%，占全市规模以上工业增加值的10.2%。重点企业有：广东宏安食品有限公司、广东麦丹郎食品有限公司、广东港荣实业发展有限公司、广东农夫山庄食品工业有限公司等。

【玉器产业】 2020年，揭阳市玉器产业主要集中在揭阳产业园，包括玉器设计、加工、生产、销售等。主要以翡翠玉石加工为主，产品包括各种戒面、手镯、翠玉佩、翠玉牌等首饰、摆件、挂件3大类、3000多个品种，拥有“亚洲玉都”“中国玉都”等称号，形成以阳美玉器展销中心为核心，以中国揭阳（国际）玉都广场、乔南玉器中心、中国古乔玉器城、中国玉都花园为支撑的“五大玉器商贸平台”市场格局。全市玉器从业人员约8万人，玉雕、鉴赏等技术人员约3万人，工作室500多家，加工场所1000多家，市场店铺5000多家。在传统玉器市场低迷的大环境下，引导传统玉器企业向电商转型，拓宽珠宝消费渠道，发展电商行业，引入淘宝建立揭阳珠宝淘宝直播基地，以及快手直播电商平台。全市从事玉器电商和淘宝直播人员2万多人。自2002年起，连续主办19届中国（揭阳）玉文化节。举办玉石拍卖、玉器精品展览、玉文化论坛等活动，吸引来自缅甸、香港、台湾、北京、上海、广州及云南等地的玉商、游客超10万人次，促进玉器产业的发展。揭阳阳美翡翠玉雕以“奇、巧、精、特”的特点被列为第二批国家级非物质文化遗产。重点企业有：揭阳市阳美集团翡翠精品店、揭阳市老洪祥珠宝玉器有限公司、广东阳美正合号贸易有限公司、揭阳市金练珠宝有限公司。

（赵幼龙）

轻工业

【轻工业概况】 2020年，揭阳市塑料制鞋产业发展成为品种齐全、链条配套完善、竞争实力较强的地方特色产业，对揭阳市塑料产业的发展起到推动作用。揭阳市是中国鞋类生产的重要基地之一，获得“中国塑料时尚鞋之都”“广东省产业集群升级示范区”等区域品牌称号。空港经济区是揭阳市、全省重要的玩具出口基地。

【鞋类制造业】 2020年，揭阳市鞋业主要集中在榕城区、空港经济区。主要产品包括工艺鞋、运动鞋、塑料鞋、休闲鞋、水晶鞋、拖鞋、凉鞋等。产品主要出口中东、东南亚等国家和地区。全年全市制鞋业实现规模以上增加值44.87亿元，下降13.4%，占全市规模以上工业增加值的8.6%。重点企业有揭阳市捷华鞋业有限公司、揭阳市至远鞋业有限公司、揭阳市金兴鞋业有限公司、揭阳市天润鞋业有限公司、翔晖五金塑胶制品有限公司、揭阳市创力塑胶实业有限公司。

【玩具制造业】 2020年，揭阳市玩具产业主要集中在榕城区、空港经济区和普宁市。主要产品有塑胶娃娃、芭比娃娃、布娃娃、棉花公仔玩具、电子电动塑胶玩具（电动火车、线控仿真飞机、机器人、电动车、女仔玩具及磁性学习写字板、大飞机玩具模型）等。是年，揭阳市玩具制造业实现规模以上工业增加值3.67亿元，下降40.1%。重点企业有广东高乐股份有限公司、揭阳市鸿运玩具有限公司、揭阳市顺鸿玩具有限公司、揭阳市金丰玩具有限公司、揭阳市胜达玩具有限公司、揭东富利盛工艺玩具有限公司、揭阳市孩之宝玩具有限公司、普宁市鸿发工艺制品有限公司等。

（赵幼龙）

揭阳玉雕匠人进行玉器雕刻加工　（林佳燕　摄）

民营企业

【民营企业概况】 2020年，揭阳市

工业和信息化局贯彻新发展理念，加快构建新发展格局。全市中小企业、民营经济落实促进高质量发展的各项决策部署，坚持稳中求进工作总基调，统筹疫情防控和促进中小企业发展工作相结合，做好“六稳”工作，落实“六保”任务，全市中小企业、民营经济发展持续稳定复苏。全市规模以上工业总产值2764.58亿元，其中七大支撑产业规模以上工业企业（规模以上民营企业）实现工业总产值2313.6亿元，占全部规上工业比重的83.7%；全市实现工业投资364.05亿元，其中实现工业技改投资额72亿元，占工业投资的19.8%。发挥揭阳市促进中小企业（民营经济）发展工作领导小组作用，加强对中小企业、民营经济工作的统筹协调和组织领导。实施“暖企行动”计划，建立“政府领导+职能部门”挂钩企业服务制度，组织举办重点民营企业家座谈会、企业复工复产座谈会等活动，出台覆盖大中小企业的政策措施，落实中央、省、市扶持政策，降低企业制度性交易、税负、用电等减税降费成本超18亿元。推动出台《揭阳市人民政府关于印发打赢疫情防控阻击战扶持中小企业共渡难关若干措施的通知》，从财政扶持、金融支持、减税降费和政务服务等入手，制订措施28条，支持中小企业抗击疫情，复工复产。研究制订市产业“1+1+12”政策体系中的《揭阳市促进先进制造业发展扶持办法》及申报指南，凝聚招商合力，赋能产业升级。以“中小微企业日”为契机，举办揭阳市2020年中小微企业服务推广日暨金融服务实体经济对接活动，营造服务中小微企业政策惠企和金融暖企良好氛围，引导和帮助企业用好用足扶持政策，推动中小微企业政策落到实处。联合华南理工大学在市区成功举办中小企业智能制造技术推广应用专题研修班（揭阳班）活动。加强“粤企政策通”的宣传推广应用，结合培训、服务对接等涉企活动，利用线上线下等渠道加强对“粤企政策通”的宣传推广应用，做好涉企政策发布、政策解读、政策在线申报。推动制定《鼓励支持使用本地工业优质产品的实施意见（试行）》，通过鼓励使用消费来推动市场，激活本地产品消费的作用。搭建中小企业诉求响应机制，推动成立揭阳市中小企业诉求响应工作领导小组，通过粤商通APP收集企业在用工、融资、税务、出口等方面诉求，并及时处理。

【民营企业扶持】 2020年，揭阳市工业和信息化局加大对中小微企业的融资服务力度，进一步缓解融资难题。推进市级中小微企业贷款风险补偿资金业务健康运营，引导粤财揭阳担保公司（政策性担保机构）加强业务开展和运营。是年，市级风险补偿资金为35家（次）企业发放贷款近1亿元，累计为73家（次）企业发放贷款2.12亿元。粤财普惠揭阳担保为125户企业提供融资担保服务支持，担保业务额度2.3亿元；累计为185户企业提供超240笔融资担保服务支持，融资担保业务额度4.19亿元。组织推荐相关疫情防控重点保障企业积极申报列入全国性、地方性疫情防控重点保障企业名单。有6批次、27家企业被列入该名单，并通过国家和省的优惠政策，争取获得金融机构推出“抗疫贷”专属授信产品。各商业银行向全市27家疫情防控重点保障企业发放贷款17多亿元。组织企业参加“广东抗疫助企全媒体直播带货”。会同中国银行揭阳分行推进“专精特新”企业融资服务。全年为276户企业提供贷款支持，累计发放贷款10.78亿元。协助做好加快对接广东省中小企业融资平台相关工作，宣传推广引导“专精特新”等有融资需求的优质企业在融资平台上注册和融资对接。全年累计实现服务企业1226家，入驻金融机构18家，发布金融产品39款。做好2020年省级促进经济高质量发展专项资金贷款贴息、上市融资、担保降费等有关项目的申报、下达等工作。推动金融支持战略性产业企业进行银企对接，聚焦金融资源协同支持产业集群发展，发展龙头企业带动上下游中小企业的供应链金融。

2020年，揭东区企业广东蒙泰高新纤维股份有限公司作为创业板改革并试点注册制的首批企业之一，在深交所成功上市。据中国化学纤维工业协会统计，蒙泰高新2017年至2019年在国内丙纶长丝行业中的产量、市场占有率均排名第1。全市有国内上市公司8家，其中榕城区1家：广东榕泰（600589）；揭东区2家：巨轮智能（002031）、蒙泰高新（300876）；普宁市5家：康美药业（600518）、柏堡龙（002776）、佳隆食品（002495）、高乐玩具（002348）、*ST舜喆B（200168）。全市有“新三板”挂牌企业5家，其中普宁市3家、空港经济区1家、揭阳产业园1家。

【民营经济发展】 2020年，揭阳市工业和信息化局加大市场主体培育力度，扶持企业做强做大，民营经济保持快速增长。引导中小企业“专精特新”发展，争取国家和省在融资服务、技术服务、创新驱动、转型升级等方面对省“专精特新”“小巨人”企业进行重点扶持，提升中小企业发展质量和水平。择优推荐广东中穗纸品有限公司、广东乐尔康生物科技股份有限公司2家“专精特新”中小企业的新品参加广东省“专精特新”新品发布会，助力企业新品开拓市场、提升销量、提高品牌知名度。是年，被遴选为广东省“专精特新”中小企业11家，工业和信息化部专精特新“小巨人”企业1家、省级“专精特新”中小企业19家。抓好“小升规”培育工作。组织各县（市、区）做好小微工业企业上规模摸查分析，筛选推荐符合条件的工业小微企业纳入拟培育上规模企业数据库，掌握了解“小升规”的进展，加强对“小升规”工作的跟踪分析，采取措施协调解决“小升规”培育企业发展中的困难，推动小微工业上规模。对155家2019年度新升规工业企业、68家在2019年工业增加值增长超过10%的2018年度新升规工业企业给予普惠性奖励。建立完善全市工业企业预期管理台账，加强全市规上和规下工业企业服务管理，推进网格化管理。至年底，纳入揭阳市工业企业预期管理台账各类工业企业2340家。加强对省级中小企业示范平台和示范基地的培育、扶持和管理，引导平台和基地为全市中小微企业提供管理咨询、培训、市场开拓等服务项目。至年底，省中小企业公共服务示范平台、中小企业（民营企业）创新产业化示范基地、小型微型企业创业创新示范基地三种类型的平台基地累计数量分别有6个、19个、1个。搭建高校毕业生和中小（民营）企业人才需求对接服务平台。组织一批“专精特新”等类型企业参加2020广东省高成长企业校园招聘活动，加大重点用工企业服务力度，帮助企业缓解转型升级急需的开发与应用人才短缺问题。举办2020年第四届“创客广东”中小企业创新创业大赛暨第二届“创客揭阳”大赛，搭建中小微企业和创客创业创新孵化平台。组团参加2020中国国际塑料展，28家重点企业设置展位40个，宣传推介揭阳“中国塑料时尚鞋之都”形象，展示揭阳优越的产业发展资源和良好的营商环境。推进中小企业志愿服务工作站工作。指定市中小企业服务中心承担辖区内“志愿服务促进中小企业发展”工作，征集志愿服务工作站7个和专家志愿者10名。依托志愿服务工作站，为全市中小微企业开展线上、线下志愿服务活动。截至2020年，全市规模以上工业企业1397家，规模以上工业增加值520.29亿元，其中民营企业工业增长值占86%以上。实现新增规模以上工业企业140家，超额完成省下达的任务指标。

【民营经济规模】 2020年，揭阳市民营经济规模不断扩大。推进“个转企、小升规、规进高、高上市、创品牌、提存量”工程，加快“数字政府”改革建设，企业设立登记0.5日办结，不动产抵押登记1日办结，工程项目报建5日内办结，工业项目实现“出让即报建”。组织赴广深、京沪、江浙等地开展招商引资，新引进广物巨正源、泛亚等一批重大项目，新签约项目2011亿元，新开工项目878亿元。是年，新增注册企业4947家，新增“个转企”642家、“四上”企业308家、高新技术企业46家。建设化学与精细化工广东省实验室揭阳分中心（榕江实验室），新增省级质检站3个、省级工程技术研究中心38家。

【个体私营经济】 2020年，揭阳市工业和信息化局树立“乙方思维”，把优化营商环境作为最重要的基础工作，营造高效便捷的政务环境、开放公平的市场环境与重商亲商的社会环境，深化“放管服”改革，支持各类市场主体健康发展，创业创新带动就业潜力不断释放。5G、人工智能、大数据、区块链、物流配送等新基建、新技术、新业态为劳动者就业提供大量的工作岗位。是年，全市市场主体27.58万户，新增4.82万户，日均新增193.12户。其中各类企业44049户，私营企业39112户，个体工商户230207户，农民合作社1522户，新增城镇就业3.06万人，实现逆势大幅增长。

【民营企业品牌效应】 2020年，揭阳市工业和信息化局扶持培育品牌，品牌效应逐步增强。指导企业主动申请、创建品牌，加强扶持引导力度，鼓励企业走自主创牌之路。做好国家地理标志保护的宣传、发动、引导。至年底，全市累计拥有国家地理标志保护产品（商标）9个。

【技术改造】 2020年，揭阳市工业和信息化局贯彻落实省市“实体经济十条（修订版）”“民营经济十条政策”等政策措施，增强抓技改强工业稳增长的责任感和紧迫感，推进技改创新升级工程。全年全市实施工业技术改造工业企业347家，完成工业技改投资72亿元，总量位列全省第12。

（江洁荣　吴旭彬）

电力工业

【电力工业概况】 2020年，揭阳供电局担负着揭阳市的电力供应、电网规划建设、依法对所辖电网及并网电厂实施统一调度等任务。截至年底，500千伏变电站2座，主变4台，主变容量350.4万千伏安，500千伏出线8回，总长324.695千米；有220千伏变电站15座，主变32台，主变容量579万千伏安，220千伏出线59回，总长1042.404千米；110千伏变电站62座，主变121台，主变容量536.3万千伏安，110千伏线路157回，总长约1512.581千米。揭阳供电局获得“全国工会职工书屋示范点”“全国书香三八活动优秀组织奖”“广东省十大书香企业”“揭阳市2016—2018年文明单位”、广东电网公司“三星平安单位”“工人先锋号”等称号；连续12年获揭阳市地方政府公共服务评价第1名。

【经营管理】 2020年，揭阳供电局完成供电量158.45亿千瓦时，上升6.28%；售电量150.97亿千瓦时，上升7.04%。全年最高统调负荷309.1万千瓦，增长9.69%。当年电费回收率100%。全口径客户平均停电时间8.07小时，下降19.7%；"1小时区域"停电时间0.96小时。综合电压合格率99.994%。第三方客户满意度86分。资产总额108.06亿元，缴纳税收2.36亿元。完成固定资产投资14.59亿元。有效专利拥有数320项。

【客户服务】 2020年，揭阳供电局推进办电流程、资料"双精简"，建立业扩工单供电业务环节限时办结和超时管控机制，实现全年中压报装平均用时40.0天，下降8.6%，低压非居民报装平均用时严控在2.6天。减轻企业扩投资负担，保障重点区域、重点客户和小微企业的延伸需求，为客户节省投资2487万元。支持企业克服疫情、平稳过渡经营，执行疫情防控期间降低企业用电成本优惠政策，减少企业电费支出约2.38亿元，助力企业复工复产。全量完成免费电政策落实，累计减免贫困群众电量5.7万户、电费504.23万元。推进供电服务向"互联网+"模式转变，实现与粤省事、粤商通等政务服务平台数据共享对接、电子证照共享应用、客户报装"零证照"。推行"一次都不跑"多平台远程在线办电服务。巩固完善客户诉求管控体系，出台30条服务改进举措，客户群众问题解决率99.01%。全面完成91255户工业用户的走访工作，客户走访率100%。推进电能替代，完成可量化电能替代项目102个，电能替代电量2411.05万千瓦时。

【安全生产】 2020年，揭阳电力安全生产局面保持稳定，全市没有发生三级及以上人身、设备和电力安全事故事件，电网连续安全稳定运行3288天。动态做好负荷预测，电力供应可靠有序。消除城乡供用电安全、电气火灾安全、社会人员触电安全等各类隐患264项，未发生社会人员触电事件。提级管控中压线路故障，故障率下降21.61%。深化应用"日跟踪、周控制、月分析"及"一停电一方案"机制，停电计划执行率96%。加大无人机应用力度，除禁飞区外输电线路自动巡检全覆盖。推广智慧监督系统应用，视频接入率提升至99%。调控一体化水平进一步提升，110千伏及以上刀闸遥控覆盖率提升至97%，减少停复电操作时间。实现35千伏及以上厂站态势感知装置全覆盖，实用化进度全省第1。完成2020年网络攻防实战演习，全年未发生三级及以上信息安全事件。投运揭阳供电局首个安全文化云展厅，进一步打造"遵章互助 皆享安全"的安全文化品牌。

2020年5月20日，揭阳供电局成立炼化一体化及海上风电电力配套项目临时党支部，并举行授旗仪式 （林梓博 摄）

【应急体系】 2020年，揭阳供电局健全"横向到边、纵向到底"应急预案体系，完成17部应急预案（1总体预案+16专项预案）向南方能监局的备案工作。刚性执行防风防汛、电气火灾等应急演练11项，注重检验多部门、多专业协同的应急响应能力，确保突发状态下队伍"拉得出、顶得上"。编制印发《揭阳电网防控新型冠状病毒专项保供电方案（配网）》，做好防疫情指挥机构、医疗机构、重要医疗物资生产企业等33户重要场所和重点区域疫情保供电工作，投入保供电人员2.5万人次，出车6800多辆次，为地方抓好疫情防控工作提供电力保障。提高高效应急处置救援能力，成功防御5轮强降雨天气，快速恢复供电受影响客户9.6万户。履行重大活动和关键区域供电保障责任，全年开展保供电64次，完成2020年春节、全国"两会"、高考等重要时间节点供电任务。强化警企合作机制，依托电网警务室，联合侦破涉电力违法犯罪案件，查获窃电案件及追缴金额全省排名第6。

【电网规划】 2020年，揭阳供电局凸显电网支撑、带动地方经济社会发展的作用。促成市政府召开2020

年电网建设推进工作会，修编印发《揭阳市电网规划建设绿色通道实施细则》，为推进电网建设提供机制保障。围绕揭阳“三中心一示范区”发展格局，加快打造“十四五”揭阳电网“三核三区六环”网架，进一步提升中低压配电网智能化水平，完成揭阳供电局“十四五”智能电网发展规划。新增揭阳电网专项规划（2020—2035年）远期规划35千伏及以上输变电项目约130项，提前向市自然资源局上报函件申请纳入国土空间规划。完成110千伏北区等13项输变电工程的核准，充实主网项目投资储备库。支持乡村振兴战略实施，投资6.61亿元用于新一轮农网升级改造，重点解决过载、低电压等突出问题，推动乡村电力基础设施提档升级。落实市委市政府批示精神，基本完成普宁、揭东私人承包管电台区接管改造工作，涉及用户近6.5万户；完成普宁市大南山街道河田坝水电站自供区等4个小水电自供区域无偿移交协议的签订，加快电网改造步伐。

【电网建设】 2020年，揭阳电网建设完成投资12.45亿元，完成年度计划的103.51%。220千伏沟美、紫峰、映月，110千伏横山等输变电工程整体竣工投产，220千伏海上风电接入系统工程提前投运，为国家电投惠来海上风电项目建设提供电力支撑。加快配网项目建设进度，投产项目1295项，投产完成率101.7%。抓好省定贫困村项目建设，提前7天完成185个省定贫困村电网项目的投产任务。开展智能配网V3.0项目建设，全年投产智能配网项目65项，在解决配变重过载的情况下，全面提升揭阳市低压配电网智能化水平。打造电网优质工程，揭阳500千伏岐山变电工程接连取得6项荣誉，先后获得“国家水土保持生态文明工程”称号和“国家优质工程奖”，成为在南方电网公司范围内电网工程同时获得这两项荣誉的唯一一个项目。

【风险管控】 2020年，揭阳供电局提升风险治理能力，推进企业经营提质增效。安风体系建设取得阶段性成效，年度审核得82分，评分达到“四钻一星”水平。制定防范电网运行八大风险23项重点工作，减少三级及以上事件电网基准风险12个。开展降杠杆减负债、“两金”清理等专项行动，进一步提高提质增效工作成效。积极沟通，促成政府4次发文调整接管改造的文件要求，为接管独立供电区域和省定贫困村获得有利的政策依据，减少法律和审计风险。清付民营企业账款14.25亿元，提前完成“存量拖欠清零”目标。开展配网自动化建设等5个专项审计，通过审计整改促进增收节支504.45万元，完善管理制度和流程15项。推进合同全过程管理，合同审查率100%。设立合规及风险管理委员会，一体化推进内控体系建设，提升企业依法合规经营管理水平。

（林家俊）

2020年，由揭阳供电局建设的500千伏岐山变电站荣获“国家优质工程奖”和“国家水土保持生态文明工程”称号

（陶 冶 摄）

商 贸

综 述

【商贸概况】 2020年，揭阳市社会消费品零售总额955.16亿元，增长10.7%。外贸进出口194.3亿元，下降40.1%，其中出口181.1亿元，下降41.3%；进口13.2亿元，下降18.1%。实际利用外资2326万美元，增长30.75%。

【稳定外贸基本盘】 2020年，揭阳市政府每月召开市外贸工作联席会议，加强外贸进出口的调度分析。揭阳市商务局建立《揭阳市重点外贸企业管理台账》，出台《揭阳市促进外贸稳定增长若干措施》，扶持外贸企业，全年拨付各类外贸扶持资金871.48万元，新登记外贸主体171家。组织企业参加网上广交会、进博会、厦洽会、加博会及各类"云展会"，开拓国际国内市场。与深圳市侨交会集团开展战略合作，共建揭阳云展厅。支持推动重点产品出口，举办防疫物资生产企业培训，指导8家企业（其中3家同时获批医用及非医用资质）进入"中国医保商会白名单"。争取海关同意惠来电厂以异地报关方式进口煤炭6批次。

【推动外资持续增长】 2020年，揭阳市新注册外资企业9家，增资扩产企业4家，合同外资10227万美元，实际利用外资2326万美元，增长30.75%。揭阳市商务局推动揭东经济开发区申报国家级经济技术开发区，由商务部提请国务院审批。持续优化营商环境。加强《中华人民共和国外商投资法》及其《实施条例》的宣贯解读，复制推广自贸区改革创新经验，建立实施《揭阳市重点外资项目管理台账》，推动重点外资项目加快建设。

【城乡市场体系建设】 2020年，揭阳市商务局加强农产品冷链物流基础设施建设，规划建设10个重点项目，重点布局建设一个节能环保的区域性大型冷库，打造具备低温条件下中转和分拨功能的大型配送中心，补齐农产品冷链物流短板。组织发展干线冷链、城市冷链配送服务，加快建成产地预冷、销地冷藏、仓配一体化的冷链物流配送体系。全面启动农产品仓储保鲜冷链物流工程，规划在全市农产品生产、流通、销售集中区域，建设一批生鲜农产品"最先一公里"和"最后一公里"冷链项目，搭建田头冷库网络，夯实主产区区域性冷链节点，打造冷链仓储物流综合服务中心，提供冷链仓储、保鲜蓄冷、中转配送、供应链综合服务。冷链仓储方面，提高冷库建设质量，根据冷藏产品对温度和湿度的不同要求，分类分期进行更新和改造；为利于产品保鲜、确保产品质量，建设产地冷库和以分装、加工为主的配送冷库。冷链运输方面，加大对铁路、公路、水运等物流运输设施的财政投入，尤其是冷藏箱、冷藏车等冷链运输设施。

【商务诚信建设】 2020年，揭阳市商务局开展以"诚信粤商 共赢未来"为主题的"诚信兴商宣传月"活动，宣传贯彻习近平总书记关于加强社会信用体系建设的系列重要论述，以及《企业信息公示暂行条例》《关于深入推进商务信用建设的指导意见》等行业领域信用建设文件，宣传实施信用承纳、信用审查、信用公示、信用分类分级监管、信用联合奖惩、信用风险预警、信用修复等政策措施。开展信用消费知识和信用风险警示教育，提升居民信用消费能力，促进信用消费，扩大信用消费规模。

商贸物流

【促进消费】 2020年，揭阳市商务局出台《揭阳市促进商贸业发展扶持办法》《揭阳市关于扶持商贸业发展促进消费增长的若干措施》等政策措施，扶持推动商贸企业发展，扩展市场消费。组织开展促消费系列活动，举办“家·520”购物节、“汽车下乡”“家电惠民”“直播节”等线上线下促销活动，组织企业参与全国“消费促进月”暨第三届“食在广东”美食活动，编制“揭阳市夜经济消费及美食导览图”，促进消费回暖，提振消费信心，释放消费活力。

2020年，揭阳市商务局编制揭阳市夜经济消费及美食导览图
（市商务局　供稿）

【电子商务】 2020年，揭阳市商务局对揭阳港澳货运车检场进行升级改造，建成全市首个跨境电商产业园并开展跨境电商“9610”出口业务。发展农村电子商务。推进普宁市国家级电子商务进农村综合示范县项目。全市培育“中国淘宝镇”35个、“中国淘宝村”121个。揭阳军埔电商村获评全省唯一一个“最美淘宝村”称号。全市建成申通、圆通、中通、顺丰等知名快递企业区域分拨中心10个。国内主要快递品牌进驻揭阳市的有22个，下属加盟商或分支机构119家，覆盖全市各个县区。推动电子商务、产业、快递物流协同联动，2020年全市快递业务量23.47亿件，增长61.8%。加强与阿里巴巴合作，规划建设智慧物流产业园；与抖音平台合作共建抖音电商直播基地，推动玉文化、鞋类、五金、塑胶等传统优势产业，拓宽线上线下销售新渠道。

【行业管理】 2020年，揭阳市商务局依法对拍卖、报废机动车回收拆解和二手车交易市场等进行监督管理，推进再生资源回收利用体系建设。指导和管理再生资源回收工作，引导督促拍卖、报废机动车回收拆解、二手车流通、再生资源回收等行业企业依法依规经营，促进相关行业健康发展。是年，持有拍卖经营批准证书并依法年审的拍卖企业9家，受理拍卖变更业务2宗；机动车回收拆解企业2家，全年拆解报废机动车7000多辆；二手车交易市场经营者在商务部网站备案23家，备案登记变更5家，办理二手车交易6万多辆次；在商务部网站备案的再生资源回收企业45家，新增备案企业11家。出台《关于推进揭阳市城市生活垃圾分类再生资源可回收物回收利用体系建设实施意见》《揭阳市再生资源可回收物回收指导目录（2020-2022版）》等文件，推进揭阳市再生资源可回收物可回收利用体系建设，助力垃圾分类工作。

【生活物资应急保供】 2020年，揭阳市商务局牵头成立“揭阳市防疫物资保障二组”，加强对全市主要物资市场供应情况的监测调度。促成市物流行业协会成立物流应急专班，及时制定发布《揭阳市商场超市新冠肺炎疫情防控期间工作指引》，加强防疫知识宣传，指导商贸企业复商复市，确保“菜篮子”产品调得进、供得上、不脱销、不断档。

对外及对港澳台贸易

【出口贸易】 2020年，揭阳市一般贸易和民营企业出口比重为95.8%和85.4%，东盟为揭阳市第一大出口市场。全年一般贸易出口173.5亿元，下降41.7%，占出口总值的95.8%；加工贸易出口7.5亿元，下降31.6%，占出口总值的4.1%。民营企业出口154.7亿元，下降42%，占出口总值的85.4%；外商投资企业出口25.8亿元，下降36.3%，占出口总值的14.2%；国有企业出口0.6亿元，下降37.4%，占出口总值的0.3%。鞋类47亿元，下降50.8%，占出口总值的26%；纺织服装出口37.4亿元，下降38.1%，占出口总值的20.7%；农产品出口10.5亿元，下降34%，占出口总值的5.8%；玩具出口7.9亿元，下降80.2%，占出口总值的4.4%。

对东盟出口33.9亿元，下降37.1%，占出口总值的18.7%；对美国出口29.2亿元，下降30.5%，占出口总值的16.1%；对欧盟出口19.7亿元，下降51.7%，占出口总值的10.9%；对印度出口10.7亿元，下降50%，占出口总值的5.9%；对香港出口9.5亿元，下降32.7%，占出口总值的5.2%。

【进口贸易】 2020年，揭阳市一般贸易进口9.7亿元，下降12.4%，占全市进口的73.4%；加工贸易进口3.3亿元，下降33%，占全市进口的24.5%。进口主要商品是未锻轧铜及铜材、塑料、纺织纱线及织物等，其中未锻轧铜及铜材进口4.9亿元，下降18.4%，占进口总值的36.7%；塑料进口2.4亿元，下降4.2%，占进口总值的18.2%；纺织纱线及织物进口1.7亿元，下降50.4，占进口总值的13.2%。进口国别（地区）主要是智利、东盟、中国台湾地区，其中从智利进口4.2亿元，下降27.8%，占进口总值的31.4%；东盟进口3.7亿元，增长31.5%，占进口总值的28%；台湾进口1亿元，下降26.6%，占进口总值的7.3%。

投资合作

【利用外资及港澳台资】 2020年，揭阳市新设立外商投资企业9个，合同外资10227万美元，实际利用外资2326万美元。外商投资方式：中外合资企业3个，外资企业2个，合伙企业4个。外商投资行业：商务服务业5个，合同外资266万美元；水生产和供应业1个，合同外资8282万美元，实际吸收外资660万美元；房地产业1个，合同外资292万美元；其他行业2个，合同外资1387万美元，实际吸收外资1666万美元。投资主要来源4个国家和地区，其中我国香港地区2个，合同外资9820万美元，实际吸收外资2070万美元，分别占全市合同外资和实际吸收外资的20.24%和89%；来自新加坡2个，合同外资141万美元；来自中国台湾地区5个，合同外资266美元；来自法国1个，实际吸收外资256万美元。

【对外投资】 2020年，揭阳市新设立对外投资项目2个，其中1个投资于泰国，项目从事研发、生产、维修及销售模具、硫化机、智能自动化装备，投资总额200万美元；1个投资于新西兰，项目从事化妆品制造与贸易，投资总额15万美元。

【对外经济合作】 2020年，揭阳市商务局落实《中华人民共和国外商投资法》及其实施条例，全面取消商务主管部门对外投资企业设立及变更事项的审批或备案，严格落实负面清单管理制度，实施“非禁即入”，进一步提升外商投资自由化、便利化水平。会同市场监管部门实施《外商投资信息报告办法》等规定，推动外商投资信息数据共享，确保信息报告制度有效运行。密切跟踪粤海水务、GE、丰登物流等在谈、在建、在产外资大项目进展，通过“一对一”服务，持续推动外资大项目落地、投产。

口岸管理

【口岸管理概况】 2020年，揭阳港定位为“地区性重要港口”，规划港口岸线75.8千米，其中榕江港区岸线32.7千米，惠来沿海港口岸线43.1千米，总体布局为“两港（港区）十区（作业区）”。2020年全市拥有一类口岸2个，揭阳潮汕国际机场航空口岸、揭阳港神泉港区LNG专用码头。揭阳潮汕国际机场航空口岸有跑道1条，飞行区为4E级，有国际及地区固定航线8条。新冠肺炎疫情期间，仅保留澳门1条国际及地区航线。

【口岸建设】 2020年，揭阳市商务局在省口岸办的支持下，推动惠来电厂专用煤码头对外开放验收工作。推动榕江港利鸿基码头、新港码头业主加快码头和查验监管配套设施建设，积极申请对外开放验

2020年9月24日，揭阳市商务局工作人员到揭阳潮汕国际机场查看澳门航线复航疫情防控工作 （市商务局 供稿）

收。对揭阳潮汕机场口岸查验监管服务设施业务综合楼进行修缮，消除由于部分地基沉降引起的安全隐患，改善联检单位查验作业环境，确保口岸安全畅通和文明高效。

【通关监管】 2020年，揭阳市商务局推动海关区域一体化通关、无纸化通关改革，联合海关拓展、推广国际贸易“单一窗口”航空物流公共信息平台、全国口岸收费及服务信息发布系统等新上线功能，推广国际贸易“单一窗口”通关模式。完善规范口岸收费目录清单，并在“单一窗口”门户网站动态更新公布，加强监管。全市通过“单一窗口”报关报检单量8796票（货物报关7881单，水运舱单915单），“单一窗口”标准版主要业务应用率稳定在100%。

【严防疫情输入】 2020年，揭阳市商务局牵头成立“揭阳市防控境外疫情输入工作专班”，并协调口岸查验单位做好通关服务保障、口岸联防联控和集中隔离，统筹做好入境人员接转全流程闭环运作及相关信息移交推送，防止新冠肺炎疫情经境外输入传播，保护境外来揭人员和全市人民生命健康安全。自9月25日澳门国际航班复航后，安全有序做好30个班次、987名旅客的防疫检查工作。加强粤港跨境货车司机、港澳流动渔民进港避风疫情防控和健康管理。揭阳市商务局获“揭阳市抗击新冠肺炎先进集体”称号。

粮食购销管理

【粮食购销管理概况】 2020年，揭阳市发展和改革局落实粮食安全责任，确保全市粮食安全。揭阳市2019年度粮食安全责任制落实情况接受省政府考核，获得优秀等次。依法依规做好对各县（市、区）2019年度粮食安全责任考核工作。全市粮食应急供应网点88个，应急加工企业12个，应急储运企业12个。

【粮食储备】 2020年，揭阳市发展和改革局加强粮油储备管理、应急和仓储体系建设，创新储备粮管理方式，确保市31万吨储备粮、1500吨储备油常储常新，应急时调得动、用得上。加强粮食购销管理和储备粮监管、质量监管，确保库存粮食数量真实、质量良好、储存安全。

【市场供应】 2020年，揭阳市发展和改革局抓好保供稳价工作，确保粮油市场稳定。建立和完善各级粮食保供稳价工作机制，做好粮油市场监测和分析、粮食流通统计、社会供需平衡调查和计划编制工作；推动产销合作，建立长期稳定的粮食购销关系，确保正常粮源供给。

【应急预警机制】 2020年，揭阳市健全和落实粮食应急供应网点，确保每个乡镇、街道（社区）至少有1个应急供应点。开展全市粮食供应保障和质量安全事故应急演练；推进粮食仓储设施建设和“粮安工程”粮库智能化升级改造，实现所辖库点“数据通”“视频通”政府储备全覆盖工作。

（市发改局）

食盐专卖管理

【食盐专卖管理概况】 2020年，揭阳市盐业公司主营收入4413万元，增长15%，净利润48万元（剔除预提数），增长127万元。食盐销售17549吨，增长2%，其中小包装食盐销售10604吨，增长16%；食品加工用盐销售6946吨，下降15%。中高端盐销售6832吨，增长21%，占小包装食盐的64%。

【食盐经营】 2020年，揭阳市盐业公司将“三品一优”战略和渠道下沉理念相结合，落实集团加强终端渠道建设的部署，推进渠道整合和下沉工作，确保高品质食盐的安全供应，提升市场终端掌控能力和企业竞争力。落实“渠道下沉”，加强终端渠道建设；推进直配直送工作，加快营销渠道建设；推进品牌建设，提升“粤盐”品牌知名度；开拓新渠道，多措并举推出产品。

（全　璇）

烟草专卖管理

【烟草专卖管理概况】 2020年，揭阳市查获涉烟案件443宗，查获案值5万元以上大要案70宗，案值百万元以上案件18宗，其中普宁“11·02”、揭东“12·01”等案值超500万元；成功申报国标网络案件12宗、省标网络案件1宗。缴获大型烟机34台，假烟6353.17万支，私烟2496.07万支，烟叶烟丝62.89吨；司法机关依法刑拘涉案人员127名，逮捕犯罪嫌疑人111名，判处犯罪人员151名。全年购进卷烟25.04万箱，销售卷烟25.05万箱，实现销售收入95.52亿元，单箱结构38136元，位列全省第1名；实现税利25.16亿元，增长7.41%。《提高20支形象店日均销售收入》课题成果获得广东烟草商业系统质量管理小组成果二等奖、广东省第四十次QC小组代表大会成果发表会金钻奖。

【卷烟经营】 2020年，揭阳市烟草专卖局围绕“四圈四网四链”规划思路，拓展和优化卷烟零售生态，挖存量、创增量，优化经营格局，构建数字化营销体系。坚持建设零售终端高标准。开展“易灵通”店铺管家推广、星级评定等工作，推动20支网建由重点探索加盟店建设模式向合作店建设模式延伸。是年，市20支公司总营业收入4130.43万元，实现利润212.96万元；其中卷烟销售占比50.30%，非烟商品销售占比49.70%。截至年底，全市建成形象店7家，加盟店20家，合作店128家。推进诚信互助小组建设，全市建成诚信互助小组1181组，城镇覆盖率100%。坚持深化品牌管理高水平。形成品牌培育梯次，合理规划品牌发展。全年销售189个规格，新引入国产卷烟规格13个，进口卷烟、雪茄烟9个，测评退出19个。

2020年3月13日，揭阳市烟草专卖局（公司）物流配送中心人员对到货卷烟进行消毒（姚榕波 摄）

【专卖管理】 2020年，揭阳市烟草专卖局做好打假打私科学化、市场监管法治化和执法队伍专业化，构建和完善“政府领导、部门联合、多方参与、科技支撑、密切协作”的专卖管理工作体系。增强烟草打假打私综合效能。逐步与市场监管、海关、海警、邮政等部门建立协作机制，并推动市县两级政府落实打击涉烟违法犯罪属地责任，联合公安部门召开打击涉烟违法犯罪新闻发布会，先后组织开展“蓝剑”专项行动、“打击道路运输及物流寄递环节涉烟违法犯罪活动”，协调配合公安机关开展“百日专项行动”。深入推进市场监管。依法清理“僵尸户”227户，不适宜发证零售户1077户，中小学周围零售户全面清零。推进“互联网+内管”，全市真烟非法外流127.69万支，减少34.33%；查处5万元以上真烟案件49宗；查处违法违规卖烟大户案件58宗，取消零售资格19户。

【企业管理】 2020年，揭阳市烟草专卖局（公司）加强物流基础设施建设，推进粤东区域卷烟物流配送中心项目行业专家咨询论证，并提报中国烟草总公司审批；做大区域分拨业务，巩固与四川、河北、安徽中烟合作关系，积极推进与云南、河南中烟合作，前置仓全年总吞吐量8.14万箱，产生直接效益188.14万元；抓好绿色物流建设，推进冷缩膜包装改造、混合型分拣线改造，精简优化送货线路。针对基础管理中的薄弱环节，整合运用对标管理、精益管理、管理诊断等改善工具，做好流程优化；推进降本增效工作，全年通过“精益管理降本增效”工作产生效益238.73万元。完善和理顺普宁烟草管理体制工作，完成原广东烟草普宁市有限责任公司工商登记注销程序。普宁烟草体改工作全面完成；完善风险防范化解工作体系，组织修订揭阳市烟草系统重大风险清单。

（市烟草专卖局）

旅游

综述

【旅游概况】 2020年，揭阳市文化广电旅游体育局通过实施品牌战略、引导聚集发展、支持赛事举办等，扶持全市文化旅游体育行业。组织举办旅游活动，发展乡村旅游、红色旅游，加强旅游安全管理，抓好疫情防控工作，促进文化旅游体育产业发展。全市旅行社41家，国家A级景区14家，星级旅游饭店10家。

【旅游接待与收入】 2020年，揭阳市旅游接待过夜人员265.61万人次，下降39.28%；旅游总收入35.75亿元，下降73.73%。受疫情影响，全市旅游市场持续低迷。

【旅游产业规模】 2020年，揭阳市经评定的国家A级景区14家，其中4A景区4家、3A景区10家；星级旅游饭店10家，其中五星级1家、四星级5家、三星级4家；全市旅行社41家，其中出境社3家。

【旅游发展政策】 2020年，揭阳市文化广电旅游体育局印发实施《揭阳市促进文化旅游体育产业发展扶持办法》，扶持全市文化旅游体育行业。印发实施《2020年揭阳市应对疫情影响扶持旅游业发展项目补助方案》，扶持市重点旅游企业应对疫情、缓解生产经营困难，扶持创建全域旅游示范区促进旅游市场消费项目，扶持55个项目，补助资金217万元。实施部门规范性文件《揭阳市促进旅游业发展奖励办法》，印发《2020年揭阳市促进旅游业发展奖励资金申报指南》，组织申报2020年揭阳市促进旅游业发展奖励资金，奖励2020年度旅游发展成果的5个项目，奖金110万元。

【旅游公共服务】 2020年，揭阳市文化广电旅游体育局推进“厕所革命”。新建（改、扩建）29座旅游厕所列入2020年市政府十件民生实事工作任务。全市完成旅游厕所新建（改、扩建）31座，超额完成年度建设任务，并按分级专人在全国旅游厕所管理系统”填报揭阳市旅游厕所建设和百度地图标注的动态进展情况。

【重大旅游活动】 2020年9月11日至13日，揭阳市文化广电旅游体育局组织参加在广州国际进出口商品交易会展馆举行的“2020年广东国际旅游产业博览会”。各县（市、区）文化和旅游管理部门及16家企业参加，并以“潮风客韵、山海有情”为主题设标准展位10个，从“吃喝玩乐购”五大层面集中展示旅游产品，涵盖舞狮、书法、泥塑等非遗项目及其活态展示，特色手信、旅游产品推介等内容，展示一批具有地方特色的节目和旅游产品。10月31日至11月30日，组织举办“广东人游揭阳”广东媒体、网络大咖、旅行商助力揭阳文旅市场复苏活动。邀请广东省主流媒体记者、网络大咖及旅行商组成采风报道团，实地体验黄满寨瀑布、揭阳学宫、阳美玉都等揭阳特色文化旅游产品。活动以“线下体验报道+线上推广宣传”的传播矩阵，通过启动仪式、媒体报揭阳、大咖写揭阳、大家说揭阳、旅行商合作洽谈等推广方式，引导人们放心出游，吸引游客到揭阳旅游观光、休闲度假、消费购物，促进揭阳文化旅游市场复苏振兴。10月31日至12月2日，组织举办“揭阳人游揭阳”惠民之旅活动。通过旅游惠民形式，吸引城乡居民报团消费出游，带动旅行社和景区等经营，催热文化旅游市场氛围。联动60多家文旅企业，发出惠民旅游团148团次，游客6000多人次。12月18日，组织开展揭阳文化旅游推介会（潮州站），全市各地文化旅游部门负责人及文旅企业代表等，赴潮州宣传推介揭阳市文化旅游资源。

旅游市场开拓

【重点景区景点】 2020年，揭阳市文化广电旅游体育局组织开展A级旅游景区申报、质量等级复核和专项复核工作，指导一批乡村旅游景点按标准创建A级旅游景区。是年，揭西樱山花谷景区、普宁市盘龙湾温泉度假村、惠来锦铧公园、揭西县山湖村乡村旅游景区被评定为国家AAA级旅游景区，广东望天湖生态旅游度假区（AAAA）通过五年期满评定性复核，大南山八国风情园（AAA）通过两年年度复核。

【旅游宣传推介】 2020年，揭阳市文化广电旅游体育局组织全市文旅企业参加“2020请到广东过大年”主会场系列活动、“第十六届海峡旅游博览会”“2020年广东国际旅游产业博览会”“2020年两广城市文化和旅游合作（梧州）联席会议”“2020中国（上海）国际旅游交易会”。组织举办揭阳文化旅游推介会（潮州站），宣传、展示揭阳特色文旅资源，吸引游客到揭阳旅游消费。

【乡村旅游发展】 2020年，揭阳市文化广电旅游体育局加快乡村旅游发展，助力乡村振兴。揭西樱山花谷景区、惠来锦铧公园、揭西县山湖村乡村旅游景区被评定为国家AAA级旅游景区。开展乡村旅游品牌培育创建工作。揭东区埔田镇被认定为“广东省旅游风情小镇”，揭西县山湖村被认定为“全国乡村旅游重点村”，揭西县火炬村、普宁市什石洋村、普宁市登峰村和揭东区潭王村被认定为“广东省文化和旅游特色村”。整合利用乡村文化旅游资源，编制设计乡村旅游精品线路6条，“揭西潮客乡村美食游”“普宁康养与美食乡村游”2条乡村旅游精品线路被认定为“广东省乡村旅游精品线路”。

【红色旅游】 2020年，揭阳市文化广电旅游体育局因地制宜发展红色旅游。兴道书院（棉湖战役东征军指挥部旧址）、山湖村（棉湖战役山湖之战旧迹）、揭阳学宫（周恩来同志革命活动旧址）3个红色旅游景区（点）被列入第二批广东省历史文化游径“东征革命历史文化游径”串联点。加强红色旅游资源的保护开发，利用红色旅游点、爱国主义教育基地等开展革命传统和党性教育等活动，发挥红色旅游的社会教育功能。

（市文广旅游体育局）

表12

2020年揭阳市国家A级旅游景区一览表

序号	景区名称	等级
1	京明温泉度假村	AAAA
2	阳美玉都旅游景区	AAAA
3	揭西黄满寨瀑布旅游区	AAAA
4	广东望天湖生态旅游度假区	AAAA
5	德安里旅游景区	AAA
6	揭东万竹园旅游景区	AAA
7	世铿院	AAA
8	惠来海滨度假村景区	AAA
9	揭西大洋国际生态旅游度假区	AAA
10	广东省大南山八国风情园	AAA
11	揭西樱山花谷景区	AAA
12	普宁市盘龙湾温泉度假村	AAA
13	惠来县锦铧公园	AAA
14	揭西县山湖村乡村旅游景区	AAA

旅游行业管理

【旅游市场监管】 2020年，揭阳市文化广电旅游体育局组织开展旅游服务质量系列活动，以及旅游市场执法专项检查，进一步优化旅游服务环境，规范全市旅游市场秩序，提升旅游服务质量，树立旅游行业良好形象。全年全市出动执法人员7875人次，检查各类经营场所2299家次。立案18宗，办结18宗；受理并调解投诉27宗。2020年3月查办“揭阳市顺畅旅行社未经许可经营旅行社业务案”入选广东省文化和旅游厅2020年度旅游十大典型案例，受省厅通报表扬。做好举报投诉受理工作，及时受理来自“全国旅游监管服务平台（12301）”和“12345”市民服务热线等相关渠道的举报、投诉件27件，均依照相关规定和受理流程，依法处理投诉事项，100%及时办结。印发《关于暂停全市文体娱乐场所活动及加强旅游行业疫情防控工作的通告》，联合市公安局制作发布有关疫情防控的微视频，宣传疫情防控指引和防控知识；督查文化旅游经营场所落实疫情防控措施，增强文化旅游行业疫情防控意识，确保平安无事故。

【旅游安全管理】 2020年，揭阳市文化广电旅游体育局进一步做好旅游市场安全管理工作。深入基层和景区开展督查，防患旅游事故的发生。在“五一”“十一”前、汛期和台风期间开展全市重点旅游企业拉网式安全生产和疫情防控工作落实情况督查。详细检查涉旅企业的各项安全管理制度、安全处置预案、景区安全管理和疫情防控措施等，实地察看容易发生山洪、山体滑坡、泥石流等地质灾害的地段，进行隐患排查，并对景区的娱乐设施、设备进行巡查，确保设备的安全运行。是年，全市旅游市场未发生重大安全生产责任事故。

【旅游教育培训】 2020年，揭阳市文化广电旅游体育局组织开展旅游安全应急演练活动。8月，联合市应急管理局举办防灾减灾宣传教育活动暨自救互救知识与技能培训活动。现场演示、讲解如何抢救受伤人员，发生突发事件时的应急措施、守护生命的十大黄金法则，以及灾后自救互救技能等，增强游客和旅游企业经营者防灾减灾意识和自救互救能力，落实应对突发事件防范措施。11月，联合市消防救援支队举办“2020年揭阳市文化旅游行业消防安全标准化管理现场会暨消防安全演练活动”，组织开展应急救援及逃生演练、消防器材使用培训等，召开文化旅游行业消防安全标准化管理现场会。发动社会和院校学生参加2020年全国导游资格考试。是年，全市34名考生考试合格，取得导游资格。联合市版权局组织举办全市版权、文化和旅游市场综合行政执法队伍业务培训班，邀请省厅执法处专家到场讲课。选派业务骨干参加国家文旅部和省厅组织的集中办案，提高执法队伍的综合执法能力和业务技能。

2020年揭阳市“五一”文明旅游志愿者活动现场 （郑楚藩　摄）

旅游服务

【星级旅游饭店】 2020年，根据《广东省旅游饭店星级评定委员会关于开展2020年全省星级旅游饭店复核工作的通知》，揭阳市文化广电旅游体育局组织开展全市星级饭店的检查复核。全市列入满三年期评定性复核星级饭店3家（华南大酒店、金皇名庭酒店、富林大酒店），全部通过评定性复核；列入年度复核的星级饭店5家（东湖大酒店、黄金假日酒店、碧辉园酒店、东海酒店、惠来宾馆），全部通过年度复核。

表13

2020年揭阳市星级酒店一览表

序号	名称	星级
1	揭阳市榕江大酒店	五
2	惠来宾馆	四
3	东海宾馆	四
4	普宁黄金假日酒店	四
5	揭阳市东湖大酒店	四
6	普宁市碧辉园酒店	四
7	金皇名庭大酒店	三
8	揭阳市华南大酒店	三
9	普宁金叶大厦	三
10	惠来富林大酒店	三

【旅行社】 2020年，揭阳市文化广电旅游体育局协调做好疫情期间旅行社退团退票工作，以及因疫情影响运作困难的旅行社暂退质量保证金工作。全年全市暂退质量保证金273万元。全年审批新设立旅行社2家：揭阳市顺畅旅行社有限公司、揭阳市嘉泰国际旅行社有限公司。

表14

2020年揭阳市旅行社一览表

序号	旅行社名称	序号	旅行社名称
1	揭阳市光辉国际旅行社有限公司	22	揭阳市新旅程国际旅行社有限公司
2	揭阳市中国旅行社	23	揭西县揭之旅旅行社有限公司
3	揭阳市青年国际旅行社有限公司	24	普宁市东弘旅行社有限公司
4	揭阳市旅总国际旅行社	25	揭阳市美景旅行社有限公司
5	普宁市新启程旅行社有限公司	26	揭阳市金凤凰国际旅行社有限公司
6	广东蓝丰航空旅游服务有限公司	27	揭西县霖都国际旅行社有限公司
7	揭西县环游国际旅行社有限公司	28	普宁市铁山旅行社有限公司
8	惠来小伙伴旅行社有限公司	29	普宁市美林旅行社有限公司
9	揭阳市众达国际旅行社有限公司	30	普宁市新东方旅行社有限公司
10	揭阳市全球行国际旅行社有限公司	31	揭西县新世纪国际旅行社有限公司
11	普宁市稻人旅行社有限公司	32	普宁市侨联旅行社
12	揭阳市海之韵国际旅行社有限公司	33	普宁市金叶旅行社有限公司
13	揭阳市鸿远国际旅行社有限公司	34	普宁市旅游总公司
14	揭阳市开心一族旅行社有限公司	35	揭阳吉旅旅行社有限公司
15	揭阳市视界旅游有限公司	36	揭阳市顺华旅行社
16	惠来县云轩旅行社有限公司	37	揭阳康辉旅行社有限公司
17	揭阳市途优游国际旅行社有限公司	38	揭阳市宝马旅行社有限公司
18	揭阳市启程国际旅行社有限公司	39	揭阳假日旅行社有限公司
19	揭阳市途乐旅行社有限公司	40	揭阳市顺畅旅行社有限公司
20	揭阳市笠人部落国际旅行社有限公司	41	揭阳市嘉泰国际旅行社有限公司
21	惠来县惠之旅旅行社有限公司		

（市文广旅游体育局）

交通·邮政

交通管理

【交通管理概况】 2020年，揭阳市交通运输局完成交通基础设施建设投资约54.2621亿元。其中，高速公路完成24.7621亿元，农村公路完成9.5亿元，国省道完成9亿元，港口建设完成11亿元。实现全市1446个建制村百分之百通客车。

【国省道建设】 2020年，揭阳市交通运输局推进国道324、省道236等12个国省道改建（扩建）工程。开工建设国道238普宁益岭至惠来惠城段、省道237普宁赤岗至麒麟段等13个国省道改建（扩建）项目。

【农村公路建设】 2020年，揭阳市交通运输局完成“四好农村路”建设任务862.857千米，累计投资约9.5亿元，完成砂土路改造832.433千米，100人以上自然村硬化路25.424千米，通产业园公路5千米。其中，榕城区完成9.665千米，空港区完成60.568千米，惠来县完成183.507千米，揭东区（含产业园）完成282.617千米，揭西县完成112.845千米，普宁市完成213.655千米。

【高速公路建设】 2020年，揭阳市交通运输局完成3条高速公路投资21.5821亿元。其中，汕湛高速公路汕头至揭西段完成投资13.0885亿元，2020年12月28日建成通车；潮汕环线高速公路揭阳段完成投资1.7837亿元，2020年12月28日建成通车；五华至陆河揭阳段完成投资6.7099亿元，2020年11月28日建成通车。其他高速公路连接线工程完成投资约3.18亿元。

【港航设施建设】 2020年，揭阳市交通运输局加快建设中委合资广东石化2000万吨/年重油加工工程配套码头工程（原油码头、产品码头）、揭阳港前詹作业区通用码头一期工程。开工建设揭阳港大南海东岸公共防波堤工程，完成进港航道工程前期工作，谋划建设揭阳LNG接卸码头、广东520万立方米原油商储库及配套码头30万吨码头。至年底，揭阳港大南海东岸公共码头防波堤工程、公共进港航道工程获交通运输部3.67亿元补助资金承诺，进港航道0.711亿元、防波堤0.3亿元到位。

【交通执法检查】 2020年，揭阳市交通运输局以打击交通运输领域“黑恶乱”突出问题为重点，部署全市开展工程建设、出租汽车、道路客运、货运、机动车驾培领域等8项专项整治行动，营造严管高压态势。全市交通部门查处违法运输案件3359宗；联合执法查处货车超限超载案件3967宗，其中现场查处3361宗，非现场治超查处606宗；落实“一超四罚”282宗，处罚货运源头单位案件251宗；查处非法改装车辆549辆，恢复原状548辆；查处非法改装汽修厂5家、未按规定备案汽修厂45家。

【建制村百分百通客车】 2020年，揭阳市交通运输局在全市1446个建制村，投入1135辆班车、公交车和小型客车，按照6种运营模式实现全市建制村百分百通车保障任务。其中，公交车运行模式408个，客运班线运行模式820个，公交与客运结合运行模式39个，班车客运预约响应模式175个，渡运模式4个。至8月10日，全市新投入7座小型客车71辆（其中中心城区30辆，揭西22

辆，普宁11辆，惠来8辆），实现建制村百分百通客车。

公路运输

【道路客运】 2020年，揭阳市交通运输局推进全市建制村通客车工作，重点服务边远乡村群众出行。组织开展《揭阳市中心城区公交线路专项规划》编制工作，修订《揭阳市网络预约出租车经营服务管理实施细则（试行）》。是年，全市累计公路客运量874.36万人，减少54.77%，旅客周转量87504.29万人千米，减少58.77%。

【道路货运】 2020年，揭阳市交通运输局制定《揭阳市加强和完善车辆超限超载治理工作的意见》，加强车辆超限、超载管理，确保交通安全畅通。全市累计公路货运量1637.13万吨，减少3.45%。累计货物周转量123981.21万吨千米，减少0.48%。

铁路运输

【铁路建设】 2020年，揭阳市交通运输局在铁路方面推进多项建设。新建汕尾至汕头铁路，起于广汕铁路汕尾站，止于广梅汕铁路汕头站，正线全长162.8千米，初步设计批复投资253.5亿元。揭阳市境内里程46.07千米，投资估算约53.8亿元。在惠来县东陇镇东陇村南设惠来站（粤东新城起步区）。工程预计2023年9月完工。截至年底，项目年累计完成投资13.5亿元，开累投资完成18.5亿元。新建揭阳至惠来铁路。近期单线，远期揭阳至普宁复线。项目全线位于揭阳市境内，线路正线自梅汕铁路揭阳站引出，经揭东区、揭西县、普宁市、惠来县，终点至汕汕铁路惠来站。项目投资估算总额132.78亿元，建设总工期4年。2020年10月16日被省发改委正式批复。先行段（狮子寨隧道至百吉岭隧道站前工程）于2020年11月17日开工，2020年完成投资5190万元。

【揭（阳）惠（来）铁路开工建设】 2020年11月17日，揭阳至惠来铁路暨全市第四季度重大项目集中开工仪式在惠来县惠城镇上林村举行。该项目线路北起梅汕铁路揭阳站，向南经揭东区、揭西县、普宁市、惠来县，接入在建汕汕铁路惠来站，正线全长约88.66千米。另新建揭阳站至锡场线路所立折线长1.92千米，新建新亨联络线、大南海支线及相关专用线17.08单线千米，新建线路全长107.66千米，设计时速160千米，为客货兼顾铁路。全线设揭阳（并站）、新亨（接轨站）、霖磐、洪阳、普宁北、普宁（并站）、大南山、大南海、惠来（并站）9座车站，设仙美、锡场、惠来西线路所3座，项目投资估算总额132.78亿元。工程建设总工期4年。建成后单向年货运能力约400万吨，单向年客运能力约600万人。项目先期开工段工程位于普宁市与惠来县境内，起点为狮子寨隧道进口（普宁市大南山街道圆山村），终点为百吉岭隧道出口（惠来县惠城镇上林村），线路长度11.173千米，投资4.94亿元，主要工程包含隧道2座、大桥1座。揭阳至惠来铁路项目是贯通揭阳南北的交通大动脉、粤东地区铁路网的重要组成部分，主要承担港口集疏运及揭阳市域内城际客流功能，近期客货兼顾，远期以客为主。

（市交通运输局）

民用航空

【民用航空概况】 揭阳潮汕国际机场位于揭阳市空港经济区登岗镇，是揭阳、汕头、潮州三市的地理中心，服务总面积约3万平方千米的粤东地区，辐射闽南部分地区。揭阳潮汕国际机场定位为国内中型机场，飞行区为4E级，拥有1座航站楼和1条跑道。2020年，揭阳潮汕机场公司加快机场设施建设步伐，飞行区扩建工程投运，航站区扩建工程动工；全年完成航班起降44517架次、旅客吞吐量528.6万人次、货邮2.77万吨，分别下降20.4%、28.1%、0.5%。

【机场设施建设】 2020年，揭阳潮汕机场公司继续推进机场设施建设。飞行区扩建工程全面投运。潮汕机场跑道延长及站坪扩建工程继2018年通过货机坪竣工验收、2019年通过第一阶段竣工验收后，先后于2020年3月31日通过第二阶段竣工验收、5月12日通过民航中南局行业验收。7月16日，北站坪航空情报资料生效，飞行区扩建工程全面投运。航站区扩建工程全面动工。2月28日，揭阳潮汕国际机场航站区扩建工程项目全面动工建设。截至年底，国际航站楼、运控大楼和值班宿舍主体结构施工全部完成，国内航站楼、交通中心主体结构施工完成95%，累计完成投资8.16亿元。整体工程预计于2022年完成。

【航空运输业务】 2020年，民航业受到新冠肺炎疫情影响，航班生产大幅下滑。揭阳潮汕机场公司迅速出台航班补贴政策，积极支持航空公司客改货，根据疫情变化因时度势优化航线补贴方案，实现“一企一策”精准补贴，骨干航线保持稳定运行不断线，巩固发展基本盘。从9月开始，航班量和旅客吞吐量逆转回升，澳门航线成功复航，运输生产呈现良好态势。全年新增拉萨、西双版纳、三明、岳阳、无锡、赣州、临沂、盐城8个重要及热门航点，加密北京、广州、上海、南昌、南京、杭州等多条重要航线，国内航线72条，国内航点66个。

（揭阳潮汕机场公司）

水运航道

【水运航道概况】 2020年，广东省粤东航道事务中心揭阳航标与测绘所主要负责揭阳市辖区内的航道维护与管理，保障航道安全畅通。揭阳航测所继续推进高等级的航道网络体系、高质量的航道服务体系和高效率的航道事务管理体系建设，贯彻落实《中华人民共和国航道法》《航道管理条例》《航道养护管理规定》等法规制度要求，坚持绿色发展理念，加大航道信息化建设力度，全面提升航道公共服务水平，抓好安全生产工作，扎实做好航道、航标等主业工作，不断提高航道维护管理质量和服务水平，营造安全畅通的水上运输环境。

【航道管理】 2020年，揭阳航测所严格履行职责，落实航道管理相关规章制度，加强航道维护管理和养护工作，强化航道巡查、探测、扫床、测量等措施，确保航道安全畅通，保障航道维护水深年保证率满足规范要求。抓好2020年春运工作，重点加强榕江、榕江南河和榕江北河航道巡查，缩短巡航周期，完成春运工作任务。台风期间，严格落实各项防范措施，做好各项应急准备工作，未出现航标损毁情况。加强航道巡查，保护航道资源。加强辖区航道监督检查和技术核查工作，落实航测所、航道站巡查工作制度。全年开展航道巡查82次，巡查航道2533千米。其中Ⅰ至Ⅲ级航道946千米、Ⅳ至Ⅶ级航道935千米、等外航道711千米，参与巡查人员608人次。航道巡查中发现4处施工作业未按规定办理相关许可，对其进行建档跟踪管理并及时向上级报告，要求施工单位办理相关许可并落实航道保护措施后方可继续施工。

【航标维护】 2020年，揭阳航测所抓好航标日常维护保养，确保航标正常率。严格执行航标管理办法和质量标准，按巡查周期进行巡查和维护，确保航标功能正常，严防航标失常造成的责任事故。应用好航标遥测遥控管理系统、桥梁净高显示系统等，及时总结遥测遥控航标管理经验，推进航标遥测遥控功能全覆盖，以信息化手段提升航道事务管理水平和航道对外服务质量能力。落实省中心和粤东中心要求，推行航标养护作业标准和桥区航标设置标准，提升航标日常维护水平。全年完成榕江南河3座浮标更新和榕江北河4座塔标路修整工作，完成梅汕客专枫江特大桥航标设置项目。辖区航标安装遥测遥控设备74座，航标维护信息化水平不断提高。开展航标大保养工作，确保航标处于正常工作状态，全面达到航标“位置准确、灯质正常、颜色鲜明、结构良好”要求，为船舶提供优质安全的助航服务，促进地方航运经济发展。

【航道技术服务】 2020年，揭阳航测所落实航道监督检查技术服务工作规章制度要求，做好航道技术服务工作，加强辖区航道监督检查和技术核查，确保航道安全畅通。辖区内2020年列入技术核查项目2个，分别是新建梅州至潮汕铁路工程MSSG-4标段、揭惠高速莲花特大桥项目，开展现场技术核查12次，未发现施工现场违章行为。

海事管理

【海事管理概况】 2020年，揭阳辖区水上交通安全和水上运输防疫安全形势稳定，海船进出港报告16635艘次，增长13.4%；吞吐量4226万

2020年11月6日，揭阳、汕头两地海事部门联合开展海区巡航和“攻砂”行动

（揭阳海事局 供稿）

吨，增长18.1%。LNG船舶进口岸18艘次，安全接卸124.7万吨。滞留低标准船16艘，船员违法记分15人次、84分，扣留船员适任证书3人次、21个月。查处内河船参海运输4宗、集装箱载运危险品瞒报案件3宗；发现存在船检质量问题的船舶8艘次；查处并跟进纠正1宗“大船小证”船检质量典型案件。

2020年12月18日，揭阳海事局执法人员开展普法宣传

（揭阳海事局　供稿）

【海事服务】 2020年，揭阳海事局推进“放管服”改革，制定助力优化营商环境16项举措，配合榕江港区码头分类处理，并做好引导。服务涉水重点项目建设，主动对接中石油炼化一体化项目和海上风电项目两个“千亿工程”等项目。为揭东自来水应急工程和榕江景观大桥等涉水工程建设提供便利。印发《政务改革工作方案》，制定《政务服务“好差评”工作制度》，发布船舶证书“一次通办”通告。新冠肺炎疫情期间实施“网上办、预约办、电话办、邮寄办、延期办”。助力地方脱贫攻坚，实现帮扶对象全部脱贫。

【安全监管】 2020年，揭阳海事局抓好安全监管工作，履行“三保一维护”职能。打击载砂海船违法乱象。组织专题研究，坚持“七个强化”，采取“六个严查”“六个一律”，坚持“三个用好”“三个不能”具体措施，用好滞留和违法记分，严查严罚，载砂海船险情事故多发态势得到遏制。打造商渔船防碰安全生态。开展商渔船碰撞顽疾治理，打造商渔船防碰安全生态。落实强化规律研究、强化分类防范、强化宣传教育、强化齐抓共管“四个强化”。惠来沿海近岸30海里以内的通航密集区连续8年实现商渔船碰撞“零事故”，商渔船防碰本质安全得到提升。整治“三无”船舶违章行为。全面落实《广东省清理整治“三无”船舶专项行动方案》精神，加强与地方政府、渔政部门、水上警察沟通联系，减存量、控增量、防变量、消能量。坚持发现一艘、查处一艘，坚持典型事故案例进乡村、上船头，坚持约谈“三无”私人快艇所在村居干部，督促推动办理登记注册，改善榕江水域的通航环境和通航秩序。维护水上无线电管理秩序。开展水上无线电秩序整治，推行“五个到位”（组织领导到位、宣传排查到位、学习培训到位、联合联动到位、工作督查到位）工作法，累计检查船舶650艘次，发现问题船舶37艘次，行政处罚14艘次，查处“一船多码”3艘、“一码多船”1艘、违规使用大功率AIS设备1艘。有7宗典型案例被广东局采用，2宗案例被收录为部海事局典型案例。破解通航环境重点难点问题。针对渔湖弯接连发生小事故的实际，制定有针对性的监管措施，修改该河段的船舶航行规定，严格执行监管规定，自新规以来未发生险情事故。加强对榕江码头前沿水域的巡航监管，除责令改正违法行为外，对存在严重缺陷的船舶，采取滞留措施，船舶乱锚泊的现象杜绝。推行“一线三排”工作机制，建立“一桥一档”，实施“一桥一策”，加强桥区水域巡航，及时清理采螺小船，确保辖区通航水域12座桥梁安全稳定。

【水上搜救】 2020年6月17日，揭阳市海（水）上搜救分中心成员会议暨海上船舶海港防热带气旋工作会议在揭阳海事局召开。市海（水）上搜救分中心有21个成员单位。是年，搜救分中心接到报警27起，其中列入系统上报的险情9起，成功救助102人，成功率100%。

【专项行动】 2020年，揭阳海事局落实水上交通安全专项整治三年行动。制定《揭阳海事局水上交通安全专项整治三年行动实施方案》，明确7大方面、25项具体工作任务，建立“周碰头、月通报、季会商”内部工作机制；与航标、海警、水警等单位建立外部共建协作机制，先后签订《揭阳海事局、汕头航标处一体化融合发展合作框架协议》《揭阳海事局、揭阳海警局协作共建协议》《揭阳海事局、揭阳市公安局水上警察支队协作共建协议》；建立“问题隐患”和“制度措施”两个清单，发挥“两个清单”的指挥棒和导向作用，提升揭阳辖区水上交通安全水平。

邮政通信

【邮政通信概况】 2020年，揭阳市邮政管理局以“人民邮政为人民”的服务宗旨，履行邮政普遍服务和普惠金融服务义务，加强设施建设，提升邮政整体服务形象和经营效益，推动企业转型发展，为当地社会发展和建设服务。新冠肺炎疫情发生后，揭阳邮政扛起“国家队”责任，确保邮政生产服务畅通，做到“四不中断、四免费办”。克服疫情影响，坚持高质量发展，在宏观经济下行压力加大等情况下，发展势头良好，能力建设稳步提升，超额完成省邮政分公司下达的年度利润目标，收入增幅全省邮政排名第1。全年邮政通信安全无事故。

【设施建设】 2020年，揭阳市邮政管理推进设施建设，包括实物网、信息网、绿色邮政和重点项目建设，为企业实现可持续发展奠定良好的基础。在实物网建设上，加快场地改造。揭阳新亨邮件处理中心（一期）租用场地总面积约8200平方米，其中平台处理场地面积4980平方米，作业场地面积增加4212平方米。投入自动分拣机、收寄快手等自动化设备，实现处理能力、处理效率、收寄能力、网运能力四大提升，日均进出口处理能力40万～50万件，集包处理效率由原0.8万件/小时提升至3.2万件/小时。强化指挥调度管理。严格执行生产作业计划，有效衔接各环节作业，抓好邮件时限管控，周密筹备旺季疏运工作，确保邮件不积压不延误。调整优化全市邮路。合理均衡各路向邮件量，减少内部处理环节，提高邮件全程时限，增强用户体验。增强投递队伍力量。建立灵活、快速响应机制，化解旺季峰值压力，及时清投邮件。在信息网建设上，组织落实内网终端防病毒的安装工作。引进、统一安装电脑管家团队版，下发安全策略、打补丁、定期扫描杀毒等操作功能，实现对所属区域所有互联网终端的统一管理、预警信息接收。完善系统使用。正式推广揭阳邮政企业微信号报障系统，引入启用揭阳自助设备报障系统，推广揭阳设备管理信息系统使用。做好全市通信线路提速工作。网点数据专线从去年8兆提升到10兆，为业务发展做好网络支撑工作，确保金融网及综合网络正常运行。做好信息系统推广工作。开展全市智能信箱（筒）改造工作，计划安装智能装置103套。在绿色邮政建设上，推进行业生态环保工作，深入践行绿色发展理念，45毫米“瘦身胶带”封装比例100%，电商快件不再二次包装率100%，循环中转袋使用率99.38%，设置包装废弃物回收装置快递服务网点37个，设置比例35.19%，提升19.53个百分点。在重点项目建设上，完成揭西上砂、惠来仙庵2个支局整治并投入使用，为改善职工住宿环境，稳定职工队伍，增强企业凝聚力，完成大坝、池尾等8个支局宿舍的整治。安排专项资金用于邮件生产处理场地、投递站点改造和安全设施“达标建设”，为企业发展做好能力建设保障。

【业务经营】 2020年，揭阳市邮政管理服务民生，推进业务高质量发展，全年累计收入实现规模翻番。注册菜鸟裹裹代寄点88个（支局+寄递），上线率104%，开淘率96%，均达考核标准。初步促成揭阳职业技术学院校园网点转型；惠来华湖邮快示范点试行代投惠来百世快递邮件，邮快合作正式落地实施；“菜鸟裹裹退换货”项目正式上线工作；在城区、普宁推行快包营揽环节“准加盟制”创新经营模式。承办政务便民服务项目，涵盖公安交管、出入境、户政治安、法律文书、税务、工商、教育考试、国土资源和人事社保九大政务服务渠道，助力政府政务“零跑腿”“非接触式”便民服务；开办机动车号牌申领、驾驶证补换证、行驶证申领邮寄、电动自行车号牌申领、车辆年检标识申领、车辆抵、解押业务办理、港澳台通行证、护照申领、二代证申领和补更换证、居住证、工商执照、空白税票申领、税务文书、法院文书等几十项政务证照、文书邮寄服务。在代理金融业务上，顺应社会潮流，加快推行移动支付，新增微信邮付商户，包括餐饮业商户、微邮惠入驻商户和云闪付商户；新增手机银行和移动绑卡用户，方便交易。助力政府城乡居保全覆盖，为近200万人提供城乡居保代发及代缴资金服务。在邮务业务上，加快函件新媒体发展，利用微信朋友圈为社会、为用户提供高效便捷的宣传服务；推行电影卡业务，为观影爱好者提供性价比较高的电影卡。疫情期间及时调整营销方式，推出各种线上营销模式，如《最美请战书》珍藏册、《爱的抱抱》手链、蝴蝶钞、《玫瑰之心》礼盒、《国宝熊猫币套装》、抗美援朝出国作战70周年题材邮品、《武夷山》纪念币邮票珍藏册等产品微营销。发挥邮政企业宣传发行主渠道和覆盖面广、服务好的特点，通过“揭阳集邮”微商城、微邮局订阅、企业号报刊对公订阅等渠道推行线上订阅。做好党报党刊及政务图书发行，《习近平谈治国理政》第三卷等图书到达乡镇、农村党支部；举办多场图书巡展活动，在农村电商业务上，利用现有的实体站点和实物配送网络基础，搭建线上综合销售平台“揭阳邮乐市馆、揭阳邮乐农品馆”，打造“农村电商+寄递+金融”协同发展模式。重点推进“好村庄鸡蛋”“玉茶”“砲台石牌红薯”“刘氏蜂蜜”“惠来菠萝”等本地主要农产品和“梅州蜜柚”等基地农产品，开展农产品产区直发的业务发展模式，助力农产品销售。开设“村播”账号4个，实现“村播”千人吸粉及视频拍摄上传等工作，逐步实现“村播”带动贫困村农产品销售，做好电商扶贫工作。开办第四届“919电商节”活动，提高农村电商的品牌影响力。

快　递

【快递概况】 2020年，揭阳市获得快递业务经营许可的法人快递企业143家，省级分拨中心11家，分别是邮政速递、中通、圆通、韵达、申通、天天、京东、顺丰、优速、极兔、德邦，各类营业网点475处，凸显粤东快递物流集散中心的邮政快递枢纽作用。

【快递业务】 2020年，揭阳市快递业务量累计完成23.47亿件，增长61.76%，占全省比重为10.63%，位列全国第7、全省第3；快递业务收入累计完成137.95亿元，增长32.43%，占全省比重为6.32%，位列全国第10、全省第4。巩固快递强市地位，擦亮“中国快递示范城市”金字招牌，为全省邮政快递业高质量发展和揭阳“六稳”“六保”工作做贡献。

【行业管理】 2020年，揭阳市邮政管理局深化示范城市创建工作。市政府印发《揭阳市人民政府办公室关于印发揭阳市深化中国快递示范城市创建工作方案的通知》，研究支持揭阳邮政业高质量发展的若干政策措施，从13个方面对行业注入新发展动能，优化市场环境，完善基础设施，推动产业创新，促进转型升级，提高快递业的综合竞争力。推进“两进一出”工程。深化“快递下乡”，推动“快递进村”，发挥省级财政专项资金补贴作用，加快乡镇农村邮政快递网点布局，推动农特产品“触电上网”。推进“邮快合作”，组织市邮政分公司与全市9家快递企业分拨中心签订邮快合作快递下乡战略合作框架协议，并举办首批合作示范点揭牌仪式，拓宽“农产品进城、工业品下乡”的双向快递物流通道，打通农村投递服务“最后一公里”。聚焦高端高新制造业，推动产业嵌入，促进“快递进厂”。全年全市进厂快递品牌超16个，为厂家提供寄递服务业务量超800万件。加强与商务、海关沟通，推动建设全市首个跨境电商产业园，助力“快递出海”。通过突出检查寄递企业禁毒、扫黑除恶工作，强化寄递渠道安全保障工作，全年行政处罚14宗，罚款13.37万元，为惠来禁毒重点整治成功“摘帽”做贡献；加强行业绿色发展工作。全市邮政快递业电子运单使用率99.8%，“瘦身胶带”封装比例96.3%，电商快件不再二次包装率87.2%，循环中转袋使用率97.5%，设置包装废弃物回收装置网点152个，新能源汽车使用量55辆。以“快递进村”“邮政在乡”推进扶贫工作。对口帮扶新岭村建档立卡贫困户16户、37人全部脱贫。开展关爱“快递小哥”工作。联合市委“两新”工委印发《揭阳市加强快递行业党建工作实施方案》，开展对全市快递企业的调查摸底，摸清快递企业的党建底数。推动成立中共揭阳市顺丰速运有限公司支部委员会、中共中通潮汕管理中心支部。开展关爱“快递小哥”联合慰问活动，了解快递从业人员的生存和发展状况，解决存在问题。加强寄递渠道疫情防控工作。落实疫情防控工作的各项决策部署，启动揭阳市邮政业应急响应机制，成立疫情防控工作领导小组，部署疫情防控和复工复产工作。2万名快递小哥逆向而行，全力保障防疫物资和居民生活物资运递。全市快递业率先实现复工复产，带动经济快速复苏，保证产业链顺畅连通，维护正常的社会秩序，助推经济发展。在服务过程中，行业做到“零感染”，实现防疫和生产“两不误”。

【邮政行业管理】 2020年，揭阳市邮政管理局履行监督管理职责。落实机要通信“一把手”工程，全年检查机要场所16家次、机要通信车6辆次。建立5家机要营业处理场所信息台账，完成揭东区机要室迁建工作；邀请市“扫黄打非”办公室专家授课，向企业发放宣传手册，企业签订“扫黄打非”承诺书5份、责任书106份，守住邮政业意识形态安全和政治安全底线。全面开展乡镇邮政局所专项检查，提高普遍服务水平。全市3个邮政代办所搬入标准化建设的全新独立场所。首个政务中心邮政所正式挂牌营业。全市87个邮政局所自办率99%，并建立基础信息档案。

（林妍华）

信息产业

信息化建设

【信息化建设概况】 2020年，揭阳市工业和信息化局承接相关行政许可、行政检查、行政处罚等事项，并将承接的22项省级行政职权梳理纳入权责清单，及时与省市统一申办平台对接。以“减环节、优流程”为原则，实行“一站式”服务，所有行政审批业务全部通过网上办理、基站使用电子证照、跑动次数为零。便民利民，服务地方经济社会发展。全年办理台站执照14件，频率使用许可2件，发射设备销售备案53家，按时办结率100%。进一步推广普及电子证照等便民措施，完成12项申请政务服务事项“四免”优化，由原来应提交75份材料，减少到63份，少报率16%。

【基础设施建设】 2020年，揭阳市工业和信息化局实施信息基础设施建设三年行动计划（2018—2020），截至年底，固定宽带接入端口347.1万个，全省排名第9位；家庭宽带普及率108.7%，其中百兆宽带渗透率90.1%，居全省第2位；4G基站累计超1.2万座，移动宽带用户442.2万户；互联网出口带宽超1.5T。全市93个乡镇（街道）、1445个行政村及3792个20户以上自然村均实现光纤网络和4G网络100%全覆盖。加快5G网络建设进度。联合电信运营商和铁塔公司等建设主体，加大5G网络建设力度，协调解决建设过程中遇到的困难。新建5G基站1875个、智慧灯杆22根、5G用户数约31.4万户。建立5G产业发展联席会议制度。推进公共场地5G基站报建工作。印发《揭阳市公共场地5G基站报建工作方案》，实行“审核要件、简化流程、限时办结”原则，采取“一张申请表单，一套申报材料”模式。推进全市机关、事业单位免费开放公共场所和所属公共资源支持5G基站建设。推动5G基站规划衔接落地。推动《揭阳市移动通信铁塔站址建设规划（2019—2022年）》纳入国土空间规划，协调将基础电信企业及铁塔公司规划专家纳入市规划专家委员会。

（王　挺）

【无线电管理】 2020年，揭阳市工业和信息化局印发《关于做好无线电销售备案工作的通知》，督促无线电销售企业或个人做好备案工作。按照2020年度“双随机、一公开”抽查工作计划，联合市场监管部门印发《关于开展2020年无线电管理跨部门联合抽查计划的通知》，对26家销售单位开展监督检查，自行组织抽查19家，联合市场监管局抽查7家，并按要求进行公示。抽查辖区内铁路沿线GSM-R基站，实地核查2个台（站）的使用情况和台站位置信息，完成铁路无线电安全隐患整治。抽查微波站、雷达站、公众移动通信基站等31个无线电台（站）数据库数据。经核实，31个台（站）数据完整准确。无线电监测能力建设。建设惠来县边海防监测小站，实现市中心及5个县区6个监测站点与省无线电监测控制中心联网，形成常态化频谱监测工作，包括频谱评估专项活动、监测月报、干扰排查、重大活动无线电安全保障等。全市监测网城区覆盖率65%以上，郊区覆盖率10%以上。无线电频谱监测。落实日常无线电监测制度，将民航、应急保障、铁路等重要业务无线电频率纳入日常保护性监测。在重要敏感时期，成立应急保障机动队，遇到紧急情况及时响应。根据省工信厅关于2020年第一至第四季度无线电频谱监测统计工作要求，完成重点频率监测监听累计7500小时，完成重要频段扫描测量13500小时，编报完成频谱监测统计报告12份。加大干扰查处力度。针对卫星电视接收设备受5G基站干扰的情况，在确认干扰源后，协调市电信公司和市广电网络公司，揭西县电视台通过换新发射机、加装滤波器、调整天线和降低电台功率，消除干扰。针对民航部门申诉的机载GPS受大面积干扰的情况，出动人员72人次、监测车60辆次、设备78台次，查处无线电干扰8宗。会同市场监管、文广新、公安等部门开展整治行动，加强执法力度，依法打击非法设台、私装GPS干扰器行为，保障民航飞行安全。开展常态化整治"黑广播""伪基站"行动，查处"黑广播"5起。围绕专项执法行动，制作宣传视频在主流媒体播放。做好无线电安全保障。修订《揭阳市无线电管理处置突发事件应急预案》，成立反恐应急专业队。组织做好春运、"两会"、清明节、国庆及汛期等重要时间节点无线电业务的安全保障工作。全市无线电应急机动队伍10人、无线电监测车3辆、各类便携监测设备12台，保障重大活动、民航、汛期、森林防灭火及疫情防控用频安全。配合考务部门做好各类重要考试无线电安全保障工作，全年保障高考、公务员笔试等各类考试21场次。

通信业

【中国电信揭阳分公司】 2020年，中国电信揭阳分公司完成业务收入8.6亿元，增长4.7%。公司获得"广东省先进集体"称号，属下客户服务中心获"广东省五一劳动奖状"，普宁分公司获"揭阳市先进集体"，空港运营中心获"揭阳市工人先锋号"。

信息基础设施建设 加快5G共建共享，建成5G基站1000座，实现市区、各县城、各镇中心以及各级政府单位、机场、高铁站、重要商圈等5G信号覆盖。加强移动网络优化，增强农村覆盖和室内深度覆盖，至12月份，MR覆盖率94.7%，较年初提升2.1%。开展1.8G20M扩频及800M再重耕，用户体验下行平均速率提升20%，流量提升6%。聚焦重点小区，加快XGPON网络改造升级，基本实现千兆全覆盖，完成千兆小区业务割接近100个。率先推出千兆Wi—Fi服务，具备5G、光宽、Wi—Fi"三千兆"服务能力，为用户提供有线/无线、室内/室外的全场景千兆服务。

助力数字揭阳建设 依托"三千兆"和云网安融合优势，助力经济社会数字化转型。做好广东省"数字政府"政务云平台揭阳节点的运维工作，协助25个单位60多个系统完成上云。支撑"平安揭阳"高清视频监控系统、"十三五"视频监控系统智能大数据平台、12345市民服务热线、"互联网+明厨亮灶"、综治信息系统应用及通信服务等信息化项目及应用建设。与揭阳市快递行业协会签署战略合作协议，探索快电合作新模式。推出5G+智慧社区、全屋Wi-Fi等创新智能应用。打造"平安乡村""平安校园""平安工厂"等20多种"平安+"应用场景解决方案，覆盖8大行业。

社会服务 加强南联村脱贫攻坚帮扶工作，完成结对扶贫对象39户74人100%脱贫的任务，为33户贫困户赠送天翼移动手机和天翼高清ITV，并提供1年免费使用服务，解决贫困户使用网络和电视问题。高标准落实网络保障和信息安全防范工作，完成"两会"、中考、高考、汛期、国庆等重要通信保障任务，未发生重大网络与信息安全事件。开展垃圾短信专项治理，助力打击通信网络诈骗。走进《行风热线》直播间，接受群众咨询监督，为群众答疑解惑，受理群众投诉建议。全方位助力抗击新冠肺炎疫情，启动7×24小时应急保障预案，为各级疫情防控部门和医院开通绿色通道，紧急开通专线30条，电路升速66条。投入上百万元，完成疾控单位、医院5G基站建设。疫情期间累计投入保障人员4560多人次，出动车辆2275辆次、油机399台次，巡查里程超3万千米，隐患检查及处理16次，保障通信网络畅通安全。在全市1300多个乡村上线"疫情防控播报平台"，及时宣传疫情防控政策、要求，有效解决防疫信息传递"最后一公里"问题。为全市700多个行政村搭建"平安乡村"视频监控智能管理平台，协助

2020年2月29日，疫情期间揭阳电信智慧工程师正在安装"平安乡村"监控摄像头 （中国电信揭阳分公司 供稿）

村委开展疫情监测，弥补乡村治安防控短板。开展“网速有保障，网课安心上”免费检测优化公益活动，为全市各级学校免费提供“云课堂”网络直播教学平台，助力超7万学子实现“停课不停学”。

（陈志宏）

【中国移动通信集团广东有限公司揭阳分公司】 2020年，中国移动通信集团广东有限公司揭阳分公司紧跟产业发展趋势及地方发展要求，发挥“无线+有线”的网络优势，不断提升业务技术及服务水平，自觉履行国有企业社会责任，为揭阳社会经济发展提供优质的数字化信息服务。全年通服收入22.96亿元，增长7.14%，为国家和地方创税1.58亿元。公司获得“2020年全国安全文化建设示范企业”“广东省法治文化建设示范企业”称号；1个单位获评“全国厂务公开民主管理工作先进单位”，1个党支部获评“中国移动先进基层党组织”，1个集体获评“中国移动模范职工小家红旗单位”，2个集体获评“广东省青年文明号”，1人获评“中国移动劳动模范”，1人获评“中国移动优秀基层党务工作者”称号。

新型信息基础设施建设 全年完成投资6.97亿元，打造5G精品网络，累计建成5G基站1013个，达到SA商用标准，实现各区县中心区域连续覆盖，核心镇中心覆盖，以及市委市政府、潮汕机场、大南海石化工业区、中德金属生态城、揭东开发区、万达广场、天虹广场等重点场景覆盖。率先实现5G SA独立组网，主城区平均下载速率766.15Mbps，总系统带宽4300G，保障5G业务的下载速率和高可靠连接。推进光网建设，实现行政村光缆100%覆盖，城区100%具备千兆宽带网络接入能力、村村通光缆，传输网质量位居全省前列。政府办公场地、交通枢纽及主干道、密集商圈覆盖良好。推动数据中心资源扩容和安全升级，机架量160个，出口带宽800G，被评定为集团三星级机房，通过信息系统等级保护三级认证。

5G应用及合作 推进5G+智慧园区建设，为重点工业企业提供“5G终端—5G网络—5G工业云”端到端解决方案，与揭阳高新技术产业开发区、揭阳产业转移工业园区、中石油广东石化公司、广东粤电靖海发电有限公司、中海油粤东液化天然气有限责任公司等单位签订5G战略协议。服务“一镇一业、一村一品”建设，前端借助5G+物联网技术，实时监测农作物生长环境数据，后端通过小程序搭建电商交易级别的在线云商城，打造“一村一品一镇”生态圈。为普宁、揭西及惠来等超过41家“一村一品”农企打造数字化生产管理云平台。支撑商贸民生升级。推广粤享5G、和彩云、视频彩铃等服务，推进用户升级5G套餐及终端，5G客户超50万户。为普宁电商直播节、阳美玉器直播、惠来鲍鱼节、凤梨节提供5G网络VR现场直播支撑，参与人次超210万。推进“5G+VR畅游美景”和“5G+风景直播”应用，让市民畅游揭西黄满寨、大洋情人湖、惠来靖海客鸟尾等本地风景，观看人次超10万，为旅游宣传开辟新的途径。做好大项目通信服务保障。完成全国“两会”、普宁首届电商直播节、揭西消费扶贫产品产销推介暨走进粤港澳大湾区系列活动，及防汛抗台风等重要通信保障，重点网络与信息安全事件零发生。11月17日，为“揭阳至惠来铁路暨全市第四季度重点项目开工活动”1+9会场提供全程5G直播服务。

智能化应用 支撑“数字政府”建设。为市委办公室、市商务局等23个行局单位建设云OA系统、云空间共享系统等10多个专业平台，覆盖全市7个县区。与相关行局联合建设财政大数据展示平台、美丽乡村建设数据管理平台、农村集体产权流转管理服务平台、森林资源监控及灾害防控体系。助推交通智慧运营。在全市4599辆“两客一危”车辆安装智能视频监控报警设备，借助物联网技术实现对驾驶员不安全驾驶行为的自动识别和实时报警。建设港口码头视频综合指

2020年6月12日，中国移动揭阳分公司为首届中国惠来鲍鱼国际网络节暨惠来名特优新农产品云展会提供网络保障　（中国移动揭阳分公司　供稿）

挥调度平台，通过数据专线将全市23个港口码头视频监控设备与指挥中心平台打通，实现港口码头视频监管。建设平安揭阳。通过空港天网、惠来平安乡镇和“平安乡村”等项目，建设“一、二类”视频2300路、“平安乡村”视频1190路。

通信服务社会 疫情期间开展惠民服务，推出流量包、咪咕视频免费送等活动，降低通信费用；为揭东第二中学、揭阳第三中学等68所学校11.5万名师生免费提供在线直播教学服务和全国名师优课学习资源；为全市7757名医护人员设置红名单“免催免停”服务，对2184名定点医院医护人员减免通信费用37.28万元，对24名援鄂医护人员减免通信费用3.98万元。促进家庭消费升级。推广千兆宽带、电视、智能安防、全屋Wi—Fi等服务，为客户提供全方位、高质量的智慧生活服务方案，新拓展的宽带均达到300兆。300兆宽带用户占比17%，累计拓展全屋Wi—Fi、智能安防、智能门禁等智慧家庭硬件11.3万户。支持企业经营发展。面向九大行业、中小企和社区，以“网+云+DICT”服务千行百业，帮助800家中小企业“上云上平台”，企业上云平均资费下降10%，中小企业宽带和专线平均资费分别下降22.7%和25.9%。

（洪丹凤）

2020年9月28日，揭东经济开发区管委会及园区企业与揭阳联通5G战略合作签约仪式在广东联通粤东云数据中心举行

（中国联通揭阳市分公司　供稿）

【中国联通揭阳市分公司】 2020年，揭阳联通公司落实集团公司聚焦战略和省公司高质量发展工作部署，统筹疫情防控与改革发展。公司完成主营业务收入4.49亿元，全省KPI排名第7，并获得省公司“党风廉政建设先进单位”称号。

打造高品质服务 坚持以人为本的发展理念，打造高品质服务。在网络建设上，通过新增4G站点、与电信共建共享持续加强4G网络深度、广度覆盖，提高网络服务质量。全年完成498个站点、室分72套PRRU的开通，实现揭阳核心城区、普宁市区5G连续覆盖，县城和重点镇区热点覆盖。联通MEC边缘云平台初步具备“云、网、边、端、业”一体化的5G MEC服务能力。完成联通智能城域网升级建设，城域网核心层网络已实现网络控制和网络管理智能化的目标，满足5G时代未来业务的承载需求；推进FTTH网络建设，新增FTTH端口3.9万个，国标小区率先完成1000兆接入。坚持以客户为中心，高效协同打造数字化服务平台。强化客户问题的协同解决机制，重点聚焦提升客户网络感知，以客户声音作为提升网络服务质量的重要导向。全年公司移动网络用户评价指数8.45分，改善52.5%；完善客户投诉快速响应机制，通过内部管理流程优化降低投诉处理时长，倡导客户问题“首问负责”，减少客户重复投诉、持续申诉。全年申诉率243.5次/百万用户，改善50%。

助力揭阳数字政府、智慧城市建设 锚定创新业务领域主导、创新基础业务领域的新定位，履行央企政治责任和社会责任，助力揭阳数字政府、智慧城市建设，为数字经济发展、民生服务和脱贫攻坚贡献力量。信息化助力疫情防控。揭阳联通联合生态合作伙伴，为揭阳市区县卫健局、定点医院开通远程医疗系统，为医院、学校等单位提供热成像测温解决方案，提供免费线上教育、线上办公平台，助力学生“停课不停学”。揭阳联通在政务、产业、民生三大领域推动产业数字化升级。打造“产业互联网专家”定位，为政务、执法、环保、医疗等行业在云平台搭建、业务系统建设、应用开发、大数据应用等领域，提供安全可靠的服务。参与数字政府、智慧城市和产业数字化转型，为揭阳市工业互联网、农业现代产业园、医疗信息化、平安校园、政务服务、智慧环保等领域建设作贡献。5G+应急作战指挥平台赋能，助力揭东区开展应急实战演练，成为全省应急演练标杆。揭阳联通以单品种全产业链为应用线条，以区县或现代农业园区为应用单元块，触达乡村全场景。多种数字化专业平台承载农业农村各项活动与数字技术的深度融合应用，通过落脚区县、产业园区、单品及专业平台的建设打造数字农业农村。围绕竹笋、青梅、茶叶、生猪等特色产业，依托新一代信息技术，创新运营，赋能揭阳农业全产业链创新、数字化转型升级。针对揭阳优势单品（如竹笋、青梅、茶叶、凤梨、蕉柑种植类产业园）对精准种植的需求，开发精准种植管理平台，向农企、农户提供种植基地的物联网监测、遥感监测、种植模型等精准种植服务。通过数字化、智能化手段提高全产业链管理的精细度，实现农产品的标准化。通过与惠来、揭西结对精准扶贫，利用直播平台助力揭阳脱贫攻坚。

履行央企社会责任　抓好脱贫攻坚战。分解广东联通2020年扶贫工作五大举措和18项具体任务，责任细分承接到各部门；党委成员季度定时慰问调研，了解扶贫干部思想动态并指导扶贫工作开展；创新扶贫方式，开展直播带货、送医送药义诊、禁毒宣传等公益行动。是年，设立扶贫项目8个，投入扶贫资金32.34万元。揭阳联通信息安全小组按照公司党委部署，推动各项信息安全管控措施，聚焦实名管控及诈骗骚扰电话治理，重点对商业营销类、恶意骚扰类和违法犯罪类骚扰电话进行整治。通过整治提升用户质量，促进质效提升，实现商业营销类电话规范拨打、恶意骚扰和违法犯罪类电话明显减少的目标，防范电话扰民，净化通信环境，营造清朗网络空间，履行央企整治责任。推进“沃·网安”专项安全保障任务，对骨干级、汇聚级线路及通信点进行隐患排查及整改；开展“新冠疫情”特殊保障，对全市卫计网实行“疫情不消除、重保不解除”的重保方针，对医院、政府、重点客户等做好通信保障。

【中国铁塔股份有限公司揭阳市分公司】　2020年，中国铁塔股份有限公司揭阳市分公司落实国家网络强国战略和信息化建设要求，实施“一体两翼”战略，推进“两型企业”建设，深化行业协同发展，推动揭阳市的通信基础设施建设水平迈入全省前列，为揭阳市“十三五”规划的收官提供信息支撑。

疫情防控　疫情期间，公司按照市委市政府和省公司相关部署，5G站址建设周期由常规的1个月压缩至1周，协同电信企业快速完成揭阳市疫情防控指挥部（市卫生健康局大楼）、揭阳市人民医院的5G全面覆盖，对全市3750个基站运行情况进行7×24小时值班监控，保障240个一级重保基站正常运行，确保不断电、不断网，助力打赢疫情防控阻击战。

5G推进　4月22日，市政府召开5G产业发展工作联席会议，揭阳铁塔作《关于支持加快揭阳市5G基础设施建设》专题报告，会后形成《揭阳市加快5G产业发展第一次联席会议纪要》。在市工业和信息化局、自然资源局组织下，推动公共绿地基站报批报建工作，推动出台《揭阳市公共场地5G基站报建工作方案》等政策文件，并申报揭阳市首批免费公共绿地基站建设。

基站建设　承接三家运营商基站建设需求2188个，交付1979个，交付率90%。依托市通建办，运用共建共享系统，提升重点场所室分统筹建设能力，先后推进天虹购物广场、万达广场等重点场所的室分建设。规划并解决梅汕高铁揭阳段10条隧道及2个车站的公网覆盖建设，其中新建场坪站建设8处、改造共享专网塔11处、安装运营商信源设备338套，协同运营商共发展，降低运营商投资成本。

精准维护　加强监控管理，紧盯关键指标，发电及时率、断电退服率、巡检合格率、外电平均处理时长、故障处理及时率等指标均保持良好，网络质量总体上稳定可控；服务指标持续改善，受到电信运营企业的总体认可。

“一体两翼”战略　依托资源优势和专业能力，实施“一体两翼”战略。在深化行业共享的同时，面向跨行业站址应用与信息服务领域，积极拓展社会共享，助力教育、公安、互联网、金融、林业等重点行业攻坚，能源服务领域在备电、发电、换电、充电等业务均有所突破，在为客户创造价值的过程中实现公司可持续发展。

（刘　圳）

揭阳铁塔青年党员突击队在疫情期间深入揭阳市人民医院建设5G基站
（中国铁塔揭阳市分公司　供稿）

国土资源管理

【国土资源管理概况】 2020年，揭阳市自然资源局围绕市委市政府和省自然资源厅的部署要求，树立“乙方思维”，以服务发展为重点，坚持“两手抓”“双统筹”，在疫情防控常态下，落实“两统一”职责要求和“6+2”任务体系。国土空间规划编制完成初步成果并获省厅宣传推广经验，不动产数据整合与农村“房地一体”登记发证完成阶段任务。土地征收储备和管控制度化、常态化推进，批而未供和闲置土地“去库存”全面达标，违法图斑和违建专项整治得到遏制，垦造水田、拆旧复垦和不实耕地整改继续推进，民生实事地质灾害治理工程、“三旧改造”任务等顺利完成，为揭阳经济社会发展提供高水平保护、高效率利用的自然资源支撑作用。

【营商环境优化】 2020年，揭阳市自然资源局研究制订《揭阳市自然资源局全面优化营商环境三年行动方案（2020—2022年）》，细化65项任务，在保证完成市既定37项牵头任务要求的同时自我加压28项。分三批出台自然资源优化营商环境措施33条，涵盖用地用海、建设工程规划审批、不动产登记、测绘、采矿权审批登记下放、“放管服”改革等领域，全链条优化自然资源营商环境。落实《自然资源支持产业发展政策文件汇编》，收集22种类型、172个文件，召开企业家座谈会，了解企业诉求，精准服务企业发展。制定《揭阳市自然资源局承接省级行政职权事项实施工作方案》，分别与大南海、揭东、榕城、空港分局和粤东新城签订《行政职权授权委托书》，做好本级职权下放工作。全面推开“多规合一”“多证合一”“多门合一”“多测合一”“多审合一”，落实“三减一高”（减申报材料、减办理环节、减审批时限，高效率服务），推行容缺受理、用地清单制等改革措施，实现工业项目用地“出让即报建”，推行新开发小区登记“交房即领证”，审批服务效率提高60%以上。“阳光用海”主动服务经验在全省作为典型推广。

【规划编制】 2020年，揭阳市作为全省市、县国土空间规划编制试点城市之一，按照“总—分—总”创新模式，强化全市“一盘棋”统筹，分区域进行资源精准配置，初步汇总融合形成市域国土空间总体规划“一张图”。探索形成“四个三”试点经验：“三高”创模式—高位谋划、高配运作、高效摸底；“三融”促动力—融湾建带、区域共融、差异融合；“三聚”优资源—聚焦综线、聚焦存量、集聚海洋；“三向”强机制—双向联动、正向优化、纵向传导。该经验成为第一个在省厅官方公众号宣传推广的地级市规划编制经验。开展13个重大专题研究，基本完成全市域国土空间“双评价”等基础研究工作。研究提出构建广东沿海经济带“T形”节点发展格局。科学精准推进生态保护红线、永久基本农田、城镇开发边界3条控制线划定工作。对省预下达890平方千米建设用地规模进行分配下达，形成全市实用版国土空间规划“一张图”。开展自然资源、新型城镇化、海洋经济发展等“十四五”规划和矿产资源总体规划编制。完成《揭阳市区“三旧”改造专项规划》《揭阳滨海新区“一城两园”总体规划——组团控制性详细规划》《揭阳临空产业区规划优化》

《揭阳市中心城区客运场站专项规划》《揭阳市区停车场专项规划》《揭阳市区南粤古驿道重点线路保护修复规划指引》等各类专项规划编制工作。推动村庄规划优化提升，全市3个镇28个村被列为省第一批试点，各试点形成初步规划成果，额外获得省建设用地规模支持331333平方米。

【规划管理】 2020年，揭阳市自然资源局制定并印发《规划引领，单元管控——揭阳土地管理模式创新探索》培训册，创新规划单元管理模式。开展建设项目批后检查工作，做好现场验线和规划核实工作。全年办理办结建设项目规划管理业务187宗，包括初步设计方案规划审查33宗，核发“建设工程规划许可证”55宗，建设工程规划变更29宗，建设工程验线41宗，建设工程规划核实29宗，收缴城市基础设施配套费3.46亿元。核发建设项目用地预审与选址意见书12份。办理用地规划许可29份。完成列入省自然资源厅“双百行动”的汕汕铁路、揭阳至惠来铁路、粤东天然气主管网海丰—惠来联络线、粤东LNG外输管道与西三线闽粤支干线连通工程及粤东LNG项目一期配套管线工程5个项目的用地预审或用地审批、审查上报等工作。

【耕地保护】 2020年，揭阳市自然资源局完成2019年度省级耕地保护目标责任履行情况考核工作。2018年末全市实际耕地保有量为1212.47平方千米（比省下达指标多出455.13平方千米），基本农田面积675平方千米（比省下达指标多出30.6平方千米）。2019年落实补充耕地642587平方米（含可调整地类）。逐级签订耕地保护目标责任书，推动各地落实耕地保护责任。2020年，全市24个自行垦造水田项目新增水田面积3.89平方千米；省建工集团完成9个垦造水田项目2.66平方千米，形成水田指标6个项目1.98平方千米。全市拆旧复垦立项面积1平方千米，竣工验收面积807487平方米；完成复垦指标交易474467平方米，成交金额4.8亿元，获奖励用地指标109333平方米。

【生态修复】 2020年，揭阳市自然资源局争取中央财政2020年海洋生态保护修复专项资金预算5200万元，用于惠来县海岸带保护修复项目实施。完成惠来县靖海湾绿洲海域海岸带综合整治与修复项目建设并通过验收。推进砲台镇南潮湿地公园海岸线生态修复项目建设。以严格保护岸段10段及17处立碑范围为重点，落实精细化管控。截至年底，揭阳市大陆自然岸线保有率51.51%，在全省自然资源考核排名第2。积极申报全域土地综合整治试点，揭阳空港经济区砲台镇砲台社区等8个社区全域土地整治项目经自然资源部同意列入试点。推进绿色矿山建设和露天矿山整治，实施矿产资源综合利用和矿山地质环境保护与治理恢复。全市4个矿山率先完成绿色矿山建设，24个露天矿山按时完成综合整治工作。推进废弃矿山生态修复工作，用好省下达300万元矿山地质环境恢复治理资金，完成普宁市云落镇九岭—新星村十二排废弃采石场生态修复项目建设并通过验收。

【土地利用】 2020年，揭阳市供应土地163宗，面积6.61平方千米；国有建设用地土地价款收入69.83亿元；其中，市本级（榕城区、空港区、产业园）收入33.55亿元。全市批而未供和闲置土地“去库存”处置率各项指标均完成省下达任务，争得新增建设用地指标2.26平方千米（实际使用2.36平方千米）。其中：2018年至2020年全市批而未供处置2.72平方千米，处置率29.0%。完成闲置土地处置7宗、283513平方米，处置率23.21%。组织制订《揭阳市2020年土地征收整合储备计划》，印发“图、表、册”下达各县（市、区）实施，是年，全市土地征收整合储备计划项目159个，总面积22.3平方千米；编制征收补偿工作方案面积9.81平方千米，组卷面积3.03平方千米，控征面积1.07平方千米，形成一大批可报批的土地储备。落实土地管控，中心城区累计回收国有建设用地面积785580平方米，有10个单元形成完整可利用地块，净地总面积912593平方米。完成揭阳迎宾馆、汇金华庭两个项目土地供应，解决历史遗留问题。印发《揭阳市加快解决征地留用地历史遗留问题工作方案》，组织各地对2009年后依法批准征收农村集体土地征地留用地落实情况进行清理核查。全市历年来需落实留用地6.21平方千米，落实3.42平方千米，占比55.14%。组织编制揭阳市区征收农用地区片综合地价，成果经市政府审核同意，上报省自然资源厅审查并报省政府批准。

【海洋管理】 2020年，揭阳市自然资源局完善海域海岛动态监管系统基础数据，开展市海域动态监视监测能力建设，完善海岛保护开发利用基础数据。加快10个围填海历史遗留问题项目处理工作。加强海域海岛保护利用工作，做好石碑山角领海基点巡查监视监测，指导中海油LNG向自然资源部办理无居民海岛“车礁”利用手续；完成国家下发的272个养殖用海图斑核查，规范养殖用海管理。开展石碑山角领海基点主题公园建设，争取省级专项资金4800万元和省级用地指标34667平方米，打造全国领海基点教育基地。

【矿产管理】 2020年，揭阳市自然资源局实施矿业权阳光审批制度，办理压覆矿产资源查询13宗，压覆矿产资源审批1宗。按照“双随机一公开”的要求完成矿业权勘查开采信息公开、核查工作，完成率100%。完成《2019年度固体矿产资源统计基础表》和《2019年度地热、矿泉水资源统计基础表》的统计工作。启动揭阳市矿产资源总体规划编制工作，配合做好矿产资源国情调查。深化“放管服”改革，做好承接省厅委托、下放相关许可事项工作；出台建筑石料采矿权审批改革措施，按矿种划分采矿权审批登记权限；印发《关于推进采矿权审批登记制度改革若干事项的意见》，向县级下放普通砂石土类采矿权出让、登记权限。开展非煤矿山“一线三排”安全专项整治工作。

【要素保障】 2020年，揭阳市自然资源局在用地保障方面，争取新一轮国土空间规划预下达建设用地规模达到890平方千米，在“三调”现状基础上新增120平方千米，解决“二调”至2020年长期困扰揭阳市发展的历史遗留问题；争取到应急建设用地规模3.33平方千米，助力企业复工复产；全年争取新增建设用地7.23平方千米，使用国家及省指标4.87平方千米；截至年底，全市有可整合使用已批未供储备土地24.67平方千米，为重大产业、重点项目、民生工程提供用地保障。用海保障方面，争取到国家和省在海岸线修测和海洋生态红线划定方面的支持，满足重大项目用海需求；做好用海审批，中石油广东石化变更工程用海、国电投海上风电获得国务院、省政府用海批准；中石油项目、国电投前詹通用码头、惠来电厂、神泉示范性渔港4个重大项目围填海历史遗留问题获得批准，继续实施围填海建设。用矿保障方面，全市采石场指标增加到47个，新增选址5个；获省批准成为海砂利用试点城市之一。出台《揭阳市规范石场开采保障建筑石料供应工作方案》，通过扩宽渠道、用好增量、盘活存量等方式，加强指导，加快采石场复工复产，为全市重点项目及重要基础设施建设提供保障。

【“三旧”改造】 2020年，揭阳市自然资源局超额完成省下达的年度改造任务，全市新增改造项目25个、面积1.64平方千米，占省下达任务205.2%；完成改造项目20宗、面积1.37平方千米（其中工改工176827平方米），占省下达任务205.69%（工改工265.24%），按完成比例计算，在全省排名靠前。启动新一轮“三旧”改造专项规划修编工作，研究出台《揭阳市人民政府关于加快推动“三旧”改造促进高质量发展的实施意见》。研究以工业厂房改造推动成片连片改造仙梅片区。推进榕城区新河社区成片连片改造项目，揭阳市榕城区与中国铁建签订合作框架协议，计划投资300亿元打造揭阳市首个连片改造的城市更新示范样板。

【不动产登记】 2020年，揭阳市自然资源局落实“互联网+不动产登记”、新建商品房“交房即交证”、一般登记3个工作日、抵押登记1个工作日办结、不动产登记“全城通办”业务等改革措施，推进不动产登记，提振增效，改革创新，打通登记服务“最后一公里”。推进不动产登记数据整合和系统整合优化提升工作，完成市级12.06万宗国有存量土地使用权、房屋所有权、不动产登记档案电子化工作，并同步开展电子登记信息核对工作；全市各县（市、区）全面完成不动产登记系统数据库数据的全量汇交。加快推进“房地一体”农村不动产登记发证工作，成立工作领导小组，印发实施工作方案和实施意见，发布确权总登记通告，加快宅基地、集体建设用地数据落图落宗关联、整合建库工作，采用无人机飞行拍摄、二维码信息采集等先进技术手段助力权籍调查工作。全年全市宅基地应登记发证数1086404宗，已登记发证数954227宗，登记发证率

2020年5月22日，揭阳市召开加快推进“房地一体”农村不动产登记发证工作会议

（市自然资源局 供稿）

87.83%；集体建设用地应登记发证数32498宗，已登记发证数30780宗，登记发证率94.71%，基本完成农村不动产登记任务。

【执法监督】 2020年，揭阳市自然资源局整治违法违规用地行为。全年全市查处违法用地案件199宗，拆除违法用地56宗，面积176567平方米，拆除违法建（构）筑物91490平方米，完善用地手续47宗、面积812267平方米，落实复耕1184987平方米，卫片违法图斑整治形势呈现良好态势。全面铺开农村乱占耕地建房问题摸排工作，按时完成图斑排查和省专项监管系统的数据报送工作，进度和质量在全省排名靠前；组织起草《关于农村乱占耕地建房问题分类处置意见建议》，为下一步分阶段分类处置打下基础。加强日常巡查，开展违法打击活动，全市动态巡查发现制止违法用地48宗，涉及土地面积76973平方米（耕地50620平方米）；累计查处制止非法开采矿产资源行为17宗，移送公安机关3宗，刑事拘留11人。

【测绘地理管理】 2020年，揭阳市自然资源局开展测绘质量监督检查，全市在册5家丙级、8家丁级测绘资质单位全部检查合格。完成“十三五”数字县（区）地理空间框架建设任务。做好“数字揭阳”建设和应用，构建地理信息“一图一册一平台”公共服务体系。完成揭阳领导机关工作用图《揭阳市地图》（2020年版）、《揭阳市区地图》（2020年版）的编制和发布工作。加强地图监管工作，确保“规范使用地图，一点都不能错”，维护地图市场良好秩序，提高测绘地理信息安全。

【第三次全国国土调查】 2020年，揭阳市自然资源局遵循“求真归真保真”原则，精准施策，严格监管措施，强化督促检查，及时组织各地培训与技术交流，并通过听取汇报、外业抽查、数据检查等方式，对“三调”工作开展情况进行全程督导，推进“三调”统一时点更新工作按时保质完成。揭阳市各县（市、区）第三次全国国土调查（简称“三调”）统一时点更新成果通过省级检查，全省进度排名第8，上报国务院“三调”领导小组办公室，并完成国家核查反馈意见复核整改上报工作。据统计，本次揭阳市“三调”统一时点更新外业举证图斑数约11.7万个。

2020年6月25日，揭阳市自然资源局开展土地日宣传活动
（市自然资源局 供稿）

【灾害防治】 2020年，揭阳市自然资源局印发《揭阳市地质灾害防治三年行动方案》《揭阳市实施地质灾害防治三年行动联席会议制度》《揭阳市2020—2022年中小型地质灾害隐患点治理实施方案》，成立地质灾害技术指导组，为全市地质灾害综合治理提供技术保障。实施全市地质灾害防治三年行动计划，完成2020年省十件民生实事中，揭阳市8处大型以上地质灾害工程治理及12处专业监测任务；完成在册大型以上地质灾害隐患点综合治理24处和中、小型地质灾害隐患点治理28（32）处。开展汛期地灾防治工作，建立县（市、区）、乡（镇）、村三级监测网络，以及“三员”（乡镇长担任责任人、村干部担任管理员、群测群防员担任专管员）共管的网格化管理责任体系。全市出动巡查排查人员8854人次，累计排查地灾隐患点1418处。落实领导带班和24小时值班制度，及时做好地质灾害气象风险预警，发布三级地质灾害气象风险预警21次、四级地质灾害气象风险预警60次，累计发布预警信息6.9万条。全年全市没有因发生地质灾害致人员伤亡事故。创建“揭阳市自然资源局海洋预报”公众号，每天发布海洋预报。开发“风暴潮应急辅助决策系统”，链接入揭阳市地质与海洋信息网，开设近岸预报子栏目，扩大海洋预报预警信息受众面。完善海洋观测设施，组织建设揭阳市惠来县神泉示范性渔港气象潮位观测站。

【信访化解】 2020年，揭阳市自然资源局抓好涉自然资源职能范围的70宗信访积案化解工作，化解率近56%，提前落实省自然资源厅的要求。完成市领导信访批示件6件。揭阳市自然资源信访信息化系统改造升级。是年，全市自然资源系统办理信访事项325件，接待来访67批203人次，群众来信103件（重复8件），网上信访187件，信访总量减少38%。举办以“落实落细两统一职责、聚焦聚力高质量发展”为主题的“行风热线”活动，倾听群众心声，解决群众诉求。

【扫黑除恶】 2020年，揭阳市自然资源局开展扫黑除恶专项斗争，推进“六清”行动，完成各级交办的1048条线索的核查工作。经核实属有效线索405条，属央督线索107条、省督线索116条，涉嫌犯罪移送公安机关侦办114宗。落实“三书一函”整改，完成纪委、检察和公安等部门移交的39份“三书一函”整改书的整改。印发《揭阳市自然资源领域行业治理专项行动方案》《揭阳市深化整治自然资源领域扫黑除恶行业乱象重点问题工作方案》，推进涉土涉矿行业清源治乱，清理排查违法犯罪线索16条，并移送公安机关侦查。

【法制工作】 2020年，揭阳市自然资源局履行“谁主管谁负责”“谁执法谁普法”“谁服务谁普法”责任，在2020年“谁执法谁普法”履职评议活动中获“优秀单位”称号。新增30名工作人员通过省政府统一的行政人员综合法律执法考试。有164人取得执法资格，增加34.42%。有序开展《揭阳市停车场管理条例》立法工作。组织起草并印发实施《揭阳大南海石化工业园区规划和土地管理实施办法》。化解自然资源争议问题，全年办理行政复议案件20宗、行政应诉案件27宗、检察院行政诉讼监督案件回复1宗、申请强制执行案件2宗。开展“地球日”“土地日”“海洋日”“宪法日”等主题日宣传活动，宣传土地管理法、城乡规划法、测绘法等自然资源法律法规，以及地质灾害防治、海洋灾害防御、国家版图意识、测绘科普教育等知识，为自然资源高水平保护、高效率利用营造良好的社会氛围。

（市自然资源局）

城市建设管理

【城市建设管理概况】 2020年，揭阳市城管执法局紧扣市委市政府中心工作，做好市容市貌整治、违法建设整治、环卫管理和户外广告管理等工作，排查整治市政设施安全隐患，加强城管执法队伍建设，推进疫情防控和城管执法工作。

【市政基础设施】 2020年，揭阳市住房和城乡建设局大力改善城市交通路网。揭阳大桥及揭惠高速市区连接线、望江南路西段、卢前路（含富强路）、玉都大道、北环大道、环山路东段、沿江路西段、滨江大道（环岛路）二期、新城大道和望江北路（省道505）、地西路（省道235）等道路建成通车。进贤门大道与揭阳大道交叉口、金溪大道、金新南路、揭东大道车站路口、金叶酒店路口等重要交通节点完成改造提升。推进进贤门大桥、建设大道二期、砲浮路东段、滨江路东段堤防改造综合工程等项目，以及京灶大桥、榕江新城过江通道等项目前期建设。

【园林绿化】 2020年，揭阳市城管执法局提高园林绿化管养水平，加强市区绿地日常养护。市区补植花灌木100324株，补栽绿篱草坪44747平方米，主次干道大树涂白处理27326株。做好古树名木白蚁防治及市区乔灌木修剪、除杂草、病虫害防治等工作。城市完成人均公园绿地面积15.04平方米，公园绿地服务半径覆盖率43.59%，建成区绿化覆盖率44.16%，建成区绿地率42.20%。

【市容市貌整治】 2020年，揭阳市城管执法局抓好市容市貌整治工作。组织开展市区人行道专项整治。巡查32799宗次，教育纠正流动商贩15293宗次、沿街门市占道经营13121宗次；查处不履行卫生责任区保洁任务839宗，教育纠正乱悬挂12049宗次，清理拆除5952宗次；查处人行道车辆乱停放违法行为2568宗次，教育纠正16365宗次；查处违反“门前三包”责任制行为1271宗次，教育纠正2808宗次。组织开展共享单车整治。采取路面巡查、约谈及上牌等措施，规范共享单车管理。清退共享单车22851辆，完成上牌共享单车5808辆，完成共享单车停车划线区域数量1000处。做好主次干道、人行道和其他公共区域停车位施划工作。市区人行道施划小汽车和摩托车、单车停车泊位6588个。加大露天焚烧、烧烤和餐饮油烟治理力度。出动3829人次、940车次，查处、制止露天焚烧393宗，清退露天烧烤512宗，规范入室经营1296宗，落实餐饮油烟整改149宗。

【生活垃圾分类】 2020年，揭阳市城管执法局印发《揭阳市城市生活垃圾分类实施方案》，制作“揭阳市生活垃圾分类查询”小程序向社会公布，扩大群众的知晓率和参与度。有7个镇（街）创建生活垃圾分类示范片区，其中榕城区东升街道作为全市的先行点，基本建成生活垃圾分类示范片区。2020年度前三季度，揭阳市城市生活垃圾分类工作在省级考核中均列粤东西北地区第3名。

【违法建设查处】 2020年，揭阳市城管执法局贯彻落实市委“高站位、严执行、立规矩、强震慑，全面整治违法建设”要求，推进违法建设整治工作。落实日常网格化巡查。督促各地坚持严控严拆、露头就打，动真碰硬，掀起整治违法建设行动高潮。查处违法建设建筑面积218.96万平方米，其中拆除建筑面积200.99万平方米。采取“四清两断”措施7132宗，建筑面积552.09万平方米。2020年违法建设治理进度184%。严格控制新增违法建设。新增违法建设184宗，除1宗部分没收、部分拆除外，其他全部予以拆除并将土地回填恢复原状。起草并出台《揭阳市2021—2022年普查在册在建违法建设分类处置实施方案》，推进违法建设分类处置工作。

【市政设施管理】 2020年，揭阳市城管执法局组织各县（市、区）对在运16条市政桥梁安全隐患进行排查整治。修补破损路面11100平方米，修复人行道面砖、石板及广场砖约7970平方米，完成主次干道清淤及疏浚排水管道约66414米，阻塞雨水井、集水井、检查井等6570座；改造增设、修复排水支管2150米。开展市政道路乱挖掘、市区主次干道建筑工地及存量土地围挡等专项整治行动。接管市区路灯管理工作，实施市区亮化工程、景观灯工程，美化亮化城市环境，城市亮灯率98%以上。

【环卫管理】 2020年，揭阳市城管执法局在市区逐步建立和完善“户收集、村（社、居）集中、区（镇、街）转运、县（市）处理”的城乡垃圾收运处理模式。市区建成区收集点、转运站（压缩站）178座，其中收集点、转运站（无压缩）166座。加强环境卫生清扫保洁，在市区主要道路落实人工清扫、机械清扫、水车冲洗、喷雾抑尘的“四位一体”作业模式，提升机械化保洁水平，做到主要街道保洁时间不低于16小时，一般街道保洁时间不低于12小时。推行市场化运作，采取“保洁+清运”的模式，由第三方实施清扫保洁。揭阳市区垃圾填埋场日处理能力1400吨，每天约900吨生活垃圾运至该填埋场进行无害化处理。

【户外广告管理】 2020年，揭阳市城管执法局推进户外广告专项规划编制和《揭阳市户外广告和招牌设置管理办法》重新修订工作。组织开展乱设置户外广告牌清理拆除行动，拆除市区道路两旁乱拉乱挂的标语、横幅等各类非法、违规商业广告、招牌，清理建筑物上乱涂写、乱刻画、乱张贴的小广告，发现并落实整改清理户外广告招牌504个。

【数字城管工作】 2020年，揭阳市城管执法局做好与省住建厅数字城管平台的互联互通工作。落实专人负责平台有关硬件、软件的日常检查、记录工作，确保平台运行稳定。优化智信系统，增加“自行处置”功能模块，简化案件办理流程，提高平台处理问题的效率。统计每月平台运行数据，形成《揭阳市数字城管平台运行情况简报》。数字城管平台立案1129宗，结案1097宗，结案率97.17%。

（市城管执法局）

公用事业

【城市供水】 2020年，揭阳市区供水厂3家，全年售水量10386万吨。揭阳市自来水有限公司设计生产能力25万吨/日，供水管道997千米，服务人口50万人，供水区域100多平方千米，供水范围覆盖市区北河以南榕城区、空港经济区及揭阳产业转移工业园部分片区。揭阳市第二自来水有限公司设计生产能力10万吨/日，供水管道261千米，服务人口30万人，供水区域48平方千米，供水范围覆盖榕城区东兴、东升、东阳办事处，揭东区锡场镇、新亨镇以及揭阳产业园桂岭镇、月城镇。揭东区自来水公司设计生产能力10万吨/日，供水管道400千米，服务人口50万人，供水区域84平方千米，供水范围覆盖揭东城区、云路、玉滘、埔田、砲台、登岗。

【城市供气】 2020年，揭阳市燃气经营企业47家（其中管道燃气经营企业2家、瓶装液化石油气经营企业45家），天然气储气设计能力约1860立方米（液态），液化石油气储气设计能力约22900立方米。有液化石油气（LPG）气库3座，液化石油气（LPG）气站43座，天然气（LNG）气化站2座，汽车加气站1座。揭阳市区建成的市政燃气管道长度约258千米，普宁市建成的市政燃气管道长度约206千米，惠来县建成的市政燃气管道长度约5千米。全市管道天然气居民用户约9万户、工业用户约307户、商业用户约172户，天然气供气总量约11700万立方米。

【城镇生活污水治理】 2020年，揭阳市住房城乡建设局精准落实“一厂一网一专班”，提高城镇污水处理设施运行效率，推动城镇污水处理提质增效。全年全市累计新增城镇污水处理设施41座，新增处理能力12.855万吨/日；全市63个建制乡镇实现镇级污水处理设施全覆盖；全市新增城镇污水管网714千米；城市5条黑臭水体均完成治理并实现“长制久清”。

城镇规划与建设

【中心镇建设】 截至2020年年底，揭阳市经申报并确认为广东省中心镇的有12个镇，分别是：揭东区新亨镇和白塔镇，空港经济区渔湖镇和砲台镇，普宁市洪阳镇、里湖镇和占陇镇，揭西县棉湖镇和五经富镇，惠来县惠城镇、葵潭镇和靖海镇。经申报并确认为全国重点镇的有6个镇，分别是：揭东区锡场镇，空港经济区渔湖镇和砲台镇，普宁市洪阳镇，揭西县棉湖镇，惠来县葵潭镇。

【历史文化名镇名村建设】 截至2020年底，揭阳市有省级历史文化名城2座（揭阳和揭西棉湖），全国历史文化名镇1座（洪阳镇），省级历史文化名镇1座（洪阳镇），市级历史文化名镇1座（靖海镇）。省级历史文化名村5个（西岐村、槎桥村、井美村、月湄村、长美村），市级历史文化名村3个（揭东区港畔村、揭西县粗坑村、榕城区北河村）。

【历史文化街区申报】 2020年，揭阳市住房城乡建设局牵头榕城区、揭西县对榕城区西马路、中山路、石鼓里、东门直街东段和揭西县棉湖镇南门里历史文化街区5个历史文化街区进行划定并编制申报资料，组织召开市级专家评审会和省级专家评审会，并于11月完成申报工作。

【传统村落保护】 2020年，揭阳市住房城乡建设局为6个中国传统村落（榕城区仙桥街道西岐村、揭西县东园镇月湄村、普宁市洪阳镇德安里村、普宁市梅塘镇溪南古村、惠来县隆江镇孔美村、空港经济区渔湖镇长美村）统一制作标志牌，并于11月完成挂牌保护工作。

中国历史文化名镇、广东省历史文化名镇——普宁市洪阳镇

（张声金 摄）

建筑业

【建筑业概况】 2020年，揭阳市住房城乡建设局推进保障性安居工程建设，加强大中型建设工程勘察设计管理和建筑市场管理，以及招标投标管理、建设工程造价管理、建筑工程质量安全管理和绿色节能建设。

【保障性住房】 2020年，揭阳市住房城乡建设局推进保障性安居工程建设，抓好巡查督导，及时协调解决项目建设中碰到的困难和问题，完成省下达棚户区改造基本建成584套的任务。推进人才公寓建设。揭阳市高端人才公寓首期装修项目（20套）竣工验收并移交揭阳理工学院使用；揭阳市高端人才公寓二期装修项目（50套）推进前期工作。

【工程勘察设计】 2020年，揭阳市住房城乡建设局加强大中型建设工程初步设计审查管理，健全初步设计审查专家库，规范审查程序。全年办理初步设计审查申请19宗。加强勘察设计市场管理，做好勘察设计企业资质的动态核查工作。推进施工图线上审查工作，建设工程项目施工图通过审图系统线上进行审查。承接并开展建设工程消防设计审查，实现建设工程消防设计行政审批与技术审查相分离。

【建筑市场管理】 2020年，揭阳市人民政府出台《揭阳市促进建筑业发展扶持办法》，设置落户奖、晋级创优奖、产业联动奖等奖项，通过财税优惠及奖励，扶持建筑业做大做强。全市有建筑业企业395家，其中一级企业7家。全年全市建筑业增加值83.27亿元，下降11.0%。总承包和专业承包完成建筑业总产值139.38亿元，下降8.4%。揭阳市住房城乡建设局印发《揭阳市建筑工程施工发包与承包违法违规行为专项治理行动方案》，规范建筑工程施工发包与承包市场秩序，加强对建筑市场相关主体行为的监督管理。推进在建项目用工实名制管理落实工作，建立健全揭阳市建筑用工实名制管理平台，完善农民工工资支付保障制度。开展工程建设领域专业技术人员职业资格“挂证”专项整治工作，全市完成整改的企业314家，包括专业技术人员1668名。

【招标投标管理】 2020年，揭阳市住房城乡建设局加强建设工程招投标活动的监督管理，进一步规范招标投标市场秩序的各方行为，确保建设招投标活动公开、公平、公正，促进房屋市政工程招投标市场健康发展。全年实行公开招标的房屋市政工程项目15宗，工程造价约17.22亿元。工程招投标项目均严格执行招标申请、招标公告发布、招标文件备案、评标专家抽取、开标、评标、中标候选人公示等工作环节，应招标工程招标率100%，未出现招投标过程违法违规行为。

【建设工程造价管理】 2020年，揭阳市住房城乡建设局发布全市建设工程人工材料综合价信息5428条，覆盖建筑、市政、安装等专业，满足全市新定额计价的需求。

【建筑工程质量安全管理】 2020年，揭阳市住房城乡建设局落实安全监管责任，强化企业安全生产责任意识，完善企业安全生产管理体系，开展建筑施工安全风险集中排查整治工作，推进全市建筑安全文明施工标准化管理，提升建筑工程质量安全监管水平。日常监督执法检查出动2458人次，检查项目825项次，检查发现安全隐患问题1302个并落实整改。工程质量总体良好，建筑施工安全生产形势总体稳定。

【绿色建设与建筑节能】 2020年，揭阳市住房城乡建设局执行绿色建筑设计一星及以上项目26宗，面积158.69万平方米，其中政府投资9宗，面积14.69万平方米，居住建筑14宗，面积125.89万平方米。完成新建民用建筑节能设计图纸审查31宗，建筑面积约235.80万平方米，设计阶段建筑节能设计执行率100%。全市民用建筑节能分部专项竣工验收备案61宗，建筑面积约273.89万平方米，新增节能建筑面积约273.89万平方米。

房地产业

【房地产业概况】 2020年，揭阳市住房城乡建设局加强物业管理和住房公积金管理，推动房地产项目开发建设，促进房地产项目规范管理。

【房地产开发】 2020年，揭阳市完成房地产开发投资约312.9亿元，增长81.9%；商品房销售面积282.46万平方米，增长3%；商品房销售额205.26亿元，增长9%；商品房库存消化周期控制在16个月内，处于合理区间；商品房交易均价7267元/平方米，上涨6%。

【房产市场管理】 2020年，揭阳市住房城乡建设局着力稳地价、稳房价、稳预期，梳理分析全市各房地产项目开发情况，建立《揭阳市2020年应在建房地产开发项目进度管理台账》，围绕“应统尽统、应收尽收、应管尽管”，推进房地产市场监测系统建设，建立健全住房信息。升级改造房地产市场监测系统，完成市区全国房地产市场监测数据上传接口、房屋租赁管理平台、全市房产监测相关数据的采集。印发《揭阳市房地产市场秩序专项整治工作方案》，统筹抓好房地产市场规范运行，规范房地产企业经营行为。组织排查房地产企业74家，房地产开发项目56个；发现房地产开发企业违法预售行为1家，并移交城管执法部门查处；排查房地产经纪机构112家，发出责令整改通知书3份；发现发布虚假广告企业2家，并完成整改。

【房屋权属管理】 2020年，揭阳市自然资源局不动产登记部门完成商品房初始登记13514件、面积193.59万平方米；转移登记（一手）2956件、面积45.76万平方米；转移登记（二手）1351件、面积22.19万平方米；预购商品房预告登记5117件、面积70.55万平方米；抵押登记3277件。

【公租房分配】 2020年，揭阳市住房城乡建设局通过公开摇号分配，解决174户住房困难家庭住房问题，其中市区17户，惠来县157户。

【物业管理】 2020年，揭阳市住房城乡建设局推进既有住宅增设电梯工作，出台《揭阳市既有住宅增设电梯工作实施方案》。组织开展《揭阳市住宅小区物业管理条例》编制工作，《揭阳市住宅小区物业管理条例（草案）》于12月11日经市政府常务会议审议通过。开展文明小区创建活动，印发《揭阳市物业服务住宅小区文明创建工作实施方案》，组织86个物业服务住宅小区开展创建文明小区活动，制作宣传栏177个、宣传画册176份、宣传手册38份、宣传海报338幅，横幅80条。

【住房公积金管理】 2020年，揭阳市住房公积金实缴单位1989家，实缴职工16.35万人，全年缴存26.60亿元，缴存余额90.36亿元；全年提取12.68亿元，提取占当年缴存额的比率47.67%；全年发放个人住房贷款3602笔、12.07亿元，其中异地贷款296笔、0.78亿元；全市累计发放个人住房贷款3.07万笔、93.21亿元，贷款余额68.42亿元，存贷比75.72%；全年增值收益9252万元，提取城市廉租住房建设补充资金7497万元，累计提取城市廉租住房建设补充资金4.15亿元。新增个人自愿缴存住房公积金业务，把农业转移人口、自由职业者、个体工商户及其他灵活就业人员纳入住房公积金缴存范围，享受揭阳市住房公积金缴存职工的同等权利。新增既有住宅增设电梯提取住房公积金业务，支持老旧小区改造。

（钟一鸣）

环境保护

【环境保护概况】 2020年，揭阳市生态环境局践行省、市工作部署，围绕环境质量目标，坚持目标导向、问题导向、结果导向，科学谋划，打好污染防治攻坚战。全市环境质量明显改善，实现自2017年至2020年连续4年空气质量6项指标全面达标的目标。新增完成环境综合整治的行政村93个，超额完成省下达的目标任务；完成省下达揭阳市2020年度主要污染物总量污染减排目标任务。环保督察整改方案一小部分整改任务未完成或未达序时进度，有待继续推进。

【环境规划】 2020年，揭阳市生态环境局成立“十四五”生态环境保护规划编制领导小组，编制《揭阳市生态环境保护“十四五”规划》。深入到各县（市、区）与发改、自然资源、农业、住建、水利等部门，以及市生态环境局各分局进行座谈交流，并对各地饮用水源地、自然保护区、污水处理厂、垃圾填埋（焚烧）场、工业园区、重点企业等点位进行现场调研；组织、收集“规划”编制资料及重点项目。至年底，完成前期研究、规划思路、研究报告初稿，编制“规划”文本。开展揭阳市区域空间生态环境评价工作（简称“三线一单”编制）。4月29日经市政府同意，揭阳市“三线一单”编制初步成果（文本、研究报告、准入清单、图集）上报省生态环境厅；9月16日召开揭阳市区域空间生态环境评价成果专家评审会，并通过专家评审。

【环境监测】 2020年，揭阳市生态环境局组织开展全市生态环境监测工作，定期通报水环境和大气环境质量等情况，服务全市污染防治攻坚战。做好国家、省水质和大气自动监测站建设，建成“深坑”“龟山塔”2个国控水站、“新圩桥”1个省控水站，增设“曲溪”空气站为国控城市监测点位，做好自动监测站运维保障工作。开展全市排污单位自行监测监督抽查和帮扶指导、生态环境检（监）测机构和机动车尾气检验机构的监督抽查。升级完善揭阳市污染源在线监控平台。

【环境执法】 2020年，揭阳市生态环境局组织开展一系列专项执法行动，实施榕江流域环境违法行为有奖举报措施。执法行动包括：省练江交叉检查交办问题后督查、玉城河流域交叉执法检查、榕江流域专项执法检查、揭阳楼后渠环境污染专项整治、大气和水环境污染整治专项执法行动、揭阳市2020年排污许可专项执法、粤东片区污染防治执法监督帮扶等。结合疫情防控工作，加强对医疗废物处置情况和废水处理设施运行的监管，以及污水处理厂、饮用水源保护区巡查和水质监测。开展汛期环境安全检查工作，进一步保障饮用水源安全。组织开展全市突发环境事件应急培训和演练、危险化学品环境安全综合治理、“环境安全月”“环境安全南粤行”等行动，做好甬莞高速危化品车辆追尾事故环境应急处置工作。继续开展涉生态环境领域“扫黑除恶”专项行动。加强省、市重点信访问题专项治理，曝光典型案例，形成震慑效应。全年全市出动执法人员35812人次，检查企业12251家次，立案202宗，罚款金额2117.29万元，责令整改企业173家，关停取缔企业172家，实施查封、扣押案件8宗，移送适用行政拘留环境违法案件37宗，移送环境污

2020年4月2日，揭阳市污染防治攻坚战指挥部2020年第一次会议暨贯彻落实省污染防治攻坚战指挥部2020年第1号令和决战决胜污染防治攻坚动员大会在市应急指挥中心召开 （郑楚藩 摄）

染犯罪案件18宗。

【环保督察整改】 2020年，第一轮中央环保督察涉及揭阳市的13个问题中，基本完成的10个，未完成的3个有1个达序时进度。中央环保督察“回头看”23个问题中，基本完成的18个，未完成的5个有3个达序时进度。省级环保督察整改方案的22项整改任务，完成10项，未完成的12项有6项达序时进度；对应125项具体措施，完成94项，未完成的31项有23项达序时进度。总体上，未达序时进度的主要是断面水质达标问题、污水处理厂建设问题、生活垃圾收集处理问题等。

2020年11月26日，省生态环境保护督察办主任赖海滨带队到揭阳市调研生态环境保护督察整改工作。图为实地察看普宁练江污染整治

（市生态环境局　供稿）

【饮用水源保护】 2020年，揭阳市生态环境局加强饮用水水源地规范化建设，推进集中式饮用水水源保护区“划、立、治”工作，开展10个“千吨万人”乡镇及以下水源地调查评估和保护区划定工作。完成全省县级及以上城市集中式饮用水水源环境状况评估。全年完成中央环保督察指出的186处饮用水水源一级保护区违法建设项目及建筑的清理整治工作。

【污染减排】 2020年，揭阳市生态环境局上报省生态环境厅核查核算的主要污染物减排项目47个，水污染物减排项目36个。其中，全口径行业项目11个、非全口径行业项目5个、城镇生活污水处理6个（含平移2个）、规模化畜禽养殖粪污治理1个、散乱污取缔2个、城镇生活垃圾处置2个、农村垃圾1个、农村分散污水处理设施2个、环保疏浚减排2个、畜禽养殖场关停4个。大气污染物减排项目11个。其中，电力行业4个、钢铁行业2个、清洁能源3个、关停淘汰2个。揭阳市2020年化学需氧量、氨氮、二氧化硫、氮氧化物4项主要污染物排放总量分别为7.41万吨、0.84万吨、2.22万吨、2.11万吨，比2019年分别削减约5903吨、797吨、290吨、306吨，比2015年分别减排18.99%、17.94%、16.19%、11.74%；省下达2020年任务为化学需氧量、氨氮、二氧化硫、氮氧化物分别比2015年减排14%、12.70%、4%和6%，超额完成省下达揭阳市2020年度总量减排目标任务。

【水污染治理】 2020年，揭阳市生态环境局按照市委市政府“狠治、快建、善管”的思路，印发实施《榕江南河东湖国考断面达标攻坚方案》《榕江北河龙石国考断面达标攻坚方案》《练江青洋山桥省考断面达标攻坚方案》《枫江水质达标攻坚方案》等，成立榕江、练江、枫江3个攻坚专班，以“一河一策一专班”“一厂一网一专班”形式强化攻坚督导，推进工作任务落实。8月、10月分别印发实施《榕江北河龙石断面达标决战“910”方案》《揭阳市水污染防治百日攻坚方案》，推进攻坚重点任务落实。水环境质量持续改善。全年全市水环境污染综合指数下降7.36%、改善幅度全省排名第9；榕江流域68条支流（河涌）有40条消除劣Ⅴ类，城市建成区6条黑臭水体全部通过“长制久清”验收；练江流域9条支流有7条基本消除劣Ⅴ类。

【大气污染治理】 2020年，揭阳市生态环境局加强与气象部门会商研判并及时发布预警预报信息，开展污染天气应急应对工作；加强与汕头、潮州协调联动，开展三市露天焚烧联合巡查，共同改善区域大气环境质量；加强科技防控，利用无人机对重点区域、重点时段进行露天焚烧监控拍摄；配合省生态环境厅开展VOCs走航监测，以及省生态环境厅帮扶组开展的大气污染防治现场帮扶工作；识别国控站点周围5千米大气污染源，实施精准管控；加强源头治理，推进燃煤锅炉淘汰及超低排放改造工作，推进挥发性有机物重点监管企业销号式综合整治，以及工业炉窑分级管控；加强移动源整治，禁止排放不合格机动车辆上路行驶，开展机动车检测站抽查、柴油车用车大户抽查、机动车路检及遥感监测系统检测工作；推进公交车电动化。加强面源管理，落实扬尘污染管控措施，加大巡查及网格化管控力度，加强餐饮油烟治理，严禁露天焚烧。全年全市实况城市空气质量优良天数比例（AQI达标率）为97.0%，提高1.7个百分点；综合指数为3.12，降低12.8%。

【土壤污染防治】 2020年，揭阳市生态环境局印发实施《揭阳市2020年土壤污染防治工作方案》，统筹、推进年度重点工作，完成省下达的目标任务。开展重点行业企业用地土壤污染状况调查，形成《揭阳市重点行业企业用地土壤污染状况调查报告》《揭阳市重点工业园区土壤污染状况调查报告》等。加强土壤污染源头预防，确定土壤污染重点监管单位21家，并在市生态环境局网站公布。完成重点重金属排放量削减任务，完成涉镉等重金属重点行业企业排查整治工作。严格控制农业污染，农业农村部门制定出台化肥农药使用量零增长年度工作方案，推行测土配方施肥和农作物绿色防控。

【固体废物管理】 2020年，揭阳市生态环境局加强对危险废物转移监管，与交通运输部门建立危险废物转移运输管理会商制度，执行转移联单管理制度，督促危险废物产生、运输、接收单位落实环境安全管理规定。惠来县钟丘洋铅锌矿污染调查及综合整治项目，是揭阳市工业固体废物堆存场所环境整治项目、涉镉等重金属重点行业企业污染整治项目，完成整治并通过验收。推进揭阳（大南海）石化环保中心项目，其中危险废物焚烧及物化综合处理项目动工，危险废物安全填埋场项目完成环评第一次公示，并在编制环评报告。开展危险废物环境安全和规范化管理工作专项检查，检查企业28家，发现问题5类36个，全部落实整改。全年全市有企业1514家次，实际转移危险废物20类约75566.24吨。

【农村污染治理】 2020年，揭阳市生态环境局结合揭阳市污染防治攻坚战和乡村生态振兴，制定《揭阳市打赢农业农村污染治理攻坚战2020年实施方案》，明确目标任务，落实各地各部门责任分工。加强农村饮用水水源保护，划定22个农村饮用水源保护区，在保护区边界设立地理界标、警示标志或宣传牌。加大农村生活垃圾治理力度，全市1446个行政村全部实施保洁，按每500名常住人口配置1名保洁员，全市有保洁员12859人，基本做到生活垃圾日产日清。加大农村污水治理力度，纳入农村雨污分流建设的自然村有3572个，完成建设3482个，完工率97.5%。完成农村环境综合整治任务，督促指导各地加大力度推进农村环境综合整治。

【环境审批】 2020年，揭阳市生态环境局进一步修编优化环评文件报批程序，简化入园项目环评手续，对部分项目环评文件实施告知承诺制审批。全年实施告知承诺制审批项目45个。疫情期间对建设项目环境影响评价采取“不见面”的应急审批措施。建立服务企业接待日工作制度，每月由一位局领导牵头接待来访企业；建立企业沟通联络机制，鼓励、支持和引导企业绿色发展。对环境影响报告书（表）编制质量开展抽查复核，约谈有问题的环评编制单位，对5家环评编制单位进行通报批评，并在全国环境影响评价信用平台上进行失信记分。服务重点项目，协助揭阳至惠来铁路（揭阳疏港铁路）等重点项目做好环评工作，批复该项目环评报告书。完成排污许可发证和登记任务，基本实现全市固定污染源排污许可全覆盖。至年底，全市累计核发排污许可证671张，下达限期整改通知书186份，完成排污登记企业13863家，标记特殊情形类企业11652家；审批建设项目环评文件389个，核发辐射安全许可证38家，固废环保专项验收81个。

（市生态环境局）

教育

综述

【教育概况】 2020年，揭阳市基础教育各级各类学校2860所，在校生123.46万人。其中：幼儿园1298所，在园幼儿27.6万人；小学1243所，在校生55.5万人；初中233所，在校生24.1万人；普通高中65所，在校生13.5万人；特殊教育学校5所，在校生548人；中职学校16所，在校生2.7万人。高职院校2所，在校生1.16万人。

【教育事业发展】 2020—2021学年，全市学前教育毛入园率97.91%，公办幼儿园在园幼儿占比50.72%，公办和普惠性民办幼儿园在园幼儿占比89.33%，完成学前教育“5080”任务。九年义务教育巩固率93.98%，高中阶段教育毛入学率96.27%。有省一级幼儿园1所，市一级幼儿园10所；省国家级示范性普通高中8所，省一级普通高中5所，市一级普通高中38所；国家级中等职业教育改革发展示范校1所，国家级重点职校2所，省级重点职校2所。

【教育经费投入】 2020年，全市一般公共预算教育经费投入81.27亿元，增加3.33亿元，增长4.27%；学前教育、普通小学、普通初中、普通高中生均一般公共预算教育经费分别增长7.84%、2.97%、2.12%、12.69%，基本实现教育经费“两个只增不减”的目标，为全市教育的发展提供保障。

【校园疫情防控】 2020年，揭阳市教育局按照全市疫情防控部署要求，压实学校主体责任及第一责任人责任。开展师生健康状况全面摸排，排查师生130万人。加强重点群体人员健康管理，重点人群全部进行核酸检测。加强培训和演练，全市开展应急演练5776场次。组织开展对全市2860所学校返校条件进行全覆盖验收。落实常态化疫情防控工作，按照“四精准”“六分”“一独立”“三全”“五管”校园疫情防控方案要求，全面落实学生安全返校和校园疫情防控各项措施。实行教职员工和学生健康情况“日报告”和“零报告”制度，第一时间掌握全市130万师生健康数据，保障全市百万师生员工生命安全和身体健康。揭阳市教育系统实现疫情防控工作零失误，高考、中考组织工

2020年7月21日，省长马兴瑞莅揭调研，实地察看广工揭阳理工学院建设情况
（市教育局 供稿）

作零差错，受到广东省委教工委和广东省教育厅的肯定，被揭阳市委市政府授予“揭阳市抗击新冠肺炎疫情先进集体”称号。

【学校安全管理】 2020年，揭阳市教育局从增强师生安全意识、强化学校安全管理入手，落实学校安全防范工作。抓好日常安全行为、防灾减灾、心理健康、法治安全、消防安全、防溺水等各类安全教育，开展校园周边安全和校车安全工作，排查隐患并落实整改措施；建立健全各项规章制度，消除安全隐患，为师生营造安全、文明、健康、和谐的学习和工作环境，保障师生生命财产安全，维护校园正常秩序，确保校园的安全与稳定。全年全市各级各类学校安全稳定，没有发生任何政治或其他安全事件。

【教育督导】 2020年，揭阳市教育局严格监督学校办学行为，解决和治理教育乱收费问题，加强宪法宣传教育，推进依法治校示范学校建设，提升依法治校水平，促进学校办学行为规范化。做好创建“广东省推进教育现代化先进市”工作。2017年2月，揭阳市全面启动创建“广东省推进教育现代化先进市”工作。2019年，实现广东省推进教育现代化先进县（市、区）全覆盖。2020年9月，市政府向省政府申报广东省推进教育现代化先进市督导验收，如期完成创建工作，并做好后期整改工作。据统计，全市投入教育“创先”资金累计28亿元。

【教育改革】 2020年，揭阳市教育局制订、落实《揭阳市加快推进教育现代化实施方案（2020—2022年）》《关于推动基础教育深化改革高质量发展的实施意见》，以“立德树人育人体系、高质量教育发展体系、高效治理体系”三个体系的构建，完成教育改革发展重点交账任务。深化基础教育管理体制改革。统筹推进幼儿园布局建设专项规划，以及全市中小学校布局调整与学位建设规划工作，探索以市为主统筹市区普通高中办学的发展路子，优化重构市区普通高中学校布局和管理体制，全面提升市级对普通高中教育的统筹力度。研究制定《揭阳市中职教育优化提质增效工作方案》，推进揭阳市中职学校新一轮的布局结构调整和优化专业设置工作。深化教师管理制度改革。全面推进中小学教师“县管校聘”，进一步优化教师队伍结构。深化教师发展支持体系建设，全市5所市县级教师发展中心全部获批，并挂牌建设。深化基础教育办学体制改革。探索学区化集团化办学模式，以中小学（幼儿园）为主体，建立横向连通纵向贯通的教育学区与教育集团。全年全市形成强弱结对学校（幼儿园）101对，民办教育集团3个。改革教育评价方式。转变以考试成绩为唯一标准评价学生的做法，建立完善初高中学生综合素质评价制度，全面考评学生德智体美劳综合表现，从根本上解决教育评价指挥棒问题。深入实施素质教育，推进育人方式变革，引导全社会树立科学的人才培养观、教育质量观和教育评价观，促进学生全面发展。

【德育工作】 2020年，揭阳市教育局坚持用习近平新时代中国特色社会主义思想铸魂育人，强化思想引领，用好疫情防控“教科书”，组织上好“复学第一课”“开学第一课”。深化实践育人，开展“扣好人生第一粒扣子”“我和我的祖国”主题教育活动，推动社会主义核心价值观进校园、进头脑、进教材。加强学校思政课建设，督促大中小学校落实思政课教师配备工作。举办全市大中小学校思政课一体化教学展示活动，打造“八个相统一”精品思政课程。建立大中小学校思政课一体化建设的育人体系。持续开展文明校园创建工作。是年，创建全国文明校园1所，省级文明校园2所，揭阳市文明校园81所。

【体育卫生】 2020年，揭阳市教育局树立健康第一的教育理念，指导做好疫情防控期间学校体育工作。落实“保证学生每天1小时校园体育活动”，执行校园体育教学的常规要求，严格规范体育课堂的教学行为。是年，全市学生体质健康状况

2020年，揭东区潭王蓝康红军小学举行庆祝中国少年先锋队建队71周年暨新队员入队仪式
（揭阳日报社　供稿）

总体呈现“逐步提升”趋势，优良率44.27%，提高3.77个百分点。在抓好校园疫情防控工作的同时，做好诺如病毒防控工作，开展爱国卫生运动、学校食品安全管理、饮水安全管理等工作，减少疫情叠加风险，全市教育系统实现卫生安全目标。提升校园文明水平，“厕所革命”完成率109%；学校食堂“互联网+明厨亮灶”实现100%全覆盖。

（林建英）

各类教育

【学前教育】 2020年，揭阳市教育局推动落实“5080”攻坚工程，拓宽增加学前教育公办优质学位的途径。全年全市累计投入资金9142万元，新（改、扩）建公办幼儿园45所。通过转制、扩容增班、购买学位等途径新增公办幼儿园学位6.04万个。全市在园幼儿27.60万人，其中，公办园在园幼儿14.01万人，占比50.72%；公办和普惠性民办幼儿园在园幼儿24.66万人，占比89.33%，完成学前教育“5080”任务。100%完成小区配套幼儿园和无证幼儿园治理。

【义务教育】 2020年，揭阳市全面消除义务教育66人以上超大班额和56人以上大班额；加强控辍保学，建档立卡贫困家庭辍学学生实现动态清零；推进“两类学校”建设，实施改薄提升工程，累计投入8161.14万元，建设校舍51743平方米，购置设备1664.25万元；按计划推进撤并“麻雀学校”，全年完成撤并“麻雀学校”61所；推进第二实验小学和第二实验中学建设，市政府印发《揭阳市第二实验小学建设项目实施方案》和《扩建揭阳市第二实验中学（一期）项目实施方案》，并由市代建中心实施建设。

【普通高中教育】 2020年，揭阳市教育局推动实施“普通高中办学水平提升”“特色普通高中创建”“普通高中育人方式改革”三大工程，普通高中办学条件和办学水平整体得到提升。是年，高中阶段毛入学率96.27%。

【中职教育】 2020年，揭阳市教育局推进中职学校布局结构调整和优化专业设置，撤销1所、设立1所、停止招生4所；立项创建省高水平中职学校2所；新增专业16个，建设省级“1+X证书”制度试点专业4个、“双精准”示范专业4个。中职招生完成率123%。参加2020年广东省中职学校班主任业务能力大赛获得一等奖1人次，并代表省参加国家比赛。中职毕业生就业率97.3%，超出全省平均水平。

【高等教育】 2020年，揭阳市加快推进广工揭阳理工学院建设。以“共建、共享、共商”为原则，与广东工业大学确立“对口帮扶+深度合作”的共建办学机制，探索“揭阳主体、广工主导、专班负责”的学院筹建运营孵化新机制。以“揭阳所需、广工所长、未来所向”为原则，完成学科专业设置方案；以“前引后推”结合的双建设模式和“一招四引”的人才招引方式，拟录用教工214人；以“科学规划、分步实施”为思路，完成40万册图书、电子文献资源和图书馆管理系统的采购招标工作，到馆纸质图书22万余册。以满足教学需求和申报指标为导向，首批教学仪器设备10个项目产生中标单位，总中标金额2826万元；以“新理念、高品质、控投资、快速度”为原则，完成首期工程项目用地637333平方米的征地赔青迁坟工作，校园工程建设面积近22万平方米，学校主体结构全封顶，转入室内装修阶段施工。

【民办教育】 2020年，揭阳市教育局落实政策，资金扶持，优化民办教育发展模式。全市有民办学校1139所，在校生35.4万人，教职工3.4万人。2020年省级教育发展资金（民办教育发展方向）360万元按照因素法的方式分配给各地，用于民办义务教育阶段学校标准化建设和民办幼儿园规范化建设，服务区域教育优质发展。坚持“积极鼓励、大力支持、正确引导、依法管理”的方针，深化“放管服”，简化审批程序，规范准入门槛，增强服务意识，优化教育结构。同意广东省黄埔技工学校在普宁市梅塘镇正式设

2020年12月4至6日，揭阳学生代表队参加在广东佛山潭州国际会展中心举办的2020世界机器人大赛总决赛并获超级轨迹赛项冠军 （市教育局 供稿）

立普宁市黄埔职业技术学校。该校占地面积43867平方米，工程投资8000多万元。

【特殊教育】 2020年，揭阳市教育局推动特殊教育学校标准化建设，做好适龄残疾儿童、少年入学安置工作。义务教育残疾儿童、少年入学安置率98.88%。

（林建英）

招生考试

【中考】 2020年，揭阳市报名参加中考72363人。被高中阶段学校录取60154人，其中：普通高中录取42750人，中职（含技工学校）录取17503人，五年一贯制录取351人。

【普通高考】 2020年，揭阳市报名参加普通高考46245人，上线42708人，上线率92.35%。其中高分优先上线4179人，上线率9.04%；本科上线18904人，上线率40.88%。全市被高校录取42679人，报考录取率87.19%，提高2.33个百分点。被北京大学录取2人。

【成人高考】 2020年，揭阳市报名参加成人高考8409人，其中专升本3627人，高中起点本科161人，高中起点专科4621人。

【高等教育自学考试】 2020年，揭阳市自学考试报考15585人，计37599科次。160名考生取得本、专科毕业证书，其中大专毕业16人，本科毕业144人。

（林建英）

教育设施

【经费来源】 2020年，揭阳市筹措省级以上财政教育资金累计约22.18亿元。其中，学前教育经费5826万元，义务教育经费116460.9万元，特殊教育经费1862.3万元，普通高中教育经费6869万元，推进基础教育现代化经费14981万元，中职教育经费2345万元，教师队伍建设经费47565.1万元，学生资助金经费25493.5万元，其他教育专项经费364万元。

【教育信息化】 2020年，揭阳市中小学校（含教学点）宽带接入率100%，中小学校100%实现接入宽带速率超100M，中小学校最少拥有1间多媒体教室比例100%。推动科大讯飞“因材施教”公益性项目落地。实施国家课程数字教材规模化应用全覆盖工程，推进信息技术与教育教学融合创新。

（林建英）

重点学校选介

【揭阳职业技术学院】 揭阳职业技术学院创建于1999年，位于榕城区仙桥紫峰山下，是经广东省人民政府批准设立、教育部备案，由揭阳市人民政府主办的公办全日制普通高等职业学院。学校占地面积391020平方米，建筑面积127700平方米。2020年，学校全日制在校生6113人；教职工423人，其中正高级职称7人，副高级职称96人，博士学位1人，硕士学位215人，具有“双师型”素质教师158人。学校设有思想政治理论课教学部、师范教育系、信息工程系、外语系、机电工程系、生物工程系、化学工程系、艺术与体育系、经济管理系、电子商务创业学院、继续教育部8系2部1院，开设专业42个，招生专业32个。其中宝玉石鉴定与加工专业为省级重点专业，电子商务、药学为省级二类品牌专业，学前教育专业群为省级专业群。学校有“军埔电商生产基地公共实训中心”国家级生产性实训基地，宝玉石鉴定与加工、药学、模具设计与制造、电子商务、物联网应用技术、经济管理6个省级高职教育实训基地和园林园艺专业群省级扶持基地。建设有服装工艺室、AR/VR机房等校内实验（训）室82个，校企共建校外实训基地146个，产学研合作企业52个，合作办学单位18个。推动广州飞瑞敖电子科技有限公司等4家校企合作企业成为省级产教融合型企业；组建揭阳市环保表面处理工程技术研究中心，该中心被市科技局认定为市级工程技术研究中心。学校注重学生科技创新和技能应用的培养与教育。学生先后获得国家级职业技能大赛奖项13个，省级职业技能大赛奖项90个，省级创新创业计划项目10个，国家级创新创业大赛奖项1个，省级科技创新创业竞赛奖项65个，省级大学生科技创新培育项目33个。学校获得“广东省先进基层党组织”“广东省文明单位”“广东省诚信文化教育共建单位”和“中国电商讲师大赛优秀组织奖”等荣誉。

【揭阳第一中学】 揭阳第一中学是揭阳市重点中学、广东省国家级示范性普通高中。学校位于榕江北岸，占地面积110200平方米，建筑面积100000平方米。有教学班74个，学生4069人；教职工417人，其中在编在岗348人，退休69人；特级教师6人（在职3人），正高教师2人，中学高级教师97人、一级教师144人、初级教师86人。硕士研究生42人（其中全日制研究生25人，在职研究生17人）。学校以“育人素质化、教学精品化、教育国际化”为办学特色。高考考上高分优先投档线人数每年都以100名左右的人数递增，本科上线率接近100%。学校还依托校友资源，推行多元化、国际化办学策略。邀请旅居海外的校友回校讲学；聘请外教加强学生英语口语能力训练；选派英语教师到英国、美国进行学科教学技能培训；加强与国外名校的交流合作；被广东教育国际交流协会定为全省13所有资格推荐学生参加新加坡理工学院政府助学金留学项目的高中学校。学校设立多项助学金、奖学金、奖教金：“志英奖学金”“百佳木棉奖”“潮汕星河中青宝揭阳第一中学助学金”“善行千里，千里行善”“揭阳第一中学星火借学金”“潮汕星河中青宝奖教奖学金”“榕江之光励教奖”“工龄三十周年贡献奖”“盛信名师奖”等。学校获得全国青少年校园足球特色学校、广东省国家级示范性高中、省教学水平评估优秀学校、省一级学校、省优秀现代教育技术实验学校、省中小学知识产权教育试点学校、省税收宣传教育基地、省中小学教师培训实践基地、省德育示范学校、省语言文字规范化示范学校、省依法治校示范学校、省绿色校园等荣誉；建有广东省温俊义名校长工作室、广东省孙名坚名教师工作室、广东省高奕珊名教师工作室、广东省廖杰斌名班主任工作室和广东省中学共青团黄利东名师工作室。

【揭阳第二中学】 揭阳第二中学是一所由揭阳师范学校改制而成的、由揭阳市教育局直属管理的公办全日制普通高中。学校位于揭阳市区榕华大道南段，毗邻东风广场。学校实行精细化管理和小班额教学，有52个教学班，学生2936人。在编教职工281人，其中硕士研究生14人，特级教师1人，南粤优秀教师2人，南粤优秀教育工作者1人，“广东好人”称号1人，广东省人大代表1人，广东省优秀班主任1人，“潮汕星河辉勇师表奖”2人，获市级荣誉近20人次。建有广东省李秀媛名教师工作室、揭阳市张秀池名班主任工作室和林慕双名班主任工作室。

学校获得“全国和谐校园先进学校”“广东省一级学校”“广东省普通高中教学水平优秀学校”“广东省安全文明校园”“广东省交通安全文明示范学校”“广东省语言文字示范学校”“国家重点大学暨‘211工程大学’生源基地”“广东省现代教育技术实验学校”“广东省规范汉字书写教育特色学校”“广东省中小学教师信息技术应用能力提升工程示范学校”“‘英特尔’未来教育项目推广示范学校”“潮汕星河奖集体道德奖”“揭阳市高考成绩优良学校”“揭阳市规范管理示范学校”等荣誉称号。学校英语科组、政治科组、地理科组先后被评为“广东省优秀教研组”，英语科组被评为“广东省巾帼文明岗”等。

【揭阳第一中学榕江新城学校】 揭阳第一中学榕江新城学校于2019年7月设立，是揭阳市教育局直属管理的普通高级中学。学校位于揭阳空港经济区榕江新城，占地面积103066平方米，总建筑面积76000平方米，按国家级示范性普通高中的标准建设、配套。

学校秉承揭阳第一中学的办学理念，以“精神立校，实干强校，文化治校，创新兴校”为管理思路，以“培养基础扎实、能力突出、人格健全、敢于担当、视野宽阔、适应现代社会和未来发展的精英人才”为育人目标，在教育理念、教育科研、素质评价、学校管理与现代化建设等方面与揭阳第一中学深度对接，在管理、师资和设备设施方面共享优质教育资源。在编教职员工196人。2020年度有52人参加省市教学论文、教学设计、自制教具等各项竞赛和名教师工作室研修活动并获奖，其中有16人获得省级各项竞赛评比活动一等奖以上。学校有青年志愿者服务队、文学社、IT社等学生社团组织10多个，举办文艺汇演、才艺表演、合唱比赛、智能机器人设计等课外活动。

【揭阳市实验中学】 揭阳市实验中学位于揭阳市区仁义路与美阳路交汇处，创办于1998年，是市教育局直属管理的一所初级中学。学校占地面积22000平方米，建筑面积22350平方米，编制207人，在编教职工206人，其中，高级教师85人（已聘任正、副高级教师52人），正高级教师1人，省特级教师3人，研究生4人，本科以上学历200人。学校有教学班38个，学生1935人。

学校落实立德树人的根本任务，本着“学生成才、教师成家、学校成名”的办学宗旨，以“高标严治，实验示范，特色出色，现代一流”为办学目标，以“崇德、尚美、求真、自强”为校训，形成“团结、务实、开拓、创新”的校风。办学23年来，师生参加各种竞赛获国家级、省级奖励约100人次。其中，刘淑君、黄卓莉老师获“全国优秀教师”等称号。2020年，学校573名学生参加中考，上揭阳一中170人，上市重点中学540人。学校被省、市评为“文明学校”“文明单位”“平安校园”“书香校园”“绿色学校”“安全文明校园”“节水型学校”“依法治校示范校”等荣誉称号。

【揭阳市实验小学】 揭阳市实验小学创建于1996年，是揭阳市教育局直属管理的一所小学。学校位于市区中心，占地面积17100平方米，建筑面积14083平方米。学校紧扣优质发展的办学目标，肩负建设成为“揭阳市龙头示范学校”的重任，以“让每一位学生健康成长”

为办学宗旨，践行“以乐启智 以雅养德”的办学理念，积极开展养成教育，培养德智体美劳全面发展的“乐雅实小娃”。

学校有教学班45个，学生1892人；教师175名，其中，特级教师2人，高级职称11人，中级职称157人，本科学历以上148人，专科学历25人。学校有多功能智慧教室、多功能录播室、创客室、红领巾广播站、朗读亭等。有宣传校园文化的乐雅文化空间、百米文化长廊。学校获得“全国文明校园”“全国优秀家长学校”“全国养成教育实验学校”“全国青少年校园足球特色学校”“广东省德育示范学校”“广东省少先队先进学校”“广东省语言文字规范化示范学校”“广东省规范汉字书写特色学校”“广东省诗歌教学示范学校”“广东省交通安全文明示范学校”“广东省书法教育名校奖”“广东省体育特色学校”“广东省基础教育研究实验基地学校”“广东省依法治校示范校”“广东省中小学教师信息技术应用能力提升工程示范校”“广东省基础教育信息化融合创新示范培育推广学校”“广东省信息化中心学校”“广东省艺术特色学校”“广东省篮球推广学校”等荣誉称号。

教师队伍

【教职工】 2020年，揭阳市公开招聘引进756名紧缺学科教师，其中全日制研究生30名，本科生533名，大专生193名。全市中小学校（含幼儿园、中职）有教职工9.43万人，其中专任教师7.66万人（幼儿园1.5万人，小学3.1万人，初中1.9万人，普通高中0.9万人，特殊教育139人，中职1540人）。有中小学正高级教师8人，中小学高级教师5518人，中小学特级教师58人；省级名校长1人、名教师4人，省级名校长工作室5个、名教师工作室10个、名班主任工作室3个，市级名班主任工作室18个。

【教师培训】 2020年，揭阳市教育局统筹做好教师继续教育培训工作。加强与北师大等高等院校合作，组织300名教师、校（园）长参加北师大名教师、名校（园）长培养对象线上高级研修班培训；组织98名中学骨干校长参加浙江大学——揭阳市“三区”中学校长核心素养提升研修班培训；遴选推荐14所中小学校作为中小学教师信息技术应用能力提升工程2.0试点校，重点提升教师信息技术与教育教学深度融合能力。全年全市累计组织教师、校（园）长参加各级各类培训5.8万人次。

【教师待遇】 2020年，揭阳市教育局全面落实教师和公务员工资福利待遇“两相当”。落实义务教育学校绩效工资、教师医疗保障、住房公积金、养老保险、山区和农村边远地区学校教师生活补助等各项待遇。是年，有35471名农村教师享受月人均补助不低于1000元的标准。落实高校毕业生到农村学校从教“上岗退费”政策，有998名教师享受“上岗退费”政策。对长期在基层和边远地区工作的教师实行待遇从优等倾斜政策，提高教师福利。

【师德师风建设】 2020年，揭阳市教育局建立和完善师德建设长效机制，严肃处理教师违规行为。弘扬优秀教师高尚师德和先进事迹，获得广东“最美教师”称号2名、潮汕星河辉勇师表奖42名、揭阳“最美教师”称号31名。

（林建英）

2020年9月8日，揭阳市召开庆祝2020年教师节座谈会 （市教育局 供稿）

科学

科学技术

【科学技术概况】　2020年，揭阳市科技局贯彻落实全省科技创新大会精神和市委市政府工作部署，推进科技创新和国家高新区创建工作，加快化学与精细化工广东省实验室揭阳分中心建设，出台《揭阳市促进产业科技创新扶持办法》，为加快经济发展和产业结构升级提供创新动力支撑。截至年底，全市高新技术企业188家、省级工程中心65家、省级重点实验室3个、省级新型研发机构2个、市级工程中心236家、科技企业孵化器4家，众创空间8家，国家级“星创天地”2家，省级“星创天地”2家。

【科技创新】　2020年9月，揭阳市召开科技创新暨制造业强市及园区建设视频会议，印发《2020年揭阳市科技创新发展重点工作任务》，制定《揭阳市促进产业科技创新扶持办法》，明确市级财政每年投入6000万元以上资金用于扶持产业科技创新发展。

【榕江实验室】　2020年6月11日和9月24日，揭阳市榕江实验室建设领导小组组织召开榕江实验室第一届理事会第一次、第二次会议，研究通过实验室主任（法定代表人）等人事任命，以及实验室章程、建设运行方案、经费预算、规章制度、人员聘用方案、开设银行账户等重大事项，批准成立学术委员会。冯亚青教授（天津大学原副校长、天津化学化工协同创新中心执行主任）任榕江实验室主任，谢克昌院士（中国工程院院士、天津大学教授）任榕江实验室学术委员会主任。推进榕江实验室基建项目立项、招投标等相关工作，完成《榕江实验室建设实施方案》《榕江实验室建设工作方案》和《化学与精细化工广东省实验室揭阳分中心一期装修方案》的修订工作，拨付榕江实验室省级财政补助资金586.5万元、市级建设资金1827.19万元，并引入“仿生膜与膜过程”“颜料及光电功能材料”“合成生物学”等14个科研团队。

【国家高新区】　2020年，揭阳市委市政府积极推动国家高新区创建工

2020年7月29日，省专家服务团到揭阳开展高新技术企业认定申报辅导暖企活动
（市科技局　供稿）

作，做好创建国家高新区现场考察和总体评审准备工作，加快揭阳高新区展厅建设，设立孵化器、众创空间等创新服务平台，引入高新技术企业协会、科技金融中心和技术转移中心等资源。2月，揭阳高新技术产业开发区管委会以“两块牌子，一套人马”的运营模式在空港经济区揭牌成立。市领导带队赴国家科技部拜访。揭阳高新区被列入科技部国家高新区考察名单范围。3月，国家火炬特色产业（机电模具）基地通过科技部认定。

【科技企业】 2020年，揭阳市科技局实施高企数量和规模“双倍增”计划，编制出台《揭阳市高新技术企业倍增计划》《2020年揭阳市高新技术企业管理台账》和《2020—2022年揭阳市高新技术企业培育台账》。全年高企认定申报企业100家，纳入2020至2022年培育台账企业224家。7月29日，揭阳市邀请省专家服务团开展高新技术企业认定申报辅导暖企活动，参加对接培训企业70多家。全市累计拥有高新技术企业186家，组建省级工程中心65家、省级重点实验室3个、省级新型研发机构2个、市级工程技术研究中心236家。

【科研攻关】 2020年，揭阳市科技局通过科技专项资金引导社会加大研发投入，推动企业自主核心技术攻关，组织实施2020年省科技专项资金（“大专项+任务清单”）项目和市科技创新发展专项资金项目180项，下达经费5120万元。出台《市科技局关于打赢疫情防控阻击战的扶持中小企业共渡难关的实施方案》，快速推进一批疫情防控技术成果的使用和推广应用，立项22项，下达经费625万元。

【科技服务】 2020年，揭阳市科技局积极构建科技创新服务体系，修订《揭阳市科技金融产业融合风险准备金管理办法》，引导社会资源投向科技创新领域。全市科技风险准备金累计为49家企业发放贷款6.3亿元，为科技型企业缓解融资难问题。依托高新技术企业协会、科技金融服务中心、揭阳市“互联网+科技创新”服务平台等科技服务机构，全年组织产学研活动21场次，邀请北京科技大学、天津大学、华南理工大学、广东工业大学、汕头大学等7家高校赴揭阳市深入企业指导科研工作和产学研交流，达成产学研合作项目18个。

【创新创业】 2020年，揭阳市科技局组织开展第九届中国创新创业大赛（揭阳赛区）暨第三届潮汕青年创新创业大赛，全市进入省赛项目9个。全市组建科技企业孵化器4家、众创空间8家，其中国家级孵化器1家、国家级备案众创空间3家、省级众创空间示范单位5家、在孵团队和项目516个。

2020年8月，第九届中国创新创业大赛（广东·揭阳赛区）暨第三届潮汕青年创新创业大赛 （市科技局 供稿）

【科技助农】 2020年，揭阳市科技局组织农村科技特派员深入农村一线，围绕当地产业和科技需求开展服务和创业。全市组织120名省级农村科技特派员挂钩对接135个贫困村，获2020年省乡村振兴战略专项资金1项110万元、2020年中央引导地方科技发展资金项目5项550万元。

（李桂瀚）

气 象

【气象概况】 2020年，揭阳市天气气候总体特征：降水异常偏少、气温明显偏高、台风影响偏轻、灰霾日数减少。全市平均降雨量1163毫米，偏少40%，其中：市区1145毫米，揭西1180毫米，普宁1221毫米，惠来1108毫米，市区、揭西、普宁均破历史最少纪录。全市平均气温22.9℃，偏高0.9℃，其中：市区23.3℃，揭西22.6℃，普宁23.0℃，惠来23.0℃。是年，对揭阳市有影响的台风2个：06号台风“米克拉”和07号台风“海高斯”，都带来暴雨。全市平均灰霾日数13天，其中：市区16天，揭西14天，普宁9天，惠来12天，与2019年相比，全市平均减少20天。

【主要灾害性天气】 2020年，对揭阳市有影响的台风是06号台风“米克拉”和07号台风“海高斯”。据揭阳市三防办统计，这两个台风没有给揭阳市造成直接经济损失。8月11日07时30分前后，06号台风“米克拉”在福建省漳州市漳浦县沿海登陆。登陆时中心附近最大风力12级(33米/秒)。受其影响，8月11日20

到12日20时，市区、揭西出现大雨到暴雨，全市平均雨量37毫米，其中揭东玉湖镇坪上村录得最大雨量85.3毫米。8月19日早晨6时前后，07号台风“海高斯”在珠海市金湾区沿海登陆。登陆时中心附近最大风力12级（35米/秒）。受其影响，8月17日20时至20日08时，揭阳市普降大雨到暴雨，局部大暴雨，全市平均雨量65毫米，有22个测站录得雨量超过100毫米，其中榕城区梅云镇录得最大雨量157.2毫米。

2020年，揭阳市暴雨（日降雨量≥50.0毫米）日数：市区和普宁4天，揭西3天，惠来6天。国家气象观测站录得日最大降雨量：市区103.0毫米（8月1日），揭西71.6毫米（8月1日），普宁62.5毫米（8月19日），惠来87.5毫米（5月21日）。受强雷雨云团影响，9月20日08时至21日08时，市区、揭西和普宁北部出现暴雨到大暴雨，有8个观测站录得超100毫米，产业园月城录得全市最大雨量233.8毫米，1小时最大雨量74.5毫米，市区出现较严重的内涝。

2020年，揭阳市高温（高气温≥35℃）日数：市区40天，揭西39天，普宁54天，惠来0天。年极端最高气温：市区39.3℃（7月14日，并列历史第2），揭西39.2℃（7月14日，并列历史第1），普宁39.7℃（7月24日，破历史最高纪录），惠来34.9℃（7月30日）。

2020年，全市平均雨量1163毫米，比历年同期偏少40%，其中市区、揭西、普宁为历史同期最少纪录，全市平均水库库容量最少时不足3成，部分地区出现供水困难。为缓解旱情，揭阳市气象局开展大规模的人工增雨作业，其中开展地面火箭弹增雨作业14轮，发射火箭弹166枚，累计增加降雨量2628万立方米；开展飞机增雨作业12架次，累计增加降水量4009万立方米。

2020年7月28日，揭阳市气象局工作人员在揭西县横江水库作业点开展人工增雨作业 （陈志锐 摄）

12月30日至31日，受寒潮影响，揭阳市气温急降，48小时降温幅度11℃～12℃。12月31日早晨出现大范围低温天气，高寒山区出现霜冻和冰冻，其中揭西良田岸洋村录得最低气温-3.3℃。

【天气预报服务】 2020年，揭阳市气象局做好决策气象服务，为各级党委、政府及有关部门部署防灾减灾工作提供科学的决策依据，发送《重大气象信息快报》《甬莞高速突发环境事件气象专报》《揭阳市新冠疫情防控气象专报》等各类决策气象服务材料358期，发送决策服务短信240次。秉承“你的冷暖，就在我心头，你若安好，便是晴天”的服务理念，做好重大灾害性天气的预报预警服务。全市气象部门做好重大灾害性天气监测，及早发布预警信息。全年发布台风、暴雨、雷雨大风、高温、寒冷等各类突发气象灾害预警信号355站次。做好专题气象预报，及时开展春运、春节、元宵节、春播、“两会”、五一黄金周、高考、中考、国庆黄金周以及重大活动的气象服务和专项保障工作，为节日和重大活动保驾护航。通过广播、电视、报纸等新闻媒体，揭阳天气微博、微信，12121电话、气象网站、电子显示屏等公众服务手段，不断提升公众气象服务水平和覆盖面。

【防雷减灾】 2020年，揭阳市气象局履行部门防雷减灾监管职责，做好防雷减灾工作，与市住建局、应急局等部门联合开展专项检查，做好危化场所的防雷整治工作。全年开展各类执法巡查182宗，约谈涉嫌违法企业2宗。市气象局行政审批业务纳入建设工程服务区综合窗口，全年受理“防雷装置设计审核”行政许可事项35宗、“防雷装置竣工验收”行政许可事项48宗，全年零投诉。据不完全统计，全年全市发生雷击事故8起，未造成人员伤亡。

（市气象局）

防震减灾

【防震减灾概况】 2020年，揭阳市地震局坚持“预防为主、防御与救助相结合”的工作方针，扎实推进防震减灾工作。完成基准站观测房建设4个，安装示范地震预警信息接收终端10个。完成建设工程抗震设防要求事中监管8宗、事后检查6宗。组织科普宣传活动17场次，发放宣传资料24800份。

【监测预报】 2020年，揭阳市地震局协助省地震局推进国家地震烈度速报与预警工程广东子项目揭阳基准站建设。完成揭西县南山镇龙跃小学、惠来县惠城镇双凤小学、揭东区玉湖镇坪水水库和普宁市大坪镇龙坑小学4个基准站观测房建设，安装10个示范地震预警信息接收终端。是年，市地震局向市委市政府上报《震情快报》23次，按时上报紧急信息月度统计分析报表12次，并收集整理地震目录、市地震观测站地下流体观测水井资料等，充实完善地震资料，为编写年度地震活动趋势研究报告提供依据。

2020年12月9日，揭阳市地震局到揭西县河婆街道乡肚村开展“防震减灾先锋行”暨科普宣传活动　（市地震局　供稿）

【灾害预防】 2020年，揭阳市地震局完成110千伏厚宅变电站、揭阳潮汕机场航站区扩建、广工揭阳理工学院等工程项目抗震设防要求审核工作。开展行政检查，严查抗震设防要求各环节，完成绿地国际（地块五）等建设工程抗震设防要求事中监管8宗，保利大都汇等建设工程抗震设防要求事后检查6宗。与市住建局、市教育局、市卫健局联合印发《揭阳市地震易发区重要公共建筑物加固工程实施方案》，推进全市地震易发区重要公共建筑物抗震性能调查、检测、鉴定及加固工作，形成动态管理长效机制，逐步消除重要公共建筑物抗震隐患，防御和减轻地震灾害。继续推进抗震性能不足且安全等级为C级的重要公共建筑物抗震加固工作。

【应急救援】 2020年11月至12月，揭阳市地震局对各县（市、区）中小学地震应急预案、地震应急演练方案进行抽查。抽查揭东2所，空港1所，揭西1所，并指导学校开展地震应急疏散演练。是年，全市落实较大规模应急避震演练6场次，覆盖全市6所中小学，累计参与演练1500余人。

【防震减灾宣传】 2020年，揭阳市地震局根据全市抗疫工作要求，结合“提升基层应急能力，筑牢防灾减灾救灾的人民防线”防灾减灾日主题，开展地震科普宣传工作，组织党员志愿者上门送科普，同时借助微信平台、短信平台、户外电子屏和电视等宣传防震减灾法律法规和科普知识。全市组织科普宣传活动17场次，发放宣传资料24800份，覆盖全市中小学6所，展出宣传挂图、展板20多幅，点亮地标建筑物1栋、大型电子屏3块、普通LED屏15块，悬挂宣传横幅13条，滚动播放宣传标语9条，开设宣传栏7个，通过微博、微信等发布信息16条、新闻报道2条。

（肖建华）

文化艺术

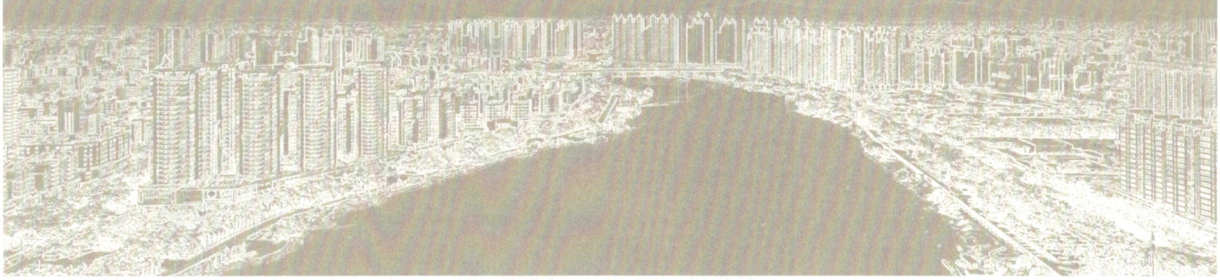

综　述

【文化艺术概况】 2020年，揭阳市文化广电旅游体育局加强基层公共文化设施建设、文化交流合作，推动群众文化活动，抓好职称评审工作，推进文化队伍培育和建设。加强文化市场监管，做好疫情防控检查和宣传引导工作，维护全市文化旅游市场的政治安全和文化安全。全年全市出动执法人员7875人次，检查各类经营场所2299家次。全市文广旅游体育系统立案18宗，办结18宗，受理并调解投诉27宗，收缴各类非法出版物1180册（张），取缔无证出版物摊档3处。

【文艺精品创作】 2020年，揭阳市文化广电旅游体育局推进文艺精品创作工作，着力打造文艺精品。普宁市潮剧团创作排演的潮剧《如是传》参加第十四届广东省艺术节获大型舞台艺术戏曲组综合类三等奖。

【文化行政审批】 2020年，揭阳市文化广电旅游体育局受理行政审批事项14件，其中娱乐场所类业务1件，文物保护工程类2件，旅行社类业务2件，运动员类业务9件，办结率100%。

【公共文化服务】 2020年，揭阳市6所公共图书馆、6所文化馆、88所乡镇（街道）综合文化站免费向市民开放。图书馆免费开放项目有社会科学借阅室、少年儿童借阅室、报刊借阅室、自然科学借阅室、地方文献和参考咨询阅览室、电子多媒体阅览室等公共空间设施场地，读者凭本馆借书证或阅览证可直接进馆阅览。文献资源借阅、检索与咨询、公益性讲座和展览、基础辅导、流动服务等基本文化服务项目免费提供。书刊借阅、办证验证、上网检索、参考咨询、存包寄包等基本服务项目免费。

文化馆免费开放音乐演奏厅；阅览室；资料（网络）查询室；少儿声乐培训室；戏剧、舞蹈排练厅、多功能厅；书画展览室、非遗展览室、多功能厅；美术创作活动室；宣传橱窗、灯谜、诗联征对活动场展示厅；文学作者活动室。

乡镇（街道）综合文化站免费开放多功能厅、展览厅（陈列厅）、辅导培训教室、计算机与网络教室等公共空间设施场地；书报刊借阅、时政法制科普教育、群众文艺演出活动、数字文化信息服务、体育健身、青少年校外活动等服务项目免费提供；辅助性服务如办证、存包等。

【群众文化活动】 2020年，揭阳市文化广电旅游体育局组织开展“戏曲进校园”、“戏曲进农村”惠民演出活动，其中在全市各地开展戏曲进校园80场次，戏曲进农村300多场次。举办2020市直机关“扶贫奔康路　致富颂党恩”文化惠民“走进火炬村”文艺晚会。是年，揭阳市作为“同饮一江水”广东劳动者歌唱大赛的12个分赛区之一、季度赛的四大赛区之一，举办“同饮一江水”2020广东劳动者歌唱大赛揭阳赛区周赛、月赛和季度赛。

【文化交流合作】 2020年，揭阳市文化广电旅游体育局抓好揭阳旅游宣传片的拍摄制作；组织参展第十六届海峡旅游博览会、2020年广东国际旅游产业博览会、2020年两广城市文化和旅游合作（梧州）联席会议、2020中国（上海）国际旅游交易会，获2020年广东国际旅游产业博览会“优秀组织奖”；利用“发现揭阳”微信公众号大力推介揭阳市文化旅游资讯、资源，全年发布信息近300条。

【文化市场监管】 2020年，揭阳市互联网上网服务营业场所121家、娱乐场所145家、演出经纪机构1家、艺术表演团体7家、经营性互联网文化单位2家、艺术品经营单位7家。是年，市文广旅游体育局做好文化旅游市场疫情防控和管理工作，营造规范有序、平安健康的文化旅游市场环境。做好疫情防控和复工复产工作，1月24日起，全市歌舞娱乐场所、网吧、游艺场所、演出场所等文化旅游体育经营单位暂停营业，5月16日后有序开放文化经营场所经营活动。组织开展全市文化市场安全督查检查工作，加强消防安全培训，举办“2020年揭阳市文化旅游行业消防安全标准化管理现场会暨消防安全演练活动”，实现文化旅游行业安全无事故。加强行业监管执法，结合全市文化市场的实际情况，加强对网络文化市场、网吧、歌舞娱乐场所、电影院、印刷复制企业、出版物市场和旅游市场的明察暗访和综合整治，开展扫黑除恶行业治乱、“扫黄打非”整治工作，做好“双随机一公开”执法检查、举报投诉受理工作。

【文化设施建设】 2020年，揭阳市文化广电旅游体育局加强基层公共文化设施建设。完成全市88个乡镇（街道）综合文化站二级站达标建设，其中特级综合文化站3个，一级综合文化站5个，二级综合文化站80个。完善提升市级文化设施建设。完成市文化馆室内装修和搬迁办公，落实功能活动室设备配套，确保2021年7月前免费对外开放。推进全市达到二级以上的县级图书馆、文化馆的总分馆制建设。建成图书馆镇（街）分馆40个、村（社区）服务点280个；建成文化馆镇（街）分馆41个、村（社区）服务点260个，并免费对外开放。形成以“统一管理、统一标识、统一采购、统一编目、统一制度、统一业务系统”为主要特点的总分馆制服务体系。推进文旅融合设施配套建设。全市完成基层综合性文化服务中心与旅游服务中心融合发展试点建设8个、“粤书吧”建设3个。全市拥有图书馆、文化馆、博物馆18个，1627个行政村（社区）全部建成基层综合性文化服务中心，覆盖率100%。

【文化队伍培育】 2020年，揭阳市艺术中级专业技术资格评审委员会评审通过文化艺术专业初、中级专业技术职称48人。其中中级专业技术资格15人（图书资料馆员4人、群众文化馆员2人、三级演员2人、工艺美术师7人），初级专业技术资格33人（图书资料管理员1人、图书资料助理馆员20人、文物博物助理馆员4人、四级演（奏）员8人）。申报2020年度文化艺术系列高级职称，全市通过副高级职称3人（其中群众文化副研究馆员1人、主任舞台技师1人、二级演员1人）。推荐文化和旅游部2020年度乡村文化和旅游能人支持项目人选。广东龙翔谷生态园旅游开发项目朱深龙入选“文化和旅游部 2020年度乡村文化和旅游能人支持项目人选”。是年，新增省级非物质文化遗产代表性传承人13人，新增市级非物质文化遗产代表性项目传承人45人。组织举办文化遗产业务培训班，参加培训的有全市文化馆、博物馆馆长，乡镇（街道）综合文化站站长，以及市县局负责文化遗产、公共服务法规工作的相关负责人130人。揭阳市文化馆（市非物质文化遗产保护中心）主办“2020年揭阳市《潮州木雕》艺术培训班”，参加培训的木雕艺人有80多人。

（市文广旅游体育局）

揭阳市社会科学界联合会

【社科联概况】 2020年，揭阳市社科联创新工作方法，开展社科理论研究、学术交流、社科普及宣传、社团管理等活动。组织开展揭阳社会科学普及周，《揭阳社会科学丛书》6本小册子公开出版。

【社科学术研究】 2020年，揭阳市社科联搭建学术交流平台，精心组织社科工作者进行学术研讨交流活动。4月，与市委宣传部联合开展“三中心一示范区”应用对策理论文章征集活动，经专家评审，最终评选出一等奖2篇、二等奖4篇、三等奖8篇，优秀奖17篇。8月，组织揭阳市部分社科理论工作者召开学习贯彻《习近平谈治国理政》第三卷学术研讨。参加座谈会的社科理论工作者围绕各自工作岗位，从不同角度畅谈对《习近平谈治国理政》第三卷的理解和心得体会，开展学术交流。

【课题研究】 2020年，揭阳市社科联发动、推荐社科工作者参与省社科联2020年社科课题申报工作；组织开展2020年市级社科课题申报立项。市社科课题研究方向着眼于市委市政府中心工作，特别是围绕创新体制机制，重大产业链建设，完善治理体系，提高治理能力建设，打造揭阳先进制造业高地，推动城市高质量发展等方面开展应用对策研究，批准市级社科课题立项19项。

【理论宣传】 2020年，揭阳市社科联把学习领会习近平新时代中国特色社会主义思想和党的十九届四中、五中全会精神、习近平总书记系列重要讲话批示精神和《习近平谈治国理政》（第三卷）作为重要政治任务，抓好理论宣传。利用《揭阳社会科学》社科理论阵地，开辟“新时代新思想新实践”专栏，刊登有关专家学者的理论文章。11月，与市委宣传部联合组织“学习贯彻党的十九届五中全会精神”理论文章征集活动，对“十四五”时期中国发展进行的系统谋划和部署进行理论宣传阐释。

2020年12月，《揭阳社会科学丛书》出版　　（市社科联　供稿）

【《揭阳社会科学丛书》出版】 2020年12月，《揭阳社会科学丛书》6本小册子：《揭阳简史——古代部分》《揭阳民俗》《揭阳宗族》《揭阳闽客方言》《春华秋彩——揭阳剪纸》《寻味揭阳》由百花洲文艺出版社出版。该套丛书突出翔实、通俗、简洁、生动的特点，突出揭阳地方特色，讲好揭阳故事，体现科学性、知识性、趣味性、可读性、普及性、资料性。

【社会科学普及周活动】 2020年揭阳社会科学普及周以“倡导现代文明生活新方式，决胜全面建成小康社会”为主题，依托省、市人文社科普及基地开展活动，内容丰富、形式多样，更好满足人民群众精神文化需求。11月24日，由市社科联主办、榕城区图书馆承办的2020揭阳社会科学普及周主题日活动在榕城区图书馆举行，拉开2020揭阳社会科学普及周序幕。市社科联专家就学习贯彻习近平总书记出席深圳经济特区建立40周年庆祝大会和视察广东重要讲话、重要指示精神暨学习贯彻党的十九届五中全会精神专题学习会作专题辅导，并为揭阳市图书馆、榕城区图书馆、普宁市图书馆、揭阳市华勋公益图书馆赠送荣获“2020年广东省优秀社科普及作品”——《渔湖都见闻录》及社科书籍一批。

活动期间还举行2020揭阳市人文社科普及基地授牌仪式，为获评“2020年揭阳市人文社会科学普及基地”的市图书馆和榕城区东兴街道卢前社区授牌。

（陈楚标）

公共文化

【公共文化概况】 2020年，揭阳市文化广电旅游体育局推进文化品牌创建，组织文化志愿者开展文化惠民活动。组织创作抗疫文艺作品，为抗疫一线工作者鼓劲加油。揭阳市群众艺术馆更名为揭阳市文化馆。揭阳市图书馆被市委市政府授予“揭阳市先进集体”荣誉称号，被市社科联认定为“揭阳市人文社会科学普及基地”。

【文化品牌创建】 2020年，揭阳市文化馆举办“文艺之花在绽放——2020揭阳市群众艺术馆免费培训季”系列活动。该活动是“揭阳市艺术普及提质文化惠民共享工程”的两大版块之一，是揭阳市文艺普及培训的品牌活动。培训基地打造的文艺作品构成文艺下基层惠民演出节目，两个板块共同构成“共享文艺　同城花开——艺术普及提质文化惠民共享工程”。该工程被列入广东省公共文化服务体系示范项目，是揭阳市公共文化服务体系的重点项目，是揭阳市的文化品牌。

【文化志愿服务】 2020年，揭阳市文化馆组织文化志愿者开展“文艺之花在绽放——2020揭阳市群众艺术馆免费培训季”系列活动。活动的定点免费文艺培训基地47个，文化志愿者参与服务1100多人次，每个文艺培训基地提供的培训不少于8场（每场2节课）。2020年培训项目除了潮剧表演、中国舞、朗诵主持、古筝、吉他、声乐、模特、潮州大锣鼓、二胡、瑜伽、美术、书法外，增加相声、小品、电子琴、跆拳道、泥塑陶艺、扬琴、服装设计、即兴音乐、流行童声、卡通英语课等项目，培训内容既有传统类型，又有新潮项目，满足不同年龄、不同层次艺术爱好者的需求。组织开展“唱响小康　共建文明”——2020年揭阳市文化志愿者创文宣传文化惠民文艺活动12场。举办“美丽乡村迎新春”——揭阳市文化志愿者“三下乡”文化惠民

2020年7月21日，“文艺之花在绽放——2020年揭阳市群艺馆免费培训季”在市区正式启动　　（揭阳日报社　供稿）

“走进砲台”文艺演出。

【群众文艺创作】　2020年，揭阳市文化广电旅游体育局组织创作抗疫文艺作品。新冠肺炎疫情期间，印发《关于开展以“坚定信心　同舟共济”为主题的群众文艺创作活动的通知》，组织文化工作者创作出一批凝聚人心、鼓舞士气、宣传普及防疫知识、致敬一线工作者、传递人间大爱的优秀群众文艺作品。全市收集各类文艺作品311件。疫情防控期间，全市关闭文化场馆，取消线下文化活动，转为线上活动。市文广旅游体育局从征集的作品中选出部分精品，制作成线上作品进行宣传。有1首舞蹈作品、2首歌曲作品、3首现代诗歌、1首潮语快版、1首潮语歌曲制作成视频或音频，在学习强国平台和公众号等自媒体播放宣传。组织作品参加2020广东省群众艺术花会。组织全市开展群众文艺创作，选送5件戏剧曲艺作品、5件音乐作品参加2020广东省群众艺术花会作品评审。舞蹈《疫战风云》获得舞蹈类银奖。组织作品参加2020年度全省群众文艺作品评选，其中舞蹈类《拓》获得一等奖、音乐类《你依然在我心中》、《咕噜咕噜的想象》获得二等奖、音乐类《忆苦思甜》获得三等奖。

【图书馆】　2020年，揭阳市图书馆将做好疫情防控放在工作首位，确保读者的安全健康。拓展创新服务方式，充分整合利用线上资源，为宅家读者提供丰富的精神食粮，推出“闭馆不闭网”——“宅”家阅读、“读联体·数字资源共享阅读服务平台”、“云书馆”线上借书、“为爱发声，共同战疫朗读作品线上征集活动”、2020年世界阅读日粤港澳创作比赛优秀作品展联展等线上读者服务活动。4月21日起逐步恢复开放工作，严格加强人员进出管理，每天对馆舍和图书进行消毒。在确保安全防控的前提下，继续开展各种主题阅读活动和读者服务工作，完成全年的工作任务，取得良好的社会效益。

【文化馆】　2020年，揭阳市群众艺术馆以文化志愿者为骨干力量，面向基层、贴近生活、服务群众，组织开展文化惠民活动。开展2020年揭阳市文化志愿者创文宣传文化惠民文艺活动；举办2020市直机关“扶贫奔康路　致富颂党恩”文化惠民“走进火炬村”文艺晚会；举办揭阳市文化志愿者“三下乡”文化惠民“走进砲台”文艺演出；开展“美丽乡村迎新春——走进磐东敬老院迎春文艺慰问演出”；举办“同饮一江水”2020广东劳动者歌唱比赛揭阳赛区周赛、月赛和季度赛；组织作品参加2020广东省群众艺术花会；组织市群众文艺人才举行文艺采风活动等。创新工作模式，在市区联合社会团体和培训机构设立“揭阳市群众艺术馆文化志愿服务文艺培训基地”，开展群众文艺培训工作。开展“文艺之花在绽放——2020市群众艺术馆免费培训季”活动，组织“揭阳市群众艺术馆文化志愿服务文艺培训基地”47家开展培训，“零门槛”免费向市民开放文艺培训400多场。9月，根据《中共揭阳市委机构编制委员会关于调整市文化广电旅游体育局所属事业单位机构编制事项的批复》，揭阳市群众艺术馆更名为揭阳市文化馆。12月，揭阳市文化馆新馆舍装修完成，12月20日进行搬馆工作；原揭阳市群众艺术馆馆舍开设潮州木雕展示馆，建设古城服务点。

（市文广旅游体育局）

文物博物

【文物博物概况】　2020年，揭阳市文物保护单位326处，其中全国重点文物保护单位4处，省级文物保护单位37处，市级文物保护单位109处，县（市）级文物保护单位176处。全市文物保护单位按属地原则由县级文物行政部门落实管理，各级政府直接指定管理机构的除外。其中榕城区7处（揭阳学宫、丁氏光禄公祠、揭阳城隍庙、古榕武庙、榕城进贤门、商民协会旧址、天后宫）文物保护单位属市政府指定由市文化文物管理中心管理。市文化广电旅游体育局内设文化遗产科，负责指导协调全市文化遗产工作。

全市有博物馆7座，市博物馆、揭东区博物馆、普宁市博物馆、惠来县博物馆、揭西县博物馆、榕城区博物馆（未备案）属综合性博物馆，丁日昌纪念馆属历史文化博物馆。榕城区博物馆于2020年5月完成布馆建设，免费对外开放。国有馆藏可移动文物有17628件/套：其中珍贵文物1367件/套（一级品5件/套、二级品76件/套、三级品1286件/套），其他文物（一般和未定级藏品）16261件/套；全市博物馆基本陈列23个。

【文物考古】 2020年，揭阳市文化广电旅游体育局根据省文化和旅游厅关于大型基本建设工程审批要求，组织完成棉湖、凤江天然气利用工程、新建揭阳至惠来铁路工程、揭西县X096线金和桥改建工程金和独木舟出土旧址4个项目用地范围文物考古调查勘探工作。

【文物保护】 2020年，揭阳市文化广电旅游体育局继续推进文物保护工作。

文物修缮保护 推进丁氏光禄公祠、郑大进府、普宁学宫、德安里民居群、甲东里、乐善处修缮工程建设；德安里新寨祠堂、靖海古城墙、乐善处（一期）、甲东里（一期）等修缮工程已竣工，正在编制竣工验收资料；揭阳县署围墙抢险加固工程、揭阳城隍庙三山门修缮工程、澳角炮台修缮工程竣工，并通过省文物专家评审验收；组织完成《广东省文物保护单位堡内古寨（古寨墙、东门、北门）修缮工程勘察设计方案》《德安里民居群——方氏家庙（阿婆祠）修缮工程设计方案》《广东省文物保护单位“八一”南昌起义南下部队指挥部军事会议旧址抢险加固工程设计方案》《全国重点文物保护单位揭阳学宫乡贤祠、玉振门抢险修缮设计方案》等四处文物保护单位的保护工程设计方案编制，并通过省文物专家评审。

文物保护单位“四有” 经市政府同意，会同市自然资源局按程序公布22处第七批市级文物保护单位保护范围和建设控制地带、调整翁梅斋墓保护范围和建设控制地带，要求各地落实管控工作，确保文物安全，保护乡村文物建筑。完成第八批全国重点文物保护单位揭阳城隍庙、9处第九批广东省文物保护单位保护范围和建设控制地带测绘工作，并组织初审，报省文旅厅审核公布。指导各地做好第九批广东省文物保护单位、第七批揭阳市文物保护单位“四有”工作。

文物保护单位安全管理 为提高全市文化遗产保护、安全管理水平，市文广旅游体育局于12月16日、17日举办揭阳市文化系统馆（站）长业务培训班，授课内容包括非物质文化遗产保护、文物消防安全管理、文物保护法律法规等。组织全市文博从业人员参加各类文博、考古工作的专业知识讲座和网上培训。印发《全市文物火灾隐患整治和消防能力提升三年行动工作方案》《揭阳市文物消防安全标准化管理规定》等文件，加强文物消防安全管理。联合消防部门开展专项督导工作和全市文物博物建筑消防安全督查工作，落实各地各单位按规定加强文物消防安全管理，强化文物消防安全责任。

【文物展览】 2020年，揭阳市文化广电旅游体育局做好博物馆基础建设。完成榕城区博物馆布馆建设及博物馆藏品征集，改变榕城区没有博物馆的局面。榕城区博物馆陈列展览、开辟陈列展览漫步者720度VR全景展厅建设完成，于5月举行揭牌成立仪式并免费对外开放，按程序上报省文物局申报博物馆备案。揭阳市博物馆位于市文化中心，馆内布置陈列展览4个：《揭阳通史陈列》《揭阳革命史陈列》《揭阳名人展》《揭阳民俗展》。是年，全市有基本陈列展览23个，临时展览26个。在“5·18”博物馆日“文化和自然遗产日”及节假日期间，各地博物馆在广场等人流密集地方举办临时展览活动。市博物馆在揭阳楼广场举办《广东省第一次全国可移动文物普查成果展》流动图片展，向观众讲解2020年国际博物日主题，赠阅《中华人民共和国文物法》《揭阳通史陈列简介》《揭阳革命史陈列简介》等宣传资料；普宁市博物馆在普宁红宫举办普宁人民革命斗争史陈列展览；惠来县博物馆在县世铿馆举办惠来县第三次全国文物普查成果展览及《惠来县革命遗址》展览、《抗战时期的宋庆龄和她的姐妹图片》展览。

【文化遗产普查】 2020年，揭阳市市级非物质文化遗产项目141项（含省、国级），国家级非物质文化遗产代表性项目9项，省级非物质文化遗产代表性项目58项（含国家级）；市级非物质文化遗产代表性传承人193名（含省级以上），省级非物质文化遗产代表性传承人63名（含国家级）（含已去世7名），国家级非物质文化遗产代表性传承人5名；有普宁市南山村（英歌）等省级非物质文化遗产传承基地8个；有普宁市洪阳镇松兴酱油厂（普宁豆酱制作技艺）等省级非物质文化遗产生产性保护示范基地2个；市级非遗传承基地52个；市级非遗生产性保护示范基地11个。2020年，市文化广电旅游体育局根据《广东省不可移动革命文物认定工作指引》，组织各地文物行政部门对辖区内不可移动革命文物进行排查、审定、公布，并征询相关部门意见，在各地文物行政部门公布辖区不可移动革命文物名录基础上，汇总公布全市不可移动革命文物名录96处（其中1处与汕头共有）。

【文化遗产申报】 2020年，揭阳市文化广电旅游体育局申报第六批市级非物质文化遗产代表性项目经过评审专家组评审、评审委员会审议，“榕城滘墘鲤鱼舞”等27个项目上报市政府批准公布为揭阳市第六批市级非物质文化遗产代表性项目；13人列入第六批省级非物质文化遗产代表性项目代表性传承人名录。公布第五批市级非物质文化遗产代表性项目代表性传承人45人。所申报的“揭阳榕城历史文化游径”“揭阳揭西县大革命时期历史文化游径”“揭阳流沙会议红色主题历史文化游径”3条游径被列入广东省历史文化游径（第一批）名单。所申报的“揭阳学宫（周恩来同志革命活动旧址）”“棉湖战役东征军指挥部旧址（兴道书院）”“棉湖战役山湖之战旧迹”3处文物保护单位被列入广东省第二批历史文化游径线路名单“东征革命历史文化游径”。

【文化遗产保护】 2020年，揭阳市文化广电旅游体育局组织对全市非物质文化遗产保护情况进行调研，做好非物质文化遗产保护和传承。在摸底调查基础上，将《揭阳市非物质文化遗产保护管理办法》列入政府规章立法计划，计划2021年出台实施。为推动红色资源保护工作规范化、法治化，提出将《揭阳市红色资源保护条例》列入2021年立法计划，计划2021年出台实施。

【文博学术研究】 2020年，揭阳市文化广电旅游体育局组织出版馆藏丛书。8月份出版《揭阳市博物馆馆藏文物丛书》，卷上《清风徐来》，卷下《潮语对联》，为研究清代书画、本土语言提供资料。

【文博宣传推广】 2020年1月14日，揭阳市博物馆举办“我们的节日·春节”讲座，邀请专家为学生讲春节的各种习俗；8月24日（“七夕”节前夕），市博物馆联合揭阳市汉风文化传播有限公司举办“七夕·我们的节日——乞巧竞技”活动；1月1日至3月31日，联合广东省博物馆（广东省流动博物馆）在市博物馆内举办《粤港澳大湾区文化遗产游径（广东段）图片展》流动展；11月24日，“羊城晚报传媒智库专家揭阳行”主题深调研活动专家组一行到市博物馆调研。博物馆工作人员介绍揭阳的历史沿革、古遗址发掘情况，并赠送《揭阳历史概要》《揭阳市第一次全国可移动文物普查成果精品展》等参考资料。

（市文广旅游体育局）

潮 剧

【潮剧概况】 2020年，揭阳市文化广电旅游体育局组织潮剧工作者积极创作，开展文艺精品创作活动，开展戏曲进校园、进农村演出，以及潮剧公益培训，指导、帮助潮剧票友开展潮曲潮乐文化惠民等活动。发挥文艺专长，宣传抗疫精神，推动群众文化的发展，为揭阳地方文化建设服务。

【潮剧创作】 2020年，揭阳市文化广电旅游体育局开展文艺精品创作。普宁市潮剧团创作潮剧《如是传》，该剧取材于明末清初爱国女诗人柳如是的故事，参加第十四届广东省艺术节获三等奖。

【潮剧演出】 2020年，揭阳市文化广电旅游体育局开展戏曲进校园、进农村演出。全市开展戏曲进校园演出80多场次，进农村演出超100场次。

（市文广旅游体育局）

文艺创作

【文学】 2020年，揭阳市本土作家有2000多篇文学作品在报刊、自媒体平台等发表，其中，抗疫题材作品近1000篇。作家阿菩（林俊敏）创作的网络长篇历史小说《大明商歌》完成第一卷创作，在阿里巴巴旗下阅读平台书旗小说网连载。他的长篇小说《十三行·博弈》和《十三行·浮沉》由花城出版社出版。广东省“改革开放再出发”作家深扎创作活动首批深扎作家之一的王哲珠，蹲点揭阳产业园磐东街道阳美村，完成“深扎”作品长篇

2020年10月20日，揭西县潮剧演艺中心到揭西县棉湖镇城北中学开展“潮剧进校园”活动 （揭西县文广旅体局 供稿）

小说《玉色》初稿。2020年，王哲珠有7篇中篇小说发表于全国各知名期刊。她的长篇小说《姐姐的流年》《我的月亮》相继由花城出版社、安徽文艺出版社出版，并入选2020年1月文学好书榜榜单。姝沐（陈静茵）2020年度创作的网络长篇小说《江湖不良医》在中文在线旗下网站17K小说网连载，《我的右手男友》《我的原生家庭》《双影城》《仙门猎场》《万妖之森》《万仙陵》影视版权全部售出。她参与编剧的《特战先锋》《通灵妃》全网上线连载，全网总流量超10亿；《山海城》改编为网络电影，《猎梦六人组》改编为网剧，将上线播出。贡茶（黄瑞燕）创作的网络长篇小说《我将光彩夺目》《朕被宫妃刷负分》在晋江文学城网上连载。省文学院签约作家姚晓虹完成长篇小说“夏日之旅”系列第三部《谁能规定我们的一生》的创作；长篇儿童文学《我们要去找爸爸》《我的仙女妈妈》（花城出版社出版），入选国家新闻出版署发布的《2020年农家书屋重点出版物推荐目录》。诗人阵风、雪克、孟夏、蔡小敏、温科英、潘舜霞、陈江涛等的诗歌作品近200首发表于国内知名文学期刊，部分诗歌作品入选《中国新诗年鉴》《粤东诗歌光年》。

【戏剧】 2020年，揭阳市戏剧家和戏剧工作者积极创作，参与策划和编导多场大型文艺演出、协助各级部门开展文艺活动。潮曲《琵琶一曲抗疫情》《同舟共济战疫情》和《民族脊梁真国士》分别登上学习强国平台。普宁市潮剧团创作的大型古装潮剧《如是传》入选第十四届广东省艺术节参评剧目，是揭阳市唯一一个入选剧目；潮剧精品剧目《大国赤子》登上学习强国平台；坚持文艺“三贴近”原则，开展送戏下乡演出活动，组织2020年揭阳市戏剧精品展演，在市区儿童公园、空港经济区塘埔社区组织举办“中国梦·祖国颂——庆祝中华人民共和国成立71周年”潮剧晚会3场。揭阳市潮剧传承保护中心组织中青年演员完成戏曲进农村演出10场；揭东区会员王培文、吴文彬、林佳、林健梅、吴奕忠、涂锡华等完成戏曲进农村全覆盖演出60多场、戏曲进校园20场；揭西县潮剧团廖少韩、廖洁彬、杨培琴等完成戏曲进校园15场；省级非遗传承人、市剧协主席陈联忠创办《如戏斋》——陈联忠潮剧传承工作室，加强对学徒进行非物质文化遗产传承教育和职业道德教育，培养技艺和道德均衡发展的传承人，建立学徒学习资料档案和传承计划，免费培训学生近300人次；市戏剧家协会着手编纂《揭阳潮剧辞典》，收集民国至2020年揭阳从事潮剧艺术的人物、剧本、舞台、演出团体等有关资料，记录揭阳潮剧发展史；市戏剧家协会和揭阳广播电视台联合主办“揭阳市首届十大名票潮曲演唱大赛”。潮汕三市潮剧爱好者近200名参加活动。

【音乐】 2020年，揭阳市音乐家协会坚持正确的文艺方向，发挥自身优势，履行好联络协调服务职能，推精品出人才。方少澄获评广东省从艺70周年文艺家和文艺工作者称号；加强与文联及兄弟协会的沟通，吸收揭阳范围内优秀的音乐工作者、对音乐事业执着爱好和关心者加入协会，截至2020年11月，吸收新会员17人，发挥音乐的桥梁纽带作用。抗击新冠肺炎疫情期间，全市音乐家和音乐工作者积极开展文艺创作，创作出《最美的脸庞》《平凡英雄》《相信祖国》《爱的光芒》等优秀音乐作品20多首；部分优秀作品参加省级比赛，被推送至学习强国平台推广；多首作品在全国、省、市刊物发表，并以音乐视频方式广为传播。围绕庆祝改革开放40周年、全面脱贫奔小康生活等重大主题，创作一批优秀音乐作品。市音乐家协会、钢琴协会、歌咏协会、民族管弦乐学会、古筝委员会以组织抗“疫”文艺宣传、创文创卫为主要阵地，组织网上音乐作品展播，并参与“文明健康 有你有我”——揭阳市文艺家走基层创文创卫主题晚会。

【舞蹈】 2020年，揭阳市舞蹈家协会开展创作和展演活动，满足人民群众日益增长的精神文化需要，为建设“活力古城、滨海新城、产业强市”贡献力量。市舞蹈家协会拍摄制作的微视频舞蹈作品《出花园》获广东乡村微视频大赛三等奖，并被推送到学习强国平台；会员邓锟创作的居家舞蹈《我相信》，彭思敏创作的手语舞《不放弃》，张莉莎创作的居家战疫舞蹈《荣光》，曾炜芬创作的爵士舞《生来倔强》被选送参加广东省“居家舞蹈 共同战‘疫’”云展演；东泮美怡舞蹈队的群舞《江南谣》，岭南明珠舞蹈队的群舞《我爱您，中国》，揭阳怡爱暻昕舞蹈队的群舞《映日荷花别样红》作为第八届中国舞蹈节的预热活动参加“‘5·15’一起舞”群众舞蹈网络展演活动；录制童谣音频《人人都夸揭阳好》《中华民族节日谣》参加“2020年难忘的记忆”揭阳市优秀童谣征集传唱并获一等奖；拍摄制作微视频舞蹈作品《江山颂》、健身舞《幸福舞起来》、腰鼓舞《中国范儿》、群舞《让中国更加美丽》、古典舞《采薇》、群舞《俏绣娘》《彩云追月》参加“文明健康 有你有我”揭阳市百姓艺术健康舞展演，用舞蹈的形式为祖国母亲生日献礼；选送优秀舞蹈作品《秀色》、现代舞《你我他》、歌舞《我们的新时代》参加“文明健康有你有我”——揭阳市文艺家走基层创文创卫主题晚会。

【美术】 2020年，揭阳市美术协会抓好抗疫宣传、创卫创文、建设美丽乡村及人才培养工作。策划组织“南粤之光”全国名家美术作品展相关筹备工作；组织抗疫题材美术作品，宣传抗疫精神，部分优秀作品被推送到学习强国平台；动员艺术家们积极参加“脱贫攻坚看广东”书法美术摄影主题展作品征集活动，推出精品，助力乡村振兴；结合《揭阳市民公约》和《揭阳市民文明行为守则》，编制漫画，助力创文宣传；举办美术展览和采风创作活动，丰富群众文化生活。举办林俊复、孙喜和、詹斯斯、林文斌、李永平等个人画展；围绕“诗意潮汕 活力古城”为主题开展系列活动；推精品出人才，陈保国、纪伟基获评广东省从艺70周年文艺家和文艺工作者称号，陈森作品《云直播》获第九届广东省水彩粉画展优秀奖，陈玉怀作品《无相风物》之二入选第九届广东省水彩粉画展，作品《好春光》入选2020年广西水彩画年展，吴俊锋作品《闲亭且听落雨声系列之一》获广东省首届青年漆画展优秀奖（最高奖），黄斌斌作品《浮城·拾忆》入选第十二届全国水彩粉画展，《无声的风景NO.3》入选第三届全国小幅水彩画展，《浮城·掠影》入选第九届广东省水彩粉画展，陈华俊作品《粤潮南渔11144》入选《“我和我的祖国”——广州美术大展》，《粤南澳渔船》入选“第七届广东当代油画艺术展”，《海门渔船》入选第三届全国小幅水彩画展；市公安局、文联选送的书画摄影作品获得省级奖项的有7件，入选作品居全省地级公安机关入围数量之首。

【书法】 2020年，揭阳市书法家协会开展书法展览、学术研讨、采风及惠民文艺活动，努力培养书法艺术接班人。开展送春联、送万福下基层活动，承办省书协“送万福进万家”大型公益活动揭阳地区任务。全年组织书法家参加送春联、送万福活动21批次、708人次，送出春联及“福”字4万多件；组织抗疫书法创作，举办网络书法作品展，部分优秀书法作品被推送到学习强国平台；举办书法公益进校园系列活动，推进中小学书法艺术教育，促进中小学生传统文化教育的发展；组织青年书法爱好者创作书法作品参加广东省新人新作展；落实承办“揭阳大桥”题字征稿活动，为文化建设出谋献策；出精品出人才，近100幅优秀书法作品入选全国全省展览并获奖。书法家刘天干获评广东省从艺70周年文艺家和文艺工作者称号，林树焕、黄厚桦、谢海宾3人加入中国书法家协会，高柏盛、吴文芳、黄旭生等26人加入广东省书法家协会；开展基层书法创作辅导，促进书法事业的繁荣和发展；加强同省内外、海内外书法家的交往，促进书法交流和友好关系，扩大揭阳的文化影响力。

【摄影】 2020年，揭阳市摄影家和摄影工作者积极开展摄影惠民系列活动，推动摄影艺术的创作、展览、交流等工作。春节期间，在全市范围内开展“我们的中国梦”广东红色文艺轻骑兵送幸福大片活动，摄影家们先后到揭西县棉湖镇甲埔村、五经富镇联和村、南山镇南山村、揭阳空港经济区砲台镇滨江公园、揭东区云路镇新桃村5个村开展活动，为村民免费拍摄幸福大片和全家福，把500多幅20寸装框照片和近500张7寸过胶照片送到村民手中；深入一线开展防疫专题摄影，发扬揭阳摄影界敢于担当、主动作为的精神，利用图片反映揭阳市医疗卫生工作者全心抗疫、社会各界同心抗疫的感人瞬间，宣传疫情防控工作中涌现的优秀人物和事迹；与市外桃园景区联合举办“市外桃园”摄影大赛，通过镜头关注市外桃园旅游度假区优美的生态环境、深厚的人文底蕴和独特的民俗风情；举办“揭西之美”旅游摄影活动，通过镜头关注揭西旅游产业，以图片记录、传播揭西之美；为响应党中央号召，展现“脱贫攻坚”成果，由省摄协主席团成员谢琳和揭阳市摄协领导班子带队的“丰年人乐业 陇上踏歌行”——“广东脱贫攻坚、全面建成小康社会”摄影采风队走进揭西县鲤鱼沟村、山湖村、火炬村、联和村4个村进行摄影创作，用镜头记录脱贫攻坚成果。

【民间文艺】 2020年，揭阳市民间文艺家协会以传承潮汕历史文化，弘扬揭阳民间传统艺术为己任，开展和普及地方特色文化，发掘民间故事、传说、工艺美术精品，为揭阳地方文化建设服务。注重文化惠民服务，组织11位民间文艺家分别到普宁南溪镇新溪村、揭东区新亨镇白石村和英花村送喜联、送万福、送文化；组织文艺骨干走访慰问协会老艺术家，送春联、送“福”字；围绕中心，服务大局，召开微信会议，号召文艺工作者投入到抗疫中去。抗疫题材民间文艺作品以剪纸、童谣、顺口溜等形式先后在学习强国平台、报刊、电台推出。为弘扬潮汕历史文化，配合新华社对潮汕建筑的调研，先后走访了普宁泥沟、德安里、果陇，揭东新寮、湖岗，榕东钟厝洋等省级古村落，为新华社记者提供古建筑资料。做好第七批广东省古村落申报工作，对空港京冈、塘埔，揭东车田、硕和，榕城永东等村落进行走访，采集资料，陪同省古村落专家、教授到普宁流沙西陇村考察评审古村落，并出席《普宁宗祠博览》第六卷编著工作座谈会。市民间文艺家协会主席倪瑜发家庭被评为揭阳市“最美书香家庭”和第十五届广东省“十大优秀书香之家”称号。全市有5名优秀民间文艺家被广东省民间文艺家协会吸收为会员，6名被中国民间文艺家协会吸收为会员。

（黄绮纯）

档　案

【档案概况】　2020年，揭阳市档案行政管理部门6个，国家综合档案馆6个。其中：国家二级档案馆1个、省一级档案馆1个、省二级档案馆3个；全市档案馆库建筑总面积20205平方米，库房面积6555.74平方米。其中：市档案馆建筑面积8890平方米，库房面积2352平方米。全市馆藏档案155996卷、137062件，数字化档案54024卷、64533件。其中市档案馆馆藏档案48396卷、29995件，资料8520册，照片2823张；数字化档案27704卷、21117件；资料27300册，实物档案640件。全市开放档案7204卷，其中：市档案馆已开放档案3559卷；全市利用档案928人次，调阅档案2250卷（件），其中：市档案馆接待82人次，调阅档案、资料163卷（册）。全市国家综合档案馆受新冠疫情影响，暂停对外开放服务近4个月。

【档案馆舍建设】　2020年，揭阳市档案局推进县级档案馆舍建设。12月10日，揭东区档案馆完成挂牌进驻办公，建筑面积2791平方米，库房面积1034平方米；12月25日，普宁市档案馆标准化建设（含信息化建设）项目正式开工建设，建筑面积2985平方米，库房面积约1373平方米。

【档案规范管理】　2020年，揭阳市档案局印发《关于印发〈2020年全市档案工作要点〉的通知》，部署全市档案工作；强化档案安全意识，将档案安全工作列入对“平安揭阳建设”考核项目，规范全市档案安全管理工作；印发《关于建立完善档案移交机制的通知》，夯实各移交单位工作责任，推进档案移交长效机制建设。紧扣新冠肺炎疫情和精准扶贫动态，及时部署服务市委市政府疫情防控和精准扶贫中心工作，印发《揭阳市档案局关于做好新型冠状病毒感染肺炎疫情防控工作文件材料收集归档工作的通知》等文件，为疫情防控和精准扶贫档案收集与整理提供文件依据；理顺档案行政执法平台系统数据划转，做好揭阳市“互联网+监管”有关档案事项规范化建设，规范录入事项4项，梳理检查事项7项；审核备案档案中介服务机构1家。

【档案业务指导】　2020年，揭阳市档案局结合国家综合档案馆业务建设工作，组织督导市、县（市、区）档案工作20人次；加强对机关档案室的监督指导，全市组织检查机关档案室68个，其中：市直单位38个；全市审核答复60个单位的《机关文件材料归档范围和档案保管期限表》，其中，市直单位18个；推动档案信息化工作，普宁市档案馆信息化建设项目正式开工建设；全市馆藏档案数字化加工11565卷、20841页。加强对重点项目档案和重大活动档案的指导，参加对揭阳市第二次全国污染源普查档案验收，以及中海油粤东液化天然气项目等5个项目档案验收工作；审核同意揭阳市档案馆第20批开放档案43个全宗184卷档案。

【档案宣传教育】　2020年，揭阳市档案局印发《关于开展2020年“国际档案日”宣传活动的通知》，部署指导全市档案部门组织开展6月9日“国际档案日”宣传活动。联合市档案馆围绕“档案见证小康路、聚焦扶贫决胜期”宣传主题，通过派送宣传品、宣传进基层、档案征文等形式开展宣传，派送档案宣传资料800多份；组织学习《习近平关于档案工作、历史学习与研究、文化遗产保护重要论述摘编》，全市档案部门参加学习累计800多人次；印发《关于组织收看档案法公益大讲堂的通知》，组织各地及市直机关单位100多人学习新修订的《中华人民共和国档案法》。

（江少冰）

档案馆业务

【档案资源建设】　2020年，揭阳市档案馆夯实基础业务，紧抓市直单位档案形成满20年应进馆档案的移交接收，进一步做好2020年度市直档案移交进馆工作，依法依规按期接收进馆。全年接收市直14个全宗单位档案823卷、11887件（其中文书档案782卷、14887件，死亡档案41卷），超额完成年度计划任务。接收市公共资源交易中心2020年存放到馆排架长度约150多米的寄存档案，并对寄存档案进行杀毒、排序、上架；收集各类报刊资料163册，充实馆藏资料；面向社会各界征集防控新冠肺炎疫情形成的珍贵档案资料，做好疫情防控重大活动档案征集和接收工作。加强对实物档案管理，丰富馆藏内容。8月份在市政数局信息中心机房新配1台声像档案服务器，并对库房原有实物档案进行整理编号，录入声像档案2050张。增设实物展厅1个，面积约130平方米，布设展柜36个、实物展品70件、史料37卷（册）。

【档案安全保护】 2020年，揭阳市档案馆继续贯彻落实国家档案局《关于进一步加强档案安全工作的意见》，加强库房日常安全管理，确保安全措施落到实处，配合空调维护和消防部门重点对档案库房温湿度管控、门禁系统和电源线路安全、库房消防器材运行、防火防盗设施设备等进行检查，发现问题及时整改。因库房空调风管及静压箱老化破损，部分变形脆化、断裂，影响恒温恒湿系统运作，档案保存保护存在隐患，4月份投入财政专项维护资金22.50万元，更换8间库房老化空调风管及静压箱，提高档案安全保障能力。按照《广东省档案事业发展“十三五”规划》，加强馆藏国家重点档案保护，至2020年9底全面完成2648卷馆藏国家重点档案的抢救修复和扫描数字化，馆藏国家重点档案的抢救修复任务全面完成。

【馆藏档案数字化】 2020年，揭阳市档案馆争取支持，加大财政资金投入，加快馆藏档案数字化步伐。全年投入38万元，对馆藏90多万页档案开展数字化扫描，累计完成145万页，全面完成档案数字化扫描工作，超额完成省档案局“十三五”规划下达的档案数字化任务。

【档案公共服务】 2020年，揭阳市档案馆坚持“为党管档、为国守史、为民服务”，为社会各界工作查考、经济建设、编史修志、学术研究、权益维护等提供大量可靠的依据，不断提升服务质量和服务水平。针对新冠肺炎疫情等实际情况，统筹安排预约查档时间并做好人员信息登记，及时提供服务。全年接待查阅、利用群众82人次，调阅档案、资料163卷（册），复印档案、资料491页。及时鉴定开放各类馆藏档案，提供政府公开信息服务。经市档案局审核同意开放全宗档案43个，开放档案184卷，累计向社会开放馆藏档案20批3559卷。整理馆藏45个全宗465卷档案条目，上报市档案局呈送广东省档案局审核批准暂缓开放。

【档案编研宣传】 2020年，揭阳市档案馆加强档案编研宣传工作，推动国家重点档案开发利用。8月，《揭阳市档案馆藏抗战档案选编》（第三册）通过国家档案局终审。开展“解密档案”专题讲座，开放“不忘初心、牢记使命”主题教育档案文献展。6月9日，结合“档案见证小康路、聚焦扶贫决胜期”国际档案日宣传主题，市档案馆走进基层，到揭阳产业园白塔镇广联村（市档案馆扶贫挂钩村），通过派送档案宣传手册、环保袋、《小康记忆》等宣传材料，聚焦扶贫决胜期，加强档案宣传。

【潮汕三市档案馆签订合作协议】 为贯彻落实“以人民为中心”的发展思想，充分发挥档案服务民生、服务社会的作用，更好地服务小康社会建设，2020年8月20日，揭阳市档案馆与汕头市档案馆、潮州市档案馆在汕头市举行合作协议签订仪式，签订“异地查档，跨馆服务”合作协议，以实际行动践行共享发展理念，构建档案信息资源共享平台，建立便捷惠民的档案利用服务体系，方便人民群众查阅利用档案。汕潮揭三市档案馆通过签订合作协议，建立馆际联动工作机制，利用三市档案馆馆藏约30万卷档案，为潮汕人民提供档案异地跨馆查询利用服务，更好满足社会公众的档案利用需求，服务汕潮揭同城化高质量发展。

（林夏倩）

地方志

【地方志概况】 2020年，揭阳市各级地方志工作机构坚持依法治志，积极发挥地方志“存史、资政、育人”职能作用，推动地方文化繁荣发展，提升服务经济发展和社会建设能力，各项工作发展态势良好，全市地方志事业稳步发展。向省报送自然村落历史人文普查文稿3册，全面完成普查文稿报送任务，出版普查文稿1册。《揭西年鉴（2019）》《揭阳年鉴（2019）》在全省年鉴评比分别获得一、二等奖；《揭西年鉴（2019）》在全国年鉴评比上获得二等奖。

【依法治志】 2020年，揭阳市各级

2020年8月20日，揭阳市档案馆与汕头市档案馆、潮州市档案馆在汕头市举行“异地查档，跨馆服务”合作协议签订仪式

（黄　斌　摄）

地方志工作机构组织开展《广东省地方志工作条例》的学习、宣传，强化依法治志工作。4月15日，揭阳市组织召开全市地方志工作会议，传达2020年全省地方志工作电视电话会议精神，总结2019年全市地方志工作，部署2020年地方志工作。4月20日，《揭阳日报》刊登《全市各级地方志部门围绕中心大局，突出修志编鉴主业，讲好揭阳故事，传承优秀文化》，宣传报道揭阳市地方志工作。

【自然村落历史人文普查】 2020年，揭阳市全面完成自然村落历史人文普查工作任务，市府办地方志管理科到县（市、区）指导工作，落实措施，确保全面顺利完成《全粤村情》揭阳市卷出版任务。出版《全粤村情·揭阳市揭西县卷（一）》1册。

【地方综合年鉴管理】 2020年，揭阳市政府办加强年鉴编纂规范，强化年鉴管理指导，提升全市年鉴编纂质量和水平，市、县两级综合年鉴均达到一年一鉴、公开出版目标。严格落实评议审读制度，推动出版前评议、出版后审读常态化开展，全年组织举办年鉴评议会2场次。审核批准《揭阳年鉴》(2019)出版。按时保质做好《广东年鉴》揭阳部分组稿工作，报送稿件约20000字。

【地方志业务指导】 2020年，揭阳市地方志管理部门加强全市地方志指导力度，市府办地方志管理科到市直部门、县（市、区）、乡镇指导地方志业务。指导推动《洪阳名镇志》编纂和申报工作，争取作为揭阳市首个申报中国名镇志工程和广东省名镇志工作的项目，实现名镇志编修方面新突破，为揭阳市更好开展名镇志编纂工作打下基础。指导推动《揭阳市金融志》《锡场镇志》编修工作。

（蔡伟涛）

【市级综合年鉴编纂】 2020年12月，揭阳市地方史志办公室负责的《揭阳年鉴·2020》完成编纂，由线装书局出版社公开出版发行。全书围绕全市中心工作，突出反映党政中心工作和全市工作重点、社会热点和年度亮点，设特辑、大事记、全市概况、政治、经济、文化、社会生活、县（市、区）概况、人物、统计资料、文献·法规、调研报告、附录13个篇目，共1017个条目，照片155张，图表44幅，79.4万字，全面反映揭阳市2019年度社会经济文化基本情况和发展成就，展现新时代揭阳风貌，树立城市形象。彩页图片专辑选材突出新中国成立70周年、沿海经济带建设、开放合作、脱贫攻坚等专题。特辑收录揭阳市机构改革、中委广东石化炼化一体化项目全面开工等2019年揭阳政治、经济、文化方面等具有较大影响力的事项。

2020年12月，《揭阳年鉴(2020)》出版发行

（市地方史志办　供稿）

【方志期刊编辑出版】 2020年，揭阳市地方史志办公室以服务党委、政府中心工作，以打造地方史志行业指导性出版物为目标，编辑出版《揭阳史志》4期，合计26万字。设置史志资料、志鉴论坛、史志研究、区域史研究、人物春秋、三江艺苑、民风习俗等栏目，全年选编选登史志资料、理论研究等文章37篇，行业信息20多条。

【《中国国家人文地理·揭阳》分卷编纂】 2020年，揭阳市委市政府决定组织编纂《中国国家人文地理·揭阳》分卷，揭阳市地方史志办公室承担具体编纂工作。9月底，成立《中国国家人文地理·揭阳》编辑部，市地方史志办公室主要负责同志任编辑部执行主任，主持编纂工作，拟订编纂大纲，组织收集整理资料、图片和撰稿；10月15日，揭阳市召开《中国国家人文地理·揭阳》分卷编纂工作会议，部署揭阳分卷的编纂工作。根据编纂大纲，全书除总序、分卷序和揭阳名片外，设揭阳概况、揭阳史话、活力古城、山水揭阳、榕水风韵、发展成就、城市蓝图七大板块。至12月底，完成全书初稿编写和配图，按期报送中国地图出版社设计排版，全面客观展示揭阳的历史文脉。地理市情、人文资源、发展成就及城市蓝图，助力揭阳建设宜居宜业宜游活力古城、滨海新城，打造沿海经济带上的产业强市。

（林夏倩）

传 媒

新闻出版

【新闻出版概况】 2020年，揭阳市新闻出版工作坚持正确出版导向，坚持内容质量第一，推动出版业健康繁荣发展。制定揭阳市新闻出版行业安全生产和疫情防控检查工作方案，首次采取线上线下结合方式，举办2020南国书香节揭阳分会场，推动全民阅读。组织开展出版物发行单位、印刷企业年度核验（报告）工作，规范印刷业和出版物市场。做好版权的宣传和保护工作。榕城区“扫黄打非”办公室被评为2020年广东省“扫黄打非”先进集体，市委宣传部出版和版权管理科科长林晓霞、市公安局治安管理支队行动专业大队副大队长王泽佳被评为广东省“扫黄打非”先进个人。

【出版管理】 2020年，揭阳市组织专项行动，坚决打击政治性有害出版物和信息，大力整治淫秽色情、侵权盗版等突出问题，保持“扫黄打非”高压态势，守护意识形态安全。全年部署专项行动20个，严厉打击各类涉黄涉非出版传播活动，核查省“扫黄打非”办转办线索5宗，立案查处案件17宗。为全市各级公安等执法部门认定非法出版物11宗，涉及图书、音像制品3772种、5035册（张）。夯实基层“扫黄打非”站点，打造示范点5个，举办基层“扫黄打非”业务培训，提升基层人员发现线索、处置事件的能力。

2020年南国书香节揭阳分会场 （市委宣传部 供稿）

【版权保护】 2020年，揭阳市以依法严格保护为工作主基调，加强版权宣传和执法力度，扎实推进版权社会服务，全市版权各项工作平稳有序。结合疫情防控实际，“4·26”著作权宣传周期间，以线上为主，举办版权知识线上竞答活动；在揭阳广播电视台开设《保护知识产权在行动》专栏，播出《申请版权重专利 做大市场拓销路》等议题8个，利用交通客运站（码头）、图书馆、实体书店、电影院、中心商业区、旅游景区、公交等重要区域及重点单位的宣传阵地，刊播版权公益宣传短片和宣传海报，配合好上级宣传活动，做到国家、省、市、县四级联动。活动期间，参加线上线下宣传活动超5万人次，送出奖品（宣传品）2000多份，发放宣传资料10000多张（册）；被学习强国平台采用的信息（视频）15条。

将版权宣传融入文艺活动、新时代文明实践等活动进社区同步开展，开展进社区宣传31场；在为期11天的南国书香节揭阳分会场设置版权保护服务站，提供咨询、登记受理等服务。组织开展“剑网2020”专项行动，重点深化整治院线电影、流媒体、图片、短视频、网络直播等领域网络侵权盗版行为，维护网络版权秩序，立案6宗。举办版权执法培训班。有序推动新能源、国有企业使用软件正版化；加强版权社会服务，推动作品提质增量。

【全民阅读活动】 2020年，揭阳市推动全民阅读活动持久深入，营造满城书香。2020南国书香节揭阳分会场首次采取“线上线下结合，全市各级联动，分散同期办展”的方式，在全市5个县（市、区）设立分会场并于8月21日同时开幕，以惠民利民为原则，做到“统一标识、统一宣传、统一折扣”，为推动全民阅读打造良好平台。据统计，书香节期间，线上线下展示展销的图书种类5万多种、50多万册。截至8月31日，各分会场总销售额176万元。其中图书销售额码洋125万元，实洋104万元。开展文化活动（含线上线下）20场，以全新的活动形式与读者互动，线上点击量超12万次。广泛利用新闻媒体、自媒体等宣传平台报道书香节活动，刊播发送相关报道53条，营造浓厚的书香氛围，让读者不出家门也能享受一场文化盛宴。组织社会力量推广全民阅读。围绕“决胜全面小康，决战脱贫攻坚”，组织开展主题阅读、社会实践、城乡共读、征文、书画比赛、文化扶贫等系列活动，鼓励中小学生在阅读实践中思考创作，引导中小学生、幼儿读好书、长知识、提素质。全市选送优秀作品88件，揭东区第一初级中学杨思翰《阅读·圆梦》入选全国优秀征文作品。

（市委宣传部）

揭阳日报社

【揭阳日报社概况】 2020年，揭阳日报社根据市委市政府中心工作部署，开展新冠肺炎疫情防控宣传、全市优化营商环境、扫黑除恶专项斗争、脱贫攻坚等宣传报道工作。从2020年1月1日起，《揭阳日报》对标对表《人民日报》《南方日报》，把原来的“窄报”改为“大报”，提高报纸稿件容量，增加新闻信息量。

【新闻宣传】 2020年，揭阳日报社围绕市委市政府中心工作部署，执行严格的审稿、定版机制和新闻主题策划机制、评报机制，深入开展新冠肺炎疫情防控宣传、全市优化营商环境、扫黑除恶专项斗争、脱贫攻坚、创建全国文明城市、创建全国卫生城市等宣传报道工作。

【抗疫报道】 2020年，揭阳日报社成立疫情防控采编工作专班，抽派骨干编辑记者，分赴各家医院、医疗单位、街道、社区和全市各地，积极奋战在疫情防控宣传工作一线，为打赢疫情防控阻击战提供舆论支持。从1月27日至2月底，专版宣传报道疫情防控。整理揭阳市驰援湖北医护人员的战“疫”日记30篇。联合市总工会开展“中国梦·劳动美——抗击疫情，我们在行动”职工征文比赛活动，收到来稿600多篇。策划编印《最美逆行者心语》一书，这一做法被广东省新冠肺炎疫情防控办公室编入专报信息，经验在全省推广。

【融合发展】 2020年，揭阳日报社推进媒体融合传播，发挥网站、微公号等平台的作用，多媒联动、融合传播，及时推送动态新闻，同步推送本报策划的一系列报道，提升主流媒体音量，确保准确及时传递市委市政府声音。揭阳新闻网站、揭阳日报微信公众号等平台发出各类“抗疫”稿件近5000篇，阅读量近1000万人次，有10多篇推文阅读量破10万+。

【优化管理】 2020年3月底，揭阳日报社完成全体干部职工社保补缴数据清理核算，并补缴社保费。从4月份起，按照新社保缴纳社保费，解决社保遗留问题，解除员工的后

2020年11月6日，揭阳日报社举办记者节徒步活动　（林碧鸿　摄）

顾之忧，为提高员工退休的福利待遇创造条件。7月，根据市有关文件精神，开展专业技术岗位竞聘，76名专业技术人员通过公平公正公开竞聘，晋升到相应的专业技术岗位，理顺专业技术职称管理体系，提升专业技术人员的工资待遇。根据工作需要，结合干部实际表现，提拔任用8名正副科级干部，让能干事、干成事的干部得到提拔任用，进一步营造干事创业的良好氛围。

【报业经营】 2020年，面对新冠肺炎疫情影响，揭阳日报社经营部门集思广益，转变思路，不断创新营销手段，抓好商业广告、政务专题、展会经济、活动创收，先后策划普宁梅花节、"不忘初心、牢记使命"主题教育活动专版、抗疫征文活动、最美逆行者心语活动等，进一步稳住经营工作。揭阳日报社发行和财务部门抓好党报党刊征订发行及资金回笼工作，完成年度征订发行任务。严抓报刊投递质量，不定期调查、暗访报刊运输车队投送报纸杂志的情况，不定期以暗访、电话访问了解等形式，重点抓好市区、县城、中心镇区报刊投递质量，确保报刊运输和投递质量稳步向好。加强消防安全巡查和生产安全规范管理，揭阳日报社对印刷生产的各环节进行有效监管，及时做好设备维修维护保养，保持印刷质量稳定，确保承印报纸的印刷出版时效，确保安全出版无事故。

（吴武阳）

广播电视

【广播电视概况】 2020年，揭阳广播电视台突出主题主线，坚持正面引导，推进新闻宣传等各项工作。全年广播电视播发新闻7600多件，被省台采用播出的电视新闻240条次、广播新闻133条，被学习强国平台采用279件，上全国平台11件；投资近3000万元，如期完成电视频道高清化项目建设并顺利开播；在原来揭阳声屏网、"无线揭阳"APP、揭阳广电等微信公众号的基础上，办起11个抖音号、微视号、快手号，有新媒体平台16个，粉丝总量近100万。其中官方抖音号"揭阳广播电视台"粉丝量跃居粤东地区党媒首位，抖音视频播放量最高5129.1万，新媒体的宣传效应和影响力大幅提升，展现揭阳城市新发展、新魅力、新动能、新机遇。是年，揭阳广播电视台获"广东省文明单位""广东省巾帼文明岗""2019年度'飞越广东'合作创新奖""揭阳市三八红旗集体""揭阳市关心下一代工作先进集体"等称号；陈冬吟、徐炫航、辜美绒、赵丽娜、林惜美、吴耿标等获"2019年度广东电视新闻通联工作先进个人""广东农产品抗疫推广贡献主播""揭阳市三八红旗手""揭阳市抗击新冠肺炎疫情先进个人""2020揭阳十大抗疫最美家庭"等称号。

2020年12月11日，揭阳广播电视台6+2高清直播车启用仪式

（陈海平　摄）

【主题宣传】 2020年，揭阳广播电视台围绕市委市政府中心工作部署，推出《走向我们的小康生活·决战决胜脱贫攻坚》《树立"乙方思维"艰苦奋斗再创业》《落实"六稳""六保"》《贯彻市委六届九次全会精神》《文明揭阳》等10个主题栏目，做好抗击新冠肺炎疫情、决胜全面小康、决战脱贫攻坚、建设"宜居宜业宜游活力古城、滨海新城，打造沿海经济带上的产业强市"、社会主义核心价值观、"创文""创卫"、扫黑除恶等重大主题宣传，讲好揭阳故事，传播揭阳精神，展现揭阳活力；开设《众志成城　防控疫情》《最美逆行人》等系列专栏，及时报道全市疫情防控、医疗救治、复工复产复课等防疫动态，创作《爱无痕　战必胜》《抗击疫情　我们齐行动》等文艺作品和公益宣传片，形成"主题突出、特色鲜明、覆盖广泛"的宣传格局和引导力度；牵头制订《揭阳广播电视台与各县（市、区）定期沟通联络制度》，加强与各县（市、区）沟通联系合作，增强宣传效能，确保《县区在线》按时播出，助推地方及揭阳经济社会发展；以精品生产为引领，加强节目生产经营，做好《揭阳地名故事》《乡里曲间》《风味揭阳》《航拍揭阳》《县区新闻》等精品栏目。文艺生产创新创优，电视节目"原创力"逐步提高，改变以往过于依靠电视剧抢夺收视率的局面。

【媒体融合】 2020年，揭阳广播电视台顺应媒体融合发展趋势，全面布局新媒体矩阵，将定时发布改为定时与随时结合发布，将大屏幕播报改为大屏小屏立体式播报，实现“台微互动，微微互动”。全台16个新媒体平台紧抓短视频蓬勃发展的利好时机，发挥广电音视频制作优势，在融媒创意设计上下功夫，做到重大活动、突发事件、社会热点等新闻的短视频快速呈现，直播化、移动化基本成为融媒报道的常态。制定《揭阳广播电视台内容合作机制》《新媒体中心、新闻中心联动协作机制》，推动各内容生产平台深度、高效、有序合作，形成宣传矩阵和宣传合力；邀请广东诠案新媒体科技有限公司讲授“如何运营抖音号”，召开抖音创作交流会，不断凝聚融合改革共识，补足新技术、新业态知识和能力短板。建立“一中心两基地”（媒体融合发展研究中心、短视频直播基地、大学生社会实践基地），成立网络直播协调小组，制定网络直播工作机制，紧抓“短视频+直播”的新风口，主动进军网络直播领域，举办惠来“千舟竞发”开渔仪式网络直播和夏夜美丽的惠来海滨沙滩灯光秀网络直播、玉湖芋头节、2020年广东揭西消费扶贫产品推介暨走进粤港澳大湾区系列活动网络直播、全国农交会、玉文化节等多场大型网络直播活动，在线观看人数最高超40万人。与关联行业联手策划“揭阳红人计划”，开发“无线揭阳APP”便民信息服务板块，举办短视频和电商直播培训，通过与各界合作，推动就业创业，助推揭阳经济高质量发展。

【事业建设】 2020年，揭阳广播电视台争取市委市政府的重视和支持，投资近3000万元，启动电视频道高清化建设。按广电总局“2020年底前完成电视频道高清化建设”的要求，完成高清电视播出系统、全台媒资系统、新闻节目制作系统、多景区高清演播室项目、高清直播车五大子项目建设。12月31日正式高清开播，推动电视技术保障水平上新台阶；并按照“向海而兴、活力揭阳”的思路，对2个频道、4个栏目进行改版升级，以全新形象、全新栏目重新亮相，为全市电视用户带来更好的收视体验。

【业务经营】 2020年，面对广电行业整体收入急剧下滑的形势，揭阳广播电视台积极调整经营结构，建立政商民服务平台，主动对接政府部门和相关企事业单位，开启政务服务创作创收新模式。发挥演播厅的功能优势，承办“最美退役军人”暨八一军民联欢会、“扫黑除恶 拔根务尽 平安揭阳 你我共建”揭阳市扫黑除恶专项斗争暨平安建设文艺汇演、2020年揭阳“最美家庭”揭晓活动、“12·2”全国交通安全日宣传活动、2020年揭阳“新时代好少年”现场交流活动等大型活动；与揭阳移动公司签约成为战略合作伙伴。

（揭阳广播电视台）

电　影

【电影概况】 2020年，揭阳市委宣传部履行全市电影行政事务管理职能，严格按照《揭阳市电影院开放期间新冠肺炎疫情应急处置预案》《2020年揭阳市电影院安全放映工作要点》，推动影院疫情防控与安全放映并重，确保在疫情防控常态化条件下有序推进电影院恢复开放。采购社区广场数字电影流动放映设备6套，发放至建制县（市、区）各1套（揭东2套）。截至年底，全市有电影院23家、银幕132块。

【电影放映】 2020年，揭阳市电影院因受疫情影响停业半年，7月20日起有序恢复开放营业。票房收入3400多万元，观影96万人次。全市有农村放映队伍4支，承担全市农村电影公益放映。2020年完成农村电影公益放映任务，放映农村公益电影17436场次，观影230多万人次。

（市委宣传部）

网络媒体

【网络媒体概况】 2020年，揭阳市传统媒体积极转型，呈现良好发展态势。揭阳广播电视台、揭阳日报社适应形势发展要求，加快媒体融合发展步伐。揭阳广播电视台办好揭阳声屏网、“揭阳广电”微信公众号、“揭阳民生热线”公众号、“无线揭阳”客户端；揭阳日报社探索揭阳新闻网、揭阳日报网、“揭阳日报”微信公众号的发展路径，形成传统媒体和新兴媒体融合发展的良好局面。以“揭阳发布”政务微信公众号为首的新媒体核心平台，围绕中心，服务大局，坚持“民生、热点、服务”的发布理念，积极探索网络宣传新路径，以多形式的网络活动为载体，加强和揭阳新媒体的互联、互通和互动，形成以“揭阳发布”为核心、多个政务微信为子中心紧密联动，共同弘扬主旋律、传播正能量的局面。

【网站规划建设】 2020年，揭阳市委网信办指导揭阳声屏网、揭阳新闻网发挥主流媒体作用，围绕新时代中国特色社会主义思想和党的十九大精神，围绕省委省政府决策部署和市委市政府的工作中心，全方位做好党的路线、方针、政策在互联网上的宣传报道。在网站首页首屏显著位置开设通栏专题“抗击新冠肺炎疫情”“决胜全面小康”“决战脱贫攻坚”“建设宜居宜业宜游活

2020年11月16日，由中共揭阳市委宣传部、市委网信办、揭阳广播电视台联合制作的主题MV《揭阳美》正式上线 （市委网信办 供稿）

2020年，中共揭阳市委宣传部、中共揭阳市委网信办联合组织创作拍摄揭阳市抗击疫情主题MV《揭阳加油》 （市委网信办 供稿）

力古城、滨海新城，打造沿海经济带上的产业强市”“社会主义核心价值观”“创建文明城市”“创建卫生城市”“扫黑除恶”等重大宣传，立足揭阳热点、社会焦点、公众关注点，讲好揭阳故事、传播揭阳好声音，为建设揭阳汇聚网络力量。

【网络安全监管】 2020年，揭阳市委网信办做好网络安全监管工作，做好疫情期间数据安全和个人信息防护。围绕规范数据收集使用、强化事前审批、建立备案评估制度、强化督查问责等方面，常态化开展数据安全保护工作。坚持问题导向、聚焦重点，提升个人信息保护水平，针对移动互联网应用程序（APP）未经用户授权、超范围采集使用个人信息、未明示收集使用规则等问题，开展疫情防控APP专项治理，组织APP运营者在线填报相关信息，开展安全自查整改。通过专项行动，提升全市数据安全和个人信息保护工作整体水平，提高网信部门数据安全监管能力。市委网信办牵头搭建“揭阳市网络安全宣传暨网络素养教育云展馆”，揭阳市优秀互联网、网络安全企业，以及政务、金融、通信等政企单位参展。展馆通过文字、图片、音频、视频、H5、VR等方式，全面展示网络安全和信息化技术，普及网络安全知识；分设“网络抗疫”成果展，通过线上主题展形式，以支持精准防控和助力复工复产为主题，集中展示揭阳市新冠疫情下的“信息化抗疫”“网络战疫”和推广“粤康码”等抗疫工作成果。

【网络媒体活动】 2020年，揭阳市委网信办加强网上正面宣传，利用“两微一端一抖”平台唱响主旋律，加强阵地建设，创新宣传形式，凝聚共识鼓舞人心。开展党的理论网络主题宣传。组织本地网站、论坛和有影响力的自媒体平台悬挂横幅标语，做好习近平新时代中国特色社会主义思想、学习贯彻党的十九大精神和习近平总书记视察广东重要讲话精神网上宣传。继续开展微学习栏目，经常性开展理论宣传，发布《平“语”近人丨习近平总书记关于“反腐败斗争压倒性态势”的重要论述》《理论学习丨他的话，习近平始终重视强调》等文章120多篇。做好疫情防控舆论引导。用好用活市、县两级“双微”矩阵，持续发布权威信息，打通疫情防控宣传引导“最后一公里”。全市网络平台发出各类抗疫稿件近8万篇，阅读量累计近10000万次。在1月份的南方号发布战“疫”指数中，揭阳被列入战“疫”指数优秀地市。在全省率先推出抗疫两个H5，获得近150万人次转发承诺。推出线上“云摸狮”活动，在严峻形势下保留揭阳传统民俗，用网络“摸狮”实现专属揭阳人的仪式感。借助“文明揭阳”公众号等举办“元宵灯谜小问答”网络传播活动，既做好疫情防控宣传，又不减节日氛围。组织拍摄的抗疫主题MV《揭阳加油》先后登上新华网、学习强国等平台，在全市1600多个乡村（社区）展播，总播放量超500万次。广泛传播揭阳好声音。举办第二届“揭阳打卡胜地”短视频大赛，聚焦“活力古城”“滨海新城”“产业强市”三大主题，通过网络征集和线下发动相结合方式，发掘和推选出网民关注度高的揭阳打卡胜地。举办“活力古城 滨海新城——《羊城晚报》传媒智库专家揭阳行”主题深调研活动，推出央媒、省媒等报道13篇、网媒报道40篇、微信公众号文章10篇，肯定揭阳市党政坚持推进“融湾建带”的决心，感受推动经济高质量发展所带来的变化。开展“决胜全面建成小康·揭阳乡村行”系列采风活动，宣传、展示全市各地在决胜全面建成小康社会、决战脱贫攻坚中表现先进的乡村的经验做法、工作成效、典型案例。打造新时代新揭阳的文化宣传精品MV《揭阳美》，全方位反映揭阳市在全面建成小康社会进程中的巨大变化，彰显人民群众奋勇争先、拼搏奋斗的精神和对美好生活的向往，助力揭阳新发展。

（市委网信办）

卫生·体育

医疗卫生

【医疗卫生概况】 2020年，揭阳市有医疗卫生机构3103个，其中医院类机构71个，基层医疗机构2982个；床位22807张，其中医院类机构床位16443张，基层医疗机构床位9693张。在岗职工32674人，其中卫生技术人员26433人，含执业（助理）医师10757人，注册护士11412人。揭阳市新冠肺炎疫情防控实现“四无”目标（无本地病例、无聚集病例、无医护感染、无重症或死亡病例）。利用国家补齐公共领域服务短板政策申报地方专项债券建设项目25个。整合县域医疗卫生资源建立紧密型县域医共体12个，实现县（市、区）全覆盖。卫生健康行政部门和新冠肺炎定点收治医院远程视频设备实现全覆盖，并与省实现互联互通。建成中山大学孙逸仙纪念医院对口帮扶揭阳市人民医院、惠来县人民医院，广东省第二人民医院对口帮扶揭阳市第三人民医院远程医疗系统，构建智慧医疗帮扶构架。完成市、县、镇、村四级远程医疗建设，全部接入省远程医疗平台。全市有3个科研项目获广东省自然科学基金立项。

【健康揭阳战略】 2020年，揭阳市卫生健康局印发《揭阳市人民政府关于实施健康揭阳行动的意见》《健康揭阳行动（2020—2030）》，成立健康揭阳推进委员会和健康广东行动志愿服务队揭阳支队，全面启动健康揭阳行动。

【卫生健康规划与信息化】 2020年，对揭阳市“十三五”卫生健康事业发展规划进行终期评估。委托广东省公共卫生研究院规划编制专家团队，开展揭阳市“十四五”卫生健康事业发展规划编制工作，完成专项规划前期研究，形成规划基本思路，完成规划初稿。加大卫生健康信息化建设投入力度，全市累计投入8570万元。其中，市直医疗卫生机构投入2140万元；县区级医疗卫生机构总投入6430万元。全市公立二级及以上医疗机构、乡镇卫生院和社区卫生服务中心基本建成His系统（医院信息系统）、Lis系统（检验系统）、Pacs系统（影像系统）、体检系统和电子病历，妇幼保健专业机构建成产前诊断、妇幼平台信息系统，市卫生学校建成学籍管理系统。

【医药卫生体制改革】 2020年，揭阳市市域住院率88.1%，县域住院率85.1%，基本实现“小病不出镇村、大病不出市县”。榕城区、揭东区、普宁市、揭西县、惠来县、空港经济区分别由县级医院牵头组建不少于1个紧密型县域医共体，实行县、镇、村一体化管理。揭阳市人民医院、揭阳市中医院、揭阳市第三人民医院、普宁市人民医院、普宁市华侨医院、揭西县人民医院、惠来县人民医院、榕城区人民医院、揭东区人民医院等9家公立医院作为试点实行现代医院管理制度，探索构建公立医院运行新机制。是年，全市公立医院医疗药占比为29.10%，百元医疗收入（不含药品收入）中消耗的卫生材料降至27.1元，实现逐年下降。

【卫生设施基础建设】 2020年，揭阳市慈云医院住院大楼、揭阳市疾控中心大楼、揭阳市中医院新住院大楼裙楼完成主体建设并封顶，揭阳市人民医院门急诊住院综合楼和揭阳市妇幼保健院住院大楼继续推进装修工程。揭东区妇幼保健计生服务中心综合楼、普宁市妇幼保健院综合大楼投入使用，惠来县隆江镇中心卫生院升级建设二期项目、空港经济区渔湖镇中心卫生院住院楼完成主体建设。

【医疗服务】 2020年，揭阳市建成互联网医院3家，开展日间手术三级医院4家，二级医院7家，全年日间手术量约12277台次，择期手术量约74128台次。三级综合医院麻醉医师数384人次，手术科室医师数529人次；二级综合医院麻醉医师数85人次，手术科室医师数310人次；30家医院配备麻醉科护士，17家医院配备麻醉科技师，5家医院设有麻醉后重症监护室。全市诊疗量1870.96万人次，出院量64.21万人次；椎管内分娩镇痛4535人次，自然分娩52653人次。

【公共卫生】 2020年，揭阳市国家基本公共卫生服务项目到位资金45079.83万元、人均到位补助资金74.03元（含省提留部分）；全市居民电子健康档案建档率89.41%，开放个人电子健康档案在线查询；高血压患者规范管理率64.38%，管理人群血压控制率50.48%；2型糖尿病患者规范管理率65.80%，管理人群血糖控制率49.06%；全市登记在册的严重精神障碍患者规范管理率92.13%；肺结核患者管理率99.78%，患者规则服药率96.95%；传染病疫情报告率99.98%，传染病疫情报告及时率99.00%；突发公共卫生事件相关信息报告率100%；全市卫生监督协管事件信息报告率100%。完成家庭医生签约服务包收付费结算系统建设，全市组建家庭医生团队384个，常住人口家庭医生签约2636786人，签约率43.30%；重点人群签约1717046人，签约率70.72%。

【基层卫生健康】 2020年，揭阳市有乡镇卫生院66家、社区卫生服务中心21家，其中完成标准化建设的39家；乡镇卫生院建成行政村公建规范化卫生站308家，全市1446个行政村完成公建规范化村卫生站建设1245家，服务覆盖行政村数1260个，覆盖率87.14%。截至年底，执行“一类财政保障，二类绩效管理”改革政策的75家，乡镇卫生院（社区卫生服务中心）占比87.21%。

【爱国卫生】 2020年，揭阳市成功创建国家卫生城市，揭西县通过国家卫生县城技术评估。修订《揭阳市爱国卫生工作管理办法》，调整市爱国卫生运动委员会领导小组，构筑联防联控、群防群治工作合力。弘扬爱国卫生运动优良传统，开展爱国卫生运动，以车站、市场、公园、宾馆等重点场所开展环境卫生大整治，清除病媒生物孳生地，筑牢常态化疫情防控环境基础，保障人民群众身体健康。倡导无烟环境建设，启动无烟党政机关、无烟学校创建活动。全市各级各类医疗卫生机构3705间厕所全部达到无害化卫生厕所标准并规范化管理，其中升级改造138间，新建459间。

【科研教育】 2020年，揭阳市有3个科研项目获广东省自然科学基金立项，实现“零”的突破。揭阳市人民医院“临床医学科研实验室”投入使用，组建肿瘤、生殖医学、重症医学等7个专业课题组。市医学科学技术研究项目414项，其中立项101项，阶段性成果37项，结题113项，延期结题12项，推广应用新技术新项目151项。截至年底，全市完成全科规范化培训2229人、儿科医师转岗培训63人、产科医生（助产士）培训195人。

【医政管理】 2020年，揭阳市卫生健康局建立领导定点包片联系机制，先后在5家市直医疗机构召开院感防控现场会。组织对医疗质量方面开展专项督查207场次，包括：组织对全市22所医疗机构医疗质量安全评估、17所精神病专科医院医疗质量评估、31所医疗机构血液净化专项检查、88所医疗机构发热门诊专项检查、26所医疗机构医疗乱象专项检查、23所医院院感专项督查。全市建档立卡中患大病贫困人口7987人，接受救治7987人。全市64所医院参加医疗责任险，举办医疗纠纷预防与处置培训班。全年全市发生医疗投诉事件48宗，产生赔偿19宗，赔偿金额79.12万元。与市公安局组建道路交通事故定点医院62所，组建有276名专家的道路交通安全事故救治专家库。全市有重症医学科、神经内科、普通外科、胸外科、儿科等12个省级临床重点专科和消化内科、肿瘤科等6个省重点扶持建设专科。

【药政管理】 2020年，揭阳市卫生健康局联合市医疗保障局制定《揭阳市公立医疗机构药品集团采购目录》，做好公立医疗机构药品集团采购工作。11月28日，揭阳市卫生健康局、揭阳市医学会分别在揭阳市人民医院、普宁华侨医院召开揭阳市麻药精药品管理业务培训班2场次，参加培训600多人。全市未出现麻精药品从医疗机构流入非法渠道情况。

【行业建设】 2020年，揭阳市卫生健康局印发《揭阳市卫生健康系统开展持续纠正医药购销和医疗服务中的不正之风，整治查处滥检查、大处方和违规收送“红包”、回扣等问题专项整治工作方案》，联合市工信、公安、财政、市场监管和医疗保障等部门开展专项整治行动。全市医疗卫生机构拒收红包5141个，金额142.72万元。整治违规医疗收费499例，费用52008.38元；点评出不合理处方2859张、不合理检查43例、不合理用药1432例，主要为格式、药剂剂量错误或诊断不全等。查处案例0例，谈话提醒273人次。

【中医药事业】 2020年，揭阳市制订出台促进中医药传承创新发展措施，提出“打造粤东中医药服务高地”发展定位。卢永兵省名中医传承工作室和王明森全国基层名老中医药专家传承工作室建设项目通过省考核验收。普宁市中医医院急诊门诊楼、医技药剂楼和广东省博士工作站建成投入使用，与南方医科大学中西医结合医院治未病和神经医学中心建立专科联盟。全市通过中医医术确有专长人员医师资格考核合格3人、传统医学确有专长人员考试合格131人。中医住院医师规范化培训合格10人，中医类别全科（转岗）医生考核合格102人，订单定向中医药人才培养55人。截至年底，全市建成66个乡镇卫生院（社区卫生服务中心）中医馆并投入使用，建成5个中医适宜技术推广应用平台，95%的社区卫生服务中心、乡镇卫生院开展不少于6项中医药适宜技术，85%的村卫生站至少掌握4种中医药适宜技术；80%的家庭医生服务团队配备中医执业（助理）医师，65岁以上老年人和36个月婴幼儿中医药健康管理率分别为60.67%和67.80%。

【卫生健康人才发展】 2020年，揭阳市卫生健康系统通过公开招聘、直接面试招聘、编制外聘用等方式引进医疗卫生人才955人，其中研究生42人，本科生210人，本科以下703人；正高级职称2人，副高级职称7人，中级职称18人，中级职称以下928人。报名参加卫生专业技术资格中、初级考试3917人，通过2150人，通过率54.89%；报名参加护士执业资格考试1102人，通过745人，通过率67.6%；申报高级评审381人（包括基层及援鄂人员），通过329人，通过率88.19%。根据《广东省基层卫生紧缺专业人才高级职称考核认定暂行办法》，在基层医疗卫生机构连续工作满10年的专技人员副高级职称申报认定15人。根据《关于全面开展医疗卫生人才“组团式”紧密型帮扶工作的通知》，广州医科大学第一附属医院、汕头市中心医院、汕头大学附属第一医院分别对口帮扶惠来县人民医院、揭西县人民医院、普宁市人民医院。

【卫生应急】 2020年，揭阳市120急救指挥中心接到求救报警电话233271次，指挥急救车出动24377次，接回伤病员20228人。接到突发事件相关信息报告70宗，其中3人以上交通事故56宗，其他事件14宗。3月12日，举办揭阳市新冠肺炎疫情应急处置演练。3月25日，联合市教育局举办揭阳市校园新冠肺炎疫情应急处置演练。6月23日，举办揭阳市市场新冠肺炎疫情应急处置桌面演练。组织市疾控中心专家开展新冠肺炎疫情风险评估31期。自1月26日起，根据国家、省有关疫情发布工作要求和信息发布指令，每日公布前一天及累计的确诊病例数量、确诊病例轨迹和治愈出院情况等信息。

【采供血工作】 2020年，揭阳市无偿献血44780人次，总献血量14991500毫升，机采血小板4003.5个治疗量；供应临床血液总量14306900毫升。组织无偿献血志愿服务活动17场次，分发宣传资料4万多份，参加活动的志愿者659人次。部队献血累计710人次，献血总量215200毫升；企业献血累计260人次，献血总量64500毫升；全市市直95个机关企事业单位无偿献血859人次，献血总量191800毫升。

【全民健康教育】 2020年，揭阳市卫生健康局成立揭阳市健康科普专家库。10月9日，举办全市居民健康素养知识竞赛和健康科普情景剧表演，评出一等奖1名，二等奖2名，三等奖3名。从各代表队中抽选符合要求的人员组建市级代表队，进行定期培训和彩排。11月18日参加省卫健委举办的第三届全省居民健康素养知识竞赛获得团体一等奖。组织开展居民健康素养监测水平工作，监测结果为揭阳市居民健康素养水平实际值18.67%，提高6.17个百分点。由揭阳市人民医院和揭阳市慈云医院眼科专家组成市级儿童青少年预防近视科普志愿服务队，开展儿童青少年预防近视科普活动，增加、提高儿童青少年预防近视的知识和技能。

【卫生健康宣传】 2020年，揭阳市卫生健康系统在各级各类媒体发布新闻宣传信息530篇。国家级媒体17篇，其中《人民日报》1篇，《中国人口报》1篇；省级媒体75篇，其中《南方日报》54篇，“南方+”10篇；《揭阳日报》等市级媒体438篇。学习强国平台发布有关宣传信息26篇。

【老龄健康】 2020年，普宁市占陇镇下寮、旧地2个行政村被确定为国家老年人心理关爱项目试点。开展“敬老爱老助老”模范评选活动，揭阳市玉新益康疗养院、揭阳市东明康养院、普宁康达医院被评为第三届全国“敬老文明号”，蓝楚汉、黄鸿宏、黄晓荣、朱玉丹（女）、黄春霞（女）、沈敏平被评为第三届全国“敬老爱老助老模范人物”。继续开展“银龄安康行动”，为全市638268位65周岁以上老年人投保人身意外伤害保险。普宁市梅林镇中心卫生院、梅塘镇中心卫生院、流沙西街道社区卫生服务中心、流沙南街道社区卫生服务中心和普宁康达医院医养结合开业运营。截至年底，全市8家医养结合机构开展服务。

【妇幼健康】 2020年，揭阳市危重孕产妇和新生儿救治中心收治高危孕产妇2214例，抢救危重孕产妇115人，抢救成功率98.26%；收治患儿1212例，危重患儿1112人次，抢救成功率98.48%。全市孕产妇死亡率为9.07/10万，婴儿死亡率为2.04‰，5岁以下儿童死亡率为2.53‰。投资7.7亿元升级建设市级及4个县级妇幼保健服务中心，全部完成主体建设，揭东区妇幼保健院、普宁市妇幼保健院、揭西县妇幼保健院投入使用。全市免费孕前优生健康检查18631对，免费出生缺陷项目孕产妇唐氏筛查30587人，产前结构畸形超声筛查29523人，新生儿代谢病筛查69302人，新生儿听力筛查75167人，地贫血常规初筛24401对。城乡妇女宫颈癌免费检查结案39062人，乳腺癌免费检查结案39330人。

【职业健康】 2020年，揭阳市卫生健康局开展《中华人民共和国职业病防治法》宣传周系列活动，全市累计派出宣传人员524人次，开展主题宣讲活动7场次，咨询活动28场次，印发宣传教育材料22700份，受众17100人。全市纳入粉尘危害治理的矿山、冶金建材等重点行业企业32家，其中非煤矿山12家、冶金9家、建材11家，粉尘危害申报率、定期检测率、职业健康检查率以及职业健康培训率均超过90%。全市职业健康检查3550人次，报告新发疑似职业病79例，其中疑似尘肺病2例，疑似职业性苯中毒2例，疑似职业性噪声聋75例，无确诊职业病例，无职业性传染病。

【人口监测与家庭发展】 2020年，揭阳市全员系统常住人口575.19万人，常住人口出生78748人，出生率14‰，出生人口性别比为108.57，人口自然增长率8.43‰。发放城镇独生子女父母、农村部分计划生育家庭、计划生育特殊家庭、农村节育奖“四项奖励”资金2416.2万元。继续推进计划生育家庭意外保险，为58户失独家庭购买综合保险。印发《促进3岁以下婴幼儿照护服务发展实施方案》《揭阳市3岁以下婴幼儿托育机构卫生评价报告申办流程（试行）》。

【卫生执法】 2020年，揭阳市卫生健康局查处无证行医70家，批准立案70宗，其中作出行政处罚决定69宗，罚没款1695368元，没收药品、医疗器械85件；移交公安机关立案1宗。查处医疗机构超出核准登记的诊疗科目开展诊疗活动6宗，使用非卫生技术人员从事诊疗活动2宗，未按《病历书写基本规范》填写病历资料4宗。查处消毒产品生产经营企业和餐饮消毒服务机构违法行为为12宗，批准立案12宗，作出行政处罚决定12宗，罚没款52776元。立案查处公共场所经营单位违法行为19宗，罚没款134680元。立案查处未取得“放射诊疗许可证”擅自开展口腔放射诊疗活动口腔诊所2宗，警告1宗，罚没款4900元。

【揭阳市房颤中心联盟成立】 2020年10月27日，揭阳市房颤中心联盟在揭阳市人民医院成立，全市65家医疗机构加入联盟，全市构建房颤防治协同体系工作正式启动。2019年11月4日，揭阳市人民医院成功入选中国房颤中心总部“第二批次中国房颤中心通过认证单位”，成为粤东地区首批通过国家级认证的2家房颤中心之一。2020年9月，揭阳市人民医院主任医师徐名伟受聘为揭阳市房颤中心联盟主席。揭阳市房颤中心联盟的成立，进一步推动揭阳市房颤诊疗体系的建设，完善揭阳市房颤分级诊疗和房颤患者的规范化管理，使潮汕地区房颤患者在该医院就可以享受到国家级水平的诊疗服务。

【揭阳市临床医学科研实验室投入使用】 2020年6月，揭阳市人民医院临床医学科研实验室投入使用，与该院2018年通过资格认定的国家药物临床试验机构（GCP）一并构筑医院科研两翼齐飞局面，致力于基础研究和临床研究双发展。该实验室是揭阳首家医学科研实验室，是医院重要的科研平台和人才培养基地。初步完成相关既定目标，在科学研究、人才培养、平台建设等方面取得一定的成绩。实验室使用面积200多平方米，拥有美国ABI7500荧光定量PCR仪、美国伯乐T100梯度PCR仪、瑞士Tecan Infinite F50酶标仪、美国伯腾

2020年10月27日，揭阳市房颤中心联盟在揭阳市人民医院成立 （市卫生健康局 供稿）

SynergyH1多功能微孔板检测仪、舜宇ICX41荧光显微镜、美谱达Nano Genius超微量核酸分析仪等先进仪器，掌握并开展细胞转染、基因敲除、分子探针、免疫荧光、qRT-PCR、Western blot、ELISA等实验技术，成为医院实验科研项目的“孵化”场所。实验室有科研人员9人，其中博士3人、硕士5人，每年以协助培养的形式，接受学术型在读硕士研究生进入实验室开展科研工作。2019年至2020年，该院承接药物临床试验项目9项，并有12个科研项目在省级以上机构立项，其中2个科研项目获2020年度广东省自然科学基金立项。

【与省高水平医院建立合作帮扶关系】 2020年8月28日，揭阳市与中山大学附属第一医院签订合作帮扶揭阳市人民医院建设高水平医院协议、与广州市妇女儿童医疗中心签订合作帮扶揭阳市妇幼保健院提升服务能力协议。中山大学附属第一医院合作帮扶揭阳市人民医院把心血管内科、神经内科、神经外科、胸外科、妇科5个专科打造成为区域内有影响力的品牌专科，大幅提升医学影像科、超声科、病理科3个专科综合能力，争取建立生殖医学中心。广州市妇女儿童医疗中心合作帮扶揭阳市妇幼保健院把出生缺陷干预中心、产前诊断中心、新生儿疾病筛查中心、产科、妇科、新生儿科6个专科打造成粤东品牌专科，大幅提升儿科、儿童保健、乳腺外科、超声科4个专科综合能力。揭阳市每年划拨2400万元用于支持合作帮扶专项支出并列入财政预算，在基建设备、人才引培、薪酬绩效等方面倾斜资金和政策扶持力度，并组建工作专班做好沟通协调，妥善解决有关问题。

（市卫生健康局）

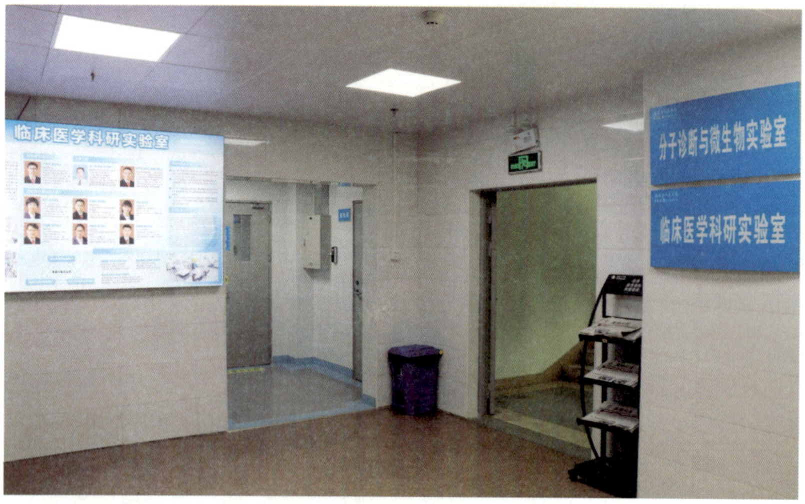

2020年6月，揭阳市首家医学科研实验室投入使用

（市卫生健康局　供稿）

卫生监管

【卫生监管概况】 2020年，揭阳市卫生健康局“双随机一公开”监督抽检接收国家双随机抽检任务782条，涉及公共场所、生活饮用水、学校卫生、医疗卫生等9个专业，被监督单位7873家，完结率100%。监督抽查中存在问题执行行政处罚的单位5家，罚没款14000元。

【卫生行政许可】 2020年，揭阳市卫生健康局受理各类卫生行政许可2289份，办结2287份，承诺件数1861件，即时件数23件，办理提速27.46%，办结率97.4%。卫生行政许可申请“四免”优化事项11项，全部完成优化。

【公共卫生监督】 2020年，揭阳市卫生健康局监督检查住宅小区（含二次供水设施）35家次，集中式供水单位8家次，涉及饮用水卫生安全产品生产单位7家次。派出卫生监督人员500多人次，对宾馆酒店、商场、机场、车站等重点单位及其他通风不良场所进行新型冠状病毒感染肺炎防控工作的监督。检查各类公共场所125家次。

【医疗卫生监督】 2020年，揭阳市卫生健康局派出卫生健康执法人员246人次，对医疗机构、疾控机构、集中隔离医学观察场所等落实新型冠状病毒感染肺炎防控措施的监督检查。检查各级各类医疗机构604家次。

【学校卫生监督】 2020年，揭阳市卫生健康局落实学校冬春季疫情防控及生活饮用水卫生监督，检查学校478家，托幼机构243家，集中式供水单位18家，学校直饮水单位10家。

【职业卫生监督】 2020年，揭阳市有职业病危害因素检测单位234家。截至年底，全市职业病危害项目企业卫生监督档案建档251家，其中甲类47家，乙类90家，丙类22家，未分类101家。对工作场所职业病危害监测用人单位开展巡查63家。

（市卫生健康局）

疾病预防控制

【疾病预防控制概况】 2020年，揭阳市无甲类传染病报告，乙、丙类传染病报告24种发病23865例，下降25.86%。全市无H7N9禽流感、登革热、不明原因肺炎、霍乱等重点传染病病例报告。

【疾病预防控制】 2020年，揭阳市疾控中心编印《2020年揭阳市重点急性传染病疫情风险评估与防控建议的报告》及《揭阳市疫情简报》12期、《揭阳市登革热媒介伊蚊密度监测评估报告》9期、《揭阳市人禽流感监测简报》7期、《揭阳市突发公共卫生事件风险评估的报告》4期。全市100%的乡镇适龄儿童免疫规划疫苗报告接种率95%以上，未监测到接种事故和疫苗质量事故。揭阳市疾控预防控制中心引进电感耦合等离子体质谱仪（ICP-MS）、流动注射分析仪等大型仪器设备，实现完全快速的自动化水质分析。开展针对布鲁氏菌、肺炎链球菌等病毒病菌的新检测项目和检测方法35项。

【疾控机构冷链系统建设改造】 2020年，揭阳市5家市县级疾控中心全部完成疫苗冷链系统建设改造。新建设的疫苗冷库按照要求建有低温冷库和普通冷库，同时配套缓冲区和作业区，各功能区均有明确的分区标识，疫苗的出入库扫码工作按要求在缓冲区和作业区完成。每个冷库和缓冲区、作业区均配套两套制冷机组，采取一用一备。每个冷库和缓冲区、作业区均配置实时温度监控报警系统，连接省平台和疫苗冷库管理人员手机，温度超标通过“智慧冷链”软件APP推送相关信息。配套办公区、疫苗资料存放区、冷库防寒保暖衣存放区及更衣区和温度监测区，建设疫苗出入库气囊门，实现疫苗运输车和疫苗冷库缓冲区的无缝对接。

【预防接种门诊数字化】 2020年，揭阳市85家预防接种门诊全部完成标准化建设，使用统一标识的“广东省预防接种门诊”牌子，设置候诊室、登记室、接种室、留观室，配备数字化系统如叫号机、知情同意电子签、三查七对一验证核验机、智能医用冰箱、后补式冷库等。

【公共卫生监测】 2020年，揭阳市食品安全风险评估监测采样范围覆盖68个乡镇，采样22大类315份，监测上报食源性疾病疑似病例896例，及时做好现场聚集性事件流行病学调查13起。揭阳市疾控中心编印《揭阳市食品安全风险监测数据分析的报告》2期、《揭阳市食源性疾病监测工作的报告》4期。设置城乡饮用水水质监测点269个，检测水样1076份，达标率95.6%。完成全市1701家用人单位职业病危害现状调查工作，调查信息数据上报国家信息系统。

【突发公共卫生事件应对】 2020年，揭阳市报告15起突发公共卫生事件，均及时处理和有效控制。其中，新冠肺炎疫情相关事件9起，诸如病毒感染暴发疫情3起，水痘聚集性疫情2起，均为未达到分级标准事件；惠来县神泉镇发生1起米酵菌酸中毒较大事件。

（市疾控中心）

医疗保障

【医疗保障概况】 2020年，揭阳市城乡基本医疗保险参保575.91万人，生育保险参保17.8万人。实现困难人员医疗救助“一站式”结算，推进落实国家组织药品集中采购工作，开展医保基金监管、打击欺诈骗保违法行为。

【医疗保险】 2020年，揭阳市居民医保各级财政补助资金提高到每人每年550元。全市职工医保和居民医保政策范围内报销比例85%及75%；参保人就医结算方便，实时结算率90%以上。

【医疗救助】 2020年，揭阳市困难人员住院政策范围内医疗费用救助比例80%，特困供养人员救助比例100%，全年医疗救助金支出

揭阳市医疗保障局工作人员到定点零售药店检查

（市医疗保障局 供稿）

14397.78万元，救助困难群众27.74万人次。

【医药采购管理】 2020年，根据国家有关文件精神和广东省推进落实国家组织药品集中采购和使用工作要求，推进落实国家组织药品集中采购工作。是年，扩围品种（25个品种）采购价格平均降幅约56.05%，第二批集采品种（32个品种）采购价格平均降幅约55.66%，第三批集采品种（55个品种）采购价格平均降幅约66.17%。

【医疗基金监管】 2020年，揭阳市医疗保障局打击欺诈骗保违法行为，维护医保基金安全，守住人民群众的“救命钱”。印发《欺诈骗取医疗保障基金行为举报奖励办法》，拓宽社会监督途径，动员社会各方面力量参与医保监督工作。联合多部门建立基金综合监管部门联席会议，强化各有关部门沟通协作和信息共享，形成打击欺诈骗取医疗保障基金的合力。开展“两类”专项检查，在完成对医疗机构检查全覆盖的基础上，采取日常检查与抽查复查相结合，以国家、省转办、群众举报线索和民营医院为重点，强化基金监管。

（市医疗保障局）

重点医院选介

【揭阳市人民医院】 揭阳市人民医院创建于1890年，总建筑面积170000平方米，是粤东地区历史最悠久的三甲医院，是粤东地区规模大、学科齐全、综合实力强的医院之一。2013年成为中山大学非直属附属医院。为“国家住院医师规范化培训基地”“国家全科医生临床培养基地”“国家药物临床试验机构”“国家胸痛中心”“国家综合卒中中心”“国家房颤中心”“国家高级卒中中心建设单位”“广东省博士工作站”。

医院编制床位数2379张，在职员工2300多名，其中享受国务院特殊津贴专家9人，广东省杰出青年医学人才4名，高级职称人员300多名，博士、硕士研究生近200名，拥有2个国家级培训基地和8个省临床重点专科。建设有一流的国际病理远程会诊中心、医学影像诊断中心、3D腔镜手术中心、肿瘤放射治疗中心、高压氧治疗中心、消毒供应中心、临床医学科研实验室和临床技能培训中心等。2015年、2018年、2019年先后3次获得中山大学临床教学技能大赛一等奖；2018年药物临床试验机构（GCP）通过国家资格认定；2020年6月建成揭阳市首家“临床医学科研实验室”。2020年，3个科研项目获广东省自然科学基金立项；2015年至2020年，发表SCI论文影响因子（IF）累计101.102分，单篇论文最高影响因子（IF）16.658分。2017年3月在粤东地区率先建立“健康揭阳医疗联合体”，成员单位60多家。2020年8月揭阳市人民政府与中山大学附属第一医院签订合作帮扶揭阳市人民医院建设高水平医院协议书，推进揭阳市人民医院高水平医院建设步伐。

医院是广东省新冠肺炎定点救治医院和揭阳市唯一一家定点救治医院，做好疫情防控和医疗救治工作，并按市委市政府要求牵头做好全市援鄂医疗队筹建、培训及物资准备等工作。先后组织2支援鄂医疗队，其中蔡伟明为队长的医疗队在2020年2月9日奔赴湖北，支援武汉东西湖方舱医院，所在的广东省医疗队（第一批方舱）被授予“全国卫生健康系统新冠肺炎疫情防控工作先进集体”称号；揭阳市援鄂医疗队临时党支部被市委授予“揭阳市先进基层党组织”称号；医院先后被市委市政府授予“揭阳市抗击新冠肺炎疫情先进集体”“揭阳市先进集体”称号；徐名伟获评“广东省优秀共产党员”，徐名伟、蔡伟明、许金微获评“广东省抗击新冠肺炎疫情先进个人”，蔡伟明、钟少龙获评“揭阳市优秀共产党员”；医院获“揭阳市抗击新冠肺炎疫情先进集体”称号，林卫涵、陈瑞滔等8人获评“揭阳市抗击新冠肺炎疫情先进个人”，徐名伟、蔡伟明、林卫涵等8人获评“揭阳最美抗疫健康卫士”。

【揭阳市中医院】 揭阳市中医院是一所集医疗、教学、科研、预防保健和医疗急救为一体的二级甲等中医医院，始建于1958年。医院占地面积13300平方米，总建筑面积21300平方米，业务用房建筑面积8000平方米，在建新住院综合大楼建筑面积13300平方米。编制床位320张，实际开放床位400张。医院干部职工400多人，专业技术人员近400人，其中，高级职称30多人，中级职称90多人。享受国务院政府特殊津贴专家2名，省名中医3名，省杰出青年中医药人才1名，全国基层优秀名中医1名，市名中医3名，市优秀专家和拔尖人才4名。

医院坚持以中医为主、中西医结合的发展方向。开设急诊科及5个内科、2个外科、骨伤科、康复科、重症医学科、麻醉科、康复治疗部等10多个临床住院科室；开设内、外、妇、儿、骨伤、针灸、按摩、理疗、皮肤、口腔、眼科、耳鼻喉等10多个具有中医特色的专科专病门诊；开设检验科、放射科、CT室、B超室、心电图室、内镜室、经颅多普勒等多个医技科室。康复科是省中医名科、“十二五”省中医临床重点专科、省工伤康复协议机构；骨伤科是省“十二五”中医重点专科；脑病科是市重点专科、省“十三五”中医药重点专科建设项目；老年病科、心脑血管专科、脾胃专科在当地享有盛誉。医院有1.5T MRI、128层CT、移动式C形臂X射线机、电子胃肠镜、内窥镜、彩色多普勒超声诊断系统、骨密度测量仪、血液透析机、呼吸机等设备。诊治能力不断提高，能够开展肿瘤、妇科、骨科、外科、颅脑等大型手术。医院积极发挥中医药特色优势，与省中医院、省人民医院、佛山市中医院等先进医院建立友好协作关系，与揭东区中医院、榕城区新兴社区卫生服务中心组建医疗联合体，创建“广东省中医院名中医吴山教授工作室”“广东省中医院骨科陈博来名医工作室”“岭南林氏正骨推拿流派传承培训基地”“揭阳市中医药学会颈椎病防治中心”“揭阳市中医院卢永兵省名中医传承工作室”。

【揭阳市慈云医院】 揭阳市慈云医院是一所集医疗、教学、科研为一体的市直公立综合医院和全民所有制事业单位，是市直及各县区、省内异地医保即时结算定点医院。占地32000多平方米，建筑面积62000多平方米，全院实际开放床位578张。在建住院部综合大楼1栋，高102米，建筑面积113000平方米，计划2022年建成并投入使用。

医院有揭阳市优秀专家和拔尖人才1人，担任揭阳市医学会各专业分会副主委以上职务6人；全院医护人员722人，医生211人，护理324人；正高职称7人、副高职称42人、中级职称99人。医院开设门诊部、发热门诊、PCR实验室、健康体检中心、血透中心、口腔诊疗中心、五官综合科门诊、高压氧室、超声科、内镜室、手术室、麻醉科、影像中心、心电图室、脑电图室、体外碎石室、检验科、病理科等门诊医技科室。开设骨科中心、神经外科、神经内科、重症医学科、胸外科、肿瘤科、普外科、泌尿外科、呼吸内科、心血管内科、老年病科、内分泌科、消化内科、风湿免疫科、肾内科、五官综合科、疼痛·康复医学科、儿科、妇产科、急诊综合科等住院诊疗科室。

主要设备有美国原装进口飞利浦64排128层微平板CT、1.5T核磁共振（MR）、大平板DSA、无线平板双子星DR、飞利浦Iu Elite矩阵四维彩超等全系列高端影像设备。有美国GE飞天Ⅲ DR、日本阿洛卡F37阴式彩超、德国费森尤斯血透机、德国贝朗CRRT、德国德尔格呼吸机、德国卡瓦口腔全景片机、种植牙系统、美国贝克曼全自动生化仪及日本奥林巴斯支气管镜、胃镜、结肠镜、美国MAQUET多功能手术床、德国奇目Vision C臂、德国STORZ高清腹腔镜及宫腔镜、德国Arthrex关节镜、德国德尔格麻醉机、卡尔蔡司手术显微镜、美国强生超声刀、卡尔蔡司的眼科激光仪、迈柯唯呼吸机等高端进口医疗设备和迈瑞ExC810全自动凝血分析仪、普爱PLX5100数字化高频移动式摄影X射线机、迈瑞BS-820M全自动生化分析仪、联影uCT 528等高端国产医疗设备。

【揭阳市第三人民医院】 揭阳市第三人民医院是二级甲等公立综合医院、三级精神病专科医院、广东省普通高等医学院校教学医院、广东省职业健康体检机构。占地面积约26667平方米，建筑面积76400平方米。其中精神病楼建筑面积6450平方米，在建外科住院大楼39600平方米。开放病床1000多张（其中精神病专科病床500多张），外科住院大楼投入使用后可增加病床800张。2020年门急诊20多万人次，手术8000多例，出院病人约2.5万人次，医疗业务收入2.6亿元。截至年底，医院总资产2.55亿元，拥有百万元以上医疗设备50多台。医院在岗人员606人，其中在编人员201人、编外人员405人。高级专业技术职称25人，中级职称98人，市、区级优秀专家和拔尖人才10名。设置急诊科、内科、外科、儿科、妇产科等18个临床科室和8个医技科室，市临床重点专科2个（肾内科、泌尿外科）。其中精神病科设5个病区，编制病床200张，实际开放500多张，精神病科执业医生20人，护士59人。医院先后获“全国医院文化建设先进单位”“广东省助残扶残先进集体”“广东十佳百姓放心示范点品牌医院”“广东省工人先锋号”“广东省巾帼文明岗”“广东省五一劳动奖状”“揭阳市医德医风先进单位”等荣誉。

【揭阳市妇幼保健院】 揭阳市妇幼保健院（揭阳市妇幼保健计划生育服务中心）是揭阳市一所集医疗、保健、教学、科研和计生技术服务于一体的市级事业单位。承担着揭阳市妇幼保健、产前诊断、出生缺陷综合防治、妇女儿童常见病诊治、助产技术服务、计划生育技术服务、妇幼保健计划生育信息管理和服务质量监测等工作。为广东省妇幼保健院技术协作单位，并为其新生儿畸形救治分中心和出生缺陷与产前诊断专科联盟、新生儿重症救治专科联盟成员单位；与广州市妇女儿童医疗中心建立合作帮扶关系，为其出生缺陷防控专科联盟成员单位。医院占地面积18246.67平方米，建筑面积6011平方米，建有门诊综合大楼1栋。在建揭阳市妇幼保健住院综合大楼1栋，楼高16层，设地下车库2层，总建筑面积51985.5平方米，设计病床位500张，预计2021年6月底验收交付使用。医院人员编制76名，正式职工

66名，聘用人员241名，其中卫生技术人员高级职称21名，中级职称40名，初级职称171名。编制病床100张，开放病床130张。设有妇科、产科、儿科、新生儿科、乳腺外科、儿童保健科、产前诊断中心、出生缺陷综合干预中心、新生儿疾病筛查中心、超声科、超声影像会诊中心等20多个临床、医技科室；设有办公室、医务科、护理部、院感科、药械科、财务科、总务科等10多个行政后勤科室。产前诊断中心于2018年通过省专家组评审，成为粤东地区第一家具备产前诊断资质的医疗机构。

【揭阳市复退军人医院】 揭阳市复退军人医院是潮汕三市唯一一所优抚医院，负责收治潮汕三市复员退伍精神病患者，兼收部分社会精神病患者，占地面积约42000平方米，业务用房建筑面积约32000多平方米。在职职工149人，编制人员101人，编外人员48人，其中专业技术人员91人（包括医生24人，护士48人，药剂6人，检验3人，社工4人），中级职称17人，高级职称3人。开设办公室、行政科、医务科、护理科4个职能科室。编制病床400张，设精神病区3个、门诊部1个。常住住院病人324人，其中优抚对象136人，救助三无人员8人，社会病员178人。医院实行24小时值班制度，病房安装视频监控；食堂专人管理，食物样品保留48小时，并由工作人员送餐到病区食堂，确保饮食卫生及住院病员安全。

【揭阳市慢性病防治院】 揭阳市慢性病防治院（揭阳市皮肤病医院）是1992年6月12日经市编委批准成立的非营利性专科防治机构，加挂“揭阳市精神卫生防治中心”牌子，是揭阳市卫生健康局直属正科级公益性事业单位。负责结核病的防治、监测、科研工作，对结核病控制项目实施监督检查，开展结核病的临床医疗业务；负责精神疾病的预防、医疗、科研、康复工作；负责精神卫生工作人员培训和精神卫生的社区宣传教育工作；开展皮肤病的临床医疗业务，承担性病疫情监测、防治、科研、培训、宣传教育工作，指导基层开展麻风病、性病防治工作等。医院事业编制数21个，在编人员18人，其中专业技术人员16人，包括副高职称1人，中级职称8人，初级职称7人。设办公室、结核病防治科、皮肤性病科、精神卫生科、门诊部，配备数字便携式超声诊断系统、彩色B超、脑电地形仪、血球分类计数仪、DR、全自动生化分析仪、全自动细胞分析仪、进口中波紫外线治疗仪等先进诊疗设备。设置床位44张。

表15

2020年揭阳市卫生事业基本情况表

指标	2019年	2020年	增长率（%）
卫生机构数（个）	3004	3103	3.30
床位数（张）	21238	22807	7.39
每千常住人口床位数（张）	3.48	—	—
在岗职工数（人）	31187	32674	4.77
卫生技术人员数（人）	25036	26433	5.58
执业（助理）医师数（人）	10344	10757	4.0
每千常住人口执业（助理）医师数（人）	1.69	—	—
注册护士数（人）	10719	11412	6.47
每千常住人口注册护士数（人）	1.76	—	—
万元以上设备数（台、套）	13345	15382	15.26
业务用房面积（平方米）	125.13万	133.17万	6.43

（市卫生健康局）

体 育

【体育概况】 2020年，揭阳市加强体育场地设施建设，深入开展群众体育和竞技体育、全民健身活动，促进体育事业发展。全市组织市级体育活动及赛事21场、县区活动9场，成立各类体育协会7个。

【体育场地设施】 2020年，为迎接国家和省的检查验收，揭阳市文广旅游体育局建设社会足球场地62块，超额完成省下达的建设任务；建设社区体育公园4个，体育设施示范点54个；推进各级各类公共体育设施免费或低收费开放。

【竞技体育】 2020年，揭阳市文广旅游体育局组织全市351名运动员参加广东省青少年体育赛事注册。举办青少年乒乓球、跆拳道、拳击锦标赛暨选拔赛。组织255名运动员参加2020年广东省青少年锦标赛田径、游泳等13个项目的比赛。

【全民健身活动】 2020年，揭阳市文广旅游体育局及时应对新冠疫情防控，调整群众体育活动的开展形式，倡导居家锻炼。推出线上居家锻炼健身指导视频22个，健身直播训练课观看次数最高一天达22万人。实时做好疫情期间公共体育场馆开放和体育赛事活动举行工作，全市安全组织市级体育活动及赛事21场、县区活动9场。主要有：2020年揭阳市迎春健步骑行活动、2020年揭阳市迎春健步骑行活动——欢乐广场体育趣味活动、2020年揭阳市首届“迎春杯”斯诺克六颗红球让分赛、2020年粤东儿童平衡车联赛——揭阳站、2020年“全民健身日”活动揭阳市（榕城区）启动仪式、2020年揭阳市首届游泳锦标赛、2020年第三届轮滑公开赛、2020年中国足球体育名宿莅揭进社区活动、欢乐广场健康揭阳活动——2020年揭阳市第一届定向运动比赛、2020年揭阳市青少年拳击比赛等。

【市级体育类社会组织】 2020年成立揭阳市拳击协会、揭阳市游泳协会、揭阳市太极拳协会、揭阳市青少年散打协会、揭阳市网球协会、揭阳市光电射击协会、揭阳市无线电和定向运动协会7个协会。各协会在开展群众体育和全民健身运动中发挥重要的作用。按照市文广旅体局的要求，推出居家锻炼视频，引导会员居家科学健身。利用网络线上教学，开展公益教学活动。很多会员战斗在抗疫一线，为群众派发口罩，为市区的街道、广场等公共场所进行杀毒灭菌，配合当地政府、医护人员、公安干警、交通运输等部门做好防控防疫工作。各协会积极发动会员捐款捐物，揭阳市羽毛球协会通过微信号召单位会员和个人会员捐款41000元，并用善款购买防护物资送到急需的单位。

【全民健身服务体系建设】 2020年，揭阳市文广旅游体育局开展第五次国民体质监测工作。揭阳市国民体质水平达到《国民体质测定标准》“合格”等级以上的人数百分比为92.1%，完成国民体质检测样本量4360人。培训二级社会体育指导员239名，全市常住人口每万人拥有社会体育指导员30.85名。

表16

2020年揭阳市运动员参加国内外重要比赛获奖情况表

序号	姓名	比赛名称	成绩
1	姚佳航	2020年全国体操锦标赛	男女混合团体第一名
			男子团体第二名
2	林宇仲	2020年全国蹦床青少年锦标赛	男子双蹦床团体第二名
			男子团体第三名
3	应国建	2020年广东省青少年乒乓球锦标赛	男子双打第三名
4	林润锴	2020年广东省青少年乒乓球锦标赛	男子双打第三名
5	袁崇泓	2020年广东省青少年乒乓球锦标赛	男子双打第四名
6	袁泽天	2020年广东省青少年乒乓球锦标赛	男子双打第四名

（市文广旅游体育局）

民政

基层政权建设

【城市基层政权建设】 2020年，揭阳市开展“社区万能章”专项治理行动，出台基层群众性自治组织出具证明事项清单，对社区印章的使用原则、使用范围、印章使用管理制度、加强监督管理等进行具体规定。全市181个社区全部修订完善居民公约，全部建成党群服务中心，配齐专职工作人员和公共服务平台，在提升城乡基层社会治理水平和文明程度方面取得显著效果。选取榕城区仙桥街道及新兴街道、普宁市燎原街道等3个街道作为乡镇政府（街道办事处）服务能力建设示范点。

【农村基层政权建设】 2020年，揭阳市1446个行政村全部修订完善务实管用的村规民约，全部建成党群服务中心，配齐专职工作人员和公共服务平台。揭东区玉湖镇、普宁市占陇镇、揭西县塔头镇、空港经济区砲台镇等4个镇作为乡镇政府（街道办事处）服务能力建设示范点。8月，普宁市占陇镇申报全国典型经验。

【村务公开与村民自治】 2020年，揭阳市在揭东区推行将智慧社区建设与“阳光村务”相结合，创建区、镇（街道）、村（社区）三级“阳光村务”平台系统，采用互联网+云服务平台的形式，通过LED屏、电脑端对规定内容进行公开公示、接受群众监督、受理群众咨询投诉、GIS地图区划图可视、基础数据管理、大数据分析等，务实建设智慧社区信息系统，运用社区论坛、微博、微信、移动客户端等新媒体，实现社区服务项目、资源和信息的多平台交互、多终端同步，打造一体化智慧社区服务综合体，推行“阳光村务”电子化、网络化，扩大公开覆盖面、增强公开透明度。

（魏伟俊）

社会福利事业

【最低生活保障】 2020年，揭阳市出台《揭阳市民政局 揭阳市财政

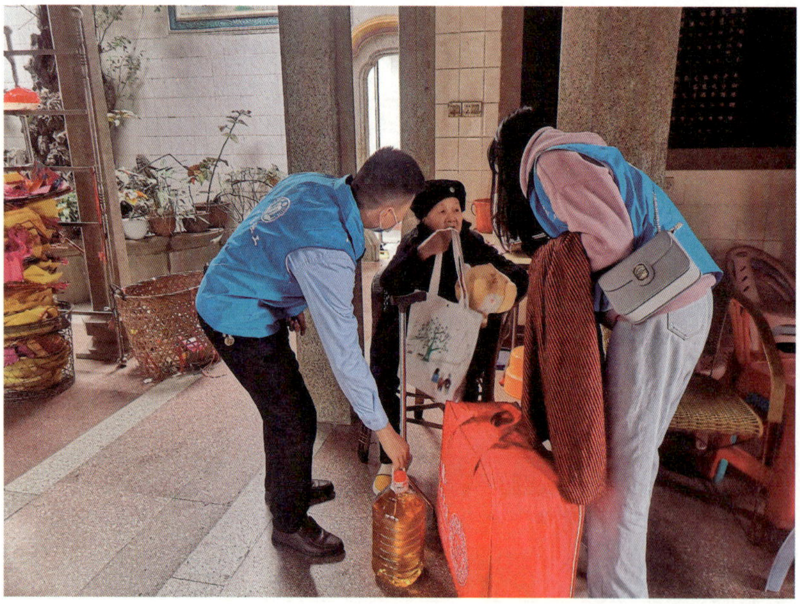

2020年，揭阳市社工开展志愿服务 （市民政局 供稿）

局关于印发2020年全市城乡低保标准和补差水平的通知》《揭阳市民政局　揭阳市财政局关于贯彻落实〈2020年市政府主要工作任务分工方案〉"十件民生实事"第160—1号工作任务的通知》，全市城乡低保标准在2019年度标准的基础上各提高10%，分别达到城镇低保标准人月824元（原740元）、农村人月596元（原541元）；城乡低保补差水平分别提高55元、30元，达到城镇低保补差水平人均月626元（原571元）、农村达到人均月301元（原271元）。全市落实城乡低保救助对象127932人，支出资金52579.85万元。

【特困人员供养】　2020年，揭阳市印发《揭阳市民政局　揭阳市财政局关于2020年提高特困供养人员基本生活标准的通知》，特困供养人员基本生活标准提高到2020年最低生活保障标准的1.6倍和不低于当地现行的特困供养标准，达到城镇人均月1437元（原1315元）、农村人均月1034元（原958元）。全市落实特困供养人员15261人，支出资金17947.64万元。

【救助管理】　2020年，揭阳市民政局组织开展救助管理工作质量大提升行动，开展全市救助管理干部业务培训，组织学习和贯彻落实救助管理工作"两个基本规范"和《救助管理办法》，开展救助管理工作。结合开展"寻亲服务""夏季送清凉"和"寒冬送温暖"等专项行动，开展主动救助服务，会同有关部门开展街头救助，对城市流浪乞讨人员身份进行甄别，符合救助条件的，给予救助；劝导、引导流浪乞讨人员到救助管理机构接受救助；相关职能部门分工协作，密切配合，着力做好流浪乞讨人员生活、返乡、安置、帮扶等救助工作；健全滞留人员落户安置长效机制，落实滞留人员落户安置67人，解决救助管理机构长期滞留的无户口人员户口登记问题。全市社会救助管理机构救助人数共727人次（未成年人20人次），维护流浪乞讨人员的基本生活权益。

揭阳市救助管理站工作人员向市民宣传救助管理知识　　（市民政局　供稿）

【儿童福利】　2020年，揭阳市坚持生活兜底、监护兜底两手抓、两并重，切实抓好孤儿、事实无人抚养儿童等重点群体的基本生活兜底保障，孤儿最低养育标准按不低于省规定的集中供养每人月1820元，社会分散供养每人月1110元的标准落实。加强儿童关爱保护工作，完成386名从宗教场所收回孤儿的DNA采集工作，并录入全国打拐信息系统。摸排全市智力残疾和精神残疾女童1104名，对其中51名落实镇、村建立一对一帮扶监护。依托全市16个社工站，发挥社会工作专业优势，动员社会力量和社区志愿者开展形式多样关爱农村留守儿童主题活动，在全社会营造关心、关爱农村留守儿童良好氛围。

【慈善事业】　2020年，揭阳市有序开展慈善组织资格认定工作，市本级认定市定慈善组织68家，县区5家。市级认定公开募捐资格社会组织1家；全市慈善类社会组织189家，民办社工机构26家，"双百"社工站16家，志愿服务组织379个。出台《揭阳市推进大慈善体系建设行动方案》，构建慈善组织为依托，慈善项目为载体，慈善、志愿服务、社会工作相融合，人人为慈善，人人做慈善，人人享慈善，依法行善的大慈善体系。5月，开展"千场志愿服务进社区"活动，发动专业社工和志愿者广泛参与，建立专业社工与慈善组织联动服务机制；2020年重阳节期间，揭阳市民政局举行全市民政系统2020年敬老月关爱老年人暨上门巡访农村留守老年人活动，动员慈善组织广泛参与发展养老事业，为老年人提供慈善志愿服务。

【福利设施】　2020年，揭阳市养老机构84家。其中，公办养老机构77家，公建民营4家，民办3家。全市儿童福利机构5家（揭东区儿童福利院正在筹建），床位495张，其中，市儿童福利院200张，榕城区儿童福利中心80张，普宁市福利中心80张，揭西县儿童福利院35张，惠来县儿童福利院100张。全市救助管理机构6家，分别是市救助管理站、普宁市救助管理站、揭西县救助管理站、惠来县救助管理站、榕城区救助管理站和揭东区救助管理站。

【福利彩票】　2020年，揭阳市福利

2020年1月1日，普宁市妇女联合会、普宁市民政局与广东省婚庆行业协会联合举办“以花为媒·情定普宁”集体婚礼
（谢杰龙 摄）

彩票发行中心推进全市福利彩票发行，保持福利彩票销售良好发展势头，销售管理和服务水平持续提高。全市在线销售福彩普通投注站327个、快乐十分投注站154个，刮刮乐即开票销售网点218个，全年累计销售福利彩票21108.93万元。其中：电脑票18517.15万元，同比增长11.4%；即开票2003.41万元，同比增长11.6%；视频票588.38万元。全年筹集福利彩票公益金2384.48万元。
（魏伟俊）

社会事务管理

【行政区划与地名管理】 2020年5月19日，经省人民政府同意，省民政厅批复同意揭阳市榕城区玉滘镇划归揭东区管辖。依法规范开展2个华侨农场改制设镇工作。普宁华侨农场、大南山华侨农场是揭阳市20世纪60年代为接收安置归国难侨而设置的2个华侨农场。6月，经省人民政府同意，省民政厅批复同意两个侨区改制设镇。新设镇划归属地管理，即普宁华侨农场改制设立普宁市普侨镇，大南山华侨农场改制设立惠来县侨园镇。

【社会组织建设】 2020年，揭阳市依法登记社会组织2609个（市属社会组织441个），其中，社会团体945个、民办非企业单位1628个、基金会36个。

【婚姻登记】 2020年，揭阳市推进全市婚姻登记机关规范化、标准化建设，加强对全市婚姻登记机关的各项监督、指导工作，规范婚姻登记办理程序，严禁设置前置条件，规范婚姻登记机关服务方式，提供优质文明服务，加强婚姻登记机关行风建设，提高依法办事水平，推进婚姻登记队伍建设，提升婚姻登记员业务水平，提高全市婚姻登记工作水平和服务能力。全市内地婚姻登记共办理登记结婚49301对，初婚91252人，办理离婚7969对，办理补领“结婚证”证书3940对，办理补领“离婚证”236宗。全市涉外、港澳台、华侨婚姻办理登记结婚135对，初婚243人，办理离婚6对，办理补领“结婚证”证书4宗。

【殡葬管理】 2020年，揭阳市有揭东、普宁、揭西、惠来4个殡仪馆，有30条火化机，安装尾气净化系统的有20条火化机。开展殡葬领域损害群众利益突出问题专项整治。落实惠民殡葬政策，免除城乡居民殡葬基本服务31363宗3053.2万元。开展移风易俗、殡葬文明主题活动，引导树立厚养薄葬、节地生态、移风易俗的殡葬新风尚。结合创建文明城市，会同市委宣传部，制订殡葬改革宣传方案，通过广播、电视、网络、报纸等新闻媒介，大力营造良好的社会舆论氛围，深化殡葬改革，推进移风易俗。

【社会救助】 2020年，揭阳市合理扩大低保、临时救助、特困、低收入家庭覆盖范围，缓解疫情给困难群众带来的影响，巩固脱贫攻坚成果，发挥社会救助兜底保障作用。全市6个县（市、区）全面在乡镇（街道）建立临时救助备用金制度，并各自出台《关于在乡镇街道建立临时救助备用金制度的通知》，简化优化审核审批程序，增强临时救助时效性。
（魏伟俊）

表17

2020年揭阳市婚姻登记情况表

单位	国内婚姻登记								涉外、港澳台、华侨婚姻登记													出具证明	
	结婚登记					离婚登记(对)	补领结婚证(宗)	补领离婚证(宗)	结婚登记										离婚登记(对)	补领结婚证(宗)	补领离婚证(宗)	婚姻登记记录证明(份)	无婚姻登记记录证明(份)
	总数(对)	其中							总数(对)	其中													
		补办结婚登记(对)	初婚(人)	再婚						补办结婚登记(对)	初婚数(人)	再婚数(人)	香港同胞(人)	澳门同胞(人)	台湾同胞(人)	华侨(人)	外籍华人(人)	外籍人(人)					
				总数(人)	其中复婚(人)																		
揭阳市	49301	3023	91252	7350	1408	7969	3940	236	135	79	243	27	13	8	9	0	3	102	6	4	0	6	32
合计	49301	3023	91252	7350	1408	7969	3940	236	135	79	243	27	13	8	9	0	3	102	6	4	0	6	32

表18

2020年揭阳市殡仪馆业务情况表

单位名称	单位性质	工作人员			社工服务		设施设备									本年度遗体火化数(具)(该数据为殡仪馆实际遗体火化数)	骨灰安放				收支及建设投入情况								服务满意度
							火化机				殡仪专用车		遗体冷藏柜						其中		营业收入				营业支出				
		工作人员总数(人)	其中:编内人员数(人)	获得殡葬职业技能资格证书人数(人)	是否设立社工机构或岗位(是/否)	专职社工人员数量(人)	拣灰火化机(台)	其中:按1:1安装尾气净化设备的(台)(一拖多的,仅算1台)	平板火化机(台)	其中:按1:1安装尾气净化设备的(台)(一拖多的,仅算1台)	现有数量(不计公务用车、客运车)(辆)	其中,未达到汽车排放和安全标准的(辆)	总格位(格)	现已使用格位(格)	本年度1月1日前已存入殡仪馆但直至本年度12月31日仍未火化的遗体(具)	本年度无人认领遗体存放产生费用(万元)		殡仪馆内设骨灰安放设施总格位数(格)	现存骨灰(份)	本年度安放骨灰(份)	无人认领或逾期未办理续期手续的骨灰(份)	营业总收入(万元)	各级财政补助免除殡葬基本服务费用(万元)	各级财政补助无人认领遗体存放费用(万元)	其他营业收入(万元)	营业总支出(万元)	设施建设支出(万元)	设备购置支出(万元)	其他支出(万元)	
揭东云山殡仪馆	公益一类	94	59	14	否	0	3	2	7	2	15	0	102	92	56	180	12357	84297	68000	3911	40800	1421.6	1151.6	0	270	2457	2457	0	0	100
揭西县殡仪馆	公益一类	37	25	2	否	0	2	6	4	6	9	0	35	32	28	210	7125	3200	630	50	0	113	108	5	0	200	100	100	0	100
惠来县殡仪馆	公益二类	53	17	0	否	0	2	0	3	0	10	0	90	75	9	13.1	4483	14164	12401	314	75	804	613.6	0.4	190	100	51	49	0	100
普宁市殡仪馆	公益二类	88	24	20	否	0	5	4	4	4	20	0	197	197	50	15	10132	8600	1860	150	500	2219.22	827.06	72	1320.16	2436.46	164.86	278.17	1993.43	98
地市小计		272	125	36			12	12	18	12	44																			-

人力资源·社会保障

人事人才

【公务员管理】 2020年，揭阳市对全市原参公管理的231家单位进行梳理、分类、统计，做好涉改参公管理单位的重新申报认定工作，梳理后退出参公管理的91家，经省委组织部审核同意继续保持参公管理的111家，申报重新认定并获省委组织部批准列入参公管理范围的29家。重新核定市交通局、市生态环境局等单位的职级职数。完成市直机关（含参照公务员法管理单位）4514名公务员2020年年度考核工作，其中评为“优秀”等次687人，评为“称职”等次3589人，评为不称职5人，因受处分或立案、参加考核但不定等次的75人，属试用期参加考核不定等次的151人；对连续三年考核优秀的公务员记三等功，对不称职公务员发文通报并按规定落实处理。录用公务员838名。完善公务员登记并开展全市公务员信息采集统计工作，完善登记工作程序及有关表格，严把公务员登记审核关，办理公务员登记26批739人次。印发《关于进一步落实市直机关事业单位工作人员带薪年休假制度的通知》。

【干部培训管理】 2020年，揭阳市委组织部以增强执政本领为重点，严格疫情防控，强化指导督促，推动干部教育培训工作上新台阶。

组织重大专题培训班 按照中央部署和省委、市委工作要求，强化课程设置，突出师资选聘，深入研讨交流，顺利完成《习近平谈治国理政》第三卷专题读书班、脱贫攻坚专题培训班、市管干部学习贯彻习近平总书记出席深圳经济特区建立40周年庆祝大会讲话和视察广东重要讲话重要指示精神暨党的十九届五中全会精神专题研讨班等3项重大专题培训。

市委党校主体班次培训 统筹做好疫情防控复学复课工作，适时对2020年培训计划进行调整，分期、分批、错峰举办市委党校主体班。举办培训班32期，培训干部4000多人次。全面开展干部教育培训条例和五年规划中期评估工作，对全市干部教育培训工作情况进行调查摸底和评估，全面了解全市近年来干部教育培训情况。

加强专业化能力提升培训 依托省内高校举办专业化能力培训班，提升培训效果。到中山大学举办“坚持党的领导和加强党的建设专题培训班”等3期专题培训班。选调30多名优秀领导干部参加省级以上培训机构的学习培训。

推进干部网络培训工作 适应疫情防控形势，利用网络信息优势，组织开展广东省干部培训网络学院、中央党校“网上党校”和中国干部网络学院等线上学习培训，推动干部教育培训提质拓面。

推进领导干部上讲台制度 研究制定《揭阳市推行领导干部上讲台制度工作方案》，推动领导干部上讲台制度化、常态化。邀请9名市党政领导班子成员和41名党政部门主要领导干部在市委党校授课。

【人才工作】 2020年，揭阳市实施人才强市战略，把人才政策纳入促进产业发展“1+1+12”政策体系，出台涵盖引才、培养、认定、平台建设和服务保障等方面的“揭阳市集聚人才创新发展若干措施”及其实施细则，新增柔性引进人才补贴、重点企业和骨干人才财政奖补、行业高端人才培养工程3项扶持政策。提高部分原有政策的扶持力度，优化提升随迁配偶安置、子女教育、医疗保障、安居保障、公共服务便利化等配套保障服务，形成集操作性、可行性和实效性等鲜明特点于一体的人才政策体系，改变以往政策碎片化、执行不统一的局面，把全市的人才政策集成于一个文件。全年新引进博硕士人才268人；新增专业技术人员4773人（其中高级职称1032人）；认定中高级人才4599名；新增博士工作站10个。

（市委组织部）

人力资源管理

【就业服务】 2020年，揭阳市提供全方位公共就业服务，提升服务质量，多方搭建就业服务平台，稳住就业基本盘。全年，全市新增城镇就业30620人，完成省下达任务的102.06%；城镇失业人员再就业10220人，完成省下达任务的102.2%；就业困难人员再就业1532人，完成省下达任务的102.13%。

【异地务工人员管理】 2020年，揭阳市为异地务工人员提供就业失业登记、求职登记、政策咨询等服务，做好异地务工人员服务管理。推进异地务工人员随迁子女接受义务教育，提高异地务工人员职业安全卫生权益保障，建立健全住房保障制度，加强异地务工人员公益性文化活动，保障异地务工人员合法权益。

【劳动关系】 2020年，揭阳市加强劳动合同管理，劳动关系与就业社保有机衔接，督促指导企业落实签订劳动合同的主体责任，推动劳动合同的签订管理工作。规范劳务派遣用工，劳务派遣工作健康发展。推动建立劳动关系和谐企业评审标准体系，逐步形成和谐劳动关系长效机制。推动创建劳动关系和谐企业活动深入开展，促进企业和谐劳动关系建设。

【劳动工资】 2020年，揭阳市深化国有企业工资决定机制改革，推动国有企业工资收入分配更加合理。做好疫情防控国有企业工资分配工作，推进国有企业工资决定机制改革，全面掌握所监管企业受疫情影响情况。开展2020年度工资总额预算执行结果清算，全面报送2020年度工资总额管理情况，严格工资总额监督管理。

【职业培训】 2020年，揭阳市印发《转发关于印发广东省职业技能提升补贴申领管理办法的通知》文件，面向各类劳动者，大规模开展职业技能培训，为符合条件的劳动者及时落实技能培训补贴。全年，全市开展补贴性职业技能培训42280人次，完成省下达任务的124.35%；落实技能提升补贴4965.38万元。

【职业技能鉴定】 2020年，揭阳市组织参加日常技能鉴定数13994人次，获取职业资格证书11841人次（其中：专项职业能力331人次、初级工7071人次、中级工4124人次、高级工286人次、技师22人次、高级技师7人次）；组织参加全国全省统考2174人次；围绕粤菜师傅工程，设立2个省级技能大师工作室。

【技工教育】 2020年，揭阳市有6所技工学校（揭阳市高级技工学校、揭东技工学校、惠来技工学校、揭西技工学校、揭阳市国贸技工学校、揭阳市金荣技工学校），在校生人数3062人。全市技工学校毕业1017人，实现就业1002人，就业率达98.53%。

【劳动调解仲裁】 2020年，揭阳市各级劳动人事争议仲裁机构着力化解劳资纠纷，构建和谐劳动关系，为维护社会和谐稳定创造积极条件。全年，揭阳市劳动人事争议仲裁调解案件立案1131宗，涉及劳动者人数1903人，涉及金额5934.5万元，结案1124宗，仲裁累计结案率97.5%，法定审限内结案率100%；调解成功率90.5%。

【劳动保障监察】 2020年，揭阳市加快推进劳动监察综合行政执法改革，建立健全欠薪综合治理机制，及时化解劳资纠纷问题。全市劳动监察系统处理劳资纠纷投诉举报案件1406件，追发劳动者工资等待遇1423.32万元，涉及劳动者人数1076人。

【“粤菜师傅”工程】 2020年，揭阳市印发《转发关于深入推进2020年“粤菜师傅”工程的通知》，推进“粤菜师傅”工程，开展“粤菜师傅”培训，培训1292人次，完成省下达任务的129.2%。加大“粤菜师傅”培训基地和大师工作室建设力度，建成2家省级“粤菜师傅”培训基地和2家省级“粤菜师傅”大师工作室。

【“南粤家政”工程】 2020年，揭阳市全面启动“南粤家政”工程，在普宁市建设1家“南粤家政”培训基地，对有培训意愿的劳动力开展多样化、多层次“南粤家政”技能培训，培训6563人次，完成省下达任务131.26%。

【农村劳动力培训】 2020年，揭阳市开展农民就业培训，提升农民转移就业技能水平，促进农民致富，助力乡村振兴。出台《关于印发揭阳市2018—2020年农村劳动力技能提升工作实施方案的通知》，开展农村劳动力培训35414人次。

（市人社局）

社会保障

【养老保险】 2020年，揭阳市参加企业职工养老保险的人数32.77万人，领取待遇人数14.37万人，平均养老金水平2118.87元，基金征缴收入182447万元；支付待遇359199万元，全市企业养老保险基金累计积累169520万元。年全市城乡居保参保人数244.82万人，领取待遇人数79.86万人，平均养老金水平185.57元。

【工伤与失业保险】 2020年，揭阳市推进工伤、失业保险扩面工作，落实阶段性减免企业社会保险费政策，扩大失业保险保障范围，继续实施阶段性降低失业保险费率、工伤保险费率政策。全市参加失业保险17.37万人，基金征缴收入2385万元；参加工伤保险27.62万人，基金征缴收入1867万元。

【基金管理】 2020年，揭阳市三大险种总参保352.03万人次（养老含离退休人数），基金总收入99.47亿元（其中征缴总收入42.80亿元），总支出94.39亿元（待遇总支出78.95亿元），累计总结余56.83亿元。完成全市2020年退休人员基本养老金调整工作；推进疫情期间社保政策落地落实；持续推进机关事业单位养老保险改革；顺利上线省集中式社会保险信息系统；全面推行社保卡发放养老待遇工作；实现城乡居民基本养老保险基金市级管理经办。

（市人社局）

收入·消费

【城乡居民人均可支配收入】 2020年，揭阳市全体居民人均可支配收入21822元，比上年增长2.3%，扣除物价因素，实际增长0.3%。分城乡看，2020年揭阳市城镇居民人均可支配收入27066元，比上年增长1.2%；2020年农村居民人均可支配收入16312元，比上年增长4.1%。

【城乡居民人均生活消费支出】 2020年，揭阳市全体居民人均生活消费支出15566元，比上年增长2.8%。分城乡看，2020年揭阳市城镇居民人均生活消费支出17416元，比上年增长1.4%；农村居民人均生活消费支出13622元，比上年增长4.8%。

【居民消费价格指数】 2020年，揭阳居民消费价格指数为102%，比上年上涨2%。分类别看，食品烟酒类价格上涨7.2%，衣着类价格下降1.9%，居住类价格下降0.6%，生活用品及服务类价格下降0.2%，交通和通信类价格下降3.9%，教育文化和娱乐类价格下降0.1%，医疗保健类价格上涨1.3%，其他用品和服务类价格上涨3.4%。

【工业生产者出厂价格指数】 2020年，揭阳工业生产者出厂价格指数为98.9%，比上年下降1.1%，其中轻工业下降0.7%，重工业下降1.8%。

（连伟浩）

市场物价

【市场物价概况】 2020年，揭阳市农副产品与民生相关的重要商品价格总体呈现有升有降的态势，第一季度受新冠疫情、传统节日消费影响总体上涨，第二季度开始，受炎热天气到来的影响，部分农产品消费比较清淡，下半年至年末受全面复工复产以及消费预期影响，走势略有波动向下，市场供应总体充足，市场舆情平稳。

【粮食价格】 2020年，揭阳市粮食监测品种监测数据显示，全市平均价每500克3.03元，同比下跌5.31%。

【工业品价格】 2020年，揭阳市液化石油气（瓶装14.5公斤，不含送气费）全市平均价呈现年初上涨随后下调并比较平稳运行的走势，最高报每瓶94.00元，最低报每瓶68.00元。

【其他物价】 2020年，揭阳市市场食用油供应充足、品种丰富、价格比较稳定，监测品种呈现小幅调整向下态势，全市平均价为每桶87.25元，下降3.42%。生猪出栏价最高是每公斤42.20元，出现在2月份；最低是每公斤28.00元，出现在10月份。自非洲猪瘟疫情发生以来，价格总体在较高价位运行。生猪生产比较健康发展，市场肉品供给稳定。受生猪出栏价格高位运行影响，市场畜肉类价格同比上年较大幅度调整向上，8个监测品种全市平均价42.13元，同比上涨34.51%，总体价格呈上涨态势。

监测的蔬菜价格总体小幅震荡，全市平均价格每500克3.88元，同比下跌0.26%。农贸市场价格第一、二季度价格受疫情、运输等因素影响价格上涨，第三季度开始季节性收成情况较好，价格有所走低，至末季度蔬菜价格基本稳中略涨。市场蛋类品种平均价格为每500克6.78元，下调4.10%。

（市发改局）

民族·宗教

民族事务

【民族事务概况】 2020年，揭阳市人口民族成份以汉族为主，还有壮族、苗族、瑶族、侗族、土家族等38个少数民族；少数民族户籍人口10486人，呈城乡散居分布。

【民族团结宣传】 2020年，揭阳结合广东省第十个全省民族团结进步宣传月，开展以“携手奔小康”为主题的宣传活动，在《揭阳日报》“同心揭阳”等媒体和公众号上大力宣传党的民族理论政策、民族法律法规、民族优秀文化和先进典型事迹。开展民族团结进步宣传进校园活动，到少数民族学生相对集中的学校开展民族政策宣传活动4场次，助力创建全国文明城市。

【民族团结创建】 2020年，揭阳市市委市政府出台《关于全面深入持久开展民族团结进步创建工作铸牢中华民族共同体意识的实施方案》，加强全市民族团结进步创建工作，铸牢中华民族共同体意识，加强各民族交往交流交融，推动揭阳市民族团结进步事业创新发展。揭阳博远学校副校长王才然荣获“广东省民族团结进步模范个人”称号。

【民族事务服务】 2020年，揭阳市开展在揭少数民族群众经营拉面店、烤羊肉店等进行专项调研，引导依法经营、文明经营，促进各族群众交往交流交融。

2020年，揭阳市榕城区东湖公园观音阁举行升国旗仪式

（市委统战部　供稿）

宗教事务

【宗教事务概况】 2020年，揭阳市有佛教、道教、天主教、基督教四大宗教。全市登记设立宗教活动场所344处，其中佛教156处，道教23处，天主教82处，基督教83处；宗教教职人员818人。

【宗教事务管理】 宗教和民间信仰领域疫情防控工作　自2020年1月24日起，在全市严格落实宗教和民间信仰活动场所“双暂停”措施；成立市民族宗教领域疫情防控工作领导小组，建立联防联控机制、日排查机制、日报告机制、值班值守机制等4种机制；指定专人负责对口联系省、市有关部门，建立“定期例会、每日一报、督查督办”等三项制度；加强巡查督导，全市共出动巡查1158人次，督促场所加强自我防控，做好消杀防疫工作。从6月起，根据疫情常态化防控工作指引，指导处于疫情低风险地区的宗教和民间信仰活动场所在完善疫情防控措施的前提下有序恢复开放。

宗教工作机制创新　出台《关于加强揭阳市宗教和民间信仰工作的实施意见》，以负面清单规范宗教和民间信仰活动场所管理，以监管责任清单明确有关职能部门责任，深化治理场所违法建设和非法宗教活动。增强依法行政、依法管理的针对性和操作性，力求提高宗教和民间信仰事务治理效能，推动宗教工作由“管得住”向“管得好”转变。

贯彻落实新修订《广东省宗教事务条例》和《宗教团体管理办法》　举办2020年揭阳市“宗教政策法规学习月”活动暨教风建设培训班，市、县两级宗教工作干部，各市级宗教团体领导班子成员，各地重点宗教活动场所主要负责人共150多人参加培训。印发新修订《广东省宗教事务条例》宣传海报1000张，宗教政策法规学习手册2500册。组织基层宗教干部、市级宗教团体负责人及重点场所负责人100余人参加省民宗委组织的全省宗教界“国好·法大”主题教育学习。

宗教活动场所规范管理　落实安全生产责任制，在清明节和中秋节前夕开展宗教活动场所安全生产检查，确保宗教领域疫情防控和安全生产零事故；在全市宗教界开展“安全生产月”“安全生产南粤行”和“119”消防宣传月活动。深化平安宗教活动场所创建活动，配合市人大常委会对全市平安场所创建工作进行监督检查，深化创建活动，推动宗教活动场所平安创建工作上新台阶。开展平安宗教活动场所创建活动“回头看”工作和市级平安宗教活动场所推荐评选工作，迎接省、市综治平安建设考评，评选“揭阳市平安宗教活动场所”10处。

做好依法行政工作　承接省委托和下移的权责清单10项，及时更新政务服务管理系统，“网上办”“一次办”“马上办”事项达到考核要求。做好教职人员认定备案和延期备案审核工作。做好重建基督教世光堂重建有关工作，严格审核基督教世光堂重建有关资料，并按规定报省审批。

【宗教团体建设】　2020年，揭阳市佛协会召开第五次代表大会，选举产生第五届市佛协领导班子，释耀瑜当选新一届佛协会长。市基督教两会召开第六届第五次常委会议和“三自爱国运动70周年座谈会”，加强团体班子建设。

【宗教慈善活动】　2020年，揭阳市宗教界发扬慈悲济世的作用，全市宗教界为疫情防控捐款捐物超过250万元。

（市委统战部）

揭西县三山国王庙　（林佳燕　摄）

应急管理

【应急管理概况】 2020年，揭阳市实施安全生产专项整治三年行动，加快安全生产领域改革发展，推进各项工作上新台阶。全市发生各类生产安全事故120起、死亡62人，同比分别下降14.9%、下降42.1%，没有发生较大或较大以上事故，是全省没有发生较大事故的五个地市之一；发生森林火灾4起，没有发生因自然灾害造成的人员伤亡事件。

【安全生产专项整治三年行动】 **制定实施方案，全面加强组织领导** 2020年，揭阳市委、市政府高度重视安全生产专项整治三年行动工作，市委书记、市安委会主任蔡朝林审定并签发包含1个总方案、2个专题方案、9个专项方案的《揭阳市安全生产专项整治三年行动实施计划》；成立市安全生产专项整治工作领导小组，组长、副组长和成员分别由市安委会主任、副主任和成员担任；各县（市、区）也相应制定工作方案，成立领导机构。市委副书记、市长张科在全市第三季度防范重特大生产安全事故暨消防工作会议上，对三年专项行动专门作部署并提出具体要求。各地各单位主要领导亲自抓安全生产专项整治三年行动工作，落实专人专职负责，保障人财物投入，推动各项工作落实落细。

建立工作专班，全面推动专项行动 市安委办印发《关于成立揭阳市安全生产专项整治三年行动工作专班的通知》，工作专班主任由市安委办主任、市应急管理局局长柳沐荣担任，副主任由市公安局、生态环境局、住房城乡建设局、交通运输局、农业农村局、应急管理局、消防救援支队等单位分管负责人担任；工作专班在市应急管理局设立办公室，专班成员由上述单位抽调13名业务骨干组成，负责全市三年行动日常各项工作。各地区、各专题专项工作牵头部门也强化专班配置，健全专班工作制度，保障各地各部门工作开展。

建立完善工作机制，实施挂图作战 市安委办制定印发《揭阳市安全生产委员会办公室关于完善工作机制 推进落实〈揭阳市安全生产专项整治三年行动实施计划〉的通知》，建立“一图两清单”制度和“三会三报”制度，落实资料报送工作，向市工作专班办公室每周报送《近一周安全生产专项整治工作情况表》、每月报送《进展情况》《问题隐患清单》《制度措施清单》。市安委办组织市直各牵头单位制定《关于印发安全生产专项整治三年行动重点任务推进路线图的通知》，明确12个专题（专项）领域的重点任务推进路线图，将重点任务细化成556项具体任务，明确每项任务的完成时间和责任单位。强化党委对三年专项行动的统筹推动，定期听取三年专项行动工作情况。

抓好风险管控和隐患排查治理 各地各有关部门推进安全生产专项整治三年行动，督促企业落实安全生产主体责任，开展重点行业领域安全生产整治，防范生产安全事故发生。全市共出动检查人员26000多人次，抽查重点车辆7727辆，检查在建项目（工地）1273个、重点路段1052个、各类企业3979家、重点场所3010家、渔业船舶826艘、渔港3个，发现安全隐患6527个，落实整改隐患5993个（隐患整改率91.8%）；责令限期整改企业642家，责令停产停业19家，依法取缔关闭246家。

【重大生产安全事故】 **强化事故防范** 2020年，揭阳市委市、政府主要领导高度重视生产安全事故防范工作，市委书记蔡朝林先后就山西景区、陆河建筑施工以及仙桥火灾3宗事故作出指示。市安委办认真落实“一盘棋”机制，及时针对全国、全省发生的安全生产事故主要特点和突出问题，举一反三，压实属地和属事责任，狠抓整改落实，强化风险防控，从根本上消除事故隐患，遏制重特大事故发生。

强化责任落实 市安委办组织开展对各地、各部门安全生产履职情况进行考核并公布考核结果；严格事故调查处理工作，市安委办针对揭阳产业园事故多发的情况，提升一级约谈揭阳产业园住建部门和月城镇政府，约谈2家危险化学品企业和3家安全评价机构；召开安全生产责任保险推进会，转发安全生产领域诚信联合惩戒有关文件，多措并举倒逼企业主体责任落实。

强化事故处置和调查 甬莞高速揭阳路段“9·9”危险化学品运输车辆交通事故发生后，市应急管理局主要领导迅速赶赴事故现场，成立应急处置工作组，做好事故现场应急处置工作，提请市政府成立事故调查组，召开事故调查组全体会议讨论通过事故调查方案，向省安委办报送了事故初查报告和事故补充报告。协调省应急管理厅、航天科工集团航天凯天环保科技公司和有关专家开展污水转运、处理等应急处置工作。

【安全生产基础工作】 **抓工作推进** 2020年，揭阳市应急管理局主动联系工信、商务部门对接全市规上工业、限上商业企业数据，全市纳管规上、限上企业344家、一般企业3118家并逐步完善企业信息录入。开展工贸企业主要负责人履行安全生产职责专项执法，全市专项检查工贸企业89家，企业主要负责人安装“广东应急一键通”移动客户端有1200多家。推动企业购买安全生产责任险，全市54家高危企业购买安全生产责任险，其中矿山企业15家、危险化学品企业32家、建筑施工企业6家、民用爆炸物品企业1家、其他行业企业1家。

抓重点行业 推进企业标准化创建。2家企业通过安全生产标准化二级，67家企业通过安全生产标准化三级。突出重点抓好冶金（冶炼）企业9家（其中金属冶炼企业2家）落实企业安全生产主体责任，其中2家冶炼企业通过安全生产标准化二级，7家通过安全生产标准化三级，9家冶金（冶炼）企业主要负责人和安全生产管理人员持证上岗，并建立稳定的安全生产技术和管理团队。协调省安全生产技术中心有限公司在揭阳市举办煤气作业、熔化焊接与热切割作业等两项特种作业人员培训班，培训人员53名并核发相应的特种作业人员操作证。定期组织检查督促冶金（冶炼）企业足额提取安全生产费用，并保证安全生产投入的有效实施。

抓隐患排查 开展隐患排查治理制度执行情况专项检查，按照“一线三排”实施指南要求，检查督促企业落实排查责任。通过“粤商通”APP，在全省工矿商贸隐患排查系统进行安全生产信息上报和隐患排查信息上报，全市在“粤商通”录入企业信息3118家，其中冶金9家、有色6家、建材229家、机械578家、轻工1895家、纺织399家、烟草2家。初步建立了隐患排查治理“一张网”信息化管理系统，做到自查自改自报，实现动态分析、全过程记录管理和评价，防止漏管失控。

【应急救援】 **建立健全制度** 2020年，揭阳市建立生产安全事故管理、“三防”联合值守、自然灾害防治工作联席会议等工作制度，统筹推进41个市专项应急预案修订工作，修订完善《揭阳市突发事件总体应急预案》《揭阳市三防减灾工作方案》。

加强指挥调度 市应急管理局发挥应急指挥调度平台作用，保障市委、市政府和市有关部门各类工作会议200多场次。尤其是五一、国庆期间，做到每日一调度，10月3日上午，市委书记蔡朝林专门到市应急指挥中心调度各县（市、区）应急值守值班情况。

及时发布预警 全年有效应对15轮强降雨和第6号台风“米克

2020年8月25至27日，揭阳市蓝天救援志愿者协会参加广东省首届社会应急救援力量技能竞赛，夺得翻舟自救及落水施救项目第一名和心肺复苏术项目优秀奖
（市应急管理局 供稿）

拉”、第7号台风“海高斯”、第11号台风“红霞”、第16号台风“浪卡”、第17号台风“沙德尔”外围环流影响，以及做好防旱抗旱工作，实现了人员零伤亡成绩；启动防汛Ⅳ级应急响应3次、防旱Ⅳ级应急响应1次。

加强应急队伍建设 全市组建专业应急救援队伍71支、3223人，社会应急救援队伍5家、队员200多人、志愿者1400多人，招收了专职消防队员100名。

加大防灾资金投入 全市投入抗旱资金7565万元，启用142座泵站、1138台抽水泵，40辆水车、1799口机井，其他机动抗旱设备4.8万台套。飞机实施增雨12次，实施地面火箭弹增雨40次。

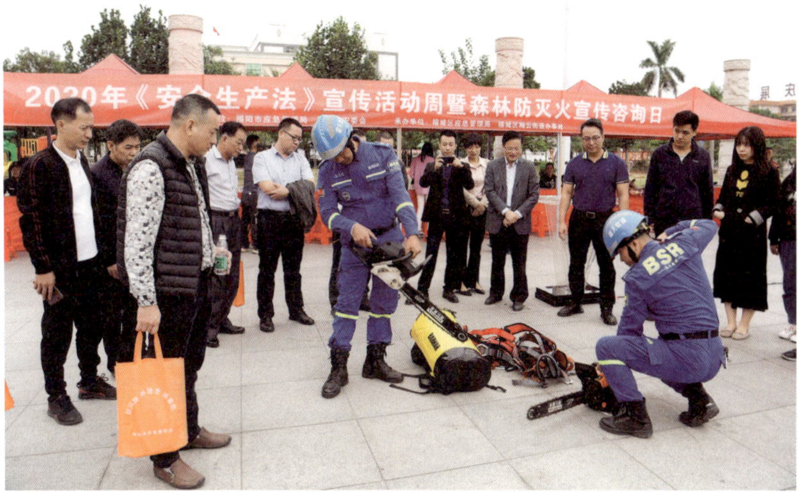

2020年12月2日，揭阳市应急管理局联合榕城区安委会开展2020年《中华人民共和国安全生产法》宣传周暨森林防灭火宣传咨询日活动
（市应急管理局　供稿）

【安全生产宣传教育】 **培训考试** 2020年，揭阳市安全生产资格考试理论考试点3个，全部使用国家统一题库试题和省级配套题库，实行电脑上机无纸化考试，严格培训考试报名、组织实施和考核发证审批3个环节。

安全生产专项治理 组织全市应急管理部门开展特种作业操作证专项治理行动，通过实地现场检查企业，明确特种作业岗位设置及职责，查阅特种作业人员持证情况资料，随机抽取部分证件通过网上查询系统查验证真伪等方式，开展以特种作业人员为主的“三项人员”持证上岗工作专项督查检查。

安全生产宣传教育 紧扣2020年全国安全生产月活动主题，采取线上线下相结合的形式，开展形式多样的活动。开展揭阳市2020年“安全生产月”和“安全生产南粤行”活动启动仪式，以“消除事故隐患，筑牢安全防线”为主题，开展“安全生产月”和“安全生产南粤行”活动。邀请华南理工大学戈明亮教授在市政府常务会议上为全市党政领导干部讲授《中华人民共和国突发事件应对法》，在揭阳电视台投放应急管理、安全生产公益广告，在揭阳日报刊登安全生产、防灾减灾救灾知识。举办全市应急管理暨防灾减灾知识视频培训班，邀请省专家授课，培训市、县、镇、村四级防汛责任人3000多人；开展2020年防灾减灾日活动，举办各类科普知识讲座20多场次，发放宣传资料近30000份，直接受教育群众20万多人。开展2020年全国综合减灾示范社区创建工作，全市未开展创建工作的54个乡镇共57个村（社区）2020年开展综合减灾示范社区创建工作，推荐申报全国综合减灾示范社区22个。联合榕城区在梅云街道何厝社区文化广场开展2020年《中华人民共和国安全生产法》宣传活动周暨森林防灭火宣传咨询日活动，普及安全生产和森林防灭火知识，提升基层应急管理能力。重点抓好岁末年初、清明节、减灾防灾日、疫情防控等重要节假日、重要时期的宣传工作，按要求严格做好应对和处置舆情工作。

（市应急管理局）

县（市、区）概况

榕城区

【榕城区概况】　榕城区位于揭阳市东北部。2020年辖10个街道。土地面积121.18平方千米。年末户籍人口56.16万人，常住人口61.66万人，人口自然增长率12.71‰。榕城区耕地面积500公顷，粮食播种面积879.33公顷，粮食产量0.63万吨。林地面积2300公顷，森林覆盖率19.37%，活立木蓄积量16.11万立方米。榕城区是广东省历史文化名城，享有“民间文化艺术之乡”“国画之乡”“小戏之乡”等美誉。至2020年底，区内全国重点文物保护单位4处，省级文物保护单位12处，市级文物保护单位62处；列入国家级非物质文化遗产保护名录1项，省级非物质文化遗产保护名录12项，市级非物质文化遗产保护名录20项，区级非物质文化遗产保护名录15项。主要旅游景点有揭阳学宫（孔庙）、双峰寺、进贤门、禁城、城隍庙、关帝庙、黄岐山森林公园、揭阳楼及其广场等。

【经济发展】　2020年，榕城区经济社会实现平稳发展。全区实现地区生产总值351.31亿元，比2019年（下同）增长0.2%。其中，第一产业增加值1.95亿元，与2019年持平；第二产业增加值148.69亿元，下降0.1%；第三产业增加值200.66亿元，增长0.6%。三次产业结构演变为0.56：42.32：57.12。固定资产投资147.2亿元，下降10.1%。地方一般公共预算收入7.86亿元，下降1.2%，其中税收收入5.25亿元。全区规模以上工业增加值84.9亿元，下降2.2%。社会消费品零售总额216.15亿元，下降10.3%。外贸进出口总额46.66亿元，下降56.3%。工业基础不断扩大，新增规上工业企业29家，完成年度目标任务181%。新增限上商业企业15家，规上服务业3家，完成年度工业投资8.2亿元。创新驱动发展战略有效实施，鞋业企业主导制定的《聚氯乙烯塑胶凉鞋、拖鞋》行业标准通过国家立项。申报省、市科技计划项目30项，新增高新技术企业9家，重新认定8家，总量33家。新增市级工程技术研究中心10家。1至11月新增专利申请量2491件，专利授权量2072件。

【社会事业】　*新冠肺炎疫情防控*　2020年，榕城区精准落实新冠肺炎疫情常态化防控措施，第一时间启动一级应急响应，加强联防联控、群防群治，划分一级网格112个、二级网格330个，组建网格疫情防控小组442个，派出二级网格员2230人，形成强大合力。落实“四早”“四集中”等防控要求，迅速组建医疗救治临床专家组，指定区中心医院为区级医疗救治定点医院，独立设置发热门诊1家、发热诊室3家，投入各类防控救治资金6190万元。设置联合检疫站5个，1712名“八类人群”核酸检测“应检尽检”。严防境外输入，严管冷链物流，成为揭阳市“零确诊”“零疑似”的“双零”唯一县区。

城市功能品质提升　2020年，榕城区大力改善城乡交通路网，进贤门大道与揭阳大道交叉口等重要交通节点完成改造，望江南路西段、卢前路（含富强路）、临江北路（淡浦路—马牙路）两侧绿化配套等工程全面完工，北环路榕城段、美阳路西段等市政道路建设工程加快推进。完成榕华、上义、新河等14个集贸市场标准化综合改造。推进水污染防治攻坚，落实“一河一策

揭阳市推进水环境综合治理，水质日益改善。图为榕江北河榕城区段白鹭成群翻飞（林佳燕　摄）

一专班”“一厂（场）一网一专班”制度，新建截污管网86.08千米，网格化排查摸查综合管线1164.81千米，东湖、龙石国考断面水质持续好转。重拳打击“散乱污”企业，提前完成全区6660家固定污染源排污许可清理整顿和发证登记。农村户厕无害化改造、行政村集中供水、自然村雨污分流实现全覆盖。

城市建设管理　2020年，榕城区全面控停在建违法建设2296宗，治理违法建设37.29万平方米。强化13个控规单元21个地块管控力度，累计供应项目16宗71.78公顷。消除4宗21.64公顷闲置土地清理处置。加快“三旧”改造，完成年度新增改造项目5宗22.51公顷，完成改造项目6宗27.54公顷。土地卫片违法用地数量大幅下降，土地管理秩序持续向好转变。

社会治理创新　2020年，榕城区设立区特殊教育学校，完成一批学校、幼儿园升级改造。178家学校食堂实现“互联网+明厨亮灶”全覆盖。完成8家预防接种门诊标准化建设，各医疗卫生单位完成人才引进146名。建成新时代文明实践中心1个、实践所20个、实践站111个，区博物馆揭牌运作。在揭阳市率先解决退役军人问题，福利待遇得到落实。扫黑除恶三年专项斗争圆满收官，打掉涉恶犯罪团伙15个。成功化解60宗信访积案和重大信访案件。着力防控、有序化解非法金融等涉众型经济风险和农合机构风险，揭阳农商行不良贷款实现量率“双降”，全面完成46户国有“僵尸企业”出清。扎实开展安全生产隐患大排查大整治，在揭阳市安全生产责任制及消防工作考核中成为连续8年获得“优秀”等次的唯一县区，特勤消防站被应急管理部消防救援局评为2020年全国执勤训练先进消防救援站。

“放管服”改革　2020年，榕城区出台《揭阳市榕城区全面优化营商环境三年行动计划（2020—2022年）》，全覆盖集成服务事项，是年办理各类事项31.3万件；网上办事大厅办理各类事项1.6万件。基层公共服务平台办理业务19.2万件。全链条优化审批流程，全面实施“马上办”提速措施。加强各部门信用信息“双公示”工作。是年全区各部门归集行政许可、行政处罚“双公示”信息超1500条，推进拓宽融资渠道系列措施，确保减税降费直达市场主体，为高质量营商环境建设提供有力支持。

【重点项目建设】　2020年，榕城区列入省级重点建设项目1项，累计完成投资5亿元，完成率100.52%。38个市级重点建设项目完成投资65亿元，完成率107%。区级重点项目114个，开工85项，累计完成投资71.9亿元，完成率95%。粤东地区最大规模棚改项目——中部片区棚户区改造项目（一期）回迁安置区地块一，地块二竣工验收并交付使用，粤东冰雪世界和潮东产城融合示范区有效推进，粤东地区最大综合体项目——汇金中心·万达广场顺利封顶，榕江新城滨水活力商业文化街区——中骏·世界城落地建设，东升街道新河社区“三旧”改造项目、活力揭阳古城建设项目先后签约。

表19

2020年榕城区国民经济主要指标表

项目	计量单位	实绩	比2019年增长（%）
地区生产总值	亿元	351.31	0.2
第一产业增加值	亿元	1.95	-4.2
第二产业增加值	亿元	148.69	-0.1
规模以上工业增加值	亿元	84.94	-2.2

续表19

项目	计量单位	实绩	比2019年增长（%）
第三产业增加值	亿元	200.66	0.6
粮食总产量	万吨	0.63	0.3
全社会固定资产投资额	亿元	147.20	-10.1
外贸出口总额	亿元	44.5	-56.45
实际利用外资	万美元	711	8404.78
社会消费品零售总额	亿元	216.15	-10.3
地方一般公共预算收入	亿元	7.86	-1.2
地方一般公共预算支出	亿元	24.00	0.90
人均国内生产总值	元	65159	0.5
农村居民人均可支配收入	元	—	—

（周　璇　吴思萌）

揭东区

【揭东区概况】　揭东区2012年12月经国务院批准，由原揭东撤县设立，2013年3月2日正式挂牌成立。揭东区位于揭阳市东北部，地处汕头、潮州、揭阳和梅州四市中心地带，总面积709.32平方千米。东靠揭阳潮汕国际机场、汕头市，南连榕城区，北部、西北部分别与揭西县、潮州市、梅州市接壤。2020年9月，原揭阳产业工业园代管的磐东、月城、霖磐、桂岭、白塔、龙尾6镇（街道）划归揭东区管辖。至年底，全区辖2个街道11个镇以及揭东经济开发区、中德金属生态城2个经济园区。行政村（社区）202个，居委会15个，年末户籍总人口112.34万人，常住人口93.24万人，人口自然增长率5.04‰，海外侨胞50多万人。

揭东城区中心距离揭阳潮汕国际机场13公里，距离汕头市区30千米，距离潮州市区22千米，是潮汕三市乃至粤闽赣三省商贸往来的必经之地。国道206线、省道335线、国道539线揭（东）南（澳）公路和汕揭、潮揭、潮惠等高速公路以及广梅汕铁路穿境而过，潮梅高铁揭阳站设在境内锡场镇，并设高速公路出入口5个和火车客货站场2个；榕江沿岸码头8座，3000吨级码头1座，货轮经汕头港出海可直达世界各地。主要旅游景点有：望天湖、万竹园、宝山湖、念恩山、揭东人民广场、阳美玉都、黄旭华故居、汾水战役纪念公园、蔡翘院士博物馆、元埔围龙屋等。是全国粮食创高活动示范基地，有“中国竹笋之乡”“亚洲玉都”“中国五金之乡”等称号。

【经济发展】　2020年，揭东区生产总值434.93亿元，比2019年增长3.00%。其中：第一产业增加值42.04亿元，增长4.90%；第二产业增加值182.64亿元，增长3.40%（工业增加值171.08亿元，增长3.20%）；第三产业增加值210.25亿元，增长2.10%。人均地区生产总值3.88万元，下降12.80%。全社会固定资产投资额190.08亿元，增长0.10%。社会消费品零售总额182.22亿元，下降10.20%。实际利用外资1052万美元，增长16.89%。地方一般公共预算收入（原揭东区）8.14亿元，下降3.10%。全体居民人均可支

揭东区玉湖镇坪上茶园　（郑创忠　摄）

配收入（原揭东区）26092.90元，增长5.40%。出台《揭东区支持企业复工复产促进经济高质量发展的若干措施》，全年完成技改投资15.6亿元，实施技改企业80家；揭东被定为全省注塑日用品产业集群数字化转型试点；蒙泰公司在深圳创业板上市；引进京东粤东总部、上海国金有色金属交易平台、银盛商品交易结算中心等落户。

【社会事业】 2020年，揭东区加快曲溪、磐东2个街道扩容提质和高铁新城、人民广场片区、飞鹰山片区、滨江活力带等新城建设步伐。4个省定贫困村全面出列、贫困户全面脱贫退出。揭东入选广东省城乡融合发展省级试点单位。基本建成覆盖全域的生活污水处理设施及配套管网，区域内榕江、枫江支流水质持续向好，黑臭水体整治成效显著。面对新冠疫情突然来袭，全区2020年2月4日起实现确诊病例和疑似病例“零新增”。高铁揭阳站站前广场及道路配套工程全面完工并通过初步验收；电力厂、糖厂、巨轮生活服务配套中心、万竹园酒店等“三旧”改造有序推进；人民广场片区、滨江路风情街、玉都保利大都汇等片区加快建设；首个城市综合体天虹购物中心建成营业。开展“三清三拆三整治”，基本实现农村雨污分流全覆盖，生活垃圾有效处理率100%，建成79个美丽宜居村。全面

广东省革命老区村——揭东区新亨镇五房村 （陈楚鹏 摄）

完成东部7个镇（街）120个村（居）阳光村务创建；玉湖炒茶、吴厝淮山入选全国名优特新农产品名录，玉湖坪上村入选第十批全国“一村一品”示范镇村，锡场潭王村获评“第六届全国文明村镇”、军埔村荣获“最美淘宝村”称号，埔田镇入选第二批广东省旅游风情小镇名单。新建第一幼儿园，撤并8所“麻雀学校”，全区所有公办义务教育学校建成教育标准化学校；建成区中医院、区妇幼保健计生服务中心综合楼和区第一人民医院、区疾控中心核酸检测室等项目。

【重点项目建设】 2020年，揭东区优化营商环境，加快发展重点项目。国家电投揭东燃气热电项目完成征地工作及办公楼、宿舍和食堂建设，完成#1、#2燃机厂房主体结构，#1、#2汽机房主体结构施工完成。ESR易商集团粤东电商物流总部基地2020年投资8000万元，一二号仓库交付使用，三号仓库完成主体结构，消防设备安装65%，进入内部装修。揭阳韵达粤东快递电商总部基进行主体工程建设。揭阳市宝山湖文化生态项目完成婚庆摄影基地打造，新增旅游厕所、景观遮阴长廊等旅游服务配套，完成景区木屋客栈、生态野宿、帐篷酒店建设。揭阳市望天湖生态康养小镇2020年投资1亿元完善特色农业项目相关配套设施。揭东主城区及云路镇污水管网扩延工程项目基本完成施工。

表20

2020年揭东区国民经济主要指标表

项目	计量单位	实绩	比2019年增长（%）
地区生产总值	亿元	434.93	3.00
第一产业增加值	亿元	42.04	4.90
第二产业增加值	亿元	182.64	3.40
规模以上工业增加值	亿元	149.23	2.3
第三产业增加值	亿元	210.25	2.10
粮食总产量	万吨	17.93	0.10

续表20

项目	计量单位	实绩	比2019年增长（%）
全社会固定资产投资额	亿元	190.18	0.10
外贸出口总额	亿元	—	—
实际利用外资金额	万美元	1052	—
社会消费品零售总额	亿元	182.22	-10.20
地方一般公共预算收入（原揭东区）	亿元	8.14	-3.10
地方一般公共预算支出（原揭东区）	亿元	50.52	38.23
人均国内生产总值	元	49169	2.2
农村居民人均可支配收入（原揭东区）	元	19953.90	6.80

说明：本表数据除备注“（原揭东区）”外，其他均为2020年9月区划调整后数据

（陈楚鹏　何巧珠）

普宁市

【普宁市概况】　普宁市位于揭阳市中部。2020年，普宁市辖7个街道18个镇1个乡和3个国有农场。土地面积1620.05平方千米。年末户籍人口250.89万人，常住人口199.98万人。全市耕地面积2.45万公顷，粮食作物面积3.33万公顷，总产量19.89万吨。林地面积9.75万公顷，森林覆盖率59.94%，活立木蓄积量370.91万立方米。重要矿产资源有泥炭土、铁等矿种24种，天然温泉8处（水温都在41.5℃以上）。土特产主要有普宁豆干、普宁豆酱、蕉柑、青梅、青榄、竹蔗、贵政山茶叶罐、白马菜刀等。民间文化艺术主要有普宁英歌舞、潮乐（汉乐）、嵌瓷、舞狮、舞龙、大锣鼓、灯谜等。普宁是中国青梅之乡、中国青榄之乡、中国蕉柑之乡、中国民间文化艺术之乡，是中国纺织产业基地市、中国中药名城。主要旅游景点有文昌阁（林则徐病逝旧址）、德安里（提督府、国家AAA景区）、“八一”馆（流沙教堂、南昌起义南下部队指挥部军事决策会议旧址）、百二坵田（国家AAA景区）、盘龙湾温泉度假村、南方梅园生态村、庄世平博物馆、盘龙阁寺、南岩古寺、马嘶岩等。

【经济发展】　2020年，普宁市地区生产总值613.58亿元，比2019年增长0.1%。农林牧渔业总产值65.94亿元，增长1.8%。固定资产投资256.77亿元，下降6.6%。社会消费品零售总额307.7亿元，下降10.3%。地方一般公共预算收入20.98亿元，其中税收收入13.75亿元，分别下降1.8和3.4%。全年外贸进出口总额（折合人民币）31.5亿元，下降28.83%。全市金融机构各项存款余额864亿元，贷款余额421.01亿元，年均分别增长5.21%和6.92%。三次产业结构调整为7.1∶33.2∶59.7，入选全国农村一二三产业融合发展先导区创建单位。电子商务迅猛发展，举办农村产品对接会、电商云展会和蕉柑产业发展云论坛，拥有“中国淘宝镇”18个、“中国淘宝村”70个，入选全国“淘宝百强县”，获评国家级“电子商务进农村综合示范县”；全年实现电子商务交易总额661.53亿元，增长30.3%。积极稳妥应对疫情冲击，深入开展“暖企行动”，出台《共渡难关普“惠”十二条》等帮扶措施，通过“税银互动”为185户企业提供贷款3.42亿元，是年3月底全面实现复工复产，新增城镇就业9237人，全年全市城乡居民人均可支配收入增长5.2%。

【社会事业】　2020年，普宁市城乡居民医疗保险参保192.87万人，企业职工基本养老保险参保8.6万人，城乡居民社会养老保险参保84.94万人。全市城乡低保户9833户27145人，支出最低生活保障金10127.68万元；城镇低保标准提高到817元/人月，农村低保标准提高到602元/人月；城镇低保补差水平提高到626元/人月，农村低保提高到301元/人月。全市农村五保户4058人，五保供养标准为农村963/人月，城镇1307元/人月。向全市388名孤儿发放生活费678.69万元。发放残疾人生活津贴944.97万元（2100元/人年标准），重度护理补贴5287.28万元（2820元/人年标准），两项合计6232.75万元。养老机构28个，养老床位10279张，每千名老人拥有床位数34.4张。社区养老服务设施402个，其中城市社区养老服务设施27个，覆盖率100%；乡镇社区养老服务设施23个，覆盖率85%；农村社区养老服务设施352个，覆盖率68%。优化义务教育学校学位4.6万个，华南师范大学附属普宁学校一期建成开学，整合“麻雀学校”15

2020年4月3日，普宁市举行第二批援鄂抗疫医疗队返普欢迎仪式
（罗凯瀚　摄）

所。实施技能提升工程，培训粤菜师傅475人、南粤家政技能人才1417人、农村劳动力8281人。提前完成213千米“四好农村路”决胜攻坚建设任务，完成汤坑溪10千米“万里碧道”建设。完善疫苗接种管理体系，建设市疾控中心冷链配送系统，完成26家预防接种门诊标准化建设。加强食品安全保障，全市383家学校食堂实现“互联网+明厨亮灶”全覆盖。提高低保、特困人员、孤儿基本生活及困难残疾人两项补贴保障标准。开展城市生活垃圾分类处理试点，新建4所垃圾转运站。完成52个行政村集中供水工程建设，实现行政村集中供水全覆盖。

【重点项目建设】 2020年，普宁市重点工程项目建设顺利推进。交通网络持续完善，汕湛高速普宁段全线通车，普宁高铁站改扩建工程建成使用，揭阳至惠来铁路普宁段启动征地拆迁。全面启动供水体制改革，引进大型国有企业，深化与粤海水务合作；组建“一河一策一专班”“一厂（场）一网一专班”，至年底，练江流域生活污水处理能力从年初23.6万吨/天增至31.75万吨/天，污水处理设施年削减氨氮排放量1516.66吨，流域9条主要支流中8条达标或基本达标；三江连通工程建设顺利；流沙新河、中河生态补水工程建成通水。华南师范大学附属普宁学校建成开学，学校占地22.2公顷，总投资逾8亿元，规划建设小学96个班级和初中48个班级、高中63个班级。完善英歌山工业园起步区基础设施配套，推进起步区市政工程、八一路市政工程等7个在建项目建设进度，开展英歌山北路、英歌山南路等园区13段道路及市政设施配套工程、起步区（一期）及周边用地土方平整、道路及市政设施配套工程等项目前期各项工作；解决入园企业历史遗留用地问题，解决广东超达工贸有限公司1.67公顷用地的征地问题，普宁市绿洲胶囊有限公司、广东安诺药业股份有限公司二期等项目用地征地工作有序推进。

大长陇贺灯——2020年普宁市新增的9项揭阳市级非物质文化遗产代表性项目之一
（普宁市文广旅游体育局　供稿）

表21

2020年普宁市国民经济主要指标表

项目	计量单位	实绩	比2019年增长（%）
地区生产总值	亿元	613.58	0.1
第一产业增加值	亿元	43.44	1.5
第二产业增加值	亿元	203.7	-1.0
规模以上工业增加值	亿元	181.22	-1.9
第三产业增加值	亿元	366.45	0.9
粮食总产量	万吨	19.89	0.2
全社会固定资产投资额	亿元	256.77	-6.6
外贸出口总额	亿元	13.08	-33.4
实际利用外资	万美元	277	-30.9
社会消费品零售总额	亿元	307.7	-10.3
地方一般公共预算收入	亿元	20.98	-1.8
地方一般公共预算支出	亿元	97.34	4.08
人均国内生产总值	元	30559	0.6
农村居民人均可支配收入	元	18419	6.8

（曾智恒）

揭西县

【揭西县概况】 揭西县位于揭阳市西部，榕江南河中上游。东连揭阳产业转移工业园，南邻普宁市，西南接汕尾市陆河县，西北与梅州市五华县为邻，北与梅州市丰顺县接壤。属亚热带季风气候，北回归线横贯县境内。揭西县地势自西北向东南倾斜，西北部李望嶂海拔1222米，为全县最高峰，东南部榕江河岸边鲤鱼沟海拔3米，为全县最低点。境内汕湛高速、潮惠高速、兴汕高速（华陆高速）3条高速公路经过，高速出入口9个。2020年，揭西县辖15镇1乡1街道，280个村民委员会，38个社区居民委员会；年末户籍人口98.13万人，常住人口67.3万人；土地面积1347平方千米，耕地面积1.94万公顷，粮食播种面积2.95万公顷，粮食产量17.67万吨；林地面积8.47万公顷，森林覆盖率58.9%，活立木蓄积量338.31万立方米；全县归侨991人，旅居海外乡亲约65万人，主要分布在东南亚、北美、西欧等地区。

揭西县曾出土夏、商、周、先秦石器，是巾山、明山、独山三山文化发源地，是广东省革命老区之一。独特的自然景观和潮客文化形成“山、水、潮、客、侨、史、庙”为特色的旅游资源，全县旅游资源100多处，地下温泉12处，有大北山国家森林公园、京明温泉度

国家AAAA级旅游景区、广东省地质公园——黄满寨瀑布旅游区

（许少波　摄）

假村、大洋国际生态旅游度假区、广德洞天、石灵古刹、黄满寨瀑布群、龙潭瀑布、石内河冰川遗迹、东星埔温泉、五经富温泉等自然旅游资源，三山国王祖庙、钱坑石灵寺、天竺岩、棉湖古镇（打铁街、永昌古庙、兴道书院、郭氏大楼）、棉湖战役东征军指挥部旧址、河婆象山革命烈士纪念碑、大北山革命历史纪念馆等人文旅游资源，被广东省评为第二批非物质文化遗产的三山国王祖庙祭典、棉湖锣鼓标旗巡游、大溪李氏宗祠祭典、棉湖镇郭氏大楼、灰寨镇新宫林苏州式古民居、九厅十八井等民俗风情游资源，京溪园镇粗坑村（广东省最美乡村）、金和镇山湖村（国家AAA级旅游景区、全国乡村旅游重点村）、棉湖镇鲤鱼沟村（全国乡村治理示范村）、樱山花谷景区（国家AAA级旅游景区、广东省休闲农业和乡村旅游示范点）、南山镇火炬村（广东省第一批“红色村”党建工程示范点、广东文化旅游名村）以及坪上镇石内片、龙潭镇关山村、塔头镇旧住村等美丽乡村旅游资源。

揭西县内居民分为潮、客两个民系，方言有客家方言和潮汕方言，形成客家菜和潮州菜两大菜系。客家菜是广东三大菜系之一，用料以肉类为主，突出主料，原汁原味，用料粗犷，粗中有细，讲实惠重保健，以炖、烤、煲、酿见长，其中代表菜肴有咸菜焖猪肉、酿豆腐等。

【经济发展】 2020年，揭西县生产总值240.01亿元，比2019年增长1.6%。其中：第一产业增加值46.42亿元，增长5.0%；第二产业增加值68.98亿元，增长1.5%（工业增加值56.88亿元，增长2.8%）；第三产业增加值124.61亿元，增长0.5%。人均地区生产总值35202元，增长4.0%。固定资产投资89.90亿元，增长3.3%。社会消费品零售总额80.87亿元，下降11.4%。外贸出口额3052万美元，下降56%。地方一般公共预算收入4.71亿元，增长0.2%。城镇常住居民人均可支配收入2.27万元，增长3.4%；农村常住居民人均可支配收入1.33万元，增长6.4%。全县旅游收入29.07亿元，下降63.2%；旅游接待805.68万人次，下降39.9%。金融机构各项存款余额314.41亿元，增长6.2%，各项贷款余额144.3亿元，增长19.9%。

重新明确揭西县产业园发展定位，加快完善园区配套设施。融资7.3亿元帮扶“梁柱”企业及中小微企业加快发展，认定高新技术企业3家，组建市工程技术研究中心5家，新增规上工业企业8家、外贸企业5家。加快创建国家全域旅游示范区，新增国家AAA级旅游景区2个（樱山花谷景区、金和镇山湖村乡村旅游景区）。推进茶叶省级现代农业产业园建设，建成市级现代农业产业园3个，新增“一村一品、一镇一业”专

揭西县东园镇玉湖村 （李维照 摄）

业村12个。引进首期投资10亿元，年出栏生猪50万头的新希望六和养殖项目落户揭西。金和镇山湖村获评全国乡村旅游重点村、省十大美丽乡村，南山镇火炬村获评省文化旅游名村、省红色村党建工程示范点、省文化和旅游特色村，樱山花谷景区获评省科普教育基地，乡村振兴考核综合排名全市第一。举办2020年广东揭阳揭西消费扶贫产品产销推介暨走进粤港澳大湾区系列活动。

【社会事业】 2020年，揭西县十件民生实事全面完成。加快建设县人民医院感染科综合大楼、棉湖华侨医院综合改建等项目，通过国家卫生县城技术评估，全县各类医疗卫生机构418家（含村卫生站），其中综合医院2家，中医医院1家，民营医院2家，基层医疗卫生机构408家，专业公共卫生机构5家，实际床位数2183张。撤并“麻雀学校”9所，新（改、扩）建公办幼儿园10所，改造升级义务教育薄弱学校13所，建设乡村学校少年宫9所，全县各类学校358所，其中幼儿园121所（公办24所，民办园97所）、义务教育阶段学校222所（公办220所、民办2所）、高（完）中10所、特殊教育学校1所、中职学校2所、教师进修学校1所、开放大学1所，学生及幼儿12.66万人，其中在园幼儿2.88万人、小学生5.68万人、初中生2.53万人、高中生1.47万人、特殊教育学生695人、中职教育在校生306人。2条旅游线路入选省历史文化游径，建成社会足球场地9个和体育设施示范点3个。连续9年获评广东省双拥模范县。《揭西年鉴（2019）》获第七届全国地方志优秀成果县级综合年鉴二等年鉴。全县6201户19435人享受最低生活保障，城镇低保标准提高到817元，农村低保标准提高到595元。至年底，全县9657户28358名相对贫困人口、67个省定贫困村全部稳定达到脱贫出列标准。

【重点项目建设】 2020年，揭西县制定出台《揭西县全面优化营商环境三年行动计划实施意见（2020—2022年）》，在全市率先建立招商项目和重点企业服务官制度，优化提升营商环境。汕湛高速揭西东段、兴汕高速揭西段建成通车，建成“四好农村路”112.8千米，完成揭西县城道路升级改造二期项目8条道路的升级改造，县城新建自来水厂、棉湖镇镇区道路升级改造、农村公路生命防护工程等一批市政重点项目建成投入使用。引进粤港澳大湾区“菜篮子”揭西配送中心等8个重点产业项目。

表22

2020年揭西县国民经济主要指标表

项目	计量单位	实绩	比2019年增长（%）
地区生产总值	亿元	240.01	1.6
第一产业增加值	亿元	46.42	5.0
第二产业增加值	亿元	68.98	1.5
规模以上工业增加值	亿元	43.92	1.8
第三产业增加值	亿元	124.61	0.5
粮食总产量	万吨	17.67	0.3
全社会固定资产投资额	亿元	89.90	3.3
外贸出口总额	万美元	3100	-56
实际利用外资	万美元	—	—
社会消费品零售总额	亿元	80.87	-11.4
地方一般公共预算收入	亿元	4.71	0.2
地方一般公共预算支出	亿元	57.47	15.55
人均国内生产总值	元	35202	4.0
农村居民人均可支配收入	元	13304.4	6.4

（林少红　邓　智）

惠来县

【惠来县概况】 惠来县位于广东省东南沿海，揭阳市南部。地处北纬22° 53′ 30″ ~23° 11′ 10″ 与东经115° 54′ 55″ ~116° 34′ 10″ 之间。东连汕头市潮南区、西接陆丰市，北靠普宁市，南濒南海，是揭阳市唯一沿海县和重要对外口岸。县境东西长67千米，南北宽33千米，全县陆地面积1253平方千米。海岸线109.5千米，海域面积7689平方千米，有较大商渔港4个，近海渔场5400平方千米。以县治惠城镇为中心，东至汕头市71千米，西至广州市402千米，西南至香港137海里。县境位于大南山山脉南麓，地势北高南低，属滨海丘陵地形。最高峰犁头宗，海拔822.7米，最低处神泉镇，平均海拔不足3米。全境处北回归线以南，属亚热带季风气候，高温湿润，具明显海洋性特征。2020年全县辖15个镇3个农林场，下辖39个（社区）居委会286个村委会、490个自然村。全县年末户籍总人口148.78万人，常住人口104.09万人。人口出生率15.60‰，自然增长率9.34‰。

惠来县自古就是军事重镇和重要航道，也是入潮门户。惠来县是全国“水产品总产量百强县”“荔枝之乡”“海域管理示范县”“能源工业大县”“国家重点高水平体育后备人才基地”“平安农机示范县”“农民体育健身工程先进县”“‘六五’普法先进县”“省林业生态县”。绵长的海岸线蕴含着深厚的海洋文化积淀，繁衍了惠来的“三奇”文化：奇鱼（拜鱼民俗）、奇泉（海角甘泉）、奇景（海市蜃楼）。

【经济发展】 2020年，惠来县地区生产总值257.69亿元，比2019年下降3.5%；人均生产总值21400元，增长2.0%。其中第一、二、三产业增加值分别为57.74亿元、77.4亿元和122.55亿元，分别增长4.8%、−11.7%和0.3%；三次产业结构调整为22.4：30.0：47.6。完成固定资产投资170.98亿元，增长11.91%。工业总产值311.67亿元，增长0.9%，其中规模上工业产值221.78亿元，下降14.9%。农林牧渔业总产值91.23亿元，水产品总产量8.56万吨，产值28.36亿元。外贸出口总额5.47亿元。城镇居民人均年可支配收入22505.4元，农村居民人均年可支配收入14093.2元。地方一般公共预算收入6.18亿元，增长33.61%。

全县完成农作物总播种面积71.4万亩，总产量96.81万吨。粮食作物播种面积49.67万亩，总产量18.21万吨，其中水稻播种面积26.29万亩，产量10.36万吨。蔬菜种植面积14.49万亩，产量44.87万吨。水果种植面积19.77万亩，产量13.97万吨，其中荔枝面积10.48万亩，产量3.56万吨。全县林地绿化率97.8%，森林覆盖率53.3%。全年肉类总产量4.3万吨，蛋类总产量0.82万吨。水产品总产量8.56万吨。全县投入“631”产业扶贫开发资金（不含“三保障”资金）49379.48万元。重点打造南药、鲍鱼、凤梨、新安大养殖4个现代农业产业园，推进冬瓜、番薯、大蒜等10个农业产业万亩工程。全县相对贫困人口实现“八有”指标达标。

全县完成供电量12.3亿千瓦时，售电量11.66亿千瓦时，分别增长15.22%和17.29%。靖海电厂全年实现发电量139.64亿千瓦时，上网

2020年惠来开渔仪式 （陈其泰　摄）

电量132.14亿千瓦时，营业总收入48.6亿元，利润总额6.41亿元，上缴税费4.64亿元。项目配套2个10万吨级煤炭码头专用泊位，卸煤能力1000万吨/年。

社会消费品零售总额94.24亿元，下降11.1%。外贸出口总额5.47亿元，下降23.4%。实际利用外资286万美元，下降3%。新增镇级电商服务站1个，村级电商服务点6个，全县设立电商服务中心1个，电商服务站14个，电商服务点73个。烟草行业实现销售总额13.01亿元，完成公路客运量128.97万人，公路旅客周转量13346.45万人千米，公路货运量88.52万吨，公路货物周转量10677.35万吨千米。水运货物周转量18969万吨千米，港口货物吞吐量706.16万吨。全年接待游客484.73万人次，旅游收入27.31亿元。

【社会事业】 2020年，惠来县专利申报1058件，其中发明专利24件；专利授权882件，其中发明专利5件。广东新安大农业集团有限公司申报博士工作站获省人力资源社会保障厅批准，实现惠来县博士工作站零的突破。广东缘来香茶业有限公司、惠来县华深水产养殖有限公司通过《企业知识产权管理规范》贯标认证。惠来县赤山小学建设基本完工。隆江中学、慈云世铿中学、鳌江中学、惠来二中学生宿舍楼加紧推进。县慈云中医院新建项目（一期）完成投资5500万元；县妇幼保健院新建项目（一期）完成投资4600万元。新建25个体育场地设施示范点和1个社区体育公园；投入755万元，完成13个社会足球场建设。全县城镇登记失业率控制在2.55%以内。城镇职工基本养老保险（含离退休）人数74613人；城乡居民养老保险参保485145人，城乡居民医疗保险参保1055496人。全县发放低保金20829.56万元。

【重点项目建设】 2020年，惠来县完成固定资产投资170.98亿元，增长5.6%。纳入重点项目投资管理台账项目94宗，总投资1408.55亿元，完成投资122.36亿元；其中省市28宗，完成投资76.81亿元。国家电投揭阳900兆瓦海上风电场项目完成投资35.8亿元，GE海上风电机组总装基地项目完成投资3.55亿元，揭阳明阳新能源综合基地一期项目完成投资1.1亿元，粤东液化天然气要求配套管线工程（揭阳段）完成投资7亿元粤东天然气主干管网海丰至惠来联络线项目（惠来段）完成投资7亿元，揭阳港前詹作业区通用码头一期工程完成投资5.37亿元，赤山小学项目完成投资0.8亿元，东方夏威夷国际旅游度假区项目完成投资5亿元，县城污水处理厂及配套管网二期工程PPP项目完成投资1.92亿元。新引进天惠冷链物流中心、亨通生产基地、宁水海洋工程装备基地3个重点产业项目开工建设。

表23

2020年惠来县国民经济主要指标表

项目	计量单位	实绩	比2019年增长（%）
地区生产总值	亿元	257.69	-3.5
第一产业增加值	亿元	57.74	4.8
第二产业增加值	亿元	77.4	-11.7
规模以上工业增加值	亿元	33.64	-9.9
第三产业增加值	亿元	122.55	0.3
粮食总产量	万吨	18.11	0.3
全社会固定资产投资额	亿元	170.98	5.6
外贸出口总额	万美元	54700	-23.4
实际利用外资	万美元	286	—
社会消费品零售总额	亿元	94.24	-11.1
地方一般公共预算收入	亿元	6.18	33.61
地方一般公共预算支出	亿元	64.60	8.85
职工年平均工资	元	—	—
农村居民人均可支配收入	元	14093.2	3.3

（方永汉）

揭阳产业转移工业园

【揭阳产业转移工业园概况】 揭阳产业转移工业园（以下简称“揭阳产业园”）位于揭阳市揭东区龙尾镇与揭西县五经富镇交界处，总体规划28.36平方千米。园区道路、供电、供水、网络等设施配套完善，形成以机械装备制造、五金不锈钢、电子信息为主导，兼顾现代物流和新材料的产业发展格局。

2020年9月，原揭阳产业园调整理顺管理体制，代管的磐东街道、月城镇、霖磐镇、桂岭镇、白塔镇、龙尾镇划归揭东区管辖。设立中国共产党揭阳产业转移工业园工作委员会和揭阳产业转移工业园管理委员会（正处级），分别作为中共揭阳市委、揭阳市人民政府派出机构，实行合署办公。根据市政府授权或委托，依法对揭阳产业园内和揭东区磐东街道辖区内的经济事务实行统一领导、统一管理，行使相应经济管理权限。

【经济发展】 2020年，揭阳产业园完成规模以上工业总产值80.58亿元，下降18.86%；规模以上工业增加值14.56亿元，下降18.8%；固定资产投资40.88亿元，增长10.55%；外贸进出口总额7.62亿元，下降48.73%；新增规模以上工业企业8家；新增限额以上商业企业2家；新增限额以上服务业企业2家。完成一般公共预算收入1.85亿元，下降13%；税收收入1.07亿元，下降6.9%（按原口径执行，即仍包含五镇数据）。引进富洋电子、利品精密科技、文穗智能装备、禾乐福科技、东拓家居等10个项目。新增高新技术企业2家、市级工程技术中心1家。完成技改企业11家，投入技改资金1.64亿元。揭阳市科技企业孵化器在孵企业56家，毕业企业1家。

【重点项目建设】 2020年，揭阳产业园谋划重点项目13个，年度计划投资19.19亿元，完成投资20.5亿元，占年度计划投资的106.8%。组织第四季度重点项目集中开工活动，参与项目3个，计划投资5.31亿元。瞄准环保瓶颈制约，东区污水处理厂及尾水排放管工程启动建设，22万伏输变电站基本建成，供气供热、孵化器加速器等工程有序推进，园区基础设施逐步完善。合固五金、品泰五金、合联纸业、苯茨橡胶等一批产业项目先后建成投产，荣顺泰、好家福、超德利、楠靖、棒棒堂等一批产业项目落实建设、加快推进，壮大园区经济总量。人才公寓、科技大厦等项目盘活工作扎实推进，历史遗留问题逐步解决。

表24

2020年揭阳产业转移工业园国民经济主要指标表

项目	计量单位	实绩	比2019年增长（%）
地区生产总值	亿元	24.78	-13.0
第一产业增加值	亿元	0.04	-2.1
第二产业增加值	亿元	15.13	-15.5
规模以上工业增加值	亿元	14.24	-18.8
第三产业增加值	亿元	9.61	-7.0
粮食总产量	万吨	—	—
全社会固定资产投资额	亿元	40.88	10.6
外贸出口总额	亿元	—	—
实际利用外资	万美元	—	—
社会消费品零售总额	亿元	13.41	-13.6
地方一般公共预算收入	亿元	1.85	-13.7
地方一般公共预算支出	亿元	4.87	-71.2
职工年平均工资	元	—	—
农村居民人均可支配收入	元	—	—

说明：本表数据均为2020年9月区划调整后数据

（揭阳产业转移工业园）

揭阳空港经济区

【揭阳空港经济区概况】 揭阳空港经济区位于揭阳市区东部，地处汕头、潮州和揭阳三市中心地带，面积234平方千米，2020年辖地都、砲台、登岗、渔湖4个镇和京冈、凤美、溪南3个街道，人口约44.88万人。揭阳空港经济区是粤东交通枢纽中心和对外开放重要门户，拥有揭阳潮汕国际机场、梅汕高铁机场站和可进出10000吨级货轮的黄金水道榕江，毗邻厦深高铁潮汕站，206国道、潮惠、汕梅、汕揭、揭惠高速纵横交汇，潮汕环线高速、进贤门景观大桥等重要基础设施推进建设，"海、陆、空、铁"立体交通枢纽四通八达。揭阳空港经济区历史文化厚重，人文魅力独特，自然景观资源丰富，有揭阳古八景的"双溪明月""涵元夕照""桑峦砥柱"及桑浦山自然保护区、风门古径、榕江七星石等自然景观，有吴复古故居、苏六娘故居等大量名胜古迹，也有市文化中心，"翰林府""隐相祠"和一大批红色革命旧址等文物保护单位。空港土地资源丰富，发展空间舒展，后发潜力明显，形成塑料制品、五金制品、石材、小家电、模具、钢铁、纺织服装、玩具八大传统产业，恒大、保利、华润、碧桂园、绿地等一批500强企业落户建设，榕江新城和临空临港产业集聚区格局逐步形成。

2020年，揭阳高新技术产业开发区管委会在揭阳空港经济区挂牌成立，国家高新区创建工作加紧推进，"国家火炬揭阳机电模具特色产业基地"通过国家科技部核定，高新区展厅和创新服务平台建设提速推进，土地节约集约化使用率在省级产城融合型开发区中排名第一。组织赴深圳举办珠江三角洲招商引资座谈会，对接引进一批体量大、质态优、前景广、产业辐射带动能力强的项目落户空港。

【经济发展】 2020年，揭阳空港经济区生产总值179.84亿元，比2019年下降5.3%。其中：第一产业增加值12.76亿元，增长0.2%；第二产业增加值78.24亿元，下降7.3%（工业增加值75.73亿元，下降4.8%）；第三产业增加值88.85亿元，下降3.6%。全年完成规模以上工业增加值74.58亿元，下降7.7%；固定资产投资130.08亿元，下降6.3%；社会消费品零售总额60.57亿元，下降13.3%；外贸出口额43亿元，下降43%。地方一般公共预算收入4.83亿元，下降9.8%。全年投入资金7.5亿元，实施技改项目55项；新认定高新技术企业8家，新增工程技术研究中心15家，累计51家，涵盖机械装备、新材料、电子信息等领域；全市首个商标品牌指导站落户该区，全年申请专利1017件，增长36.88%，专利授权882件，增长48.99%，特色产业集聚发展，经济发展更有质量，被评定为广东省制造业较好县区之一。

2020年2月25日，揭阳高新技术产业开发区管理委员会揭牌仪式在揭阳空港经济区管委会举行（黄锐鸿 摄）

【社会事业】 2020年，揭阳空港经济区500多名驻村帮扶干部、128个"党员先锋岗"和72个党员责任区落实常态化疫情防控体系。全面深化"放管服"改革，设立"大一门"综合服务窗口，推进"多证合一""先照后证""证照分离"等商事制度改革，发布"一件事"联办服务事项43件，群众办事实现无分类"一窗通办"和"全流程网办""一网通办"，全年办理事项超6万件次。脱贫攻坚圆满收官，实施扶贫项目84个，全区3699户9050名贫困人口实现全部稳定高质量退出，落实返贫预警动态监测机制，贫困学生教育保障帮扶率、贫困人员养老保险率、贫困户政策性兜底率、基本医疗保障率均为100%。提高低保、特困人员、孤儿基本生活补贴和残疾人两项补贴保障水平，城乡低保实现应保尽保。落实"一河一策一专班""一厂（场）一网一专班"和三级河长巡河护河制度，建成枫江污水管网一期工程和217个自然村雨污分流工程，启动建设枫江污水管网二期工程和13个垃圾压缩站一体化项目，地都国考断面持续保持III类水质稳定达标，东湖龙石国考断面重点支流陆联河实现消除劣V类，榕江北河11条重点支流和枫江11条支流完成消劣目标。乡村振兴有效推进，221个自然村通过市级验收，省级新农村连片建设任务基本完成，地都镇乌美、枫美、仙埔，渔湖镇长美、阳美，凤美街道塘埔、陇上7个美丽宜居村创建完成验收，

揭阳空港经济区滨江大道一期奥运五环景观路段 （黄锐鸿 摄）

塘埔社区荣获“揭阳十大美丽乡村”，长美、阳美社区荣获“揭阳美丽乡村精品线路”，南潮社区、砲台社区、乌美社区、新路社区荣获“揭阳特色村”。创文创卫纵深推进，建成区新时代文明实践中心、社区文化服务中心87个、社会足球场4个、体育设施示范点21个，完成“四好农村路”建设60.57千米，村道路面硬化224.35千米，升级改造6个农贸市场，砲台镇荣获“第六届全国文明村镇”称号。扫黑除恶深入开展，立涉黑涉恶案件107宗，破案100宗；区消防救援大队被省评为“全省年度先进基层组织”，消防专职队被中央评为“全国先进专职队”，全年安全形势平稳。

【重点项目建设】 2020年，揭阳空港经济区32个省市级重点项目年度投资完成率120.8%，9个省级重点项目年度投资完成率111.8%。机场二期跑道、枫江污水管网（一期）等一批重大项目建成投入使用，推进登岗镇机场（上片）、登岗镇机场（下片）及中漓溪（登岗片）整治工程、中小河流治理及水系连通渔湖区等项目，全长约19.65千米、总投资19.31亿元的榕江新城滨江大道（环岛路）和滨江风光带工程全线完工通车，新城大道和望江北路（省道505）、地西路（省道235）等4条主要道路通车，空港第一初级中学设立开办，南开实验小学进驻，空港第一小学启动建设，粤东肿瘤医院、潮汕妇女儿童医院和渔湖卫生院医技大楼完成主体工程建设，进入内部装修，市第五人民医院综合医技大楼建设加快推进，半岛明珠、恒大绿洲、华润榕江悦府、保利锦城和榕江四季城、明珠一品等12个高品质现代化住宅区加速建设，广建粤东总部大厦（揭阳）、绿地国际空港城、博胜汇金广场等区域总部和城市综合体项目快速推进，市区第一个体育公园明月体育公园和双溪明月亲水公园建成投入使用。

表25

2020年揭阳空港经济区国民经济主要指标表

项目	计量单位	实绩	比2019年增长（%）
地区生产总值	亿元	179.84	-5.3%
第一产业增加值	亿元	12.76	0.2%
第二产业增加值	亿元	78.24	-7.3%
规模以上工业增加值	亿元	73.11	-4.9%
第三产业增加值	亿元	88.85	-3.6%
粮食总产量	万吨	6.63	0.4
全社会固定资产投资额	亿元	130.08	-6.3%
外贸出口总额	亿元	43	-43%
实际利用外资	万美元	—	—
社会消费品零售总额	亿元	60.57	-13.3%
地方一般公共预算收入	亿元	4.83	-9.8
地方一般公共预算支出	亿元	23.04	2.84
职工年平均工资	元	—	—
农村居民人均可支配收入	元	19740.5	9.5

（陈建喜 黄志伟）

揭阳大南海石化工业区

2020年11月17日，揭阳大南海石化工业区举行第四季度重点项目集中开工仪式，图为开工活动主会场　（方志宇　摄）

【揭阳大南海石化工业区概况】　揭阳大南海石化工业区位于揭阳市南部，2007年7月经广东省政府批准设立。工业区管委会［揭阳（惠来）大南海国际石化综合工业园管委会］2009年7月成立，2013年8月28日更名为揭阳大南海石化工业区管委会，2014年3月，作为功能区管理，负责辖区内经济社会管理，管辖面积133.4平方千米，下辖溪西镇、东埔农场和南海街道，共33个行政村、2个社区。2018年2月，工业区列入《中国开发区审核公告目录》，是国家和省十三五经济发展规划和石化产业布局的重要产业聚集区，也是揭阳贯彻广东省委打造“一核一带一区”发展格局，打造滨海新区、构建“一城两园”格局的重要组成部分与核心产业引擎。2019年7月，为进一步聚焦园区开发建设，市委市政府决定工业区社会管理职能全部移交惠来县管理（溪西镇、东埔农场以及南海街道所辖行政村移交惠来县管理），工业区规划面积42.4平方千米。工业区管委会作为市政府派出机构，依法对工业区内的经济事务实行统一管理，行使相应经济管理权限。2019年10月12日，设立中国共产党揭阳大南海石化工业区工作委员会，为中共揭阳市委派出机关，与揭阳大南海石化工业区管理委员会实行合署办公，不再保留中国共产党揭阳大南海石化工业区委员会。

揭阳大南海石化工业区位于“珠三角”和“海峡西岸”两大经济圈之间的黄金切点，海岸线长9.7千米，距离海上国际航线不足8.8海里，具备建设专业化学品码头的良好基础。工业区产业规划经广东省评审批准实施，以一体化、绿色化、高端化、集约化、智能化的理念布局产业。龙头项目是由中石油投资建设2000万吨/年炼油+260万吨/年芳烃+120万吨/年乙烯的炼化一体化项目，同时配套建设投资65亿元的60万吨/年ABS项目和总投资60亿元的中石油广东揭阳LNG项目。

【经济发展】　2020年，揭阳大南海石化工业区完成一般公共预算收入3664万元，增长15.51%，完成全年任务的78.09%。其中，税收收入2557万元（因政策性原因，将区级税收收入1671万元调至省级库），下降0.39%，完成全年任务的62.56%；非税收入1107万元，增长82.98%，完成全年任务的182.98%。完成固定资产投资141.2亿元，增长253.9%，完成全年任务的150.4%（其中，中石油广东石化炼化一体化项目1至12月完成投资123.24亿元，占年度计划投资73亿元的168.8%）。2020年，全区列入省市重点项目10项，总投资约815.89亿元，2020年计划投资89.97亿元，1至12月份完成投资140.82亿元，占年度计划投资的156.52%，超序时计划56.52个百分点。

建设中的广东石化炼化一体化项目原油储罐区　（方志宇　摄）

【重点项目建设】 2020年，揭阳大南海石化工业区重点建设项目10个，总投资815.59亿元。其中，中石油广东石化炼化一体化项目、揭阳港大南海东岸公共码头防波堤、揭阳港大南海东岸公共码头进港航道工程3个项目列入省市重点建设项目，累计投资252.57亿元；吉林石化60万吨/年ABS及其配套工程、中石油广东揭阳LNG项目、揭阳大南海石化工业区一般工业固废处理一期项目、危险废物焚烧及物化综合处理项目、海洋放流管工程、雨水明渠工程、炼油厂周边道路工程7个项目列入区其他重点建设项目，全面启动建设，累计投资15.55亿元。

（揭阳大南海石化工业区）

揭阳市粤东新城

【揭阳市粤东新城概况】 揭阳市粤东新城位地处揭阳市南部，规划面积51.3平方千米，范围主要包括惠来县惠城镇、东陇镇、华湖镇、神泉镇等4镇区域，是揭阳滨海新区“一城两园”核心区域，距离海上国际航线不足9千米，距离揭阳潮汕机场不足90千米，新建汕汕高铁、揭惠铁路在新城中心并线设站，港口、机场、高铁、高速等现代化交通高效衔接，1.5小时内可通达广州、深圳等大湾区主要城市和厦门、漳州等海西经济区重要城市。规划布局高铁新城、科教新城、神泉渔港特色小镇、神泉湾滨海旅游4大组团，与惠来县城联动发展，共同打造成为粤东城市群新城市中心，是揭阳对接“一带一路”、粤港澳大湾区和深圳建设中国特色社会主义先行示范区两大国家战略，构筑沿海经济带新增长极的重要支撑。2019年9月29日，粤东新城党工委、管委会正式挂牌成立，党工委、管委会是市委、市政府派出的正处级单位，根据市政府授权或委托，依法对区域内的经济事务实行统一领导、统一管理，行使相应的城市规划与土地管理、城市开发建设和经济管理权限，并承接省政府及其有关部门赋予的部分省级管理权限。

【经济发展】 2020年，粤东新城加快重大项目开发建设，推动粤东新城高质量发展。推动广东工业大学揭阳校区建设，严控工程品质、总投、工期，工程从启动建设到主体结构封顶用时15个月。成立招商引资工作领导小组和招商项目工作专班，建立一名领导负责、一个小组服务、一张时间表推进的“三个一”服务制度；依托省35条支持政策措施和市“1+1+12”政策体系，出台《揭阳市粤东新城促进产业发展若干措施》；开展神泉湾文旅项目招商推介，接待参观考察客商200多人次；全年招商引资新注册企业7家，落地项目3项，其中轰隆隆和贝神德项目实现销售收入512.6万元。加快揭阳粤东新城投资开发有限公司组建步伐，牵头起草公司成立实施方案并经市委、市政府审批同意。加强土地征收储备，总部商务片区完成用地出让249.13亩（折16.61公顷），广工揭阳校区完成用地划拨及移交565亩（折37.67公顷），科教城片区完成用地报批676.29亩（折45.09公顷）、用地控征1339.29亩（折89.29公顷），先行启动区完成用地报批976.84亩（折65.12公顷）、征地补偿888.04亩（折59.20公顷）。

【重点项目建设】 2020年，粤东新城列入省市重点项目3个，在建项目2个（广东工业大学揭阳校区首期工程项目和粤东新城城市社区人才安居项目），拟建设项目1个（粤东新城城市配套基础设施工程项目），总投资50.64亿元。广东工业大学揭阳校区首期工程项目3月开工建设，截至年底完成投资9.66亿元，完成主体结构封顶并全面转入室内装修施工阶段。粤东新城城市社区人才安居项目11月开工建设，截至年底，完成投资5.86亿元，完成“三通一平”及桩基施工，完成中委广东石化炼化基地及广工揭阳理工学院（筹）员工购房资格审核和预购房相关工作。粤东新城城市配套基础设施建设工程项目建设方案经市政府常务会议审议通过，完成项目可行性研究报告编制及专家评审修编工作。

（揭阳市粤东新城管委会）

2020年6月23日，广工揭阳理工学院举行首期工程开工仪式，副省长覃伟中等参加 （郑楚藩 摄）

2020年新增市领导简介

【蔡朝林】 男，浙江台州人，汉族，1970年7月生，学历在职研究生，管理学博士，高级经济师，1991年8月参加工作，2001年4月加入中国共产党。中共揭阳市委书记，揭阳市人大常委会党组书记，揭阳军分区党委第一书记。

1987年9月至1991年8月 上海海运学院水运管理系交通运输管理工程专业学习

1991年8月至1993年10月 交通部运输管理司货运计划处实习生、科员（其间：1991年10月至1992年11月 在广州海运局运输处实习；1992年11月至1993年10月在广州港务局货商处、总调度室实习）

1993年10月至1996年5月 广州港务局总调度室计划员

1996年5月至1997年5月 广州港务局货商处商务科副科长

1997年5月至1998年3月 广州港务局货商处商务科科长

1998年3月至1999年11月 广州港务局业务处商务科科长

1999年11月至2002年3月 广州港务局业务处副处长（1999.03—2001.11华南理工大学工商管理硕士专业学习）

2002年3月至2004年2月 广州港务局办公室主任（其间：2003年7月至2004年2月兼任广州港集团有限公司筹备组成员）

2004年2月至2004年11月 广州港集团有限公司董事、副总经理、临时党委委员

2004年11月至2005年3月 广州港集团有限公司董事、副总经理、党委委员

2005年3月至2005年4月 广州港集团有限公司董事、副总经理、党委委员，广州白云国际机场股份公司董事、副总经理、党委委员

2005年4月至2009年9月 广州白云国际机场股份公司董事、副总经理、党委委员

2009年9月至2012年4月 省航运集团有限公司董事、总经理、党委副书记

2012年4月至2015年7月 广东物资集团公司董事长、党委书记

2015年7月至2017年4月 广州市副市长

2017年4月至2017年7月 广州市副市长，南沙区委书记，南沙开发区（自贸区南沙片区）党工委书记、管委会主任

2017年7月至2020年5月 广州市委常委，南沙区委书记，南沙开发区（自贸区南沙片区）党工委书记、管委会主任（2012年9月—2019年6月 华南理工大学技术经济及管理专业博士研究生学习）

2020年5月至2020年6月 揭阳市委书记

2020年6月起 揭阳市委书记、市人大常委会党组书记，揭阳军分区党委第一书记

中共揭阳市第六届委员会委员

【陈小锋】 男，广东雷州人，汉族，1973年10月生，学历在职研究生，管理学硕士，1995年7月参加工作，1994年11月加入中国共产党。中共揭阳市委副书记。

1992年9月至1996年8月 中山大学信息管理系图书馆学专业学习（其间：1995年7月至1996年8月任省学联驻会执行主席，驻会期间算参加工作）

1996年8月至2001年4月 团省委宣传部科员、副主任科员（其间：1999年3月至 挂任清远市清新县太和镇党委副书记）

2001年4月至2002年10月 团省委组织部主任科员

2002年10月至2004年6月 团省委宣传部副部长（2003年2月起主持全面工作）

2004年6月至2005年1月 团省委宣传部部长

2005年1月至2005年7月 团省委常委、宣传部部长

2005年7月至2008年3月 团省委常委、组织部部长（2004年9月至2007年7月中山大学政务学院行政管理专业学习；2005年9月至2006年1月省委党校中青一班学习）

2008年3月至2008年6月 团省委副书记、党组成员、组织部部长

2008年6月至2013年5月 团省委副书记、党组成员

2013年5月至2015年8月 茂名市委常委、组织部部长，市委党校校长、市行政学院院长

2015年8月至2016年6月 茂名市委常委、组织部部长、统战部部长，市委党校校长、市行政学院院长

2016年6月至2016年7月 茂名市委常委、组织部部长、统战部部长，市委党校校长、市行政学院院长，电白区委书记

2016年7月至2016年8月 茂名市委常委、组织部部长，市委党校校长、市行政学院院长，电白区委书记

2016年8月至2017年1月 茂名市委常委，电白区委书记

2017年1月至2020年5月 茂名市委常委，电白区委书记，茂名水东湾新城党工委书记

2020年5月起 揭阳市委副书记

中共揭阳市第六届委员会委员

【马儒生】 男，广东潮安人，汉族，1967年10月生，学历省委党校在职研究生。1989年7月参加工作，1992年10月加入中国共产党。中共揭阳市委常委，揭阳市政府党组副书记、副市长。

1986年9月至1989年7月 汕头大学医学院法医专业学习

1989年7月至1993年6月 汕头市金园区公安分局侦察员

1993年6月至1994年1月 潮州市政府办公室科员

1994年1月至1995年5月 潮州市政府办公室文教科副科长

1995年5月至1997年2月 潮州市政府督办科科长；

1997年2月至2005年4月 潮州市政府办公室副主任（其间：1995年9月至1998年7月省委党校经济学专业研究生班学习）

2005年4月至2005年7月 潮州市委政法委副书记（正处级）

2005年7月至2007年3月 潮州市委政法委副书记，市综治办主任

2007年3月至2009年1月 潮州市委政法委副书记，市委维稳办主任、市综治办主任

2009年1月至2009年2月 潮州市湘桥区委副书记、副区长、代理区长

2009年2月至2012年1月 潮州市湘桥区委副书记、区长

2012年1月至2012年2月 潮州市饶平县委书记，湘桥区区长

2012年2月至2012年4月 潮州市饶平县委书记，潮州港经济开发区党工委书记

2012年4月至2015年2月 潮州市饶平县委书记，县人大主任，潮州港经济开发区党工委书记

2015年2月至2015年5月 潮州市饶平县委书记，县人大主任

2015年5月至2016年4月 潮州市饶平县委书记，县人大主任，潮州港经济开发区党工委书记（挂任）

2016年4月至2016年9月 潮州市潮安区委书记

2016年9月至2016年10月 揭阳市政府党组成员、副市长，市公安局党委书记、局长

2016年10月至2020年1月 揭阳市政府党组成员、副市长，市公安局党委书记、局长、督察长，市委政法委第一副书记（兼）

2020年1月至2020年6月 揭阳市委常委，市政府党组副书记、副市长，市公安局党委书记、局长、督察长，市委政法委第一副书记（兼）

2020年6月起 揭阳市委常委，市政府党组副书记、副市长

中共揭阳市第六届委员会委员

【王俊】 男，湖南常德人，汉族，1971年6月生，学历中国社科院在职研究生，1989年9月参加工作，1991年1月加入中国共产党。中共揭阳市委常委，揭阳军分区司令员。

1989年9月至1993年7月 运输工程学院车辆运用工程专业学习，大学毕业

1993年7月至1994年7月　运输工程学院运输勤务教研室见习学员

1994年7月至1995年6月　运输工程学院运输勤务教研室助教（专业技术十三级）

1995年6月至1997年6月　运输工程学院教务部参谋

1997年6月至1999年9月　运输工程学院教务部参谋（专业技术十二级）

1999年9月至2001年12月　军事交通学院训练部教务处讲师、参谋（专业技术十一级）

2001年12月至2004年3月　军事交通学院训练部教务处讲师、参谋（专业技术十级）

2004年3月至2004年12月　总后司令部军训局正营职参谋

2004年12月至2007年12月　总后司令部军训局副团职参谋

2007年12月至2009年6月　总后司令部军训局正团职参谋

2009年6月至2010年12月　总后司令部秘书局正团职秘书（其间：2008年5月至2010年7月中国社会科学研究生院公共管理专业学习，取得研究生学历）

2010年12月至2011年3月　总后司令部军训局副局长

2011年3月至2012年3月　海军快艇第一支队代职副支队长（一年）

2012年3月至2016年2月　总后司令部军训局副局长

2016年2月至2017年8月　中央军委后勤保障部综合计划局战勤计划处副处长（副师职）

2017年8月至2018年9月　中央军委后勤保障部综合计划局训练处正师职参谋

2018年9月至2020年4月　揭阳军分区司令员

2020年4月起　揭阳市委常委，揭阳军分区司令员

中共揭阳市第六届委员会委员

【王绍乐】　男，江西余干人，汉族，1978年10月生，学历在职研究生，经济学博士，2002年7月参加工作，1997年7月加入中国共产党。中共揭阳市委常委、组织部部长、党校校长。

1995年9月至1999年7月　在赣南师范学院外语系英语教育专业本科学习

1999年7月至2000年9月　待业（其间曾在昌河飞机工业集团公司见习）

2000年9月至2002年7月　在北京大学知识产权法专业（第二学位）本科学习

2002年7月至2003年7月　广东省地方税务局人事处试用期人员

2003年7月至2005年12月　广东省地方税务局人事处科员（其间：2002年9月至2005年6月在暨南大学经济法学专业学习，获法学硕士学位）

2005年12月至2007年9月　广东省地方税务局人事处副主任科员

2007年9月至2009年3月　广东省地方税务局办公室副主任科员

2009年3月至2012年6月　广东省地方税务局办公室主任科员

2012年6月至2016年5月　广东省地方税务局办公室副主任（其间：2010年9月至2014年6月中南财经政法大学财政学专业研究生学习，获经济学博士学位，2012年12月至2014年12月挂职任广东省清远市地方税务局副局长、党组成员）

2016年5月至2016年9月　广东省地方税务局基层工作处（与机关党委办公室合署）处长

2016年9月至2018年6月　广东省地方税务局基层工作处（与机关党委办公室合署）处长，机关党委专职副书记

2018年6月至2018年7月　国家税务总局广东省税务局党建办临时负责人

2018年7月至2019年7月　国家税务总局广东省税务局系统党建工作处处长、机关党委副书记、机关纪委书记

2019年7月至2020年12月　广东省广晟资产经营有限公司党委副书记、董事

2020年12月起　揭阳市委常委、组织部部长、党校校长

中共揭阳市第六届委员会委员

【陈定雄】　男，广东揭阳人，汉族，1961年2月生，学历中央党校在职大学，1981年8月参加工作，1984年12月加入中国共产党。揭阳市人大常委会党组成员、副主任。

1979年9月至1981年8月　广东省供销合作学校学习，中专毕业

1981年8月至1984年12月　揭阳县东山供销社资料员

1984年12月至1986年12月　揭阳县东山区（镇）委办公室副主任

1986年12月至1992年3月　揭阳县委办公室副组长、组长

1992年3月至1992年10月　揭阳市委办公室综合科负责人（其间：1989年10月至1992年9月广东省委党校党政管理专业学习，大专毕业）

1992年10月至1995年10月　揭阳经济开发试验区管委会办公室政研科长、办公室副主任

1995年10月至1998年12月　揭阳经济开发试验区管委会主任助理、区财政局局长

1998年12月至1999年10月　揭阳经济开发试验区管委会副主任兼区财政局局长

1999年10月至2001年6月　揭阳经济开发试验区管委会副主任

2001年6月至2003年3月　揭阳经济开发试验区委副书记、管委

会主任（其间：2002年9月至2003年1月参加广东省委党校中青一班培训）

2003年3月至2008年7月　揭阳经济开发试验区委书记（其间：2001年8月至2003年12月中央党校经济管理专业学习，大学毕业）

2008年7月至2012年1月　揭阳市政府党组成员、市长助理（副厅级，其间：2008年8月至2011年5月任市对口支援四川省汶川县恢复重建工作小组组长）

2012年1月至2013年9月　揭阳市政协党组成员、副主席，市长助理

2013年9月至2016年12月　揭阳市政府党组成员、副市长

2016年12月至2017年1月　揭阳市委常委，市政府党组成员、副市长

2017年1月至2020年1月　揭阳市委常委，市政府党组副书记、副市长

2020年1月至2020年5月　揭阳市人大常委会党组成员

2020年5月起　揭阳市人大常委会党组成员、副主任

中共揭阳市第三、四、五、六届委员会委员，揭阳市第三、四、六届人大代表

【刘枝钿】　男，广东普宁人，汉族，1963年1月生，学历中央党校在职大学，1982年8月参加工作，1984年9月加入中国共产党。揭阳市人大常委会党组成员、副主任。

1979年10月至1982年7月　汕头农校农作专业学习，中专毕业

1982年7月至1982年8月　待业

1982年8月至1983年12月　普宁县大坝公社办公室资料员

1983年12月至1986年8月　普宁县大坝区团委副书记

1986年8月至1987年2月　普宁县大坝区团委书记

1987年2月至1990年7月　普宁县大坝镇委、镇政府办公室主任（其间：1985年3月至1988年3月在广东省委党校政治专业大专班学习，大专毕业）

1990年7月至1992年6月　普宁县大坝镇委委员、办公室主任

1992年6月至1992年11月　揭阳市人大办公室副科级干部

1992年11月至1994年12月　揭阳市人大办公室人事秘书科副科长

1994年12月至1996年2月　揭阳市人大办公室干部

1996年2月至1996年12月　揭阳市人大办公室综合科副科长

1996年12月至1999年6月　揭阳市人大华侨外事工委办公室副主任

1999年6月至2003年3月　揭阳市人大华侨外事工委办公室主任

2003年3月至2005年8月　揭阳市人大农工委办公室主任

2005年8月至2014年2月　揭阳市人大常委会副秘书长（其间：2003年8月至2005年12月在中央党校法律专业本科班学习，大学毕业）

2014年2月至2016年1月　揭阳市人大常委会委员、副秘书长（正处）

2016年1月至2016年2月　揭阳市人大常委会党组成员、委员、副秘书长（正处）

2016年2月至2020年5月　揭阳市人大常委会党组成员、秘书长

2020年5月起　揭阳市人大常委会党组成员、副主任

揭阳市五、六届人大代表

【梁瑞国】　男，湖南耒阳人，汉族，1973年1月生，学历大学，法学学士，1996年7月参加工作，1996年6月加入中国共产党。揭阳市政府党组成员、副市长，市公安局党委书记、局长、督察长，市委政法委第一副书记（兼）。

1992年9月至1996年7月　中国人民公安大学思想政治教育专业学习

1996年7月至2001年2月　省公安厅经济保卫处见习干部、科员

2001年2月至2004年3月　省公安厅经济保卫处指导科副科长

2004年3月至2005年1月　省公安厅经济犯罪侦查处秘书科副科长

2005年1月至2006年8月　省公安厅经济犯罪侦查处秘书科科长

2006年8月至2008年2月　省公安厅经济犯罪侦查处情报信息科科长

2008年2月至2009年7月　省公安厅纪委、监察处审计室主任（副处职）

2009年7月至2011年6月　省公安厅审计处副处长

2011年6月至2012年4月　省公安厅刑事侦查局反恐怖工作处副处长

2012年4月至2013年3月　省公安厅刑事侦查局刑事犯罪对策处副处长

2013年3月至2013年5月　省公安厅经济犯罪侦查局副局长

2013年5月至2015年6月　湛江市公安局党委副书记、副局长（正处级）

2015年6月至2017年7月　省公安厅刑事侦查局副局长

2017年7月至2018年9月　省公安厅刑事侦查局政委

2018年9月至2020年6月　省公安厅刑侦局局长

2020年6起　揭阳市政府党组成员、副市长，市公安局党委书记、局长、督察长，市委政法委第一副书记（兼）

【刘鹏】　男，山东成武人，汉族，

1979年4月生，学历在职博士研究生，经济学博士，副研究员，2000年7月参加工作，1996年6月加入中国共产党。揭阳市政府党组成员、副市长。

1996年9月至2000年7月　中国人民大学信息学院经济信息管理专业学习

2000年7月至2002年9月　中国人民大学研究生招生办公室干部

2002年9月至2004年7月　中国人民大学财政金融学院金融学专业学习

2004年7月至2010年12月　中国银行业监督管理委员会人事部机关人事处干部、副主任科员、主任科员（其间：2005年9月至2008年6月中国人民大学财政金融学院金融学专业博士研究生）

2010年12月至2012年12月　中国银行业监督管理委员会人事部机关人事处副处长

2012年12月至2013年6月　中国银行业监督管理委员会银行业消费者权益保护局办公室主任

2013年6月至2015年6月　中国人民银行办公厅秘书处正处级秘书

2015年6月至2015年8月　中国人民银行金融消费者权益保护局金融消费教育处处长

2015年8月至2018年3月　中国银行业监督管理委员会非银行金融机构监管部金融资产管理公司监管处处长

2018年3月至2018年10月　中国银行保险监督管理委员会正处长级干部（机构改革，原任职务自然免除）

2018年10月至2020年6月　中国银行保险监督管理委员会其他非银行金融机构监管部金融资产管理公司监管一处处长

2020年6月起　揭阳市政府党组成员、副市长

【袁文键】　男，广东揭阳人，汉族，1963年10月生，学历中央党校在职研究生，经济师，1983年8月参加工作，1986年12月加入中国共产党。揭阳市政协党组成员、副主席。

1981年9月至1983年7月　广东省商业学校物价专业学习，中专毕业

1983年7月至1983年8月　在家待业

1983年8月至1987年3月　揭阳县物价局办事员

1987年3月至1988年11月　揭阳县物价局副股长（其间：1985年9月至1988年8月暨南大学成人教育学院特区经济学专业学习，大专毕业）

1988年11月至1992年11月　揭阳县物价局综合股股长

1992年11月至1995年8月　揭阳市工商行政管理局办公室副主任

1995年8月至1996年9月　揭阳市物价检查所副所长

1996年9月至1998年5月　揭阳市物价局办公室副主任

1998年5月至2001年10月　揭阳市物价检查所所长（其间：2000年11月取得经济师资格证书）

2001年10月至2002年4月　揭阳市物价局监督检查分局局长（其间：1999年9月至2001年12月广东省委党校行政管理专业学习，大学毕业）

2002年4月至2009年1月　揭阳市信访局副局长（其间：2005年9月至2008年7月中央党校法学理论专业学习，取得研究生学历；2008年9月兼任广东省揭阳市信访学会副会长）

2009年1月至2011年9月　揭阳市信访局局长（其间：2010年3月至2010年7月广东省委党校中青一班学习）

2011年9月至2013年5月　揭阳市委副秘书长、市信访局局长

2013年5月至2013年8月　揭阳市委副秘书长（正处）

2013年8月至2013年9月　揭阳市经济和信息化局党组副书记

2013年9月至2014年1月　揭阳市经济和信息化局党组副书记、局长

2014年1月至2017年3月　揭阳市经济和信息化局党组书记、局长

2017年3月至2017年5月　揭阳市政府党组成员、办公室主任，市经济和信息化局局长

2017年5月至2020年1月　揭阳市政府党组成员、秘书长、办公室主任

2020年1月至2020年2月　揭阳市政协党组成员，市政府秘书长、办公室主任

2020年2月至2020年3月　揭阳市政协党组成员，市政府秘书长

2020年3月至2020年5月　揭阳市政协党组成员

2020年5月起　揭阳市政协党组成员、副主席

中共揭阳市第六届委员会委员，政协揭阳市第六届委员会委员

全国五一劳动奖章获得者简介

【杨丽芳】 女，汉族，1968年4月生，河北霸州市人，1990年7月参加工作，1998年2月加入中国共产党，河北工学院高分子化工系毕业，大学学历，广东石化公司设计管理部主任。

2019年，杨丽芳带领团队，全力推进中国石油天然气股份有限公司广东石化分公司的设计工作，全年协调组织签订勘察、设计等合同169个，合同金额24.45亿元；组织专题研究100余项，为项目节约投资、安全稳定提供保障；组织140个主项审查，93个主项获总部批复。完成19个管理制度发布，配合主管部门编制《项目管理手册》《质量管理手册》《项目总体部署》《投资控制手册》及组织技术培训和资料翻译工作。杨丽芳的科研成果多次获得国家级、省级表彰，其中《60万吨/年加氢裂化装置先进控制及实时优化》获2012年石油和化工自动化行业科技进步二等奖；《FCC汽油加氢脱硫工艺优化及应用》获2013年新疆维吾尔自治区科技进步三等奖；《环保型溶聚丁苯橡胶系列产品及工业化技术开发》获2014年中国石油科技进步一等奖；《抗熔垂高性能聚乙烯管材料开发及应用》获2016年中国石油科学技术进步二等奖；2006年和2016年，个人获中国石油科技先进工作者，2019年被评为广东石化优秀管理干部。

【黄荣亮】 男，汉族，1971年2月生，广东惠来人，1992年8月参加工作，2007年9月加入中国共产党，惠来县靖海镇义湖村支部书记、村委会主任。

自2011年任职以来，黄荣亮带领全村干部群众，多措并举，全力推进新农村全面建设发展，多方筹措资金约400万元，建设环境整治及“绿化、亮化”等村政建设。带领村民成立合作社，以村300亩荒地入股参与合作发展胡萝卜种植加工项目，着力发展集体经济。以党建凝聚共识，率先在全镇建设村级代表联络站。健全义湖村社会保障机制，建立生活救济、扶贫助学制度，倡导互帮互助的乡风。使义湖村成为以党建带动社会经济全面发展的典范和基层治理及揭阳市“面上村新农村建设”示范点。新冠肺炎疫情发生以来，黄荣亮竭力组织党员干部做好防控工作，全村实行网格化管理，做到排查彻底、消毒全面、窜访无门、集聚严禁，带头并动员乡贤捐赠口罩给村民，确保全村零感染。2015年，黄荣亮被评为广东省“劳动模范”，2016年被评为惠来县首届“最美村官”，2018年被评为县模范标兵，2019年被评为县道德模范。

【罗松涛】 男，汉族，1975年10月生，广东普宁人，西安交通大学网络教育行政管理学，广东佳润泰农业开发有限公司总经理。

罗松涛担任总经理以来，积极投身“三农”工作，坚持走农业产业化、现代化发展路子，锐意革新，在实施乡村振兴战略中勇当排头兵，推动广东佳润泰农业开发有限公司先后被认定为“广东省农业重点龙头企业”和“菜篮子蔬菜基地”“广东省农产品出口示范基地”，并荣获“连续六年广东省守合同重信用企业”荣誉称号；2019年，公司农产品加工量达到38000吨，产值9498万元，出口创汇累计600多万美金，产品出口日本、泰国、阿联酋等国家。作为“万企帮万村”中的一员，罗松涛全面参与扶贫开发和新农村建设，强化扶贫产业支撑，带动贫困区域发展，为贫困地区乡村振兴树立先进典型。在抗击新型冠状病毒感染的肺炎防控阻击战中，迅速筹集30吨优质胡萝卜无偿支援湖北黄冈地区，充分体现罗松涛的社会担当与责任。罗松涛自主创新的胡萝卜栽培技术获“揭阳市、普宁市科学技术进步一等奖”，先后荣获“全国农业劳动模范”“广东省农村创业青年优秀带头人”“潮汕星河国瑞科技奖”等荣誉和奖项。

（市总工会）

广东省优秀共产党员简介

2020年10月21日，省委召开全省抗击新冠肺炎疫情表彰大会，会议以省委、省政府名义公布并表彰在抗击新冠肺炎疫情斗争中涌现出的999名先进个人和303个先进集体，以省委名义表彰150名广东省优秀共产党员和100个广东省先进基层党组织。揭阳市徐名伟、黄党生、卢孟浩、李勉华4人获评广东省优秀共产党员。

【徐名伟】 揭阳市人民医院党委委员、副院长。在新冠肺炎疫情斗争中，徐名伟作为市新冠肺炎医疗救治专家组组长和市人民医院新冠肺炎防控应急指挥领导小组常务副组长、医疗救治专家组组长，始终奋战在疫情防控第一线，以高度政治责任感和勇于担当的斗争精神，坚持靠前指挥、精准施策，默默践行共产党员“不忘初心、牢记使命”的承诺，为人民群众筑牢生命防线。

【黄党生】 榕城区中心医院党总支书记、院长。新冠肺炎疫情期间，黄党生带领全院上下众志成城、主动担当，迅速组织采购负压病床等相关设备、划定隔离病区并组建医疗救治梯队，带头采集咽拭子进行医学鉴定，积极参与辖区“网格化”管理和“三人小组”排查工作，在疫情防控第一线筑牢“生命防火墙”，为榕城区“零病例”抗疫成果做出贡献。

【卢孟浩】 揭阳产业转移工业园人民医院医师。疫情防控之初，卢孟浩主动请战到湖北武汉抗疫前线。在武汉东西湖方舱医院中，他毫无畏惧、敢于担当、勇于奉献，坚持依法依规管理、科学防控，以义不容辞的职业担当和崇高的使命感和责任感，与全国各地支援的医务人员共同守护着患者的生命健康。

【李勉华】 普宁市交通运输局运输管理股负责人。我省启动重大突发公共卫生事件一级响应时，负责普宁市春运具体运输管理工作的李勉华第一时间请缨，主动扛起普宁国际服装城汽车客运站联合检疫站相关工作，并担任联合检疫站临时党支部书记，带领检疫站一班人员连续作战，用实际行动诠释一名党员的初心和使命，为普宁人民的生命健康护航。

（市委组织部）

广东省五一劳动奖章获得者简介

【黄泽宝】 男，汉族，1980年5月生，群众，广东揭阳人，2004年7月参加工作，广东医学院临床医学专业毕业，大学本科，揭阳产业转移工业园人民医院肿瘤微创科主任，揭阳市第一批市级重点专科——泌尿外科学科带头人。

黄泽宝多次出席国级和省级泌尿外科学术会作报告，泌尿微创年手术500多例。《微小切口经腹膜后单孔单通道肾囊肿去顶术的临床疗效观察》通过揭阳市科技立项。在《中国医药指南》《中国医药科学》等国家级杂志发表《探讨侧卧斜仰截石位标准通道无管化经皮肾镜治疗复杂性肾结石的临床效果》《比较腹腔镜肾上腺切除术同侧经腹腔与经后腹腔的差异》《经尿道等离子前列腺剜除术对前列腺增生患者性功能的影响研究》。2019年荣获第三届“揭阳市最美医生”等荣誉称号。

【洪艳苹】 女，汉族，1975年9月生，广东揭阳人，1999年12月参加工作，毕业于广东药科大学预防医学系，揭阳市疾病预防控制中心检验科科长、副主任技师。

洪艳苹敢于管理、大胆创新，认真打造全市“专业、一流、权威”的检验检测机构，建立国家级艾滋病和流感实验室、PCR实验室，省级登革热、手足口病、霍乱、诺如等传染病实验室，构建全市实验室网络，有力提高全市检验检测水平。在突如其来的新冠肺炎疫情阻击战中，洪艳苹以高度的政治责任感和对民众安全负责的态度，投入到抗击疫情“战场”，承担全市新冠病毒核酸检测确认，做好疫情研判、病例诊断和技术指导工作，为揭阳市疫情科学防控、精准施策提供可靠的决策依据。洪艳苹先后被评为揭阳市卫生先进工作者、揭阳市“巾帼建功”先进个人，带领的团队荣获揭阳市“巾帼文明岗”和广东省“巾帼文明岗”荣誉称号。

【林伟娜】 女，汉族，1978年12月生，广东揭阳人，1997年7月参加工作，2001年4月加入中国共产党，中山大学汉语言文学专业毕业，本科学历，揭阳市实验小学教务处副主任。

林伟娜潜心教书育人，深入研究课堂教学，经常开展公开课、个人讲座，发表省市级论文7篇，主持参与省市课题18个，指导课题研究62个。积极参与新冠肺炎抗击活动，制定学校的线上教学方案，组织有序开展线上教学教研工作，为抗击疫情做出努力。2018年8月至2020年1月，林伟娜到新疆三师图木舒克市51团中学援疆支教，担任副校长，勇于担当作为，圆满完成国家使命。先后被评为省特级教师、南粤优秀教师、省诗歌节优秀指导教师，揭阳市优秀青年教师，第四届玉德人物，优秀名师工作室主持人、先进教育工作者、教学大赛优秀指导教师。

【卢海裕】 男，汉族，1990年7月生，广东普宁人，2012年2月参加工作，华南理工大学广州学院大学毕业，大学学历，巨轮智能装备股份有限公司职工。

卢海裕自参加工作以来，一直致力于智能技术的钻研和探索，认真钻研专业知识，学管理、学技术，不断地巩固专业知识和基础理论。作为部门技术骨干，卢海裕深入一线生产，参与项目的每一个流程，近年来共完成七项实用新型专利及发明专利的申请；参与巨轮智能装备股份有限公司“活字块加工自动化项目”“钢花纹加工自动化项目”“电极自动化生产线项目”等技术研发和技术改造项目，为公司智能化战略成功实施做出卓越贡献，并为公司培养20多名技术人员。2019年11月，卢海裕带队参加第三届全国智能制造应用技术技能大赛，斩获“切削加工智能制造单元安装与调试项目”职工组第一名荣誉，是广东省职工组也是全国首家民营企业获得该项目的冠军；2020年1月，荣获揭阳市五一劳动奖章。

【吴锦湖】 男，汉族，1979年9月生，广东揭阳人，2003年参加工作，2008年7月加入中国共产党，汕头大学汉语言文学系毕业，本科学历，揭阳市第二自来水有限公司客服中心主任。

吴锦湖以强烈的责任心和责任感做好供水服务工作，针对企业供水服务短板，先后负责制订供水服务承诺、办事流程、报装指南等服务规范，为企业供水服务规范化、制度化做出突出贡献；近几年，吴锦湖先后负责创建志愿服务岗、党员示范岗、学雷锋服务站等，结合实际建设服务平台，组织教育培训，全面提升服务水平，使服务窗口真正成为为民解忧、为民办事的平台。及时为用户解决用水问题，深受广大用户的好评，为公司树立良好的口碑，充分诠释供水为民的初心和使命。2019年，被评为揭阳市市直党员标兵。

【潘旭森】 男，汉族，1998年11月生，广东榕城人，2018年7月参加工作，广州科技职业技术大学建筑工程学院毕业，大专学历。广东云海钢结构工程有限公司技术部骨干技术员。

潘旭森敢于拼搏，攻坚克难，深入钻研钢结构技术创新，采用深化软件TeklaStructres取代传统软件Auto CAD，解决传统软件下料出错率高，效率低下。2019年，主导钢结构全新设计理念钢结构BIM系统设计，钢结构工程项目各阶段信息高度集成化，工程项目安全性提高，完成一批重大项目的运用，如“中国石油广东石化基地防腐处理车间项目”、汕头市“濠江一桥”项目等，受到客户好评，为公司带来良好的经济效益。在疫情防控期间，潘旭森积极参与村（社区）疫情群防群控工作，对过往车辆和人员进行测温和登记，协助调查社区外来人员身体状况。个人荣获广东省设计行业“新锐设计师”。

【陈锦涛】 男，汉族，1968年7月生，广东普宁人，1986年7月参加工作，吉林大学药学专业毕业，本科学历，广东泰宝医疗科技股份有限公司监事会主席。

陈锦涛长期在医疗器械一线生产工作岗位工作，业务娴熟，2015年以来承接与广东药科大学特派员工作站项目，联合攻克贴剂与敷料方面多项关键技术难题：如物理止痛产品离子贴的电荷保持技术、好力施水凝胶贴剂的黏性等问题，使产品疗效更加显著、产品的销量推向新的高峰。2020年年初，陈锦涛带领企业勇于承担社会责任，快速启用泰宝现有的生产条件和设备，取得揭阳地区第一张生产医用外科口罩产品备案证，生产提供疫情防控期间急需的医用外科口罩，为新冠肺炎疫情防控做出突出贡献。近5年来，陈锦涛获得国家发明专利17件，先后被评为普宁市拔尖人才、电子工程师、医疗器械高级工程师。

【黄永定】 汉族，1964年8月生，广东普宁人，1983年10月参加工作，1985年10月加入中国共产党，中央党校毕业，大专文凭，普宁市永定职业培训学校、永定机动车驾驶员培训有限公司党支部书记、董事长。

黄永定结合开办驾校的优势深入改革，争取到普宁驾驶人考场的建设并投入使用，每年仅考驾驶证这一项可节约1亿元左右，为地方经济发展做出突出贡献。黄永定勇于承担社会责任，组建30多人的救火队，参加火灾现场灭火300多场。并积极参与公益，为乡村修路、建学校、建老人院、救死扶伤及抗击新冠肺炎疫情等，累计出资500多万元。推动成立普宁市机动车驾驶员培训协会工联会，为普宁市驾培行业稳定健康发展奠定基础。黄永定所在企业先后被评为“广东省守合同重信用企业”“广东省交通运输诚信示范企业”“全国驾培行业文明诚信优质服务优秀单位”，个人荣获“全国驾培行业文明诚信优质服务优秀经理人”“广东省道路运输协会先进工作者”“南粤交通楷模”“铁山兰花奖”等荣誉。

【林雪辉】 男，汉族，1964年10月生，广东揭阳人，2001年1月参加工作，2002年7月加入中国共产党，高中学历，揭阳空港经济区京冈街道办事处新路村党支部书记。

林雪辉毕业后就职于揭阳空港经济区京冈街道办事处新路村，于2002年5月参加新路村“两委”。任职期间，带头抓好阵地建设和班子政治思想建设，强化党组织的领导核心地位。切实开展“创文”“两清”以及“三清三拆三整治”的综合治理活动，为居民办实事办好事，得到居民的认可。同时致力于村基础设施建设，为解决居民行路难问题多方筹资实行村道1070米硬底化;为解决居民喝水问题，投入资金139.5万元进行改水工程，实现自来水管网全覆盖；美化村容村貌，筑石篱修下水道、池塘清理淤泥、池塘沿岸、村道进行绿化等。2011年，林雪辉被揭阳空港经济区评为优秀共产党员；2018年，被评为揭阳市创文工作先进个人。

【刘进裕】 男，汉族，1983年9月生，广东揭西人，2001年12月参加工作，2007年6月加入中国共产党，福建师范大学法学系毕业，大学学历，揭西县龙潭镇龙跃村党总支书记。

2015年5月，刘进裕任龙跃村党总支书记以来，紧紧抓住精准扶贫、新农村建设契机，大力推进农村人居环境整治，完成该村雨污分流、道路硬底化、平塘灌溉改造，建设文化公园、醒狮文化驿站等精神文明宣传阵地。在脱贫攻坚战中，积极组织大力发展产业大棚，种植蔬菜、香蕉、柑橘等；兴建光伏发电站、扶贫厂房，壮大村集体经济和增加村民收入，该村（属省定贫困村）在2019年如期实现脱贫。在抗击新冠肺炎疫情斗争中，带领干部群众全力投入疫情防控阻击战，冲锋在前，用实际行动诠释初心，为群众筑牢安全防线。

【王镇林】 男，汉族，1968年1月生，广东揭阳人，1990年7月参加工作，1996年1月加入中国共产党，汕头大学中文系毕业，大学学历，揭阳市公安局指挥中心综合科二级警长。

王镇林政治立场坚定，思想作风过硬，业务水平突出，入警30年来，始终将自己的责任、热情、智慧和心血奉献于工作和岗位，“零差错”地处理好全局各类信息文电，全面确保政令警令畅通，得到领导和同志们一致好评。特别是新冠肺炎疫情防控工作以来，更是以局为家、日夜坚守，一刻不停歇，一刻不松懈，全力以赴投入疫情战斗的核心环节，承担起全市公安机关防疫专班办文办会，第一时间上传下达，第一时间参谋献策，第一时间协调处置，协助统筹公安机关重点群体监测预警、落地核查、协同处置等各环节，为做好重点人群排查管控工作奠定基础。先后荣获“广东省优秀人民警察”“全省公安系统大接访先进个人”“揭阳市优秀人民警察”等称号，荣立个人三等功6次。

（市总工会）

2020年广东“最美教师”简介

【孙名坚】 男，1965年9月生，揭阳第一中学教师。

孙名坚热爱教育事业，率先垂范、言传身教，关心学生健康成长。从教33年，积极开展爱国教育、道德教育、生命教育、科学教育，引导和帮助学生“扣好人生第一粒扣子”。班级管理科学高效，所带班级多次被评为文明班、优秀团支部。新冠肺炎疫情防控期间，做深做实线上教育工作，依托“广东省名教师工作室”平台，用学生喜闻乐见的方式开展线上教育，确保疫情防控期间教学工作正常、有序、高效开展。先后被评为广东省特级教师、“广东省名教师工作室”主持人、广东省“南粤教书育人”优秀教师，国家级“国培计划”高中数学骨干教师。

【林晓玉】 女，1976年11月生，揭阳市机关少霏幼儿园教研组组长。

林晓玉从教23年来，多次在全市开展示范性教学观摩活动，撰写的论文、设计的课例和教玩具多次获省、市级的奖励。作为园教研组长，发挥示范带头作用，踏实抓好园本教研，有效提高全园教师业务水平。2012年，率先在全市开展具有园本特色的区域活动并推广至全园全市。自2013年以来，先后主持、参与省级课题《幼儿协调与灵敏能力的培养研究》和市级课题《提高幼儿园一日活动组织有效性研究》，两个课题均已结题并取得显著的研究成果。新冠肺炎疫情防控期间，积极带领老师们开展线上教研，为家长和孩子打造专属的抗疫居家亲子活动视频，并通过线上将健康防疫小常识和亲子体能游戏分享给家长。家园携手，用爱心、耐心、细心关怀呵护幼儿成长。

（省文明办、省教育厅组织评选）

2020年“广东好人”获得者简介

【林卫涵】 男，1979年1月出生，本科学历，毕业于广东医科大学临床医学专业，副主任医师，揭阳市人民医院呼吸内科主任，揭阳市新型冠状病毒肺炎防控治疗组组长。

2020年1月27日，林卫涵进入隔离病房开展医疗救治工作，带领着近200名医护骨干站在疫情防控的最前沿，担任冲锋在前的“逆行者”，坚守隔离区组织、协调患者救治工作，用实际行动诠释新时代医护人员的医者仁心和医德本色。最终，经市人民医院新冠肺炎防控抢救团队的科学防治、精准施策，揭阳市11例新冠肺炎确诊病例全部治愈出院，医院圆满交上“病源零扩散、医护人员零感染、病例零死亡”的成绩单。林卫涵荣获2020年第一季度“广东好人”（敬业奉献好人）称号。

【黄妙珊】 女，1978年11月出生，广东省潮州卫生学校中专毕业，汕头大学医学院函授本科毕业，普宁市人民医院内六科护士长。

黄妙珊是揭阳市第一批支援武汉抗击疫情医疗队领队，自1月28日至3月30日，在金银潭医院，黄妙珊每天负责协助病区护士长开展管理工作，协助科室的护士每日穿脱隔离服，领物资、领药、过医嘱、传递一次性用品到隔离病房，因一次性物资比较紧缺，每天都要往物资仓库跑五六趟以上，在武汉的严寒中，却总是一身大汗。在此次支援工作中，面对繁重的救治工作，黄妙珊心怀大爱、勇挑重担、迎难而上，为患者提供精心细致的服务，用自己的爱心激起病人对抗病魔、回归正常生活的信心。2020年3月5日，国家卫生健康委、人力资源社会保障部、国家中医药管理局发布关于表彰全国卫生健康系统新冠肺炎疫情防控工作先进集体和先进个人的决定，授予了472位同志“全国卫生健康系统新冠肺炎疫情防控工作先进个人”称号，黄妙姗名列其中。黄妙珊荣获2020年第一季度“广东好人”（敬业奉献好人）称号。

【何洁玫】 女，广东昌记食品有限公司经理，揭阳市志远义工协会秘书长，是团队的创始人之一。

2008年初开始参加公益志愿活动，志愿服务时间共2046个小时，先后策划并参与逾千场次的志愿服务活动，受助困难家庭688户；为揭西塔头镇吴庆南等6位重疾患者募集医疗善款共计15.8万元；帮助92位贫困学生与爱心人士结对帮扶，包括23位大学生，助学金累计逾65万元。自新冠肺炎疫情发生以来，何洁玫积极投入疫情防控志愿服务活动中，组建揭阳青年战疫志愿突击队，以志愿骨干的身份投身疫情防控阻击战，参加基层社区“网格化”疫情防控、检查点志愿服务、慰问疫情防控一线人员、复工复产免费消毒、抗疫环境卫生清理、为医务人员义务理发和抗疫支农等志愿服务活动，志愿服务时长182个小时。荣获2020年第二季度“广东好人”（助人为乐好人）称号。

【黄永定】 男，普宁市永定职业培训学校、永定机动车驾驶员培训有限公司党支部书记、董事长。荣获2020年第三季度“广东好人”（诚实守信好人）称号。（事迹见广东省劳动模范和先进工作者简介）。

【江周敏】 男，1997年6月加入中国共产党，1997年7月参加工作揭阳市特殊教育学校党支部书记、校长。

江周敏爱岗敬业，严谨治学，扎实工作，敢想、敢干、敢为，20多年如一日一心扑在教育的工作岗位上，硕果累累。2013年7月，江周敏担任揭阳市特殊教育学校校长、党支部书记、揭阳市特殊教育研究与指导中心主任以来，坚持以特色求突破，以创新求发展，注重管理效能，学校逐步发展成为揭阳市特殊教育的“领头羊”、粤东特殊教育的“窗口”，实现了揭阳特殊教育从无到有、从小到大、从弱到强、从单一到多元的长足发展。学校共获得省级荣誉称号2个，获得国家、省市奖项超过35项，多项成果在省内处于领先地位，其中，自主研发的“身心障碍学生行为问题评量诊断系统”获得两项国家专利，于2019年6月通过国家知识产权认证，填补广东省内粤东地区空白；主编的《手语教材》荣获广东省特殊教育优秀教学成果二等奖。2020年，学校被广东省委宣传部评为广东省第六批“学雷锋活动示范点”。2018年12月，江周敏被聘任为广东省公安厅党风政风警风监督员；2019年被聘为广东省第十二届人民政府督学。荣获2020年第三季度“广东好人”（敬业奉献好人）称号。

【李勇】 男，1975年4月生，揭阳市华励慈善会会长。

李勇自1998年起投身志愿服务，多年来，带领志愿者开展抗战老兵寻亲活动，为英烈、老兵等找到失散多年的亲属48例，找到家族历史资料信息158例，关爱慰问老兵1500多人，先后为80多位老兵办理后事。2018年，李勇发起成立揭阳市华励慈善会，组织开展关爱老兵、扶残济困、医疗救助、文化教育、关爱孤寡老人、关爱留守儿童和保护母亲河等志愿服务活动。2020年新冠肺炎疫情暴发期间，李勇组织带领志愿者参与疫情防控志愿服务，累计为抗疫一线工作人员和社区居民赠送防疫口罩11000只、防疫中药包2500份、消毒液89罐；为农贸市场、企业、工厂和学校等188个单位提供义务消毒，推动复工复产；组织讲师设立“战疫相伴公益微课堂”，服务群众6000多人次。李勇荣获“揭阳市最美志愿者”“揭阳市抗击新冠肺炎疫情优秀志愿者”等称号，其家庭被评为“揭阳市抗疫最美家庭”。荣获2020年第四季度“广东好人”（助人为乐好人）称号。

【林亮平】 男，1978年11月生，广东古酒坊酒业有限公司总经理。

2016年，林亮平返乡创办广东古酒坊酒业有限公司，生产销售具有潮汕地方特色的果酒及果醋等产品，通过“公司+农户”模式进行产业扶贫，帮助贫困果农销售农特产品。2017年，林亮平组建慈善会并出任会长，开展扶贫助困、助学、助残和助医等公益活动，累计募集善款约235万元，帮扶困难户79户，开展各种大型公益活动103场。2020年新冠肺炎疫情暴发期间，林亮平组织志愿者迅速募集5000个医用口罩及250套雨衣送往疫情防控一线，并为学校、机关和企业等场所开展消毒活动12场。2020年3月，了解到武汉果农种植的桑葚滞销的情况后，林亮平利用自身企业的研发能力，开发桑葚果醋饮料产品，并联合广东广播电视台宣传发动爱心助农行动，协助武汉果农销售桑葚440多吨。林亮平先后荣获“广东省农村创业青年优秀带头人”“揭阳十大乡村创业青年”“揭阳市关心下一代工作先进工作者”称号。荣获2020年第四季度“广东好人”（助人为乐好人）称号。

（省文明办组织评选）

第七届广东省道德模范

【柯石磷】 男，1959年9月出生，揭阳市惠来县靖海镇中心小学退休教师。2019年9月13日18时许，柯石磷在惠来县靖海镇绿洲海滩，发现2个游泳的小伙子被潮水推离海岸，情况十分危急。深谙水性的柯石磷立即拿起两个救生圈冲进大海，花了近10分钟游到两个小伙子身边，把救生圈套在他们身上，引导他们避开海涡，顺着潮流方向划水。19时许，三人游回岸边。柯石磷把两名小伙推上岸后，因体力不支，被急流卷走。在海上漂流半个小时后，柯石磷被冲到距事发地几百米的沙滩上，被搜救人员紧急送往医院抢救，一度被下达病危通知单。20多年来，柯石磷6次下海勇救15人，1995年6月，他协助民警在靖海海滩救起1名同镇居民；2002年8月，他在同一片海域救起1名广州某集团职员；2005年9月，他下海援引7名不能回岸的深圳某公司员工撤出急流，迂回游回岸边。柯石磷荣获“广东好人”称号。

（市文明办供稿）

单位组织机构及负责人名录

【中国共产党揭阳市委员会】

书　记：叶牛平（任至2020年5月）
　　　　蔡朝林（2020年5月任职）
副书记：张　科
　　　　陈小锋（2020年5月任职）
常　委：庄建儿
　　　　熊　松（任至2020年7月）
　　　　张时义
　　　　陈定雄（任至2020年1月）
　　　　李文骥（任至2020年12月）
　　　　江林生
　　　　曹士阳（任至2020年4月）
　　　　刘端雄
　　　　马儒生（2020年1月任职）
　　　　王　俊（2020年4月任职）
　　　　王绍乐（2020年12月任职）
秘书长：刘端雄
副秘书长：巫树林（任至2020年4月）
　　　　胡焕华（任至2020年4月）
　　　　郑娘添（任至2020年12月）
　　　　卢洪涛
　　　　周　颖（2020年2月任职）
　　　　贝舒勉（2020年12月任职）
　　　　陈小东（2020年12月任职）
　　　　陈朝云（挂职）
纪委书记：李文骥（任至2020年12月）
监委主任：李文骥
办公室主任：刘端雄
组织部部长：熊　松（任至2020年7月）
　　　　王绍乐（2020年12月任职）
宣传部部长：江林生
统一战线工作部部长：庄建儿
政法委员会书记：张时义（2020年5月任职）
政策研究室（市委改革办）主任：
　　　　杜光亮（任至2020年10月）
　　　　周　颖（2020年10月任职）
网络安全和信息化委员会办公室主任：陈楚涛
市委外事工作委员会办公室主任：
　　　　傅友好（任至2020年1月）
　　　　林浩生（2020年2月任职）

市机构编制委员会办公室主任：
　　李静虹（2020年2月任职）
市委军民融合办公室主任：陈少伦
市直属机关工作委员会书记：黄少鹏（任至2020年2月）
　　赖源凯（2020年2月任职）
市委巡察办公室主任：高文捷
市委老干部局局长：郑楚鹏

【揭阳市人民代表大会常务委员会】

主　任：叶牛平（任至2020年6月）
副主任：杜小洋
　　唐　莉（任至2020年1月）
　　陈定雄（2020年5月任职）
　　柯群坚
　　张继钦
　　刘枝钿（2020年5月任职）
秘书长：刘枝钿（任至2020年5月）
　　高　翔（2020年5月任职）
副秘书长：蔡镇鹏（任至2020年6月）
　　吴伟东（任至2020年6月）
　　肖晓新
　　刘邦根（2020年6月任职）
　　洪晓亮（2020年6月任职）
社会建设委员会主任委员：陈家鹏
法制工作委员会主任：高宇飞（任至2020年9月）
　　林　华（2020年11月任职）
财政经济工作委员会主任：林昊利（任至2020年1月）
　　吴少炎（2020年6月任职）
农村农业工作委员会主任：陈少龙
教育科学文化卫生工作委员会主任：
　　蔡镇鹏（2020年6月任职）
选举人事任免工作委员会主任：
　　郭　林（2020年6月任职）
城乡建设环境与资源保护工作委员会主任：陈洁辉
代表联络工作委员会主任：吴伟东（2020年6月任职）
华侨宗教外事工作委员会主任：
　　方艾明（任至2020年11月）
监察和司法工作委员会主任：黄灿煜

【揭阳市人民政府】

市　长：张　科
副市长：陈定雄（任至2020年1月）
　　马儒生
　　曾瑞如
　　姚丽璇
　　吴毅青
　　梁瑞国（2020年6月任职）
　　刘　鹏（2020年6月任职）
秘书长：袁文键（任至2020年3月）
　　江少明（2020年3月任职）
副秘书长：袁泽龙（任至2020年2月）
　　陈家斌（任至2020年2月）
　　林兴国（任至2020年10月）
　　吴汉通（任至2020年2月）
　　林少纯（任至2020年10月）
　　王　辉
　　唐　超（2020年2月任职）
　　徐锦泉（2020年2月任职）
　　陈宏鑫（2020年2月至2020年12月）
　　杨广新（2020年10月任职）
　　梁细亮（2020年11月任职）
　　马志彤（2020年12月任职）
　　林建文（兼）
　　蔡旭辉（挂职）
　　林少航（挂职）
　　张育广（挂职，2020年8月任职）
办公室主任：袁文键（任至2020年2月）
市发展和改革局党组书记、局长：黄克新
市教育局党组书记、局长：罗俊波
市科学技术局党组书记、局长：陈晓青
市工业和信息化局党组书记、局长：洪创基
市公安局党委书记、局长：马儒生（任至2020年6月）
　　梁瑞国（2020年6月任职）
市民政局党组书记：方林荣（任至2020年4月）
　　周武城（2020年4月任职）
　　局长：方林荣（任至2020年6月）
　　周武城（2020年6月任职）
市司法局党组书记：王少鸿
　　局长：王少鸿（任至2020年11月）
　　韦子庆（2020年11月任职）
市财政局党组书记、局长：李春明
市人力资源和社会保障局党组书记：
　　陈思鹏（任至2020年10月）
　　许剑芒（2020年12月任职）
　　局长：陈思鹏（任至2020年11月）
市自然资源局党组书记、局长：江玉城
市生态环境局党组书记、局长：王全录
市住房和城乡建设局党组书记、局长：刘玉荣
市交通运输局党组书记：张自旺（任至2020年2月）
　　陈焕生（2020年2月任职）

局长：张自旺（任至2020年3月）
陈焕生（2020年3月任职）
市水利局党组书记：方　宙（任至2020年4月）
许茂伟（2020年4月任职）
局长：方　宙（任至2020年6月）
许茂伟（2020年6月任职）
市农业农村局党组书记、局长：刘佑知
市商务局党组书记、局长：王晓龙
市文化广电旅游体育局党组书记、局长：林少敏
市卫生健康局党组书记、局长：叶明文
市退役军人事务局党组书记：林浩生（任至2020年2月）
陈家斌（2020年2月任职）
局长：林浩生（任至2020年3月）
陈家斌（2020年3月任职）
市应急管理局党委书记、局长：柳沐荣
市审计局党组书记、局长：郑旭亮
市人民政府国有资产监督管理委员会党委书记：
洪少伟（任至2020年4月）
林树宏（2020年4月任职）
主任：洪少伟（任至2020年6月）
林树宏（2020年6月任职）
市市场监督管理局党组书记、局长：黄少斌
市统计局党组书记、局长：方伟斌
市医疗保障局党组书记：陈鸿进
局长：柯东凤
市金融工作局党组书记：江少明（任至2020年1月）
局长：江少明（任至2020年3月）
市城市管理和综合执法局党组书记：
杨瑞良（任至2020年11月）
钟李宏（2020年11月任职）
局长：杨瑞良
市信访局党组书记、局长：林建文
市政务服务数据管理局党组书记、局长：吕凡
市林业局党组书记、局长：陈锐彬

【中国人民政治协商会议揭阳市委员会】

主　席：陈澄民
副主席：蔡榜潘（任至2020年5月）
李　健
陈奇春
秦　雯
黄伟忠
陈群峰
吴少珍
袁文键（2020年5月任职）
秘书长：林素钦
副秘书长：江少俊
何耿二
提案委员会主任：吴春光
社会与法制委员会主任：王一乾
经济委员会主任：许汉焕（任至2020年7月）
教科文卫体委员会主任：陈育文
港澳台侨委员会主任：林梓翔（任至2020年7月）
刘建中（2020年10月任职）
人口资源环境委员会主任：吴庆东
文史资料委员会主任：李培丰
联络工作委员会主任：刘建中（任至2020年10月）
杜光亮（2020年10月任职）
农业和农村委主任：郑元龙

【中国共产党揭阳市纪律检查委员会、市监察委员会】

纪委书记、监委主任：
李文骥（纪委书记任至2020年12月）
纪委副书记、监委副主任：官俊程
蔡庆春（2020年7月任职）
林伟生（2020年7月任职）
纪委常委：高文捷
钟李宏（任至2020年11月）
张晓梅
钟进藩
许茂伟（任至2020年4月）
监委委员：钟李宏
钟进藩
许茂伟（任至2020年6月）
吴惠水

【揭阳市中级人民法院】

党组书记、院长：肖文浩

【揭阳市人民检察院】

党组书记、检察长：李学磊

【民主党派】

中国民主同盟揭阳市委员会主任委员：蔡幸生
中国民主促进会揭阳市委员会主任委员：陈奇春
中国农工民主党揭阳市委员会主任委员：卢灿辉
九三学社揭阳市委员会主任委员：吴少珍

【社会团体】

市总工会主席：张继钦

党组书记：黄光瑞（任至2020年1月）
　　　　黄少鹏（2020年2月任职）
共青团揭阳市委员会书记：陈颖聪（2020年10月任职）
市妇女联合会党组书记、主席：李丽曼
市工商业联合会党组书记：林少光
主席：林小茁
市归国华侨联合会党组书记、主席：邓荣贤
市文学艺术界联合会党组书记、主席：李文胜
市科学技术协会党组书记：王创华（任至2020年1月）
　　　　吴汉通（2020年2月任职）
主席：王创华（任至2020年5月）
　　　　吴汉通（2020年5月任职）
市残疾人联合会党组书记、理事长：林小彭
市社会科学界联合会党组书记、主席：刘创城

【市直属事业单位】

市委党校校长：熊　松（任至2020年8月）
　　　　王绍乐（2020年12月任职）
揭阳日报社社长：张潮海（任至2020年8月）
　　　　陈鸿彬（2020年10月任职）
市委、市政府接待办主任：高　翔（任至2020年1月）
　　　　吴燕敏（2020年10月任职）
市人民政府招商引资办公室（市重点项目领导小组办公室）主任：王晓龙
市地震局党组书记、局长：李春林（任至2020年7月）
　　　　林兴国（2020年10月任职）
市机关事务管理局党组书记：王绵辉（任至2020年2月）
　　　　张自旺（2020年2月任职）
局长：王绵辉（任至2020年3月）
　　　　张自旺（2020年3月任职）
市人民政府驻广州办事处党组书记、主任：郑基松
市人民政府驻北京联络处党组书记、主任：李文俊
市供销合作联社理事会党组书记、主任：吴海林
市档案馆（市地方史志办公室）馆长、主任：姚佑雄
揭阳广播电视台党组书记、台长：袁惠亮
揭阳职业技术学院党委书记：李文升
院长：龚善初（任至2020年7月）

【县（市、区）】

榕城区区委书记：张伟勤
区长：郭　翔（代区长，任至2020年5月；
　　　　区长，2020年5月任职）
揭东区区委书记：方　烽
区长：许剑芒（女，任至2020年12月止）
普宁市市委书记：张时义（任至2020年5月）
　　　　符　贤（2020年5月任职）
市长：黄锐亮（2020年1至6月代职，6月任职）
揭西县县委书记：陈群峰（任至2020年10月）
　　　　刘端雄（2020年12月任职）
县长：魏洁林
惠来县县委书记：蔡淡群
县长：肖辉生
揭阳产业转移工业园党委书记：
贝舒勉（任至2020年9月）
党工委书记：贝舒勉（2020年9月任职，
　　　　任至2020年12月）
　　　　方　烽（2020年12月任职）
管委会主任：陈宏鑫（2020年11月任职）
揭阳空港经济区区委书记：林春霖
揭阳大南海石化工业区党工委书记、管委会主任：
陈俊谦（2020年2月起任党工委书记）
揭阳市粤东新城党工委书记：
蔡淡群（2019年10月任职）
管委会主任：陈郑生（2019年10月任职）

［市委组织部、各县（市、区）供稿］

揭阳市劳动模范、先进工作者名单

一、劳动模范（50名）

黄烁鑫　广东深展实业有限公司实验室主任
孙淑强　揭阳市青狮旅游文化有限公司总经理
杨少娜　揭阳市榕城区西马街道滘墘社区党总支书记
陈　锐　广东宝盛兴实业有限公司技术主管
张韩英　揭阳市榕城区人民医院主任医师
陈伟健　揭阳师范附属小学高级教师
贝朝昌　普宁华侨医院重症医学科副主任

陈娆娆　普宁市人民医院感染管理股股长
卢海琼　普宁市第一中学政教处副主任
谢　勇　普宁市流沙中学教师
钟陈耀　普宁市地方公路管理站道班班长
林镇明　中国移动通信集团广东有限公司普宁分公司无线网优化管理员
朱文景　普宁市云落镇红光村果林场副场长
黄少健　普宁市永定职业培训学校总教练
洪　冰　广东电网揭阳普宁供电局有限责任公司党委书记（执行董事）
洪小勇　中国联合网络通信有限公司揭阳市揭东区分公司总经理
孙伟全　揭东区疾病预防控制中心职工
杨炳高　揭阳市揭东区第二中学副校长
吴博泳　青岛啤酒（揭阳）有限公司职工
黄腾光　广东巨轮智能装备股份有限公司职工
许漫鑫　揭阳国雄饲料有限公司职工
黄志辉　揭西县疾病预防控制中心主管医师
李志敏　揭西县第二人民医院主任医师
林佩伟　揭西县东园中学高级教师
陈志财　广东京溪园罐头食品有限公司董事长
李炳雄　揭西县住房和城乡建设局污水处理管理股负责人
王勇光　揭西县棉湖镇鲤鱼沟村党支部书记
吴彦镇　惠来县第一中学教师
胡水勋　惠来县慈云中医院内一科主任
陈汉宁　惠来县富林大酒店总厨
陈华生　惠来县华深水产养殖有限公司负责人
林乙猛　惠来县前詹镇铭东村党支部书记、村主任
王晓萍　揭东区龙尾镇龙珠中心小学教师
黎苗青　揭阳市第三人民医院内一科护士长
黄晓蓬　揭东区磐东老蒋玉器商行经理
卢金明　揭阳市万春酱料食品有限公司副总经理
黄敏聪　广东华能达电器有限公司技术开发部主任
陈伟杰　广东鹏运实业有限公司研发部副主任
郑建钦　揭阳市合升机械石材有限公司总经理
蔡振宇　中国石油天然气股份有限公司广东石化分公司POX运行部副经理
黄江飞　广州市第四建筑工程有限公司惠来分公司工程师
刘少瑜　揭阳市网络舆情信息中心信息管理员
陈晓帆　揭阳市环境监测站九级职员
刘集惠　揭阳市特殊教育学校教师
徐名伟　揭阳市人民医院党委委员、院长
陈旭钺　国家税务总局揭阳市税务局纳税服务中心职工
黄　健　中国电信股份有限公司揭阳分公司政企客户部副总经理
郑卓骅　揭阳市气象局气象公共安全技术中心主任
蔡晓燕　揭阳市水务集团有限公司计划财务部副主任
吴　穗　工商银行揭阳分行普宁支行行长助理

二、先进工作者（9名）

刘志青　揭阳市纪委监委四级主任科员
洪　琼　揭阳市检察院第二检察部副主任、四级高级检察官
孙榜生　揭阳市财政局四级调研员、预算科科长
黄宇钊　揭阳市农业农村局扶贫规划与老区建设科科长
卢　辉　揭阳市卫生健康局办公室主任
杨潮英　揭阳市总工会生活女工部部长
池学峰　普宁市卫生健康局秘书股二级科员
陈合辉　中共惠来县委办公室副主任
黄　炜　中共揭阳空港经济区渔湖镇党委书记

（市总工会）

揭阳市“三八红旗手”（集体）名单

王佳漫　市公安局榕城分局办公室教导员、二级警长
陈锦珍　广东深展实业有限公司研发工程师
邢彦华　榕城区梅云华侨中学办公室主任
郑　佳　榕城区人民法院职工
陈婷婷　榕城区财政局党组成员、副局长
洪晓珊　揭东区第二中学教师
黄惜冰　揭东区采血站站长
徐秀娜　揭东区法院妇委会主任
程春华　揭东区侨联办公室主任
谢庆丹　揭东区玉滘镇党委委员
刘绿苗　揭东区纪委监察委案审室主任
林少娟　普宁市流沙南街道党工委委员、办事处副主任

官雯雯　普宁市梅林镇妇联主席
方锦云　普宁市档案馆副馆长
黄伟斌　普宁市中医医院副院长、骨一科负责人
江柳碧　普宁市流沙北街道南园小学校长
赖玉君　中国移动普宁分公司行业总监
田妙容　广东利泰制药股份有限公司副总经理、女工委主任
张幼妮　揭西县公安局警务保障室职工
蔡　冰　揭西县交通运输局四级主任科员
冯穗玲　揭西县棉湖华侨医院急诊科护士长
张燕香　揭西县龙马环卫环境工程有限公司片区班长
林齐珊　揭西县棉湖中学教科室副主任
吴苏梅　惠来县疾病预防控制中心副主任
黄彩华　惠来县前詹镇妇联副主席
林淑君　惠来县隆江镇育才学校董事长
方鹏祥　惠来宾馆妇委会主任、客房系列经理
李　晴　惠来慈云实验中学教师
陈伟珊　空港经济区登岗卫生院防疫组长
谢晓絮　空港经济区砲台镇浮岗小学教师
黄　凤　揭阳市人民检察院检察官助理
辜美绒　揭阳广播电视台新闻中心采编部副主任
陈丽熔　揭阳市疾病预防控制中心城区疾控科副科长
林玉玲　揭阳市文化广电旅游体育局文艺科科长
谢俊榕　中国石油天然气股份有限公司广东石化分公司企管法规部高级主管
吴琼珊　揭阳市财政局农村财务管理办公室职员
洪如玉　揭阳市中级人民法院民三庭副庭长
徐馥冰　揭阳市林业局生态公益林管理中心副主任
洪婉如　揭阳市人力资源和社会保障局人事科一级科员
郑旭娟　揭阳市实验中学教师

（市妇联）

2020年揭阳“最美教师”名单

榕城区

陈奕浩　榕城区揭阳运通学校
余子敏　揭阳邱金元纪念中学
黄晓双　榕城区梅云双梧小学

揭东区

涂楚婵　揭东区云路镇云路初级中学
李　创　揭东区云路中学
徐沛衡　揭东区埔田镇车田小学
杨伟东　揭东区第二中学

普宁市

黄佩珊　普宁市流沙第一小学
郑梦君　普宁市云落镇云联初级中学
陈泓彬　普宁市第二中学
王银城　普宁市第一中学
杨娟利　普宁二中实验学校

揭西县

沈树忠　揭西县凤江镇东光小学
彭国如　揭西县河婆中学
张丁胜　揭西县特殊教育学校
黄新华　揭西县上砂中学
杨雄生　揭西县棉湖中学

惠来县

林春云　惠来县第一中学（初中部）
李　晴　惠来慈云实验中学（高中部）
林蕊如　惠来县东陇镇钓石小学
侯楚丽　惠来县慈云世铿中学（初中）
郑晓虹　惠来县锡溪学校（小学部）

揭阳产业园

江伟青　揭阳第三中学
吴晓玲　揭阳产业转移工业园月城镇棉洋小学
林东凯　揭阳产业转移工业园乔南中心小学

空港经济区

孙阿保　揭阳空港经济区登岗中学
孙楷丰　揭阳空港经济区京冈街道副业小学

市直学校

黄新敏　揭阳第一中学
黄雄发　揭阳第二中学
郑旭娟　揭阳市实验中学
颜　津　揭阳市实验小学

（市教育局组织评选）

2020年揭阳“最美家庭”名单

一、十大抗疫最美家庭（10户）

黄妙珊家庭　詹杰彬家庭　吴耿标家庭　许金微家庭
陈桂城家庭　郑晓冰家庭　洪泽农家庭　谢泽平家庭
张小河家庭　张少芳家庭

二、五好家庭（9户）

陈丽容家庭　郭琦婷家庭　肖　伟家庭　何令光家庭
孙碧妹家庭　郑秀莲家庭　许吟花家庭　江静勤家庭
谢玉秒家庭

三、脱贫致富家庭（6户）

潘瑞彬家庭　谢建秋家庭　郑剑峰家庭　李奕鸿家庭
陈芳妹家庭　李惠娥家庭

四、绿色家庭（5户）

黄燕华家庭　黄少梅家庭　陈亮光家庭　叶仕育家庭
林　锐家庭

五、书香家庭（4户）

倪瑜发家庭　黄克漫家庭　陈俊涛家庭　林静纯家庭

六、廉洁家庭（4户）

刘志青家庭　官年红家庭　杨海峰家庭　黄燕芝家庭

七、抗疫最美家庭名单（46户）

陈细敏家庭　邱俊宏家庭　林灿鑫家庭　黄志辉家庭
许晓新家庭　谢晓城家庭　李妙虹家庭　杨丽旋家庭
黄红丹家庭　李铭辉家庭　黄洁妹家庭　许桂波家庭
蔡丽华家庭　吴秋丽家庭　李永喜家庭　林伟生家庭
蔡燕华家庭　郑馥芬家庭　黄　琼家庭　郑　宇家庭
林丹璇家庭　陈冬茹家庭　李伟红家庭　林俊丰家庭
陈拥浪家庭　温陈兴家庭　林莲英家庭　林伟涛家庭
吴纪扬家庭　黄彩华家庭　蔡泓彬家庭　林彩宜家庭
刘秀情家庭　黄彩秀家庭　孙秋云家庭　姚文生家庭
林晓佳家庭　柯映鹏家庭　洪文泉家庭　黄美芳家庭
朱逸龙家庭　李　勇家庭　李美媛家庭　袁丽专家庭
林少君家庭　庄曰凑家庭

（市委宣传部、市文明办、市妇联联合组织评选）

揭阳市2020年度“最美消防人”名单

一、最美消防员

覃超强　揭阳空港经济区专职消防队队长

二、最美热心消防公益事业先进个人

李晓佳　普宁市水上救援协会副会长、普宁狼队越野赛车车队队员

（市委宣传部、市消防安全委员会办公室、市消防救援支队联合组织评选）

揭阳市荣获2020年度潮汕星河奖名单

一、品德奖

一等奖　张优然（普宁）

二等奖　李欣然（榕城）　黄锐畅（惠来）

三等奖　榕江中学青年志愿者服务队（榕城）
云路初级中学志愿爱心服务队（揭东）
刘厝寨小学红领巾爱心服务小组（揭东）
义西初中青年志愿者服务队（揭东）
“大拇指”志愿者服务队（揭东）
钱坑小学朝阳服务队（揭西）

二、学业奖

二等奖　许敬扬（普宁）

三等奖　孙昶文　郑依炅　黄灏锐（市直）
吴炯炯　林志宏（榕城）
刘璟烘（揭东）
许林然（揭西）
陈浩　方锐珊　陈正奇　章博阳　吴博（普宁）
林晓霞（惠来）
蔡和彬（产业园）
李泽颖（空港经济区）

三、科技奖

特等奖　胡耿军（惠来）

一等奖　杨正谦　许广跃（榕城）
林家喜（揭西）
吴金燕（惠来）
李佳信（集体2人）　黄培杰（集体2人）
刘晓胜（集体2人）（普宁）

二等奖　林鸿祥　黄姿语　林恬烁（榕城）
林卓涛（惠来）

三等奖　陈玄楷（市直）
林思源（榕城）
陈泽楷（普宁）
曾诗涵（集体2人）（榕城）

四、文艺奖

二等奖　许嘉娴（普宁）
陈凯莉（产业园）

三等奖　丁湘婷（榕城）
李　彦　吴　意（揭东）
黄俊炯　吴芷轩　李诗涵（普宁）

（潮汕星河奖基金会组织评选）

揭阳市荣获第十四届潮汕星河国瑞科技奖名单

杨煜俊　巨轮智能装备股份有限公司技术中心

陈晓彬　广东电网有限责任公司揭阳供电局

（潮汕星河奖基金会组织评选）

揭阳市荣获第十届潮汕星河辉勇师表奖名单

梁　芬　榕城区红旗小学副校长

黄　微　榕城区梅云华侨中学教师

张友银　揭阳真理中学教师

黄文希　揭东区蓝田中学教师

吴学英 揭东第一中学教师
黄伟群 揭东区第一初级中学教务处主任
王慕和 揭东区锡场镇潭王小学教师
杨舜鸿 普宁市下架山中学校长
赵木芬 普宁市第二中学教师
吴瑞英 普宁市特殊教育学校教导处副主任
方立群 普宁市城东中学教师
马南锐 普宁市占陇中学教师
黄清峰 普宁市建新中学政教主任
陈院标 普宁市后溪中学教师
肖卫彬 普宁市第一中学教师
黄淑华 普宁市南溪镇钟堂学校教务处副主任
房瑶华 普宁市大坪镇新竹小学教师
李隆雪 普宁梅塘安仁初级中学教师
李俊锋 普宁市兴文中学教师
吴荣飞 普宁市船埔镇新联小学教师
黄　玉 揭西县河婆中学教师
杨洪生 揭西县棉湖中学校长
李雅旭 揭西县京溪园中学教师
曾宪英 揭西县塔头镇塔头小学教师
刘碧玲 揭西县良田乡岸洋小学教师
张琳芳 揭西县灰寨镇灰寨小学教师
韩振华 揭西县五云镇下洞小学教导主任
吴娟玲 惠来县实验小学教师
夏晓丹 惠来县溪西镇山头小学教师
吴舜娃 惠来县神泉镇中心小学教师
施君玉 惠来县华湖镇华谢小学教师
方秋雪 惠来县惠城中学教师
黄昌茂 惠来县青山圆墩小学教师
朱喜得 惠来县第一中学教师
杨汉升 惠来县隆江镇中心小学主任
黄桂东 空港区凤美街道初级中学教师
郑美纯 空港区地都镇第二初级中学教师
吴文玉 产业园龙尾镇珠坑小学教师
林洁珠 产业园实验中学教师
黄维深 揭阳第一中学副校长
史洁文 揭阳市实验小学教师
林晓玉 揭阳市机关少霏幼儿园教师

（潮汕星河奖基金会组织评选）

揭阳市2020年度“新时代好少年”名单

林佳佳（揭阳市实验中学）
陈永鑫（揭阳市实验小学）
李启鸿（揭阳一中众智外国语学校）
谢宇轩（揭阳真理中学）
张铮齐（榕城区实验学校）
陈冰莹（榕城区仙桥古溪初级中学）
吴　灿（揭东区第一小学）
林泽铠（揭东区锡场镇华清小学）
徐　昊（揭东区埔田镇车田小学）
秦淳佳（普宁二中实验学校）
王钲皓（普宁市流沙第五小学）
赖思帆（普宁市流沙北街道白沙陇小学）
陈荣楷（揭西县宝塔实验学校）
林煜镏（揭西县钱坑镇钱南小学）
陈木子（惠来县实验小学）
陈子函（惠来县澳角学校）
陈凯莉（揭阳产业园桂岭镇福岗小学）
卢志轩（揭阳产业园实验中学）
林锭凯（空港经济区京冈街道副业小学）
王洁心（空港经济区登岗镇吕畔初级中学）

（市文明办供稿）

附 录

揭阳市2020年国民经济和社会发展统计公报

揭阳市统计局

2020年，在市委市政府坚强领导下，揭阳坚持以习近平新时代中国特色社会主义思想为指导，坚持稳中求进工作总基调，统筹疫情防控和经济社会发展工作，扎实做好“六稳”工作，全面落实“六保”任务，认真落实省委“1+1+9”工作部署，聚焦高质量发展，深化改革开放，奋力建设宜居宜业宜游的活力古城、滨海新城，打造沿海经济带上的产业强市。

一、综合

根据广东省地区生产总值统一核算结果，2020年全市实现地区生产总值（初步核算数）2102.14亿元，比上年增长0.2%。其中，第一产业增加值204.40亿元，比上年增长3.2%；第二产业增加值774.77亿元，下降2.5%；第三产业增加值1122.97亿元，增长2.2%。三次产业结构比重为9.7：36.9：53.4，第三产业所占比重比上年提高0.9个百分点。

图1 地区生产总值增速图

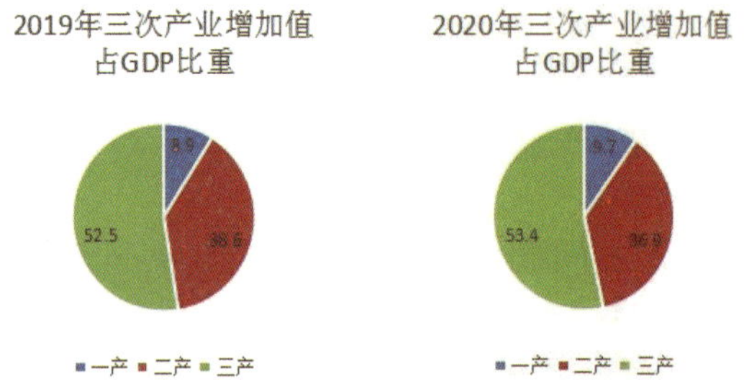

图2 2019年、2020年三次产业占GDP比重图

表1 2020年分县区主要指标表

县（市、区）	地区生产总值（亿元）	比上年增长（%）	规模以上工业增加值增长（%）	固定资产投资增长（%）	社会消费品零售总额增长（%）
全市	2102.14	0.2	-2.7	2.5	-10.7
榕城区	351.31	0.2	-2.2	-10.1	-10.3
空港经济区	179.84	-5.3	-7.7	-6.3	-13.3
揭东区（新）	434.93	3.0	2.3	0.1	-10.2

续上表

县（市、区）	地区生产总值（亿元）	比上年增长（%）	规模以上工业增加值增长（%）	固定资产投资增长（%）	社会消费品零售总额增长（%）
揭阳产业园	24.78	−13.0	−18.8	10.6	−13.6
普宁市	613.58	0.1	−1.9	−6.6	−10.3
揭西县	240.01	1.6	1.8	3.3	−11.4
惠来县	257.69	−3.5	−9.9	5.6	−11.1
大南海石化工业区	—	—	—	253.5	—

全市年末户籍总人口711.19万人。

全年地方一般公共预算收入73.97亿元，增长1.3%；其中，税收收入45.23亿元，下降1.4%。一般公共预算支出374.48亿元，增长7.1%。其中，教育支出81.73亿元，增长6.2%；卫生健康支出57.27亿元，下降1.3%；社会保障和就业支出64.97亿元，增长10.2%。民生类支出298.89亿元，占一般公共预算支出比重为79.81%。

全年城镇新增就业3.06万人，就业困难人员实现就业0.15万人。年末城镇实有登记失业人员1.17万人，城镇登记失业率2.92%。

全年居民消费价格比上年上涨2.0%。分类别看，食品烟酒类价格上涨7.2%，衣着类价格下降1.9%，居住类价格下降0.6%，生活用品及服务类价格下降0.2%，交通和通信类价格下降3.9%，教育文化和娱乐类价格下降0.1%，医疗保健类价格上涨1.3%，其他用品和服务类价格上涨3.4%。

表2　2020年居民消费价格比上年涨跌幅度表

指标	价格指数（上年=100）	比上年涨跌幅度（%）
居民消费价格	102.0	2.0
食品烟酒	107.2	7.2
其中：粮食	104.1	4.1
食用油	102.0	2.0
鲜菜	101.4	1.4
畜肉类	137.8	37.8
禽肉类	95.0	−5.0
水产品	103.0	3.0
蛋类	88.7	−11.3
衣着	98.1	−1.9

续上表

指标	价格指数（上年=100）	比上年涨跌幅度（%）
居住	99.4	−0.6
生活用品及服务	99.8	−0.2
交通和通信	96.1	−3.9
教育文化和娱乐	99.9	−0.1
医疗保健	101.3	1.3
其他用品和服务	103.4	3.4

工业生产者出厂价格累计下降1.1%，其中轻工业累计下降0.7%，重工业累计下降1.8%。

二、农业

全年粮食作物播种面积196.02万亩，比上年增长0.7%；油料种植面积12.86万亩，下降3.2%；蔬菜种植面积82.87万亩，增长7.7%；园林水果种植面积81.63万亩，增长7.1%；茶叶种植面积12.00万亩，增长19.4%；中草药种植面积1.38万亩，下降20.3%。

全年粮食产量80.85万吨，比上年增长2.4%；油料产量3.44万吨，增长0.2%；蔬菜产量209.28万吨，增长8.5%；水果产量59.52万吨，增长13.3%；茶叶产量2.51万吨，增长30.4%。

全年猪牛羊禽肉产量13.08万吨，比上年下降5.5%。其中，猪肉产量8.3万吨，增长3.0%；禽肉产量4.39万吨，下降17.8%。全年全市水产品产量14.54万吨，增长0.4%。其中，海水产品6.71万吨，下降1.1%；淡水产品7.83万吨，增长1.8%。

三、工业和建筑业

全年规模以上工业增加值520.29亿元，下降2.7%。其中，国有控股企业下降0.8%，外商及港澳台投资企业下降7.6%，股份制企业下降1.9%，集体企业下降32.8%。分轻重工业看，轻工业下降7.8%，重工业增长7.4%。分企业规模看，大型企业下降42.6%，中型企业增长0.3%，小型企业增长5.0%，微型企业增长25.8%。

图3　2016—2020年规模以上工业增加值增速图

高技术制造业增加值39.32亿元，比上年下降

44.9%，占规模以上工业增加值的比重为7.6%，比上年回落15.2个百分点。其中，医药制造业下降57.6%，电子及通信设备制造业下降11.8%，医疗仪器设备及仪器仪表制造业增长33.4%。

先进制造业增加值196.64亿元，比上年下降9.0%，占规模以上工业增加值的比重为37.8%，比上年回落4.6个百分点。其中，高端电子信息制造业下降13.7%，生物医药及高性能医疗器械业下降53.2%，先进装备制造业增长12.0%，先进轻纺制造业下降3.2%，新材料制造业增长7.3%，石油化工业下降2.0%。

优势传统产业增加值比上年下降3.6%，其中，化工和矿物加工业增长7.3%，纺织服装业增长10.6%，医药制造业下降56.3%，金属行业增长6.7%，食品业下降1.0%，制鞋业下降13.4%，电气机械和设备（配件）制造业增长5.6%。

规模以上工业企业资产负债率51.8%，提高3.9个百分点；流动资产周转次数2.52次；成本费用利润率3.43%，下降1.2个百分点；产品销售率96.05%，下降1.1个百分点。实现利润总额84.72亿元，比上年下降31.9%。全年规模以上工业企业每百元营业收入中的成本为88.58元，比上年增加0.44元。

表3　2020年主要工业产品产量及其增长速度表

产品名称	计量单位	产量	比上年增长（%）
布	万米	1178.53	-34.7
化学纤维	万吨	9.04	-12.2
钢材	万吨	467.48	-4.8
工业机器人	套	1508	-27.8
电力电缆	万千米	41.88	9.8
平板玻璃	万重量箱	49.50	-12.8
饲料	万吨	88.65	23.0
塑料制品	万吨	32.35	-10.5
罐头	万吨	15.37	-19.6
初级形态塑料	万吨	13.87	-3.6
鞋	亿双	11.44	-20.5
服装	亿件	8.93	14.7

全年全社会建筑业增加值83.27亿元，比上年下降11.0%。全年具有资质等级的建筑企业166个，比上年增长16.1%；总承包和专业承包完成建筑业总产值139.38亿元，下降8.4%。

四、服务业

全年批发和零售业增加值396.54亿元，比上年下降6.4%；住宿和餐饮业增加值29.67亿元，下降19.6%；金融业增加值61.29亿元，增长2.7%；房地产业增加值182.51亿元，增长4.3%。现代服务业增加值371.55亿元，增长6.2%。生产性服务业增加值295.04亿元，增长2.0%。

全年规模以上服务业企业实现营业收入83.04亿元，比上年增长0.1%；利润总额5.5亿元，增长28.3%。其中，战略性新兴服务业营业收入增长3.3%。分行业看，信息传输、软件和信息技术服务业营业收入增长3.5%，水利、环境和公共设施管理业下降6.8%，科学研究和技术服务业增长3.6%，卫生和社会工作下降18.9%，租赁和商务服务业增长7.8%，居民服务、修理和其他服务业下降2.8%，交通运输、仓储和邮政业下降2.5%。

全年交通运输、仓储和邮政业实现增加值41.73亿元，比上年增长13.4%。货物运输总量2422万吨，增长0.4%。货物运输周转量23.96亿吨千米，增长7.4%。

表4　2020年各种运输方式完成货物运输量及其增长速度表

指标	单位	绝对数	比上年增长（%）
货物运输总量	万吨	2422	0.4
铁路	万吨		
公路	万吨	2384	0.5
水路	万吨	37	-3.0
民航	万吨		
管道	万吨		
货物运输周转量	亿吨公里	23.96	7.4
铁路	亿吨公里		
公路	亿吨公里	19.11	1.3
水路	亿吨公里	4.85	40.6
民航	亿吨公里		
管道	亿吨公里		

全年旅客运输总量1381万人，比上年下降42.4%。旅客运输周转量12.33亿人千米，下降52.3%。

全年全市港口货物吞吐量完成2369.77万吨，比上年增长24.9%。

年末公路通车里程7611.28千米，其中，高速公路里程390.39公里，比上年末增长20.9%。年末全市民用汽车保有量65.50万辆，比上年末增长10.6%，其中，私人汽车63.01万辆，增长11.1%。民用轿车保有量38.92万辆，增长10.3%。其中，私人轿车38.53万辆，增长10.3%。

揭阳潮汕国际机场开通航线101条，其中国际航线6条，全年完成旅客吞吐量528.6万人次。

全年完成邮电业务总量833.41亿元，比上年增长

44.5%。其中，邮政业务总量（按2010年不变价计算）468.29亿元，增长64.2%；快递业务量23.47亿件，增长61.8%；快递业务收入137.95亿元，增长32.4%；电信业务总量（按2015年不变价计算）365.12亿元，增长24.9%。年末电话总用户898.07万户，比上年末下降16.26%；其中，固定电话用户46.74万户，下降15.14%；移动电话用户851.33万户，下降16.32%。年末（固定）互联网宽带用户135.22万户，增长0.1%。年末移动互联网用户436.64万户，下降0.2%。

五、固定资产投资

全年固定资产投资1180.75亿元，比上年增长2.5%。分投资主体看，国有经济投资增长44.7%，民间投资下降25.0%，港澳台、外商经济投资下降21.8%。

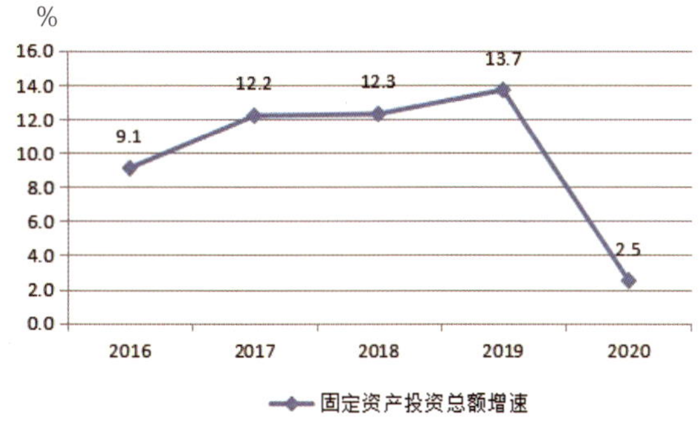

图4 2016—2020年固定资产投资总额增速图

在固定资产投资中，第一产业投资比上年下降55.8%，第二产业投资下降15.8%，第三产业投资增长14.6%。基础设施投资增长10.4%，占固定资产投资的比重为40.2%，其中，电力、热力、燃气及水的生产和供应业投资增长1.7%，交通运输、仓储和邮政业投资增长24.5%，水利、环境和公共设施管理业投资增长10.8%。高技术制造业投资下降18.1%，占固定资产投资的比重为0.9%。先进制造业投资增长76.6%，占固定资产投资的比重为14.5%，其中装备制造业投资下降46.2%。

表5 2020年分行业固定资产投资增长速度表

行业	比上年增长（%）
固定资产投资	2.5
农、林、牧、渔业	-42.8
采矿业	-100.0
其中：石油和天然气开采业	
制造业	-20.9
其中：农副食品加工业	-61.1
食品制造业	-68.7
石油、煤炭及其他燃料加工业	237.3
化学原料和化学制品制造业	527.6
非金属矿物制品业	-60.5

续上表

行业	比上年增长（%）
黑色金属冶炼和压延加工业	37.5
有色金属冶炼和压延加工业	-67.0
金属制品业	-66.1
通用设备制造业	134.9
专用设备制造业	-47.0
汽车制造业	-100.0
铁路、船舶、航空航天和其他运输设备制造业	***
电气机械和器材制造业	-68.5
计算机、通信和其他电子设备制造业	-10.5
电力、热力、燃气及水生产和供应业	1.7
其中：电力、热力生产和供应业	-5.8
建筑业	-93.4
批发和零售业	-58.4
交通运输、仓储和邮政业	24.5
住宿和餐饮业	-18.7
信息传输、软件和信息技术服务业	26.1
金融业	-100.0
房地产业	36.5
租赁和商务服务业	132.3
科学研究和技术服务业	-59.9
水利、环境和公共设施管理业	10.8
居民服务、修理和其他服务业	177.7
教育	65.9
卫生和社会工作	78.2
文化、体育和娱乐业	-39.2
公共管理、社会保障和社会组织	225.5

全年房地产开发投资312.90亿元，增长81.9%。按用途分，商品住宅开发投资229.24亿元，增长62.8%；办公楼投资5.52亿元，增长654.4%；商业营业用房投资35.68亿元，增长130.6%。

全年商品房销售面积282.47万平方米，增长3.0%；其中，商品住宅销售面积266.44万平方米，增长3.3%。

表6 2020年房地产开发和销售主要指标完成情况表

指标	单位	绝对数	比上年增长（%）
房地产开发投资	亿元	312.90	81.9
其中：住宅	亿元	229.24	62.8
房屋施工面积	万平方米	1440.46	22.9
其中：住宅	万平方米	1120.09	16.3
房屋新开工面积	万平方米	543.48	25.4

续上表

指标	单位	绝对数	比上年增长（%）
其中：住宅	万平方米	387.81	9.9
房屋竣工面积	万平方米	65.28	-47.9
其中：住宅	万平方米	60.58	-39.1
商品房销售面积	万平方米	282.47	3.0
其中：住宅	万平方米	266.44	3.3
商品房销售额	亿元	205.26	9.0
其中：住宅	亿元	190.64	9.7
商品房待售面积	万平方米	81.22	0.4
其中：住宅	万平方米	69.21	2.3
本年实际到位资金	亿元	299.55	44.7
其中：国内贷款	亿元	39.12	113.4
个人按揭贷款	亿元	29.32	41.0

六、国内贸易

全年社会消费品零售总额955.16亿元，比上年下降10.7%。按经营地统计，城镇消费品零售额690.81亿元，下降10.8%；乡村消费品零售额264.35亿元，下降10.5%。从消费形态看，商品零售918.23亿元，下降10.5%；餐饮收入36.93亿元，下降15.5%。

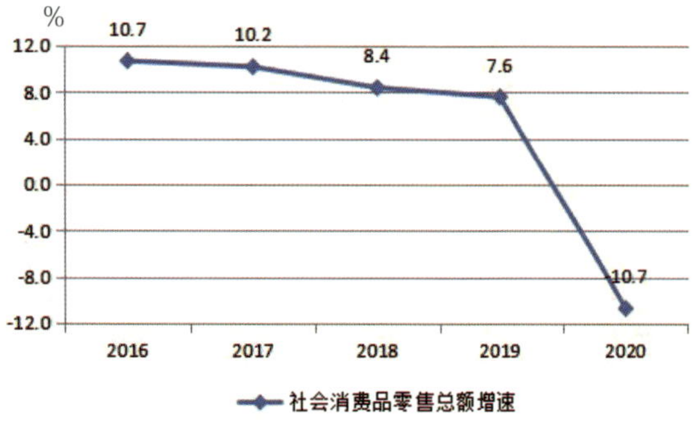

图5 2016—2020年社会消费品零售总额增速图

在限额以上批发和零售业商品零售额中，粮油、食品类下降18.1%，饮料类增长17.7%，烟酒类增长10.9%，服装、鞋帽、针纺织品类增长1.5%，化妆品类增长8.2%，金银珠宝类下降50.9%，日用品类下降25.7%，体育、娱乐用品类下降29.0%，书报杂志类增长1.7%，家用电器和音像器材类下降17.5%，中西药品类增长1.9%，文化办公用品类下降30.4%，通信器材类下降19.0%，汽车类下降5.2%，建筑及装潢材料类下降51.4%，石油及制品类下降1.5%。

七、对外经济

全年货物进出口总额194.3亿元，比上年下降40.1%。其中，出口181.1亿元，下降41.3%；进口13.2亿元，下降18.1%。进出口差额（出口减进口）167.9亿元，比上年减少124亿元。

表7 2020年货物进出口总额及其增长速度表

指标	绝对数（亿元）	比上年增长（%）
货物进出口总额	194.30	-40.1
货物出口额	181.08	-41.3
其中：一般贸易	173.49	-41.7
加工贸易	7.47	-31.6
其中：机电产品		
高新技术产品		
其中：国有企业	0.6	-37.4
外商投资企业	25.8	-36.3
民营企业	154.7	-42
货物进口额	13.2	-18.1
其中：一般贸易	9.7	-12.4
加工贸易	3.2	-33
其中：机电产品		
高新技术产品		
其中：国有企业	1.7	135.5
外商投资企业	3.3	-39.2
民营企业	8.2	-17.6
货物进出口差额（出口减进口）	167.9	

表8 2020年主要国家和地区货物进出口总额及其增长速度表

国家和地区	出口额（亿元）	比上年增长（%）	进口额（亿元）	比上年增长（%）
中国香港	9.5	-32.7		
美国	29.2	-30.5		
欧洲联盟（不含英国）	19.7	-51.7	0.4	-61.6
东盟	33.9	-37	3.7	31.5
日本				
韩国			0.3	-66
中国台湾			1	-26.6
俄罗斯			0.4	217

全年新签外商直接投资项目9个，比上年增长28.6%。实际使用外商直接投资金额1.6亿元，增长33.5%。

八、金融

年末全市金融机构本外币各项存款余额2599.43亿

元，比上年末增长7.0%；各项贷款余额1236.62亿元，增长4.6%。年末全市农村合作机构本外币存款余额782.04亿元，比上年末增长16.9%；各项贷款余额364.43亿元，比上年末下降14.2%。银行业金融机构本年利润（税后）11.60亿元，比上年增长27.8%。

图6 2016—2020年本外币各项存款余额增速图

表9 2020年末金融机构本外币存贷款及其增长速度表

指标	绝对数（亿元）	比上年末增长（%）
各项存款余额	2599.43	7.02
其中：非金融企业存款	222.88	8.47
住户存款	1870.86	7.85
各项贷款余额	1236.62	4.61
其中：非金融企业及机关	746.15	-0.2
住户贷款	489.99	12.94

全年实现保费收入67.27亿元，比上年增长5.0%。其中，寿险业务保费收入48.94亿元，财产险业务保费收入18.33亿元，分别增长7.6%和下降1.3%；健康险和意外伤害险业务保费收入12.95亿元，增长15.9%。全年共支付各项赔款和给付18.78亿元，下降0.6%；其中，寿险业务赔付支出8.59亿元，下降0.9%；财产险业务赔款支出10.19亿元，下降0.4%；健康险和意外伤害险赔付支出4.75亿元，增长2.8%。

九、人民生活和社会保障

全年全市居民人均可支配收入21822元，比上年增长2.3%。按常住地分，城镇常住居民人均可支配收入27066元，增长1.2%；农村常住居民人均可支配收入16312元，增长4.1%。

全年全市居民人均消费支出15566元，比上年增长2.8%。按常住地分，城镇居民人均消费支出17417元，增长1.4%；农村居民人均消费支出13622元，增长4.8%。全市居民恩格尔系数为46.5%，比上年增长2.8个百分点；其中城镇45.2%，农村为48.1%。

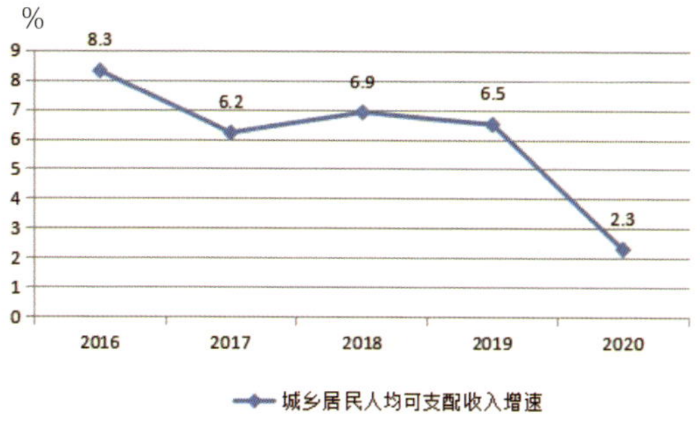

图1 2016—2020年城乡居民人均可支配收入增速图

年末全市参加城镇职工基本养老保险（含离退休）62.22万人，比上年增长10.3%。参加城乡居民基本养老保险244.82万人，增长1.6%。参加工伤保险27.62万人，增长17.1%。参加失业保险17.37万人。

截止2020年12月底，全市城乡基本医疗保险参保人数575.91万人，下降3.2%，其中城镇职工医保参保人数22.83万人，下降28.3%。城乡居民医保参保人数553.08万人，下降1.8%。参加生育保险参保人数17.8万人，下降21.1%。

表10 2020年末全市参加各类保险人数及其增长速度表

指标	参保人数（万人）	比上年末增长（%）
参加基本养老保险	307.04	3.27
其中：城镇职工基本养老保险（含离退休）	62.22	10.31
#参保职工	43.71	12.75
参保离退休人员	18.51	4.96
城乡居民基本养老保险	244.82	1.63
参加基本医疗保险	575.91	-3.21
其中：职工基本医疗保险	22.83	-28.28
城乡居民基本医疗保险	553.08	-1.8
参加失业保险	17.37	—
参加工伤保险	27.62	17.08
参加生育保险	17.80	-21.10

全年企业职工基本养老保险基金收入18.24亿元，失业保险基金征缴收入2385万元，工伤保险基金征缴收入1867万元。全年领取失业保险金787人。

全年社会保险基金征缴收入42.80亿元（不含医保），年末社会保险累计结余56.83亿元（不含医保），比上年增长9.84%。全年领取失业保险金787人。

各类提供住宿的社会服务机构养老床位3.38万张，收养人员1461人。城乡社区服务机构和设施3252个，其中，综合性社区服务中心166个，社区服务站1926个。

共发行销售福利彩票2.11亿元，筹集福利彩票公益金2384万元。年末每万人拥有社会组织数量为8.25个。注册志愿者人数达60.73万人，注册志愿者人均参与志愿服务时数累计达689小时。

十、教育和科学技术

全年各级各类教育（不含非学历培训，不含技工学校）招生数32.93万人，比上年下降8.4%；在校生125.0万人，增长3.2%；毕业生32.41万人，下降1.2%。其中，特殊教育学校招生81人，在校生548人；学前教育在园幼儿27.6万人。

表11　2020年各级各类教育招生、在校生、毕业生人数及其增长速度表

指标	招生（人）	比上年增长（%）	在校生（人）	比上年增长（%）	毕业生（人）	比上年增长（%）
普通本专科	4198	15.5	11588	7.8	4022	9.4
成人本专科	1212	-15.4	3861	-19.1	1922	-3.4
各类中等职业技术教育（不含技工学校）	9568	39.2	26579	2.3	8222	-2.9
普通高中	49780	7.3	135192	7.1	39424	-10.9
初中	81094	-0.67	241424	1.9	76088	2.9
小学	91536	-10.7	554855	2.3	80495	-1.6
学前教育	91811	-19.9	275989	4.7	113922	-0.06
特殊教育学校	81	18.5	548	9.8	45	181.3

全市高新技术企业186家。省级工程技术研究中心65家，省级重点实验室3家，省级新型研发机构2家，省级技术创新专业镇22个。全年统计科技成果5项，其中应用技术成果5项。全年经各级科技行政部门登记技术合同1项；技术合同成交额580万元。国家企业技术中心2家，省级企业技术中心24家。

全年专利授权总量9126件，增长53.9%；其中，发明专利授权量100件，增长42.9%。全年《专利合作条约》（PCT）国际专利申请量1件。截至2020年底，全市有效发明专利量718件，每万人口发明专利拥有量1.18件。

表12　2020年专利申请、授权和有效专利情况表

指标	专利数（件）
专利申请数	
其中：发明专利申请	
专利授权数	9126
其中：发明专利授权	100
年末有效发明专利	718

全市共有建成或在建的国家产品质量监督检验中心2个、省级授权产品质量监督检验机构4个。全市建成或在建的省级产业计量测试中心1个；法定计量检定机构5个，特种设备综合检验机构1个；标准化技术机构8个，获得资质认定产品质量监督检验机构7个。截至2020年底，获得资质认定计量认证的实验室7家，获得质量、环境、职业健康三大管理体系认证企业分别为330、218和190家，获得3C产品认证的企业477家。

年末全市共有气象观测站点168个，其中国家基本站2个、国家气象观测站7个、省级气象观测站154个、应用气象观测站（回南天）4个、应用气象观测站（海洋）1个；地震观测测震台3个，强震台5个，水位观测井2个。

十一、文化、旅游、卫生和体育

年末全市共有群众艺术馆、文化馆6个，县级以上公共图书馆6个，博物馆7个。广播综合人口覆盖率和电视综合人口覆盖率均为95%。年末有线广播电视用户55万户，比上年末增长4.5%；有线数字电视用户45万户，下降3%。

全市接待入境过夜游客0.66万人次，比上年下降85.2%。国际旅游外汇收入0.21亿美元，下降86.6%；国内过夜游客264.95万人次，下降38.8%；国内旅游收入35.54亿元，下降73.6%。

年末全市共有各类卫生计生机构3103个（含村卫生室），其中，医院71个，卫生院66个，社区卫生服务机构26个，妇幼保健机构6个，专科疾病防治机构6个，疾病预防控制中心5个，村卫生室2589个。全市卫生机构卫生技术人员2.64万人，比上年增长5.6%；其中，执业医师和执业助理医师1.07万人，注册护士1.14万人；拥有医疗床位2.28万张，其中，医院1.64万张。全市66家乡镇卫生院拥有卫生技术人员7375人，床位4805张；5家疾病预防控制中心拥有卫生技术人员316人。乙类传染病15987例（全市无甲类传染病发生），死亡47人，发病率261.87/10万，死亡率为0.77/10万。

全市体育健儿在国内外重大比赛中，共获得奖牌6枚，其中金牌1枚，银牌2枚，铜牌3枚。

十二、资源、环境和安全生产

全年水资源总量46.07亿立方米，比上年减少31.7%。年平均降水量1329.3毫米，比2019年减少32.04%。

全年规模以上工业综合能源消费量408.27万吨标准煤，比上年上升1.6%。全社会用电量166.94亿千瓦时，增长6.3%。其中，工业用电量94.97亿千瓦时，增长2.3%。

全市7个地表水省考监测断面中，Ⅰ～Ⅱ类水质的断面比例14.3%，Ⅲ类水质的断面比例28.6%，Ⅳ类水质的断面比例28.6%，Ⅴ类水质的断面比例14.3%，劣Ⅴ类水质的断面比例14.3%。全市近岸海域海水质量达到一类海水水质标准的点位占76.9%；二类海水占23.1%；三类海水占0%；四类海水占0%；劣四类海水占0%。

全市平均灰霾日数13天，比上年少20天；全年日照时数2086小时，比历年偏多9%（173小时）。

全年全市实施《环境空气质量标准》（GB3095-2012），二氧化硫（SO2）年均值达到一级标准；二氧化氮（NO2）年均值达到一级标准；可吸入颗粒物（PM10）年均值达到二级标准，一氧化碳（CO）第95百分位数年均值达到一级标准。全市空气质量达到优良天数比例为97%，比上年提高1.7个百分点。建成污水处理设施41座，城镇污水日处理能力达到12.86万吨，增长19.62%；城市生活垃圾无害化处理率达100%。城市人均公园绿地面积15.04平方米，增加1.1平方米。

全年完成人工造林408公顷，当年新封山育林6760公顷，退化林修复5519公顷，中幼林抚育14898公顷。全市森林覆盖率达50.78%。全市共有省级自然保护区1个，省级自然保护区面积6809.1公顷。

全年共发生生产安全事故120起，死亡62人，受伤92人，直接经济损失841.64万元，无较大生产安全事故。全年发生道路交通事故3134起，比上年上升13.0%；死亡251人，比上年下降9.4%；受伤3566人，比上年上升13.5%；直接经济损失788.63万元，比上年上升7.1%。道路交通万车事故死亡人数为1.4人。

说明：

1.本公报中2020年数据为初步统计数。

2.从2011年起，规模以上工业统计口径由年主营业务收入500万元调整为2000万元及以上；固定资产投资项目统计起点由计划总投资50万元提高到500万元，增速为可比口径。限额以上批发和零售业统计标准为：批发业年主营业务收入2000万元及以上；零售业年主营业务收入500万元及以上。2012年四季度，国家统计局实施了城乡一体化住户调查改革。2013年起按照新的调查口径对外发布城乡一体的居民人均可支配收入和分城镇、农村常住居民人均可支配收入数据。由于新老调查方案在调查范围、调查对象、城乡划分标准、样本抽选、计算和汇总方式、指标口径等方面变化较大，改革后新口径数据和旧口径数据存在不可比的差异。从2015年起，“地方公共财政预算收入”更名为“地方一般公共预算收入”；各项金融机构存款余额中，“单位存款”更名为“非金融企业存款”、“储蓄存款”更名为“住户存款”。

3.地区生产总值、三次产业及相关行业增加值、人均地区生产总值绝对数按现价计算，增长速度按可比价计算；地方一般公共预算收入增长速度按可比口径计算。

4.按照我国地区生产总值统一核算和数据发布制度规定，地区生产总值核算包括初步核算和最终核实两个步骤。经最终核实，2019年，揭阳市地区生产总值现价总量为2099.91亿元，按不变价格计算，比上年增长3.0%。

5.先进制造业包括高端电子信息制造业、先进装备制造业、石油化工产业、先进轻纺制造业、新材料制造业、生物医药及高性能医疗器械。装备制造业包括金属制品业，通用设备制造业，专用设备制造业，汽车制造业，铁路、船舶、航空航天和其他运输设备制造业，电气机械和器材制造业，计算机、通信和其他电子设备制造业，仪器仪表制造业。高技术制造业包括医药制造业，航空、航天器及设备制造业，电子及通信设备制造业，计算机及办公设备制造业，医疗仪器设备及仪器仪表制造业，信息化学品制造业。六大高耗能行业包括石油、煤炭及其他燃料加工业、化学原料及化学制品制造业、非金属矿物制品业、黑色金属冶炼及压延加工业、有色金属冶炼及压延加工业、电力热力的生产和供应业。

6.高技术制造业投资包括医药制造、航空航天器及设备制造等六大类。

7.规模以上服务业包括年营业收入1000万元及以上，或年末从业人员50人及以上的交通运输、仓储和邮政业，信息传输、软件和信息技术服务业，房地产业（不含房地产开发经营），租赁和商务服务业，科学研究和技术服务业，水利、环境和公共设施管理业，教育，卫生和社会工作；年营业收入500万元及以上，或年末从业人员50人及以上的居民服务、修理和其他服务业，文化、体育和娱乐业法人单位。

8.战略性新兴服务业包括节能环保产业、新一代信息技术产业、生物产业、高端装备制造产业、新能源产业、新材料产业、新能源汽车产业等七大产业中的服务业相关行业。

9.高技术服务业：按照国家统计局印发的《高技术产业（服务业）分类（2018）》，包括信息服务、电子商务服务、检验检测服务、专业技术服务业的高技术服务、研发与设计服务、科技成果与转化服务、知识产权及相关法律服务、环境监测及治理服务、其他高技术服务等9大类63个行业小类。

10.软件和信息技术服务业包括软件开发、集成电路设计、信息系统集成和物联网技术服务、运行维护服务、信息处理和存储支持服务、信息技术咨询服务、数字内容服务和其他信息技术服务等行业。

11.互联网和相关服务业包括互联网接入及相关服务、互联网信息服务、互联网平台、互联网安全服务、互联网数据服务和其他互联网服务等行业。

12.基础设施投资包括电力、热力、燃气及水生产和供应业，交通运输、邮政业，电信、广播电视和卫星传输服务业，互联网和相关服务业，水利、环境和公共设施管理业投资。

13.货物贸易、吸收外资采用人民币计价。对外投资和对外承包工程由于技术原因仍主要沿用美元计价。

14.由于统计口径调整，失业参保人数与上年度不可比。

揭阳市第七次全国人口普查公报①（第一号）

——全市常住人口情况

揭阳市统计局　揭阳市第七次全国人口普查领导小组办公室

2021年5月19日

根据《中华人民共和国统计法》《全国人口普查条例》规定，我国进行了第七次全国人口普查②。在以习近平同志为核心的党中央坚强领导下，市委、市政府统一部署，各地区各有关部门大力支持，全市各级普查机构和普查人员共同努力，广大普查对象积极配合，我市第七次全国人口普查圆满完成普查现场登记工作，汇集了丰富翔实的普查数据，取得重要阶段性成果。根据第七次全国人口普查结果，现将2020年11月1日零时我市常住人口③的基本情况公布如下：

一、常住人口

全市常住人口④为5577814人。

二、人口增长

全市常住人口与2010年第六次全国人口普查的5877025人相比，十年共减少299211人，下降5.09%。

表1-1　历次人口普查常住人口及年均增长率表

单位：万人，%

普查年份	常住人口数	年均增长率
2000	523.74	-
2010	587.70	1.16
2020	557.78	-0.52

三、户别人口

全市共有家庭户⑤1418586户，集体户32564户，家庭户人口为5410579人，集体户人口为167235人。平均每个家庭户的人口为3.81人，比2010年第六次全国人口普查的4.80人减少0.99人。

注释：

①本公报中数据均为初步汇总数据。

②普查标准时点为2020年11月1日零时，普查对象是普查标准时点在中华人民共和国境内的自然人以及在中华人民共和国境外但未定居的中国公民，不包括在中华人民共和国境内短期停留的境外人员。

③常住人口包括：居住在本乡镇街道且户口在本乡镇街道或户口待定的人；居住在本乡镇街道且离开户口登记地所在的乡镇街道半年以上的人；户口在本乡镇街道且外出不满半年或在境外工作学习的人。

④全市常住人口是指市内6个县（市、区）的人口，不包括居住在市内6个县（市、区）的港澳台居民和外籍人员。

⑤家庭户是指以家庭成员关系为主、居住一处共同生活的人组成的户。

揭阳市第七次全国人口普查公报①（第二号）

——地区人口情况

揭阳市统计局　揭阳市第七次全国人口普查领导小组办公室

2021年5月19日

根据第七次全国人口普查结果，现将2020年11月1日零时我市6个县（市、区）常住人口有关数据公布如下：

6个县（市、区）中，人口超过100万人的地区有2个，50万人至100万人之间的地区有3个，少于50万人的地区有1个。其中，人口居前二位的地区合计人口占全市常住人口②比重为54.49%。

表2-1　各地区人口表

单位：万人，%

地区	人口数	比重③
全市	5577814	100.00
榕城区	537212	9.63
揭东区	931719	16.70
普宁市	1998619	35.83
揭西县	674829	12.10
惠来县	1040779	18.66
揭阳空港经济区	394656	7.08

注释：

①本公报中数据均为初步汇总数据。

②全市常住人口是指市内6个县（市、区）的人口，不包括居住在市内6个县（市、区）的港澳台居民和外籍人员。

③指各地区的常住人口占全市人口的比重。

揭阳市第七次全国人口普查公报①（第三号）

——人口性别构成情况

揭阳市统计局　揭阳市第七次全国人口普查领导小组办公室

2021年5月19日

根据第七次全国人口普查结果，现将2020年11月1日零时我市6个县（市、区）的人口性别构成情况公布如下：

一、全市人口性别构成

全市常住人口②中，男性人口为2852630人，占51.14%；女性人口为2725184人，占48.86%。总人口性别比（以女性为100，男性对女性的比例）由2010年第六次全国人口普查的104.21上升为104.68。

表3-1　历次人口普查人口性别构成表

单位：%

性别	2000	2010	2020
男	51.25	51.03	51.14
女	48.75	48.97	48.86

二、地区人口性别构成

6个县（市、区）中，人口性别比在105～110之间的地区有2个，在105以下的地区有4个。

表3-2　各地区人口性别构成表

单位：%

地区	占常住人口比重		性别比
	男	女	
全市	51.14	48.86	104.68
榕城区	50.69	49.31	102.82
揭东区	51.80	48.20	107.45
普宁市	51.21	48.79	104.98
揭西县	51.30	48.70	105.32
惠来县	50.54	49.46	102.18
揭阳空港经济区	51.17	48.83	104.81

续上表

注释：

①本公报中数据均为初步汇总数据。

②全市常住人口指市内6个县（市、区）的人口，不包括居住在6个县（市、区）的港澳台居民和外籍人员。

揭阳市第七次全国人口普查公报①（第四号）

——人口年龄构成情况

揭阳市统计局　揭阳市第七次全国人口普查领导小组办公室

2021年5月19日

根据第七次全国人口普查结果，现将2020年11月1日零时我市6个县（市、区）的常住人口年龄构成情况公布如下：

一、全市人口年龄构成

全市常住人口②中，0～14岁③人口为1424146人，占25.53%；15-59岁人口为3255037人，占58.36%；60岁及以上人口为898631人，占16.11%，其中65岁及以上人口为630554人，占11.30%。与2010年第六次全国人口普查相比，0～14岁人口的比重提高1.06个百分点，15-59岁人口的比重下降6.86个百分点，60岁及以上人口的比重提高5.80个百分点，65岁及以上人口的比重提高4.06个百分点。

表4-1　全市人口年龄构成表

单位：人、%

年龄	人口数	比重
总计	5577814	100.00
0～4岁	1424146	25.53
15～59岁	3255037	58.36
60岁及以上	898631	16.11
其中：65岁及以上	630554	11.30

二、地区人口年龄构成

6个县（市、区）中，15～59岁人口比重在60%-65%之间的地区有2个，在60%以下的地区有4个。

6个县（市、区）65岁及以上老年人口比重超过7%，其中，1个县（市、区）65岁及以上老年人口比重超过14%。

表4-2　各地区人口年龄构成表

单位：%

地区	占总人口比重			
	0～14岁	15～59岁	60岁及以上	其中：65岁及以上
全市	25.53	58.36	16.11	11.30
榕城区	21.03	62.59	16.38	11.20
揭东区	22.29	59.15	18.56	12.95
普宁市	26.65	59.50	13.85	9.74
揭西县	24.13	55.48	20.39	14.57
惠来县	31.18	54.32	14.50	10.30
揭阳空港经济区	21.17	60.50	18.33	12.53

注释：

①本公报中数据均为初步汇总数据。

②全市常住人口是指市内6个县（市、区）的人口，不包括居住在市内6个县（市、区）的港澳台居民和外籍人员。

③0～15岁人口为1500376人，16～59岁人口为3178807人。

揭阳市第七次全国人口普查公报[①]（第五号）

——人口受教育情况

揭阳市统计局　揭阳市第七次全国人口普查领导小组办公室

2021年5月19日

根据第七次全国人口普查结果，现将2020年11月1日零时我市6个县（市、区）的人口受教育基本情况公布如下：

一、受教育程度人口

全市常住人口[②]中，拥有大学（指大专及以上）文化程度的人口为246446人；拥有高中（含中专）文化程度的人口为755368人；拥有初中文化程度的人口为2093566人；拥有小学文化程度的人口为1700844人（以上各种受教育程度的人口包括各类学校的毕业生、肄业生和在校生）。与2010年第六次全国人口普查相比，每10万人中拥有大学文化程度的由1818人上升为4418人；拥有高中文化程度的由10996人上升为13542人；拥有初中文化程度的由43205人下降为37534人；拥有小学文化程度的由33717人下降为30493人。

表5-1　各地区每10万人口中拥有的各类受教育程度人数表

单位：人/10万人

地区	大学（大专及以上）	高中（含中专）	初中	小学
全市	4418	13542	37534	30493
榕城区	10792	19570	30950	26211
揭东区	4576	17296	36177	30007
普宁市	3439	12665	40598	29363
揭西县	3757	11962	42793	29269
惠来县	2929	8384	34126	35747
揭阳空港经济区	5390	17223	34178	31427

二、平均受教育年限[③]

与2010年第六次全国人口普查相比，全市常住人口中，15岁及以上人口的平均受教育年限由8.56年提高至8.86年。

6个县（市、区）中，平均受教育年限在9年至10年之间的地区有3个，在9年以下的地区有3个。

表5-2　各地区15岁及以上人口平均受教育年限表

单位：年

地区	2020年
全市	8.86
榕城区	9.77
揭东区	9.08
普宁市	8.90
揭西县	8.85
惠来县	7.96
揭阳空港经济区	9.06

三、文盲人口

全市常住人口中，文盲人口（15岁及以上不识字的人）为127647人，文盲率为2.29%。

注释：

①本公报中数据均为初步汇总数据。

②全市常住人口是指市内6个县（市、区）的人口，不包括居住在市内6个县（市、区）的港澳台居民和外籍人员。

③平均受教育年限是将各种受教育程度折算成受教育年限计算平均数得出的，具体的折算标准是：小学=6年，初中=9年，高中=12年，大专及以上=16年。

揭阳市第七次全国人口普查公报①（第六号）

——城乡人口和流动人口情况

揭阳市统计局　揭阳市第七次全国人口普查领导小组办公室

2021年5月19日

根据第七次全国人口普查结果，现将2020年11月1日零时我市人口城乡分布及流动情况公布如下：

一、城乡②人口

全市常住人口③中，居住在城镇的人口为2825237人，占50.65%；居住在乡村的人口为2752577人，占49.35%。与2010年第六次全国人口普查相比，城镇人口比重提高3.34个百分点。

表6-1　历次人口普查城乡人口及比重表

单位：万人，%

普查年份	总人口	城镇化率
2000	523.74	37.91
2010	587.70	47.31
2020	557.78	50.65

二、流动人口④

全市常住人口中，人户分离人口⑤为279720人，其中，市辖区内人户分离⑥人口为18717人，流动人口为261003人。流动人口中，外省流入揭阳人口为106067人，省内流动人口为154936人。

注释：

①本公报中数据均为初步汇总数据。

②城镇、乡村是按国家统计局《统计上划分城乡的规定》划分的。

③全市常住人口是指市内6个县（市、区）的人口，不包括居住在市内6个县（市、区）的港澳台居民和外籍人员。

④流动人口是指人户分离人口中扣除市辖区内人户分离的人口。

⑤人户分离人口是指居住地与户口登记地所在的乡镇街道不一致且离开户口登记地半年以上的人口。

⑥市辖区内人户分离人口是指一个地级市所辖的区内和区与区之间，居住地和户口登记地不在同一乡镇街道的人口。

文 献

在市委六届八次全会上的报告

（2020年1月11日）

中共揭阳市委书记　叶牛平

这次全会，主要任务是以习近平新时代中国特色社会主义思想为指导，全面贯彻党的十九大和十九届二中、三中、四中全会精神，认真落实省委十二届七次、八次、九次全会部署，回顾总结过去一年工作，分析当前面临形势，部署安排今年工作，动员全市上下不忘初心、牢记使命，坚定信心、真抓实干，在攻坚克难中奋力前行，以新担当新作为开创揭阳工作新局面。

现在，我受市委常委会委托，向全会作工作报告。

一、过去一年的主要工作

2019年以来，面对风险挑战明显上升的内外环境和艰巨繁重的改革发展稳定任务，我们在省委的坚强领导下，全面贯彻党的十九大和十九届二中、三中、四中全会精神，深入贯彻落实习近平总书记对广东重要讲话和重要指示批示精神，认真落实省委“1+1+9”工作部署，紧密结合“不忘初心、牢记使命”主题教育，坚定不移推进全面从严治党，坚持稳中求进工作总基调，坚决落实高质量发展要求，进一步夯实发展基础，开启“融湾建带”新征程，推动全市各项事业取得新进步。

（一）扎实开展主题教育。严格落实中央部署和省委要求，统筹推进学习教育、调查研究、检视问题、整改落实四项重点措施，推动全市“不忘初心、牢记使命”主题教育取得实效。开展主题党日活动2.2万多场次，组织基层党支部集中学习2.6万场次，参与党员51.3万人次，实现学习教育全覆盖。坚持问题导向，部署开展10方面25个专题调研，建立“一台账两清单”和集中治理清单，持续抓好整改落实。为群众办实事好事12.8万件，在服务群众的同时，密切了党群干群关系。通过深入开展主题教育，推动全市党员干部更加自觉地以习近平新时代中国特色社会主义思想武装头脑、指导实践、推动工作，切实做到理论学习有收获、思想政治受洗礼、干事创业敢担当、为民服务解难题、清正廉洁作表率。

（二）深入推进全面从严治党。开展“组织力提升年”活动，制定《中共揭阳市委关于规范基层党组织建设完善运行保障机制提升组织力的实施意见》，配套出台23个标准规范，形成基层党建“1+23”政策体系。以基层组织建设为龙头，以脱贫攻坚、人居环境整治、涉土整治、信访维稳、扫黑除恶五项工作为重点，以驻镇巡村巡察监督为抓手，建立“1+5+1”基层工作措施体系，提升基层组织抓落实促发展的能力。坚持党管干部党管人才原则，出台并推进落实《关于完善选育管用工作机制建设高素质专业化公务员队伍的实施意见》，用更严的要求、更大的视野调配干部和人才资源，实现机关公务员和事业单位人才“选、育、管、用”一体化统筹管理，引进全日制博硕士研究生181人，形成以风清气正和人岗相适为基本要求的公务员队伍建设机制。坚定不移正风肃纪反腐，全市立案2344件2357人，其中处级干部67件67人，给予党纪政务处分2160人；查处违反中央八项规定精神问题240个，给予党纪政务处分261人；查处形式主义、官僚主义问题174个，给予党纪政务处分195人。开展六届市委第四、第五、第六轮巡察和驻镇巡村专项巡察，完成40个市直单位和全市所有村居的巡察工作。通过推动全面从严治党向纵深发展，全市各级党组织更加坚强有力，党员干部队伍进一步纯洁，为揭阳加快振兴发展提供了坚强政治保证。

（三）推动“融湾建带”开局起步。牢牢把握国家建设粤港澳大湾区和支持深圳建设中国特色社会主义先行示范区、省构建“一核一带一区”区域协调发展新格局的重大机遇，围绕解决发展不平衡不充分问题，聚焦“一城两园”，加快揭阳滨海新区开发建设，建设粤东城市群新城市中心和先进制造业高地，遵循城市群发展规律，规划构建“三中心一示范区”，推动各县（市、区）发挥自身优势，全域融入粤港澳大湾区，奋力把揭阳打造成为广东沿海经济带新增长极。我们优化调整大南海石化工业区管委会职能职责，组建粤东新城管委会，深化落实华侨管理区融入辖区管理体制改革，行政管理更加完备，园区开发能力进一步增强。狠抓重大产业项目，中石油炼化一体化项目炼油装置及化工区先后开工建设，吉林石化ABS、昆仑能源LNG等产业链配套项目正式落户，国电投、美国GE、明阳等海上风电项目落户建设，“油、化、气、电”四大基础工业发展格局已具雏型。推进榕江新城高标准建设、高品质开发，展现了新城新貌的美好未来。揭西生态发展示范区建设取得重大进展，被评为首批广东省全域旅游示范区。狠抓产业园区建设，出台十大重点产业园区基础设施建设方案，优化园区建设管理运营体制，推动企业入园集聚发展，支持重点企业实施技术改造，实现园区发展提质增效。狠抓土地资源储备，以控规单元规范土地征收整合供给，划定中心城区、粤东新城、大南海石化工业区42个控规单元和16个近期重点建设区，整备管控土地面积2.67万亩，土地资源保障经济发展能力显著提高。狠抓交通基础设施建设，完成揭阳潮汕国际机场跑道延长及站坪扩建工程，梅汕客专正式开通，中心城区揭阳站、机场站投入运营，汕汕高铁全面开工，揭阳港大南海作业区1号、2号港池和国电投前詹码头全部确定建设方案，城区高速连接线工程、揭阳大桥、进贤门大桥加快建设，国道、省道、城乡道路改造全面推进，空铁港综合枢纽日趋完善。一年来，通过完善工作思路、落实具体举措，全市上下更加自觉从国家发展战略中找动力，从全省发展部署中找支撑，从自身发展格局中找抓手，发展的基础进一步夯实，发展的信心进一步增强，初步形成了全市全域“融湾建带”的良好发展态势。

（四）聚焦聚力打好三大攻坚战。决战决胜脱贫攻坚，全面实现“两不愁三保障”，99%以上贫困人口实现脱贫“摘帽”，132个省定贫困村脱贫出列。坚决打好污染防治攻坚战，全面完成“散乱污”工业企业场所清理，建成12个污水处理项目和907千米污水管网，城市建成区5条黑臭水体基本完成治理，榕江“国考”断面水质明显提升，练江水质基本告别黑臭，空气质量6项指标全面达标，揭西县获“中国天然氧吧”称号。全力防范化解重大风险，积极做好上市公司风险处置，有序推进惠来农信联社改制和普宁、揭西农商行等农合机构潜在风险化解，牢牢守住不发生系统性区域性金融风险底线。

（五）持续改善民生事业。大力实施乡村振兴战略，扎实推进涉农资金统筹整合改革，全面建设农村雨污分流工程，全面普及农户无害化卫生厕所，全覆盖推进“三清三拆三整治”，扎实推进“八个十”品牌产业兴村项目，培育市级以上农业龙头企业57家、农民专业合作社示范社63家。深化教育领域综合改革，加快建设揭阳理工学院，推进“麻雀”学校撤并和职业学校整合，新增一所市直优质高中，全力办好人民满意的教育。升级建设中心城区四所综合医院，整体医疗水平明显提升。加强公共文体设施建设，深入开展创文创卫活动，城乡人居环境大幅改善，市民文明素质显著提升。

（六）保持社会大局和谐稳定。圆满完成全国“两会”、中华人民共和国成立70周年和澳门回归20周年等重大安保任务，实现“五个坚决防止”的目标。组织开展预防化解重点领域社会矛盾专项行动，推动化解一大批信访突出问题，中石油炼化一体化项目涉及的埔洋村在粤东首个实现整村顺利搬迁。强化社会治安综合治理，纵深开展扫黑除恶专项斗争，持续深入整治惠来涉毒问题，打掉涉黑组织4个、恶势力犯罪集团18个，全市立案查处涉黑涉恶和“保护伞”人数全省排名第四，惠来近期有望成功摘掉“毒帽”。全面加强安全生产监管，严肃查处安全生产、消防安全、交通安全等领域违法行为，群众安全感满意度不断提升。

一年来，市委坚持总揽全局、协调各方。召开市委人大工作会议、政协工作会议，进一步加强和改善党委对人大、政协工作的领导。大力支持各民主党派、工商联、无党派人士参政议政，加强党外代表人士队伍建设和民族、宗教、港澳台海外统战工作，不断巩固壮大爱国统一战线。充分发挥工会、共青团、妇联等群团组织的作用。召开市委议军会议，党管武装工作、国防动员和后备力量建设等得到全面加强。

二、深入贯彻落实中央决策和省委部署，把握机遇，认清形势，推动思想、能力、作风进入新时代

当前，揭阳正处在爬坡过坎的攻坚期、转型升级的关键期，存量不足与增量无法接续的问题十分突出，面临的形势可谓困难与希望同在、挑战与机遇并存。一方面，我市产业基础薄弱，加上结构性、体制性、周期性问题相互交织，下行压力进一步加大，“稳”的压力非同寻常；另一方面，经济长期向好的基本趋势没有变，我市补短板的过程恰恰就是发挥潜力的机会，“进”的机遇十分难得。我们要坚决贯彻落实中央及省委决策部署，牢牢把握国家强化逆周期调控和促进形成强大国内市场等宏观政策“窗口期”，既充分认识具备的优势和有利条件，坚定发展的信心和决心，又清醒看到存在的不足和短板，增强忧患意识和紧迫感，找准工作的着力点和突破口，真抓实干、攻坚克

难，把经济下行压力转化为推动高质量发展的动力。

（一）要充分认识当前的发展机遇。作为广东沿海经济带建设的东翼主战场，当前揭阳战略机遇共振，政策机遇叠加，具备突出的比较优势和良好的开发态势，我们要深化认识、正确把握，更好地发挥优势、保持态势，坚定不移推动加快发展。

一要牢牢把握“融湾建带”面临的新机遇。去年来，我们按照省推动沿海经济带与大湾区高水平互动发展的要求，用足用好省支持揭阳滨海新区开发建设的政策措施，聚焦“一城两园”，加快揭阳滨海新区开发建设，构建“三中心一示范区”，推动全市全域“融湾建带”，各项工作开局良好，扎实有效，迈出建设广东沿海经济带新增长极的关键一步。省委十二届九次全会部署推动“一核一带一区”区域发展新格局深化实化，提出构建“以珠三角核心区为主动力源、沿海经济带为主动力轴，辐射带动北部生态发展区的动力传导机制”，赋予沿海经济带新使命新内涵，为我们“融湾建带”进一步指明了发展方向、提供了新机遇，增强了新动力。我们要牢牢把握新机遇，坚决落实新任务，以“融湾建带”新的更大成效，为沿海经济带主动力轴贡献更多动能。

二要倍加珍惜难得的政策机遇。揭阳是财政弱市，地方财政一般预算收入处于全省落后位置，2018年地方一般公共预算收入79.34亿元，但一般公共预算支出达到了313.74亿元，2019年地方一般公共预算收入73亿元，但一般公共预算支出达到了349.23亿元，全年财政总支出达到了453.16亿元，2019年比2018年又净增加56.31亿元，增长14.19%，而且一般预算支出、八项支出、民生支出占比都创下了新高。在揭阳财政落后面貌短期内难以有实质性改变、建设发展所需资金仍然主要靠上级支持的情况下，省委、省政府下大力气，真金白银支持解决揭阳发展不平衡不充分问题，而且从今年开始，省将按人口数、地方财力、革命老区等因素进行转移支付，我市每年将增加20亿元以上一般性转移资金；同时，省坚持“资金跟着项目走”扩大市级统筹安排权力，并对我市重大基础设施、重点发展平台、重大产业项目不仅给予政策，更是给予超百亿的资金支持。可以说这既是“输血”的保障政策，又是“造血”的发展政策，全市各地一定要倍加珍惜，在解决“保工资、保运转、保基本民生”后顾之忧的基础上，坚决解决历史遗留问题，理顺财政管理秩序，把主要精力放在统筹资金抓项目建设上，把着力点放在用好产业扶持资金抓产业、抓发展后劲和发展实力上。今天的揭阳有能力干成事，也有条件干成大事，我们要坚定信心度过大项目投产前的“窗口期”，推动揭阳进入全面振兴的快车道。

三要充分认识揭阳良好的发展态势。去年以来，市委大力发扬斗争精神，针对长期影响揭阳发展的体制机制问题，坚持系统化、专业化、精准化思维，用好改革开放关键一招，完善基础设施建设，大力推进“两违”整治，狠抓干部能力作风建设，着力加强基层社会治理，发展条件大幅改善，发展环境不断优化，吸引了一大批重大项目签约落户，呈现出强大的市场吸引力和大开发的建设能力。我们要把握来之不易的良好发展态势，保持战略定力，增强发展意识，坚定发展信心，狠抓工作落实，推动揭阳朝着高质量发展方向不断走深走实。

四要积极顺应全市上下加快发展的强烈愿望。去年以来，市委团结带领广大党员干部，秉持攻坚克难的拼搏精神、发扬务实担当的优良作风，推动形成全市上下合力攻坚的良好局面。在热火朝天的项目建设现场，无数建设者们挥汗奋战；在城市乡村的街头巷尾，无数志愿者积极开展创文创卫服务活动；在镇街乡村，无数基层干部进村入户为民服务解难题；在安全维稳一线，无数党员干部栉风沐雨守护平安。在揭阳每一个角落、每一个岗位上，我们都能看到一个个忙碌的身影、一张张充满精气神的脸庞，这种干事创业的坚定信心、巨大动力和冲天干劲，是揭阳最为宝贵的发展环境。我们要倍加珍惜，以新时代搏击者、攀登者的奋斗姿态，只争朝夕、不负韶华，不断用新业绩新成果回应全市广大干部群众加快发展的殷切期盼。

（二）要正视当前揭阳存在的问题。揭阳当前的发展基础、发展环境、治理体系、治理能力，仍无法完全适应新形势、新机遇、新挑战、新要求，干部的能力素质仍不足以更好地扛起加快振兴发展的任务。我们走进了新时代，我们的思想、能力、作风是否同步进入了新时代？对此，我们要保持清醒头脑，敢于正视短板、直面问题，深刻进行反思和剖析，切实增强加快发展的紧迫感、责任感。

一是必须认真反思经济基础薄弱的原因。揭阳建市28年来，经济社会发展取得了长足进步，但基础差、底子薄，发展不平衡不充分的问题仍然突出，人口大市、经济弱市、财政穷市的状况仍然没有改变。去年前三季度GDP仅有1541亿元，不到全省的百分之二，特别是全年一般公共预算收入仅有73亿元，全口径税收总量仅有134.88亿元，地方税收收入仅45.84亿元，尽管经济总量位居全省第13位，但经济“虚胖”，政府捉襟见肘，很多想干要干的事有心无力。这里面既有产业层次、企业类型的原因，但更多的是反映出我市离现代化经济体系、高质量发展差距太大，也反映出我们的经济运行管理能力存在较大差距。我们必须全面贯彻新发展理念，坚持以供给侧结构性改革为主线，切实提升抓经济工作的理念和能力，做到厘清思路谋发展、讲求方法抓落实，在质量和效益上下功夫，不断夯实经济发展的基础。

二是必须深入剖析产业发展欲振乏力的现状。尽管我们一直对揭阳民营经济发达、实体产业兴旺引以为豪，自以为企业市场能力强，但大部分工业园区缺乏主导产业、龙头企业、重大项目支撑，产业集聚度低，发展新产业新经济缺乏基本动力。传统产业小、散、弱，企业普遍具有从事商贸和资本运营活动的强烈愿望，缺乏植根揭阳做强做大制造的信心和决心，而各级政府对此缺乏有效的引导，市场无序和政府无力的问题未能得到根本解决。城市化工业化水平低，城市难以承载和吸引新的产业，现有产业也难以支撑城市发展壮大，产业支撑能力、市场规模潜力和城市经济活力未能充分激发。虽然我们出台了不少政策鼓励支持企业做强做大，但缺乏实招、硬招，服务与管理都不到位。当前我们的经济工作，重中之重就是必须狠抓招商引资、狠抓项目建设，一方面要加大扶持中小民营企业的力度，另一方面更要招大引强，以此做大堆头、提升质量，带动揭阳经济实现又好又快发展。

三是必须深刻认识治理体系治理能力缺失的根源。建市以来，忙于搭架子、铺摊子、争面子，揭阳从无到有，历尽千辛万苦，来之不易。追求立竿见影本是好事，但如果忽视强身健体、固本强基，忽视基础性、制度性工作，一些难以解决的问题就会从司空见惯逐渐演变成顽瘴固疾，党员干部就会从疲于应付逐渐演变成麻木不仁，有些部门和地区履职尽责、推动发展、服务民生就会变得越来越可望不可及，追责问责几乎可以覆盖各领域全流程。城市建设缺管失管，城乡违法用地、违法建设随处可见；问题楼盘、闲置低效用地心安理得；生态环保问题欠账多，练江、榕江、枫江整治任重道远；国企改革力度不大，进展迟缓；政府管理经济、赋能市场能力不强，市场化、法治化、国际化营商环境远未形成；社会矛盾与群众诉求多样化、复杂化；金融领域、企业经营风险隐而未爆；网络舆情、局部事件易发多发。治理体系不健全、治理能力弱已是无需讳言的事实。表面问题产生的原因在于根源性问题，关键在于部门与部门之间、部门与地区之间职能不清、职责不明，社会治理体系和治理能力成为我们最大的短板。必须从基础性、制度性的工作入手，明确职能定位，厘清职责边界，优化资源配置，做到职责匹配、权责统一，不断提升治理体系和治理能力现代化水平，确保政府治理机制高效运转。

四是必须正确面对干部能力作风存在的问题。当前，我们的干部队伍中，还有不少同志思想、能力、作风还停留在过去。有的干部形式主义、官僚主义严重，开展工作习惯以会议传达会议、以文件落实文件，简单发号施令或者当甩手掌柜，热衷于搞假、大、空，不谋事、不担事、不干事，当官装样子，无事一身轻；有的干部担当意识不强，不敢斗争、不会斗争，不愿触及利益和矛盾，对自己分管领域的问题不敢协调、不敢拍板、不敢解决，把问题盖下去、把困难挂起来成为一种普遍现象；大多数干部系统化、专业化、精准化抓落实的本领离新时期新事业新要求仍有较大差距，知识不够、办法不多，开展工作往往无从下手、用不上劲、使不上力。这些问题，固然有干部个体上自身方面的不足，但更重要的是队伍总体上共性的短板，最突出的一点，就是思想上不敢较劲、能力上不善作为、作风上不够认真。对此不能熟视无睹，必须高度重视、正确面对、认真解决，切实推动干部队伍思想、能力、作风进入新时代。

（三）要真抓实干解决制约发展的突出问题。直面问题是为了解决问题，解决问题必须发扬真抓实干这一优良作风。我们要聚焦关键领域、工作重点，拿出“咬定青山不放松”的狠劲韧劲，坚定不移、毫不含糊地去干，做到行则必至、干则必成，确保干一件、成一件。

一要狠抓经济工作不放松。要深入学习贯彻习近平总书记关于经济工作的重要论述和中央经济工作会议精神，坚持问题导向、目标导向、结果导向，攻坚克难、积极进取，全面做好“六稳”工作，夯实经济发展的基础。要坚持以供给侧结构性改革为主线，落实“巩固、增强、提升、畅通”方针，以创新驱动和改革开放为“两轮”，力促全市经济发展质量变革、效率变革、动力变革。

二要狠抓城市化工业化不放松。要深刻把握城市化工业化发展的基本规律，充分吸收借鉴珠三角等先进地区的有益经验，加强城市化对工业化的反哺，提升工业化对城市化的支撑，推动产城融合一体发展。要切实算清做实2020年政府投资重大项目、产业园区和产业项目、土地整备出让、在建房地产项目四本台账，落实各地各相关部门“一把手”责任，切实解决土地、项目、产业、资金等关键问题，为揭阳城市化工业化发展打牢基础、蓄积动力。

三要狠抓治理体系治理能力不放松。要深入贯彻落实党的十九届四中全会精神，毫不动摇坚持中国特色社会主义制度，切实抓好制度的坚持和巩固、完善和发展、遵守和执行，切实把制度优势转化为治理效能，转化为干事创业的强大动力和实绩实效。要把机构职责调整优化同健全完善制度机制有机统一起来，认真总结深化机构改革的成效和经验，严格落实“三定”规定要求，继续完善机构职能体系，推进机构、职能、权限、程序、责任法定化，不断提升治理体系和治理能力现代化水平。

四要狠抓干部能力作风不放松。要牢牢把握实践出真知的基本规律，多给党员干部出题目、交任务、压担子，推动党员干部在干事创业中坚定信心、积累经验、增长才干，让每一名党员干部都能快速成长，形成事业向上、人才辈出的工作格局。要充分发挥各地各部门主要领导带头示范作用，坚持言传身教、以上率下，一级做给一级看，一级带着一级干，着力打造敢担当善作为的干部队伍。要深刻认识能力作风建设是一项系统化、持久性的工程，不可能一蹴而就、一劳永逸，必须保持常抓的韧劲和长抓的耐心，持续推动干部作风转变、能力提升，为事业发展注入源源不断的动力。

三、聚焦解决发展不平衡不充分问题，决胜全面建成小康社会，奋力开创揭阳改革发展新局面

2020年是全面建成小康社会和“十三五”规划收官之年，也是揭阳振兴发展的关键之年，做好今年工作至关重要。今年全市工作的总体要求是：高举习近平新时代中国特色社会主义思想伟大旗帜，全面贯彻党的十九大和十九届二中、三中、四中全会以及中央经济工作会议精神，深入贯彻落实习近平总书记对广东重要讲话和重要指示批示精神，认真贯彻落实省委十二届七次、八次、九次全会精神，紧紧围绕全面建成小康社会的目标任务，坚持稳中求进工作总基调，坚持以新发展理念引领高质量发展，坚持以供给侧结构性改革为主线，深入落实省委“1+1+9”工作部署，着力解决发展不平衡不充分问题，保持经济运行在合理区间，保持社会大局和谐稳定，奋力开创揭阳改革发展新局面。

（一）全面推进“三中心一示范区”建设，努力提升城市群功能。遵循城市群发展规律，建设中心城区、普宁、惠来三个城市中心和揭西县生态发展示范区，是推动全市各县（市、区）联动发展、协调发展、平衡发展的必然选择。要明确功能定位、聚焦重点任务，突出抓好基础设施、产业布局、城乡规划、环境保护，加快建设“三中心一示范区”，提升城市群功能，形成以城市群为主要形态的增长动力源，推动经济社会高质量发展。

一要着力提高交通互联互通水平。加快揭阳大桥、揭阳进贤门大桥建设进度，改造提升榕东大桥，推动潮汕环线联络线、京灶大桥和机场路过江隧道等工程加快建设，提高榕江“两河四岸”通达程度。加快机场航站楼和交通枢纽门户建设，抓好汕汕高铁惠来站建设，争取揭阳疏港铁路今年内开工，推进滨海旅游公路惠来段、陆河至惠来高速公路等交通网络规划建设，推动揭阳滨海新区与揭阳潮汕国际机场、揭阳中心城区等关键节点、重点区域实现快捷联通。规划建设普宁市北二环至麒麟出口互通工程、省道237线普宁赤岗至麒麟段改建工程、国道238线普宁益岭至惠来惠城段改建工程以及国道206线新亨玉湖段改造工程，构建中心城区、普宁、惠来三个城市中心快速通道。统筹做好揭阳港作业区临海码头功能布局，加快建设大南海1号、2号港区、中石油LNG接卸码头、国电投前詹码头、中石油原油码头和成品油码头，充分发挥榕江航道码头航运效率，进一步释放揭阳港对外开放的集群作用。

二要加快产城融合一体发展。根据各地资源禀赋和发展实际，大力引进优质产业，积极推动传统产业转型升级，形成各具特色、相互配套、互为支撑的产业体系，不断增强发展后劲。坚持以城市为基础，实行城市功能规划与产业发展定位双同步，拓展优化城市生产、生活和生态空间，引导产业有序向城市聚集、向园区集中，形成产业和城市协调发展、平衡发展的良好态势。坚持以人为本，优化配置教育、医疗、文化、体育、养老等公共服务资源，不断增强城市公共空间的可达性、舒适性、开放性和连通性，提升对高端人才的吸引力，实现城市可持续发展。

三要坚决贯彻绿色发展理念。落实最严格的生态环境保护制度、耕地保护制度和节约用地制度，统筹划定生态保护红线、永久基本农田、城镇开发边界三条控制线，推动城市集约节约、城乡平衡协调发展。加快环保基础设施建设，完善城镇污水处理厂配套管网建设，以市、县中心城区为示范实施生活垃圾分类处理，系统推进榕江主干流和68个主要支流（河涌）、练江主干流和9条河涌污染整治，强化扬尘、尾气等大气污染治理，坚决打击涉环境违法行为。深入开展重大环境风险企业环境安全隐患排查治理，坚决淘汰落后产能，大力发展低碳循环经济，积极倡导绿色生活，推动城市发展和生态环境协调统一，努力实现经济发展“含金量”与生态建设“含绿量”同步提升。

（二）**大力发展先进制造业，推动经济高质量发展。**制造业转型升级是经济高质量发展的必然要求。我们要深入贯彻中央经济工作会议精神，认真落实省推动制造业高质量发展“六大工程”，坚持制造业立市，狠抓基础工业，提升传统工业，发展新兴产业，着力打造先进制造业高地，推动揭阳经济更好更快发展。

一要大力发展临港特色产业和特色工业。聚焦揭阳滨海新区“一城两园”，加快推进“油、化、气、电”四大基础工业，打造世界级临港石化产业集聚区和海洋新兴产业示范基地，挺起揭阳工业脊梁。加快推进中石油炼化一体化项目及吉林石化ABS项目、中海油揭阳LNG项目、国家储备库项目等“12+3”工程单元建设进度，确保2022年建成投产。完善天然气管道建设，积极发展LNG气化冷能回收利用相关产业，做长做强LNG产业链条。加快国电投、明阳、GE海上风电项目建设，引进风机、电缆等先进制造业项目和服务配套项目，打造风电产业集群。

二要做强做优传统工业和新兴产业。以科技创新、模式创新为引领，抓好金属、服装、制鞋、医药等传统产业技术改造，扶持发展一批竞争力强、拥有自主知识产权的工业龙头企业，建立龙头企业与中小企业互动发展机制，支持龙头企业通过产业纽带、上下游配套、分工协作和技术扩散等带动中小企业发展，推动产业链向高端跃升。聚焦新一代信息技术、智能装备、绿色低碳、生物医药、数字经济、新能源新材料等战略性新兴产业，重点培育既有质量又有规模的新兴产业集群，推动建立揭阳现代工业体系。

三要全面落实制造业发展扶持措施。全面落实“暖企”60条，及时兑现减税降费扶持政策，实施企业用电、用水、用气便利化，为企业创造宽松的发展环境。要完善园区发展规划、管理运营制度，推进园区道路、管网、信息通讯等基础设施建设，围绕主导产业建设检验检测中心、制造业创新中心、公共实验室、孵化器等公共技术服务平台，提升园区服务效能。统筹各级财政扶持资金，支持工业企业实施新一轮技术改造，实现年主营业务收入5亿元以上的工业企业研发机构全覆盖。完善工业企业融资服务体系，引导金融机构优化信贷结构，加大对民营企业、制造业中长期信贷支持力度。

（三）**加快建立完善各项制度，切实把制度优势转化为治理效能。**制度的生命力就是发展的强劲动力。要全面深化改革，聚焦影响揭阳高质量发展的体制机制问题，建立完善经济治理、社会治理、行业治理、部门治理等相关制度，以制度的刚性要求规范行为，在制度的轨道上解决问题，切实把制度优势转化为治理效能。

一要构建高质量现代化经济体系。稳妥推进国有资本投资运营公司改革，加快整合市属国有资源，全面完成市城投集团、水务集团、交通运输集团等国有企业的整合组建和市场化运营，建立国有资本投资运营监管制度体系，不断提升国有资本活力。完善促进各种生产要素聚集的政策措施，健全劳动、资本、土地、知识、技术、管理、数据等生产要素由市场评价贡献、按贡献决定报酬的机制，充分放开本地市场，激活蛰伏的发展潜能。完善科技创新体制机制，聚焦揭阳产业发展的战略需求，创建科技创新平台、新型研发机构、技术转移中心，建立以企业为主体、市场为导向、产学研深度融合的技术创新体系。重视做好企业和金融风险防控，确保不发生区域性系统性风险。

二要打造廉洁高效的政府职能体系。以推进机构职能优化协同高效为着力点，巩固机构改革成果，优化各部门运行机制，构建运行顺畅、令行禁止的高效率政府组织体系。深入推进事业单位改革，抓好公益类事业单位优化整合和从事生产经营活动事业单位改革，更好适应公益服务平衡充分发展的要求。学习借鉴粤港澳大湾区、深圳先行示范区深化“放管服”改革、商事制度改革、审批制度改革经验做法，在重点领域、重点行业探索推行“取消审批、备案审批、承诺审批、优化审批”改革，全覆盖推进“证照分离”改革。规范行政区划管理，理顺行政管理体制，落实行政区公共服务和公共管理职能，强化功能区经济功能，建立功能区与行政区协调配合机制，形成推动地区发展的工作合力。

三要建立集约节约的国土空间管控体系。坚持全市“一盘棋”，以土地适宜性评价、资源承载力评价为基础，加快编制市县镇总体规划、详细规划和海岸带、自然保护地、交通基础设施、公共服务设施等相关专项规划，形成市域国土空间“一张图”，做到土地统一规划、统一征收、统一报批、统一供给、统一建设。严格落实控规单元管理，遵循“单元整备、地块开发”原则，做到补边补角盘活存量、项目策划优化增量、统筹指标精准投放，促进土地再整理再开发再利用。加强土地执法监察力度，持续整治违法用地、用矿，严厉打击各类乱占、乱卖、乱租集体土地和毁坏耕地、林地、基本农田等违法行为。要完善控违拆违管理体系，严查严控违法建设，坚决去存量、遏增量。

四要建设民主法治的社会治理体系。深入推进依法治市，广泛开展宪法学习宣传教育活动，加强地方立法，加快法治政府和基层法制建设。深化平安揭阳建设，纵深推进扫黑除恶专项斗争，严厉打击突出违法犯罪，全力创建全国禁毒示范城市，探索建立“长效常治”工作机制。学习借鉴新时代“枫桥经验”，健全完善非诉讼纠纷解决机制，完善“1+5+1”基层工作措施体系，从源头上减少信访问题的发生。健全风险防范化解机制，防止自然灾害、公共安全、安全生产风险向政治、经济、意识形态领域蔓延，确保社会大局和谐稳定。

（四）坚持以人民为中心，用心用情用功办好民生实事。高质量发展的目的是不断满足人民美好生活需要。要坚持以人民为中心的发展思想，抓住人民群众最关心最直接最现实的利益问题，以一年干几件事的干劲、几年干一件事的韧劲，用心用情用功办好民生实事，持续用力解决群众操心事烦心事揪心事，让城市发展更有质量、人民生活更加幸福。

一要坚决打赢脱贫攻坚战。全面压实工作责任，坚持因村因户施策，全面巩固脱贫攻坚成果，全力冲刺“最后一公里”，坚决打赢脱贫攻坚战。要瞄准数量多、分布广的分散贫困户，加强县镇统筹帮扶力度，确保在脱贫奔康路上一个不落。要坚持扶贫资金姓“农”，用准用活扶贫资金，加快发展壮大扶贫产业，带动贫困人口就业增收，确保每一笔扶贫资金的使用都安全、规范、高效。要坚持脱贫标准，严把退出程序和工作质量，确保去年剩下的贫困村和贫困人口在今年6月底前有序退出。

二要大力实施乡村振兴战略。大力发展特色农业，高标准建设现代农业产业园，积极创建“一村一品、一镇一业”示范镇村，以城市大市场带动农民增收致富。深入实施技能就业工程，在技能培训、就业创业、职业规划上全链条发力，拓展农民致富新路子。结合创建全国文明城市和国家卫生城市，持续抓好“三清三拆三整治”、雨污分流工程、“厕所革命”、生活垃圾处理、农贸市场改造、村容村貌提升等重点工作，提升乡村人居环境。

三要切实提升公共服务水平。围绕民生领域短板，加大政府统筹和投入力度，让人人享有更高水平的公共服务。坚持教育优先发展，集中力量建好办好揭阳理工学院，科学统筹全市普通高中学校布局，扎实推进“麻雀”学校撤并和职业学校整合，规范民办教育办学秩序，增加优质教育供给，努力办好人民满意的教育，让全市学生不仅“有书读”，更能够“读好书”。坚持“以人民健康为中心”，推动高水平医院和区域医疗中心建设，提高基层医疗卫生服务能力，切实解决“看病难、看病贵”问题。健全社会保险统筹机制，完善覆盖全民的社会保障体系。完善公共文化服务配套，谋划建设市体育中心，布局文体、公园、绿地等设施，切实改变公共服务设施数量不足、档次不高的问题。

四、巩固拓展主题教育成果，加强党的领导和党的建设

“不忘初心、牢记使命”是党的建设的永恒课题、党员干部的终身课题。要深入学习领会、全面贯彻落实习近平总书记在主题教育总结大会上的重要讲话精神，认真贯彻新时代党的建设总要求，把主题教育的成果转化为守初心担使命的思想根基，更好地坚持党的领导、加强党的建设，更好地坚守初心、担当使命，全面推进从严治党、依规治党，把全市各级党组织锻造得更加坚强有力，为决胜全面小康社会、建设广东沿海经济带新增长极提供坚强政治保障。

（一）巩固和拓展“不忘初心、牢记使命”主题教育成果。紧紧围绕学习贯彻习近平新时代中国特色社会主义思想这一根本任务，建立学习教育、调查研究、检视问题、整改落实的长效机制。要把抓好主题教育查摆问题整改作为重中之重，严格落实整改方案，全面梳理问题清单，明确责任要求、任务要求、时间要求，把检视出来的问题整改到位、把专项整治的任务抓到位、把刚性约束的工作做到位，确保整治效果真正获得群众认可、经得起实践检验。要聚焦“8+2”专项整治任务，上下互动、部门联动推进整治、确保实效，让群众在得益受惠中感受到主题教育带来的新变化。

（二）坚持和加强党的全面领导。强化各级党组织在同级组织中的核心领导地位，充分发挥党委职能部门和议事协调机构作用，加强党委对人大常委会、政府、政协、法院、检察院党组及纪委监委的领导，加强工会、共青团、妇联等群团组织建设，做好意识形态、外事、民族、宗教、工商联、侨务等工作，把坚持和加强党的全面领导落实到推进各方面制度建设、推动各项事业发展、加强改进各方面工作中去。

（三）旗帜鲜明讲政治抓政治。把维护党中央权威和集中统一领导作为明确的政治准则和根本的政治要求，完善办好政治要件推动习近平总书记重要指示批示精神落地落实工作机制，树牢“四个意识”，坚定“四个自信”，做到“两个维护”。要严明政治纪律和政治规矩，发挥巡察利剑作用，加强政治体检和政治监督，督促党员干部杜绝“七个有之”，践行“五个必须”，做到“三个决不允许”。要严格执行新形势下党内政治生活若干准则，用好批评和自我批评这个锐利武器，

推动党员干部自觉接受党内政治生活锻炼。

（四）全面加强党员干部队伍建设。认真落实习近平总书记关于领导干部必须全面增强“八种本领”的重要要求，突出政治能力建设，强化“系统化、专业化、精准化”思维和能力培养，让广大党员干部更好肩负起推动改革发展的任务。要深入落实《关于完善选育管用工作机制建设高素质专业化公务员队伍实施意见》，坚持以机构编制管理为引领，围绕“选、育、管、用”四个方面，切实提升公务员及干部队伍抓落实、干实事、求实效的能力水平，充分激发“迎着困难上、顶着风浪冲”的拼搏精神，凝聚形成干事创业的强大合力。

（五）标本兼治建强基层党组织。深化拓展加强党的基层组织建设三年行动计划，实施好《关于规范基层党组织建设完善运行保障机制提升组织力的实施意见》，系统推进、标本兼治加强基层党组织建设。要全面推进规范化建设，持续整顿软弱涣散基层党组织，推动条件成熟的村民小组或自然村成立党支部，扩大基层党组织有效覆盖面。要加强“头雁”队伍和“两委”干部队伍建设，开展村级党组织书记分析研判和调整优化，为2021年村级换届打好基础。要完善基层基础保障，提高村级党群服务中心服务水平，完善镇级党群服务中心试点建设，并逐步向全市推广。

（六）坚定不移正风肃纪反腐。巩固拓展落实中央八项规定精神成果，大力整治“四风”特别是形式主义、官僚主义，坚决查处“怕慢假庸散”等懒政怠政、损害营商环境的突出问题。要用好执纪监督手段，主动延伸监督触角，从严治理“为官不为”，坚决鞭策慢作为、惩处不作为和乱作为。要保持惩治腐败高压态势，盯住关键领域、环节和对象，既坚决查处领导干部违纪违法案件，又严肃整治发生在群众身边的不正之风和腐败问题，有力削减存量、有效遏制增量，一体推进不敢腐、不能腐、不想腐，巩固发展反腐败斗争压倒性胜利。

同志们，2020年注定是具有里程碑意义的一年，我们将全面建成小康社会，中华民族千年的梦想，就要在这伟大的新时代里实现了。让我们更加紧密地团结在以习近平同志为核心的党中央周围，坚持以习近平新时代中国特色社会主义思想为指导，不忘初心、牢记使命、接续奋斗，以决战决胜的精神状态、攻坚克难的毅力韧劲，奋力开创揭阳工作新局面，为夺取全面建成小康社会的伟大胜利做出应有贡献！

在市委六届八次全会上的讲话

（2020年1月11日）

揭阳市人民政府市长　张　科

刚才，叶牛平同志代表市委常委会向全会作的报告，深入贯彻党的十九届四中全会、中央经济工作会议和省委十二届八次、九次全会精神，既从政治高度统揽全局、谋划发展，又结合揭阳实际部署工作、提出要求；这次全会，还将审议完善治理体系提高治理能力、打造先进制造业高地、推动城市高质量发展3个文件，对重点领域工作作出系统安排。我们要把全会报告与3个文件结合起来，一体学习领会，整体贯彻落实，按照系统化、专业化、精准化要求，把各项工作落地落细落具体。下面，我就做好全市经济工作，讲三个方面意见。

一、2019年全市经济发展的基本情况

过去一年，我市经济下行压力较大，各种风险挑战上升。面对繁重发展任务和复杂多变局面，我们始终坚持以习近平新时代中国特色社会主义思想为指导，坚持稳中求进工作总基调，沉着应对，积极进取，统筹做好稳增长、促改革、调结构、惠民生、防风险、保稳定各项工作，努力把外部压力转化为内生动力，实现了稳要稳住、进要进取的成效。

经济发展成效主要体现在：一是经济运行实现总体平稳，主要经济指标保持在合理区间。预计全年地区生产总值增长3.8%，规模以上工业增加值增长0.5%，社会消费品零售总额增长7.2%，固定资产投资增长13.7%，一般公共预算收入下降7.98%，外贸进出口下降5%。二是经济结构有所调整。根据第四次经济普查相关情况，预计2019年全市一二三产比重调整为8.2：40.1：51.7。第三产业发挥重要支撑，1—11月份，规模以上服务业营业收入

65.09亿元，增长7.7%；商品房销售收入167.47亿元，增长16.1%；快递业务量13.24亿件，跃居全国第9位，较上年前进2个位次。三是基本民生保障水平稳步提升。全年民生支出286.99亿元，增长13.2%，总量占一般公共预算支出的82.2%。城乡居民人均可支配收入预计达到2.25万元，增长7%左右。城镇新增就业3.16万人，登记失业率2.31%。

一年来，我们主要抓了六个方面工作。

（一）统筹做好“六稳”工作。加强经济运行监测分析研判，适时采取调度措施，稳住存量，做优增量。工业产值前50家企业，除少数企业因非生产因素出现负增长，绝大多数企业均实现增产。1—11月份，电气机械产业增长15.8%，纺织服装产业增长7%，金属产业增长5.3%，化工产业增长4.8%，食品产业增长4.2%。2019年，全市新增各类市场主体5.23万户，总量达到24.94万户。投资拉动效应明显，固定资产投资预计全年完成1151亿元，增长13.7%。其中，第三产业投资增长13.9%，工业投资增长13.6%，基础设施投资增长51.3%，房地产投资增长35.7%。利用外资较快增长，全年合同利用外资1.46亿美元，增长228.6%；实际利用外资1779万美元，增长10.4%。外贸出口与2018年基本持平，1—11月，我市出口东盟、沙特、南非等新兴市场分别增长8.6%、41.4%、28.6%；鞋类出口增长17.7%，不锈钢制品出口增长31%，塑料制品出口增长255.6%。金融稳健运行，化解农合机构不良贷款19亿元，至12月底，全市金融机构本外币各项存款余额2429亿元，增长6.8%；各项贷款余额1182亿元，增长2.4%。组织实施“广东技工”“粤菜师傅”“南粤家政”等惠民工程，全年组织劳动力参加技能培训3.55万人，新增城镇就业3.16万人，城镇失业人员再就业超1万人，就业困难人员再就业1542人，城镇登记失业率控制在2.31%的较低水平。

（二）发挥重大项目投资拉动作用。布局建设“三中心一示范区”，聚焦揭阳滨海新区“一城两园”开发建设，出台实施《若干措施》和《总体规划》，埔洋村整村搬迁全面完成并交地，中石油炼化一体化项目炼油装置和化工区先后开工，吉林石化ABS、昆仑能源LNG项目前期工作进展顺利；加快建设国电投海上风电项目，开工建设GE海上风电机组总装基地、明阳新能源综合基地；粤东新城管委会挂牌成立，先行启动区规划建设顺利推进，“一城两园”年度累计完成投资超100亿元。揭阳潮汕国际机场跑道延长工程建成投入使用；梅汕客专建成通车，汕汕高铁揭阳段建设有序推进；中石油原油码头、成品油码头和前詹通用码头等建设进展顺利。潮汕环线、汕湛高速、兴汕高速揭阳段加速推进，基本完成26个高速路口综合整治。改造国省道148.9千米，省道234线浦东至霖磐段改扩建工程、天福东路、新城大道等全线通车，望江北路空港段、榕江新城滨江大道和风光带等建设基本完成，揭阳大桥、进贤门大桥建设加快推进。

（三）扎实打好“三大攻坚战”。认真抓好精准扶贫精准脱贫，10.79万建档立卡贫困人口全面实现“两不愁三保障”，其中99%以上的人口实现脱贫“摘帽”，132个省定贫困村脱贫出列，剩余人口和贫困村也基本达到脱贫标准。采取坚决措施打好污染防治攻坚战，练江流域7座污水处理厂已全部建成，2019年新增污水收集管网627.74千米；普宁纺织印染环保综合处理中心基础设施建设基本完成，64家印染、印花和洗水企业入园建设并陆续投产，练江基本告别黑臭。榕江综合整治深入推进，中心城区新建生活污水收集管网80千米，市区5条黑臭水体整治基本完成，榕江“国考”断面水质明显提升，其中龙石断面消除劣Ⅴ类。空气质量6项指标连续三年全面达标。统筹抓好农合机构改制和风险化解，各县（市、区）农合机构引入战略合作伙伴，惠来农信联社改制工作成功申筹。积极支持上市企业化解股权质押和流动性风险，引导企业回归主业、重塑发展。

（四）深入实施惠企政策和“暖企行动”。认真落实减税降费政策，出台“暖企60条”“科技创新11条”等惠企政策，全年为企业减免税费超过20亿元。推进实施“个转企、小升规、规进高、高上市、创品牌、提存量”工程，培育注册企业7367家，新增“四上”企业289家。以产业链为导向，梳理推进十大重点产业园区发展，实施园区基础设施配套项目56个、产业建设项目75个，园区规模以上工业总产值增长约7%。优化高新区“一区多园”功能布局，联合天津大学等启动共建省级榕江实验室，组织340家工业企业实施新一轮技术改造，58家高新技术企业通过评审。

（五）积极发展社会民生事业。对接广东工业大学，筹办共建揭阳理工学院取得实质性进展。创办揭阳一中榕江新城学校，新（改、扩）建各类学校100所，新增优质学位1.35万个。推动4家区级综合医院升级建设市级专科医院，行政村标准化卫生站基本实现全覆盖。新增国家级文物保护单位1处，举办全域旅游推进会、玉文化节、乡厨厨艺邀请赛等特色节会。“三江连通”工程全面开工，揭阳学院仙梅片区供水工程启动建设。胜利完成庆祝新中国成立70周年和澳门回归20周年信访安保维稳任务，纵深推进扫黑除恶，惠来毒情形势根本好转。

（六）持续深化改革和扩大开放。建立健全重点项目督导机制，组建重大石化项目建设指挥部。推动普侨区、大南山侨区成建制划转普宁市、惠来县，理顺大南海石化工业区社会事务管辖关系。深化国有企业改革，组建揭阳建工公司，理顺中心城区交通管理体制。加强“数字政府”建设，启用揭阳政务云节点，上线“粤省事”揭阳版，推行“粤商通”。成功举办第五届中德（欧）中小企业合作交流会，推进与大兴安岭地区务实合作，揭阳港口岸扩大开放获国务院批准。

同时，我们也要清醒地看到，我市经济运行中还存在不少突出问题：一是经济运行下行压力加大，特别是工业、外贸、财税等指标明显下滑，稳增长、防风险的任务依然艰巨；二是全市企业结构“星星多、月亮少”，园区重大项目支撑薄弱，传统产业转型升级动力不足，高新技术企业总量偏少，与高质量发展要求还有相当距离；三是发展条件有待进一步优化，整治“两违”、问题楼盘、小产权房和环保治污等还要继续攻坚克难；四是教育、卫生、文化、体育等社会事业，与经济发展还不匹配、不同步，一些重要指标落后于全省平均水平，创文创卫仍需付出更大努力。我们要直面这些问题，采取更加系统、精准、有力的措施加以解决。

二、2020年经济发展的总体要求和预期目标

2020年是全面建成小康社会和“十三五”规划收官之年，做好新一年经济工作至关重要。中央经济工作会议强调，我国经济稳中向好、长期向好的基本趋势没有改变，要坚持稳中求进工作总基调，稳字当头，积极进取。省委十二届九次全会强调要实事求是、尊重规律，审时度势、保持定力，该稳的要稳住，该进的要进取。我们要认真贯彻中央和省委精神，坚持从长期大势认识当前形势，从系统论出发优化经济治理方式，在多重目标中寻求动态平衡，努力实现经济社会平稳健康发展。

当前，尽管宏观经济形势仍然严峻复杂，但也要看到有利的一面，特别是随着埔洋村搬迁交地，中石油炼化一体化项目进入全面施工，投资强度将明显加大；有关企业非生产因素“利空”基本出尽，正“重整行装再出发”，加快筑底回升；十大重点产业园区在建产业项目陆续投产，将发挥有效支撑；城市规划建设管理水平不断提升，“两违”整治攻坚仗初见成效，城市经济效益可望进一步提升。我们坚信，只要我们保持定力、真抓实干，就一定能够战胜各种风险挑战，在高质量发展的道路上行稳致远。

今年我市经济工作的总体要求是：坚持以习近平新时代中国特色社会主义思想为指导，深入贯彻党的十九大及十九届二中、三中、四中全会和中央经济工作会议精神，以及省委十二届八次、九次全会精神，围绕“五位一体”总体布局和“四个全面”战略布局，紧扣全面建成小康社会和“四个走在全国前列”目标任务，坚持稳中求进工作总基调，坚持改革开放为动力，践行新发展理念，推动高质量发展，坚决打好打赢“三大攻坚战”，全面做好“六稳”工作，确保经济平稳健康发展和社会大局和谐稳定，确保全面建成小康社会和“十三五”规划圆满收官。

根据中央和省委的部署，市委研究提出，今年经济发展总的预期目标是生产总值增长6%左右，规模以上工业增加值增长3%左右，固定资产投资增长12%以上，社会消费品零售总额增长7.5%，外贸进出口总额增长0.5%，地方一般公共预算收入增长5%，居民消费价格涨幅控制在3%以内，居民人均可支配收入增长7%，城镇登记失业率控制在3.5%以内。节能减排约束性指标完成省下达年度计划。

作出这一安排，主要是考虑完成“十三五”规划目标，全面建成小康社会，加快打造广东沿海经济带新增长极，今年经济增速必须与全省平均水平基本持平，力争要多做贡献；同时，在重大项目投产前，未来两年，我市仍处于新旧动能转换期，确定生产总值增长6%左右的预期目标，与全省预期目标保持一致，是实事求是、积极稳妥的。我们要坚持稳字当头、积极进取，把握逆周期调节，在提升存量和培育增量上狠下功夫，在扩大投资和促进消费上双向发力，同步推进解决发展不平衡和不充分的各种问题，发扬斗争精神、守住风险底线，确保经济实现量的合理增长和质的稳步提升，加快把揭阳打造成为广东沿海经济带新增长极和先进制造业高地。

三、2020年经济工作的重点任务

今年要重点抓好八个方面工作：

（一）积极推进“六稳”工作。坚持稳字当头，把稳增长、稳预期摆在更加突出的位置，全面落实中央和省“六稳”部署，特别是抓住重点项目投资这个牛鼻子。中央经济工作会议强调，要引导资金投向供需共同受益、具有乘数效应的先进制造、民生建设、基础设施短板等领域，促进产业和消费“双升级”。按照这个要求，我们已经初步谋划了一批重点项目，组织编制了政府投资重大项目、产业园区和产业项目、土地整备出让、在建房地产项目4本台帐。各地各有关部门要按市的要求，对照4本台帐，压实属

事责任、属地责任、主体责任，挂图作战，狠抓项目落地和任务落实。一是要全面加快“一城两园”开发建设。力争中石油炼化一体化项目年度投资达到150亿元，国电投、GE、明阳海上风电产业基地年度投资达到50亿元，同时争取开工吉林石化年产60万吨ABS、昆仑能源LNG等产业链龙头项目。落实粤东新城开发规划，抓紧开工汕汕高铁惠来站、中石油生活配套区、揭阳理工学院等起步区项目，同时积极谋划开发神泉湾高端旅游度假区。二是要推进空铁港综合枢纽建设，服务抓好汕汕铁路揭阳段、前詹通用码头等项目建设，开工建设机场航站区、疏港铁路和大南海东岸公共码头。同时，围绕空铁港联动，加快完成潮汕环线、汕湛、兴汕等3条在建高速公路建设，实施国道234、省道237等一批国省道改建（改造）工程。三是要抓好宜居城乡、产业园区、先进制造、交通物流、生态环保、社会民生、农林水利等280个省市重点项目投资，确保完成年度计划投资560亿元以上。同时，要结合国土空间总体规划，组织编制“十四五”发展规划，科学谋划中长期投资项目，争取更多项目纳入国家和省计划“笼子”。要千方百计提振市场预期，促进大众创业万众创新，加大力度引进外资和促进外贸“优进优出”；大力培育城市经济，激活消费潜能，促进消费升级。

（二）全力打赢“三大攻坚战”。我市“三大攻坚战”去年都取得关键进展，今年要继续扎实推进，推动全面决战决胜，实现全面小康阶段目标。一是要巩固脱贫攻坚成果，压实工作责任，确保上半年、力争一季度，实现建档立卡贫困人口全面脱贫、162条省定贫困村全部出列。二是要打好蓝天、碧水、净土保卫战。围绕练江、榕江、枫江整治达标，加强截污、控源、补水，推进污水处理厂运行与管网全覆盖、河涌整治、“三江连通”等重点工程。启动榕江清淤，并与“万里碧道”建设、理顺榕江港口码头功能布局和北河两岸景观打造结合起来，谋划发展榕江游轮日夜游。同时，落实垃圾分类处理和大气污染综合防治。三是要着力防范化解金融风险，以清收压降不良贷款和处置股权为抓手，用好省对口帮扶机制，推进农合机构风险化解和改制工作，化危为机，做强地方金融。同时，继续支持上市企业化解股权质押和流动性风险，引导企业更加聚焦主业、高质量发展。

（三）着力打造先进制造业高地。这次全会将出台《关于打造先进制造业高地的若干意见》，这是我们落实全省推动制造业高质量发展大会精神的具体举措，也是揭阳在粤东产业带发挥比较优势、实现差异化发展的实际行动。我们要结合揭阳实际，认真落实好省强核、立柱、强链、优化布局、品质、培土等“六大工程”，着力打造先进制造业高地。一是要聚焦“一城两园”，围绕“油、化、气、电、服”重大项目优增量，培育新兴产业。二是要推进“个转企、小升规、规进高、高上市、创品牌、提存量”工程，落实目标、任务、责任，分批分类培育一批“四上”企业、龙头企业、高新企业、名优企业。三是要围绕产业链现代化，推动园区发展提质增效，今年十大重点园区都要瞄准引进1家年主营业务收入10亿元左右的战略性新兴产业企业或先进制造业企业，切实解决园区缺乏重大项目支撑的问题。同时，每个县（市、区）要打造1—2个村镇工业集聚区改造提升示范点，就近纳入园区管理，重点加强标准通用厂房建设，推动小微企业集聚发展。四是要做实“一区多园”，大力发展服务型制造业和生产性服务业，擦亮高新技术产业开发区牌子。要集中力量实施高企数量和效益“双倍增计划”，培育一批行业“单项冠军”，做实驻德中国中小企业服务中心和省级榕江实验室。同时，引导支持企业加大设备更新和技改投入，推动传统制造业优化升级。

（四）着力提升城市品质。构建“三中心一示范区”发展格局，是市委立足粤东城市群建设作出的重大部署，这次全会还将出台《关于推动城市高质量发展的若干意见》，对城市提质发展作出系统指引。各地要明确定位，把握要求，统筹规划、建设、管理，树立经营城市理念，围绕宜业、宜居、宜游，着力提升城市综合承载能力，把城市化作为发展的重要动力，促进经济提质增效。一是要抓好粤东新城联动惠来老城以及大南海石化工业区、惠来临港产业园开发建设，统筹推进重要基础设施建设，落实“城”和“园”功能相互配套，促进产、城、人融合发展，建设粤东城市群新城市中心。二是要从互联互通、设施共享、功能联动等方面着手，推进中心城区一体化发展，特别是要围绕“纵、横、环、桥、隧”，以打通断头路为抓手，加快形成中心城区“两环五横六纵”交通格局。同时，重点抓好榕江新城开发建设，积极谋划引进企业总部、会展中心、双创平台、楼宇经济等现代化设施，努力把榕江新城打造成为新兴产业集聚区。三是要支持普宁打造商贸名城、创新之城，特别是以高铁、疏港铁路等交通基础设施建设为契机，推动普宁城区扩容提质，大力发展高铁经济，提升城市品位，焕发城市新活力。四是要按照“生态产业化、产业生态化”要求，支持揭西打造生态发展示范区，建设城市“后花园”，把绿水青山转化为金山银山。

（五）深入实施乡村振兴战略。揭阳70%的地区是农村，有几十万亩高标准农田，农业农村大有可为，潜力和空间都很大，完全可以培育成为新的增长点。一是要突出抓好农业现代产业园建设，今年要全面建成普宁青梅、惠来南药、揭东竹笋、揭西茶叶4个省级农业现代产业园，通过“一县一园”，带动“一镇一业、一村一品”，大力发展精品农业，延伸农业产业链条。二是要推进美丽乡村建设，去年实施“三清理三拆除三整治”，主要是做“减法”，今年要突出做“加法”，做好后续绿化、美化，加强连片集中整治，每个县（市、区）至少谋划打造1个农村人居环境整治的“县长工程”，力争干净整洁村全覆盖，新打造449个美丽宜居村和一批特色精品村。三是要按照“处处是美景、村村是景点、人人是导游”的理念，发挥生态本底和乡土气息，结合新农村、新农业，发展乡村旅游。

（六）加强保障和改善民生。中央经济工作会议强调要加大民生建设领域投入，发挥政府作用保基本，注重普惠性、基础性、兜底性。我们要积极落实民生保障，加快解决我市社会事业与经济地位不匹配、不同步的问题。一是要抓好揭阳理工学院、揭阳技师学院创建工作，加强市级公立中小学校建设，推进农村“麻雀学校”整合和义务教育学校规范命名，扩大优质学位供给。二是要推进15家市县公立医疗卫生机构建设，抓好4家市级专科医院和5家中心卫生院能力建设，切实提升人民健康保障水平。三是要围绕“广东技工”“粤菜师傅”“南粤家政”工程，以技能培训提升为抓手，促进重点群体就业。四是要结合创文创卫，重点推进38个集贸市场标准化改造，支持新建一批基层文体设施。五是要深入实施全民参保计划，推动城乡居民基本养老保险基金市级管理，做好关键时点、困难人群的基本生活保障。同时，抓好扫黑除恶、信访维稳、安全生产、食品安全等工作，确保社会大局和谐稳定。

（七）加强财政预算执行管理。要把财政工作作为经济工作的关键抓手，强化理财思想，把钱花在刀刃上，实现有限资金的最大效益。一是要把预算执行作为落实重点工作的重要抓手。不折不扣落实国家减税降费政策，严格依法依规组织税收收入。同时，要继续抓好政府性基金收入、水田垦造和拆旧复垦指标交易等工作，大力盘活市属企业和各部门、各单位的沉淀资金、存量资金和闲置房产。二是要提高财政资金使用效益。围绕“大专项+任务清单”，坚持“资金跟着项目走”，将财政涉农资金统筹整合改革向县镇延伸。树立经营城市理念，把财政管理与土地管理结合起来，抓好土地整备出让、在建房地产项目2本台帐，用好政府专项债券，积极谋划一批事关长远的基础设施项目、土地储备项目和重大建设项目。三是要落实审计问题整改。以审计和整改促规范管理、促资金盘活，各地各部门要严肃财经纪律，带头过“紧日子”，坚决压缩一般性支出，从严控制新增项目支出，统筹资金保工资、保运转、保基本民生。

（八）推进改革开放和治理体系治理能力现代化。中央经济工作会议强调，要善于通过改革破除发展面临的体制机制障碍，激活蛰伏的发展潜能。我们要坚持用好改革开放“关键一招”，在治理体系和治理能力现代化上多下功夫，做好坚持和巩固、完善和发展、遵守和执行“三篇文章”。一是要加强重大项目建设指挥部、重点项目督导、重点工作台帐管理、河长制等机制建设，完善属地、属事和主体责任体系，强化审计监督和督查问责联动作用，推动政府各项决策部署落实落细落具体。二是要统筹抓好“数字政府”建设和“放管服”改革，推广用好“粤省事”“粤商通”“粤政易”，依托政务云平台，全面落实并联审批，进一步压缩工程项目审批流程，推进减证便民、缩时利企，营造法治化开放型的营商环境。同时，研究出台人才房、人才津贴等专项政策，加大创新人才引进力度，打造政策高地和成本洼地。三是要深化事业单位分类改革和国有企业改革，推动城投、水务、建工、交通4家地方国企办好做实。同时，围绕中心工作，持续推进治理体系和治理能力现代化，不断提升治理效能。

同志们，做好今年经济工作，关键是要把握好“稳”“进”“实”三个字，大家要认真想事、主动谋事、务实干事，把稳中求进的各项目标任务落到实处。让我们更加紧密地团结在以习近平同志为核心的党中央周围，以闻鸡起舞、日夜兼程、风雨无阻的精神状态，只争朝夕，不负韶华，万众一心加油干，越是艰险越向前，为把揭阳建设成为广东沿海经济带新增长极和先进制造业高地而努力奋斗！

在市委六届九次全会第一次全体会议上的报告

（2020年10月10日）

中共揭阳市委书记 蔡朝林

这次全会的主要任务是，坚持以习近平新时代中国特色社会主义思想为指导，深入贯彻落实习近平总书记对广东重要讲话和重要指示批示精神，全面贯彻落实省委十二届十次全会和省委李希书记莅揭调研讲话精神，分析揭阳面临的新形势、新机遇，研究部署当前重点工作，推动全市上下提振再创业的精气神，聚焦高质量发展，建设宜居宜业宜游的活力古城、滨海新城，努力打造沿海经济带上的产业强市，在全省构建“一核一带一区”区域发展格局中展现揭阳作为、贡献揭阳力量。

现在，我受市委常委会委托，向全会作工作报告。

一、深化认识，把握机遇，以再创业的激情推动揭阳加快高质量发展

8月25日，省委召开十二届十次全会，进一步部署高质量加快构建“一核一带一区”区域发展格局。9月17日至18日，省委李希书记专程带队到揭阳调研，为我们加快发展把关定向，帮助我们解决遇到的困难和问题，提出找准自身定位、聚焦高质量发展、做好“双统筹”、加强党的领导和党的建设等四方面要求，为揭阳明确了“建设宜居宜业宜游的活力古城、滨海新城，努力打造沿海经济带上的产业强市”的发展定位。我们要切实把思想和行动统一到习近平总书记对广东重要讲话和重要指示批示精神上来，认真落实省委十二届十次全会精神和李希书记对揭阳发展的定位要求，立足新起点、应对新形势、把握新机遇，不断激发再创业的精气神，奋力开创揭阳高质量发展新局面。

（一）牢牢把握揭阳面临的历史机遇。当前的揭阳，既面临国家和省层面的重大战略叠加机遇，又有省委、省政府的大力支持，以及近年来形成的良好发展态势。我们要深刻认识、牢牢把握难得的历史机遇，把揭阳的发展放到全国全省的发展大局中去谋划，扎扎实实办好自己的事，把发展机遇转化为看得见、摸得着的发展优势。

一是要牢牢把握“双循环”新发展格局带来的战略机遇。构建以国内大循环为主体、国内国际双循环相互促进新发展格局，是习近平总书记根据我国发展阶段、环境、条件作出的战略决策，是事关全局的系统性深层次变革。我们要深刻领会以习近平同志为核心的党中央对我国进入新发展阶段的重大判断、对加快构建新发展格局的战略部署，主动顺应发展大势，牢牢把握战略机遇，处理好对外开放和对内拓展的辩证关系，更好利用两个市场、两种资源，推动揭阳在融入国内大循环、国内国际双循环中发挥重要作用，实现更好更快的发展。

二是要积极抢抓省构建“一核一带一区”和“双区”建设、“双城”联动的新机遇。党的十九大以来，省委高质量加快构建“一核一带一区”区域发展格局，笃定心志推进粤港澳大湾区和深圳中国特色社会主义先行示范区“双区”建设，推动广州、深圳“双城”联动。落实“一核一带一区”建设部署，服务对接“双区”建设、“双城”联动，既是揭阳的重要政治责任，也是揭阳高质量发展的重大机遇。面对这一全新机遇，我们要积极抢抓、乘势而上，立足沿海经济带东翼整个区域做好统筹谋划，主动接受“双区”“双城”产业、科技、人才、服务等各领域、全方位的辐射带动，不断优化营商环境和发展环境，持续加大招商引资力度，争取更多发展资源特别是先进制造业的延伸布局，在主动对接、主动参与、主动作为中建功立业。

三是要倍加珍惜省委、省政府对揭阳的厚爱支持。近年来，省委、省政府先后批复颁布《揭阳滨海新区发展总体规划》、配套出台《关于支持揭阳滨海新区粤东新城加快开发建设的若干意见》，在政策层面给予揭阳大力支持。省委李希书记一直高度重视揭阳发展，此次莅揭调研，专门带领三位省领导以及省直7个部门主要负责同志，面对面帮助我们研究解决有关问题，对我市提出的2点建议和5方面17项请求省支持的事项一一作了回应。马兴瑞省长前段时间到揭阳调研，明确把《关于支持揭阳滨海新区粤东新城加快开发建设的若干意见》支持范围扩大到整个揭阳滨海新区。我们要倍加珍惜省委、省政府和省领导同志对揭阳的关心厚爱和大力支

持，牢牢把握政策机遇，抓紧推动政策落地，全力加快揭阳发展。

四是要充分发挥揭阳自身有利条件和良好发展态势。揭阳拥有丰富的岸线资源、独特的人文优势、良好的交通区位和充满活力的民营经济，建市以来经济社会持续加快发展。特别是在疫情防控常态化下，我们严防控、啃骨头、打基础、谋发展、强党建，不仅“双统筹”、拆违控违、营商环境、招商引资、脱贫攻坚、风险化解、创文创卫、党的建设等各项工作不断取得新突破，也有效激发了全市干部队伍的执行力和战斗力，为全市下一步加快高质量发展凝聚了广泛共识、提振了民心士气、积聚了良好势能。李希书记莅揭调研时，充分肯定揭阳改革发展各项事业取得的新进步，指出我们的工作思路清晰、措施有力，迈出高质量发展新步伐。我们要充分发挥自身优势，保持良好发展态势，按照李希书记的指示要求，认认真真抓好落实，把有利条件、良好势能转化为实实在在的发展成果，加温鼓劲推动揭阳取得更大进步。

（二）深刻认识省委对揭阳的发展定位。实现全面建成小康社会的奋斗目标、开启现代化建设的新征程，必须找准定位、走出符合揭阳实际的发展路子。省委李希书记要求我们聚焦高质量发展，建设宜居宜业宜游的活力古城、滨海新城，努力打造沿海经济带上的产业强市，明确了揭阳在全省发展大局中的责任和定位。我们要深刻认识这一定位的重大意义和深刻内涵，准确把握实现这一定位的方法路径，全力抓好落实，推动揭阳加快高质量发展，与粤东其他兄弟市一起，共同把沿海经济带东翼翅膀舞动起来。

一是要深刻认识这一定位的重大意义。在揭阳爬坡过坎、转型升级的关键时刻，李希书记对揭阳发展提出明确定位，既切合地方实际，又着眼全省大局，体现了省委、省政府对揭阳发展优势的深刻把握、对统筹区域协调发展的深入思考，为我们指明了前进方向、明确了工作重点、提出了具体要求。这一发展定位，为我们在全国大局大势中、在“一核一带一区”区域发展格局中找准了座标，在粤东振兴发展中找准了角色，在揭阳加快发展的历史进程中找准了方位，必将推动揭阳在沿海经济带东翼建设中打好特色牌，发挥产业建设主力军作用，与周边兄弟市在协同联动中共同提升、共赢发展，为全省发展大局做出应有贡献。这是省委、省政府对揭阳的厚望，既给我们以极大的鼓舞和鞭策，也对我们的工作提出了新的更高要求，我们一定要深刻学习体悟、深入贯彻落实。

二是要深刻领会这一定位的丰富内涵。建设宜居宜业宜游的活力古城、滨海新城，是对揭阳全市全域的要求，就是要把千年古城的历史文脉、文化魅力彰显出来，把滨海新城的区位优势、城市特点展现出来，让揭阳历史文化、自然资源、生态优势、商贸活力与新时代经济发展、社会文明、城市建设相得益彰，明确了揭阳应该是一座什么样的城市。努力打造沿海经济带上的产业强市，就是要发挥揭阳的产业基础、交通区位和海洋经济优势，加快做大做强临海产业集群，为沿海经济带建设提供强劲动力，指明了揭阳依靠什么加快发展。在这一发展定位中，活力古城、滨海新城就像人的灵魂，产业强市就像人的躯干，把灵魂立起来，把躯干挺起来，揭阳这座城市才能够顶天立地，才能与粤东其他城市一起，通过错位发展、互补发展，实现各展所长、整体提升，塑造沿海经济带东翼整体形象、整体优势、整体竞争力。

三是要准确把握这一定位的实现路径。围绕揭阳发展定位，李希书记既讲是什么、怎么看，又讲为什么、怎么干。我们要深刻领会、准确把握李希书记为我们指明的方法和途径，一张蓝图绘到底，一张蓝图干到底，全力以赴抓好落实。要牢记李希书记强调的“立足自身功能定位，进一步优化城市、产业、交通布局，在陆海统筹、港产城联动中推动高质量发展”这一根本路径，切实统筹好生产、生活、生态空间，高质量保护提升老城区，高标准高起点推进城市新区规划建设，充分发挥交通基础设施的先导性基础性作用，强力实施乡村振兴战略，推动传统产业转型升级，加快构建形成先进制造业、现代服务业、文化旅游业和现代农业四位一体的产业体系，努力实现老城蝶变、新城崛起、产业振兴。

（三）不断提振再创业的精气神。揭阳自1991年底建市，经过全市上下近30年特别是近些年来的艰苦创业、接续奋斗，取得了今天的发展成果，无疑值得自豪。但也要看到，当前的揭阳，还存在许多亟待解决的问题和短板。揭阳的主要经济指标在全省排名靠后，人均水平全面落后于全国全省，环境污染、违法建设、金融风险等问题突出，发展环境、治理体系、治理能力等也处在全省落后位置，面临着发展不足和质量不高的“双重问题”。这一现状，决定了我们没有理由可以自满、没有条件可以“守成”，不能得过且过、裹足不前。近年来的工作实践证明，揭阳的干部队伍总体上是志气昂扬、充满战斗力的，但形势逼人、不进则退，必须不断提振精气神，聚焦高质量发展，认清形势、坚定信心再创业，全力以赴、锲而不舍啃骨头、打基础、谋发展，矢志不渝通过发展解决存在问题、保障改善民生、创造美好未来，把省委对揭阳的明确定位变成现实。

一是要焕发再创业的激情。习近平总书记讲过：激情是一种可贵的工作状态和工作品质，往往能最大限度地发挥创造潜能。这对今天重任在肩的揭阳干部来说，极有针对性、极具教益。我们要通过再创业来实现高质量发展，首先就必须有再创业的激情，没有激情，难以干事、更难以成事。李希书记莅揭调研时，特别强调要大力弘扬伟大抗疫精神、伟大抗战精神。这种伟大精神的重要内涵之一，就是不畏艰难、干事创业的激情。全市党员干部尤其是领导干部要牢记总书记的教诲，认真落实省委李希书记的要求，以奋发有为的状态、敢闯敢试的斗志、开拓进取的精神，当好新时代揭阳的创业者，当好700万揭阳人民的答卷人。

二是要强化再创业的担当。处于守成阶段的一个地方、一家单位，往往是领导在后面指挥着队伍干，因为团队的资源、制度、机制、作风等已经比较稳定和成熟。而当处于创业阶段，在百业待兴的情况下，领导者就必须自觉肩负起挑大梁、打头阵的重任，变“给我上”为“跟我上”，筚路蓝缕、冲锋在前带着队伍干。当前，面对揭阳仍然落后的现状，面对省委对揭阳的全新定位，全市各级领导干部必须杜绝“等靠要”思想，杜绝自己不干、等着或看着别人干的“旁观者”心态，以身先士卒、攻坚克难的再创业担当，积极创造机遇，牢牢抓住机遇，盯紧存在问题和短板，扭住着力点和突破口，一级带着一级干，一锤接着一锤敲，上下齐心、担当有为地把阻碍发展的问题解决掉、把制约发展的短板补起来、把揭阳各项事业不断推向前进。

三是要提高再创业的本领。创业必须有创业的能力本领，如果只有想法、没有办法，那就是眼高手低，干不了活，也成不了事。能力和本领从哪里来？只能从学习和实践中来。面对极其珍贵的发展机遇、层出不穷的新生事物、纷繁复杂的风险挑战，我们一些同志“只会说、不会干”，在谋发展抓发展的工作方法、知识储备上都显得捉襟见肘，说到底就是学习意识不强、学习能力不足。全市各级党员干部要对自己的能力水平有清醒的认识，自觉激发强烈的学习意识、学习热情，牢固树立终身学习的思想，紧密结合揭阳发展现状、发展需求和工作实践，聚焦营商环境、招商引资、产业建设、乡村振兴、城市规划建设管理、污染防治、教育科技、文化卫生等直接关系揭阳发展大局、民生事业的领域，坚持在干中学、在学中干，加快知识更新，优化知识结构，不断提高抓发展的能力本领。

二、紧扣定位，明确任务，扎实推进高质量发展各项工作

建设宜居宜业宜游的活力古城、滨海新城，努力打造沿海经济带上的产业强市，既是发展定位，也是目标任务，更是责任担当。我们要紧扣这一定位，牢牢把握高质量发展要求，抢抓发展机遇，发挥自身优势，坚持老城蝶变、新城崛起两手抓，坚持陆海统筹、港产城联动，明确实施路径、突出工作重点、狠抓任务落实，切实增强发展动力，更好地肩负起推动沿海经济带东翼迅速崛起的历史使命。

（一）抓好规划、建设和管理，加快推进老城蝶变、新城崛起。要用好省的扶持政策，立足自身功能定位，发挥深厚的文脉优势，运用良好的发展条件，遵循城市发展规律，坚持高起点规划、高标准建设、高水平管理，着力建设宜居宜业宜游的活力古城、滨海新城，加快实现破茧成蝶、跨越崛起。

一是要建立规划控制体系。坚持以规划为引领，强化以人为本、尊重自然、传承历史、绿色低碳等理念，紧密结合“十四五”规划编制工作，构建统一高效的国土空间规划体系，进一步统筹全域全要素、精准配置资源、科学引导城市建设。严格落实规划单元规范土地管理，发挥规划赋能，划定管控单元，整治零散、低效、闲置等用地，促进土地高效利用。整体保护市区“三山两水一古城”的城市空间形态，重点保护揭阳学宫等历史建筑群及古村落等文化文物设施，延续历史文化脉络。坚持以集约为前提，全方位拓展优化市区、各地城区和粤东新城的城市生产、生活和生态空间，合理布局城市产业空间，促进城市有序建设。

二是要优化综合交通网络。坚持交通一体化发展战略，加快揭阳潮汕国际机场扩容，推动高铁站城融合一体发展，提升榕江港区和惠来沿海港区货物吞吐量及综合运输效率，构建空铁港为重点的综合交通枢纽。积极推进轨道交通建设，加快汕汕铁路建设，积极争取新增广河客专联络线、普宁经机场至饶平铁路，加快推动揭阳疏港铁路建设。加快优化区域高快速网络，推进陆惠高速公路开工建设，谋划建设揭普惠快线等快速通道，提升中心城区、普宁、惠来之间的互联互通水平。加快优化古城路网，打通路网微循环，完善慢行系统，畅通老城“血脉”。

三是要强化区域协调发展。坚持保护优先、合理利用，以“绣花”功夫推进古城改造，深入挖掘古城历史文化底蕴，推动文化、商业、旅游深度融合发展，焕发古城的生机与活力。强化“港产城”联动，以“一城两园”为揭阳拓展城市空间、建设滨海新城的主抓手，

打造粤东城市群新城市中心、临海特色产业战略高地。鼓励支持县域经济发展，中心城区突出打造空铁港综合枢纽、临空产业集聚区；普宁市要继续做大做强医药、纺织服装两大支柱产业，打造商贾名城、创新之城；揭西县要按照产业生态化、生态产业化的思路，打造生态发展示范区、国家级全域生态旅游目的地、粤东城市群后花园。

（二）构建“四位一体”的产业发展体系，加快建设产业强市。产业是城市发展的支撑，产业不振，城市发展就难以为继。要深入贯彻新发展理念，坚持结构调整的战略方向，充分发挥揭阳的产业基础优势，以重点产业园区为依托，引导产业集聚发展，推动产业转型升级、协同发展，构建先进制造业、现代服务业、文化旅游业和现代农业“四位一体”的产业发展体系，加快建设产业强市。

一是要重点发展先进制造业。依托中石油炼化一体化、广物、泛亚、吉林石化ABS、昆仑能源LNG、国电投、中广核、明阳和GE海上风电等项目，做大做强临海产业集群，打造世界级绿色石化产业基地和海洋新兴产业示范基地。做大做强传统优势产业，培育七大传统产业龙头骨干企业，带动中小企业发展，打响“揭阳制造”品牌。依托传统产业配套建设数字经济、智能装备、5G、医药健康、新能源新材料产业体系，推动形成绿色石化、先进装备制造、新能源新材料等千亿产业集群。提升重点产业园区建设水平，加大招商引资力度，努力打造龙头企业引领、产业链企业集聚、大中小型企业协作配套的产业生态系统。

二是要大力发展现代服务业。提升发展商贸服务业，创新发展现代物流，推进物流与电商融合发展。加快培育发展总部经济，支持发展“夜间经济”。抢抓数字经济时代机遇，打造揭阳大数据、云计算、人工智能等信息技术服务业，发展金融业、航空航运服务业等现代商务服务业。积极发展金融服务，强化现代金融核心功能，加快推动农合机构改革，增强防控金融风险能力。积极培育高技术服务业，大力实施高新技术企业倍增计划，促进科技服务业提质增效。鼓励发展专业服务企业，大力发展养老服务业，形成特色鲜明、结构合理、功能完善的现代服务业体系。

三是要加快发展文化旅游业。加大文旅产业招商引资力度，积极开展文旅投融资活动，争取一批文旅项目签约落地。加强统筹规划，强化品牌塑造，加大文旅资源挖掘整合力度，保护和活化利用好历史文化遗产、民俗文化资源，打造文旅特色产品和精品线路。大力发展乡村旅游、红色旅游等，办好文化旅游特色节事主题活动。着力发展滨海旅游，以神泉湾文旅项目为抓手，培育打造广东滨海旅游新标杆。发挥揭西县“红色”文化和“绿色”生态“两张牌”优势，创建国家全域旅游示范区。

四是要扶持发展现代农业。实施特色产业培育工程，推进普宁青梅创建国家级现代农业产业园，推动揭东竹笋、惠来南药、揭西茶叶等省级现代农业产业园提质发展。引导各地因地制宜发展优势农业单品，重点发展粮食、水果、蔬菜、水产等“一村一品、一镇一业”示范项目。扶持发展新型农业经营主体，打造国家级重点龙头企业和一批省级、市级农业龙头企业。大力促进农产品加工转化，提高农产品附加值。建设一批5G智慧农业产业园，探索开展农业产业链“链长制”试点工作，创新农业发展机制。

（三）深化“放管服”改革，持续优化营商环境。打造良好的营商环境，是建设现代化经济体系、促进高质量发展的重要基础。要牢固树立“乙方思维”，把深化“放管服”改革作为优化营商环境的突破口，刀刃向内推动各项改革措施落到实处，努力提升服务和管理效能，提高市场资源配置能力和效率，全力服务企业安心顺心落地建设、经营发展，不断激发市场活力和社会创造力，增强经济发展的内生动力。

一是要推进简政放权。精简行政许可，清理变相审批，放宽市场准入条件，全面落实市场准入负面清单制度，深入贯彻落实《外商投资法》及实施条例，推动自贸区创新经验和海南自由贸易港可复制推广经验在我市落地实施。打通开办企业的绿色通道，加快推进“证照分离”改革，落实“照后减证”措施，加大信息共享力度，提升行政审批效率，全力服务企业落户发展。推动工程建设项目审批制度改革，建立完善项目审批管理系统、管理体系和服务机制，着力解决工程建设项目审批难问题。进一步落实减税降费措施，治理各种不合理收费，优化办税缴费服务，帮助企业降低成本，不断释放市场主体活力。

二是要加强市场监管。坚持公平公正的监管原则，加快健全公开透明的监管规则和标准体系，建立公平竞争的审查制度，着力破除阻碍市场活力发挥的行政垄断、地方保护和市场壁垒，推动生产要素自由流动，优化资源配置。实行灵活有效的监管方式，大力推行“双随机一公开”监管，强化对重点领域的监管，大力推行信用监管，积极推行包容审慎监管，确保既管得住又管得好。完善部门联合监管机制，开展综合执法和综合监管，加强监管协同和审管衔接，提升全方位监管合力。

三是要优化政府服务。构建亲清新型政商关系，加快“数字政府”改革建设，进一步降低执行环节费用成本，全面优化提升政务服务水平。推动水电气等公共服务进驻行政服务大厅，创新金融产品和服务，优化人才制度体系，深化户籍制度改革，推动公共事业服务便利化。加大公共服务投入和供给，完善公共服务体系，大力发展养老、托幼、家政、教育、医疗等“末端市场”，改善公共设施和社区服务，更好满足人民生活需求。

（四）深入推进综合治理，全面提升社会环境和生态环境。近年来，我们不断加大综合治理力度，着力解决遗留问题，但由于基础差、底子薄、欠账多，一些根源性问题还没有彻底解决，严重制约了经济社会的发展。要保持定力、久久为功，强化导向、压实责任，推动突出问题整治工作向纵深发展，不见成效不收兵、不达目标不罢休，不断提升治理成效和能力水平。

一是要持续推进违法建设整治。全面快速推进分类处置工作，持续开展拆违集中攻坚行动，坚决完成拆除任务，推动触碰生态红线、占用基本农田等恶劣违建清零。继续加大巡查打击力度，建立网格化、全覆盖的联合巡查机制，切实把违法建设控制在萌芽状态，牢牢守住新增违法建设“零增长”底线。坚持依法依规、特事特办的原则，加快推进问题楼盘处置，进一步规范房地产市场秩序，坚决维护群众切身利益。

二是要大力加强生态文明建设。围绕美丽揭阳建设总要求，坚持系统治理、协同管控、多元共治、科学规划，深化山水林田湖草系统治理，不断提升生态文明建设水平。以榕江（枫江）、练江、龙江等重点流域水环境整治保护为重点，深入推进生活污水处理设施和配套管网，以及生活垃圾无害化处理项目建设，高水平推进万里碧道建设，不断提升治污能力和水平。对重点流域开展交叉执法专项行动，严厉打击环境违法行为，清理整顿“散乱污”企业。完善生态环境监测体系，加强基层执法队伍建设，优化生态环境执法监管模式，完善环境风险分级分类管理体系，强化应急管理处置，不断提升生态环境保护能力。

三是要全力维护社会安全稳定。严防与疫情相关的经济、社会、民生、舆论等领域的矛盾问题叠加，高度关注农合机构和上市公司风险，聚焦重点项目建设、违建整治、生产安全、村居换届选举等工作，全面做好涉稳风险排查研判和稳控化解。深入推进扫黑除恶专项斗争，持续加大重点关注地市问题整改力度，坚持打、治、建同时发力，不断巩固扩大专项斗争战果。继续保持涉毒整治高压态势，严防毒品犯罪反弹。严厉打击盗抢骗、黄赌毒、食药环等突出违法犯罪，努力营造良好的社会治安环境。

（五）不断提升服务水平，切实保障改善民生。推动高质量发展的目的，就是要不断满足人民美好生活需求。要坚持以人民为中心的发展思想，抓住人民群众最关心最直接最现实的利益问题，用心用情用功办好民生实事，在加快发展中同步解决民生问题、增进民生福祉，让城市发展更有质量、人民生活更加幸福。

一是要办好教育事业。坚持教育优先发展，优化区域学校布局，全力保障教育用地需求，集中力量建好办好广工揭阳理工学院，提升揭阳职业技术学院办学水平，加快推进与广东外语外贸大学合作办学，抓紧推进中小学新建和改扩建工程，扎实推进“麻雀”学校撤并，规范民办教育办学秩序，增加优质教育资源供给。强化政府监管，规范教育经费投入使用，加强对学校办学条件、办学水平和办学质量等综合评价，强化教师综合素质考核，提升学校自我约束和自我发展能力，激发教育事业发展的生机活力。

二是要提升医疗卫生水平。加快补齐医疗卫生事业短板，提升市县镇村四级医疗卫生服务能力，构建强大的公共卫生服务体系。深化与中大附属第一医院和广州市妇女儿童医疗中心的帮扶合作，将揭阳市人民医院建设成为高水平医院和区域医疗中心，按照三级妇幼保健院标准建设揭阳市妇幼保健院，引领推动全市医疗事业不断迈上新台阶。统筹全市高水平医院建设布局，积极对接省内其他高水平医院，建立帮扶合作关系，探索合作共建高水平医院。充分发挥揭阳区位优势和资源优势，建立健全全市中医药管理体系，推进中医药传承创新发展。采用医联体、医共体、合作办医等形式，实现大带小、强带弱，形成布局合理、功能完善的医疗体系。

三是要保障饮用水安全。深化与粤海水务全面合作，加快推进全市水资源配置和供水工程建设，实现全市城乡供水一体化建设，水资源能力一张网建设管理，切实保障用水安全。加快推进半洋隧洞引水工程和引韩供水工程建设，进一步保障饮用水源安全，彻底解决市区用水安全问题。加快实施龙颈水库应急备用水源引水工程，形成市区东西互补的原水供应格局，提升市区原水供应保障，解决普宁北部缺水问题。全力推动三江水系连通工程，进一步优化韩江、榕江、练江水资源配置，不断改善水环境、修复水生态。

（六）巩固拓展脱贫攻坚成果，加快实现乡村全面振兴。揭阳是农业大市，最大的短板在农村，最大的潜力也在农村。要巩固拓展脱贫攻坚成果，深入实施乡村振兴战略，促进乡村振兴与脱贫攻坚有机衔接，推动全市农业农村工作迈上新台阶。

一是要持续改善农村人居环境。深入推进“千村示范、万村整治”工程，巩固“三清理三拆除三整治”工作成果，进一步建立健全农村人居环境长效管护机制。加快美丽乡村建设步伐，大力推行“农民工匠”法加快项目建设进度，切实提高财政资金使用效率，确保年底前全市自然村干净整洁村全覆盖，努力建成748个美丽宜居村。推进农房管控和乡村风貌提升，以省“十大美丽乡村”评选活动为契机，以省定贫困村、省级新农村示范片、美丽乡村示范村和沿机场、高铁、高速公路、景区周边村庄为重点，开展农房微改造、“四小园”建设，打造一批彰显揭阳特色的美丽乡村，带动提升全市乡村风貌。

二是要着力促进农民增收致富。抓紧抓实脱贫攻坚责任、政策和工作落实，深入推进“万企帮万村”等工作，兑现各项强农惠农政策，落实好“米袋子”“菜篮子”“果盘子”等建设，促进农业提质增效、农民持续增收。加快产业兴村项目培育创建工作，继续推进“广东技工”、“粤菜师傅”、“南粤家政”三大工程建设，促进重点群体就业。总结推广惠来县举办鲍鱼节、凤梨节、荔枝节等经验做法，通过举办节庆活动和云展会等形式，线上线下推广我市农特产品，打造“粤字号”农业知名品牌，拓宽农民增收致富渠道。

三是要积极稳妥推进农村改革。加快推进农村承包地经营权流转，探索成片集中流转土地，破解土地流转瓶颈，集中开展农业招商引资，完善经营主体和农户的利益联结机制，带动现代农业发展。积极稳妥推进农村综合改革，逐步理顺农村集体经济组织管理体制，稳妥推进“一村多社”行政村设立经联社，为行政村党组织书记“三个一肩挑”打好基础。引导和激励农民就业创业，逐步建立覆盖城乡劳动者的终身职业培训制度，及时为符合条件的农民落实创业补贴、创业担保贷款贴息等优惠政策，不断增强农民就业创业的内生动力。

三、加强党建，锻造队伍，为实现高质量发展提供坚强保障

事业成败，关键在党，关键在人。要坚决落实新时代党的建设总要求，全面加强党的领导和党的建设，锻造坚强有力的党组织和干部队伍，为揭阳高质量发展提供坚强保障。

（一）持续深入学习贯彻新思想。要持续抓好《习近平谈治国理政》第三卷的学习宣传贯彻，全面准确领会习近平新时代中国特色社会主义思想的科学体系、精神实质、实践要求，切实提高政治站位、强化理论武装、增强过硬本领、凝聚奋进力量、推动实际工作。要旗帜鲜明讲政治抓政治，认真执行省委、市委落实“两个维护”机制，严明政治纪律和政治规矩，教育引导广大党员干部把增强“四个意识”、坚定“四个自信”、做到“两个维护”贯彻落实到揭阳改革发展全过程各方面。要巩固深化“不忘初心、牢记使命”主题教育成果，探索建立不忘初心、牢记使命制度，推动形成坚定理想信念、坚守初心使命、敢于担当作为的浓厚氛围。

（二）大力加强干部队伍建设。要大力弘扬伟大抗疫精神、伟大抗战精神，激发敢于压倒一切困难的大无畏顽强意志，发挥党员干部先锋模范作用，凝聚起全市人民勠力同心、锐意进取、奋力开创新时代揭阳各项工作新局面的强大力量。要深刻领会李希书记莅揭调研时提出的抓落实方法和要求，牢固树立抓落实的理念，大力弘扬求真务实、狠抓落实的作风，不断提高抓落实的执行力。要自觉把抓落实当作一种政治责任、一种思想境界、一种工作习惯，坚持领导带头，既挂帅、又出征，以钉钉子的精神，亲力亲为抓好政策的对接落实、项目的落户建设、资源的整合利用，推动中央、省委决策部署和市委工作安排落地见效。要着力提升干部学习力，加强与高等院校和培训机构合作，精准实施专业化培训，促进干部知识结构更新换代、素质能力升级换挡，不断提升干部专业知识和能力水平。要理直气壮支持担当作为的干部，把握好“三个区分开来”，运用“四种形态”处置问题，用好监督执纪“七个看”，实施正负面“两张清单”，做到严管和厚爱相结合、激励和约束并重，形成组织为干部担当、干部为事业担当的良好氛围。要加强人才引进，紧紧围绕发展需求，聚焦项目招引、城市建设、港口发展、金融创新等主题，大力引进产业领军人才，开展专业型干部“短精特”培训，为揭阳发展提供人才支撑。要突出专业化用人导向，坚持知事识人、依事择人、人岗相适，建立分层分类的专业型后备干部数据库，适时选派专业型干部参与项目建设、应对重大任务，推动更多专业型干部在工作一线成长成才。

（三）全面加强基层党组织建设。要打好基层党建三年行动计划收官战，谋划落实好下一个三年行动，推动基层党组织全面进步、全面过硬。继续开展农村基层党建“整镇推进、整县提升”创建行动，完善重点措施和考核指标体系，打造好镇（街道）、村（社区）先行点并发挥示范引领作用。要精心谋划组织明年村级换届选举工作，完成“三个一肩挑”、“两委”干部交叉任职等目标任务，确保换届选举工作平稳有序。开展村级组织活动场所建设攻坚行动，建好建强村级组织活动阵地。扎实推进城市基层党建，推动“两新”党建扩面提质，强力推进软弱涣散村（社区）党组织整顿工作，夯实基层党组织战斗堡垒。

（四）持之以恒正风肃纪反腐。坚决落实好省委巡视榕城区和惠来县发现问题的整改，其他各地和各部门要认真对照，举一反三，深入开展自查自纠，持续改善政治生态。聚焦“两个维护”，严明政治纪律和政治规矩，加强对落实习近平总书记重要指示批示精神、中央及省委重大决策部署的监督检查，深化省委巡视和市委巡察成果运用，坚决查处政令不通、变相落实、虚假整改等问题，确保习近平总书记重要指示批示和党中央决策部署在揭阳落地落实。巩固拓展落实中央八项规定及其实施细则精神成果，大力整治“四风”特别是形式主义、官僚主义，深入整治“怕慢假庸散”等懒政怠政、损害营商环境的突出问题。用好执纪监督手段，主动延伸监督触角，重点加强对项目建设、放管服改革、社会治理等的监督，从严治理“为官不为”，坚决鞭策慢作为、惩处不作为和乱作为。坚持反腐败无禁区、全覆盖、零容忍，一体推进不敢腐、不能腐、不想腐体制机制建设，推动全面从严治党向基层一线、向群众身边延伸，实现正气充盈、政治清明，以党风政风的“山清水秀”带动营商环境和发展环境持续好转。

同志们，习近平总书记告诫我们：历史只会眷顾坚定者、奋进者、搏击者，而不会等待犹豫者、懈怠者、畏难者。在即将全面建成小康社会、开启全面建设社会主义现代化新征程的重要历史时刻，让我们更加紧密地团结在以习近平同志为核心的党中央周围，坚决落实省委、省政府决策部署，不忘初心、牢记使命、接续奋斗，闻鸡起舞、日夜兼程、风雨无阻，加快建设宜居宜业宜游的活力古城、滨海新城，努力打造沿海经济带上的产业强市，奋力开创揭阳高质量发展新局面！

政府工作报告

——2021年2月1日在揭阳市第六届人民代表大会第七次会议上

揭阳市人民政府市长　张　科

各位代表：

现在，我代表市人民政府向大会作工作报告，请予审议，并请市政协委员和其他列席人员提出意见。

“十三五”时期发展成就和2020年主要工作

“十三五”时期是全面建成小康社会的决胜阶段。在省委、省政府和市委的正确领导下，在市人大及其常委会、市政协的监督支持下，我们坚持以习近平新时代中国特色社会主义思想为指导，紧跟时代发展脉搏，全面贯彻新发展理念，奋力推动经济社会持续健康发展，总体完成了“十三五”规划提出的主要目标任务，高质量发展迈出坚实步伐，为开启全面建设社会主义现代化新征程奠定重要基础。

经济发展实现稳中有进。2020年，全市地区生产总值2102.14亿元，“十三五”期间（下同）年均增长4.2%。固定资产投资1180.75亿元，年均增长9.9%。规模以上工业增加值520.29亿元，年均增长1.9%。社会消费品零售总额955.16亿元，年均增长5.2%。城乡居民人均可支配收入21822元，年均增长6.02%。进出口总额194.3亿元，地方一般公共预算收入73.97亿元。三次产业结构由2015年的8.5：52.0：39.5调整为9.7：36.9：53.4。

重大项目建设取得新突破。“十三五”期间全市累计完成投资6500亿元。争取省政府批准设立粤东新城，出台《揭阳滨海新区发展总体规划》《关于支持揭阳滨海新区粤东新城加快开发建设的若干意见》，“一城两园”累计引进项目34个、计划总投资2369亿元。中石油广东石化年产2000万吨炼油+260万吨芳烃+120万吨乙烯炼化一体化项目204个主项已开工166项，累计完成投资254.84亿元。已核准海上风电总装机容量640万千瓦，国电投90万千瓦海上风电项目累计完成投资83.27亿元，GE海上风电机组总装基地、明阳新能源综合基地等产业链项目建设加快推进。

产业发展得到稳步提升。进一

步理顺十大重点工业园管理体制和建设规划，五年累计引进落户产业项目277个。建设化学与精细化工广东省实验室揭阳分中心（榕江实验室），新增省级质检站3个、省级工程技术研究中心38家。累计组织1679家企业实施技术改造，新增高新技术企业135家，新增注册商标7.55万件、专利授权2.57万件。实现光纤和4G网络全覆盖，建成5G基站2170个。建成运营跨境电商产业园，荣获国家电子商务示范城市，蝉联中国快递示范城市，普宁市获评国家级电子商务进农村综合示范县。

城市基础设施有效改善。揭阳潮汕国际机场跃升4E等级；梅汕客专建成通车，汕汕高铁揭阳段全面开工；揭阳港扩大开放获国务院批准，中石油配套码头、前詹通用码头加快推进。汕湛、揭惠等5条高速公路建成通车，升级建设国省道301.5公里、县乡道853公里。天福东路、滨江大道、北环大道、玉都大道等一批市政道路建成通车，新增城市公共停车位1.6万个、小公园（小绿地）97个、标准化公厕480座。建设“三江连通”、引韩供水、揭阳学院仙梅片区供水等工程，完成32宗中小河流整治。成功创建国家卫生城市、省文明城市，省县级文明城市、卫生县城实现全覆盖。

农村面貌发生可喜变化。编制完成1444个村庄规划，建成“四好农村路”2039公里、农村雨污分流工程3559个，基本实现干净整洁村全覆盖，新增全国文明村镇4个、省卫生镇7个、省级卫生村886个，创建美丽宜居村748个、省特色名村3个。创建省级现代农业产业园4个，新增省级“一镇一业、一村一品”专业镇7个、专业村54个。揭西县入选首批广东省全域旅游示范区，揭东区埔田镇获评全国特色小镇，揭西县山湖村入选全国乡村旅游重点村、广东省“十大美丽乡村”。普宁市被列为全国农村三产融合先导区，惠来县获全国农村创业创新典型县，揭东区和空港经济区砲台镇、普宁市占陇镇被列为城乡融合发展省级试点。

“三大攻坚战”取得重要成果。派出3800多名驻村干部，各级财政累计投入35.89亿元，实施扶贫开发项目944个，全市3.7万户10.58万相对贫困人口、162个省定贫困村全部稳定达到脱贫标准，实现“两不愁三保障一相当”。榕江龙石断面和枫江干流消除劣Ⅴ类，练江干流告别黑臭，龙江水质保持Ⅲ类；练江7条支流、榕江40条支流、枫江21条支流消除劣Ⅴ类，市区5条黑臭水体消除黑臭。五年全市新建（扩建）城镇污水处理设施62座，新增污水处理能力48.65万吨/日，新增污水管网1889公里。普宁纺织印染环保综合处理中心建成运营。启动生活垃圾分类处理试点，新建成生活垃圾处理设施4座、建筑垃圾处理设施4座。新增碳汇造林14.1万亩，建设碧道30公里，绿化道路超3000公里，空气质量6项指标连续4年全面达标，揭西县荣获“中国天然氧吧”称号。2家农合机构完成改制，综合清收银行不良贷款198亿元，有关上市企业风险得到有效稳控。

社会民生事业全面进步。新（改、扩）建四级医疗卫生项目1208个，市区4家区级综合医院升级建设为市级专科医院，县域医共体建设实现全覆盖。全面取消药品、医用耗材加成，基本医疗保险参保率保持95%左右。联合广东工业大学筹建广工揭阳理工学院；成功创建广东省教育强市，广东省推进教育现代化先进县（市、区）实现全覆盖；五年累计新（改、扩）建中小学校799所、普惠性幼儿园279所，新增优质学位45.7万个。组织实施“粤菜师傅”“广东技工”“南粤家政”工程，累计开展各类技能培训15.65万人，新增城镇就业15.78万人。2020年城乡低保、特困人员基本生活供养标准分别比2015年提高56%、98%。累计改造棚户区住房2768套，建设公租房5110套。新增省级以上文物保护单位22处、省级非遗项目7个，建设乡镇（街道）文体广场57个、社会足球场地66块，成功举办新中国成立70周年系列文化活动等。扫黑除恶专项斗争成效明显，信访工作扎实推进，榕城区荣获全国社会综合治理最高奖项“长安杯”。建成市应急指挥中心，安全生产形势总体稳定。

改革开放持续纵深推进。全面完成市县党政机构、乡镇（街道）体制改革，规范理顺建制区与经济功能区管理体制，深化事业单位改革。在全省率先成立国土空间规划委员会，推动形成全市国土空间规划“一张图”。市级政务服务“一窗”分类受理率达到96%，80%的市级政务服务事项实现“零次跑动”。全面落实行政执法三项制度，推行市场监管“双随机一公开”，12345政务热线荣获全国“骏马奖”“先锋奖”。成功承办第七届粤东侨博会，连续举办四届中德（欧）中小企业合作交流会、五届玉文化节，与大兴安岭地区开展对口合作，与美国安大略市结为友好城市。

同时，顺利完成第四次经济普查、第三次农业普查、第二次污染源普查，组织实施第七次人口普查。地方志、档案、社科、文联、残联、新闻出版、广播电视、台港澳、民族宗教、军民融合、强边固防、国防动员、人防、民兵预备役、气象、地震、红十字会等工作也取得新进展。

五年来，我们坚持学习习近平新时代中国特色社会主义思想“第一议题”制度，深入开展“两学一做”学习教育和“不忘初心、牢记使命”主题教育，切实增强“四个意识”、坚定“四个自信”、做到“两个维护”。认真向市人大及其常委会报告工作，向市政协通报情况，累计办理市人大代表建议和市政协委员提案576件，提请市人大常委会审议事项43件、制定修改政府规章4件。加强法治政府、廉洁政府、服务型政府建设，认真执行中央八项规定及其实施细则精神，驰而不息纠正“四风”，强化审计监督和督查落实，政府治理能力不断提升。

2020年是“十三五”规划的收官之年，我们走过了一段极不平凡的历程。突如其来的新冠肺炎疫情，给我市经济社会发展带来巨大冲击。在习近平总书记和党中央以及省委省政府的坚强领导下，我们慎终如始，沉着应对，统筹疫情防控和经济社会发展，奋力夺取“双胜利”。

一是取得了抗疫斗争阶段性胜利。认真落实“坚定信心、同舟共济、科学防治、精准施策”总要求和“四早”“四集中”防控要求，抓实抓细“外防输入、内防扩散”系列举措，规范设置69个交通联合检查检疫站、84个发热门诊、10个集中隔离医学观察点，动员3万多名医护人员、6万多名共产党员、8万多名志愿者投入防控一线，全市11例确诊病例、1名无症状感染者全部治愈出院，216名密切接触者全部解除医学观察，累计完成核酸检测125万例，去年4月4日以后全年无新增确诊病例，胜利完成支援湖北医疗救治、支援香港核酸检测等任务。

二是成功稳住了经济基本盘。深入开展“暖企行动”，认真做好“六稳”工作、全面落实“六保”任务，制定出台28条复工复产扶持政策，去年3月底全面实现复工复产，全年全市地区生产总值增长0.2%，固定资产投资增长2.5%，地方一般公共预算收入增长1.3%，居民人均可支配收入增长2.3%。新增注册市场主体4.83万户，开展补贴性职业技能培训4.23万人，新增城镇就业3.06万人。农业保持增长，举办农产品“网络节+云展会”，引进建设新希望规模化生猪养殖等现代农业项目，“米袋子”“菜篮子”供应充足。重大项目建设加快推进，吉林石化ABS、中石油商储库、中石油LNG等项目启动实施。大南海公共码头、揭阳至惠来铁路开工建设，揭惠连接线全线贯通，揭阳大桥建设完工。

三是实现了招商引资和产业建设新突破。制定实施《全面优化营商环境三年行动计划》《深化“放管服”改革若干意见》，强化“乙方思维”，加快“数字政府”改革建设，大抓招商引资。企业设立登记0.5日办结，不动产抵押登记1日办结，工程项目报建5日内办结，工业项目实现“出让即报建”。组织赴广深、京沪、江浙等地开展招商引资，新引进广物巨正源、泛亚等一批重大项目，新签约项目2011亿元，新开工项目878亿元。制定出台《促进产业发展“1+1+12”政策体系》，构建先进制造业、现代服务业、文化旅游业、现代农业协同发展的产业体系，积极发展战略性新兴产业，新增“个转企”642家、“四上”企业308家、高新技术企业46家、上市企业2家，快递业务总量跃居全国城市第7位。

四是解决了一批难事急事。理顺揭阳产业转移工业园管理体制，完成大南山华侨农场、普宁华侨农场改镇挂牌，落实乡镇（街道）综合行政执法改革。调整优化市县（市、区）财政管理体制，改革政府投资项目、交通项目建设管理体制，公益三类事业单位有序退出。整合组建市投资控股集团，全面完成市属“僵尸企业”市场化出清。查处拆除违法建设218.96万平方米，进一步规范城乡建设秩序。引进战略投资110亿元，实现惠来农商行改制开业，揭阳农商行、揭东农商行顺利改革化险。坚决打击各类违法犯罪，惠来涉毒问题整治、省扫黑除恶重点关注地市、普宁涉电信诈骗重点问题整治顺利摘帽，妥善处置甬莞高速危化品泄漏等突发事件，平安揭阳建设扎实推进。

五是办成了一批民生实事。广工揭阳理工学院首期工程全面封顶，成为广东工业大学揭阳校区。基本实现学前教育“5080”攻坚目标，开工建设市第二实验小学、第二实验中学，1109家学校食堂实现“互联网+明厨亮灶”全覆盖。与中山大学附属第一医院、广州妇女儿童医疗中心等开展合作共建，5家疾控机构、85家预防接种门诊全面完成改造任务。调度实施揭东应急供水工程，农村户厕无害化改造、行政村集中供水、自然村雨污分流实现全覆盖。完成36个集贸市场标准化综合改造示范工程，成功创建国家卫生城市。

各位代表！“十三五”期间特别是过去一年成绩来之不易，是习近平新时代中国特色社会主义思想光辉引领的结果，是省委省政府正确领导和大力支持的结果，是市委团结带领，全市上下顽强拼搏、努力奋斗的结果。在此，我谨代表市人民政府，向全市人民，向各位人大代表、政协委员，向各民主党派、各人民团体、各界人士，向中央、省驻揭单位和人民解放军、武警官兵、公安干警、消防救援队伍指战员，致以崇高的敬意！向关心支持揭阳现代化建设的港澳同胞、台湾同胞、海外侨胞及国际友人，表示衷心感谢！

同时，我们也清醒地看到，我市经济社会发展仍存在一些突出问题，主要表现在：经济发展的基础仍较薄弱，新旧动能转换不足，经济发展的质量和效益有待提升；水污染和“两违”整治任务仍然艰巨，防范化解风险还要攻坚克难；教育、医疗等民生领域还存在不少短板，法治政府和营商环境建设还要持续加力。对于这些问题，我们一定要高度重视、系统研究、加快解决。

“十四五”时期发展目标和重点任务

“十四五”时期是我国在全面建成小康社会、实现第一个百年奋斗目标之后，乘势而上开启全面建设社会主义现代化国家新征程、向第二个百年奋斗目标进军的第一个五年，是揭阳实现崛起振兴的关键五年。我们要准确把握新发展阶段，坚定贯彻新发展理念，加快构建新发展格局，围绕省委赋予揭阳“建设宜居宜业宜游的活力古城、滨海新城，打造沿海经济带上的产业强市”发展定位，提振再创业的精气神，提高抓落实的执行力，啃骨头、打基础、促发展，加快补齐短板、夯实基础、锻造长板，推动揭阳高质量发展，通过发展解决历史问题、保障改善民生、创造美好未来，为全面建设社会主义现代化开好局、起好步。

按照党的十九届五中全会和省委省政府的部署，根据《中共揭阳市委关于制定国民经济和社会发展第十四个五年规划和二〇三五年远景目标的建议》，市政府编制了《揭阳市国民经济和社会发展第十四个五年规划和二〇三五年远景目标纲要（草案）》。

“十四五”时期，我市经济社会发展的主要目标是：按照“前两年强基础、后三年快发展”的“两步走”要求，力争地区生产总值年均增长8%以上，地方一般公共预算收入年均增长6%以上，居民人均可支配收入年均增长6%左右，经济发展质量和效益显著增强，现代产业体系基本形成，活力古城、滨海新城建设和乡村振兴取得重大成效，人民生活更加美好，生态环境质量持续改善，政府治理效能显著提升，成为营商环境高地。

展望二〇三五年，经过“十四五”固本强基、“十五五”攻坚突破、“十六五”决战决胜，揭阳高质量发展将取得历史性突破，经济实力、创新能力、综合竞争力大幅提升，经济总量和城乡居民人均收入迈上新台阶，人均地区生产总值达到更高水平，与全国同步基本实现社会主义现代化。

“十四五”时期，我市经济社会发展的指导思想是：高举中国特色社会主义伟大旗帜，深入贯彻党的十九大和十九届二中、三中、四中、五中全会精神，坚持以马克思列宁主义、毛泽东思想、邓小平理论、“三个代表”重要思想、科学发展观、习近平新时代中国特色社会主义思想为指导，全面贯彻党的基本理论、基本路线、基本方略，贯彻落实习近平总书记对广东系列重要讲话和重要指示批示精神，统筹推进“五位一体”总体布局，协调推进“四个全面”战略布局，坚持党的全面领导，坚持以人民为中心，坚持新发展理念，坚持深化改革开放，坚持系统观念，坚持稳中求进工作总基调，以推动高质量发展为主题，以深化供给侧结构性改革为主线，以改革创新为根本动力，以满足人民日益增长的美好生活需要为根本目的，深化落实省“1+1+9”工作部署和构建“一核一带一区”区域发展格局要求，紧扣“建设宜居宜业宜游的活力古城、滨海新城，打造沿海经济带上的产业强市”发展定位，加快老城蝶变、新城崛起，打造先进制造业、现代服务业、文化旅游业、现代农业协同发展的产业体系，积极发展战略性新兴产业，持续优化营商环境，推进治理体系和治理能力现代化，实现经济行稳致远、社会安定和谐，为全面建设社会主义现代化新揭阳开好局、起好步。

“十四五”时期，我们要着眼大局大势，找准工作着力点和突破口，集中精力办好自己的事，永葆“闯”的精神、“创”的劲头、“干”的作风，奋力谱写全面建设社会主义现代化的揭阳篇章。

我们要坚持创新驱动，推动经济发展取得新成效。深入推进产业强市行动，积极参与打造新发展格局战略支点，畅通内外循环功能，加快构建先进制造业、现代服务业、文化旅游业、现代农业协同发展的产业体系，积极发展战略性新兴产业，推动发展质量和效益明显提升，增长潜力进一步发挥，内需潜力进一步释放，经济结构进一步优化，创新能力进一步提升。

我们要优化营商环境，推动改革开放迈出新步伐。大力提升营商环境市场化、法治化、国际化水平，加快形成智慧型政务服务体系，进一步健全公平竞争制度，激活市场主体活力，深化产权制度改革和要素市场化配置改革，推动高质量发展体制机制进一步健全、对外开放合作水平进一步提升。

我们要提升城乡品质，推动城市文明建设迈上新台阶。有序推进活力古城、滨海新城建设，完善城乡基础设施，全面实施乡村振兴战略，加快推进新型城镇化，努力实现老城蝶变、新城崛起。弘扬社会主义核心价值观，提高人民群众思想道德素质，健全公共文化服务体系和文化产业体系，增强城市文化软实力。

我们要攻坚污染防治，推动生态文明建设实现新进步。坚决打赢水污染防治攻坚战，全力打好净土防御战，持续推进蓝天保卫战，全面改善生态环境。统筹山水林田湖草系统治理、修复和保护，加快形成清晰合理、优势互补的国土空间开发保护格局。

我们要加强社会建设，推动民生福祉达到新水平。坚持以人民为中心的发展思想，全面提升基本公共服务水平，促进更加充分更高质量就业，加快教育现代化建设，推进实施健康揭阳战略，健全多层次社会保障体系，努力让人民群众的获得感成色更足、幸福感更可持续、安全感更有保障。

我们要加强法治建设，推动治理效能得到新提升。推进法治政府、法治社会建设，进一步健全治理体系，提高社会治理特别是基层治理水平，不断健全防范化解重大风险的体制机制，增强突发公共事件应急能力，提升自然灾害防御水平，确保平安揭阳建设成效更加显著，共建共治共享社会治理格局加快形成。

2021年工作安排

2021年是实施“十四五”规划的开局之年，是中国共产党成立100周年，是我市各项工作的“攻坚强基年”，做好今年工作意义重大。当前全球疫情仍在扩散蔓延，外部环境仍存在诸多不确定性，我们要慎终如始做好常态化疫情防控和经济社会发展“双统筹”，全力确保“双胜利”。

今年经济社会发展主要预期目标是：地区生产总值增长6%以上，固定资产投资增长10%，规模以上工业增加值增长6%以上，社会消费品零售总额增长6.5%以上，进出口总额增长5%，地方一般公共预算收入增长5%，居民消费价格涨幅控制在3%以内，居民人均可支配收入增长6%左右，城镇登记失业率控制在3.5%以内，节能减排约束性指标完成省下达年度计划。

实现上述目标，我们将重点做好八方面工作：

（一）全面深化改革扩大开放，增强畅通国内大循环和联通国内国际双循环功能

深化重点领域改革。坚持“乙方思维”，实施全面优化营商环境三年行动计划，深化“放管服”改革，推进“数字政府”建设，加大力度推广“粤政易”“粤省事”“粤商通”，全面推行“不见面”办事，基本实现高频事项全域通办、网上办结。深入开展“百项疏堵行动”，落地实施100项“一件事一次办”。全面实行“证照分离”“6+X证照联办”，探索实行准营事项“一张行业综合许可证”。按照并联审批、容缺受理和告知承诺制要求，将社会投资带方案出让用地类项目审批时间控制在40日内，社会投资小型工程类建设项目审批时间控制在20日内。健全“双随机一公开”和审慎包容监管机制，加强知识产权保护执法。优化民营经济发展环境，完善不动产抵押登记制度，全面落实减税降费政策，切实解决招工难、融资难、用地难等制约中小企业发展的瓶颈问题。深化国有企业改革，加强与大型企业战略合作，做优做强市投资控股集团。

加强招商引资、招才引智和开放合作。实施“双3000亿”计划，确保全年新签约项目、新开工项目分别达到3000亿元。出台招商奖励政策，对引进重大项目实行“一事一议”奖励。做实市（县）招商办公室，探索机构招商、以商招商实现机制。主动加强招引项目跟踪对接服务，建立健全“企业服务官”制度，实行重大项目审批“代办制”。大力实施“回家行动”，出台高校毕业生返乡就业创业扶持措施等政策，促进在外乡贤“回家学习、回家就业、回家兴业”。进一步扩大开放，支持揭阳潮汕国际机场开辟新航线，推动揭阳港码头获准对外开放，申报建设B型保税物流中心。创新举办第六届中德（欧）中小企业合作交流会，完善对接“双城”“双区”发展机制，深化汕潮揭都市圈合作建设，加强与大兴安岭地区对口交流合作，做好外事、侨务、台港澳工作。

强化重要基础设施建设。推进揭阳潮汕国际机场航站区扩建，加快综合交通中心建设，实施机场噪声敏感区治理工程，加强机场周边综合整治，推动机场扩容提质。加快汕汕高铁揭阳段、揭阳至惠来铁路建设，开工建设粤东城际铁路，推进新建潮州至揭阳铁路、广河客专揭阳联络线前期工作。统筹优化揭阳港码头作业区功能布局，完成中石油配套码头工程，加快大南海公共码头、前詹通用码头施工作业，开工建设中石油LNG配套码头，整合规范榕江内河货运码头。开工揭普惠快速通道、国道238普宁至惠来段改造项目，推进陆河至惠来高速公路、汕梅高速揭阳市区联络线规划建设。推进人工智能、物联网、5G网络等新型基础设施建设。

（二）大力实施创新驱动战略，加快建设现代产业体系

重点发展先进制造业。以做实做强产业园区为先进制造业的主要载体，完善园区规划，加大园区基础设施建设和招商引资力度。大南海石化工业区围绕打造世界级绿色石化产业集群，完善中下游产业链延伸规划，优化改造龙江出海通道，加快中石油广东石化炼化一体化、吉林石化ABS等项目建设，同步推进中石油LNG、中石油商储库等配套项目，开工建设广物巨正源、泛亚等产业链项目。惠来临港产业园围绕培育海上风电产业集群，优化建设国电投海上风电项目，推动GE海上风电机组总装基地率先建成投产，加强塔筒叶片、光缆电缆等配套项目引进建设。榕城工业园围绕打造轻工产业集群、建设榕江新型产业带，以榕江南河码头整合为新突破口，抓好公共服务中心、仓储物流中心等先行项目建设，推动传统产业集约集聚、升级转型。空港经济区围绕打造数字创意产业集群，积极创建国家级高新区，加快规划建设临空产业园、临港产业园，重点引进软件与信息服务业，培育科技型企业和高新技术企业。揭东经济开发区以创建国家经开区为牵引，联动中德金属生态城、揭阳产业转移工业园，优化打造高端机械装备制造、节能环保和电子信息产业集群。普宁市产业转移工业园联动纺织印染环保综合处理中心，立足优势做强生物医药与健康产业集群、现代轻工纺织产业集群。揭西县产业园围绕“生态产业化、产业生态化”，培育发展绿色电缆、电子设备、现代农业与食品等产业集群，打造生态型工业示范区。推动镇村工业集聚区提质增效，落实每个县（市、区）打造1个镇村工业集聚区改造示范项目。

加快传统产业优化升级。深入开展“暖企行动”，强化政策精准扶持，以培育龙头企业和专精特新企业为抓手，扎实推进“个转企、小升规、规进高、高上市、创品牌、提存量”。大力发展设备融资租赁和合同能源管理，支持建设智慧工厂、智慧车间，扩大制造业设备更新和技术改造投资。深化质量强市建设，加强国家和省级质检中心市场化运作，建设揭阳大南海特种设备综合检验基地、广东省石化能源产业计量测试中心，推进企业贯标工作。

积极发展战略性新兴产业。加快榕江实验室建设，推动前沿技术和科技成果转移转化应用。深入实施高新技术企业数量规模“双倍增计划”，力争今年高新技术企业数量达到240家，引导社会加大科技创新投入。以智慧城市建设为牵引，以“互联网+”“AI+”为重要抓手，结合新基建，促进产业创新，发展数字经济，培育产业新动能和新兴产业。

大力发展现代服务业。着力培育总部经济、科技服务、工业设计、金融服务、会计、法律、咨询等生产性服务业，加强枢纽站场和粤东物流会展中心规划建设，拓展举办网络节、云展会等新型节会，提升会展经济成效。抓好仓储冷链物流基地项目，提升培育现代物流业。大力实施“引金入揭”工程，建设粤东区域现金处理中心。改造提升大型专业市场和特色商业街区，推动消费升级提质，发展养老托幼、家政服务、康养休闲等生活性服务业。

（三）提升城市品质，推动新型城镇化

以中心城区为重点建设活力古城。以交通、供水“一张网”等为抓手，扎实推进中心城区一体化发展。加快进贤门大桥及其北连接线建设，开工建设榕江新城过江通道、京灶大桥，推进国道206中心城区段改线、中心城区环市南路等规划建设，完善“纵横环”“路桥隧”体系。榕城区突出抓好古城保护和城市更新，重点实施好新河社区连片改造、环市北路沿线片区整治改造等项目，实现“老城区、新活力”。揭东区进一步理顺与揭阳产业转移工业园社会管理关系，统筹抓好揭东新城区、阳美玉都规划建设，推进特色小镇、美丽乡村建设，打造城乡融合发展示范区。空港经济区按照产城融合、职住平衡的要求，进一步提升榕江新城品质内涵。

大力推进滨海新城建设。全面实施《揭阳滨海新区发展总体规划》，落实省支持粤东新城“35条”政策扩面，加快建设宜居宜业宜游的滨海新城。推进粤东新城城市社区人才安居项目，启动实施揭神大道连接线、滨海产业大道等“一城两园”联通工程。理顺粤东新城土地规划管理体制机制，加强土地征收整备供应，推进粤东新城城市配套基础设施建设。发挥区位和政策优势，打造现代总部商务经济走廊。结合惠来站规划建设，扎实推进高铁新城综合开发。推动粤东新城联动惠来老城，促进城区更新，完善功能配套。

推动区域协调发展。普宁市围绕练江治理、高铁经济提升城市价值，做实东部创新城，推进打造“商贸名城、创新之城”。揭西县坚守生态本底，扎实推进北部新城和美丽乡村建设，深入建设生态发展示范区。抓好空港经济区砲台镇、普宁市占陇镇城乡融合试点建设，推动中心城镇扩容提质，打造一批美丽小城镇。

提升城市规划建设管理水平。完成市、县国土空间总体规划，实施全域土地综合整治试点。加强市政设施建设，推进城市道路“微改造”，实施揭阳楼前等路口平交改造工程。大力发展公共交通，加强公共停车场建设。推进老旧供水管网改造，加强城市供气管线建设管理。推进实施集贸市场标准化改造，规范支持既有住宅增设电梯。强化经营城市理念，将交通、教育、医疗、文化、体育等基础设施建设与土地整备、控规单元和经营城市有机结合起来，推动实施一批“三旧改造”和城市更新项目，提升城市开发建设效益，发展壮大县（区）域经济。加大力度治理违法用地、违法建设，年内基本完成市普查在册在建违法建设分类处置工作。持续严控小产权房，加快理顺问题楼盘，促进房地产市场平稳健康发展。大力压实“门前三包”责任制，用“绣花功夫”抓好社区网格化管理，常态化推进市容环境综合整治，加强市政设施管护和园林绿化管养。结合实施“雪亮工程”，统筹推进“互联网+交通”“互联网+城管”“互联网+治安”，让城市运转更聪明、更智慧。同时，以基础设施和公共工程建设为切入，做强现代建筑业。

（四）以加快农业农村现代化为重点，推进实施乡村振兴战略

扶持做大现代农业。全面推行农业产业链“链长制”，建设好首批10条市级农业产业链，大力发展农业规模化种植、农产品深加工、农村物流及农业文旅，推动一二三产融合发展。扎实推进“一县一园、一镇一业、一村一品”建设，加快规模化生猪养殖、供港蔬菜基地、现代渔港、农业冷链、“光伏+农业”等重点项目建设，大力发展镇域经济。精准培育农业龙头企业，发展农民合作社、家庭农场等新型农业经营主体，促进农村生产用地集中流转和规模经营。坚持最严格的耕地保护制度，大力推进水田垦造和不实耕地整改，加强高标准农田建设，坚决遏制耕地“非农化”、防止“非粮化”。全面实施“灭荒”三年行动计划，着力破解土地撂荒难题。抓好引韩、龙颈、石榴潭等灌区项目建设，增强农田水利基础保障。高质量推进“米袋子”“菜篮子”“果盘子”工程，确保市场安全保供稳价。

实施乡村建设行动。推进村庄规划优化提升，调整完善土地出让收入使用范围优先支持乡村振兴，深入推行“农民工匠法”，完善农村公共基础设施，推动“四好农村路”提档升级，加快自然村集中供水全覆盖。启动实施农村人居环境整治提升五年行动，加强农村内河污染整治和绿道建设，抓好农村厕所革命、雨污分流等后续管护，巩固拓展干净整洁村全覆盖成果；推动落实每个县（市、区）沿高铁、高速、国省道、重要景区，开展乡村风貌提升示范带建设，重点加强农房微改造和“四小园”建设，串珠成链打造一批美丽宜居村；以“32+N”个传统古村落和红色文化村为重点，建设一批特色精品村。依法做好农村房地一体确权登记发证，强化对农村宅基地和村民建房行为的监督管理，促进农村节约集约用地。

促进富农兴村。巩固脱贫成果，推动“两不愁三保障一相当”长效化。用好东莞帮扶机制，推进“万企兴万村”行动。做实做强农村集体经济组织，加强扶贫项目资金资产管理和监督，推广“订单收购+保底分红”“土地流转+务工收入”等利益联结机制，让农民更多分享产业增值收益。全面实施高素质农民培育工程，支持农民转移就业和发展多元经营，拓展农民增收空间。组织做好村“两委”换届工作，选优配强村级管理队伍。加强农村思想道德建设，完善村规民约，推动形成文明乡风、良好家风、淳朴民风。

（五）充分发挥文化引领作用，加快建设文化强市

全面提升城市文明程度。深入实施习近平新时代中国特色社会主义思想传播工程，组织举办建党100周年庆祝活动，凝聚向新征程进军的磅礴力量。拓展新时代文明实践中心建设，大力弘扬社会主义核心价值观，加强家庭、家教、家风建设。加大革命遗址和纪念场所保护，推进革命老区开发，传承红色基因、革命传统、爱国精神。严格宗教和民间信仰场所管理，规范城乡殡葬行为，促进移风易俗。巩固拓展国家卫生城市创建成果，持续推进全国文明城市创建活动，同步开展全国双拥模范城创建活动。

大力发展文化事业。实施市文化中心、揭阳楼及其广场改造提升工程，打造城市客厅、城市名片。推动市科技馆、文化馆、博物馆、城市规划馆等建成开放，加强科普工作。积极创建国家历史文化名城，推动揭猛纪念馆规划建设，加强揭氏文化等发掘研究。推进融媒体建设，加强新闻、广播、出版工作。支持文化艺术精品创作，讲好揭阳故事。大力发展新时代体育事业，推进体育设施建设，促进全民健身。

提升文化旅游产业发展水平。积极发展文化创意产业，支持文化创意街区（园区）改造建设。活化“文保”“非遗”资源，推进揭阳古城提升工程。以规划建设长美文旅特色小镇为示范，推动古城镇、古村落、古民居保护活化提升。做好“水文章”，开发建设神泉湾高端旅游度假区，支持黄满寨瀑布群打造“全国三黄瀑布之一”品牌和特色文化地质公园，盘活优质文旅资源，培育区域旅游新标杆。提升发展玉文化产业，擦亮“中国玉都”品牌，继续办好玉文化节、梅花节、开渔节等特色主题活动。依托地方特色农产品，建设高端餐饮街区，举办潮客厨艺大赛，实现美景、美食相得益彰。引进培育文旅龙头企业，加强文旅市场监管，促进文旅产业高质量发展。

（六）推动绿色发展，建设美丽揭阳

坚决打赢水污染防治攻坚战。以练江、榕江国考断面水质达标和龙江水质及神泉湾生态保护为重点，全面落实和完善“河（湖）长制”，继续实施“一河一策一专班”“一厂（场）一网一专班”，强化工程、管理、科学调度措施，统筹治水、供水、节水项目规划建设，努力实现江河安澜、秀水长清。练江

聚焦青洋山桥断面水质达Ⅴ类，加快普宁水质净化厂、普宁市区污水处理厂四期和截污管网建设，加大力度打击“散乱污”，精准实施一级支流（排渠）消劣行动。榕江聚焦龙石断面考核目标、枫江聚焦“三江连通”通水要求，实施全流域治理，靶向推进排污口清理、河道清淤、沿河清拆、河面清洁，重点加快市区污水处理厂三期、榕城区管网二期、空港经济区管网二期等工程，引进战略合作者一体化推进流域建厂配管和运维管理，确保主要支流全部消劣、建成区水体“长制久清”。龙江流域做好污染预防性措施，确保水质优良。同时，推进中小河流治理，因地制宜建设“万里碧道”。加强海洋生态修复和保护，合理开发岸线资源，推进美丽海湾建设。

加强固体废弃物处理。推动废旧物资循环利用，全面推进固体废弃物减量化、资源化，努力打造“无废城市”。以确保城乡生活垃圾日产日清、基本实现无害化处理为目标，扩大垃圾分类试点，加快生活垃圾、餐厨垃圾、建筑垃圾、危废垃圾等终端处理设施建设，完善生活垃圾分类收集转运设施配置。建成市区、普宁垃圾焚烧发电厂扩建项目，启动市区垃圾填埋场三期工程、揭西环保能源产业园项目；推进市区及普宁、惠来、揭西厨余垃圾处置中心项目建设；推动各县（市、区）分别建成1座以上建筑垃圾消纳场；加快建成大南海一般工业固废和石化危废处置项目；推动医疗废物收集、转运、处置全过程规范管理。强化土壤污染源头管控，实施化肥农药使用量负增长行动。坚持绿色发展，培育现代环保产业集群。

持续推进蓝天保卫战。聚焦颗粒物和氮氧化物协同防控，大幅压减工业源、机动车移动源和工地、道路扬尘等面源污染物排放。着力解决露天焚烧秸秆、竹叶问题，结合消防工作，实现快速发现、快速处置。开展碳达峰、碳中和研究，推动能源清洁低碳高效利用。实施新一轮绿化揭阳行动，落实“林长制”，重点实施铁路、高速公路沿线和城市道路绿化美化，加强高质量水源林、沿海基干林带等生态林工程建设，推进创建国家森林城市。

（七）加强民生服务保障，建设幸福揭阳

补齐医疗卫生短板。深入开展爱国卫生运动，全面推进健康揭阳行动。完善市人民医院结对中山大学附属第一医院、市妇幼保健院结对广州妇女儿童医疗中心合作机制，提升医疗服务水平，创建生殖医学中心。做实市级专科医院，理顺市复退军人医院管理体制，整合建设公共卫生医疗中心。深化“三医联动”改革，统筹推进县域医共体和城市医疗集团建设，健全分级诊疗制度。创新村级卫生站运营模式，推进家庭医生签约服务。完善120急救指挥体系，加快建设市疾控中心，做好方舱医院备用选址，健全医疗物资储备调度机制。坚持中西医并重，促进中医药传承创新发展，加快市县中医院建设，做强南药基地和中药材市场。弘扬伟大的抗疫精神，培育精诚大医。

增加教育优质供给。推动广东工业大学揭阳校区全面建成招生，优化提升揭阳职业技术学院，整合办好中职、技工教育。推进市高级技工学校扩建工程，申报创建揭阳技师学院。支持市卫生学校扩容提质，积极创建健康学院。提升薄弱普通高中办学水平，培育创建特色普通高中。大力实施中小学优质学位建设工程，抓好市第二实验小学、第二实验中学建设。巩固提升学前教育“5080”攻坚工程，落实新建小区配建幼儿园要求，规划新建1所示范性市级幼儿园。办好开放大学、老年大学，促进全民终身学习。加快市县教师发展中心建设，推进中小学教师“县管校聘”管理改革。支持和规范民办教育发展，规范校外培训机构。进一步办好家长学校，提高家庭教育水平。

抓好就业创业工作。推进“粤菜师傅”工程，结合高端餐饮街区建设，培育名厨、名菜、名店，发展连锁经营。抓好“广东技工”工程，促进校企对接，提升培训质量和就业成色。深化“南粤家政”工程，培育家政龙头企业和特色品牌。推进“圆梦计划”，支持创业带就业，加强创业孵化基地、“人才驿站”等平台建设。开发扩大公益性岗位，妥善做好自主就业退役的军士和义务兵安置，帮扶残疾人、零就业家庭成员就业。加强监测预警，帮扶失业重点群体再就业，妥善化解劳资纠纷。

健全社会保障体系。大力实施全民参保计划，推进基本养老保险参保扩面，稳定基本医疗保险参保率，完善职业年金制度。推进城乡居保基金市级管理、医疗救助资金市级统筹，理顺医保经办服务管理体系，健全社保待遇调整机制。完善临时救助机制，加强流浪乞讨人员救助管理。实施特困人员供养服务机构（敬老院）改造提升工程，支持和规范民办养老托幼机构。组建市未成年人保护中心，加强未成年人关心关爱工作。

办好十件民生实事。一是促进学前教育普惠健康发展。二是深入实施“粤菜师傅”“广东技工”“南粤家政”三项工程。三是免费实施出生缺陷筛查。四是提高低保、特困人员、孤儿基本生活补贴和残疾人两项补贴保障水平。五是实施兜底民生服务社会工作双百工程。六是推进城镇老旧小区和农村公路桥梁安全改造。七是强化饮水安全供给。八是加强食品药品安全监督检测。九是实施公共文化惠民工程。十是大力推动农业保险扩面、增品、提标。

同时，做好统计、地方志、档案、社科、文联、气象、地震、红十字会等工作。

（八）统筹发展和安全，建设平安揭阳法治揭阳

慎终如始抓好疫情防控。坚持常态化精准防控和应急处置相结合，全面做好“外防输入、内防反弹”工作，切实维护好人民群众生命安全和身体健康。坚持“人”“物”同防，严格入境人员全流程闭环管理，加强进口冷链食品等入境物资检测消毒监管，严厉打击偷渡走私行为。坚持“四早”“四集中”防控要求，强化“大数据+网格化”等措施，严格落实重点地区来揭人员排查和健康管理，完善农村“防控网”，加强医院、学校、市场等重点场所防护。引导群众加强个人防护，扎实推进重点人群疫苗接种。加强定点收治医院、发热门诊、核酸检测机构、集中隔离点等规范管理，落实院感防控措施，做好防疫物资储备保障。

维护社会大局和谐稳定。加强公安基层基础建设，常态化开展扫黑除恶，重拳打击寻衅滋事、“两抢一盗”、电信诈骗、非法集资、制售假烟、侵害未成年人等突出犯罪，不断增强社会安全感。巩固拓展惠来涉毒问题整治成果，实施全域整治突出毒品问题三年行动，争创国家禁毒示范城市。推进市消防应急救援训练基地、大南海石化工业区消防中心等项目建设，完善消防基础设施，提升消防应急救援能力。加强食品、药品、产品安全抽检，落实日常监督执法，推进“五小”场所规范整治。践行新时代“枫桥经验”，加强信访疏解、矛盾调解、积案化解工作，维护人民群众合法权益。统筹资源配置，推进“智慧海防”建设，做好国防动员、人防、民兵预备役等工作。

防范化解重大风险隐患。推进安全生产专项整治三年行动，常态化抓好重点领域安全生产隐患排查整治，建设市危险化学品安全生产风险监测预警系统，坚决遏制重特大事故发生。加强自然灾害防治体系建设，切实防灾减灾。实施优化金融生态环境三年行动计划，稳妥处置有关上市企业风险，严厉打击恶意逃废银行债务行为，“一行一策”推动地方法人金融机构改革发展。

全面推进依法治市。深化法治政府建设，规范行政程序，加强重大行政决策公众参与和合法性审查，推进政务公开标准化规范化，完善公共法律服务体系。深化经济功能区赋能授权改革，完善乡镇（街道）综合行政执法体系。优化税务执法方式，深入推进精确执法、精细服务、精准监管、精诚共治，大幅提高税法遵从度和社会满意度。落实行政执法责任制，做好行政复议和行政应诉工作。组织实施“八五普法”，提升全社会法治意识和法治素养。强化社会治理创新平台建设，完善五级网格化管理服务体系。

各位代表！做好经济社会发展各项工作，必须围绕治理体系和治理能力现代化，持之以恒加强政府自身建设，努力把制度优势转化为治理效能。要坚决落实党的领导。全面加强政府系统党的建设，持续深入学习贯彻习近平新时代中国特色社会主义思想，不断增强“四个意识”、坚定“四个自信”、做到“两个维护”，着力提高政治判断力、政治领悟力、政治执行力，认真做好意识形态工作。要加强依法民主决策。严格落实民主集中制，自觉履行向人大负责、受人大监督法定职责，认真办理人大代表建议和政协委员提案。要提高政府执行力。全面推行重点工作、重点项目、重点企业台账管理，用好专项债，把强化预算执行作为推动工作落实的重要手段，加大力度培育效益型企业，完善财政资源统筹机制，着力提升项目谋划和组织实施能力；把土地征收整备供应，与项目谋划引进结合起来，推动项目落地见效。落实治理为官不为负面清单和容错纠错正面清单，深入整治形式主义、官僚主义，切实为基层减负。要全面建设廉洁政府。严格落实中央八项规定及其实施细则精神，深入推进审计监督全覆盖，做好审计整改“后半篇文章”。

各位代表！“十四五”发展蓝图已经绘就，新征程呼唤新作为，新使命需要新担当。让我们更加紧密地团结在以习近平同志为核心的党中央周围，不忘初心、牢记使命、接续奋斗，以一往无前的奋斗姿态、风雨无阻的精神状态，努力把揭阳建设成为宜居宜业宜游的活力古城、滨海新城和沿海经济带上的产业强市，为广东在全面建设社会主义现代化国家新征程中走在全国前列、创造新的辉煌作出揭阳应有的贡献，以优异成绩庆祝中国共产党成立100周年！

附件1：

2021年揭阳市十件民生实事

一、促进学前教育普惠健康发展。巩固和提升学前教育“5080”攻坚工程。普惠性幼儿园生均经费最低标准由每生每年400元提高至500元。实施科学保教示范项目，打造10所市级示范性幼儿园。

二、深入实施“粤菜师傅”“广东技工”“南粤家政”三项工程。开展“粤菜师傅”培训1000人次以上，带动3000人实现就业创业。大力推动“广东技工”培训，完成补贴性职业技能培训2万人次。全面深入推动“南粤家政”工程高质量发展，开展家政服务类培训2600人次以上，促进4600人次以上稳定和新增就业创业。

三、免费实施出生缺陷筛查。为全市7.25万名孕妇免费提供地中海贫血、唐氏综合征、严重致死致残结构畸形的产前筛查，为全市9.07万新生儿免费提供先天性甲状腺功能减低症、G6PD缺乏症（蚕豆病）、苯丙酮尿症、先天性肾上腺皮质增生症和新生儿听力筛查，新生儿遗传代谢性疾病筛查率达到98%以上、新生儿听力筛查率达到90%以上。

四、提高低保、特困人员、孤儿基本生活补贴和残疾人两项补贴保障水平。城乡低保对象最低生活保障人均补差水平分别从每月626元、301元提高到656元、331元；特困人员基本生活标准不低于当地最低生活保障标准的1.6倍；提高孤儿、事实无人抚养儿童基本生活最低养育标准，集中供养孤儿从每人每月1820元提高到1883元，分散供养孤儿、事实无人抚养儿童从每人每月1110元提高到1227元；困难残疾人生活补贴、重度残疾人护理补贴标准，分别从每人每月175元、235元提高到181元、243元。

五、实施兜底民生服务社会工作双百工程。2021年实现全市乡镇（街道）社会工作服务站100%覆盖，建设不少于100个村（居）社会工作服务点。实现社会工作入户率100%、服务率100%。

六、推进城镇老旧小区和农村公路桥梁安全改造。全市开工改造小区1个以上，重点改造老旧小区配套基础设施、公共服务设施、建筑公共部位等，提升老旧小区居民的生活品质。巩固863公里“四好农村路”建设攻坚成果，着力推进桥梁安全隐患整治，实施农村公路桥梁整治改造1座（三类桥），每年新发现四、五类公路桥梁当年处置率100%，提升农村公路桥梁安全保障水平。

七、强化饮水安全供给。全面完成“三江连通”工程，加快推进引韩供水及揭东东部水厂、市龙颈水库应急备用水源引水、中心城区供水一体化、普宁市北部中心水厂、惠来中东部供水等重点项目。加快推进全域自然村集中供水，新增保障农村集中供水4.5万人。

八、加强食品药品安全监督检测。完成不少于3万批次食品抽检任务，不合格食品处置率100%；全市保健品、乳制品生产企业在产品种实现抽检100%全覆盖。对27家被省列入“快筛快检市场”开展快检工作，完成不少于10万批次食用农产品快检任务，实现各县（市、区）全覆盖，其中综合性批发市场每月不少于900批次，零售市场每月不少于300批次。全市生产的国家基本药物制剂品种抽检覆盖率达到100%。

九、实施公共文化惠民工程。为基层送60场展览、30场讲座、80场演出；建设3个“粤书吧”类新型阅读空间，实施16个具有岭南特色的文保单位保护利用和博物馆陈列展览，举办23场非物质文化遗产宣传展示活动；举办10场（次）大型舞台艺术精品惠民展演。

十、大力推动农业保险扩面、增品、提标。扩大农业保险覆盖面，市内种植的所有水果品种100%纳入。提高保险保额标准，水稻由800元/亩提高至1000元/亩，能繁母猪由1000元/头提高至1500元/头，育肥猪由800元/头提高至1400元/头，森林由500元/亩提高至1200元/亩。

附件2：

名词解释

1.“一城两园”：“一城”是指粤东新城联动惠来老城，“两园”是指大南海石化工业区和惠来临港产业园。

2.4E级：属飞行区等级指标。目前国内民航机场分为3C、4C、4D、4E、4F五个等级，4E级机场最大可起降波音747、空客A340等四发远程宽体客机和波音777、空客A330等大型双发客机。

3.“三江连通”工程：指韩江、榕江、练江水系连通工程，以韩江作为主要水源，以榕江作为水系连通通道及第二水源，通过河道、隧洞和管道等方式将三江水系相连，包括鹿湖隧洞引水工程和榕江关埠引水工程，乌石拦河闸引水工程和潮水溪疏浚工程挖潜4个子工程（即“2+2”方案）。

4.“两不愁三保障一相当”：不愁吃、不愁穿，义务教育、基本医疗、住房安全有保障，基本公共服务主要指标相当于全省平均水平。

5.行政执法三项制度：行政执法公示制度、执法全过程记录制度、重大执法决定法制审核制度。

6.“双随机一公开”：随机抽取检查对象、随机选派执法检查人员，抽查情况及查处结果及时向社会公开。

7.“四早”“四集中”：早发现、早报告、早隔离、早治疗；集中患者、集中专家、集中资源、集中救治。

8.“六稳”：稳就业、稳金融、稳外贸、稳外资、稳投资、稳预期。

9.“六保”：保居民就业、保基本民生、保市场主体、保粮食能源安全、保产业链供应链稳定、保基层运转。

10.揭阳市促进产业发展“1+1+12”政策体系：第一个“1”指“1个顶层设计文件”，即《揭阳市完善政策体系加强招商引资增创产业发展新优势的意见》。第二个“1”指“1个保障措施”，即《揭阳市产业发展资金管理办法》。“12”指“12个重点产业扶持政策措施”，包括总部经济、人才等共性促进政策，以及科技创新、先进制造业、电子信息工业和软件技术产业、建筑业、现代服务业、金融服务业、商贸业、文化旅游体育产业、农业产业、粤东新城等专项促进政策。

11.学前教育“5080”攻坚工程：2018年出台的《广东省促进学前教育普惠健康发展行动方案》，提出到2020年，全省公办幼儿园在园幼儿数占比要达到50%以上，公办幼儿园和普惠性民办幼儿园占比达到80%以上，简称“5080”攻坚工程。

12.“1+1+9”工作部署：第一个“1”是指加强党的全面领导和党的建设；第二个“1”是指以更大魄力、在更高起点上推进改革开放；“9”是指举全省之力推进粤港澳大湾区建设和支持深圳建设中国特色社会主义先行示范区，扎实推进高质量发展、打造新发展格局的战略支点，加快建设科技创新强省，加快建设现代化经济体系，全面实施乡村振兴战略，高质量加快构建“一核一带一区”区域发展格局，深入推进文化强省建设，营造共建共治共享社会治理格局，统筹发展和安全建设更高水平的平安广东等9项重点工作任务。

13.“一核一带一区”区域发展格局：“一核”即珠三角9市，是引领全省发展的核心区和主引擎；“一带”即沿海经济带，是新时代全省发展的主战场，包括珠三角沿海7市和东西两翼地区7市；“一区”即北部生态发展区5市，是全省重要的生态屏障。

14.“双城”：指我省广州、深圳两个核心城市。

15.“双区”：指粤港澳大湾区、深圳建设中国特色社会主义先行示范区。

16.“引金入揭”：引进银行、证券、保险、融资租赁、商业保理基金等金融机构在揭阳设立总部或分支机构。

17.“雪亮工程”：以县、乡、村三级综治中心为指挥平台、以综治信息化为支撑、以网格化管理为基础、以公共安全视频监控联网应用为重点的“群众性治安防控工程”。

18.“四小园”：小菜园、小果园、小花园、小公园。

19.揭猛：原名史定，南越揭阳令，因降西汉王朝获赐姓改名，封安道侯，世袭揭阳令，事载《史记》《汉书》。

20.“三黄瀑布”：即贵州黄果树瀑布、黄河壶口瀑布、揭西黄满寨瀑布。

21.“三医联动”：医疗卫生体制、医疗保险制度和药品生产流通体制三个方面的联动和互动改革。

22.“五小”场所：小餐饮店、小食品店、小美容美发店、小歌舞厅、小旅馆。

23.枫桥经验：20世纪60年代初，浙江省绍兴市诸暨县枫桥镇干部群众创造的“发动和依靠群众，坚持矛盾不上交、就地解决”的基层矛盾排查化解经验。

法规

揭阳市市容管理条例

（2020年7月30日揭阳市第六届人民代表大会常务委员会第三十七次会议通过，2020年9月29日广东省第十三届人民代表大会常务委员会第二十五次会议批准）

第一章 总 则

第一条 为了加强城市容貌管理，创造整洁、优美、文明的城市环境，根据《城市市容和环境卫生管理条例》和有关法律、法规，结合本市实际，制定本条例。

第二条 本条例适用于本市行政区域内的城市建成区以及其他实行城市化管理区域的市容管理活动。

本条例所称城市建成区，是指本市行政区域内实际已成片开发建设、市政公用设施和公共设施基本具备的地区。

本市城市建成区的具体范围，由市人民政府划定并公布；城市建成区以外实行城市化管理区域的具体范围，由县级人民政府划定和公布，并报市人民政府备案。

第三条 本市市容管理工作，实行统一领导、分区负责、专业管理、公众参与的原则。

第四条 县级以上人民政府应当加强对市容管理工作的领导，将市容管理事业纳入国民经济和社会发展计划，保障市容管理工作所需经费，完善市容和环境卫生基础设施，建立健全市容管理工作联动与信息共享机制，实行精细化、智慧化、便民化管理，提高城市市容管理水平。

实行城市化管理区域内的乡镇人民政府、街道办事处负责本辖区市容管理的具体工作。

实行城市化管理区域内的村民委员会、居民委员会应当协助人民政府和有关部门做好本辖区内的市容管理工作，动员村民、居民积极参加市容的治理和维护。

第五条 市人民政府市容主管部门负责指导、协调和监督全市市容管理工作。

县级人民政府市容主管部门负责本辖区内的市容管理工作。

住房城乡建设、自然资源、公安、财政、文广旅游体育、生态环境、交通运输、市场监督管理、商务、教育、水利、卫生健康等部门，按照各自职责共同做好市容管理工作。

第六条 根据市容管理工作需要，市人民政府可以结合本地具体情况，依法制定严于国家规定的本市城市容貌标准，并向社会公布。

本市城市容貌标准应当包括建（构）筑物、公共照明、广告标识、城市道路、园林绿化、公共设施、公共场所、城市水域等方面的容貌要求。

第七条 各级人民政府应当加强市容管理方面法律、法规和科学知识的宣传教育，增强公民自觉维护市容环境的意识。

中小学校、幼儿园等教育机构应当开展市容管理方面的知识教育和实践活动，培养青少年和儿童自觉遵守市容管理规定的良好习惯。

广播、电视、报刊、互联网等大众传播媒介，应当积极安排市容管理方面的公益宣传内容。

鼓励在公共场所和公共交通工具的广告设施、广告刊播介质上发布市容管理方面的公益广告。

第八条 任何单位和个人应当自觉维护城市市容，爱护公共设施，尊重市容作业人员及其劳动成果，不得妨碍、阻挠市容管理工作人员履行职责。

任何单位和个人发现有影响市容的违法行为，有权向市容主管部门投诉举报。

市容主管部门应当向社会公布投诉举报方式，依法及时处理投诉举报事项，并为投诉举报人保密；对实名举报的，处理结果应当及时予以反馈。

新闻媒体有权对违反城市市容秩序的行为依法进行舆论监督。

第九条 鼓励、支持、引导社会资本参与市容和环境卫生设施的建设和管理，推进市容管理服务市场化和社会化。

对在市容管理工作中作出显著成绩的单位和个人，由人民政府给予表彰或者奖励。

第二章 市容管理责任区责任人制度

第十条 本市市容管理实行责任区责任人制度。

市容管理责任区的责任人，按照以下规定确定：

（一）城市道路、街巷、桥梁、人行天桥、人行地下通道等城市公共区域，由所在地乡镇人民政府或者街道办事处负责，县级以上人民政府另有规定的从其规定；

（二）公路、铁路、机场、隧道、车站、码头、停车场、公交站点及其管理范围，由经营管理者负责；

（三）报刊亭、信息亭、户外广告、邮政信箱、箱式变电间、通信交接箱、检查井（箱）盖等设施和空中架设的管线，由所有权人或者经营管理者负责；

（四）文化娱乐场所、体育场馆、旅游景区、公园、绿地、广场等公共场所，由经营管理者负责；

（五）集贸市场、临街商铺、商场、宾馆、餐馆等经营场所，由所有权人或者经营管理者负责；

（六）居住区实行物业管理的，由物业服务单位负责；单位自行管理的，由自管单位负责；没有物业管理或者单位自行管理的，由村民委员会或者居民委员会负责；

（七）机关、团体、部队、企事业单位的管理区域，由本单位负责；

（八）建设工程的施工现场，由建设单位负责；待建用地由土地使用权人负责；拆迁工地由拆迁人负责；政府储备土地由自然资源主管部门负责；

（九）江、河、湖泊、内河涌等水域及岸线，由管理单位负责。

按照前款规定仍不能明确责任人的，由县级人民政府市容主管部门会同所在地乡镇人民政府或者街道办事处，根据实际情况合理确定；责任区跨县级行政区域的，由市人民政府市容主管部门确定。

第十一条 市容管理责任区的具体范围，由所在地乡镇人民政府或者街道办事处负责划定，报县级人民政府市容主管部门确定，并报市人民政府市容主管部门备案。

乡镇人民政府或者街道办事处应当将市容管理责任区的具体范围和责任要求书面告知相关责任人。

第十二条 市容管理责任区的责任人应当做好责任区的日常管理工作，保持责任区内市容整洁，无乱摆卖、乱搭建、乱张贴、乱涂写、乱刻画、乱吊挂、乱排放、乱停放、乱堆放等行为。

市容管理责任区的责任人对责任区内违反市容管理规定的行为，应当予以制止；不能有效制止的，应当及时向市容主管部门报告。

第十三条 县级人民政府市容主管部门应当加强对责任区市容管理工作达标情况的巡查和监管，及时发现和纠正不符合责任要求的行为。

第三章 建（构）筑物和其他设施容貌管理

第十四条 建（构）筑物和其他设施应当保持外形完好、整洁、美观，符合城市容貌标准，其造型和装饰装修等应当与周边环境相协调。

第十五条 城市道路主次干道两侧和中心城区临街的建（构）筑物应当符合以下规定：

（一）建（构）筑物的外立面应当保持整洁、美观，出现结构损坏、墙面剥离或者门窗玻璃破损等影响市容情形的，应当及时修复；

（二）建（构）筑物及其设施的外立面不得随意涂写、刻画；

（三）建（构）筑物门窗、阳台、平台、观景台、天台或者外走廊不得堆放、吊挂、张贴有碍市容的物品；

（四）建（构）筑物的封闭阳台以及窗栏、空调外机、遮阳（雨）帐篷、排气扇、太阳能等设施，应当按照城市容貌标准规范设置，并保持整洁；

（五）中心城区道路两侧的建（构）筑物临街一面，不得安装外置式油烟排放烟道和凌空排水管道；

（六）经批准在城市建（构）筑物及其设施上张挂、张贴宣传品等，应当按照批准的范围、地点、数量、规格、内容和期限设置，并保持整洁美观、文字规范，无破损、无残缺；

（七）法律、法规的其他规定。

第十六条 中心城区的城市道路两侧和重点区域建（构）筑物临街一侧需要设置隔离设施的，应当采用透景栅栏、绿篱、花坛、草坪等形式，美化市容环境。已设置不透景围墙的，应当逐步予以改造，但国家安全、军事等具有保密要求的特殊单位，或者隔离设施本身具有文物价值的除外。

建设工地应当按照规范要求设置围挡，围挡的外观应当保持整洁美观，与周围环境相协调。

第十七条 临街建（构）筑物及其设施上安装、改装功能照明或者景观亮化设施的，应当符合城市照明方面的相关专项规划和国家有关标准规范以及节能环保要求，避免光污染，并与建（构）筑物、道路、广场等被照明对象以及周边环境保持相协调，体现被照明对象的特征和功能。

城市照明设施应当保持完好、整洁、美观，出现污损、残缺、断亮的，设置单位或者管理单位应当及时清洁、修复或者更换。

第十八条 户外广告和招牌标识等设施，应当按照户外广告和招牌设置方面的相关专项规划和技术规范进行设置，并保持整洁、完好、美观、安全，与城市建筑、街景相协调。

设置大型户外广告设施应当经市容主管部门同意后，依法办理审批手续。

户外广告发布者和户外广告设施设置人、招牌设置人，应当履行对户外广告和招牌标识等设施的安全监管和维护义务。户外广告和招牌标识等设施损坏或者出现画面污损、严重褪色、字体残缺，电子显示装置、电子显示屏广告、霓虹灯、灯箱等设施画面显示不全、出现断亮、残损等影响市容或者存在安全隐患情形的，应当及时维修、更换或者拆除。

乡镇人民政府、街道办事处应当在街巷、居住区选择适当地点组织设置公共信息栏，供有关单位和个人发布便民信息，并负责日常管理和保洁。

第十九条 电力、通信、广播电视等架空管线的设置应当规范有序，并符合城市容貌标准。城市街道和公共场所上空不得擅自新建架空管线设施，已设置的架空管线不符合城市容貌标准的，其所有权人或者管理人应当按要求逐步改造入地或者采取其他整改措施。

已建地下综合管廊的区域，除根据相关技术规范和标准无法纳入管廊的，符合条件的各类管线，应当统一纳入地下综合管廊进行管理。

架空管线出现破损、移位、坠落等影响市容或者存在安全隐患情形的，所有权人或者管理人应当及时进行处置；在有效处置之前，应当采取设置安全警示标志、护栏等临时防护措施。

废弃杆、管、箱等设施，所有权人或者管理人应当及时清除。

第四章　城市道路和公共场所容貌管理

第二十条 城市道路路面应当保持完好，出现坑凹、碎裂、隆起、溢水等受损情形的，道路维护管理单位应当及时组织修复。

城市道路的交通标志标线、路缘石、止车石、无障碍设施、隔离栅栏、防护栏杆等设施应当规范设置，并保持整洁、完好；出现破损、空缺、移位、歪倒、污秽以及其他影响市容情形的，应当及时修复、清理或者更换。

未经道路主管部门和公安机关交通管理部门批准，不得擅自占用或者挖掘城市道路。经批准挖掘城市道路的，应当按照规定设置警示标志和安全防围设施，在规定期限内及时组织施工作业；施工完毕后，应当及时平整现场、恢复路面、拆除防围设施。

禁止将维修或者清疏管道、沟渠等所产生的余泥、污染物直接向城市道路排放，开挖城市道路施工过程中临时堆放在城市道路上的余泥、污染物应当及时清理。

第二十一条 设置在道路和公共场所的交通、电力、通讯、邮政、消防、环卫、生活服务、文体休闲等公共设施，应当规范设置并保持完好整洁；出现破损、锈蚀、脱落、移位等情形的，应当及时维护。

第二十二条 城市道路及其他公共场所设置的各种井（箱）盖、沟盖，其所有权人或者管理养护单位应当定期检查，保持其完好、正位；井（箱）盖、沟盖出现破损、移位或者丢失等情形的，应当及时予以更换、正位或者补缺；不能立即修复的，应当按规定设置安全警示标志或者安全防护措施。

任何单位和个人不得破坏城市道路及其他公共场所设置的各种井（箱）盖、沟盖。

第二十三条 道路两侧、公共场所的树木、草坪、绿篱等应当定时进行养护，保持美观、完整，行道树应当保持排列整齐；出现缺损、枯死等情形的，养护管理单位应当及时采取补植、更换或者清理等措施。

第二十四条 在城市道路行驶的交通运输工具，应当保持外型完好、整洁。车辆运输的液体、散装物品，应当实行密封、包扎、覆盖，不得泄漏、遗撒。

第二十五条 在城市道路范围内，县级以上人民政府可以根据停车需求、道路条件以及交通影响评估情况，按照国家有关技术规范统一划设道路临时停车泊位。

道路临时停车泊位由县级以上人民政府公安机关交通管理部门，或者由县级以上人民政府确定的管理部门会同公安机关交通管理部门负责施划，其他任何单位和个人不得擅自划设道路停车泊位，不得故意损毁、移动、涂改停车泊位标线。

任何单位和个人不得阻碍或者以设置地锁、地桩等障碍物的方式，妨碍他人在城市道路停车泊位上停车。

第二十六条 县级以上人民政府应当建立与城市空间承载能力、公众出行需求相适应的共享单车等共享出行工具投放机制，合理设定投放总量，科学规划和设置共享出行工具的停放区域。

共享出行工具的运营单位应当遵守市容和交通管理等方面的相关规定，合理投放运营车辆，并加强车辆停放管理，及时清理违规停放和损坏、废弃的车辆，主动接受市容、公安机关交通管理等部门的管理和公众的监督。

共享出行工具的使用人，应当在使用完毕后将车辆停放在指定区域，并保持车辆有序停放，不得随意占用道路。

第二十七条 在城市道路范围内停放机动车、非机动车，应当按照指定泊车时间、区域和车辆类型等标示规范停放，排列整齐，不得逆向停放、骑跨停车区域或者未按照停放车辆类型区分泊位停放车辆。

第二十八条 任何单位和个人不得擅自在街道两侧和公共场所堆放物料、搭建建（构）筑物或者其他设施。

因工程建设或者举办庆典、文化、体育等活动需要，在街道两侧和公共场所临时堆放物料、搭建非永久性建（构）筑物或者其他设施的，必须征得有管辖权的市容主管部门同意后，依法办理审批手续，活动结束后应当及时清理堆放物料和拆除临时设施。

临时堆放物料、搭建建（构）筑物或者其他设施的施工场地，应当设置隔离设施。堆放散体物料的，应当装袋并采取措施防止散落、飞扬；堆放流体物料的，应当采取措施防止流溢；搭建临时设施的，应当保持整洁，并及时清理产生的废弃物。

第五章 临街商铺和经营场点容貌管理

第二十九条 临街建（构）筑物和广场周边的商场、商店、餐馆等的门面应当保持美观规范，不得擅自超出门窗或者墙体外立面进行店外生产、作业、摆卖、摆放、展示、促销、宣传等活动。

第三十条 从事经营性餐饮、车辆清洗维修服务的单位和个人，应当保持经营场所周围整洁，废弃物和产生的污水、油污等污染物应当按照相关规定处理，不得随意遗撒或者排放，影响市容环境。

不得占用城市道路和广场等公共场所从事经营性车辆清洗、维修活动。

第三十一条 县级以上人民政府应当合理规划布局农贸市场，按照标准化市场设置与管理规范要求，配套建设相关设施，并引导农产品、日用小商品经营者进入市场从事经营活动。

经营者应当按照规定的时间、地点和范围有序经营，并保持环境整洁。

第三十二条 在不影响市容和城市交通的情形下，各级人民政府可以根据便民原则和本地实际，明确规定农副产品、小商品摊点等临时经营场点的区域、设置标准、经营范围、经营时段等，并向社会公布。

市容主管部门应当统筹设置临时经营场点，配备环卫设施，加强临时经营场点的管理。

临时经营场点的经营者应当按照批准的地点、时段等规范经营，并保持环境卫生整洁。

禁止擅自占用道路、过街天桥、地下通道或者其他公共场地摆摊设点、兜售物品。

第六章 法律责任

第三十三条 市容主管部门、乡镇人民政府、街道办事处以及其他有关部门的工作人员，在开展市容管理工作中存在玩忽职守、滥用职权、徇私舞弊行为的，依法给予处分；构成犯罪的，依法追究刑事责任。

第三十四条 违反本条例第十四条规定，建（构）筑物和其他设施不符合城市容貌标准的，由市容主管部门会同城市规划主管部门，责令有关单位和个人限期改造或者拆除；逾期未改造或者未拆除的，经县级以上人民政府批准，由市容主管部门或者城市规划主管部门组织强制拆除，可以处500元以上5000元以下的罚款。

第三十五条 违反本条例第十五条规定，按照下列规定予以处罚：

（一）违反第一项规定，建（构）筑物的外立面出现结构损坏、墙面剥离或者门窗玻璃破损等影响市容情形的，由市容主管部门责令限期修复；逾期未修复的，可以处五百元以上二千元以下的罚款；

（二）违反第二项和第三项规定，在城市建（构）筑物及其设施的外立面随意涂写、刻画或者在临街建筑物的阳台和窗外堆放、吊挂有碍市容的物品的，由市容主管部门责令其纠正违法行为、采取补救措施，可以处100元以上500元以下的罚款；

（三）违反第四项和第五项规定，建（构）筑物及其设施未按照城市容貌标准规范设置，或者在中心城区道路两侧的建（构）筑物临街一面安装外置式油烟排放烟道或者凌空排水管道的，由市容主管部门责令限期改正；逾期不改正的，可以处500元以上2000元以下的罚款；

（四）违反第六项规定，未经批准在城市建（构）筑物及其设施上张挂、张贴宣传品等的，由市容主管部门责令限期改正、采取补救措施，可以处100元以上500元以下的罚款。

第三十六条 违反本条例第十八条规定，按照以下规定予以处罚：

（一）违反第二款规定，擅自设置大型户外广告设施，影响市容的，由市容主管部门责令停止违法行为，限期清理、拆除或者采取其他补救措施；逾期不改正的，处5000元以上30000元以下的罚款；

（二）违反第三款规定，户外广告发布者和户外广告设施设置人未履行对户外广告设施的安全监管和维护义务，影响市容的，由市容主管部门责令其停止违法行为，限期清理、拆除或者采取其他补救措施；逾期不改正的，处5000元以上30000元以下的罚款。招牌、标识设施设置人未履行对招牌、标识设施的安全监管和维护义务，影响市容的，由市容主管部门责令限期改正；逾期不改正的，处2000元以下的罚款。

第三十七条 违反本条例第十九条规定，按照下列规定予以处罚：

（一）违反第一款规定，擅自在城市街道和公共场所上空新建架空管线设施的，由市容主管部门责令限期改正；逾期不改正的，处1000元以上5000元以下的罚款；

（二）违反第四款规定，未及时清除废弃杆、管、箱等设施的，由市容主管部门责令限期清除；逾期未清除的，处1000元以上5000元以下的罚款。

第三十八条 违反本条例有关城市道路容貌管理规定的，按照下列规定予以处罚：

（一）违反本条例第二十四条规定，车辆运输的液体、散装物品泄漏、遗撒，影响市容的，由市容主管部门责令其纠正违法行为、采取补救措施，可以处2000元以上5000元以下的罚款；

（二）违反本条例第二十五条第三款规定，阻碍或者以设置地锁、地桩等障碍物的方式妨碍他人在城市道路停车泊位上停车的，由市容主管部门责令限期改正；逾期不改正的，对单位可以处1000元以上5000元以下的罚款，对个人可以处100元以上500元以下的罚款。

第三十九条 违反本条例第二十八条第一款和第二款规定，未经批准擅自在街道两侧和公共场地堆放物料，搭建建（构）筑物或者其他设施，影响市容的，由市容主管部门责令停止违法行为，限期清理、拆除或者采取其他补救措施，可以处500元以上5000元以下的罚款。

第四十条 违反本条例第二十九条规定，临街建（构）筑物和广场周边的商场、商店、餐馆等擅自超出门窗或者墙体外立面进行店外生产、作业、摆卖、摆放、展示、促销、宣传等活动的，由市容主管部门责令改正；拒不改正的，处200元以上2000元以下的罚款。

第四十一条 违反本条例第三十二条第四款规定，擅自占用城市道路、过街天桥、地下通道或者其他公共场地摆摊设点、兜售物品的，由市容主管部门责令改正；拒不改正的，处50元以上200元以下的罚款。

第四十二条 违反本条例有关规定的其他行为，法律法规已规定法律责任的，从其规定。

符合条件的乡镇人民政府、街道办事处可以依照省人民政府的决定，在实行乡镇街道综合行政执法的领域，行使本条例规定由县级行政执法部门行使的行政处罚以及相关行政强制措施。

第七章 附 则

第四十三条 本条例自2021年1月1日起施行。

揭阳市人民政府规范性文件

揭阳市人民政府关于印发《揭阳市既有住宅增设电梯工作实施方案》的通知

揭府规〔2020〕4号

各县（市、区）人民政府（管委会），市政府各部门：

《揭阳市既有住宅增设电梯工作实施方案》已经市政府六届76次常务会议审议通过，现印发给你们，请认真组织实施。实施过程中遇到的问题，请径向市住房和城乡建设局反映。

揭阳市人民政府

2020年9月5日

揭阳市既有住宅增设电梯工作实施方案

为进一步推进我市新型城镇化建设，完善我市既有住宅的使用功能，提高居民生活质量，根据《中华人民共和国民法典》《广东省既有住宅增设电梯的指导意见》（粤建设函〔2008〕481号）和《揭阳市既有住宅增设电梯的指导意见》（揭府〔2017〕54号）的精神，现就进一步做好我市既有住宅增设电梯工作制定本实施方案：

一、实施范围

本市区域内具有合法权属证明或合法报建手续，且已建成投入使用的无电梯住宅，在原产权建设用地红线范围内增设电梯的，适用本方案。

二、申报前期工作

既有住宅增设电梯以栋（梯）为基本单位，由专有部分面积占比三分之二以上的业主且人数占比三分之二以上的业主参与表决，经参与表决专有部分面积四分之三以上的业主且参与表决人数四分之三以上的业主同意（如果增设电梯需占用业主专有部分的，应当一并征得该专有部分业主的同意），并签订增设电梯协议，完成公示程序。本栋（梯）同意增设电梯的所有业主作为实施主体，实施主体负责组织协调征求意见、签订协议、资金筹集、委托设计、工程报审、设备采购、工程实施、维护管理等相关工作。实施主体可以委托业主委员会、原房屋建设单位、物业服务企业、电梯安装企业等单位或者个人承担上述工作，并履行法律、法规规定的义务和承担相应的责任。

实施主体应就增设电梯初步设计方案、资金概算及筹集方案、电梯维护保养方式及费用分摊方案、对权益受损业主的补偿费用、电梯的使用管理等问题达成书面一致意见。

（一）制定方案

由实施主体编制符合建筑设计、结构安全、消防安全和特种设备等相关规范、标准的既有住宅增设电梯建设方案。

（二）协议签订和公示备案

实施主体应当签订增设电梯协议，协议需明确约定项目负责人或受委托单位（人）主要职责、资金概算及筹集方案、电梯维护保养方式及费用分摊方案、对权益受损业主的补偿费用，以及加装完成后电梯使用管理单位等内容。增设电梯协议和建设方案由实施主体报送所在地的社区居委会备案。同时，实施主体将报送社区居委会备案资料在拟增设电梯的本栋（梯）楼道口、小区公示栏等显眼位置公示7天。

（三）施工图审查

实施主体应委托具有相应资质的设计单位按改建工程进行 施工图设计。施工图应当经具备相应资质的审图机构审查合格。

三、申报材料

各县（市、区）住房城乡建设主管部门应在政务服务中心设立增设电梯办事窗口，实行联合审查制度。由住房城乡建设、自然资源、市场监管、城管执法等行政主管部门对增设电梯的申请实施联合审查，简化报建流程，提高办事效率。

既有住宅增设电梯实施主体应当向各县（市、区）政务服务中心窗口提出增设电梯申请，并提供以下材料：

（一）揭阳市既有住宅增设电梯联合审查意见表（见附件）；

（二）增设电梯协议和公示资料；

（三）该栋（梯）实施主体的房屋权属证明材料及身份证复印件；

（四）办理手续的代理人身份证、授权委托书；

（五）具备相应资质的设计单位出具的增设电梯设计图纸；

（六）施工图纸及设计技术文件审查合格证书。

由各县（市、区）住房城乡建设主管部门受理窗口将申请材料分发给自然资源、市场监管、城管执法等部门，由住房城乡建设主管部门召集，实行联合审查，各部门按各自职责提出审查意见，符合技术管理要求的，在5个工作日内出具批准意见。

四、资金筹集

既有住宅增设电梯所需的资金及使用情况，实施主体应当在本栋（梯）楼道口或小区显眼位置公布，接受监督。所需的资金可以通过下列方式筹集：

（一）由实施主体根据所在楼层及受益大小等因素，协商确定分摊比例，共同出资。其中，第一层住户可以获得适当补偿，第二层住户可以不分摊费用，第三层起根据实际分摊费用。

（二）支持有实力的电梯企业介入既有住宅增设电梯工作，增设电梯费用由电梯公司垫付，业主刷卡消费搭乘电梯，一定程度上解决既有住宅增设电梯费用高昂的难题。

（三）电梯安装后，充分利用电梯内外展示空间，利用电梯广告业务，补充电梯维修资金储备。

（四）房屋所有权人及其配偶可以提取住房公积金用于既有住宅增设电梯，提取额度不得超过该栋（梯）增设电梯费用（不含电梯运行维护费用）个人实际出资额。由市住房公积金管理中心制定提取细则并提请市住房公积金管理委员会审议通过后执行。

五、监督管理

（一）施工和安装

实施主体经批准后，即可开工。施工和安装过程接受建设工程质量安全监督部门和特种设备安全监督管理部门的质量安全监督。加装电梯涉及供电、通讯、数字电视、供水、燃气等管线及其他配套设施项目迁移改造的，实施主体可凭经批准的《揭阳市既有住宅增设电梯联合审查意见表》向上述单位提出迁移迁改申请。涉及到供电等管线迁移改造的，由实施主体向供电相关单位提出申请，批准后实施主体按照相关规定委托有资质的设计、施工单位开展迁改，迁改工作相关费用由实施主体承担。

（二）验收和使用登记

1.工程竣工验收。实施主体对增设电梯工程施工质量安全负主要责任，设计、施工、电梯企业等按规定承担相应责任。工程竣工后，实施主体应组织设计、施工、电梯安装企业对加装电梯工程质量、位置、规模等进行竣工验收，同时邀请所在地社区居委会参加，并出具工程竣工验收意见。

2.验收备案。工程竣工验收合格后，实施主体须到项目所在地的住房城乡建设主管部门办理既有住宅增设电梯竣工验收备案手续。应提交下列材料：

（1）既有住宅增设电梯竣工验收备案表；

（2）既有住宅增设电梯工程竣工验收意见表；

（3）办理手续的代理人身份证、授权委托书。

3.使用登记。实施主体应依法在电梯投入使用前向市场监管部门办理增设电梯使用登记手续，取得《特种设备使用登记证》。应提交下列材料：

（1）办理手续的代理人身份证、授权委托书；

（2）特种设备使用登记表；

（3）含有使用管理单位统一社会信用代码的证明或者个人（代理人）身份证明；

（4）特种设备产品合格证；

（5）特种设备监督检验证明。

六、保障措施

既有住宅增设电梯项目实行属地管理，各县（市、区）人民政府（管委会）要落实属地主体责任，由项目所在地的县（市、区）住房城乡建设、自然资源、市场监管、城管执法等部门负责具体审查和监管。

（一）各县（市、区）人民政府（管委会）应加强组织领导，加大宣传力度，积极发动、协调、指导符合条件的既有住宅开展增设电梯工作，为市民提供咨询服务。

（二）各县（市、区）住房城乡建设部门负责牵头召集联合审查，指导增设电梯做好消防安全工作，指导施工质量安全及验收备案等工作。

（三）各县（市、区）自然资源部门负责既有住宅增设电梯规划审查工作。

（四）各县（市、区）市场监管部门负责对本行政区域内增设电梯设备的使用以及与使用安全相关的制造、安装、改造、修理、维护、保养、检验检测等实施监督管理。

（五）各县（市、区）政务服务数据管理局负责增设电梯专门服务窗口的设立及申请、审核、批准全流程窗口服务事项的监督。

（六）各县（市、区）城管执法部门负责协调做好既有住宅增设电梯工作中涉及的绿化及相关市政设施迁移等工作，负责查处违规增设电梯行为。

（七）供电部门负责为既有住宅增设电梯提供用电报装服务，配套建设产权分界点电源侧供电设施。实施主体凭用电人有效身份证明材料、代理人身份证、授权委托书以及用电地址权属证明材料或《揭阳市既有住宅增设电梯联合审查意见表》向供电部门提交用电报装申请。

（八）供电、通讯、数字电视、自来水、燃气等部门的主管单位，应当加强指导检查，积极配合做好既有住宅增设电梯工作。

（九）增设电梯所在地的街道、居委等基层单位，应主动做好居民的政策宣传和矛盾纠纷的协调处理工作。小区物业服务企业应当为增设电梯提供主动服务并创造便利条件，积极配合实施主体做好协议公示、工程施工、电梯运营维护等事项。

（十）因增设电梯发生的争议，经协商或基层组织调解仍未能解决的，当事人可依法向人民法院起诉。

七、附则

本方案自印发之日起施行，有效期至2022年10月31日止。

揭阳市人民政府关于市区开展“房地一体”农村宅基地和集体建设用地使用权确权总登记的通告

揭府规〔2020〕6号

为贯彻落实《中共中央国务院关于坚持农业农村优先发展做好“三农”工作的若干意见》（中发〔2019〕1号）、《广东省自然资源厅关于印发广东省加快推进“房地一体”农村不动产登记发证工作方案的通知》（粤自然资函〔2019〕11号）等文件精神，决定在市区范围内（榕城区、揭东区、产业园、空港经济区）开展农村宅基地使用权及其地上房屋所有权和集体建设用地使用权及其地上建筑物、构筑物所有权登记发证工作。通过确权登记，摸清市区集体土地范围内每一宗土地的权属状况以及空间、界址、四至、面积和用途（地类）等基本情况，形成完善的“房地一体”登记成果，为农村集体土地管理、统计分析提供依据。现将有关事项通告如下：

一、登记范围

市区集体土地范围内（榕城区、揭东区、产业园、空港经济区）2020年6月30日前符合登记发证条件的农村宅基地、集体建设用地及地上永久性存续的、结构完整的农村主要房屋，不包括简易房、棚房、农具房、圈舍、厕所等临时性建筑物和构筑物。集体所有土地上开发的商品住房，一律不予确权登记。

二、登记内容、时限

宅基地及其地上房屋和集体建设用地及其地上建筑物、构筑物，包括权属、位置、面积、数量、用途等权属和自然状况。确权登记工作于2020年10月23日全面展开，2020年12月31日基本结束。如延期不另行通告。

三、登记方式

（一）权籍调查

为确保本次“房地一体”宅基地和集体建设用地登记工作能顺利开展，需进行前置权籍调查工作。权籍调查工作做到应调查尽调查。

调查期间，佩戴统一制作的工作证的调查作业人员到各单位、各户进行现状房屋调查，核查每幢房屋的位置、权属、界址、用途和地类等情况，并同步开展资料收集。同时，作业人员到各单位和个人住户进行房地测量，相关单位及个人应当及时提供方便，不得无故阻挠和干扰测量人员作业。

根据权籍调查结果输出宗地图、房屋平面图及不动产调查登记申请表，交由权利人签字确认。

（二）登记发证

本次农村宅基地使用权及其地上房屋所有权和集体建设用地使用权及其地上建筑物、构筑物所有权登记发证工作采取村集体集中组织申请、不动产登记机构统一受理的工作模式。村委会应协助收集不动产登记申请、有效身份证明及合法权属来源等材料，也可在指界阶段一并引导权利人申请宅基地和房屋所有权首次登记。权籍调查初步成果形成后，由不动产所在地自然资源分局对不动产权利人信息、权籍调查成果、登记事项等内容进行公告，公告期不少于15个工作日（公告所需时间不计算在登记办理期限内），公告无异议且经权利人签字确认后，不动产登记机构对申请材料进行审核，符合登记条件的予以确权登记并颁发不动产权证书。涉及设立抵押权、地役权或者办理预告登记、异议登记的，依法颁发不动产登记证明。

四、其它事宜

（一）加强配合。农村宅基地使用权和集体建设用地使用权及其地上房屋、建筑物、构筑物所有权登记发证工作是国务院部署的重要工作任务，也关系到权利人的切身利益，各用地用房单位和个人应予积极配合，配合履行现场核查义务并积极提交相关登记资料，若有异议，必须在农房确权登记公示后十五日内提出申请，逾期不申请，按农房确权登记公示结果为准。

（二）材料准备。各用地用房单位和个人需提前准备下列材料：

1.已取得的宅基地使用权证书或土地权属来源证明材料（农村地籍调查已提交且无变化的无需提供）；

2.因继承房屋占用农村宅基地的应提交继承相关资料；

3.个人身份证或户籍证明，单位法人机构代码证或营业执照，法定代表人、负责人身份证明书（农村地籍调查已提交且无变化的无需提供）；

4.指界委托书；

5.申请委托书、受托人身份证明；

6.村镇（庄）规划审批手续；

7.其他证明。

（三）组织实施。本次确权登记是揭阳市人民政府主导的总登记，不向单位和个人收取任何登记费用。如有不法人员利用本次调查进行非法收费或非法活动，请单位或个人及时向市自然资源局举报。

联系电话：

市自然资源局榕城分局：0663-8672712

市自然资源局揭东分局：0663-3257539（含原产业园）

市自然资源局空港分局：0663-8779984

本通告自印发之日起施行，有效期三年。

揭阳市人民政府

2020年10月23日

揭阳市人民政府关于印发揭阳市基本医疗保险待遇标准调整方案的通知

揭府规〔2020〕7号

各县（市、区）人民政府（管委会），市政府各部门、各直属单位：

《揭阳市基本医疗保险待遇标准调整方案》已经市人民政府六届79次常务会议审议通过，现印发给你们，请认真组织实施。实施过程中遇到的问题，请向市医疗保障局、财政局反映。

揭阳市人民政府

2020年10月23日

揭阳市基本医疗保险待遇标准调整方案

为进一步加强我市基本医疗保险管理，保障参保人基本医疗需求，按照“以收定支、收支平衡、略有结余”的原则，结合揭阳实际，制订如下调整方案。

一、城乡居民基本医疗保险缴费及待遇标准

（一）缴费标准

城乡居民参加基本医疗保险按每人每年280元的标准缴费。

（二）住院起付标准

1.本市定点医疗机构住院的起付标准：一级医院300元，二级医院500元，三级医院700元。

2.市外定点医疗机构（即属当地定点医疗机构，下同）住院的起付标准统一为1200元。

（三）住院报销比例

1.本市定点医疗机构住院的报销比例分别为：一级医院90%，二级医院80%，三级医院70%（县域三级医院75%）。

2.市外定点医疗机构住院的报销比例为60%。

3.参保人在本市非定点医疗机构、市外非当地定点医疗机构住院的，其医疗费用不列入基本医疗保险基金支付范围（因急诊、急救发生的医疗费用按揭府办〔2011〕74号文规定执行）。

4.对特殊病种（只限确诊为恶性肿瘤、身体器官功能不全达到血液或腹膜透析标准的严重疾病、器官移植及器官移植后抗排斥治疗）患者在市内定点医疗机构住院的医疗费用报销给予倾斜，报销比例分别为：一级医院90%，二级医院85%，三级医院80%。

（四）住院报销限额

基本医疗保险统筹基金每人年累计实际支付限额30万元，限额内个人自付及超限额部分的医疗费用报销按大病保险制度执行。

二、城镇职工基本医疗保险待遇标准

（一）住院起付标准

1.本市定点医疗机构住院的起付标准为：一级医院300元，二级医院500元，三级医院700元。

2.市外定点医疗机构住院的起付标准统一为1200元。

（二）住院统筹基金支付比例

1.参保职工（包括在职、退休，下同）在本市定点医疗机构住院的，统筹基金支付比例为90%。

2.参保职工在市外定点医疗机构住院的，统筹基金支付比例为75%。

3.参保职工在本市非定点医疗机构及市外非当地定点医疗机构住院的，其医疗费用不列入基本医疗保险基金支付范围（因急诊、急救发生的医疗费用按揭府〔2017〕61号文规定执行）。

4.对特殊病种（只限确诊为恶性肿瘤、身体器官功能不全达到血液或腹膜透析标准的严重疾病、器官移植及器官移植后抗排斥治疗）的参保职工在市内定点医疗机构住院的医疗费用报销给予倾斜，报销比例统一为95%。

（三）住院统筹基金支付限额

基本医疗保险统筹基金每人年累计实际支付限额30万元，限额内个人自付及超限额部分的医疗费用报销按大病保险制度执行。

三、大病保险制度

参保人在保险期间超过基本医疗保险统筹基金起付标准部分的医疗费用，在基本医疗保险支付待遇后，个人年度累计自付的符合基本医疗保险用药、诊疗项目范围和医疗服务设施标准的费用（包括基本医疗保险统筹基金年度累计支付限额内应由个人支付的住院费用、超过基本医疗保险统筹基金年度累计支付限额的住院费用，以下简称“自付费用”）超过1万元以上的，由承保机构按以下标准赔付：

（一）城乡居民大病保险参保人，自付费用年度累计超过1万元以上部分，在市内定点医疗机构住院的，由承保机构按65%的比例赔付；在市外定点医疗机构住院的，由承保机构按60%的比例赔付；年度累计赔付限额为25万元。

（二）城镇职工大病保险参保人，自付费用年度累计超过1万元以上部分，在市内定点医疗机构住院的，由承保机构按90%的比例赔付；在市外定点医疗机构住院的，由承保机构按85%的比例赔付；年度累计赔付限额为40万元。

四、困难群众医疗保障待遇

按照《揭阳市人民政府办公室关于印发揭阳市加强困难群众医疗保障工作实施方案的通知》（揭府办〔2018〕20号）执行。

五、其他

（一）城乡居民实行按年缴费，每年9月1日至12月31日集中参保缴纳，并从次年1月1日起享受待遇。

（二）从2022年起，省对城乡居民参加基本医疗保险缴费标准有新规定的，从其规定。

（三）今后省对异地就医管理有新规定的，从其规定。

（四）取消新生儿随母享受医疗保险待遇政策。经审核符合条件的新生儿，在当年医保年度内可以按规定中途参加城乡居民医保，办理参保缴费手续。其中，出生3个月内（含）参加城乡居民医保的新生儿，其出生到参保前发生的医药费用给予报销；出生超过3个月参保缴费的，从缴费次月起享受医保待遇。

六、实施时间

本方案自2021年1月1日起施行，有效期5年，《揭阳市基本医疗保险待遇标准调整方案》（揭府办〔2019〕43号）同时废止。

揭阳市人民政府关于全面整治违法建设的通告

按照市委、市政府的工作部署，为全面整治违法建设，进一步规范城市建设管理秩序，根据《中华人民共和国城乡规划法》《中华人民共和国土地管理法》《中华人民共和国水法》《广东省人民政府关于打好违法建设治理攻坚仗的指导意见》（粤府函〔2019〕320号）《揭阳市人民政府关于打好违法建设治理攻坚仗的实施意见》（揭府函[2019]134号）等法律、法规和有关政策的规定，市政府决定对全市范围内的违法建设进行全面整治。现将有关事项通告如下：

一、本通告重申，加强对全市范围内的违法建设全面整治。各有关组织和个人都要自觉遵守法律，抵制违法建设，配合和支持各级政府及有关部门开展整治工作。

二、本通告重申，所有在建的违法建设都必须立即停止。对拒不停止建设、继续抢建的，由属地政府组织相关部门依法采取停水、停电、查封施工现场、扣押施工工具、依法拆除等合法有效措施予以制止。对2019年12月31日前已建的违法建筑物须自行整改，未自行整改的，将依法采取罚款、拆除、没收等方式进行分类处置；2019年12月31日后开工建设的违法建筑物和在原有建筑物上继续建设的违法建筑物须自行整改，未自行整改的，一律依法进行强制拆除或没收。

三、自来水、电力、燃气、电信、有线电视、电梯等生产经营企业及用户要拒绝向违法建设提供临时性或者永久性服务；勘察、设计、施工、监理、检测、预拌混凝土的单位（个人）要拒绝向违法建设单位和个人提供服务或出售建筑材料，违者依法处理。

四、党员、公职人员、国有企业人员、事业单位人员、村（居）委人员要带头维护城市规划秩序，凡支持、参与违法建设的，依法依纪追究责任。

五、在整治过程中，凡阻碍国家机关工作人员依法执行职务，发生违法行为的，由公安机关依法处理，构成犯罪的，依法追究刑事责任。

六、本通告自公布之日起施行。

揭阳市人民政府
2020年7月27日

揭阳市人民政府办公室关于印发揭阳市道路货物运输源头超限超载治理暂行办法的通知

揭府办〔2020〕14号

各县（市、区）人民政府（管委会），市政府有关部门：

《揭阳市道路货物运输源头超限超载治理暂行办法》已经市政府六届59次常务会议审议并原则同意，现印发给你们，请认真组织实施。实施过程中遇到的问题，请径向市交通运输局反映。

揭阳市人民政府办公室
2020年3月8日

揭阳市道路货物运输源头超限超载治理暂行办法

第一章 总 则

第一条 为加强全市道路货运源头管理，严格落实道路货运源头监管责任，有效遏制货运车辆超限超载，维护道路货物运输市场秩序，保障人民群众生命财产安全，根据国务院《公路安全保护条例》、《广东省道路货物运输源头超限超载治理办法》（广东省人民政府令第201号）等有关法律法规规章规定，结合我市实际，制定本暂行办法。

第二条 本暂行办法适用于我市行政区域内道路货物运输源头超限超载治理工作（以下简称货运源头治超工作）。

第三条 本暂行办法所称道路货物运输源头（以下简称货运源头）是指容易发生超限超载的矿山、水泥厂、钢铁厂、沙石料场、建筑工地、港口、火车站、道路货物运输站场（含物流园区、物流中心）、蔬菜集散站（场）等货物集散地、装卸场地。

第四条 货运源头治超工作按照“政府领导、部门联动、综合治理、源头管控”的工作机制实施。

第五条 货运源头治超工作由各县（市、区）人民政府、市交通运输局具体组织实施。其中，普宁市、惠来县、揭西县、揭东区政府为本行政区域内货运源头治超工作的责任主体。市交通运输局为榕城区、空港经济区和揭阳产业园区域内货运源头治超工作的责任主体；榕城区政府、空港经济区管委会、揭阳产业园管委会和市政府有关部门配合市交通运输局做好辖区内源头治超工作。

第二章 职责和义务

第六条 按照“政府监督、行业监管、企业防控、责任倒查”和

"谁主管谁负责、谁审批谁负责"的工作原则，加强货运源头治超工作。

（一）各县（市、区）人民政府、市交通运输局负责货运源头治超工作的组织领导，建立工作协调机制、行政执法联动工作制度，制定并下达相关工作目标和任务。

普宁市、惠来县、揭西县、揭东区人民政府负责开展本行政区域内货运源头单位的清查工作，明确货运源头单位的行业主管部门（许可机关）的监管责任，落实相关行业主管部门（许可机关）调查收集辖区内货运源头单位信息，并报属地交通运输主管部门汇总。

市交通运输局负责榕城区、空港经济区和揭阳产业园辖区内货运源头单位的清查、信息收集工作。

（二）普宁市、惠来县、揭西县交通运输部门负责汇总、核查辖区内各行业主管部门（许可机关）报送的货运源头单位信息，报属地政府批准后向社会公布，并与相关货运源头单位签订责任书。

揭东区交通运输局负责汇总、核查辖区内各行业主管部门（许可机关）报送的货运源头单位信息后，报送市交通运输局。

市交通运输局负责汇总、核查榕城区、揭东区、空港经济区、揭阳产业园的货运源头单位信息，报市政府批准后向社会公布，并与相关货运源头单位签订责任书。

(三)交通运输部门负责道路货物运输站（场）、码头、港口及大型物流园区等货运源头企业运输活动的监督管理，引导运输企业依法组织运输，指导货运源头单位建立货物装载工作制度，安装称重设备、视频远程监控系统，并对重点货运源头单位实施监管。

（四）交通运输部门、公安部门联合在货运源头单位周边路段加强流动执法，对违规出站（厂、场）的超限超载车辆进行严厉打击；公安部门依法查处冲关逃检、阻碍执法等违法犯罪行为。

（五）工业和信息化部门负责对钢铁厂、水泥厂生产经营活动的监督管理，引导钢铁、水泥生产经营企业依法组织运输。

（六）市场监管部门依职责查处相关货物源头单位企业无照生产经营行为和相关无证生产经营行为，按规定对货运源头单位的强制检定称重设备进行监督管理，依法查处非法生产、销售拼装车辆的违法行为，配合有关部门依法查处非法改装车辆的维修企业。

（七）自然资源部门负责对砂、石等矿产开采的监督管理，引导采砂场、采石场、取土场等依法组织运输。

（八）住房城乡建设部门负责对混凝土搅拌站、预制混凝土站场、建筑工地的监督管理，引导混凝土搅拌站、预制混凝土站场经营者及建筑施工单位依法组织运输。

（九）水利部门负责对河道采砂活动的监督管理，引导河道砂石开采权人依法组织运输。

（十）应急管理部门负责职责范围内的危险化学品的源头监管，引导危险化学品企业依法组织运输。

（十一）其他有关部门应当按照职责权限，加强对货物源头单位的监督管理，引导相关单位依法组织运输。

第七条 货运源头单位应当履行下列义务：

（一）建立货物装载工作制度，明确货物装载、开票、计重工作人员职责。

（二）在货物装载场地安装称重设备，并确保称重设备计量性能准确。使用强制检定称重设备的，应当定期向法定计量检定机构申报检定。

（三）安装和维护本单位视频远程监控系统，保证设备正常运行。

（四）对经营性货物运输车辆，登记道路运输证和驾驶员从业资格证；对非经营性货物运输车辆，登记车辆行驶证和驾驶员的驾驶证。

（五）对货运源头装载情况登记、统计，建立货物装载台账。

（六）接受执法人员的监督检查，并如实提供有关情况和资料。

第八条 鼓励货运源头单位建立货物运输票据（货运单）管理制度，如实出具货物运输票据（货运单）并加盖货运源头单位印章由驾驶员随车携带。货运单载明货运源头单位名称、承运单位、承运车辆号牌、车型、轴数、车货总重、出厂时间及驾驶员姓名等基本信息。

第九条 货运源头单位不得有下列行为：

（一）为车辆超标准装载、配载。

（二）为无牌无证、证照不全的车辆装载、配载。

（三）为超限超载的车辆提供虚假装载证明。

第十条 货运源头单位的装载工作人员应当按照规定装载、计重、开票，不得放行未经称重或者超限超载的车辆。

第十一条 货运车辆进入货运源头单位装载货物，驾驶员应按照装载工作人员要求，出示登记道路运输证和驾驶员从业资格证或者登记车辆行驶证和驾驶员的驾驶证。不得驾驶超限超载车辆。

第三章 法律责任

第十二条 根据《广东省道路货物运输源头超限超载治理办法》第十一条的规定：

对违反本暂行办法第七条第一项、第四项、第五项和第六项规定的，由县级以上交通运输主管部门责令改正；逾期不改正的，处2000元罚款。

对违反本暂行办法第七条第二项规定，未在货物装载场地安装称重设备的，由县级以上交通运输主管部门责令限期改正；逾期不改正的，处2万元以下罚款。使用未经校准合格或者未经法定计量检定机构检定的强制检定称重设备的，由县级以上市场监管主管部门责令改正，并处1000元以下罚款。

对违反本暂行办法第七条第三项规定，不履行视频远程监控系统维护义务的，由县级以上交通运输主管部门责令改正；逾期不改正的，处2000元罚款。

第十三条 根据《广东省道路货物运输源头超限超载治理办法》第十二条的规定，对违反本暂行办法第九条规定的，由县级以上交通运输主管部门按照每辆次对货运源头单位处2万元罚款。

第十四条 根据《广东省道路货物运输源头超限超载治理办法》第十三条的规定，对违反本暂行办法第十条规定的，由县级以上交通运输主管部门按照每辆次1000元的标准对放行未经称重或者超限超载车辆的工作人员处罚款，并按照每辆次2000元的标准对货运源头单位负责人处罚款。

第四章　监督考核

第十五条 县级以上交通运输主管部门的主要领导、工作人员有下列情形之一的，由任免机关或者监察机关依法给予处分；涉嫌构成犯罪的，移交司法机关依法追究刑事责任：

（一）不履行道路货物运输源头超限超载治理职责的；

（二）参与或者变相参与货运源头单位经营的。

第十六条 公安、工业和信息化、市场监管、自然资源、住房城乡建设、水利等部门不依法查处交通运输主管部门移送的违法行为案件的，由任免机关或者监察机关对其主要领导、工作人员依法给予处分；涉嫌犯罪的，移交司法机关依法追究刑事责任。

第十七条 各级交通运输部门应当会同工业和信息化、公安、市场监管等部门，在本级政府的领导下，建立健全治超工作责任倒查与追究制度，加强治超工作检查和考核。

第十八条 市政府定期对各地各有关单位的货运源头治超工作进行考核并公布结果。对治超责任制落实好的地方或部门以及在货运源头治超工作中做出突出贡献的个人，给予表彰和奖励;对治超责任不落实、不认真履行职责、货运源头超限超载未得到有效控制或反弹严重的地方或部门，进行通报批评，并对相关负责人和责任人依法给予行政和纪律处分。

第五章　附　则

第十九条 本暂行办法自2020年3月21日起施行，有效期3年。

揭阳市人民政府办公室关于印发揭阳市生育保险和职工基本医疗保险合并实施方案的通知

揭府办〔2020〕30号

各县（市、区）人民政府（管委会），市政府各部门：

《揭阳市生育保险和职工基本医疗保险合并实施方案》已经市人民政府同意，现印发给你们，请认真组织实施。实施过程中遇到的问题，请径向市医保局反映。

揭阳市人民政府办公室

2020年4月24日

揭阳市生育保险和职工基本医疗保险合并实施方案

为进一步推动建立更加公平更可持续社会保障制度，根据《中华人民共和国社会保险法》、《广东省人民政府办公厅关于印发广东省全面推进生育保险和职工基本医疗保险合并实施方案的通知》（粤府办〔2019〕24号）、《广东省职工生育保险规定》（广东省人民政府令第203号）等有关规定，结合我市实际，制定本实施方案。

一、总体要求

（一）指导思想。以习近平新时代中国特色社会主义思想为指导，全面贯彻党的十九大和十九届二中、三中、四中全会精神，深入贯彻习近平总书记对广东重要讲话和重要指示批示精神，坚持以人民为中心，坚持新发展理念，遵循保留险种、保障待遇、统一管理、降低成本的总体思路，推进两项保险合并实施，稳步扩大参保覆盖面，强化基金共济能力，创新运行管理机制，提升管理服务效能。

（二）主要目标。按照“四统一、两确保”，即统一参保登记、统一基金征缴和管理、统一医疗服务管理、统一经办和信息服务、确保职工生育保障待遇不变、确保制度可持续性的要求，实现两项保险合并实施，建立适应我市经济发展水平、优化保险管理资源、促进两项保险健康可持续发展的制度体系和运行机制。

二、主要内容

（一）统一参保登记，实现应保尽保

1. 同步推进扩面。用人单位在参加职工基本医疗保险（以下简称职工医保）的同时，应为本单位在职职工同步参加生育保险。

2. 实施精准扩面。实施过程中要完善参保范围，结合全民参保登记计划摸清底数，统筹推进原来参加职工医保而未参加生育保险的人群按规定纳入保障范围，促进实现应保尽保。

（二）统一基金征管，强化共济能力

3. 统一基金征缴和管理。两项保险基金统一征缴，统一缴费基数。我市生育保险和职工医保合并实施，通过整合两项保险基金，增强基金统筹共济能力。同时根据职工医保基金支出情况和生育待遇的需求，按照基金收支平衡原则，建立费率确定与动态调整机制，确保基金安全。

（1）缴费基数和比例：国家机关、财政全额拨款事业单位按职工工资总额的6.4%（含生育保险费率0.4%）缴纳；其他用人单位按职工工资总额的6.7%（含生育保险费率0.7%）缴纳，职工个人按本人工资的2%缴纳。职工个人不缴纳生育保险费。个人工资总额高出上年度全市城镇单位在岗职工月平均工资300%的部分，不计入缴费基数；低于上年度全市城镇单位在岗职工月平均工资60%的，以上年度全市城镇单位在岗职工月平均工资的60%为缴费基数。

（2）划入个人账户比例：用人单位缴纳的基本医疗保险费中以职工个人缴费工资的6%为基数，按不同年龄段不同比例划入个人账户，即35岁以下的划入20%；36至45岁的划入25%；46岁至退休前划入30%；退休人员划入32%。

4. 建立基金征收协同机制。按省规定要求，加快推进基本医疗保险征收市级多方协同工作机制建设，落实税务、人力资源社会保障、医疗保障、财政等部门统一数据共享交换、统一业务规范和数据交换规则、统一问题协同工作机制，进一步提升数据共享交换效率，提升基金对账质效，切实保障缴费人权益。

5. 规范基金财务管理。生育保险基金并入职工医保基金，不再单列生育保险基金收入，在职工医保统筹基金待遇支出中设置生育待遇支出项目。职工医保基金纳入财政专户管理，严格执行社会保险基金财务管理和国家统一的会计制度，及时调整会计科目和报表，做好基金核算、统计和划转等工作。

（三）统一监督管理，规范医疗行为

6. 规范医疗服务管理。两项保险合并实施后，实行统一的定点医疗服务管理，全市所有医保定点医疗机构均可按规定为参保人提供生育医疗服务。医保经办机构与定点医疗机构签订医疗服务协议时，将生育医疗服务有关要求和生育费用增长率等指标补充到定点医疗服务协议中，强化对生育医疗服务的监控。统一执行广东省基本医疗保险、工伤保险、生育保险药品目录以及基本医疗保险诊疗项目和医疗服务设施标准。职工生育发生的基本医疗费用不设自付比例及起付线，其中床位费支付标准按照职工医保标准执行。

7. 统一医疗费用结算管理。将生育医疗费用纳入医保支付方式改革，住院分娩医疗费用实行按病种（分值）付费，门诊产前检查实行按人头付费，规范医疗服务行为，具体费用结算管理办法由市医疗保障部门牵头有关部门另行制定。实现在统筹区内生育医疗费用直接结算，加快推进生育医疗费用异地就医直接结算工作。2020年6月底前，全面完成市内联网结算，联网结算具体经办流程由市级医保经办机构另行制定。参保人享受生育医疗费用报销待遇资格条件，与职工医保一致，即待遇享受自缴费次月起，用人单位停止缴费的，次月起停止待遇。

8. 强化基金监督管理。完善医保智能监控系统建设，充分利用医保智能监控系统，强化监控和审核，控制生育医疗费用不合理增长。坚持基金收支运行情况公开，加强内部控制，强化基金行政监督和社会监督，确保基金安全运行。建立健全行政执法监管体系，提高行政监管能力，大力查处临时参保、挂靠单位参保等投机参保行为。

（四）统一经办服务，提升管理效能

9．统一经办服务管理。两项保险合并实施后，经办管理统一由医保经办机构负责，经费列入同级财政预算。优化管理资源，规范经办流程，实现生育保险和职工医保“一个窗口办事、一站式服务”，方便群众办理业务，节约经办运行成本。

10．统一信息系统管理。充分利用医疗保险信息系统，将生育保险医疗费用结算平台并入医疗保险结算平台，实行信息系统一体化运行。积极推进“互联网+”行动，加快服务信息化，方便群众通过网络等方式查询参保、缴费、待遇、津贴支付、退保等基本信息。

11．完善数据统计分析。健全完善信息统计分析，准确全面记录生育医疗费用、生育津贴待遇支出情况，确保及时全面准确反映生育保险制度运行、待遇享受和待遇支付等情况，做好基金运行分析。

（五）统一保障政策，确保待遇不变

12．两项保险合并后的职工生育保险待遇继续按照《广东省职工生育保险规定》《揭阳市职工生育保险规定》等有关规定执行，生育津贴支付期限按照《女职工劳动保护特别规定》《广东省职工生育保险规定》《广东省实施〈女职工劳动保护特别规定〉办法》等法律法规规定的产假期限执行，所需资金从职工医保基金中支付。省对生育保险政策有新规定的，由市医疗保障部门负责牵头有关部门适时调整。

积极推进生育医疗费用、生育津贴等待遇支付项目网上办理，让“数据多跑路，群众少跑腿”，医疗保障、政务服务数据管理、卫生健康等部门加强协调联动，共同做好生育保险网上办理、联网结算等工作。

（六）统一风险管控，确保制度可持续

13．加强基金风险研判。建立健全基金运行分析研判机制，对参保人员结构变化、基金收支平衡、医保支付方式改革、医药采购和价格改革、全面二孩政策后出生率变化等因素对基金运行的影响进行全面评估，增强风险防范意识和制度保障能力。

14．强化对基金风险预警。强化收支预算，合理控制基金累计结余水平，跟踪分析合并实施后的基金运行情况和支出结构，制定科学的生育保险监测指标。按照“尽力而为、量力而行”的原则，坚持从实际出发，从保障基本权益做起，合理引导预期，确保基金安全、稳定、可持续运行。

三、保障措施

（一）加强组织领导。两项保险合并实施关系到职工切身利益，涉及面广、政策性强。各县（市、区）人民政府、各有关单位要高度重视，加强领导，认真落实工作责任，将两项保险合并实施纳入健全完善全民医保体系工作全局，按本实施方案要求，有序推进相关工作，实现两项保险合并实施。

（二）加强统筹协调。各级医疗保障部门要切实履行牵头抓总责任，完善相关政策措施。各级财政部门要会同有关部门做好基金监管工作。各级人力资源社会保障部门要配合改革，实现两项保险统一经办管理。各级税务部门要根据改革要求，实现两项保险统一征收管理。各级卫生健康部门要规范生育医疗服务行为，建立完善控制医疗费用过快增长的约束性措施。其他相关部门要大力配合，协同推进开展工作。

（三）加强制度建设。市医疗保障部门负责牵头深入调查、综合研究、精确测算，不断完善医疗保障制度，做到与中央、省的改革部署相一致，与地方经济社会发展规划相配套，与医疗保障重大改革部署相衔接。

（四）加强宣传引导。各地要广泛利用广播、电视、网络、新媒体等方式，准确解读相关政策，大力宣传两项保险合并实施的重要意义，让社会公众充分了解合并实施不会影响参保人享受相关待遇，且有利于提高基金共济能力、减轻用人单位事务性负担、提高管理效率，形成正确舆论导向，营造良好社会氛围。

本方案自2020年5月1日起施行，有效期5年。之前规定与本方案不一致的，按本方案执行。

调研报告

加快揭阳滨海新区“一城两园”开发建设 打造广东沿海经济带新增长极重要支撑

市委政研室（改革办）、市邮政管理局

揭阳滨海新区是省政府批准设立的区域性发展平台，地处广东沿海经济带粤东地区重要节点，作为建设粤东城市群新城市中心和先进制造业基地，打造广东沿海经济带新增长极的重要支撑。近年来，揭阳市委、市政府以习近平新时代中国特色社会主义思想为指导，加快贯彻落实国家建设粤港澳大湾区和支持深圳建设先行示范区的重大部署，全面实施省委“一核一带一区”区域协调发展新格局，倾力推动揭阳滨海新区“一城两园”开发建设进入快车道。揭阳滨海新区构筑“一城两园”组团，包括粤东新城、大南海石化工业区、临港风电产业园，规划建设面积146.6平方千米，规划建设至2035年常住人口达85万人。

一、推进揭阳滨海新区“一城两园”开发建设总体情况

（一）充分抓住战略机遇和政策效应。揭阳滨海新区“一城两园”的建设和发展，适逢国家实施粤港澳大湾区发展战略和支持深圳建设中国特色社会主义先行示范区的战略机遇期，响应省委、省政府建设广东沿海经济带新增长极的政策效应，纳入省委构建“一核一带一区”区域发展新布局。省政府批复颁布《揭阳滨海新区发展总体规划（2017—2030年）》，制定出台《关于支持揭阳滨海新区粤东新城加快开发建设的若干意见》，从管理权限、管理机制、财政补助、金融创新、土地保障、基础设施、新城规划、营商环境、人才教育、政策享受等方面给揭阳滨海新区尤其是粤东新城予以政策倾斜，把中石油炼化一体化项目作为全省首个百亿投资项目进行重点扶持，有力促进全区产业项目上马建设。揭阳市委、市政府紧紧抓住“双区效应”和“湾+带”政策窗口期，在市委六届七次全会和六届八次全会专题对揭阳滨海新区“一城两园”的建设和发展作出全面部署，瞄准打造粤东城市群新城市中心和先进制造业高地，采取扎实有效措施加快揭阳“融湾建带”。召开市人大会议审议通过《揭阳滨海新区“一城两园”总体规划》，专门制订出台《聚焦“一城两园” 加快揭阳滨海新区开发建设的若干措施》，为揭阳滨海新区“一城两园”加快建设提供强有力支撑。

（二）一张蓝图干到底。一是规划先行。按照功能定位，大南海石化工业区，聚焦发展绿色石化产业，打造世界级临港石化产业集聚区；临港风电产业园，重点发展海上风电产业链、能源和临港装备制造业，打造海洋新兴产业示范基地。粤东新城，按照“产城融合”发展格局，主要是提供城市居住和公共服务，发展现代服务业，建设新城市中心。二是形成总体布局。按照“港-产-城”融合的总体要求，编制“一城两园”总体规划，布局城市发展区、临港石化产业区、海洋新兴产业区、生态保护区和未来发展区五大功能区。同时，分区域编制粤东新城城市详细规划、大南海石化工业区详细规划、临港风电产业园详细规划，形成组团式联动发展格局。三是实施国土空间管控“一张图”。以“大区块、成组团、成片区”综合收储发展模式，严格落实控规单元管理，遵循“单元整备、地块开发”原则，结合土地利用总体规划、城市规划、项目用地需求和土地市场供需实际情况，制订了“一城两园”土地征收整合储备计划“一张图”。在此基础上，严格按照“编制控规单元、征收整备方案、资金安排、科学分配和安排用地指标、用地报批、招商与规划出让条件、土地现场管护和批后监管”七个环节管理土地，做到应储尽储，快供优供。

（三）全面推进项目建设。市委市政府出台《聚焦“一城两园”加快揭阳滨海新区开发建设重点项目清单（2019—2022年）》，覆盖了交通、市政、民生、产业、供电、水利、环保、旅游、城乡建设等共85个项目，计划总投资达2650亿元。一是推进交通基础设施建设。首期正在加快建设的项目包括高铁、高速、国省道、码头等共16项，其中汕汕高铁惠来站全面开工

建设，揭惠高速已建成通车，大南海石化工业区公共码头、中石油原油码头和成品油码头、国电投码头建设正在加快推进，开工建设国道228线、国道238线、省道235线和惠来县城主干道路改造。正在申报和规划的有揭阳疏港铁路、潮汕三市城际轻轨、陆河至大南海石化工业区高速公路、滨海旅游公路等一批交通基础设施项目，着力构建内外联通的现代化交通网络。二是推进产业项目建设。中石油炼化一体化项目已于2019年6月全面复工，已完成征地9316亩，历年投入达127.24亿元，去年完成区内埔洋新村整村搬迁，确保炼油项目装置和化工区全面开工建设，2020年计划完成投资150亿元。昆仑能源LNG项目、中海油粤东LNG接收站、国家电投揭阳90万千瓦海上风电项目建设加快推进。明阳50万千瓦深水区海上风电示范试点开发建设项目、美国通用电气（GE）项目、吉林石化年产60万吨ABS项目开始建设。广工揭阳理工学院土建工程全面施工，建校办学机制已正式运行，开始招聘大学教师，确保于2021年正式开学招生。三是推进配套设施建设。新建扩建大南海水厂，惠来第三、第四等6座自来水厂，建设邦山水闸、赤呤水闸蓄水工程，启动220千伏输变电工程、5G通信网络、西气东输天然气管道项目建设。大南海污水处理厂及海洋流放管工程、粤东新城和临港风电产业园污水处理厂及配套管网即将开工，超前规划建设一批电力、通信、综合管廊等项目。粤东新城政务服务中心已投入使用，相继铺开高铁站综合开发项目、医院、学校等等一批公共服务项目建设。完成教育、医疗、文化等公共服务设施规划布局。

（四）营造良好营商环境。一是理顺营商环境建设主体。强化揭阳大南海石化工业区管理委员会的经济功能区管理职能。组建揭阳市粤东新城管理委员会，赋予其地级市经济管理权限，承接省政府及其有关部门赋予的部分省级管理权限。鼓励探索特殊地块、特殊项目的政企合作开发模式。组建临港风电产业园管理委员会，作为惠来县人民政府派出机构，行使相应的园区管理权限。二是深化审批制度改革。加快“数字政府”建设进程，探索推行“取消审批、备案审批、承诺审批、优化审批”和“证照分离”改革。三是全面推进对外开放。学习借鉴粤港澳大湾区、深圳先行示范区与国际接轨的经验做法，开放揭阳滨海新区一类港口口岸，落实省政府支持创建国家级新区、海关特殊监管区乃至自由贸易区政策措施，探索实行外商投资准入前国民待遇加负面清单管理模式，实施负面清单以外的内资项目告知性备案管理，全力打造市场化、法治化、国际化、便利化营商环境。

（五）强化组织保障。一是加强领导。专门成立揭阳滨海新区建设领导小组，由市党政主要领导担任小组的领导，负责领导、指挥、协调揭阳滨海新区“一城两园”开发建设。二是强化执行。以党建为引领，明确“一城两园”各管委会的管理权限和管理职能，构建在揭阳滨海新区建设领导小组统筹协调下的“党工委+管委+法定机构+开发公司”执行主体，及时协调解决好各片区在征地拆迁、基础设施建设、公共服务等方面的问题，确保项目建设零障碍无阻力。三是压实责任。制定“一城两园”重点项目建设清单，明确投资主体、投资预算、开工时间、完成时间、责任单位；编制服务中石油一体化、海上风电基地、汕汕高铁、广东揭阳理工学院等重大项目建设的报批报建、征地拆迁等工作任务清单，逐项细化明确内容、时限、标准、责任，倒逼项目落地、工作落实，加快“一城两园”开发建设。

二、持续构筑揭阳滨海新区“一城两园”发展新平台

揭阳滨海新区“一城两园”已初步形成大开发大建设的良好态势。下一步，要着力在持续构建新体制、招引新项目、推进大开发上下功夫，全力打造广东沿海经济带新增长极的重要支撑。

（一）切实增强融入“双区”建设的思想自觉、政治自觉和行动自觉。深刻认识“双区”建设是党和国家重大战略部署，是广东改革开放再出发的重大历史机遇，对揭阳振兴发展具有重大牵引作用，在“融湾建带”中实现发展双赢。按照省委“强化沿海经济带与大湾区、先行示范区协同发展，打造全省产业发展主战场”的要求，力争做到“双区所需、揭阳所能，双区所有、揭阳所用”，充分发挥揭阳在广东沿海经济带的重要战略支点作用，牢牢树立大局意识，注重发挥比较优势，全市动员，全域参与，以揭阳滨海新区“一城两园”为主阵地，全面实施与“双区”进行反向配套合作。认真学习“双区”的先进理念、先进经验，主动接受“双区”的辐射带动，全力推进“一城两园”开发建设和体制机制建设，坚定不移走高质量发展道路，努力建设广东沿海经济带新增长极重要支撑。

（二）构筑与珠三角地区进行反向配套合作的新平台。聚焦揭阳滨海新区“一城两园”这一发展平台，用好省委省政府扶持粤东新城加快开发建设的政策措施，加快完善“湾+带”协同联动机制，优先推进交通港口、营商环境、市场规则与珠三角互联互通，紧扣“油、化、气、电、服”五大产业建设，主动融入全省产业稳链补链强链控

链的工作大局。依托中石油炼化一体化项目，主动与“双区”高端产业项目对接，引进建设石油等大宗商品交易平台，发展“区块链+石油”等能源金融创新。依托LNG储气站，积极发展冷能空分、冷能发电、低温粉碎等项目，做长LNG产业链。依托海上风电项目和“双区”技术、人才优势，积极布局风机、电缆、施工安装、运营维护、船舶维修等服务配套项目。吸引“双区”先进制造业、战略性新兴产业的延伸布局，实现我市基础产业与珠三角高端产业串珠成链，不断提高产业基础能力和产业链水平，促进我市延伸基础产业链条高端化，填补珠三角高端产业发展链节。积极争取省级层面建立政府引导基金、财税扶持研发基地配套、科技创新体制、土地、生态保障等方面重大政策支持，打造高效反向配套合作机制。

（三）构筑与“双区”软硬连通的新通道。以形成现代化础设施体系为目标，着力构建内联外通、联接“双区”、功能完善、高效便捷的交通网络。立足广东沿海经济带陆域主体功能区的定位，发挥机场、高铁、榕江口岸等交通优势，建设空铁港综合枢纽。紧扣规划、开发、建设、运营、管理全链条，加快建设海港码头、疏港铁路、高速铁路、城际轨道和高速公路一体化衔接、高效换乘的综合交通体系。积极借鉴“双区”创新经验，复制推广中国（广东）自贸区成功做法，加快推进揭阳滨海新区一类港口口岸开放建设，提高跨境贸易便利化水平。瞄准创建国家级新区、海关特殊监管区等，全面实施外商投资准入前国民待遇加负面清单管理模式，实施负面清单以外的内资项目告知性备案管理，大力推进港口、机场、园区的对外合作和人文交流，多维度参与“一带一路”建设。

（四）建设粤东城市群新城市中心。坚持全市“一盘棋”，进一步优化揭阳滨海新区（惠来县）、中心城区、普宁市三个城市中心和揭西县生态发展示范区在广东沿海经济带中的功能定位，在“融湾建带”中各展所长，联动发展、协调发展。一是揭阳滨海新区“一城两园”要按照“港-产-城”融合的总体布局，全方位铺开粤东新城、大南海石化产业园、临港风电产业园和“油、化、气、电、服”五大产业建设。二是中心城区即榕城区、揭东区、空港经济区和揭阳产业园，要建设空铁港综合枢纽，打造开放新高地、临空产业集聚区和航空大都市。三是普宁市要与揭阳滨海新区发展互相促进，着力打造商贾名城、创新之城。四是揭西县要主动对接“双区”生态需求，大力发展全域旅游，打造生态发展示范区。

（五）着力夯实发展要素支撑。在揭阳滨海新区率先实现国土空间规划“一张图”管理，做到土地统一规划、统一征收、统一报批、统一供地、统一建设。加强土地执法和管控，规范土地征收储备整合供应工作，建立重点发展平台、重大项目、重要基础设施及民生公益等项目建设用地保障机制。以建设广工揭阳理工学院为契机，以重大项目建设为平台，实施全方位的人才引进工作，为揭阳滨海新区“一城两园”开发建设提供智力支持和人才保障。推进城市可经营项目投资市场化，抓住国家当前规范各类融资渠道的政策机遇，吸引各类基金和投资主体参与基础设施、公共服务建设和运营。注重做好民生保障，切实解决被征地村及村民发展集体经济、就业和养老保障问题。

（六）构建先进制造业发展促进机制。以打造粤东先进制造业高地为目标定位，聚焦发展绿色石化产业，打造世界级临港石化产业集群；聚焦发展海上风电、能源和临港装备制造，打造海洋新兴产业示范基地；聚焦产业链现代化，全力推进“油、气、化、电、服”五大主导产业建设；同时，以纺织服装、五金机械、化工塑料、食品医药等支柱产业为重点，推动传统产业集群进行工业互联网、人工智能技术改造。推进现代服务业与传统产业的融合发展，加快培育发展战略性新兴产业，重点培育高端制造业、生物医药、新材料等战略性产业。以建设揭阳滨海新区石化、风电两大产业集群为引领，打造揭阳具有核心竞争力的先进制造业高地。

（七）增加揭阳滨海新区制度供给。统筹推进揭阳滨海新区体制创新、机制创新、政策创新、模式创新，打造成为揭阳改革创新的试验田。扎实推进揭阳滨海新区“放管服”改革，全面承接市级经济管理权限、省政府及其有关部门赋予的部分省级管理权限。强化功能区的经济管理服务职能，全面复制推广自贸试验区创新经验，积极争取创建国家级新区、海关特殊监管区，建立与国际贸易规则和商事惯例接轨的制度，提高投资贸易便利化水平。创新投融资体制机制，鼓励开展科技金融、融资租赁等领域金融创新。坚持“招大商、招优商、招强商”，着力引进世界500强、化工50强企业落户。积极开展与大型企业和机构联合投资、联合开发、联合招商，实施产业项目用地的供地方式、供地年限和地价差别化管理，支持以盘活利用土地资源、开展土地租赁、作价入股等土地有偿使用方式进行精准招商、有效招商。

关于推进揭阳市城乡网格化社会治理创新实践的思考

市委政研室

近年来，揭阳市各级党政坚持以人民为中心的根本立场，持续更新转变理念，推进城乡网格化社会治理创新实践，推动市域社会治理现代化，从扩容后中心城区核心区（榕城区）社会管理服务网格化区域布局、到省市政法系统“综治中心+网格化+信息化”试点推动、再到新冠肺炎疫情防控特殊时期全市部署构建完善基层网格化治理体系，“网格化”覆盖和服务范围、信息技术应用更加广泛，机制也逐步完善。随着新时代社会主要矛盾深刻转变，社会治理被赋予新的内涵，“网格化”不仅仅是为了完成综治任务的一种举措、作为解决社会矛盾的“稳定器”，而是作为推进基层社会治理现代化的一个工具、在充当民生“服务器”中发挥更大作用，借助网格化治理更好地实现优质公共服务供给以满足人民日益增长的美好生活需要，成为各级党委政府深入践行初心使命的出发点和落脚点。

为加快完善党委领导、政府负责、民主协商、社会协同、公众参与、法治保障、科技支撑的社会治理体系，建设人人有责、人人尽责、人人享有的社会治理共同体，走出一条具有时代特征、揭阳特色的城乡网格化社会治理新路，应该注意把握好以下几个方面问题：

（一）注意把握好治理方向。必须坚持中国共产党对一切工作的领导，始终坚持把加强基层党的建设、巩固党的执政基础贯穿到社会治理和基层建设全过程，充分发挥基层党建引领作用。要进一步巩固扩大去年驻镇巡村专项巡察成果，以乡镇街道体制改革为契机，加快完善基层党组织为领导核心的组织架构，推行党建联席会议制度，探索创新好“党建+”平台优势，全面推行街道“大工委”、社区（村）“大党委”①，推进“两新组织”党建工作，深化“支部建在网格上”，充分发挥基层党组织领导核心作用，推动基层党建与基层网格化社会治理更加紧密结合、深层融合。

（二）注意完善好顶层设计。把基层网格化治理体系建设作为市域社会治理现代化的目标任务和重要内容，并将其纳入“十四五”经济社会发展规划，推动网格化社会治理融入全市经济社会发展全过程。深化服务型政府建设，将完善基层网格化社会治理体系作为乡镇街道体制改革的重要内容，进一步理顺市、县、乡镇（街道）权责关系，厘清乡镇（街道）和村（居）民委员会、农村集体经济组织的权责边界，推动村（社区）党群服务中心建设，依托村（社区）科学合理划分基本网格单元，推动基层多重网格整合融合，加快推进城乡社会综合网格化服务管理，统筹推进网格内党建、城市管理、综合治理、流动人口管理、安全生产、消防、应急管理、社会保障、医疗保障、社会救助等，实现“多网合一”。加快乡镇街道体制改革步伐，在党政机构设置中设综合治理办公室、公共服务办公室（党群服务中心），更好实施网格化社会服务治理；设综合行政执法办公室（综合行政执法队），更好整合推动涉及公安、安监、环保、卫生、城管、市场监管等执法力量下沉，有效强化基层政府网格化社会治理执法力量。

（三）注意统筹好“力量”安排。网格化社会治理重在基层、关键在人。一方面，要配齐配强网格力量，使越往下层级的网格力量充实起来。在乡镇街道体制改革中，进一步加强基层领导班子建设特别是提升党政“一把手”的综合能力和掌控大局、驾驭风险、统筹调度的水平，调整优化镇街、村（社区）“网格化”人员安排，推动建立社区工作者队伍，逐步建立健全社区工作者职业体系。在市县层面出台支持基层网格化治理体系建设的配套文件，制定完善城乡社区网格化服务管理规范，建立网格化综合管理责任清单。对照上级民政部门等要求，研究制定社区工作者队伍建设专项政策，设置岗位等级序列，按照规定落实报酬待遇，不断建立健全社区工作者培养、评价、选拔、使用、激励机制，加快完善

注：①街道“大工委”、社区（村）“大党委”是统筹推进街道社区（村）范围内基层党建、社会治理、城市发展的议事协调机构。即在原街道党工委、社区（村）党组织的基础上，吸纳辖区机关企事业单位、非公经济组织、社会组织等各类组织的党组织负责人进入街道“大工委”、社区（村）“大党委”，组建一套新班子，共同讨论决定街道社区（村）的重大事务。

志愿者参与制度，更好激发他们扎根基层、服务群众的积极性。由县级统筹安排，每年通过政府向社会或村（居）购买服务，聘用专职网格员，承担日常网格事务管理。在网格员的监督考核上，探索采取居民评议、村居考核、街道奖惩等办法，建立起工作奖惩和自然退出机制。此外，适当加大对财力薄弱乡镇的一般转移支付力度，确保基本支出和履职需要。更好发挥政策红利作用，抓好制度的执行落实，加快研究出台基层公务员加班调休或补助实施细则等。另方面，除推动执法力量下沉外，要继续推动党员干部力量下沉。“下沉”是更好地为人民服务的必然要求，是党员干部践行“不忘初心、牢记使命”、密切联系群众、走群众路线的具体体现，要推动“下沉”常态化并形成制度性安排，进一步推动党员身体力行参与基层治理，提高各级党员领导干部对基层的了解程度，纵向连接好基层治理“最后一公里”，长效服务基层网格化社会治理，组织人事部门要把“下沉”作为在一线培育锻炼干部的工作方法、考察选拔干部的重要途径。

（四）注意发挥好自治法治德治作用。健全完善基层群众自治制度，借鉴先进经验，探索制定“自治组织依法履职事项清单”和“行政权力限制事项清单”，建立村（社区）工作事项准入机制，通过党群或社区服务中心，推动实现基层政务和社区事务分离，更好地为基层提供社会公共服务。探索在“村改居”社区推行“政经分开”和集体产权、公共产品供给制度改革，理顺基层群众性自治组织和集体经济组织的关系。创新基层自治载体，完善以社区为平台、社会组织为载体、社工专业人才为支撑的“三社联动”机制，通过政府购买服务等形式，加快培育孵化一批社会组织，更好承担发挥网格内矛盾化解、康养医疗、教育、就业、社工服务、社区矫正、心理咨询、法律援助、志愿服务等功能作用。加强基层政府对社区网格的主动管理，由网格长和专职网格员主导建立社会组织、物业公司及社区商铺等企业、居民代表等主体参与的定期协商处置机制，提高民主协商治理效能。借鉴浙江义乌、陕西西安、北京西城等地的经验做法，探索社会治理“体验官”制度，通过政府邀请或公开遴选等方式聘用善于“挑刺”的社会治理参与者，针对性对民生热点槽点等进行监督，主动畅通治理评议渠道。依靠群众力量加强法治建设，深化一村（社区）一法律顾问工作，更好地引导群众在法律框架下行使权力、化解矛盾，打造揭阳特色“枫桥经验”。进一步总结创文创卫工作经验，运用好地方立法权提升治理水平，完善社会治理方面制度规范，以法治规范社会行为、引领社会风尚。持续推进修订完善居民公约和村规民约工作，特别是完善具有依法保障、自我约束且务实管用的居民公约和村规民约，及时把实践中群众广泛认可、操作性强的价值观念上升为共同遵守的行为规范。大力弘扬社会主义核心价值观，充分发挥传统文化的滋养作用、身边先进典型和模范榜样的示范作用、“一室两会”和乡贤力量的带动作用，倡导人人都是网格员，凝聚全民力量，努力构筑更加紧密的人民生活共同体，画出共建共治共享的最大同心圆。

（五）注意发展好信息化生产力。加大力度推动科技开发和推广应用广泛、深度参与社会治理，建议在市、县（市、区）、乡镇（街道）成立城乡网格化服务管理中心，建设城乡网格化联动治理平台，由市级层面进行统一规划设计、统一运营管理，既确保平台开发所需资金、技术，也有利于实现三级政府网格化服务管理纵向联通，在自上而下体制机制改革中推进智慧城市治理、数字政府建设。在县（市、区）、乡镇（街道）组织实施过程中，结合村（社区）实际科学划分基础网格、细化网格，依托政务数据平台，逐步打破各级政府和各级职能部门的信息壁垒，依托各级综治中心，持续深化“中心+网格化+信息化”工作模式，推进综治视联网向乡村延伸，实现与同级公安机关一类视频资源有效对接，深化公安机关大数据建设，推进“二标四实”（指标准地理信息、标准作业图，实有人口、实有房屋、实有单位、实有设施）采集工作，将人口、房屋、社保等数据集成至城乡网格化联动治理平台，统一建立基层社会大数据治理和智能政务服务基础数据库，更好地实现信息数据系统集成、分析和动态管理，为社会治理预警预防和社会服务精准化精细化提供基础性支撑。建立专业专职的城乡网格化联动治理平台运营队伍，培养基层干部骨干实现平台日常管理和对各类数据信息的分析利用，并通过政府购买服务等形式实现对平台后续的技术维护和管理运营，持续推进城乡网格化联动治理智能化。利用好各类移动终端，通过身份证智能识别、人脸识别、视频通话等技术，高效采集信息，及时更新数据，进一步深化“大数据+”“互联网+”网格化治理。探索为房赋码、一房一码，通过实施房屋二维码，建立全市房屋编码体系，规范房屋编码规则，建立村（社区）房屋编码维护审核体系，在摸清房屋信息同时，精准掌握流动人口具体情况，更好地实现对无合法产权证明或没门牌地址的海量房屋的有效管理。

揭阳市非物质文化遗产传承人名录

（国家级5人，省级58人）

序号	传承人	项目名称	批次	批准时间
		国家级		
1	陈来发	英歌（普宁英歌）	2	2008年1月26日
2	林柔佳	潮剧	5	2018年5月8日
3	林建南	龙舞（乔林烟花火龙）	5	2018年5月8日
4	孙淑强	狮舞（青狮）	5	2018年5月8日
5	洪荣辉	玉雕（阳美翡翠玉雕）	5	2018年5月8日
		省级		
1	林勤日	龙舞（乔林烟花火龙）	1	2008年3月3日
2	林益昌	龙舞（乔林烟花火龙）	1	2008年3月3日
3	郑俊河	九鳄舞	1	2008年3月3日
4	张伯琪	英歌（普宁英歌）	1	2008年3月3日
5	林汉旋	潮州木雕	1	2008年3月3日
6	陈宏贤	镶嵌（嵌瓷）	1	2008年3月3日
7	庄承宏	行彩桥	1	2008年3月3日
8	刘高望	三山国王祭典	1	2008年3月3日
9	李江叙	大溪宗祠祭典	1	2008年3月3日
10	郭聚隆	锣鼓标旗巡游	1	2008年3月3日
11	陈暹文	潮州音乐	2	2011年1月27日
12	苏应利	鹤舞	2	2011年1月27日
13	孙树忠	木偶戏（揭阳铁枝木偶戏）	2	2011年1月27日
14	黄烈楷	南枝拳	2	2011年1月27日
15	林潮明	玉雕（阳美翡翠玉雕）	2	2011年1月27日
16	纪文民	贵政山茶叶陶罐制作	2	2011年1月27日
17	郑楷松	普宁豆酱制作技艺	2	2011年1月27日
18	许晓生	酱油酿造技艺（揭阳酱油酿造技艺）	2	2011年1月27日
19	辜武雄	靖海景屏	2	2011年1月27日

续上表

序号	传承人	项目名称	批次	批准时间
20	吴贤奇	潮州音乐	3	2012年12月3日
21	方少澄	广东汉乐	3	2012年12月3日
22	高礼华	木偶戏(揭西提线木偶戏)	3	2012年12月3日
23	谢洁真	酱油酿造技艺(揭阳酱油酿造技艺)	3	2012年12月3日
24	李木瑞	浦东牛皮鼓制作技艺	3	2012年12月3日
25	陈成业	乒乓粿制作技艺	3	2012年12月3日
26	曾小环	酿造酒传统酿造技艺(揭西客家红酒酿造技艺)	3	2012年12月3日
27	陈二熙	茶艺(揭阳潮汕工夫茶)	3	2012年12月3日
28	杨永武	狮舞(揭阳狮舞)	4	2014年10月17日
29	李国英	狮舞(青狮)	4	2014年10月17日
30	陈联忠	潮剧	4	2014年10月17日
31	陈俊龙	木偶戏(揭阳铁枝木偶戏)	4	2014年10月17日
32	陈德丰	潮州木雕	4	2014年10月17日
33	吴锦鹏	盆景技艺(榕城盆景技艺)	4	2014年10月17日
34	黄瑞林	彩画	4	2014年10月17日
35	夏荣居	竹编(揭东竹丝编织画)	4	2014年10月17日
36	黄烈武	中医正骨疗法(黄氏中医正骨)	4	2014年10月17日
37	林俊盛	赛龙舟(揭阳赛龙舟)	4	2014年10月17日
38	林坚群	竹溪楼日历	4	2014年10月17日
39	倪岱云	潮剧	5	2017年4月5日
40	吴泽贤	抛锣	5	2017年4月5日
41	陈茂辉	陶瓷制作技艺	5	2017年4月5日
42	薛喜乐	风筝制作技艺(揭阳风筝制作技艺)	5	2017年4月5日
43	蔡炎灯	中医正骨疗法(蔡氏中医正骨)	5	2017年4月5日
44	林汉泉	中医正骨疗法(康宁堂骨伤疗法)	5	2017年4月5日
45	郑俊喜	榕城破门楼郑翁仔灯习俗	5	2017年4月5日
46	黄哲生	谜语(揭西方言灯谜)	6	2020年4月10日
47	郑海廷(郑奕照)	龙舞(横溪龙)	6	2020年4月10日
48	许祥彬	英歌(神泉英歌)	6	2020年4月10日
49	林树青	潮汕讲古	6	2020年4月10日
50	陈炳益	李家教拳(普宁李家教拳)	6	2020年4月10日
51	谢奕锋	剪纸(揭阳剪纸)	6	2020年4月10日

续上表

序号	传承人	项目名称	批次	批准时间
52	林少党	潮州木雕	6	2020年4月10日
53	杨细容	漆器髹饰技艺(榕城漆艺)	6	2020年4月10日
54	林少潮	传统香制作技艺(大龙香制作技艺)	6	2020年4月10日
55	许国青	行彩桥	6	2020年4月10日
56	方生	民间信俗(打火醮)	6	2020年4月10日
57	吴瑞声	祭祖习俗(南潮吴氏宗祠祭典)	6	2020年4月10日
58	黄德存	茶艺(揭阳工夫茶艺)	6	2020年4月10日

揭阳市驰名商标企业和商标一览表

序号	企业	商标
1	广东锦丰实业有限公司	锦丰
2	广东榕泰实业股份有限公司	榕泰
3	广东顺达不锈钢器皿实业有限公司	順達 SHUNDA
4	广东鹏运实业有限公司	鹏运 Pengyun
5	广东名鼠服饰有限公司	MINGSHU® 名鼠
6	揭阳市庆展不锈钢有限公司	慶展
7	广东康美药业股份有限公司	KANGMEI

续上表

序号	企业	商标
8	揭阳市天阳模具有限公司	天阳
9	广东雅爵实业有限公司	yajue 雅爵
10	揭阳市华能达电器有限公司	KANGFU 康夫
11	广东珠密琪内衣有限公司	ZD Zhumiqi 珠密琪
12	广东巨轮模具股份有限公司	吉阳
13	广东海兴塑胶有限公司	HAIXIN
14	广东佳隆食品股份有限公司	佳隆
15	广东信达纸业有限公司	蓓尔丽

（市市场监督管理局）

《揭阳年鉴·2021》主题索引

说　明

一、本索引采用主题分析方法，款目按汉语拼音字母（同音字按声调）顺序排列。

二、文中的篇目题、类目题、分目题用黑体字说明，其余用宋体字排印。表格、图片在其款目后分别注明“表”或“图”。

三、索引款目后的数字表示内容所在的页码，数字后的英文字母（a、b、c）表示栏别（即版面的1、2、3栏）。

四、同一主题的内容在文中多处出现的，在其款目后用不同的页码标明。

五、本索引对《揭阳大事记·2020》等篇不作内容主题分析。

A

B

C

Z